한국병합사연구

국립중앙도서관 출판시도서목록(CIP)

한국병합사연구/운노 후쿠쥬 지음; 정재정 옮김.
-- 서울 : 논형 2008
p. ; cm. -- (논형학술 37)

원표제: 韓國倂合史の硏究
원저자명: 海野福壽
색인수록
ISBN 978-89-90618-69-6 94910
ISBN 978-89-90618-29-0(세트)

913.055-KDC4
952.031-DDC21

한국병합사연구

운노 후쿠쥬 지음 | 정재정 옮김

논형

海野福壽, 『韓國倂合史の研究』, 岩波書店, 2000

KANKOKU HEIGOSHI NO KENKYU

by Fukuju Unno

ⓒ 2000 by Fukuju Unno

Originally published in Japanese in 2000 by Iwanami Shoten, Publishers, Tokyo.
This Korean language edition published in 2008 by NonHyung Publishing, Seoul
by arrangement with the author c/o Iwanami Shoten, Publishers, Tokyo.

지은이 운노 후쿠쥬
옮긴이 정재정

초판 인쇄 2008년 1월 17일
초판 발행 2008년 1월 25일

펴낸곳 논형
펴낸이 소재두
편집 최주연, 김현경

등록번호 제2003-000019호
등록일자 2003년 3월 5일

주소 151-805, 서울시 관악구 봉천2동 7-78 한립토이프라자 5층
전화 02-887-3561 팩스 02-887-6690

ISBN 978-89-90618-69-6 94910
값 25,000원

논형출판사와 한립토이북은 한립토이스의 자회사로 출판과
문화콘텐츠 개발을 통해 향유 문화의 지평을 넓히고자 합니다.

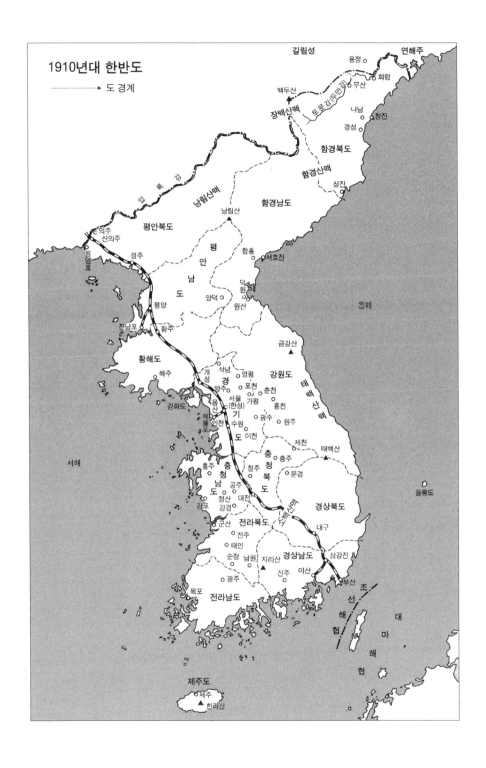

1910년대 한반도

⟶ 도 경계

옮긴이의 말

　20세기 초 대일본제국이 대한제국을 폐멸하는 과정에서 맺은 일련의 조약을 보는 시각은 한국과 일본의 역사인식이 서로 어떻게 다른가를 검증하는 리트머스 시험지와 같은 사안이다.

　한국에서는 '한일의정서'(1904.2.23)에서 '한국병합에 관한 조약'(1910.8.22)에 이르는 주요 조약이 일본의 강압, 사기, 날조 등에 의거하여 맺어졌기 때문에 원천적으로 무효라는 인식이 강하다. 특히 대일본제국이 대한제국의 외교권을 빼앗고 통감부를 설치하는 근거가 된 '을사늑약(제2차 한일협약)'은 불법·부당의 정도가 지나쳐 당시부터 그 조약의 성립 자체를 인정할 수 없다는 인식이 팽배하다. 이러한 조약 무효론은 대한민국임시정부 등 민족해방운동 세력에 계승되어 오늘날에도 남북한이 공유하는 역사인식이 되었다.

　반면에 일본에서는 위와 같은 조약이 양국의 합의 아래 맺어졌을 뿐만 아니라, 국제사회의 승인을 받아 효력을 발휘한 실재의 조약이라고 인식한다. 당시 대일본제국과 대한제국은 국내법과 국제법이 허용하는 범위 안에서 합법의 절차를 거쳐 조약을 체결하고 그것을 실행에 옮겼다는 것이다. 이러한 조약 유효론은 당시 이래 일본 정부의 공식 견해가 되어 오늘날까지 계승되어 대다수 일본인이 공유하는 역사인식이 되었다.

　그런데 최근 한국과 일본에서 역사학의 연구방법과 국제법의 적용 방식을 동원히여 양국의 역사인식을 재검토하고 수정·보완하는 움직임이 일어났다. 당시의 외교문서와 조약 사례 등을 정치하게 분석하여 각 조약의 적법성과 유효성을 재검증하는 작업이 활발해진 것이다. 한국에서는 이태진 교수, 일본에서는 운노 후쿠쥬 교수가 이런 활동의 중심인물이다. 두 교수는 지난 몇 년 동안 상대방의 논문에 반론을 제기하는 형식으로 논전을 거듭했고, 그 성과를 자신의 논지를 보강하는 데 적극적으로 활용하여 각각 몇 권의 저서도 출간했다. 그 전모에 대해서는 이 책의 말미에 게재한 졸고 「일본제국의 '한국 강점'을 어떻게 볼 것인가?」를 참조하기 바란다.

　이태진 교수와 운노 후쿠쥬 교수의 논전은 종래 두 나라가 일반적으로 견지해온 역사인식의 틀을 새로 바꿔놓을 만한 결과를 가져온 것은 아니었다. 오히려 역사학과 국제법의 이름으로 양국의 기존 역사인식을 더욱 보강하는 효과를 발휘했다고 볼 수 있다. 이것은 불가피한 일일지도 모른다. 아무리 학문상의 논쟁이라 하더라도, 근현대 한일관계의 근간을 규정하는 중요 조약의 적법·불법, 유효·무효, 정당·부당을 따지는 논쟁이 '국민'의 한계를 완전히 벗어날 수는 없을 것이기 때문이다.

　나는 지난 20여 년 동안 한국과 일본의 역사인식을 둘러싼 토론에 자주 참가했다. 그때마다 대일본제국의 대한제국 폐멸을 어떻게 파악할 것인가가 논의의 초점이 되는 경우가 많았다. 그렇기 때문에 이태진 교수와 운노 후쿠쥬 교수의 논전은 주목할 가치가 있었다. 특히 양국의 일급 역사학자가 엄밀한 고증과 실증을 무기로 하여 '한일의 뜨거운 현안'에 대해 논쟁을 벌이는 일 자체가 긴장과 감동을 불러일으켰다. 나는 두 사람의 논전을 우리 대학의 대학원 수업에서 철저히 검토했다. 두 사람의 논전은 학생들이 한국과 일본의 역사인식과 그것의 전제가 되는 역사 연구를 비교 검토해볼 수 있는 절호의 테마였기 때문이다. 그렇지만 메이지시대의 난해한 외교문서를 종횡으로 인용하고 있는 운노 교수의 저작을 정확히 이해하는 것은 쉬운 일이 아니었다. 이번에 출간한 『한국병합사연구』 한글 번역본은 나와 학생들이 절차탁마의 자세로 그런 난제와 씨름하면서 생산한 노작이다.

　운노 후쿠쥬는 각 조약에 관련된 한국과 일본의 사료를 섭렵하여 굉장히 치밀하게 분석했을 뿐만 아니라, 이와 관련된 양국의 연구동향과 정책당국의 견해도 아주 요령 있게 소개했다. 그리하여 이 책 한 권만을 정독하더라도 한국과 일본의 역사인식, 나아가서 그 바탕이 되는 역사연구의 현황과 수준을 파악할 수 있다. 나는 이 책을 통해 대일본제국과 대한제국 사이에 체결된 일련의 조약이 어떤 목적 아래 어떤 과정을 거쳐 맺어지고, 그것이 각 단계마다 두 나라 관계에 어떤 결과를 초래했는가를 이해하는 데 도움이 되기를 바란다. 그리고 한국과 일본의 역사학자와 정부당국이 각 사실을 검증하고 해석하는 데 어떤 점에서 다르고 어떤 점에서 같은가를 비교 검토해 볼 수 있는 자료로서 활용하기를 기대한다.

지금 북한과 일본은 국교수립을 위한 회담을 진행하고 있다. 그리고 2010년은 대일본제국의 대한제국 폐멸 100주년이 되는 해다. 따라서 대일본제국과 대한제국 사이에 체결된 일련의 조약을 어떻게 파악할 것인가를 둘러싼 논쟁은 앞으로 더욱 불을 뿜게 될 것이다. 이번에 번역 출간된 운노 후쿠쥬의 『한국병합사연구』가 이런 논쟁에 생산적인 길잡이가 되기를 바라는 마음 간절하다.

2008년 새해 아침
정재정

차례

머리말

　이 책은 한일 관계사의 입장에서 러일전쟁 개전 전후에서 한국 병합에 이르는 일본의 한국 침략 과정과 그 기간에 일본이 한국과 체결했다고 전해지는 제 조약을 중심으로 고찰한 것이다. 이 책의 집필 동기는 현재, 일본과 한국·조선민주주의인민공화국(북한) 사이에 가로놓인 역사 인식의 깊은 골을 조금이나마 메움으로써, 청산할 '과거'란 무엇인가를 밝히는 데 있다.

　이 시기에 일본이 한국에 대해 '한일의정서(日韓議定書)'(1904), 제1차 '한일 협약(日韓協約)'(1904), 제2차 '한일 협약'(1905), 제3차 '한일 협약'(1907), '한국 병합에 관한 조약'(1910) 등의 체결을 강요했다는 사실은 잘 알려져 있다. 이것들은 일본이 군사력을 배경으로 정치적 강제와 경제적 압박을 가하면서, 한국의 외교권과 내정권을 차례로 침탈하고 한국을 병합한 식민지화 과정이다. 이 과정에서 제 조약은 부당하지만 법적으로는 유효했음을 전제로 하고, 합병의 결과, 일본은 조선을 식민지로서 지배했다고 여겨지고 있다.

　예를 들면, 고등학교 일본사 교과서 가운데 가장 많이 채택된 것으로 알려진 야마카와 출판사(山川出版社)의 『상설 일본사(詳說日本史)』(19

98)는「러일전쟁 후의 국제 관계」라는 소항목에서 다음과 같이 기술하고
있다.[1]

러일전쟁 중인 1904년(메이지 37)에 맺은 제1차 한일 협약에서는 일본이 추천하
는 재정·외교 고문을 한국 정부에 두고, 중요한 외교 안건은 사전에 일본 정부와
협의할 것을 인정하게 했다.
같은 해에 제2차 한일 협약을 맺어 한국의 외교권을 빼앗았고, 한성(漢城, 현 서울)
에 통감부(統監府)를 설치하여 이토 히로부미(伊藤博文)가 초대 통감이 되었다.
이에 대해 한국은 1907년(메이지 40)에 헤이그에서 열린 제2차 만국평화회의에
황제의 밀사를 보내 항의했지만 받아들여지지 않았다(헤이그 밀사 사건). 일본은
이 사건을 계기로 제3차 한일 협약을 맺어, 한국의 내정권도 그 손에 넣었고, 내친
김에 한국 군대를 해산하였다. …… 일본 정부는 1909년(메이지 42)에 군대를 증
파하여 의병 운동을 진압했는데, 그 와중에 이토 히로부미가 하얼빈 역에서 한국
의 민족 운동가 안중근에게 암살되는 사건이 일어나자, 헌병대를 상주시키고 한
국의 경찰권도 빼앗았다. 이러한 준비 단계를 거쳐, 일본 정부는 이듬 해 1910년
(메이지 43)에 한국 병합을 행하여 식민지로 삼고, 조선총독부를 두었다.

겨우 열 몇 줄로 제1차 '한일 협약'에서 한국 병합까지의 한일 간 제
조약을 나열하여 서술하고 있는 것에 지나지 않는다. 분명히 한국 외교권
을 '빼앗아,' 내정권을 '그 손에 넣어,' 경찰권도 '빼앗았다'고 기술하고, 또
2차 '한일 협약' 강제 조인에 대한 한국 황제의 '항의'와 반일 의병 운동에
대해서도 언급하여, 제 조약이 양국 간의 대등한 입장에서 이루어진 합의

1) 石井進·笠原一男·兒玉幸多·笹山晴生 外,『詳說 日本史』, 山川出版社, 1998, 272쪽. 일
본의 고등학교 일본사 교과서에서의 조선·한국 관련 기술에 대해서는 君島和彦,『教科書の
思想－日本と韓國の近現代史』, すずさわ書店, 1996, 3장「日本の教科書に朝鮮·韓國がど
う書かれているか」참조.

가 아니라, 일본의 강제에 의한 것임을 보여주고는 있지만, 제 조약에 입각하여 일본은 조선을 '식민지로 삼았다'고 서술하고 있다.

이 교과서가 식민지하의 조선에 대해 다음으로 다루는 것은 3·1 독립운동이다. "일본 지배하의 조선에서도 민족자결의 국제 여론에 고무되어, 독립을 요구하는 운동이 학생과 각종 종교단체를 포함하여 고조되고, 1919년 3월 1일 서울의 탑골공원에서 열린 독립선언 낭독 집회를 계기로 전국 각지에서 독립 운동이 전개되었다"고 서술하고 있다.[2] 그러나 3·1 독립운동 중에 성립한 대한민국 임시 정부에 대해서는 다루지 않고, 그 후의 만주·연해주·화북 등에서의 항일무장투쟁도 완전히 무시하고 있다.

이에 대해 한국의 경우(입장)는 어떠한가? 현행 제6차 교육 과정에 따른『고등학교 국사』교과서[3]는 상·하 2권으로 각각 252쪽인데, 하권을 근대 및 현대에 대한 기술로 채워, I. 근대 사회의 태동(1~64쪽), II. 근대 사회의 전개(65~124쪽), III. 민족의 독립 운동(125~184쪽), IV. 현대 사회의 발전(185~230쪽) 등으로 구성되어 있다. 일본의 조선 침략·식민지기는 II와 III에서 다루어지는데, 쪽수의 배분만으로도 가장 중요시하고 있음을 알 수 있다. 여기에서 앞서 살핀 일본의 교과서에 대응시켜 러일개전(開戰)에서 한국 병합에 이르는 사이의 한일 간 조약에 대한 기술 부분을 보도록 하자. 「국권의 피탈과 민족의 수난」이라는 항의 일부다.[4]

2) 石井進 外, 앞의 책, 301쪽.
3) 한국국사편찬위원회 편,『고등학교 국사』상·하(1996년 초판, 1999년판에 의한다). 또 최근 大槻健·君島和彦·申奎燮에 의해 제6차 교육 과정의 한국 고등학교 국사교과서의 일본어 번역『新版 韓國の歷史』(世界の敎科書シリーズ, 明石書店, 2000)가 간행되었다. 제6차 교육과정에 대해서는 鄭在貞,『韓國と日本 - 歷史敎育の思想』(すずさわ書店, 1998) 제3장「苦惱する韓國の近現代史敎育」참조.
4) 한국국사편찬위원회 편,『고등학교 국사』하, 132~133쪽.

러·일 전쟁이 일어나자, 대한 제국은 양국의 전쟁 속에 말려들지 않으려고 국외중립을 선언하였다. 그러나 일제는 전쟁 도발과 동시에 한국 침략의 발판을 굳히기 위하여 대규모의 병력을 한국에 투입하여 서울을 비롯한 전국의 군사적 요지를 점령하였다. 또한 한국 정부를 위협하여 일본군이 전략상 필요한 지역을 마음대로 사용하고, 일본의 동의 없이 제3국과 조약을 체결할 수 없다는 내용의 한일의정서를 강요하였다.

그 후 전세가 일본에 유리하게 전개되자 일제는 한국 식민지화 방안을 확정하고, 이어서 제1차 한·일 협약의 체결을 강요하여 외교와 재정 분야에 그들이 추천하는 외국인 고문을 두기로 하였다. 그러나 실제로는 협약에도 없는 군부, 내부, 학부, 궁내부 등 각 부에도 일본인 고문을 두어, 한국의 내정을 마음대로 간섭하였다. 일제는 러·일 전쟁에 승리한 후, 보다 노골적으로 식민지화 징책을 강행하였나. 즉, 일제는 러·일 전쟁을 전후하여 미국, 영국, 러시아 등 열강으로부터 한국의 독점 지배권을 인정받은 후 한국을 보호국으로 만들려는, 이른바 을사조약의 체결을 강요해 왔다(1905).

고종 황제와 정부 대신의 강력한 반대에도 불구하고 일제는 군사적 위협을 가하여 일방적으로 조약 성립을 공포하면서 대한제국의 외교권을 박탈하고, 통감부를 설치하여 내정까지 간섭하였다. 이에 고종 황제는, 자신이 조약 체결을 거부하였으며 서명 날인을 하지 않았음을 들어 국내외에 조약의 무효를 선언하였으며, 헤이그로 특사를 파견하여 조약의 무효를 거듭 밝혔다(1904).

통감부를 설치하여 대한제국의 내정권을 장악한 일제는 대규모의 일본군을 한반도에 파병하여 우리 민족의 저항을 무자비하게 탄압하였으며, 헤이그 특사 파견을 구실로 고종 황제를 강제로 퇴위시켰다. 뿐만 아니라 황제의 동의 없이 한·일 신협약(정미7조약)을 강제 체결하여 우리 정부 각 부에 일본인 차관을 두게 하였다. 나아가 군대 해산에 반대하여 봉기한 대한제국군의 저항을 무력으로 진압하고, 대한 제국을 방위력이 없는 나라로 만들어버렸다.

그 후 일제는 요원의 불길처럼 일어나는 우리 민족의 주권 수호 운동을 무력으로 탄압하고, 사법권, 경찰권을 빼앗은 후 이어 국권마저 강탈하였다(1910).

국권 강탈 이후, 일제는 식민 통치의 중추 기관으로 조선총독부를 설치하여 한민족에 대한 정치적 탄압과 경제적 착취를 자행하였다.

여기에는 일본이 한국을 군사 점령하고, 그 무력으로써 한국 측의 반대와 저항을 억누르고 한일의정서 이하의 제 조약을 강요하여, 마침내 국권을 강탈한 경위가 서술되어 있다. 교과서의 틀 속이기는 하지만, 주요한 역사 사실을 빠짐없이 다루고 있다는 점에서 일본의 교과서와 대조적이다. 그리고 일본의 교과서가 조약 강제를 인정하면서도 제 조약은 유효하게 성립했다고 서술하는 데 대해, 한국의 교과서는 제 조약이 조약 체결권자인 한국 황제의 승인이 없다, 당초부터 무효 즉 성립되지 않은 조약이라고 여기고 있다. 예를 들면, 을사조약(제2차 '한일 협약')은 '소위 을사조약'이라 표기하고, 한국 병합 조약의 명칭은 어디에도 나타나지 않으며,[5] 또 병합(倂合)·합방(合邦)이라고 쓰지 않고 '국권 강탈'이라 표현하고 있다. 다만 '식민지화'나 '식민 통치'라는 용어는 사용하고 있는데, 그것은 유효한 조약에 입각한 식민지는 아니고, 법적 근거가 없는 '불법적인' 식민지 지배라는 의미다.

또 한국 교과서는 3·1 운동을 계기로 상하이(上海)에서 수립된 민주공화제의 대한민국 임시 정부를 주축으로 국내외에서 독립 전쟁을 벌이고, 중일전쟁하인 1940년대에 대일(對日) 결전을 위한 한국광복군을 창설하여, 태평양전쟁 개전 직후에는 선전 포고를 발포하고 참전하였으며, 조국의 광복을 스스로 쟁취하기 위해 국내 진입 작전을 계획하던 중에 일

---

5) 한국국사편찬위원회 편, 『중학교 국사』 하권 (1997년 초판, 1999년판) 122쪽에는 "일제는 이완용을 중심으로 한 친일 내각에 대한 제국을 일제에 합병하는 조약을 강요하여, 마침내 우리 민족의 국권을 강탈하였다(1910)"라고 서술하고, 그 결과 "우리 민족은 일제의 노예적 상태로 떨어지게 되었다"라고 하고 있기 때문에, '합병' 조약이 체결된 사실을 전면적으로 부인하는 것은 아니다.

본의 항복을 맞았다고 설명한다. 즉, 일본과는 교전 관계에 있었던 것이고, 대한제국 국권 피탈 후의 한민족은 일제 식민지 지배하의 학대받은 민중이 아니라, 강렬한 민족의식 아래 통일적인 정부를 조직하고, 일본 제국주의와 독립 전쟁을 지속한 역사를 가지고 있다는 것이다.

이렇듯 일본의 문부성 검정 역사 교과서와 한국의 국정 교과서에는 20세기 전반기 한일 관계의 역사 인식에 커다란 차이가 있다. 교과서는 역사를 재료로 하여 특정한 정치 목적 아래 이루어지는 역사 교육의 도구이지 역사학 그 자체는 아니다. 그런 까닭에 각각의 입장에서 서로 다른 역사상을 그려내고, 그것에 이끌려진 일본인과 한국인의 역사 인식의 격차를 고정화하거나, 확대 재생산한다.

혹은 가해자와 피해자는 공통의 입장에 설 수 없다는 주장도 있을 것이다. 그러나 그 한계는 극복해야 한다. 그를 위해서는 가해자가 은폐하고, 무시하고, 부인하고, 왜곡하고, 말소하고, 인멸해 온 '기억'을 가능한 한 파헤쳐서, 드러난 사실을 직시해야 한다. 만일 그에 대한 판단에 이견이 있을 경우에는, 최소한 의견을 조정하는 대화가 필요한 것은 아닐까? 그것이 가해자와 피해자가 함께 과거와 마주하여, 가해의 반성을 심화하는 마당이 될 것이라 생각한다.

서로 대립하는 역사 인식을 짊어진 채 '과거 청산'을 이루기는 힘들다. 전후 일본이 두 번 '과거 청산'의 기회를 놓친 것도 이 때문이다. 최초의 기회는 '샌프란시스코 강화회의'다. 일본과 교전 관계에 있었다고 하는 한국은, 당연히 강화회의에 참가할 수 있을 것으로 여기고 있었다. 그것은 미국의 의향이기도 했는데, 일본 정부는 당시 100만 명이라고도 일컬어지던 재일 한국·조선인이 전승(戰勝) 국민으로서의 지위를 갖는 것에 반대하고, 계획을 유산시켰다. 두 번째 기회는 '한일 회담'이다. 회담은 당초부터 과거의 한일 관계에 대한 정확한 역사적 위치 정립을 과제의 하나로 내걸고 있었음에도 불구하고, 일본은 본격적인 논의를 피하고, 일본의 조선 지배에 대한 역사적 규정에는 언급하지 않은 채 회담을 마무리 지었으며, 배상(賠償)·보상(補償) 지불을 회피하였다. 사죄도 없었다. 식민지 독립 전쟁에 따른 통절한 패전 경험이 없고, 전후의 가혹한 냉전 체제를 겪지 않은 일본은 식민지 지배의 '기억'을 잊어버리는 데 힘을 쏟아, '과거'에 대한 통렬한 자각을 잃어버리고 있었다.

올해(2000년) 들어 7년 반 만에 북일 국교 정상화 교섭이 재개되었다. 일본으로서는 '과거 청산'의 세 번째 기회인데, 이것이 마지막 기회가 될 것임에 틀림없다. 재개 후 처음으로 2000년 4월 5일 제9회 본회담에서 북한 측 대표인 정태화(鄭泰和) 대사는 '과거 청산'을 우선적으로 협의할 것을 제안함과 동시에, 과거의 인적, 물적 손실에 대해 피해자가 충분히 납득하도록 일본이 보상해야 한다고 주장하였다.[6] 향후 전개에 대한 전망은 불투명하지만, 회담의 기본 문제로서 일본과 구한국 사이에 맺어진 구 조약의 효력, 일본의 조선 지배에 대한 역사적 규정, 그것들의 문제 확인을 전제로 한 배상·보상 문제가 다루어질 것이 확실하다.

한편, 일본 정부는 배상·보상을 하겠다는 의사를 표명하고 있지 않지만, 일본이 북한에 대해 사죄와 배상·보상을 해야 한다고 생각하는 일본인은 적지 않다. 하지만 사죄해야 하고, 배상·보상해야 하는 것은 무엇에 대해서인가, 왜 그러한가는 명확하다고 할 수 없다. 상정할 수 있는 배상 원인 및 책임은 다음의 세 가지 경우가 있다. ① 교전 관계의 전후 처리로

6)「朝日新聞」, 2000.4.6.

서의 전쟁 배상, ② '불법'적인(법적 근거가 없는) 식민지 지배에 대한 배상·보상, ③ 식민지 지배가 형식상 '합법'이라 하더라도 식민지 지배에 의해 실제로 가해진 피해에 대한 배상·보상이다. 그 어느 것이 '과거 청산'으로 연결될지가 문제의 핵심인데, 나는 ③의 입장을 취하지만 이 책에서는 역사적 사실을 제시하고, 독자의 판단 재료로 제공하고 싶다.

1장

한국 병합 조약 등 무효론의
역사와 현재

1. 한국에서의 무효론의 전통

1) 항일 투쟁과 무효론

1919년(다이쇼 8) 4월, 같은 달 13일에 갓 성립한 대한민국 임시 정부(상하이)는 이미 프랑스로 건너간 김규식(金奎植)[1]에게 1차 세계대전 처리를 다루는 파리 강화회의에 출석하도록 지시했다. 김규식의 강화회의 참가는 인정되지 않았지만, 5월 12일, '한국 전권대사(韓國專權大使)' 자격의 김규식은 '임시 정부·한국 독립 승인 청원서'를 강화회의에 제출하여 수리되었다.[2] 그 청원서는 박은식(朴殷植)의 『조선독립운동지혈사(朝鮮獨立運動之血史)』(상하이, 維新社, 1920)에 수록되어 있다.[3] 청원서는 20항목으로 되어 있는데, 그 마지막 항목은 '합병 조약의 폐기'로 다음과 같은 내용이다.

조선 민족은 1910년 8월 22일 체결한 합병 조약의 영구적 폐지를 요구한다. 그 이유는 이 청원서 및 설명서에 상술하고 있다. 그러나 특히 중요한 것은 다음에 기술한 것이다.

갑 조선 일본의 합병 조약은 사기와 폭력으로 체결된 것이다. 만일 조선 황제가 1,500만의 인민과 4200년의 독립 주권 국가를 일본 황제의 권리로서 양도했다고 하면, 그것은 법률과 국제 공법에 의해 이미 그 유효성을 잃고 있다.

1) 김규식(1881~1950)은 1919년 8월 여운형 등이 상하이에서 결성한 신한청년당의 요청을 받아 대표 자격으로 프랑스로 갔다. 임시 정부 수립 후, 외무총장(外務總長), 후에 학무총장(學務總長), 강화회의 국민대표위원으로 선임되고, 파리에서 활동한 후 9월 도미(渡美), 1921년 1월경 상하이로 돌아왔다.
2) 金正明 編, 『朝鮮獨立運動 Ⅱ』, 原書房, 1967, 83, 196쪽.
3) 朴殷植, 『朝鮮獨立運動の血史』1, 姜德相 譯, 平凡社, 1972, 253~264쪽. 박은식에 대해서는 강덕상의 같은 책 해제(姜德相, 『朝鮮獨立運動の群像』, 靑木書店, 1984에 재수록) 참조.

을 조선 민족과 국가는 괴뢰인 조선 황제에게 병합 조약 체결의 권한이 있다고 인정할 수 없다. 우리는 야수의 무리가 아니고, 합병 조약을 승낙하는 것이 얼마나 존엄하고 중대한 사태인가를 알고 있다. 우리는 합병 조약에 대해 결코 이것을 승인한 적이 없다.

병 조일 합병 조약은, 조일 양국 정부의 종래의 제 조약 및 여러 열강과의 조약에 관해 말하더라도, 거기에 기술된 조선의 주권 및 영토 보전의 규정을 침범하고, 국제 공법을 직접 침범하고 있다.

정 조일 양국과 그 밖의 각국 사이에 체결된 수많은 조약들 및 일본과 중국, 영국, 러시아와 체결한 각 조약에서 조선을 독립 주권국이라 하고 있는 것은 이미 명백한 사실이다. 그 정치적 독립과 영토의 보전을 승인한 것도 또한 수많은 명백한 보증이 있다. 혹은 어떤 종류의 조약에서 조선 독립을 승인함과 동시에 열강 간에 관용되는 국제적 원칙에 따르고 있다. 어느 한 나라가, 특히 일본 같은 나라가 이 조약을 오늘날의 평화회의와 같은 국제 대회에 제출하고, 그 개정을 얻기 전에 감히 침범하고 조선의 독립을 훼손하지 않도록 규정한다.

무 현재의 강화회의는 미국 윌슨 대통령의 14개조 제안에 따라, 여러 나라(列國) 간의 관계를 조정하는 것이다. 1918년 1월 8일, 윌슨 대통령은 국회에서 연두 교서를 낭독했는데, 이 교서 가운데 명확하게 "민족과 국민은 그 강약을 불문하고 타민족 간에 있어서는 한결같이 자유 평등의 권리를 향유하고 있고, 그 생존의 안녕을 얻기 위해서 공평한 기회를 부여받음으로써 국제적 분쟁을 해결하는 원칙으로 한다 운운"이라 언명하였다. 애당초 일본은 연합국의 일원으로서 이 14개조를 실행할 약속이었음에도 불구하고 일본의 천황 정부는 이것을 침범하고 조선 주권을 집행함을 계속하고 있다. 단지 조선 민족의 승낙을 얻지 않을 뿐만 아니라 도리어 그 의사(意思)를 폭압하기 위해서 폭력을 사용하고 있다. 강화회의가 합병 조약 폐기를 선언하고 취소를 보고하는 것은 그 당연한 권리이고 책임이기도 하는 까닭이다.

기 우리는 국제 공법에 의해 획득해야 할 권리가 있고, 여러 국민에 의해 그 고통을 호소하는 바의 새로운 원칙이 있다. 일찍이 1세기 사이 압박과 분열 아래 있었던 폴란드를 부활하고, 반세기 사이 독일의 압박을 받아온 알사스·로렌을 회복한 것도, 이 정의의 원칙이다. 이것은 조선에도 적용되어야 하며, 우리가 조선 회복

(恢復)의 권리를 요구하기에 충분한 근거로 여기는 바이다. 일본은 조선을 병탄(倂呑)한 지 10년, 구주대전(歐洲大戰)의 발발에 즈음해서는 중구(中歐) 1국과 동맹을 맺었다. 이것은 일본의 위정자가 특별히 주의한 연합이다. 그 때문에 강화회의가 조선을 일본의 무단통치 아래 방치하는 것은 좋지 않다. 이것은 프랑스 국경의 전장(戰場)에서 수백만의 군병이 정의의 원칙을 위해 목숨을 바친 것에 어긋난 행위이다.

청원서는 한국 병합에 이르는 과정이 일본의 침략에 의해 독립국 조선의 주권을 침범한 불법적인 것임을 지적하면서, 지금의 잔학무도한 조선 통치에 대해 조선 인민이 과감하게 독립 운동을 전개하고 있음을 보고하여, 강화회의가 한국 병합 조약의 폐기 및 취소 선언을 행할 것을 요구한 것이다.

위에서 내건 '합병 조약의 폐기'는 청원서의 결론적 위치를 차지한다. '폐기'라는 용어법으로 보자면, 현 시점에서의 조약의 유효를 인정하고 있었던 것이 되지만, 내용적으로는 조약 무효론이고, 오늘날의 무효론의 원형을 이룬다.

갑과 **을**에서 한국 황제가 일본 천황에게 한국 통치권을 양여(讓與)한다고 한 한국 병합 조약이 "이미 그 유효성을 상실하고 있다"고 청원서에 적시한 이유는, 조약이 "사기와 폭력으로 체결된" 위법 조약이고, "우리는 합병 조약을 결코 승인한 적이 없기" 때문이다. 조약은 국가 간 합의에 기초한 법적 행위이기 때문에 쌍방의 의사 표시가 불가결한 요소다. 그럼에도 불구하고 일본 측의 일방적 의사를 '사기와 폭력'으로 강제한 것은 불법이라는 주장이고, 현재에도 한국 병합 조약 등 구(舊)조약 무효론의 바탕에 깔려 있는 사고방식이다.

또 **을**에서는, 한국 병합 조약 체결시의 황제인 순종에게는 조약 체결권이 없다고 서술하고 있다. 순종은 1907년 고종 황제의 강제 양위 후에 즉위했다고 되어 있는데(4장 2절 2에서 후술), 일본의 '괴뢰' 황제에 지나지 않고, 제위의 정통성을 계승하는 황제는 아니라고 보기 때문이다. 이러한 주장은 현재의 무효론자에게도 계승되고 있다(5장 3절 1에서 후술할 도쓰카 에쓰로[戶塚悅朗]의 주장).

병·정에서는, 한국 병합은 일본이 한국 및 여러 외국과 체결한 선행 조약에서 명기한 한국의 독립 보장·영토 보전에 반하여 이루어진 조약 위반 행위임을 지적한다.

선행 조약이란, ① 조일 '잠정합동조관(暫定合同條款)'(1894년 8월 20일 조인) 전문(前文)의 "양국 정부는 …… 조선국의 자주 독립을 공고히 하고……," ② '대일본 대조선 양국 맹약'(1894년 8월 26일 조인) 제2조 "이 맹약은…… 조선국의 독립 자주를 공고히 하고……," ③ '청일 강화 조약'(1895년 4월 17일 조인) 제1조 "청국은 조선국의 완전무결한 독립 자주국임을 확인한다," ④ '조선 문제에 관한 의정서'(니시·로젠 협정, 1898년 4월 25일 조인) 제1조 "러일 양 제국 정부는 한국의 주권 및 완전한 독립을 확인하고……," ⑤ 영일 '제1차 동맹 협약'(1902년 1월 30일 조인) 전문 "일본국 정부 및 대영국 정부는…… 청제국 및 한제국의 독립과 영토 보전을 유지할 것," ⑥ '한일의정서'(1904년 2월 23일 조인) 제3조 "대일본제국 정부는 대한제국의 독립 및 영토 보전을 확실히 보증할 것" 등이다.

한국 침략의 정당한 이유를 갖지 못한 일본은 청일전쟁 개전부터 러일전쟁 개전기에 이르기까지 이처럼 수차례에 걸쳐 한국(조선)의 독립 보장·영토 보전을 한국뿐 아니라 여러 나라에 대해 표명했다. 따라서 한국을 보호국화하고, 더구나 병합하는 것은 공약에 위배된다. 제2차 '한일 협약'(1905년 11월 17일 조인) 강제 조인 후의 의병 투쟁은 일본의 식언(食言)을 궐기의 최대 이유로 들었다. 더불어 프랑스의 국제법 학자인 프란시스 레이(Francis Ray)의 일본 비판도 한국 보호국화가 선행 조약에 위배하는 것을 지적한 것이었다.

무·기에서 1918년 1월, 미국 대통령 월슨(T. Woodrow Wilson)이 의회에 교서로 발표한 14개조의 평화 재건 구상 속에서 제시한 원칙의 하나인 "모든 식민지의 주권 문제 결정에는 식민지 주민의 이해 존중이 엄수된다"는 이른바 민족 자결주의에 입각하여, 강화회의가 한국 병합 조약의 폐기·취소를 결정할 것을 요구하고 있다. 청원서가 수리되어 미칠 듯이 기뻐한 김규식은 "우리의 요구는 이번 평화 조약의 결과가 성립되어, 10월 미국의 수도 워싱턴 국제연맹회에서 결정·승인될 것을 확신한다"[1]고 보고했으나, 이는 그들이 구세주로 여긴 월슨에 대한 지나친 기대였다.

월슨의 국제주의는 자유주의적 원칙에 바탕을 둔 국제 질서의 건설을 표방했지만, 다른 한편으로 러시아 혁명에 대항하는 자본주의 국제 질서 재편성의 주도권을, 영국과 프랑스를 누르고 대국화한 미국이 장악하기 위해 의도한 것이었다.

1차 대전은 오랫동안 동유럽 및 중유럽에 군림해온 러시아 제국·독일 제국·합스부르크(오스트리아) 제국을 소멸시키고, 3국으로 분할되어 있었던 폴란드의 독립 회복을 비롯하여, 체코슬로바키아·헝가리·오스트리아·루마니아·유고슬라비아(세르비아·크로아티아·슬로베니아 왕국) 등의 독립을 가져왔다. 민족 자결 원칙은 동유럽의 작은 국가들의 독립에 적용되었지만, 아시아 식민지의 독립 요구를 무시하는 것이었다.

---

1) 김정명 편, 앞의 책, 83쪽.

이리하여 임시 정부가 파리 강화회의와 국제연맹에 건 기대는 배반당하였다. 반식민주의를 억압하는 제국주의 체제의 재편성을 예견할 수 없었던 이유 가운데 하나는 조경달(趙景達)이 지적하는 한국 지식인의 "전통적인 낙관적 도의관(道義觀)"[2]이고, 국제적으로 보편화될 것이라 본, 구미의 '도의(道義)'에 대한 과대 평가였다.

김규식이 제출한 청원서와는 별도로, 한국 여러 단체 대표로 구성된 조선민족대동단은 1919년 4월에 강화회의 및 윌슨 대통령에게 진정서를 보냈다.[3] 진정서의 목적 또한 강화회의가 '정의에 기인한 우리 조선의 독립을 공인할' 것을 바라는 요청이지만, 병합에 이르는 일본의 한국 침략과 병합 후 일본 압제의 실정을 서술하고 있다. 이 중에서 역사 과정 부분을 인용하면 나음과 같다.

> 전쟁의 종국에 이르러, 러일의 강화회의를 열고, 일본은 재래의 야심을 곧바로 폭로하여, 동맹국인 우리 한국이 회의에 참가하는 것을 허락하지 않았다. 임의로 한국에 대해 우월권을 획득하고, 러일 전선에 출동한 병력 전부를 동원하여 우리나라를 위협하는가 하면, 황제 및 정부를 협박하고, 국력을 충실히 한 다음 독립할 수 있을 때까지라 사칭하여 보호 조약을 압제 체결하였다. 황제가 단연 비준하지 않은 것을 빌미로 군사를 일으켜 궁으로 쳐들어와 우리 대신(大臣)들을 유폐하고, 인장(印章)을 강탈하였다. 그들의 손으로 서류를 작성해 날인함으로써 압제적 조약을 체결한 후, 우리나라의 외교권을 빼앗아 열강과 직접 교통하는 길을 끊고, 우리 관민의 반항을 무력으로 눌러 일본의 보호국으로 만들었다. 우리 황제가 이를 변명하기 위해 헤이그 만국평화회의에 밀사를 파견한 일은 열강이 이미 승인한 것으로서, 또 그는 우리 내정을 속박하는 한편 징병령을 실시할 수 있을 때까지라 사칭하여, 군대를 해산하고, 민간의 무기에 이르기까지 압수하였다. 게다가 상당

---

2) 趙景達,「道義は實現されうるか - 韓末啓蒙運動家李沂の思想と行動」, 林哲·徐京植·趙景達 편,『20世紀を生きた朝鮮人』, 大和書房, 1998, 50쪽.
3) 김정명 편, 앞의 책, 25~27쪽.

한 시기까지라 사칭하여 사법권을 박탈하고, 일본 군대 및 헌병 경찰을 각지에 배치함으로써, 우리 민족으로 하여금 완전히 저항할 수 없도록 만들었다. 나중에 애국의 감상이 풍부한 광무(光武) 황제를 협박하고 양위토록 하여, 덕수궁에 폐처하고, 충량한 대신을 쫓아내어 일본에 매수된 반신적자(叛臣賊子)들로 소위 합병 내각을 조직하였다. 비밀과 무력의 뒤편에서 뜻밖에도 대담한 합병 조약을 체결하고, 그리하여 우리나라에 전해 내려오는 국보를 강탈하였다. 합병 조칙(詔勅)을 압제적으로 하달하는가 하면, 각국을 기망하여 한국 군민(君民) 스스로가 합방을 바란 것이라 무망의 사실을 공포하였다. 일개 군국 정부의 야심 때문에 5000년에 가까운 문화의 종족이 노예가 된 지 벌써 10년이 되었다.

이상은 러일전쟁 종결부터 한국 병합에 이르기까지의 개략인데, 세부적인 것은 차치하고서라도 대강의 요지에서 일본의 한국 침략 과정을 적확하게 파악하고 있다. 당시 일본의 자유주의적 지식인이 가질 수 없었던 수준의 인식을 조선 지식인은 공유하고 있었던 것이다. 더구나 그것은 지식으로 학습한 것이 아니라 항일 투쟁의 실천에서 직접 배웠기 때문에 3·1 독립 운동 중에, 한국 병합 조약 등의 제 조약은 불법으로 체결된 조약이고, 무효로 간주해야 한다는 주장이 널리 지지를 받았다.

1919년 봄, 조선 내외의 여러 곳에서 임시 정부가 창설되었는데, 블라디보스토크를 근거지로 한 대한국민의회가, 3월 17일에 열린 독립 선언식에서 발표한 독립 선언서에는 "한일합방조약은 일본의 강압적 수단으로 정립한 것이고, 우리 민족의 의사가 아니므로, 그 존속을 부인하며, 일본의 통치 철폐를 주장함이다"라고 되어 있다.[4] 또 천도교의 주도로 4월 9일에 수립(正都領에 손병희)한 조선민국 임시 정부[5]의 조선국민대회

4) 이현희,『3·1 독립 운동과 임시 정부의 법통성』, 동방도서, 1987, 44쪽.
5) 위의 책, 48쪽.

조선자주당연합회 명의로 된 「조선민국 임시 정부 장정(章程)」[6]' 제16조
도 "한일 합병 조약 및 그 전후의 조선에 관한 대외 조약은 모두 무효로
돌리고, 세계만방에 대한 국교는 일체 갱신 수호해야 한다"고 하여, 한국
병합 조약뿐만 아니라 관련 조약을 무효화하고, 한국의 국제 관계 회복을
기하고 있다.

이들 강령은 1919년 9월 11일에 여러 임시 정부를 규합하여 단일민주
정부로 발족한 대한민국임시정부(상하이)에 계승된다. 이후 임시 정부
(충칭)가 발표한 대일 선전 포고인 「대일 정부 성명서」(1941년 12월 9일)
의 제2항에 "거듭 1910년의 합방조약 및 일체 불평등조약의 무효와 동시
에 반침략국가들의 한국에서의 합법적인 기득 권익을 존중함을 선포한
다"[7]고 밝히고 있는 것처럼, 한국 병합 조약을 비롯하여, 일본의 대한 침
략 조약이 모두 무효이고, 임시 정부야말로 대한제국을 계승하는 정통 국
가를 대표한다는 긍지를 계속 지니고 있었다.

2) 한국의 '과거' 규정과 샌프란시스코 평화 조약

태평양전쟁 중에 주석으로서 대한민국임시정부를 이끌었던 백범 김구[8]

---

6) 김정명 편, 앞의 책, 14~16쪽.

7) 이현희, 『대한민국임시정부사』, 집문당, 1982, 452쪽.

8) 김구(1876~1949)는 3·1 독립 운동 발생 후 중국으로 망명하여 상하이 임시 정부(임정)
수립에 참가하였다. 임정의 경무국장, 내무총장을 거쳐 1927년 국무령(대통령 상당)에 취
임. 만주사변 후 테러리즘을 채용, 1932년 사쿠라다몬(櫻田門) 사건(천황 암살미수 사건),
상하이 훙커우(虹口) 공원 투탄 사건(상하이 파견 사령관 시라카와 요시노리[白川義則] 대
장 등을 살상)을 지시하였다. 중일전쟁 전개에 따라, 상하이에서 전장(鎭江)−창사(長沙)로
이동하고, 임정 내에 군사위원회를 설치하고, 한국광복전선을 결성하였다. 나아가 창사(長
沙)−광저우(廣州)−기강(綦江)−충칭(重慶)으로 옮기고, 1940년 임정 주석에 재선되고 한
국광복군을 조직, 1941년 태평양전쟁이 시작되자 대한민국 임시 정부의 이름으로 대일 선
전 포고를 발포, 후에 광복군은 장체스(蔣介石) 정부로부터 원조를 받아 대일전에 참가했

는 전쟁이 끝난 후 해방의 역사적 의의를 다음과 같이 설명한다.

> 금차(今次) 반파시즘 세계 대전의 승리의 결과로 우리의 국토와 인민은 해방되었습니다. 그러나 이 해방은 무수한 동맹국 인민과 전사들의 보귀한 피와 땀의 대가로 된 것이며, 또 망국 이래 수십 년간의 우리 독립운동가들의 계산할 수 없는 유혈 희생의 대가로 된 것임을 잊어서는 아니됩니다.[9] (1945년 12월 19일, 대한민국 임시 정부 개선 환영식)

> 만일 수많은 우리 선열의 귀중한 열혈의 대가와 중·미·소·영 등 동맹군의 영용(英勇)한 성공이 없었다면 조국의 해방은 불가능하였다.[10] (「매일신보」, 1946년 11월 1일)

김구는 임정을 비롯한 조선 민족의 피투성이 독립 투쟁을 축으로 하고, 그것을 평가·이해한 연합국의 협력으로 일본 제국주의에 승리하여, 광복(해방)을 쟁취했다고 말하고 있다.

이 인식은 "3·1 운동에 입각하여 건립된 대한민국 임시 정부의 법통을 계승"(1987년 개정 대한민국 헌법 전문)하여, 1948년 8월 15일 수립한 대한민국 정부에도 계승되고, 국가의 정통성에 대한 역사적 근거가 되고 있다. 이 책 '머리말'에서 언급한 한국 고등학교 국사 교과서의 서술도 이 역사관에 바탕을 두고 있다.

한국 정부는 전승국(戰勝國)으로서 2차 대전의 전후 처리에 임할 자

다. 일본의 패전을 시안(西安)에서 알고 중경으로 돌아와 임정부석으로서 귀국을 준비했지만, 서울의 미군정청이 임정의 정통성을 부인했기 때문에, 개인의 자격으로 1945년 11월 임정 요인들과 함께 귀국했다. 통일 조선의 완전 자주 독립을 주장하고 운동했지만, 1949년 6월 이승만의 밀명을 받았다는 군인에게 암살되었다(金九, 『白凡逸志－金九 自敍傳』, 梶村秀樹 譯, 平凡社, 1973; 高峻石, 『朝鮮革命家群像』, 大村書店, 1990 등 참조).
9) 백범사상연구소 편, 『백범어록(白凡語錄)』, 사계절출판사, 1973, 54쪽.
10) 위의 책, 21~22쪽.

격이 충분히 있다고 생각하고 있었다. 또한 미국 국무성이 작성한 1949년 12월 19일자 대일 평화 조약 초안에는 한국도 체약국의 하나로 포함되었다.[11] 한국을 연합국의 일원으로 대일 평화 조약의 서명국으로 하는 미국의 안이다.

이승만 대통령은 대한민국 정부 수립 선포 후 얼마 지나지 않은 1948년 9월 30일 국회에서의 첫 시정 연설에서, "한국이 연합국의 일원으로 대일 강화 조약에 참가할 것을 연합국에 요청한다"[12]고 말함과 동시에, 이듬해 1949년 2월에는 대일배상조사위원회를 설치하고 일본에 요구해야 할 배상 내용을 조사·계상(計上)하는 작업을 개시하였다.[13] 그 결과물이 그해 9월에 완성된 『대일배상요구조서(對日賠償請求調書)』라는 500쪽이 넘는 상세한 보고서다. 필자가 열람한 이 책(아시아경제연구소 소장)은 단기 4287년(1954) 8월 15일자의 것이지만, 초판과 거의 바뀌지 않은 내용이라 생각되어 여기에 실린 '대일 배상 요구 일람표'를 제시하면, 표 1과 같다.

현물 반환을 요구하는 제1부를 제외한 배상 총액은 314억엔 정도다. 그 배상액의 기준이 피해 당시의 것인지, 1949년 당시의 시가 환산에 따른 것인지는 불분명하지만, 과대한 배상 요구액이라고는 할 수 없다. 예를 들면, 중일전쟁과 태평양전쟁에 따른 인적 피해의 산출 기초는 사망자 조위금 1인당 5,000엔, 장제비(葬祭料) 100엔, 유가족 위자료 1만엔, 상이자(傷痍者) 위자료 5,000엔, 일반 노무자 1,000엔, 가정 송금액 1개월 80엔, 징용 기간 연장 수당 1개월 400엔 등이지만, 대상자는 1946년 3월~

11) 塚本孝,「韓國の對日平和條約署名問題 - 日朝交渉, 戰後補償問題に關連して」, 國立國會圖書館調查立法考查局,『レファレンス』494호, 96쪽.
12) 金東祚,『韓日の和解』, 林建彦 譯, サイマル出版社, 1993, 6쪽.
13) 鹿島平和研究所 編, 吉澤清次郎 監修,『日本外交史』28, 鹿島研究所出版會, 1973, 33쪽.

표 1. 대일 배상 요구

종류		수량	금액
제1부(현물 반환 요구)	금(地金)	249,633kg	563,272천엔 (결제 대금)
	은(地銀)	89,112	2,877 (결제 대금)
	서적	212종	
	미술품 및 골동품	827종 외	
	선박	268척	8,184,617
	지도 원판		
	기타	외에 발전기 1	8,320
제2부(확정 채권) 17,429,362천엔	일계 통화(日系 通貨)		1,514,134
	일계 유가 증권		7,435,103
	상하이(上海) 달러화		$ 4,000(상하이)
	보험금, 은급(恩級), 기타 미수금		6,436,617
	체신 관계 특별 계정		2,043,506
제3부(중일전쟁 및 태평양 전쟁에 기인한 인적, 물적 피해) 12,122,732천엔	인적 피해		565,125
	물적 피해		11,326,022
	8·15 전후 일본 관리 부정행위에 의한 손해		231,585
제4부 (일본 정부의 저가 수탈에 의한 손해)	강제 공출에 의한 손해		1,848,880
제1부를 제한 합계액			31,400,975 $ 4,000(상하이)

『대일배상요구조서』, 대한민국외무부 정무국, 1954, 519-523쪽에 의거하여 작성함.

9월에 주한 미군정청 보험후생부에 신고한 10만 5,151명(이 가운데 사망자 1만 2,603명)으로, 수백만 명이 넘을 것으로 추정되는 군인·강제 연행자의 '극소 부분에 지나지 않았다'. 『대일배상요구조서』는 "민국 정부 수립 후 철저히 재조사를 고려중이나, 예산 관계로 아직 실시치 못하고 있음"이라고 기록되어 있다.[14]

또한 이 조서는 그 서문 '대일 배상 요구의 근거와 요강'에서 배상을 요구하는 '기본 정신'을 다음과 같이 서술한다.[15]

14) 『대일배상요구조서』, 대한민국외무부 정무국, 1954, 329~330쪽.
15) 위의 책, 1~2쪽.

(1) 1910년부터 1945년 8월 15일까지 일본의 한국 지배는 한국 국민의 자유의사에 반한 일본 단독의 강제적 행위로서, 정의·공평·호혜의 원칙에 입각치 않고 폭력과 탐욕의 지배이었던 결과, 한국 및 한국인은 일본에 대한 그 어떤 국가보다 최대의 희생을 당한 피해자인 것이며, 「한국 인민의 노예 상태에 유의하여, 한국을 자유 독립시킬 결의를 표명한 카이로 선언이나 또는 이 「선언의 조항을 이행할 것」을 재확인한 포츠담 선언에 의하여, 한국에 대한 일본인 지배의 비인도성과 비합법성은 전 세계에 선포된 사실인 것이다.

(2) 대한민국의 대일 배상의 응당성은 다시 의심할 여지가 없는 바, 이미 ① 포츠담 선언, ② 연합국 일본 관리 정책, ③ 포로 배상 사절 보고에 명시되어 있다는 것을 명백히 하는 바이다.

그러나 우리 대한민국 대일 배상 청구의 기본 정신은 일본을 징벌하기 위한 보복의 부과가 아니고 희생과 회복을 위한 공정한 권리의 이성적 요구에 있는 것이다

여기서 한국 정부가 주장하는 배상 요구의 논리는 전쟁 배상이 아니라, 병합 이래 일본의 지배에 의해 입은 피해와 희생에 대한 배상 요구다. 거기서 식민지 지배의 책임·배상·보상이라 표현하지 않은 것은 한국 고유의 병합 조약 무효·강점론에 입각하기 때문으로, 이른바 식민지 지배에 따른 피해에 대한 배상을 가리킨다. 한국 정부는 대일 강화로 향하는 흐름이 미국의 지침에 따라 무배상 방침으로 전환해가는 가운데, 전승 연합국과는 달리 식민지 지배의 피해국으로서 독자의 배상·보상 요구를 제출한 것이다. 만일 이것이 실현되었다면 세계 역사상 최초로 식민지 문제가 강화회의에서 다루어져 청산되었을 터였다.

일본 정부가 특별한 관심을 기울인 이탈리아의 강화 문제에서도 식민지 지배 책임 문제의 해결은 매우 불충분했다. 2차 대전 중에 이미 이탈리아의 지배로부터 해방·독립을 달성한 알바니아(1944년 소련군에 의해 해방, 1946년 인민공화국을 선언)·에티오피아(1941년 영국군의 지원을

받아 독립을 회복)로부터 식민지 지배 배상 요구가 제기되었으나, 이탈리아는 "식민지 체제에서 이탈리아가 투자한 금액은 수탈한 금액보다 크다"고 주장하며, 계속적인 식민지 지배를 요구했다고 한다.16) 또 아프리카의 이탈리아 구식민지로서 점령하에 있었던 이탈리아령 소말리란드(지금의 소말리아와 지부티를 포함하는 지역 - 옮긴이) · 리비아 · 에리트리아에 관해서도 "이탈리아 국민은 파시즘에 반항한 것이기 때문에 그 위신을 위해서도 식민지 통치의 권리와 능력이 국제적으로 승인될 것을 요구하였다."17) 뿐만 아니라, 전승국간의 이해, 전략적 고려, 구식민지 민족의 독립 요망 등이 혼합되어 이탈리아 식민지 처분의 합의에 이르지 못했다. 프랑스는 리비아(특히, 트리폴리타니아)의 이탈리아 식민지 통치로의 복귀를 원했다고 한다.18) 만일 리비아가 독립의 길을 걷게 되면 트리폴리타니아에 인접한 프랑스 식민지인 튀니지 · 알제리의 민족주의 운동을 자극한다고 생각했기 때문이다.

결국 1947년 2월 10일 조인된 파리 평화 조약까지 이탈리아의 아프리카 식민지 처분에 관해서는 매듭이 지어지지 않았고 이탈리아의 '일체의 권리 및 권한을 포기'(제2편 제4관)하는 데 그쳤다. 한편 알바니아에 대해서는 독립 승인(제2편 제6관)과 500만 달러의 배상 지불(제5편 제1관), 에티오피아에 대해서도 독립 승인(제2편 제7관)과 2,500만 달러의 배상 지불(제5편 제1관)이 정해졌다.19)

---

16) 佐々木隆爾,「いまこそ日韓條約の見直しを」,『世界』1993, 4월호, 121쪽.
17) ジョン・フォスタ・ダレス,『戰爭か平和か』, 藤崎万里 譯, 河出書房, 1950, 82~83쪽.
18) 위의 책, 83, 84쪽.
19) 外務省 條約局 譯,『イタリア平和條約』, 1947년 6월; 高橋進,「イタリアにおける戰後處理」,『季刊戰爭責任硏究』, 7號, 16~17쪽. 이탈리아와 리비아의 관계는 현재에도 보상 문제가 지지부진한 상태에 있고, 1984년 2월 리비아는 '식민지 지배에 대한 배상으로 15조 리라(현재 환율로 약 1조 엔)'를 이탈리아에 요구했다(朝日新聞 戰後保証問題取材斑,『戰後補償とは何か』, 朝日新聞社, 1999, 126~127쪽).

아프리카의 이탈리아 식민지 처분 문제는 파리 평화회의에서 4대국 (미국·영국·프랑스·소련)이 1948년 9월 15일까지 합의에 이르지 못할 경우에는 UN 총회로 넘겨 권고를 구한다는 약정에 따라 1948년 비공식 토의를 거쳐 49년 가을 UN 총회에서 ① 1952년 1월 1일까지 리비아의 독립(1951년 12월 독립하여 리비아 왕국이 된다), ② 이탈리아령 소말리란드는 10년 이내에 독립하기로 하고, 그때까지는 이탈리아의 신탁 통치로 한다(1960년에 북부 영국령과 합쳐 독립하여 소말리아 공화국이 된다), ③ 에리트리아에 관해서는 결정을 보류하기로 승인되었다.[20]

이렇듯 이탈리아 식민지 처분에 즈음하여, 식민 제국 이탈리아의 지배 책임에 대한 반성 및 자각이 없었고 아프리카의 식민지에는 보상·배상을 전혀 하지 않았나. 이것은 자신의 식민지 독립 운동을 염려한 강대국들에게도 마찬가지였을 것이다. 요컨대 2차 대전의 전후 처리에서 식민지 문제는 빠져 있었던 것이다.

어쨌든 대일 강화회의에 참가할 것을 기대한 한국 정부는 1951년 4월 외무부에 대일 강화회의 준비위원회를 발족시킴과 동시에 강화 조약 초안(덜레스 시안)의 검토를 시작하였다. 그러나 한국을 조약 서명국으로 하는 미국의 방침은 영국의 반대와 일본의 요청에 따라 무너지게 된다. 5~6월에 행해진 미국·영국 간 협의에서 영국이 주장한 반대 이유들 가운데 하나는 일본과 한국은 일찍이 교전 관계가 아니었다는 것과 한국의 서명국 참가가 다른 아시아 여러 나라에 줄 영향이었다. 결국 6월 14일자 개정 초안에서 서명국으로부터 한국을 제외할 것이 결정되었다.[21] 7월 9일, 미국 국무장관 고문 존 포스터 덜레스(John Foster Dulles)는 주미

---

20) ダレス, 앞의 책, 85~87쪽.
21) 塚本孝, 앞의 논문, 97~98쪽.

한국 대사에게 "일본과 전쟁 상태에 있고, 게다가 1942년 1월 연합국 선언의 서명국인 나라만이 조약에 서명하기 때문에 한국 정부는 조약의 서명국이 될 수 없다"는 것을 통고하였다.[22]

이에 대해 한국 정부는 7월 12일에 "연합국 속에 한국을 포함할 것" 등을 요구하는 각서를 미국에 보내고, 18일에도 "한국을 대일전에 참가한 교전국으로 인정할 것"을 요청한 각서를 재차 제출하였지만 수용되지 않았다.[23] 한국이 주장하는, 임정을 중심으로 한 대일 교전론, 대일 선전포고론이 부정된 셈이다. 미국 국무성의 논평은 "2차 대전 중 미국 및 다른 주요국은 '한국 임시 정부'를 어떠한 지위를 가진 것으로 승인하는 일을 의도적으로 보류하였다. 당해 정부가 일본에 선전한 것 및 한국인 성원이…… 중국군과 함께 싸운 것은, 그러므로 우리의 견해에 따르면 아무런 의의도 가지지 못할 것"[24]이라 한 것이다.

1945년 8월 '미국의 작전부장 다노베 장군'과의 작전 협의를 위해 시안(西安)으로 간 김구는 그곳에서 일본의 항복 소식을 접했다. 우선 그는 수년 간 준비를 거듭해 온 미국의 원조 아래 광복군을 한반도에 침투시켜 일본군과 싸울 계획이 수포로 돌아가자 "아까운 생각이 들었다"고 한다. 그리고 "걱정스러웠던 것은 우리가 이 전쟁에서 어떠한 역할도 하지 못했기 때문에, 앞으로 국제 관계에서 발언권이 약해질 것이라는 점이다"라고 회상한다.[25] 그 불안이 적중한 것이다.

---

22) 위의 논문, 98쪽. 1945년 10월 시점에서 49개국이 된 '연합국'은 1948년 6월 시점에서는 58개국으로 늘어났는데, 한국은 그 중에 포함되지 않고 '특수 지위국(Special Status Nations)'으로 구분되어 있다(「聯合國 · 中立國 · 敵國及び特殊地位國等の定義に關する總司令部(GHQ) 覺書」, 『日本占領重要文書』 2권, 日本圖書センタ, 1989, 33~40쪽).

23) 高崎宗司, 『檢證日韓會談』, 岩波書店, 1996, 18~19쪽.

24) 塚本孝, 앞의 논문, 98쪽.

25) 앞의 책, 『백범일지』, 303쪽.

항일 전쟁기 임정의 최우선 외교 과제는 우방국·연합국으로부터 정부 승인을 받는 것이었다. 그러나 미국과 영국은 임정의 수차례에 걸친 승인 요청에도 불구하고 정통 정부라고 인정하지 않았고 '타국에 앞서 승인할' 것을 결정했던 중국 국민정부도 연합국의 사정에 규정되어, 끝내 임정을 정식으로 승인하기에는 이르지 못했다.[26] 또한 임정광복군과 미국군의 한반도 진입 공동 군사 작전 계획에서는 1945년 5월경의 훈련을 거쳐 8월 20일 이전에 함경도에서 남해 연안에 이르는(한반도 동해안·남해안) 어느 지점에 상륙할 것을 상정한 것이었는데, 실행에 이르지 못했다. 임정은 일본의 항복을 1946년 말 무렵으로 예상하고 있었던 것이다.[27] 김구가 원통해한 것이 바로 이것이다. 만일 광복군이 식민지 조선 상륙 작전에 성공히고, 일정 지역을 점거하여, 임시 정부가 해방구에 실효적 통치를 했더라면 상황은 달라져 있었을지도 모른다.

한국을 서명국에 포함시킨 조약 초안에 대해 일본 정부는 4월 23일 요시다(吉田茂)·덜레스 회담에서 "한국과 평화조약(Korea and the Peace Treaty)"이라는 제목의 문서[28]를 제출하고 반대를 표명하였다. 당시의 일본 외무성 조약국장 니시무라 구마오(西村熊雄)에 따르면, 일본의 주장은 "조선은 평화 조약의 발효에 따라 독립을 회복하는 것이고, 전쟁 관계도 없다는 점, 또 연합국으로 취급되면 재일 조선인은 연합국인의 지위를 취득하게 되고, 이로부터 발생하는 사회적 곤란은 심각할 것이라

---

26) 權寧俊, 「抗日戰爭期における韓國臨時政府と中國國民政府の外交交涉 － 民族政府の承認·獨立問題をめぐって」, 朝鮮史研究會, 2000년 2월례회 보고. 또 프랑스(1944년 8월 파리에 '개선'한 자유 프랑스[드골 정권])는 1945년 2월 임정의 정식 승인을 통고하였다고 한다. 사실이라면 연합국이 임정을 승인한 유일한 사례일 것이다.

27) 權寧俊, 「抗日戰爭時期における韓國臨時政府の軍事活動と中國」, 『現代中國』72호, 56~57쪽.

28) 小林知子, 「戰後における在日朝鮮人と'祖國'－朝鮮戰爭期を中心に」, 『朝鮮史研究會論文集』, 34호 16쪽.

지적하며 재고를 촉구"[29]했다고 한다. 특히, 한국이 서명국이 되면 "100만 명 이상의 재일 조선인 – 그 대부분은 공산주의자다 – 이 연합국 국민으로서 재산과 보상을 받을 권리를 얻는다"[30]는 점을 지적하였다.

일본 측의 요청이 어느 정도 효과가 있었는지는 불분명하지만, 본래 미국이 한국을 강화회의에 초청하고자 한 것은 식민지 지배에 의한 손해 배상을 요구하는 한국의 주장에 동조했기 때문이 아니라, 아시아의 반공 진영의 일원으로서 그 지위를 높인다는 관점[31]에서의 제안이었기 때문에, 일본의 반공적 강조에 이해를 표시할 여지가 있었다고 할 수 있다.

9월 4일 시작된 강화회의에서 덜레스는 다음과 같이 연설하였다.[32]

대한민국은 일본과 전쟁 관계에 있지 않았기 때문에 대일 평화 조약에 서명하지 않는다. 조선은 이번 전쟁의 훨씬 전에 비극적으로 독립을 상실하고, 일본이 항복한 후 겨우 독립을 회복하였다. 많은 조선인은 단호히 일본과 싸웠다. 그러나 그들은 개인이지 정부로서 인정받지 못했다. 그러나 조선은 연합국의 고려를 요구할 특수한 권리를 가지고 있다 …… 이 조약에 따라 연합국은 조선을 위해 일본의 조선 독립의 정식 승인과 대한민국에 있는 막대한 일본 재산의 대한민국 귀속을 획득시켜주고 있다. 또한 조선은 전후(戰後)의 무역·해운·어렵(漁獵), 그 외의 통상 약정에 관해 연합국과 대등한 지위에 놓인다. 이와 같이 조약은 많은 점에서 조선을 연합국과 같이 취급하고 있다.

덜레스가 은혜를 베풀듯이 생색내며 말하는 재한 일본 자산의 한국에

29) 西村熊雄, 『日本外交史』 27 · サンフランシスコ平和條約, 鹿島研究所出版會, 1971, 114~115쪽. 西村은 강화전권위원회 수행원.
30) 太田修, 「李承晚政權의 對日政策 – '對日賠償'問題을 中心으로」, 『朝鮮史研究會論文集』, 34호, 68쪽.
31) 위와 같음.
32) 西村熊雄, 앞의 책, 212쪽.

의 귀속이란 강화 조약 제4조 (b) "일본국은 제2조[한국을 포함한다] 및 제3조에 다루는 지역의 어느 쪽엔가 있는 합중국군정부에 의해, 또는 그 지령에 따라 이루어진 일본국 및 그 국민의 재산 처리의 효력을 승인한다"에 의한다. 재한 미군 정부가 1945년 12월 한국 내의 일본 자산을 몰수했다가, 1948년에 한국 정부에 그것을 위양한 것의 법적 확인이다. 이 조항만이 한국 정부가 요청한 사항의 강화 조약에 삽입된 것이고, 한국이 열망한 조약에의 서명, 일본과의 교전 관계의 인정(연합국의 일원으로서의 인정), 식민지 지배의 청산 등은 완전히 무시되었다.

3) 한일 회담에 대한 무효론

샌프란시스코평화조약 조인 직후인 1951년(소화 26) 9월, 연합국 총사령부 외교국장 윌리엄 시볼드(William J. Sebald)가 한일 양국 정부 사이에서 재일 조선인의 법적 지위 등의 문제에 관해 협의하도록 지시한 것을 쌍방이 받아들이고, 기타 문제를 포함한, 이른바 한일 국교 정상화 교섭이 시작되기에 이른다.[33] 10월 20일 제1차 예비회담이 도쿄의 연합군 총사령부 외교국 회의실에서 열렸다. 회의석상에서 한국 측 수석대표 양유찬(梁裕燦) 주미 대사는 다음과 같은 '벽두 성명'을 발표하고, 한일 회담의 '역사적 참 의의'를 역설했다.[34]

양유찬 대사는 그 첫머리에서 "우리는 지난날 범한 수많은 오류를 바로 잡음과 동시에, 장래를 구하고, 과거를 속죄하기에 충분한 프로그램을 만들기 위해 협력해야 합니다"라고 말하고, 또 역사의 잘못을 바로잡아,

---

33) 鹿島平和研究所 編·吉澤清次郎 監修, 『日本外交史』 28, 鹿島平和研究所出版會, 1973, 38쪽.
34) 中央日韓協會 譯, 「第一次日韓會談時の韓國代表聲明, 1951年 10月 20日」, 學習院大學 東洋文化研究所所藏 『友邦協會資料』.

과거를 보상하기 위한 프로그램 작성이 과제임을 지적하면서, 그것을 통해서만 "우리는 과거가 점차 사라져 없어지게 하고 무의미하도록, 양국 간 서로에게 만족을 안기는 속 깊은 미래 관계를 만들기 위한 협력을 기대하고 있다"는 말로 한일 회담을 평가했다.

양유찬 대사가 말하는 "우리의 역사는 생각만 해도 불유쾌한 1905년에서 1945년에 이르는 기간, 우리는 자가(自家)의 주인이 아니고, 자기가 바라는 기구를 만들 수가 없었던" 일본의 한국 지배를 그는 식민지 지배라고는 부르지 않고, "일본 점령"이라 말하고, 나아가 "우리는 그 긴 역사의 처음부터 지금까지 과거 일본인을 침략한 일이 없다. 우리는 또한 침략하려고도 생각하지 않는다. 일본인이 침략하여 한국민의 뜻에 반하고, 우리들 사이에 깊은 골을 만들었던 것이다. 현세대 중 우리 양 국민은 큰 전쟁을 하였다"고 말해 일본의 침략에 대항하여 한국 국민은 싸웠다고 규정했다.

또한 양유찬은 "우리 한국인으로서는, 그 마음으로부터 과거를 씻어버리려는 사람들이라 나는 단언할 수는 없다. 인간은 수동적인 석판(石板)이 아니기 때문에 사건을 기억에서 말소시키는 것은 불가능하고, 장부에서 지워버리는 일이 가능하다고 말하는 것은 빈말에 불과하다"라고 말했다. 즉, 과거 일본의 침략과 한국 국민의 저항의 역사를 망각하고 미래의 한일 우호 관계를 구축하는 것은 불가능하고 "과거가 미래에 되풀이되지 않을 것이라는 확실한 보증을 얻고," "과거의 대립과 불공정에 대체되는," "새로운 건설성과 권익"의 확립이 "한일 양 국민의 희망"이라 결론지었다.

양유찬의 연설은 '과거 청산'을 전제로 한 '한일 관계 정상화'의 필요를 주장한 것으로서, 정곡을 찌른 정당한 내용이었다. 하지만 그의 연설은 일본 측 대표(수석대표 이구치 사다오[井口貞夫] 외무차관, 교체 수석대표 지바 히로시[千葉皓] 외무사무관)들을 놀라게 했다. 회담에 옵서버로 출석했던 시볼드 외교국장은 "과거 40년에 걸친 조선에서의 일본의 행동에 대해 독설을 퍼붓고, 이것을 기소라도 할 것 같은 논조의 연설을 했다. 이 연설 중에서 그(양유찬 - 옮긴이)는 나아가 일본을 파산시켜버릴 정도의 거액의 배상 지불에 대한 요구를 포함시켰다"[35]는 인상을 가졌다. 교전 관계론을 부인하는 일본 측도 "너희와 우리와 싸운 일이 없지 않느냐, 원한이란 게 없지 않느냐, 하고 딱 잡아떼는 태도"[36]로 대응했다고 한다.

이정식(李庭植)이 지적한 것처럼, "1951년에 일본과 한국이 졸속으로 회담을 치른 것은 여러 의미에서 불행이었다. 양 국민 상호간에는 너무나 큰 감정적 격차가 있었을 뿐만 아니라, 회담 참가자들은 같은 전제 위에 서 있지 않았던 것이다. 한국의 의도는 장기간에 걸친 감정적 문제를 해결하고, 새로운 관계를 시작하기 위해 평화 조약을 체결하는 것에 있었지만, 일본은 재일 조선인이라는 긴급한 문제에만 관심을 갖고 있었던 것"[37]에 지나지 않았다. 이 때문에 출발점부터 양국이 지향하는 목표가 달랐다.

10회의 예비회담을 거쳐, 1952년 2월 15일에 제1차 본회담이 시작되고, 이후 중단을 포함하여 7차의 회담을 거쳐 1965년 6월 22일 「대한민국과 일본국간의 기본관계에 관한 조약」과 4협정의 조인이 이루어지기까지 13년 남짓한 세월이 걸리게 된다. 먼저 제1차 회담에서 과거의 인식과 배상 문제에 대해 한일 간에 현격한 차이가 있음이 드러났다.[38] 그것들은

---

35) シーボルト, 『日本占領外交の回想』, 野末賢三 譯, 朝日新聞社, 1966, 248~249쪽.
36) 愈鎭午·劉彰順, 「對談·交涉 10年, 會談 6回の 內幕」, 『思想界』, 1964년 4월, 臨時增刊号, 32쪽.
37) 李庭植, 『前後日韓關係史』, 小此木政夫·古田博司 譯, 中央公論社, 1989, 53쪽.

기본관계위원회·재산청구권위원회(제4차 회담 이후, 한국청구권위원회로 개칭)에 부쳐지게 되는데, 3월 5일에 한국이 제출한 「대한민국과 일본국 간의 기본 조약안」 제3조는, "대한민국과 일본국은 1910년 8월 22일 [한국 병합 조약 조인] 이전에 구대한제국과 일본국 사이에 체결된 모든 조약이 무효임을 확인한다"고 명기하였다. 일본은 그 삭제를 요구, 혹은 수정안을 제시했지만, 한국은 반발하여 양보하지 않았다.[39] 한국의 논리에서 보면, 과거의 규정과 침략자 일본의 사죄 확인을 전제로 하여 한일 회담이 진행되지 않으면 안 되었기 때문이다. 이에 앞서 일본이 제시한 「일본국과 대한민국 사이의 우호 조약 초안」에는 과거의 한일 관계를 언급한 조항이 없다.

　대일 재산 청구권 문제는 한국이 2월 21일의 재산청구위원회에 「재산 및 청구권 협정 요강안」을 제출하는 것에서 시작되었다. 오타 오사무(太田修)에 따르면, 그 내용은 1949년의 『대일배상요구조서』의 내용을 '축소,' '후퇴'시킨 것이라 한다.[40] 확실히 일본의 조선 지배에 대한 '배상' 청구라는 『대일배상요구조서』의 논리는 '후퇴'하고, 재산 청구권의 논리로 바뀌어 있기는 하지만, 원래 『대일배상요구조서』가 보여준 청구권의 내용은 36년에 걸친 일본의 조선 지배에 의한 피해에 대한 배상·보상이라기보다 재산 청구권에 가까운 것이었기 때문에 '후퇴'라고 하기에는 적

---

38) 한일 회담에 관한 일본 측 외교 문서는 미공개이고 불분명한 부분이 많지만, 한국 외무부의 의사록 등을 이용한 高崎宗司의 『檢証日韓會談』(岩波書店, 1996)이 현재의 연구 수준을 보여 준다. 이 글에서도 이 책에 많이 의존하고 있다.

39) 高崎宗司, 위의 책, 33~35쪽.

40) 太田修, 「李承晩の對日政策 − 對日賠償問題を中心に」, 『朝鮮史研究會論文集』, 34호, 72쪽. 오타는 그 후 "이승만 정권이 새롭게 대일 청구에 관한 조사를 했다는 흔적도 확인할 수 없다"(앞의 논문, 74쪽)고 하지만, 예를 들면 한국 정부가 1957년에 행한 '왜정시 피징용자' 조사(海野, 「朝鮮の勞務動員」, 『岩波講座·近代日本と植民地』5, 1993) 등도 있고, 1961년의 제6차 회담에서는 새로 총액 1423억여 엔의 청구(地金·地銀의 반환은 별도)를 행하였다(高崎宗司, 앞의 책, 120~121쪽).

당하지 않을 것이다. 바꿔 말하면, 샌프란시스코 강화 조약의 결과로 보자면, 전쟁 배상 청구를 '후퇴'시키고, 재산 청구권 명목으로 적게나마 피해에 대한 배상·보상의 형식을 취할 것을 주장했던 것이다.

일본은 이에 반발하고, 3월 6일의 회담에서 「재산 청구권 처리에 관한 일본 측 협정 요강」을 제출했다.[41] 일본인의 재한 재산에 대한 소유권은 소멸하지 않았다는 주장으로, 한일의 재산 청구권을 상쇄하려는 의도를 포함한다.

구 조약의 무효 확인과 재산 청구권 문제는 쌍방에 타협의 여지가 없고, 의견의 대립을 남긴 채 제1차 회담을 마쳤으나, 이후의 회담에서도 접근하는 일은 없었다. 오히려 대립 감정을 자극할 뿐이었다. 특히, 제3차 회담(1953)에서 이른바 구보타(久保田) 발언은 한국을 격노하게 하고, 이후 4년 반에 걸쳐 중단하게 만들었다. 구보타 발언은 일본인의 재한(在韓) 사유 재산에 대한 일본의 청구권에서 발단한다. 일본의 식민 지배를 미화한 망언이었는데, 실언이 아닌 것은 일본 정부가 발언을 옹호하고, 여론도 대체로 이것을 지지한 것에서도 나타나 있다.[42] 앞서 말한 파리 평화회의에서의 이탈리아의 주장과 맥을 같이하는 제국주의자의 식

41) 外務部政務局, 『韓日會談略記』, 外交問題叢書 9號, 1955, 379~381쪽.
42) 高崎宗司, 앞의 책, 51~61쪽. 구보타 발언에 관하여는 同, 『'妄言'의 原形 － 日本人의 朝鮮觀』, 木犀社, 1990, 224쪽 이하. 여론도 구보타의 발언을 시인하였다. 「朝日新聞」 1953년 10월 22일 사설 "遺憾なる日韓會談의 決裂"은 구보타 대표의 발언에서 시작해서, 추상적인 원칙론의 응수로 되고, 그 결과 한국은 구보타 발언의 철회를 요구하고, 우리 쪽은 이것에 응하지 않아, 단순한 말의 응수만으로 결렬의 사태를 야기하기에 이른 것이다. 정부 성명에도 있는 것처럼, 한국의 태도에는 "사소한 언사를 고의로 왜곡하여 회담 전반을 일방적으로 파괴했다고 보이는 대목이 있는 것은 진실로 유감이다"고 한국을 비난했다. 또 「讀賣新聞」 1953년 1월 2일 「韓日會談決裂을 どうみるか」라는 독자의 지상 토론 460통의 대부분은 "국제법과 관례를 무시한 한국의 일방적인 방식과 태도는 극히 의식적인 악의와 난폭으로 꽉 찬 것으로서 도저히 독립국, 우방으로서의 입장에서 용인할 수 없다. 온갖 평화적 수단을 집중하여 강하게 한국 정부의 강한 반성을 촉구해야 할 것이다"는 의견이 투고 전체를 통하여 압도적이었다고 집약하고 있다.

민 지배 정당화 신조였다.

이 때문에 제5차 요시다(吉田) 내각에 뒤이은 하토야마 이치로(鳩山一郎, 1954년 12월)·이시바시 단잔(石橋湛山, 1956년 12월) 내각도 구보타 발언을 철회하지 않았고, 한일 간의 대립을 염려하는 미국의 회담 재개 요청에 응하려고도 하지 않았다. 일본이 구보타 발언의 철회와 일본의 재산 청구권 철회를 발표한 것은 1957년 12월 31일이다. 정권은 기시 노부스케(岸信介, 1957년 2월) 내각으로 바뀌어 있었다.

제4차 회담이 시작되는 것은 이듬해 4월이지만, 여전히 양국 간의 대립은 완화되지 않고, 북한 귀환 문제, '평화선' 어업 문제 등을 둘러싸고 대립한다. 한·일이 국교 정상화를 향해 움직인 것은 1960년 4월의 '4·19 혁명'으로 이승만 퇴진 후의 총선거에서 정권의 자리에 앉은 장면 수상의 민주당 내각에서이고, 나아가 1961년 5월의 군사 혁명(쿠데타)으로 민주당 정권을 타도하고 군사 정권을 수립한 박정희 국가재건최고회의 의장(1963년 대통령 취임) 아래에서 적극적으로 추진되었다. 한국으로서는 1950년대 후반 이래 미국의 대한 원조가 감소하여, 국시로 하는 경제 발전에 지장을 초래했고, 일본으로부터의 자본 수입을 기대한 것이 최대의 동기이며, 한편 성장기에 들어선 일본 경제로서도 새로운 시장을 인접국에서 구하는 장점이 확실시되었다. 미국의 극동 전략에서의 한일 반공 진영의 강화에 대해서도 양국 정부에 이견은 없었다.

기시 내각은 '60년 안보'로 붕괴하고, 이케다 하야토 수상(池田勇人, 1960년 7월)으로 바뀌지만, 일본 정부는 한국이 요구한 '청구권 문제'를 해결하기 위하여, 청구권에 대신하여 경제 협력 자금의 제공이라는 방식을 취하고, 공식 회담(제5차·제6차) 외에 비공식적 연락, '정치 회담'을 계속했다.[43] 청구권에 대해 무상 3억 달러·유상 2억 달러로 합의한 그 유명한 「김·오히라(金·大平) 메모」가 작성된 것은 1962년 11월 12일이다. 한국이 당초부터 일본의 조선 지배에 대한 죄과의 배상으로 고집했던 청구권 문제는 이리하여 정치적 거래의 '어림잡은 액수의 돈'으로 합의를 본다는 기본선이 정해졌다.

그러나 또 하나의 과제인 과거의 규정과 공식적인 사죄 문제는 제1차 회담에서 의견이 대립한 이래 기본관계위원회에서 토의되는 일이 거의 없었다. 1961년 2월 3일의 한국 국회 결의[44]는 "정식 국교는 양국 간의 역사적 중요 현안의 해결, 특히 일본의 점령에 의해 우리가 입은 피해와 고통의 청산이 있은 후에 비로소 성립할 수 있다"고 되어 있다. 여기에서 말하는 점령이란 한국 병합 이래 1945년 해방까지의 '일제 36년'을 가리키기 때문에, 식민지 지배에 의한 '손해와 고통의 청산'을 요구하고 있었던 것이다. 그럼에도 불구하고 그 의안을 회의에 부치지 않았을 뿐만 아니라, 개최하지도 않았다. 겨우 기본관계위원회의 의제로 오른 것은 1964년 12월 3일 개회한 제7차 회담에서 한국 병합 조약 등 구 조약의 무효에 관한 조항 안에 관해서였다. 한국이 구 조약 조인 당초부터 무효를 주장한 것에 대해 일본은 반대하고, 결국은 최후의 결말을 짓기 위해 방한하는 시이나 에쓰사부로(椎名悅三郎) 외무대신과 이동원(李東元) 외무부장관의 회담에 위임되었다.[45]

시이나 외무대신이 굴욕 외교 반대의 성난 외침과 데모대가 소용돌이치는 서울에 도착한 것은 1965년 2월 17일이다. 즉시 조인되어야 할 조약

43) 1960년 10월~1961년 3월의 제5차·제6차 회담에서 대일 청구권을 둘러싼 교섭에 대해서는 吉澤文壽, 「韓日會談における對日請求權の具体的討議の分析」, 『一橋論集』 120권 2호, 1998년 8월; 吉澤文壽, 「韓日會談における請求權交渉の政治的妥結」, 『朝鮮史硏究會論文集』 36호 참조.
44) 高崎宗司, 앞의 책, 『檢証日韓會談』 112~113쪽; 李庭植, 앞의 책, 68~69쪽.
45) 위의 책, 160~164쪽.

문의 확인이 진행되었으나 구 조약의 무효 문제에 관해서는 제1차 회담 이래 조인 당초부터의 무효 = 불성립을 나타내는 의미로서 'null and void'를 주장하는 한국에 대해, 일본은 '장래를 향한 무효라는 표현'으로서의 'have no effect'를 주장하며 대립했다.[46] 주일 대표부 대사·한일 회담 수석대표였던 김동조(金東祚)에 따르면, 19일의 제2차 외무대신 회담에서 국면 타개를 위해 한국으로부터 '무효임을 확인하다'는 표현에 부사 'already(이미)'를 붙이는 타협안을 제시하고, 시이나가 "자신의 판단으로 이것을 받아들였다"[47]고 한다.

그러나 'already'의 삽입은 일본으로부터의 제안이었다는 이동원 장관의 한국비준국회에서의 답변(8월 8일) 쪽이 정확한 것처럼 생각된다. 이동원은 19일 "심야 1시경, 시이나 외무대신은 자기 개인의 소신으로 결심하고, 'have become null and void'까지는 양보해도 좋다"고 말했는데, 나중에 "null and viod를 받겠는데 그 전에 already를 넣으면 어떠냐"라고 제안했다. 거기에서 한국은 "국제법 학자를 통해서 조회"하거나 사전을 뒤지고 각 조약문을 뒤지고, "already를 넣음으로써, 당초의 의미 '원천적 무효'도 희미해지지 않는다"는 것을 확인하고 합의했다고 한다.[48] 경과가 구체적으로 이야기되는 만큼 진실성이 있다.

단 'already' 삽입의 제안이 한국으로부터인가, 일본으로부터인가는 중요한 문제가 아니다. 이동원은 "왜 일본인은 'already'라는 말을 집어넣으려고 했는가 …… 그들이 일본에 돌아가서 적당히 해석하기 위해서도 이를 반드시 넣어주었으면 좋겠다"고 말해, 그 자신도 'already'를 삽입함

---

46) 고려대학교 아세아문제연구소 편, 『한일관계자료집』(1976)에 「한일 간 조약과 제협정 비준동의안심사특별위원회 회의록」, 253~254쪽.
47) 金東祚, 『韓日の和解』林建彦 譯(サイマル出版社, 1993년) 325쪽.
48) 고려대학교 아세아문제연구소 편, 앞의 책, 282쪽.

으로써 이중으로 해석되는 것을 안 상태에서의 합의였다는 점이 중요하다. 이동원은 자신의 회고록 『한일 조약 체결 비화(日韓條約締結秘話)』에서, "우리는 우리 나름대로, 일본은 일본 나름대로 서로 유리하게 해석할 수 있는 여지를 남겼다"[49]고 진술하고 있다. 김동조도 역시 "무효의 시점에 대한 해석은 한일 각기 편의에 따라서 '코에 걸면 코걸이, 귀에 걸면 귀걸이' 식으로 말할 수 있는 여지가 마련되어 있었다"[50]라고 저서에 기록하고 있다.

2월 20일, 제2조(구 조약의 효력)를 "1910년 8월 22일 이전에 대일본제국과 대한제국 사이에 체결된 모든 조약 및 협정은 이미 무효임이 확인된다"[51]를 포함하는 기본 조약을 가조인, 다음 6월 22일 도쿄에서 한일 기본 소약 외에 어업·청구권·재일 한국인의 법적 지위·문화 협력 등 네 협정의 조인이 이루어지고, 각자의 국회 승인을 받게 되었다.

한국에서는 한일 조약 비준을 둘러싸고 여당인 민주공화당과 야당인 민중당이 정면으로 대립하였으나, 박정희 공화당 총재와 박순천(朴順天) 민중당 대표 최고위원의 청와대(대통령 관저) 회담으로 국회의 심의를 받게 되어, 7월 29일 임시 국회가 개회되었다. 8월 3일의 한일 간 조약과 제 협정 비준 동의안 심사특별위원회(이하 특별위원회)에서, 이동원 외무부 장관은 구 조약의 무효 확인에 대해 "근 반세기에 뼈에 사무치는 불행한 역사를 청산하였습니다. 다시 말씀드리면 과거 대한제국과 일본 간에 맺어졌었던 모든 치욕적인 조약은 우리 민족의 정기가 살아있는 한 당

---

49) 李東元, 『韓日條約締結秘話』, 崔雲祥 監譯(PHP硏究所, 1997) 98쪽.

50) 金東祚, 앞의 책, 325쪽.

51) 한국어로는 '제2조 1910년 8월 22일 및 그 이전에 대한제국과 대일본제국 간에 체결된 모든 조약 및 협정이 이미 무효임을 확인한다'이고, 'もはや'에 해당하는 한국어는 '이미'로서, 일본어와 같이 '旣に'를 의미한다.

연히 무효가 되어야 한다는 민족적 요구를 주장 관철하였으며"[52]라고 보고하고, 비준의 승인을 제안했다. 이에 대해 야당 위원으로부터 구 조약의 당초부터의 무효를 확인한 한일 양 정부의 합의 공문의 제시를 요구받은 이동원은 시이나와 주고받은 말을 설명하고, 이중 해석의 여지를 부여하는 문언(文言)이 된 것을 고백하지 않을 수 없었다. 김대중 위원(민중당)은 10일의 특별위원회에서 'already' 이 말을 넣기 때문에 지금 문제가 되는 것이에요. 그런데 이것도 모르고 넣은 것은 아니에요. 시이나 외상이 이 'already' 이 말을 가지고 샌프란시스코 강화조약부터 무효라고 일본 가서 궤변이라 할까요. 그런 해석을 할 수 있는 그러한 여지를 주기 위해서 우리 정부가 배를 맞추어서 해준 것이다[53]고 정부의 굴욕적 자세를 폭로하고 책임을 추궁했다.

청구권의 성격에 대해서도, 장기영(張基榮) 경제기획원 장관은 5일의 특별위원회에서 "청구권 협정의 전문에, 명백히 이것은 청구권 문제의 해결을 주로 하고, 부수적으로 그 결과로써 경제협력을 가미하게 된 것입니다. 정부는 소위 청구권인 경우, 그 근거와 증거를 제시해서 따지는 것보다는 일괄적으로 받아들이는 것이 유리하다고 생각했습니다. 그래서 제2항에 있는 소위 3억 불은 청구권이 아니라, 한 걸음 더 나아가 실질적으로는 배상적 성격을 가진 것"[54]이라고 밝혀 실질상의 배상임을 강조했다. 문덕주(文德周) 외무부 차관도 8일 열린 특별위원회에서의 보충 답변에서 다음과 같이 말했다.[55]

52) 고려대학교 아세아문제연구소 편, 앞의 책, 206~207쪽.
53) 위의 책, 323쪽.
54) 위의 책 242쪽.
55) 위의 책, 284~285쪽.

청구권에 대한 포기라든가 이러한 대가에 의해서 된 것이 아니라 이와 같이 원초적으로 무효로 하는 것을 조약에 합의하였음에도 불구하고, 그와 별도로 또한 저희가 가지고 있던 과거 관계에 입각한 청구원은 전부가 저희가 받아오게 되었으며 이것이 구체적으로 재산 및 청구권협정에서 전부 반영된 것이올시다. 따라서 저희 정부로서는 이것이 조금도 모순되는 것이 아니라 우리 민족의 정기를 살리고 법통을 살리는 목적을 관철하는 一方 또한 한국이 받아와야 될 권리를 거기에 하등 구속됨이 없이 다 받아오게 만든 이러한 이중의 효과를 거두었다는 것을 말씀을 드리고자 하는 것이올시다.

요컨대 구 조약의 무효 확인에 의해 과거를 청산하고 국권을 회복하였을 뿐만 아니라, 청구권 문제를 해결한다는 '이중의 효과'를 거두었노라고 말하고 있으나, 그것이 허위임은 이미 노정하고 있었다. 김대중은 앞의 발언에 이어서, 구 조약을 "합법화해 줄 수 있는 근거를 줌으로써 과거 우리 민족이 받은 고통과 피해와 고귀한 피의 대가를 요구할 수 있는 근거를 상실해 가지고 청구권이라는 이름하에 한 푼도 못 받고, 무상공여, 일본 사람이 말하는 독립 축하금이라는 사치스러운 이름으로 몇 푼 받게 된 것은 전부 여기에서 나온 것이다"[56]라고 말해, 구 조약 무효 규정의 애매한 처리와 무배상의 결과를 관련시켜, 조약 비준에 반대하는 입장을 분명히 했다.

정부가 목적 관철의 성과를 강조하면 할수록 말과 현실과의 격차는 확대되어, 정부의 굴욕적·저자세 밀실 외교를 비판하는 학생·시민의 반대 투쟁을 자극하였으나, 정부·여당은 8월 11일 심야 특별위원회에서 비준 동의안을 강행 채결, 다음날 13일 비준안을 공화당 단독의 본회의에 상정, 14일 공화당 일당의 국회에서 가결 성립시켰다. 실질적 심의가 이

---

56) 위의 책, 323쪽.

루어진 것은 10일이 채 못 되었다.

한편 일본의 비준 국회는 10월 5일 소집, 이례적인 기명 투표로 회기를 70일로 의결한 후, 중의원의 일본국과 대한민국 사이의 조약 및 협정 등에 관한 특별위원회(이하 중의원 특별위원회)를 설치했다. 위원회는 10월 25일부터 심의를 개시하고, 11월 6일의 특별위원회의 강행 채결(자민당)을 거쳐, 의장 직권으로 9일에 개회한 본회의의 '철야 국회' 후, 12일 미명, 가결했다. 이를 받아들여 참의원에서도 11월 13일 의장 직권으로 본회의를 개회, 한일 조약 등 특별위원회(이하 참의원 특별위원회)를 설치한 후 8차례 심의 끝에 12월 4일에 강행 채결, 11일의 본회의에서 자민 · 민사 양당만으로 가결 성립시켰다.

국회 심의의 내용은 다방면에 걸쳐있지만, 여기에서는 양원특별위원회의 심의 가운데 ① 일본의 조선 지배에 대한 사죄와 과거 청산 문제, ② 한국 병합 조약 등 구 조약의 무효, 즉 기본 조약 제2조 문제, ③ 청구권과 경제 협력 문제에 대해 살펴보고자 한다.

①의, 일본의 조선 지배 책임에 대해 사토 에이사쿠(佐藤榮作) 수상을 비롯한 관계 각료에게는 가해자로서의 자각이 완전히 결여되어 있었다. 물론 사토는 '불행한 과거의 역사'라는 말을 여러 차례 답변에서 입에 담았다. 그러나 이시바시 마사시(石橋政嗣, 사회당) 위원의 질문에 답하여, "과거를 천착하는 것도 너무 지나치면, 이제부터 수립해 가고자 하는 장래에 대해, 나로서는 좀처럼 개운한 기분을 갖기 어렵다, 이러한 점을 충분히 생각해주셨으면 좋겠다"[57]고 말했다. 사토는 역사를 망각하는 것을 '과거 청산'이라 부르고, 침략과 지배의 책임에 기초한 배상 · 보상을 생각하는 일은 결코 없었다.

---

57) 「衆議院日韓特別委員會會議錄」 10호, 1965년 12월 5일, 2쪽.

일본의 조선에 대한 가해 책임을 명확히 할 것을 요구한 것은 사회당 위원들의 다음과 같은 발언들이었다.

마쓰모토 시치로(松本七郎): 당신들이 반세기에 걸친 내륙 침략과 식민 통치의 역사적 죄악을 진심으로 반성했다고 한다면, 나는 이번과 같은 조약은 만들어지지 않았을 것이라 생각합니다.[58]

이시노 히사오(石野久男): 조선에 대한 태도에 관해서는, 역시 이 카이로 선언을 바탕에 두고, 그리하여 과거의 역사적인 반성 위에 선 입장에서 조선에 대한 외교 대책이라는 것이 나와야 하는 것 아닌가. ⋯⋯ 총리가 조선 문제에 대해 36년간의 지배를 반성하는 태도, 이와 같은 문제는 역시 염두에 두어야 함을 나는 강조하고 있는 것입니다.[59]

고바야시 다케시(小林武): 지금 독립한 두 개의 국가가 한반도에 있습니다. 그것은 불행한 일이나 실재합니다. 이 두 개의 국가에 대해 우리는 역시 과거에 식민지 지배를 했음을 숙고해야 한다고 생각하는 바입니다. 그들 자신도 ⋯ 과거의 누적된 치욕과 같은 것은 일본의 지배에 의해 나왔음을 말하고 있는 셈입니다.[60]

사회당 위원들은 일본의 조선 식민 지배에 대해 보상의 의미를 지닌 배상을 해야 한다고 하지만, 그 상대 국가는 "매판적(買辦的)인 군사 파쇼 박정희 정권"[61]이 아닌, "평화적인 통일을 만들어 가는 과정에서, 그 통일 국가가 생겨났을 때 일본과 조선이 평화 조약을 맺는 형식을 취하는 것이 가장 좋다,"[62] "36년 간 우리는 한국을 지배했다. 그 지배한 한국에 지금 우리들이 어째서 죄의 보상을 하는가라는 문제에 이르면, 역시 통일을 이

---

58) 위의 책, 10월 27일, 10쪽.
59) 위의 책, 10월 28일, 23~25쪽.
60) 「參議院日韓特別委員會議錄」 10호, 1965년 12월 4일, 4쪽.
61) 「衆議院日韓特別委員會議錄」 4호, 1965년 10월 27일, 10쪽, 松本七郎.
62) 위의 책, 5호, 10월 28일, 25쪽, 石野久男.

룬 한국, 그 한국의 평화와 행복을 만드는 방향으로의 조약임을 내세워야
한다."[63]는 것이었다.

사회당은 조선민주주의인민공화국(북한)이 1962년 12월 13일에 발
표한 일본·북한·한국 '3자 회담 방식'을 지지하고, 3자에 의한 동시 교섭
·동시 배상·동시 원조의 방향을 내세웠다. 그것은 정론이었으나 사회당
이 이에 맞추어 운동을 전개하려면, 좀 더 구체적인 정책 과제를 제시해야
만 했다. 하지만 그것이 결여되어 있었기 때문에 국민에게 파고들지 못하
여 대중적 지지를 얻을 수 없었다.

그 때문에 자민당(정무조사회장 아카기 무네노리[赤城宗德])의 "통일
이 되지 않으면, 가장 밀접한 관계에 있는 이웃 나라 한국과의 관계가, 언
제까지든 방치된 채로 있어도 좋다는 것입니까"[64]라는 반론뿐만 아니라,
한일 회담에는 반대였던 나카노 요시오(中野好夫)의 "이 주장은 그렇다
면 언제 통일을 실현할 생각인가라는 반론으로 교착 상태에 빠질 우려가
있다"[65]라든가, 오다 마코토(小田實)의 "남북통일은 언제 어떻게 해서 가
능한 것인가. 지나치게 다른 사람에게 떠맡기는 것 같은 느낌이 든다. 이
점에 대해 진보적 진영은 약간 느긋하고 지나치게 무책임한 것 같다"[66]라
는 비판을 받아야 했다.

②의 구 조약 무효 문제에 관해서는, 한국의 주장·해석과 일본 정부의
설명이 어긋나 있다는 사실에 초점을 맞춰, 위원들이 한국 국회의사록 등
의 자료 제시를 요구하였으나, 정부는 이러쿵저러쿵 변명하며 이에 응수
하지 않았다. 11월 1일의 중의원 특별위원회에서 이시바시 위원은, 8월

63)「參議院日韓特別委員會會議錄」6호, 10월 29일, 38쪽, 小林武.
64)「日韓條約贊成論·反對論の根據を問う」『朝日ジャーナル』, 1965년 10월 10일, 10쪽.
65) 中野好夫,「會談の打ち切りを」『世界』1964년 4월호, 195쪽.
66) 小田實,「第三の立場の上に立って」, 『世界』1964년 4월호, 205쪽.

3일의 한국 국회 특별위원회에서 언급된 이동원 장관의 설명을 소개하며, "일관되게 처음부터 없었던 [조약이 성립되지 않았다] 것이라는 주장을 관철했다. 일본은 한 걸음 한 걸음 양보하여, 그리고 우리 [한국]의 주장에 대해 마침내 굴복했다. 이렇게 그가 말하고 있습니다"[67]라고 말하고, 한일 간 견해의 불일치를 따졌다. 이에 대해 시이나 외무대신은 "null and void라는 말은, 용례에서 보자면, 단지 그것만으로는 당초부터 무효였다, 처음부터 없었던 것이다, 그런 식으로는 사용하지 않는 것 같습니다. …… 말의 사용 방법은 그렇다 치고, 아무튼 일본이 한국과 병합 조약을 맺고, 그리고 이것이[일본과 한국] 일체가 되었다는 것이 역사적 사실임은, 이미 분명한 사실이며, 아무리 저쪽에서 그러한 것을 주장한다고 해도, 우리로서는 성문의 해석상, 도저히 그렇게 되지 않는다는 것을 확신하고 있는 바입니다"[68]라고 대답하여 한국의 주장을 무시할 것을 표명했다. 시이나 방한에 동행한 외무성 아시아국장 우시로쿠 도라오(後宮虎郎) 정부위원도, 11월 27일의 참의원 특별위원회에서 "요컨대 과거에는, 한때는 유효했던 시기가 있었다는 것을, 확실히 알고 있어야 한다는 의미에서, already라는 자구를 넣음으로써, 적어도 한때 유효했던 시대가 있었다는, 우리 쪽의 입장을 표명했던 바입니다"[69]라고 시이나의 답변을 뒤따르고 있다. 우시로쿠에 따르면, 기본 조약 제2조 규정은 "이른바 정치적, 국내 정치적, 감정적인 의미"에 지나지 않고, 법률론이 아니라는 것이다.

이와 같은 정부 답변에 대해, 가메다 도쿠지(亀田得治, 사회당) 위원은 다음과 같이 발언했다.[70]

---

67) 『衆議院日韓特別委員會會議錄』 8호, 1965년 11월 1일, 3쪽.
68) 위와 같음.
69) 「參議院日韓特別委員會會議錄」 6호, 11월 27일, 8쪽.

앞서 대신(大臣)이나 조약국장이 답변한 것은, 사실은 사실로서 과거에 확실히 있었던 것이니까, 한국 측의 이해에 서든, 또 일본 정부 측의 이해에 서든, 결과는 변하지 않는 것이다. …… 나는 그렇게는 되지 않을 것이라 생각한다. 역시 한국 측과 같은 이해에 서면, 이것은 두 말할 것도 없이 36년 간 무권원(無權原)에서 완선히 진을 치고 단단하게 버티고 있었다. …… 당연히 그렇게 된다. 그러므로 그것은 단순히 하나의 청구 따위의 문제가 아니라, 그런 것이 되면 청구권을 넘어서는 제반의 여러 가지 문제가 예상되는 것입니다.

가메다는 한국 측이 말하는 조약 조인 당초부터의 무효 = 불성립과 일본이 말하는 일정 기간은 유효라는 것은, 법적으로 전혀 의미를 달리하고, 만일 당초부터 무효라 한다면, 일본의 조선 지배는 '무권원(無權原)'인 불법 행위가 되어, 그 처리는 청구권의 틀에서 처리하는 일은 불가능하다고 추궁했다. 그러나 시이나는 "이미 모두 양국 간에 청구권의 해결을 본 현 상황에서 말하자면, 실체적으로는 영향이 없고, 당신[가메다 위원]이 걱정하는 것과 같은 일은 없을 것입니다"[71]라고 받아 넘겼다. 시이나의 인식은 "처음부터 아무것도 없었던 것이다[구 조약의 원천적 무효]라는 것이 되면, 아무것도[일본의 조선 지배의] 잘못을 인정할 필요는 없다"는 것이었다.[72]

나아가 기본 조약 제2조와 관련하여, 11월 5일의 중의원 특별위원회에서, 이시바시 위원의 질문에 답하여 사토 수상은 한국 병합 조약은 "대등한 입장에서, 또한 자유의사로 이 조약이 체결되었다, 그렇게 생각하고 있습니다"[73]라고 말했다. 이 발언에 대해 이시바시는 제2차 '한일 협약'

---

70) 위의 책, 11월 27일, 9쪽.
71) 위와 같음.
72) 위의 책, 11월 27일, 8쪽.
73) 「衆議院日韓特別委員會會議錄」 10호, 11월 5일, 2쪽.

조인에 즈음하여 이토 히로부미 특파 대사의 한국 황제에 대한 강박 사실을 들어, "그러한 조약을, 대등한 입장에서 자주적으로 맺었다와 같은 의식으로는, 이것은 어찌되었건 선린 우호 등과 같은 것을 확립하는 일은 불가능하다는 것을 말하고 싶다"[74]고 수상의 잘못된 인식을 따졌다.

12월 3일의 참의원 특별위원회에서도 구로야나기 아키라 위원(黑柳明, 공명당)은 사토 발언을 확인한 뒤, 제2차 '한일 협약' 강제 조인의 사료를 소개하면서, "도의상으로도, 이웃 나라이고 친선 관계를 맺어야 할 조선 사람들, 그와 같은 사람들의 사정을 다시 한 번 생각하고, 어디까지나 경제 협력, 그러한 한 조각 형식에 그치지 말고, 좀 더 검토해서, 배상금을 지불한다든가, 혹은 그에 버금가는 원조를 한다는 생각이 여기에서는 나올 수 없는 것인가"[75]라고 의문을 제기했다. 구로야나기는 스스로 "이 조약을 무효라든가, 그러한 것은 말하지 않습니다"는 입장이기는 하지만, 식민지 지배에 대한 배상을 불문에 부친 한일 기본 조약 체결 과정에서 배상의 필요를 호소한 수적으로 적은 발언으로 기억해도 좋을 것이다.

③의 청구권·경제 협력 문제도 한일 간에 해석이 다르고, 한국에서는 무상 3억 달러 공여는 배상적 성격을 가진 청구권 문제 처리로 간주하였으나, 일본은 배상은 물론이고 청구권에 기초한 지불이라는 것도 회피하려고 했다.

10월 26일 중의원 특별위원회에서 요코미치 세쓰오(橫路節雄) 위원의 "이것은 청구권 처리를 위한 것입니까, 아니면 저개발국 원조입니까, 그도 아니라면 36년 간 한국에 대해 식민지 지배를 했다는 의미에서 지불하는 돈입니까?"라는 질문에, 시이나 외무대신은 "그것은 읽은 글자 그대

---

74) 위와 같음.
75) 「參議院日韓特別委員會會議錄」 9호, 12월 3일, 33쪽.

로, 경제 협력입니다"라고 거리낌 없이 답변하고 있다.[76] 또한 요코미치의 청구권 문제의 교섭 경과에 대한 질문에 대해, 후지자키 마사토(藤崎万里) 정부위원(외무성 조약국장)은 "새신 청구권 문제는 아무리 해 보아도 끝장이 나지 않고, 그런 까닭에 이를 바꾸어, 경제 협력을 행하고, 이것에 병행해서 재산 청구권 문제는 해결한 것으로 한다, 그러한 이해가 형성되어 왔습니다"[77]라고 답하고 있다. 청구권 문제는 매듭이 지어지지 않기 때문에 경제 협력으로 "바꾸어" 합의한 후, 사후적으로 청구권 문제를 "해결한 것으로 한다"라고 했으나 양자의 관련성은 없다고 말하는 것이다. 한국 측의 평가와는 차이가 크다.

요코미치는 준비해놓고도 발언의 기회를 얻지 못한 질문 내용을 「아사히(朝日)저널」에 발표했는데, 그 중에서 "내가 청구권 문제를 그렇게 집요하게 문제 삼은 것은, 한일 회담의 중심 과제인 청구권 그 자체의 처리를 하지 않고, 경제 협력이라는 애매한 형식으로 매듭짓는 것이, 장래 반드시 양국 관계에 큰 상흔을 남길 것을 우려했기 때문에 다름 아니다"[78]라고 밝히고 있다. 요코미치는 '과거 청산'의 금전적 표현인 청구권을 제쳐놓은 채로는 결말이 나지 않을 것임을 염려한 것이다.

단, 요코미치의 의견이 사회당의 당의(党議)에 따른 것인지 아닌지는 의심스럽다. 다른 사회당 위원의 발언과는 동떨어져 있기 때문이다. 도카노 사토코(戶叶里子) 위원[79]·이시바시 마사시(石橋政嗣) 위원[80]들의

---

76) 「衆議院日韓特別委員會會議錄」5호, 10월 28일, 15쪽.
77) 위의 책, 10월 28일, 16쪽.
78) 橫路節雄,「封じられたわたしの日韓質問」,『朝日ジャーナル』, 1965년 11월 28일호. 요코미치는 한국 측 자료에 의해 청구권 문제의 경위와 처리의 해석이 한일 사이에 커다란 차이가 있음을 지적함과 동시에, 경제협력이 일본의 대한 경제 침략으로 연결될 가능성이 있음을 실례를 들어 보여줄 예정이었다.
79) 「衆議院日韓特別委員會會議錄」6호, 10월 29일, 11~14쪽; 같은 책, 10호, 11월 5일, 18~19쪽.
80) 위의 책, 10호, 11월 5일, 16~19쪽.

발언은, 일본인의 재한 재산 청구권의 포기, 또는 그것을 희생해서 한국의 대일 청구권과 상쇄를 꾀한 것은 아닌가하는 의문이었다. 이시바시가 일본인의 "사유 재산을 돌려 달라, 이러한 정부의 자세는 모든 일본 국민의 공감을 받을 올바른 자세였다"고 진술하는 것은 쇼비니즘의 표출이다. 만일 일본에도 대한(對韓) 재산 청구권이 있었다 하더라도, 그것은 한국의 대일 재산 청구권과는 동질의 것이 아니다. 이시바시의 의견에는 가해와 피해의 관계로 파악하는 사고가 결여되어 있다.

또 자민당 의원 우쓰노미야 도쿠마(宇都宮德馬)는 "국회 심의에서는 당원으로서의 규율을 고려하지만, 국가의 불이익이 되는 경우는, 정치가로서의 입장을 중시하여 행동할 수 있다"는 생각에서, 당의 결정(党議決定)을 비판하는 의견서를 낭 총재에게 제출했다.[81] 우쓰노미야가 비준을 반대하는 이유의 하나는 다음과 같다.[82]

이 조약은, 전제적으로 일본으로서는 양보하는 바가 지나치게 많고 …… 무상 공여 외에, 한국에 부여하는 경제적 이익이 과다하며, 그로 인해 일본 국민이 치르는 희생이 너무 크다는 것으로 요약할 수 있다고 생각합니다. 무상 공여 3억 달러, 장기 저리의 차관 2억 달러, 기타 민간 차관의 틀 약 3억 달러 이상, 모두 합해서 8억 달러 이상의 금액은, 법적 근거가 있다고 인정되는 대일 청구권에서 보자면 부당한 거액이고, 한국 경제의 반제(返濟) 능력에 비추어 보건데 극히 위험한, 전망이 없는 투자라 해야 할 것입니다.

우쓰노미야는 의견서에서 일본의 '국익'이라는 말을 반복해서 사용하고, 한일 조약은 '국익'에 반하는 것임을 강조하고 있다. 자유주의자로

81) 三宅憲介, 「批准國會の內と外」, 『世界』 1965년 12월호, 89쪽.
82) 宇都宮德馬, 「日韓條約と日本外交−政府への意見書」, 『世界』 1965년 11월호, 54~55쪽.

알려진데다, 아시아에 깊은 관심을 보였던 우쓰노미야조차 국가 이기주의를 노출하고 있다는 사실이 놀라울 뿐이다.

또한 사족이기는 하지만, 한일 회담·조약에 관해 지식인들이 잡지『세카이(世界)』를 중심으로 한 발언 상황에 대해 살펴보고자 한다.『세카이』가 한일 문제를 본격적으로 다루게 된 것은 1961년 5월 한국의 '군사 혁명(쿠데타)' 이후다. 일본에서도 이케다(池田) 내각의 가장 중요한 외교 과제로 부상한 한일 관계란 무엇인가가 관심을 모으고 있었다.[83]

논점은 다면적이고, 논자의 지적과 제언도 여러 가지로 나뉘었다. 교섭 과정이 불투명하고, 조약안에 문제가 많다는 것을 지적했는데, 조인과 비준에 반대 혹은 신중한 대응을 바란다는 점에서는 거의 같았다. 그 중에서도 ① 극동 반공 군사 체제론, ② 박정희 정권의 성격과 한국 경제 문제, ③ 경제 협력 = 원조라는 이름의 일본 자본의 대한(對韓) 진출 문제 등의 면에서 한일 회담의 잘잘못을 따지는 논조가 두드러진다. 여기에서는 그러한 내용을 다루지는 않겠지만, 지적하고 싶은 점은 국교 수립의 전제임과 동시에 한일 조약의 주요 항목이 되어야 할 과거 일본의 조선 지배에 대한 사죄와 반성에 입각한 배상 문제가 대부분 빠져있었다는 것이다.

하타다 다카시(旗田巍)(도쿄도립대학 교수, 조선사)가 1962년 시점에서 다음과 같이 지적한 것은 주목할 만하다.[84]

83)『世界』의 한일 문제 특집·준특집은 1962년 12월호「アンケート － 日韓交涉をどう考えるか」11인; 1964년 2월호「日韓會談を檢討する」논문 9편; 1964년 4월호 특집「選擇を迫られる日本外交」(アンケート －「日韓會談に關する私の意見」17인, 공동 토의「日韓交涉の基本的再檢討」21인); 1965년 4월호 특집「一七度線と三八度線」논문 5편; 1965년 5월호 (日本の潮) 특집「日韓會談」; 1965년 9월호 특집「日韓條約調印以後」논문 4편, 르포 1편. 국회의 강행 채결 이후인 1966년에는 국회의 폭거를 비난하고, 민주주의의 위기를 우려하는 논설을 게재하여 한일 문제를 마무리 지었다.
84) 旗田巍,「韓國民衆の聲を重視せよ」,『世界』, 1962년 12월호, 90쪽.

한일 회담에 대해서는 여러 면에서 논의되고 있지만, 하나의 중요한 점이 간과되고 있다. 그것은 한국 민중의 요망이다. 한일 회담의 중심 의제인 대일 청구권 = 배상 요구의 배후에는, 과거 일본의 조선 통치에 대한 배상을 요구하는 한국 민중의 소리가 있다. 한일 회담의 추진론자도 반대론자도, 이 점을 회피하고 논하는 경향이 있다. …… 한일 회담 반대론자는 반공 군사 체제에 대한 반대를 말할 뿐이고, 군사 정권에 의해 억눌려 있는 한국 민중의 소리를 듣고도 모른척하고 있다. 배상 요구의 배후에 일본의 식민지 지배에 대한 민중의 분노가 있다는 사실이 망각되고 있다. …… 한국 민중이 요망하는 배상 문제를, 한일 회담 추진론자의 손에 의한 처리에 맡겨서는 안 되고, 회담 반대론자가 스스로 검토해야 한다.

하타다는 한국 민중이 요구하는 '일본의 조선 통치에 대한 배상'을 한일 회담 반대론자 스스로가 검토해야 한다고 호소하고 있다. 사람들이 이 지적을 정곡을 찌르는 일침으로 받아들여, 반대 운동을 추진했더라면, 사태는 다르게 전개가 되었을지도 모르지만, 그렇게는 되지 않았다. 그러나 한일 회담이 종국을 맞고, 한국에서 대일 굴욕 외교 반대 투쟁이 고양된 1964년에는 드디어 식민지 지배의 책임을 묻는 주장이 등장한다. 『세카이』 1964년 4월호 앙케이트 "한일 회담에 관한 의견"에 다음의 여러 사람들이 이렇게 대답하고 있다.

나라모토 다쓰야(奈良本辰也, 리쓰메이칸대학 교수, 일본사): 조선이 예전에 일본의 식민지였다는 사실과, 그로 인해 지금도 여전히 그 민족 위에 큰 희생의 족적을 남기고 있다 것은, 이 교섭을 추진하는 데 제일 먼저 고려해야 할 문제입니다.[85]

구로다 히사오(黑田壽男, 중의원의원, 사회당): 식민지화, 남북 분단과 오랫동안 조선 인민을 괴롭혀온 제국주의로부터의 해방이 무엇보다도 근본 문제다. ……

---

85) 奈良本辰也, 「'奇妙な交涉'に反對する」, 『世界』 1964년 4월호, 201~202쪽.

일제 식민지 지배의 책임을 회피해서는 안 된다.[86]

시카다 히로시(四方博, 기후대학 학장·조선사회경제사): 일본인은 조선 지배 50
년에 대한 속죄의 마음을 잊지 말 것 …… 한 민족이 다른 민족을 지배하고, 이용하
고, 자기의 이익을 위해 남의 이익을 경제적으로도 문화적으로도 비틀어 놓았다
는 사실, 이는 모든 변명을 무효로 하는 것입니다. 일본인은 자기의 선조와 자기
세대가 범한 부정(不正)을 사과하지 않으면 안 되고, 배상하지 않으면 안 되는 명
에를 짊어지고 있음을 통절하게 느껴야 할 터입니다.[87]

그러나 그 과제는 무거웠다. 후쿠다 간이치(福田歡一)는 강행 체결 후
에 열린 좌담회에서 이와 같이 말한다.[88]

한국 민중과, 일본안에서 이 조약에 반대하고 있는 사람들 사이에, 아무리 보아도
연대 같은 것이 없다. 문제는 민족과 민족과의 융화이지, 정권과 정권의 야합은 아
니라고 지적은 하면서도, 그 민족과 민족의 융화를 위해 긍정적으로 무엇을 할 수
있는가라는 문제에 대해서는 대부분 해결을 구하고자 하지 않은 채로 끝내왔다고
말하지 않을 수 없다.

국교 정상화 이전, 민간 교류의 기회가 적었던 시기에 '연대' 실현의
어려움이 있었다고 하더라도, 일본에는 51만 명[89]이 넘는 재일 한국·조
선인이 있고(1965), 그 법적 지위가 한일 회담의 주요 의제의 하나로 올라
와 있었던 때에, 같은 사회의 구성원인 일본인이 스스로의 문제로서 관심

---

86) 黑田壽男,「安保鬪爭の發展を」,『世界』1964년 4월호, 207~208쪽.
87) 四方博,「その前になすべきことがある」,『世界』1964년 4월호, 208~209쪽.
88) 討論,「戰後民主主義の危機と知識人の責任 - 日韓强行採結をめぐって」,『世界』1966
년 1월호, 13쪽.
89) 田村紀之,「戰後在日韓國·朝鮮人人口の推計」, 東京都立大學經濟學會,『經濟と經濟學』
55호, 88쪽.

을 갖는 일은 없었으며, 한일 조약을 반대하는 공동 행동에 나서는 일도 없었다.

또한 후쿠다는 『세카이』 1965년 10월호의 심포지엄[90]에서, 조약 반대 운동에서 야당이 취한 자세에 대해, "우리 국민적 이익의 기준이 보다 넓은 시야에서도 타당했는지 안 했는지에 대해서, 적어도 나 개인에게는 의문이 없는 게 아니다"고 말하고 있다. 후쿠다가 말하는 "보다 넓은 시야"란, 일본이 "한국과의 관계에서 식민지주의를 완전히 청산한다는 결의와 태도"를 전제로 하여, 한일 조약에 반대하는 한국 민중의 내셔널리즘을 이해하고, 반식민지주의를 사상 상의 공통 기반으로 삼아야한다는 의미다. 후쿠다는 이와 같은 입장에서 야당이나 반대 운동이 '배타적인 이익 감정'에 얽매어 있음을 비판했던 것이다. 그러나 그 배후에는 "조선 민족의 내셔널리즘을 그 깊은 골로 헤치고 들어가 파악하려고 하지 않는, 일본인의 조선관의 문제"인 "국민 측의 무관심"[91]이라는 무거운 납추가 있었다.

일본인의 무관심이라면, 마쓰모토 히로카즈(松本博一; 1961~1962년, 마이니치신문 한국 특파원)도 1963년에 간행한 『격동하는 한국』(岩波新書)의 서론에서 "대체적으로 일본인의 한국에 대한 자세는 무관심이거나, 그렇지 않으면 편견으로 삐뚤어진 관심을 가지고 있거나 이다. 이러한 방식은 당면한 '한일 교섭'이라는 외교 문제에 대한 일본인의 사고방식과도 관계가 없지 않다고 생각한다"[92]고 지적했다.

시카다 히로시(四方博)도 차별감 = 우월감 = 멸시감의 이면에 자리 잡은 일본인의 무관심 상황을 다음과 같이 분석한다.

90) シンポジウム, 「日韓條約とアジアの緊張」, 『世界』 1965년 10월호, 44쪽.
91) 福田歡一, 「韓日の友への手紙」, 『世界』 1965년 5월호, 99~105쪽.
92) 松本博一, 『激動する韓國』, 岩波書店, 1963, iii쪽.

일본인의 대부분, 특히 중년 이상의 사람들 마음속에는, 죄의식은 커녕, 오히려 조선인에 대한 차별감 = 우월감 = 멸시감, 그렇지 않으면 냉담한 무관심이 자리 잡고 있다. 그래서 이것이 일이 있을 때마다 조선 문제에 대한 공정한 판단을 방해한다. 위의 심리 상황은 적극적·소극적인 차이는 있을지라도, 모두 같은 뿌리에서 생겨나고 있다. 적극적인 차별감으로 스스로 어찌할 수 없게 되자 소극적인 무관심으로 도피하는 것이다.[93]

한일 조약 반대·비준 저지 투쟁이 고조되지 못하고, 강행 채결 후 급속히 퇴조해간 배경에는, 여기에서 말하는 것과 같은 일본인의 무관심과 무자각이 있었던 것은 부정할 수 없다.

알제리 독립 투쟁(1954~1962)으로 프랑스는 132년에 이르는 식민지 지배를 포기하고, 알제리는 독립했다. 실은 일본 제국주의도 조선에서 패배했지만, 실전적(實戰的) 패전의 기억이 없는 일본인은 대 영미전쟁에서 패한 결과, 식민지를 잃었다고 인식했다. 탈 식민지화 과정에서 서로 싸우는 것을 경험하지 않은 일본인의 조선에 대한 감각은 마비되어 있었던 것이다. 그리고 이 식민지주의의 극복과 해체의 과제는 현재 일본과 일본인의 과제로서 계속되고 있다.

어쨌든 한일 양국 모두 강행 채결에 의해 국회에서 통과시킨 한일 기본 조약과 부속 4협정은 12월 18일, 서울에서 비준서를 교환하고, 발효했다. 기본 조약 전문에는 '양국민간 관계의 역사적 배경 …… 을 고려하여'라는 문구가 있기는 하지만, 조약에 의해 청산해야할 과거란 무엇인가에 대한 규정은 없고, 일본의 사죄 표명도 없었다. 게다가 합의한 것으로 되어있는 중요 사항이 각각의 정부에 따라 해석을 달리하는 불완전한 합의에 따른 조약이었다.

93) 四方博,「日韓會談再開にみる新しい選擇」,『世界』1965년 2월호, 60쪽.

한일 조약은 국교 정상화를 가져오게는 하였으나, 이렇다 할 '과거 청산'은 하지 않았던 것이다.

2. 한 · 조 · 일의 역사 인식의 차이

1) 1990년대의 무효론의 새로운 전개

일본의 '전후 50년'에 해당하는 1995년(헤이세이 7)을 전후로, 다시금 일본의 식민지 지배 책임·침략 전쟁 책임을 묻는 기운이 고조되었다. 세기 말이기도 한 현재, 20세기는 아시아에게, 일본에게 무엇이었는가를 되돌아보는 논셜노 언론매체를 시끌벅적하게 하고 있다.

조선 문제에 관해서 그 실마리가 된 하나는, 1990년 5월 노태우 한국 대통령의 방일에 동행한 최호중(崔浩中) 외무부 장관이 외무대신 회담에서 일본 정부에 요청한, 전후·전중기 조선인 연행자의 명부 작성 자료의 제출 문제를 비롯한 조선인 강제 연행 문제, 이어서 '종군 위안부' 문제를 중심으로 한 한국인 등에 대한 일본 정부의 사죄·보상 청구 소송 운동이고, 또 하나는 1991년 1월부터 시작된 조선민주주의인민공화국(북한)과의 국교 정상화 교섭이다. 그것들은 모두 미해결이지만, 일본인의 조선 식민지 지배의 기억을 불러일으키고, 책임을 자각시켰다는 의미에서는 큰 의의가 있었다고 할 수 있다.

한국 병합 조약 등 구 조약 무효론이 다시 부상한 것도 이러한 흐름과 무관하지 않다. 그 계기는 1992년 5월 12일자의 한국 신문이 보도한 제2차 '한일 협약'(을사조약)의 조약서에 고종 황제의 서명이 없고, 게다가 전권 위임장을 갖지 않은 한국 외무대신과 일본 공사가 조인한 것으로,

조약은 국제법상 무효라는 것이 서울대학교 규장각에 소장된 문서로부터 밝혀졌다는 기사다. 발표한 사람은 서울대학교 교수 이태진(李泰鎭, 국사학)과 백충현(白忠鉉, 국제법), 인하대 교수 윤병석(尹炳奭, 국사학)이었다.

서울대학교 신용하(사회사) 교수는 그 발표를 바탕으로, 조약 체결권을 갖는 고종 황제의 승인을 얻지 못하고, 조인서에 황제의 서명, 옥새가 없으며, 대신의 기명 날인만으로 끝낸 을사조약 및 정미조약(제3차 '한일조약')은 조약서의 형식 요건을 빠뜨린 '허위 조약'에 지나지 않고 '원천적으로 무효'이기 때문에, "1905년~1945년의 일제의 불법 침략에 대한 배상도 추가로 요구하기 위한 한일 회담을 열어, 새로운 한일 기본 조약을 체결하도록 일본에 요구해야 할 것이다"라고 호소하는 논평을 발표했다.[94]

이들의 주장과 지적은 공과가 반반인 것처럼 보인다. 긍정적인 면은 구 조약 무효론이 처음으로 역사학(사료학)의 대상으로 채택되어, 무효의 이유가 학문적으로 제시된 것이다.[95] 그때까지의 무효론은 조약은 강제된 것이고 황제가 승인하지 않은 이상, 무효라는 점을 자명한 것으로서 여겨왔다. 그 때문에 조약 유효설의 입장을 취하는 일본과의 골을 조금도 메울 수 없었다. 그 점에서 역사학이 사료적 검토를 하고, 국제법학이 법적 평가를 내리는 대화의 길을 열었다고 할 수 있다.

덧붙여서 현재의 조약법 조약(1969년 채택된 '조약법에 관한 빈조약')에 입각하여 말하자면, 조약의 무효 원인일 수 있는 경우를 상정한 동 조

---

94) 신용하, 「을사조약은 국제법상 무효이다」, 『역사산책』, 1992년 6월호. 일본어 번역은 國際人權硏究會 編, 『一九〇五年'韓國保護條約'は成立していたのか』, 1993년, 38~42쪽에 의한다.
95) 선행 연구로서 윤병석, 「을사조약의 신고찰」, 『국사관논총』 23집, 1991을 들 수 있다. 糟谷政和 번역은 海野 編, 『日韓協約と韓國倂合』, 明石書店, 1995에 수록.

약 제2절 '조약의 무효' 중 '국가의 대표자에 대한 강제'에 대해서는,

> 제51조 조약에 구속된 것에 대한 국가의 동의 표명은, 당해국의 대표자에 대한 행위나 협박에 의한 강제의 결과 행해진 경우에는 어떠한 법적 효과도 갖지 않는다.

또 조약 체결권자인 한국 황제의 재가 또는 비준의 결여에 대해서는 '조약을 체결하는 권능(權能)에 관한 국내법의 규정'의

> 제46조 1 어느 국가도, 조약에 구속된 것에 대한 동의가 조약을 체결하는 권능에 관한 국내법의 규정에 위반하여 표명되었다는 사실을, 당해동의(當該同意)를 무효로 하는 근거(根據)로 원용(援用)될 수 없다. 단, 위반이 명확하고 또한 기본적인 중요성을 갖는 국내법의 규칙에 관계된 경우에는 이 제한에 해당되지 않는다.

이 중 특히 '단' 이하의 후반 부분의 규정이 '한일의정서'로부터 한국 병합 조약에 이르는 사이의 한일 제 조약의 체결 과정에 해당하는지 어떤지를, 사실에 바탕을 두고 검토하는 것이 과학의 과제로 등장한 것이다.

한편, 부정적인 면은 신문 보도의 잘못이다. 한국의 여러 신문은 전술한 기사와 함께 제2차 '한일 협약' 조인서 정본의 주한공사 하야시 곤스케(林權助)와 한국 외무대신 박제순(朴齊純)이 기명 조인(記名調印)한 부분의 사진을 게재하고, 이것에 고종 황제의 친서 압인(親署押印)이 없다고 했다. 근대 국가 간의 조약 조인서에 서명자는 특정한 전권 사절, 또는 수상·외무대신, 상대국에 주재하는 대사·공사이고, 국가 원수가 기명 조인하는 일은 우선 없다. 이태진에 따르면, 제2차 '한일 협약'에 황제의 비준서가 없다고 발표했는데 오보되었다고 하지만, 정정 기사도 없었기 때문에, 일반에게는 황제의 서명 거부의 증거로서 황제 기명이 없는 조인서라

든가, 전권 위임장 또는 비준서의 결여를 드는 쪽으로 방향을 틀게 하는 역할을 하게 되었다. 앞서 말한 신용하의 논평이 한국의 "5대신(을사5적)의 구두 동의와 박제순의 서명·날인을 하나 받았을 뿐으로, 정식 결정권자이고, 조약 결정권자인 황제 고종의 거부로, 황제의 승인, 서명, 옥새의 날인 어느 하나도 받지" 못했던 "'을사조약'은 '허위의 조약'임이 명백하다"는 것도 같은 전철을 밟고 있는 것이 되리라.

이러한 지적의 영향을 받아, 1995년 10월 16일의 한국 국회가 만장일치로 채택한 '대한제국과 일본제국 간의 늑약(勒約)에 대한 일본의 정확한 역사 인식을 촉구하는 결의문'도 "이른바 '을사5조약'은 당시 대한제국의 조약 체결권을 가진 고종 황제가 서명·날인하지 않은 것이 그 원본으로 확인되고 있다"고 하여, 제2차 '한일 협약'의 무효 확인을 일본 정부에 요구하고 있다. 여기에서 말하는 '원본'이 조인서 정본을 가리키는 것이라면, 잘못이라 말할 수밖에 없다.

눈을 북한으로 돌려 국교 정상화 교섭의 경과를 뒤돌아보면, 1990년 9월 28일 일본의 조선 지배의 청산과 전후 처리 문제를 해결하고, 북일 관계의 정상화를 촉구하는 3당 공동 선언(자민당·사회당·조선노동당)의 발표를 계기로 시작된 국교 정상화를 위한 정부 간 교섭은 같은 해에 이루어진 세 차례 예비회담에서 다음의 네 가지를 이듬해 1월 하순에 개시되는 본회의의 의제로 삼을 것을 결정했다. ① '북일 국교 정상화에 관한 기본 문제'(과거에 대한 일본의 공식 사죄), ② '북일 국교 정상화에 수반하는 경제적 문제'(배상 및 재산 청구권), ③ '북일 국교 정상화와 관련된 국제 문제,' ④ '그밖에 쌍방이 관심을 가진 문제'(재일 조선인의 법적 지위, 일본인 배우자 등).

제1차 회담(1991년 1월 30~31일, 평양)때 전인철(田仁徹) 단장(외교부 부부장)의 기자 회견에 따르면,[96] 북한은 ①에 대해 "일본의 과거 사죄 문제를 올바르게 해결하는 것과 동시에, 과거 조선에 강요한 모든 조약과 협정이 불법이고, 무효였음을 선언하도록" 요구했다. 또 ②의 배상 문제에 대해서는, "교전국간의 배상 형태와 재산 청구권(조선 측만의) 형태의 두 가지를 모두 적용해야 한다"고 제의했다. 그것은 "과거의 북일 관계가 역사적으로 보든, 법률적으로 보든 식민지와 종주국의 관계로서만 규정할 수는 없는데, 침략한 일본과 침략에 대해 싸운 조선과의 교전 관계로 일관하고 있기 때문이다"고 하여, 병합 이전부터의 반일 투쟁을 내세워, "특히 1930년대부터 김일성 장군의 지도 아래 조선인민혁명군은 항일 대전을 정식으로 선포하고, 15년간 일본군과 싸워 승리"했기 때문에, "언연히 교전 관계로 보아야 하고, 그에 준하여 과거의 조일 관계는 전쟁 피해에 관한 보상 형식을 기본으로 하여 총괄되어야 한다"는 이유에 의한 주장이다.

①, ②는 '과거'를 어떻게 인식하고, 규정하는가라는 기본 문제이지만, 일본은 '일본과 조선은 전쟁 상태에 있었던 것이 아니기 때문에, 일본이 조선에 대해 '배상'내지 '보상'을 해야 한다는 사고방식은 받아들일 수' 없다고 하고, 재산 청구권만이 문제가 된다고 반론했다.[97] 구 조약 문제에 대해서도, 일본 측은 "당시로서는 '유효'했다"는 일본 정부의 견해를 드러내는 데 그친 듯 하다.

제2차 회담(1991년 3월 11~12일, 도쿄), 제3차 회담(1991년 5월 20~22일, 베이징)에서도 ①, ②는 다시 의제가 되어 평행선을 달렸다. 북한 측은 제1차 회담 첫머리에 표명한 "의제 중 공식 사죄 문제와 보상 문제

---

96) 朝鮮人强制連行調査團 編, 『檢証・朝鮮植民地支配と補償問題』(明石書店, 1992) 143 ~150쪽.
97) 嚴正彦 編, 『國交樹立への道』, 朝鮮新報社, 1997, 82쪽.

를 논의하는 제2의제는 불가분의 관계에 있으므로, 양 의제를 병행하도록 제의하고, 이러한 문제가 해결되면 그 밖의 문제도 원만하게 해결할 수 있다"[98])는 자세를 유지했다. 이른바 도입부의 논의를 올바르게 해결한 다음 차례에 따라 개별 문제로 나아가자는 것이다.

제3차 회담(1991년 5월 20~22일, 베이징)에 전인철 단장은 "제1의제인 국교 정상화와 관련하는 기본 문제를 토의하고, 외교 관계의 수립에 먼저 합의한 후에, 제2의제인 보상 문제를 협의·해결하는 방식으로 하자"는 새로운 제안을 내밀어, 국면 타개를 꾀했으나, '전체를 일괄적으로 해결하고 정상화하려고' 하는 일본이 거부했기 때문에 진전이 없었다.[99]) 그뿐 아니라 제2차 회담 이후, 일본이 핵사찰 문제·이은혜 문제·남북 대화 문제 등을 제기하여 의사 진행을 방해한 탓에 - 의견 대립이야 어떻든 간에 - ①, ② 문제의 내용적 진전은 볼 수 없었다.

그런데도 제4차 회담(1991년 8월 31일~9월 3일, 베이징)에서 일본 측은 '기본 관계 조약'안을 제시했고, 제5차 회담(1991년 11월 18~20일, 베이징)에서는 북한 측이 '선린 우호 조약'안을 제시했다.[100]) 북일 양국 대표가 기본 조약의 기초안을 서로 제출한 셈이지만, 내용적으로는 상당한 격차가 있었던 것 같다. 제6차 회담(1992년 1월 30일~2월 1일, 베이징)에서, ①의 외교 관계 설정 문제의 일부가 공개되었지만, 일본 측의 구 조약 해석은 "과거 구 조선과 일본 사이에 체결된 조약은 모두 합법적으로 체결되었고, 유효하게 실시되었다"고 한 종래 주장의 반복이었기 때문에,[101]) 전인철 단장은 1월 30일의 기자 회견에서 '조약 체결의 전제가 되

98) 위의 책, 80쪽.
99) 위의 책, 88쪽; 조선인강제연행조사단 편, 앞의 책, 157~160쪽.
100)「朝日新聞」, 1992년 1월 31일, 2월 1일.
101) 嚴正彦 編, 앞의 책, 104~105쪽.

는 '공동 문서' 작성에 일본이 "공동 문서에까지 과거를 정당화하는 내용을 포함시키려 하고 있다"고 비판했다.[102] 다음날 31일의 교섭에서는 한국 병합 조약을 정당하다고 주장하는 근거를 제시하도록 요구한 북한 측의 추궁에 대해, 일본 측은 "국제법상 유효하다고는 했지만, 정당하다고는 말하지 않았다"고 하여,[103] 처음으로 부당성을 인정한 것을 엿보게 하는 발언을 했다.

이상을 통해 제4~6차 회담에서, '공동 문서'를 작성하고, 먼저 북일 간의 외교 관계를 회복하여, 그 뒤에 배상 및 보상 문제 등을 협의하는 방식이 모색되었음을 알 수 있지만, '공동 문서'의 핵심은 구 조약의 효력과 일본의 조선 지배의 성격 규정이었다.

나아가 제5차 회담 후 전인철 단장은 「아사히신문(朝日新聞)」 기자와 회견하고, "전시 배상에는 ① 패전국이 전승국에 지불하는 배상, ② 민간인이 입은 피해에 대한 보상이라는 두 가지 생각이 있"는데, "우리가 요구하는 것은 민간인 손해의 보상이다. 이번 교섭에서 확실히 규정했다"고 말했다.[104] 이 발언을 북한이 교섭 개시 당초에 제시한 교전 관계론으로부터의 '변화'로 볼 수 있을지 어떨지는 단정할 수 없으나, 이후 북한의 주장은 구 조약 무효 = 불법적 식민지 지배론으로 옮아갔다.

북한의 구 조약 무효론이 그때까지의 "일본이 구 조선에 강요한 조약·협정이란 거두절미하고 일본의 무력행사에 의해 강제적으로 만들어진 것이고, 총검의 위협 아래에서 맺어진 조약은 일본의 조선 점령을 외교적으로 합법화하기 위한 위장물에 지나지 않는다"[105]는 무력 강제 조약 무

---

102) 「朝日新聞」, 1992년 1월 31일.
103) 高崎宗司, 「日朝交涉の經過」, 隅谷三喜男·和田春樹 編, 『日朝交涉と緊張緩和』, 岩波書店, 1999, 31쪽.
104) 위의 논문, 30쪽.

효론에서 한걸음 더 나아가, 제2차 '한일 조약'의 조인 절차상의 결함과 형식상의 하자를 조약의 무효 원인이라는 주장은 제7차 회담(1992년 5월 13~15일, 베이징) 이후 두드러지게 나타난다. 그 배경에는 앞서 말한 한국에서의 제2차 '한일 조약' 조인서의 하자 문제 발표가 있었던 것이라 추측된다.

제7차 회담 후인 6월 20일, 북한의 연형묵(延亨黙) 정무원 총리가 1990년 가을 이후 개최되고 있었던 남북 고위급 회담의 한국 측 수석대표인 정원식(鄭元植) 국무총리에게 "구 조선과 일본과의 불법 조약 문제에 관한 대일 공동 대응을 제안한다"는 서간을 보내고, "일본 정부가 '을사5조약'과 '정미7조약'의 불법성을 인정하고, 그 무효를 선언하는 공식 선언을 발표"할 것 등을 요구하는 '공동 결의문'을 발표했다.[106] 또 북한의 전영률(全榮律) 조선역사학회 회장도 한국의 역사연구회에 이 문제와 관련하여 남북 역사가 회담 개최를 제안했다.[107] 7월 15일 사회과학원장 김석형(金錫亨) 등 7인의 역사학자가 연명으로 "일본 제국주의의 조선 점령을 합법화한 구 '조약'은 불법이자 무효인 허위 문서"[108]를 발표했다. 거기에는 제2차 '한일 조약'은 조약 체결권자인 황제의 사전 승인과 서명·국새 날인이 필요하다는 '조약 체결의 원칙과 규범'에 반하여 작성되고, 제3차 '한일 조약'도, 황제의 비준을 받는 일 없이 "친일 매국노인 이완용(李完用)의 도장만이 찍힌 아무런 효력도 없는 위조 문서"라고 기술하였다. "일본 제국주의가 조선에 대한 침략과 식민지 지배를 위해 만들어 낸 모든 '조약'과 '법'이 불법이자 무효인 문서"였음을 밝힌 북한 역사학자의 지적

---

105) 조선인강제연행조사단 편, 앞의 책, 153~154쪽.
106) 『월간 조선 자료』, 1992년 8월호, 2~4쪽.
107) 高崎宗司, 「韓國保護條約は無效か」, 國際人權研究會 編, 앞의 책, 32쪽.
108) 『월간 조선 자료』, 1992년 9월호, 27~34쪽.

이 이제야 남조선 역사학자에 의한 새 사료 발견에 의해 입증되었다는 것이다. 그리고 일본 정부에 대해 구 조약의 무효 확인과 조선 지배의 사죄·보상을 요구함과 동시에, 남조선 역사학자에게 공동으로 사실의 구명과 민족의 역사를 바로 잡는 작업을 실시할 것을 제안했다.

남북 역사학자의 연구 교류와 공동 작업이 실현되지 않은 것은 연구의 심화가 기대되고 있었던 만큼 아쉽다.

제8차 회담(1992년 11월 5일, 베이징)의 첫 발언에서, 이삼노(李三魯) 단장(전인철 단장의 사거로 제7차 회담부터 이삼노가 대신했다)은 일본이 주장한 구 조약 합법·유효론을 논박하여 다음과 같이 말했다.[109]

'을사5조약'을 비롯하여, 모든 구 '조약'이 당시의 우리나라(대한제국)의 법제와 일본의 헌법, 또 국제법적 견지에서 보더라도 아무런 법적 효력이 없는 휴지에 지나지 않는 것이고, 위조 문서로서, 조선의 주권을 빼앗고, 조선에 대한 식민지 점령, 지배를 실시하면서, 약 1세기 동안 세계의 양심을 속여 온 일본의 행위가 전대미문의 역사 위조 행위임을 남김없이 고발하고 있다. ······ 일본에 의한 과거의 역사 위조 행위가 폭로되고, '한일 병합 조약'과 '분리 독립'은 법률적 견지에서도 성립하고 있지 않다는 것이 확인된 조건 아래서, 일본이 지금까지 주장하던 '재산권 청구'론은 그 주장의 법률적 기초가 완전히 무너졌다고 보아야 하지 않을까?

바꾸어 말하면, 북일 간의 과거 청산에서 중요한 내용의 하나가 되는 보상 문제는 불법 무효의 구 '조약'에 근거한 해결이 아니라, 침략자와 피침략자, 가해자와 피해자 사이의 사실 관계에 근거하여 해결되지 않으면 안 된다는 것이다.

이삼노 단장의 주장은 대한제국과 일본과의 사이에는 아무런 법적 행위는 존재하지 않았음에도 불구하고, 일본은 역사를 위조하고, 불법적 식민지 지배를 해왔으므로, 보상 문제는 침략의 가해와 피해의 사실에 근거

---

109) 「歷史に對する日本側の誤った見解」, 國際人權研究會 編, 앞의 책 수록, 60~63쪽.

하여 해결되어야 한다는 것이다.

이와 같은 구 조약 무효 = 불법적 식민지 지배론이 교섭 개시 당초의 교전 관계론으로부터의 '변화'[110]로 볼 수 있을지 어떨지는 관계 문서가 미공개인 현재로서는 판단이 불가능하다. 북일 교섭은 이 제8차 회담에서 결렬되고, 7년 반의 중단 후 2000년 4월에 재개되었지만, 여기에서도 일본의 조선 지배 역사를 어떻게 규정할지가 먼저 논의의 대상이 될 것임은 확실하다 하겠다.

한편 역사 연구와 국제 정치가 서로 영향을 주고받는 가운데, 1993년 11월 한국에서는 민자당의 김영구(金榮龜) 총무, 민주당의 김태식(金台植) 총무 등 여야당 국회의원 20명이 '을사5조약·정미7조약·한국 합방 조약의 원천적 무효 확인에 대한 결의안'을 국회에 제출했다. 결의안은 수일 후에 방한이 예정되어 있었던 호소카와 모리히로(細川護熙) 수상과 김영삼 대통령과의 회담에서, "국제법상 을사조약은 효력이 없었고, 그것에 근거한 정미조약과 합방 조약은 성립하고 있지 않은 것이 역사적 사실이다"는 것을 "반영시키도록 요청하기" 위해서였지만, 민자당 당무위원회의 반대로 채택되지 않았다.[111]

그러나 구 조약의 무효 시기에 대해, 속임수의 이중 해석을 허락한 한일 기본 조약의 파기·재체결에 의한 일본의 조선 지배 청산을 요구하는 여론이 고조되어, 1995년 2월 학자·종교가 외 91개의 시민 단체가 참가하여 결성된 '올바른 역사를 위한 민족회의'는 한일 기본 조약 조인 30년째의 6월 22일 한일 조약의 파기와 재체결을 요구하는 건의서를 외무부에 제출했으며,[112] 7월 17일에는 민자당·민주당·자민련의 여야당 국회

110)「朝日新聞」, 1992년 5월 14일.
111) 海野福壽 編,『日韓協約と韓國倂合』, 3~4쪽.
112)「朝日新聞」, 1995년 6월 23일.

의원 25명이 한일 기본 조약의 파기와 일본의 식민지 지배에 대한 사죄, 한국 병합 조약의 무효 등을 명기한 새로운 한일 조약 체결을 요구하는 결의를 국회에서 채택하도록 요구하는 건의서를 국회의장에게 제출했다.[113)]

이 해는 '전후 50년'에도 해당되어, 일본 정부가 '한국 병합과 식민지 지배를 솔직히 반성, 사죄'[114)]할 것을 기대하고 있었던 한국은 6월 9일 일본의 중의원 본회의에서 채택된 '역사를 교훈으로 평화에의 결의를 새롭게 하는 결의(決議)'(전후 50년 국회 결의)에 실망했다. 한국 외무부 대변인은 "한국의 식민지 지배에 관해, 열강의 행위와 관련시켜, 직접적인 비판을 회피하려 하고 있음을 유감으로 생각한다"고 비판했다.[115)]

이러한 한국 측의 초조와 불안이 깊어지는 가운데, 10월 5일의 참의원 본회의에서 무라야마 도미이치(村山富市) 수상이 "한국 병합 조약은 당시의 국제 관계 등의 역사적 사정 속에서 법적으로 유효하게 체결되어, 실시된 것으로 인식하고 있습니다"[116)]라는, 이른바 무라야마 발언에 대해 한국과 북한은 격렬하게 항의했다. 문제는 때마침 "식민지 시대에는 일본이 한국에 좋은 일도 했다"고 말한 에토 다카미(江藤隆美) 총무청 장관의 이른바 보도 금지 발언과도 얽혀 분규하고, 한국 정부는 에토 장관의 경질을 촉구하는 이례적인 요구를 할 정도로까지[117)] 한일 관계의 긴장이 높아졌다.

10월 16일, 한국 국회는 앞서 언급한 '대한제국과 일본제국 간의 늑약(勒約)에 대한 일본의 정확한 역사 인식을 촉구하는 결의문'을 채택했다.

113) 「朝日新聞」, 1995년 7월 17일.
114) 「동아일보」, 1995년 6월 6일 사설
115) 「每日新聞」, 1995년 6월 11일.
116) 「參議院會議錄」 4호, 1995년 10월 5일, 19쪽.
117) 「每日新聞」, 1995년 11월 10일.

늑약이란 강제에 의한 약속이라는 의미다. 거기에서는 전문에 '무라야마 발언'을 '역사의 왜곡'으로 받아들이고, '이 이상 되풀이해서는 안 된다는 것을 강조하기 위해' 다음의 세 가지 점을 결의한다고 선언했다. ① 제2·3차 '한일 협약' 및 한국 병합 조약의 원천적 무효 확인, ② 일본의 역사 인식 시정, ③ 구 조약 무효 확인에 근거한 필요한 조치의 실행이 그것이다.

뒤이어 10월 26일에는 한일 기본 조약의 파기와 신 조약 체결을 요구하는 국회 결의안을 한국 국회의 3분의 1을 넘는 106명의 여야당 의원이 제출했다.[118] 그러나 '병합 조약은 우리 국민의 의사에 반하여 강압적으로 체결된 것으로, 원칙적으로 무효'[119]라는 견해를 표명하고 있었던 한국 정부지만, 한일 기본 조약 파기·재체결에 대해서는, "30년간 양국의 버팀목이 되었던 기본 조약의 재정립은 정부의 생각은 아니다"[120](이홍구 국무총리)라며 신중했다.

앞서 말한 '무라야마 발언'에서 발단된 한일 간의 긴장은 에토 장관의 사임(11월 13일)과 무라야마 수상의 '한국 병합 조약과 그에 앞서는 몇 개의 조약'은 '민족의 자결과 존엄을 인정하지 않는 제국주의시대의 조약'이라 평가하고, '깊은 반성과 마음으로부터의 사죄'를 말한, 김영삼 대통령에게 보내는 친서[121](14일)를 돌파구로 삼아 위기를 회피했다. APEC 오사카 회의 때 한일 수뇌 회담에 앞서 열린 외무대신 회담(15일)에서 공로명(孔魯明) 외무부 장관은 무라야마 친서를 "상당히 진지한 노력에 경의를 표한다"고 평가했다. 또한 양국이 민간 학자 차원의 공동 연구를 지

118)「朝日新聞」, 1995년 10월 25일, 26일.
119)「朝日新聞」, 1995년 10월 12일.
120)「朝日新聞」, 1995년 10월 27일.
121)「每日新聞」, 1995년 11월 15일.

원하고, 역사 인식에 대한 골을 메울 것을 제안했는데, 고노 요헤이(河野洋平) 외무대신도 이에 동의했다.[122] 그러나 한일 역사 공동 연구는 실질적인 진전이 없는 채 1998년 10월의 김대중 대통령의 방일을 맞이한다.

10월 8일의 한일 수뇌 회담 후에 발표된 공동 선언 '21세기를 향한 새로운 한일 파트너십'에는 오부치 게이조(小淵惠三) 수상이 "우리나라가 과거의 한 시기, 한국 국민에 대해, 식민지 지배로 막대한 손해와 고통을 주었다는 역사적 사실을 겸허하게 받아들이고, 이에 대해 통절(痛切)한 반성과 진심으로 사과한" 것에 대해, "김대중 대통령은 이러한 오부치 총리대신의 역사 인식 표명을 진지하게 받아들이고, 이를 평가한다"고 기술했다. 노나카 히로무(野中廣務) 일본 정부 대변인은 이날 기자 회견에서, 공동 선언은 "양국 간의 '역사 인식 문제'에 결말을 지은 것이다"라고 평했다고 전해지는데,[123] 그것은 틀린 것이 아닌가? 역사 인식은 정치가의 합의나 한 조각의 문서로 '매듭'지어 끝난 일로 봉인하는 것이 아니기 때문이다. 한국에서의 구 조약 무효, 한일 기본 조약 파기 문제는 현재로서는 겉으로 드러나는 움직임이 보이지 않지만, 일본 식민지 지배의 피해자인 조선 민족의 일본에 대한 불신의 응어리가 녹아 없어진 것은 아니다.

2) 합법성과 정당성

앞서 서술한 '무라야마 발언'을 둘러싸고 한국으로부터 비난을 받았던 무라야마 수상은 1995년(헤이세이 7) 10월 13일의 중의원 예산위원회에서, "내 답변에 대해서 약간 표현이 불충분했던 점도 있었다"라며 운을 땐

---

122) 「朝日新聞」, 1995년 11월 16일.
123) 「每日新聞」, 1995년 10월 9일.

뒤, "한일 병합 조약은 형식적으로는 합의로서 성립하고 있으나, 실질적으로는 당시의 역사적 사정이 배경에 있고, 그 배경하에 성립했다. 당시의 상황에 관해서는 우리나라로서도 깊게 반성해야 할 것이 있었다. 조약 체결에 임해, 쌍방의 입장이 평등했다고는 생각하지 않는다"고 해명했다.[124] 17일의 참의원 예산위원회에서도, 제2차 '한일 협약'과 한국 병합 조약이 "대등 평등의 입장에서 체결된 것은 아니다 라는 식으로 나는 생각하고 있습니다. …… 따라서 그것을 솔직하게 인정하고, 그리고 엄숙한 반성도 하면서 사과할 점은 사과"를 한다며 앞의 말을 보완했다.[125]

무라야마의 보충 발언은 30년 전의 사토 에이사쿠 수상의 한일 대등·자유의사 체결론을 전면적으로 부정하고, 무라야마가 같은 해 8월 15일에 '식민지 지배와 침략'의 '역사의 사실'에 대해 '통절한 반성의 뜻을 표시한' 수상 담화와 묶어서 생각하면 일정한 의미가 있었다. 그때까지의 역대 수상의 발언은 침략·식민지 지배 등의 말을 피하고, 애매한 과거의 규정 위에 추상적인 반성에 머물러 있었던 단계에서 한걸음 내디뎌서, 일본 정부의 역사 인식으로서 침략 전쟁, 식민지 지배를 정착시켰다고 말할 수 있기 때문이다.

그러나 무라야마는 구 조약은 법적으로는 유효하고 "형식적으로는 존재하고 있었다"하여, 일본 정부의 종전부터의 입장을 바꾸는 것은 아니었기 때문에, 한국 여론의 고양을 진정시킬 수는 없었다. 한국에서는, 일본의 사죄·반성의 증거는 구 조약의 무효성을 확인하는 것이라는 의견이 있다. "일본이 과거의 역사에 대해 진심으로 사죄할 생각인지 아닌지는 한일 합방 조약의 원천적 무효를 인정하는가의 여부에 달려있다."[126]

124) 「朝日新聞」, 1995년 10월 14일.
125) 參議院, 「豫算委員會議錄」 3호, 1995년 10월 17일, 35쪽.
126) 「중앙일보」, 1995년 10월 14일 사설, "한일 조약, 바른 해석 관철하라," 일본어 번역은

고 한다. 만일 그것이 사죄의 진위를 가리는 기준으로서, 역사적 사실의 검증과 논의의 전개를 봉쇄하는 것이라면 받아들일 수는 없다.

일본 역사학계에서는 한국 병합 조약 등 구 조약 무효론은 익숙하지 않다. "조약론으로서는 일본의 국제법 학자나 외교사 연구자 사이에서는, 당시로서는 유효했다는 견해가 통설"[127]이다. 한국·북한에서의 구 조약 무효론을 재빨리 일본에 소개하고, 정부 견해의 정정을 요구한 것은 다카사키 소지(高崎宗司)이지만,[128] 구 조약의 효력에 대해 다카사키의 판단이 반드시 명확하다고는 할 수 없다. 그는 "지금에서 보면 '무효'"[129] 라고 말하는 데 그치고 있다. 당시의 국제법 학자의 조약 형식의 규정, 다른 조약과의 대비를 하고, 제2차 '한일 협약' 체결의 부당성을 입증한 아라이 신이치(荒井信一)노 "오늘날의 관점에서 보면 유효하게 체결되었다는 식으로는 도저히 말할 수 없다"[130]고 한다.

이와 같은 '지금에서 보면 무효'론은 '당시로서는 유효'론과 같은 뜻이라고 받아들일 수 있다. 국제법은 현재 법규의 소급적 적용을 인정하지 않고, 그 당시 유효했던 법에 근거하여 판단하는 시제법(時際法)의 원칙이 있기 때문이다. 한국·북한의 무효설은 조인 당시의 국제법에 비추어 불법 및 무효라고 주장하고 있는 것이다.

이태진은 '한국 병합에 대한 일본 정치 지도자의 망언 형태'로서 다음의 두 가지를 들고 있다.[131]

『コリア・フォーカス』3권 5호.

127) 大畑篤四郎, "併合條約は有效か無效か,"「每日新聞」, 1995년 10월 29일.

128) 高崎宗司,『'妄言'の原形』, 木犀社, 1990, 252쪽 이하; 高崎宗司,『'反日感情' 韓國·朝鮮人と日本人』, 講談社, 1993, 176쪽 이하.

129) 高崎宗司,「韓國併合をめぐって─今から見れば'無效'」『週間金曜日』, 1995년 11월 17일호, 40~43쪽.

130) 荒井信一,「第二次日韓協約の形式について─批准の問題を中心に」『季刊戰爭責任硏究』12호, 17쪽.

(1) 병합은 어디까지나 동양의 평화를 위한 것으로, 도덕적으로나 법적으로 아무런 문제가 없다.

(2) 침략에 대한 도덕적·윤리적 책임은 있으나 법적으로는 문제가 없다.

(1)은 병합 당시 일본인의 인식이지만, 현재에도 망언의 진원지인 '자민당 우파'에 이어지고 있다.[132] 그에 대해 (2)는, (1)에서 동양평화론을 버리고 도덕적 과오를 인정하면서도, 여전히 법적으로는 문제가 없었다고 하여, (1)의 입장에 공통하는 인식이라 단죄하고, 그 전형을 '무라야마 발언'으로 보는데, 그뿐만 아니라, 일본에서는 '진보적인 입장'에 선 지식인의 인식이기도 하다고 주장한다. '무라야마 발언'이 있기 조금 앞서, 『韓國倂合』(岩波新書)이라는 책에서, "부당하지만 구 조약은 유효하고, 식민지 통치는 합법적 강제를 통해서 이루어졌다"라고 쓴 나도, 진보적 지식인의 한 사람으로 간주되고 있는 것 같다.

이태진으로 대표되는 많은 한국인이 한국 병합 조약 등 구 조약의 불법, 당초부터의 무효를 고집하는 이유 가운데 하나는 일본의 조선 지배가 불법이기 때문에 배상·보상을 요구할 권리를 갖는다고 생각하기 때문이다. 한국 병합 조약 불성립, 즉 일본의 조선 지배는 법적 근거를 갖지 않은 식민지 지배 = 강점(强占)이라 본 이태진은, "일본이 한국 지배의 불법성을 인정하면, 일본 정부는 36년 동안의 불법 지배에 대한 배상금을 한국에 지불해야 한다"[133]고 주장한다. 또는 '무라야마 발언' 문제 발생 후인

131) 이태진, 「일본의 대한제국 국권 침탈과 조약 강제」, 『한국사 시민 강좌』 19집, 일조각, 1996, 21~22쪽(「韓國倂合は成立していない」(上, 下), 『世界』 1998년 7·8월호는 이 논문의 일본어 번역이다), 이하 이 논문의 인용은 『世界』 1998년 7·8월호에 따른다.

132) 이태진은 그 예로서 歷史·檢討委員會(위원장 山中貞利) 編, 『大東亞戰爭の總括』, 展轉社, 1995를 들고 있다.

133) 이태진, 앞의 논문 「韓國倂合は成立していない」(下), 196쪽.

1995년 10월 31일, 한국 외무부 외교안보연구원이 주최한 세미나 '일본의 한반도 병합의 성격과 향후 한일 관계'에서 백충현(白忠鉉)은 "한일 합방의 국제법적 평가"라는 제목으로 발표했다.[134] 그는 국제법학의 입장에서, 제2차 '한일 협약'부터 한국 병합 조약에 이르는 기간에 일본이 한국에 강제한 모든 조약은 "조약 성립의 기본적인 요건을 갖추고 있지 않은" 무효 조약이라 전제한 뒤 결론 부분에서 "과거의 불법적 제 조약이 무효가 아니라, 어떤 시점에 이르러(예를 들면, 1945년) 효력이 정지된 것이라 한다면, 한국 정부는 신생 국가의 정부가 되어도 불법 지배에 대한 보상 청구권의 근거는 구할 수 없게 된다"고 논하고 있다. 조약 무효 = 일본의 불법적인 조선 지배임이 한국의 대일 배상·보상 요구의 유일한 법적 근거라고 보는 것이다.

그러나 이러한 주장은 2차 대전 후, 일본을 포함한 구 식민제국이 식민지 지배는 합법적으로 이루어졌기 때문에 지속적으로 사죄의 필요도 배상 책임도 없다고 말하면서, 반성조차 하지 않은 논리와 똑같은 사고틀 내에서의 뒤집기 식 논리 구성에 지나지 않는 것은 아닐까? 즉, 만일 조약 무효 = 식민지 지배 불법이라면 사죄·배상을 해야 하지만, 만일 조약 유효 = 식민지 지배 합법이라면, 사죄·배상을 하지 않아도 좋다는 배중율적(排中律的, 참도 아니고 거짓도 아닌 순수 논리) 논리는 '과거 청산'에 과연 유효한지 어떤지 의문스럽다.

가령 한국·북한에 대해, 일본이 사실 판단으로서 조약 무효 = 식민지 지배의 '불법'을 인정하여 사죄·배상을 실행한다 하더라도, 다른 한편 청일전쟁의 결과 1895년에 양국 간에 체결된 강화 조약에 의해 유효·합법

---

134) 백충현, 「한일 합방의 국제법적 평가」, 외무부외교안보연구원, 『일본의 한반도 병합의 성격과 향후 한일 관계』, 1995, 18쪽. 일본어 번역은 『コリア・フォーカス』 3권 6호에 따른다.

적으로 식민지화한 타이완에 대해서는, 일본이 사죄도 배상도 할 필요 없다는 것이 될 수도 있다.

물론 군대 위안부·강제 연행 등 식민시 지배 아래 일본이 저지른 수많은 위법 행위에 대해서는 법의 심판을 통해 정의를 회복해야 한다. 그러나 '불법적인 식민지 지배'와 '합법적 식민지 지배'를 구분하여, 전자에 대해서만 책임이 있다고 주장하는 것이라면, 그것은 오늘날 세계적인 규모에서 우리들에게 요구되고 있고, 2차 대전의 전후 처리가 눈을 감아온 식민지주의의 해체와 극복의 과제에 답하는 것은 아니라고 본다.

나는 그렇지 않고, '불법'이든 아니든, 사람이 다른 나라 사람의 의사(意思)를 지배하고, 민족이 타 민족을 종속시켰다는 의미에서 '부당한' 식민지 지배 — 정당한 식민지 지배는 없다 — 에 대해, 구 식민제국은 깊은 반성에 근거하여 사죄와 배상·보상을 실행하는 것이 '과거 청산'이라 생각한다.

졸저『한국 병합』에 대한 비판은, 본문 내용에 대해서가 아니고, 이 책의 후기에 쓴 "한국 병합은 형식적 적법성을 갖고 있었다. 즉, 국제법상 합법이고, 일본의 조선 지배는 국제적으로 승인된 식민지다"라고 말하는 곳에 집중했다. 다만 나는 계속해서 이렇게도 썼다.[135]

그렇지만 오해하지 말았으면 한다. 합법이라 함은, 일본의 한국 병합이나 식민지 지배가 정당하다는 것을 조금도 의미하지 않는다. 당시 제국주의 국가들은 분쟁의 해결 수단으로서 전쟁과 타민족 지배로서의 식민지 지배를 정당시하고 있었다. 그들의 합의적인 표현인 국제법·국제 관습에 비추어 적법하다는 데 지나지 않는다. 일본은 그 적법의 끈을 끌어당겨, 국제적 간섭을 회피하면서 한국을 침략하고, 조선 민족을 지배하여, '조선 인민의 노예 상태'(카이로 선언)를 만들어

135) 海野福壽,『韓國倂合』, 岩波書店, 1995, 244~245쪽.

냈던 것이다. 우리들이 생각해야 할 문제의 본질은, 병합에 이르는 과정의 합법성 여부가 아니라, 이웃 국가에 대한 일본과 일본인의 도덕성의 문제가 아닐까 생각한다.

그러나 내 기술이 불충분했기 때문에, 합법 = 정당이라 생각하기 쉬운 법치 국가의 시민으로부터 비판을 받게 되었다(최근의 주변 사태 관련법, 도청법, 일장기·기미가요의 법제화 등 반 헌법적 내용의 부당한 입법화에 의해, 합법성과 정당성과의 모순이 현재화하고 있지만). 그러나 지금 새삼스럽게 시작하는 논의는 아니지만, 국가지배·통치에서의 '합법성'과 '정당성'은 구별되어야 한다. '합법성(legality)'이란 이미 시인된 제 규정에 대한 형식적 합법성(적법성)이다. 즉, 내면성을 갖지 않는 데 대해, '정당성(legitimacy)'은 국가의 권력 행사의 대상이 되는 사회의 가치 기준에 근거하고, 그것에 들어맞는 것을 전제로 하고 있기 때문에, 몹시 내면적이다.[136]

국가 권력은 강제(gewalt)에 의해 지배의 바깥 틀인 법적 질서와 정치적 기구를 창출하여, '합법성'을 획득한다. 그러나 그 폭력적·외적인 억압만으로는 피지배·피통치자를 조직할 수 없다. 국가 권력에 복종하는 것을 당연하다고 여기는 피지배·피통치자의 의식의 형성 = 의사(意思)의 지배를 필요로 하는 것이다. '정당성'은 그러한 피지배·피통치자의 내면적 합의가 넓게 정착한 상황에 그 근거가 요구된다. 그 때문에 국가는 자신의 지배를 유지하는 법제·기구를 갖춤과 더불어, 피지배·피통치자의 암묵적 내지는 적극적 합의를 받아내기 위한 활동을 전개하거나 제도를

136) 笹川紀勝,「憲法學の課題としての國家論と侵略の問題 − 朝鮮植民地支配をめぐる'合法·不當'論の主張について」, 國際基督敎大學學報,『アジア文化研究』별책 7, 1997년 3월.

만들어 내는 일에 힘쓴다.

보통의 국가에서는, '합법성'과 '정당성'이 통합된 상태에서 국가 의사 (意思)의 지배가 관철되고, 사회적 질서는 안정되지만, 피지배 · 피통치자 측이 국가가 내거는 '정당성'의 논리에 대해 내면적 지지를 거부했을 때, '합법성'과 '정당성'은 괴리되고, 국가와 피지배 · 피통치자 측과의 대립은 필연적이다.

식민지에서는 식민제국이 지배의 '합법성'을 획득하더라도, 피지배 민족이 그 지배를 옳다고 생각하지 않기 때문에, 식민 국가는 지배의 '정당성'을 얻을 수 없다(일시적으로는 '정당성'을 획득하는 데 성공했다 하더라도). 조선 식민지화 및 식민지 지배에 일본은 국가적 강권과 제국주의 열강의 승인에 의한 '합법성'에 근거하여 식민지화를 달성하고, 실효적인 식민지 지배를 이루었지만, 조선 민족의 내면적 지지를 받아내고, 복종시키는 '정당성'을 갖지 못했다. 이를 잘 알고 있었던 일본 정부는 식민지화와 식민지 지배의 '정당성'을 획득하기 위해, 문명화론에 근거한 식민지 개발 · 문화 정책을 추진한다. 나아가 내선일체(內鮮一體) · 황민화 정책 등의 동화 정책으로 민족 간의 모순을 관념적으로 말살하고, 조선 민족으로부터 지배 · 복종의 합의 = '정당성' 획득에 노력했지만, 끝내 그것을 실현할 수는 없었다. 거꾸로 '정당성'은 조선 민족의 측에 있었고, 민중은 스스로의 '정당성'에 근거하여 민족 해방을 위한 항일 투쟁을 확신을 가지고 전개할 수 있었던 것이다.

따라서 합법을 주장함으로써 부당을 은폐할 수는 없으며, 정당을 강조함으로써 합법적 현실을 관념적으로 부인할 수도 없다고 생각한다. 그러한 의미에서 이 책도 이에 앞선 책(舊著)에서처럼 '합법 · 부당'론의 입장에 서 있다.

또한 이하에 전개하는 구 조약 무효론 비판은 1990년대에 이태진에 의해 주도된 역사학(사료학)의 분석 결과에 대한 것이지, 일제하의 조선 민족이 항일 투쟁의 속에서 배양되고, 해방 후의 한국 국민의 역사 인식의 근거로서 '정서'화하고 있는 무효론[137)에 대해서는 아니다. 편의상 전자의 역사학의 주장을 무효설, 후자의 민족적 주장을 무효론이라 부르기로 한다. 양자를 혼동하면 논리적 혼란을 부를 우려가 있다.

3) 조약의 여러 형태

　1990년대의 한국·조선민주주의인민공화국(북한)의 역사 연구가 한국 병합 조약 등 구 조약의 무효 원인을 강제 조인에서 구할 뿐 아니라, 조약의 형식 및 체결 절차에 중대한 하자가 있다는 것을 지적하고, 그 점에서도 구 조약이 당초부터 무효, 즉 성립되지 않았음을 논하게 된 것을 서술하였다. 그 후 같은 관점에서 연구를 진행한 이태진은 『세카이』 1999년 3월호에 「한국 침략에 관련하는 제 조약만이 파격이었다(韓國侵略に關聯する諸條約だけが破格であった)」를 발표했다.[138)

　이태진은 "일본이 한국에 강요한 협정 가운데, 외교권과 내정권의 위양, 병합 등에 관한 협정은, 반드시 정식 조약의 형식(전권위원의 위임장,

---

137) 이른바 무라야마 발언 문제로 한일 외교가 분규하고 있었던 1995년 11월 15일, 공로명 외무부 장관은 한일 기본 조약 제2조(한국 병합 조약 등 구 조약이 '이미 무효인 것이 확인된다')의 해석을 둘러싼 한일 간의 대립에 대해, "제2조는 법적인 문제가 아니라, 좀더 정신적, 상징적인 문제다"(「每日新聞」, 1995년 11월 16일, 같은 날 발간된 「朝日新聞」은 "법적인 문제라는 것뿐만 아니라, 좀더 정신적, 상징적인 문제다"라고 보도했다)라고 말한 것도, 일본 정부에 한국 국민의 감정을 이해하도록 요구한 발언이라 할 수 있다.
138) 이태진의 이 논문은 1998년 9월 19일 개최(一橋大學)된 한일 역사 공동 연구 프로젝트 제1차 심포지엄 보고(동 보고서[1999년 1월], 40~52쪽) 및 "한국 침략 관련 협정들만 격식을 어겼다"(『전통과 현대』 1999년 가을호)와 거의 같다.

비준서 교부)을 취하지 않으면 안 되는 대상이었음"139)에도 불구하고, "1904년 2월에 러일전쟁과 동시에 강요된 한일의정서로부터 한국 병합 조약에 이르기까지 한일 간에 체결된 주요 5개 협정이 외교 협정의 기본 요건 상 결격이 많기 때문에 한국 병합은 법적으로 성립했다고 보기 어렵 다"140)고 한다.

그러나 이 주장은 몇 가지 문제점을 안고 있는 까닭에, ① 외교권·내 정권 '이양(移讓)' 조약과 병합 조약의 형식은 전권 위임장 발급과 비준서 교환을 수반하는, 이른바 비준 조약이어야 한다는 주장은 타당한가? ② 청일전쟁 이전의 조일 간 제 조약(6건)만이 '정식 조약'(비준 조약)의 절차 와 형식을 갖추고 있었다는 지적은 옳은가와 같은 두 가지 점에서 이태진 의 설을 재검토하고, 아울러 메이지기 일본의 조약 체결 절차·조약 형식 에 대해 개관해두고자 한다.

일본 외무성 조약국이 작성한 「각국의 조약 및 국제 약속 체결의 절차 에 관한 제도」에 따르면, 비준의 필요·불필요를 비롯하여 조약 체결 절차 는 각국의 정체·제도·국내법과의 관련에 따라 다양하지만, "우리나라[일 본]에서는 비준 교환의 형식에 의해 체결하는 조약 외에, 폐하의 재가로 체결하는 국제 약속과 폐하의 재가를 받지 않고 정부차원에서 체결하는 국제 약속"이 있고,141) 다음 세 종류의 조약 체결 절차·조약 형식이 있다 고 한다.142)

제I종 '비준 교환의 형식에 의해 체결하는 조약'

139) 李泰鎭, 「韓國侵略に關聯する諸條約だけが破格であった」『世界』1999년 3월호, 257 ~258쪽.
140) 위의 논문, 249~250쪽.
141) 外務省 條約局, 『各國ニ於ケル條約及國際約束締結ノ手續ニ關スル制度』, 1924, 1쪽.
142) 위의 책, 1936, 284쪽.

제II종 '폐하의 재가로 체결하는 국제 약속'

제III종 '폐하의 재가를 받지 않고 정부차원에서 체결하는 국제 약속'(로마 숫자는 저자)

다만 앞의 책이 간행된 것은 1924년(1936년 개정)이고, 당초부터 모든 조약·국제 약속이 이에 해당하는지 여부는 의문이지만, 메이지기의 조약도 기본적으로는 이들의 분류에 속한다고 생각해도 좋다. 그러면 어떠한 경우의 어떠한 조약이 제I종 형식으로 처리되고, 어떠한 조약 혹은 국제 약속이 제II종 형식 또는 제III종 형식으로 다루어진 것인지, 그 기준을 보여 주는 문헌을 모르기 때문에, 부득이 메이지기의 주요한 조약 예를 검토하고, 귀납적으로 조약 유형을 찾아보면 다음과 같다.

제I종 형식 조약의 영문 명칭의 대부분은 treaty 혹은 convention이고, 조약 중에 비준 조항이 있는, 이른바 비준 조약이다. 다만 비준 조약일 경우 treaty 혹은 convention이라는 대응 관계는 없다. 예를 들면, 「미일 양국 난파선 비용 상환 약정」(Agreement concerning the Reimbursement of certain Specified Expenses incurred in consequence of Shipwrecks, 1880년 5월 17일 조인)의 경우는 Agreement이지만 비준 조약이고, "전권위원으로서 일본국 황제 폐하는 외무경 정4위 훈1등 이노우에 가오루(井上馨)를 임명하고, 미국 대통령은 궐하(闕下)[일본]에 주재하는 미국 특명 전권공사 존 빙험(John A. Bingham)을 이에 임명하고," 양 전권위원이 기명 조인하고, 그 비준 조항에 입각하여 1881년(메이지 14) 6월 16일 비준서 교환하였으며 일본에서는 같은 해 9월 28일에 공포되었다.

제I종 형식 조약의 전문에는 천황 및 상대국 원수에 의한 전권위원 임명이, 말문에는 그 전권위원이 기명 조인한다는 것이 기입된다. 또한 제I

종 형식 조약의 내용으로 ① 통상 조약, ② 강화 조약, ③ 영토 조약이 있고, ④ 다국 간 조약도 원칙적으로 제I종 형식을 취한다. 그러나 이상에 한정되는 것은 아니고, 예를 들면 러일 「어업 협약」(Convention de Pêche, 1907년 7월 28일 조인)은 제I종 형식의 비준 조약이다. 이 협약은 주러 공사 모토노 이치로(本野一郎)와 러시아 외무대신 알렉산드르 이즈볼스키(Aleksandr P. Izvol'skii)(외에 콘스탄틴 구바스토프[Konstantin A. Gubastov] 외무 차관) 사이에, 러일 「통상 항해 조약」(Traité de Commerce et de Navigation, 1907년 7월 28일 조인) 및 러일 「제1차 협약」(Convention de 1907, 1907년 7월 30일 조인)과 동시 병행적으로 교섭이 이루어졌다. 러일 「어업 협약」과 러일 「통상 항해 조약」을 전권위원 임명과 비준 조항을 기입한 비준 조약으로 한 것에 대해 역사적 관점에서 보면, 내용면에서 보다 중요한 내용을 담고 있음에도 불구하고, 러일 「제1차 협약」은 비준 조약이라 하지 않고, 제II종 형식으로 처리했다.

교섭 중인 1907년 4월, 하야시 다다스(林董) 외무대신은 러시아 측의 제안인 '제1차 협약' 전문 중의 문언을 수정하도록, 다음과 같이 모토노 공사에게 훈령을 내렸다.[143]

> 본 조약은 양국 친밀의 관계를 드러내는 성질의 것이기 때문에, 제국 정부는 사람을 적게 하고 그 형식을 완화하여, 그것을 체결하는 데 전권 위임장에 의하지 않는다. 오직 특별한 위임으로 하는 것이다. 따라서 그 비준 또는 비준 교섭의 규정을 두지 않아도 좋다. 그렇기 때문에, 조약 전문의 문구에 다음의 수정을 가할 필요가 있다. '일본국 황제 폐하'를 '일본국 황제 폐하의 정부'로 하고, '러시아국 황제 폐하'를 '러시아국 황제 폐하의 정부'라 한다. (중략) 조약의 말문은 다음과 같이 해야 한다. "위의 증거로 아래 이름 …은 각각 자국 정부의 위임을 받고, 본 조약에 서명 날인한다." 그 다음에 체결 장소 및 일자를 부기한다.

143) 『日本外交文書』 40권 1책, 122~124쪽.

여기서는 체결되어야 할 협정을 러일 황제의 비준 조약으로 하지 않고, 양국 정부 간의 협정이라 하였다. 따라서 전권 위임장과 비준서 교환을 생략하고, 서명자는 자국 정부의 위임으로 한다.

영일 「제1차 동맹 협약」(Agreement of Alliance of 1902, 1902년 1월 30일 조인)의 경우에도, 일본 정부가 "이 협약은 비준을 요하지 않는다"[144], "전권이 이번 경우에는 …… 불필요"[145]하다 하여, 훈령을 받은 하야시 공사가 벨치 외무 차관보와 협의하고, '전권이 불필요'한 조약 체결에 합의하였다.[146] 단 "영국 정부에서 무언가 특별한 이유가 있어, 전권을 바라는 사정이 되면, 일본 정부도 그 뜻을 천황 폐하에게 주청(奏請)을 해야 한다"[147]고 기술하고 있기 때문에, 일본 측도 반드시 제II종 형식에 고집하고 있었던 것은 아니다. 조약 형식의 선택은 상호의 합의에 따른다.

프랑스·일본 간의 「메이지 40년 협약」·「프랑스령 인도차이나에 관한 선언서」(Arrangement de 1907, Déclaration concernant l'Indochine française, 1907년 6월 10일 조인)의 경우도 똑같이, "엄격한 형식을 피하고, 그것을 체결하는 데 전권 위임장에 의하지 않고, 오직 특별한 위임에 의함으로써 이에 그 비준 및 비준 교환 절차를 생략할 수 있다"[148]는 일본 측 제안을 프랑스가 양해하여 제II종 형식의 협약이 맺어지게 되었다.

이들 조약은, 형식에 대해 러일·영일·프일 간에 협의가 이루어져, 제I종 형식이 아닌 제II종 형식이 선택된 예다. 왜 일본 정부가 제I종 형식

---

144) 『日本外交文書』 35권, 16쪽.
145) 위의 책, 23~24쪽.
146) 위의 책, 24쪽.
147) 위의 책, 23~24쪽.
148) 『日本外交文書』 40권 1책, 57~58쪽.

을 피하고 제II종 형식을 바랬는가는 분명하지 않지만, 추밀원에 대한 자문을 통례로 하는 비준 조약에서 정치 조약을 배제하는 일반적 경향이 있었던 것으로 생각된다.

제II종 형식은 천황 재가를 거친 정부 간 협정으로 광범위한 조약에 준용(準用)된 형식이다. 영문 명칭으로는 Agreement, Arrangement, Accord가 사용되는 경우가 많지만, 제2차 「한일 협약」(1905년 11월 17일 조인)처럼 Convention이 쓰인 예도 있다. 제II종 형식 조약 조문의 표준 문형은 전문에 체약국 양 정부가 협정을 맺는 것을 쓰고, 말문에 각각의 정부에서 위임을 받은 서명자가 기명 조인한다는데, 일부가 생략되는 경우도 있다. 국가 원수의 재가는 국내 행위이기 때문에 조약서에 나타나지 않는다. 서명자의 대부분은 조인지가 외국인 경우는 그 주재 대사·공사이고, 본국인 경우는 외무대신으로, 정부로부터의 전권 위임장 발급은 없고, "조인하는 쪽이 처리해야 할 취지가 담긴 훈령을 발표하는 데 그치는"[149] 것이 통례다. 공표는 외무성 고시 또는 잡지 『관보』의 관청 사항에 공시될 뿐이다.[150]

영일 「제2차 동맹 조약」(Agreement of Alliance of 1905, 1905년 8월 12일 조인)의 예를 보자.[151]

[전문] '일본국 정부 및 영국 정부는 1902년 1월 30일, 양국 정부 간에 체결된 협약에 대신하여 신 약관으로 할 것을 희망하고,

(1) (2) (3)…… (생략)

을 목적으로 하는 다음의 각 조를 약정한다'

149) 外務省 條約局 第1課, 『條約ノ締結, 批准及公布ニ關スル調書』, 1936년, 35쪽.
150) 『官報』 게재에 의한 제II종 형식 조약 공표에서 예외적인 취급은 우편 조약이다. 그 대부분의 명칭은 일본문에는 '約定,' 영문에는 arragement, agreement 등이 되고, 비준 조항은 아니지만, 『官報』에서는 조약란에 공시되었다.
151) 『日本外交文書』 38권 1책, 59~63쪽.

[말문] '위의 증거로서 아래 이름은 각기 정부의 위임을 받아, 본 협약에 기명 조인 하는 이들이다'

서명자는 '영국 주재 일본국 황제 폐하의 특명 전권 공사 하야시 다다 스'와 '영국 황제 폐하의 외무대신 랜스다운(Marquis of Lansdowne)'이 다. 정부 위임의 서명자에 대한 전권 위임장 발급은 이루어지지 않았고, 협약 최종안이 확정된 8월 11일 가쓰라 다로(桂太郞) 외무대신(임시 겸 임)은 하야시 공사가 '기명 조인하는 권한을 위임한다'는 것을 상주(上奏) 한 다음,[152] 재가를 얻어 같은 날 하야시 앞으로 기명 조인의 훈령을 타전 (打電)하였다.[153] 교섭에 앞서 5월 24일의 각의(=내각 회의)는 조약안을 결정하고, 같은 날 상주하여 재가를 얻었다.[154] 『관보』를 통한 공시는 러 일 「강화 조약」(Traité de paix)과의 관계로 인해 다소 지체되어 9월 27일 에 이루어졌다.

제III종 형식은, 비준은 물론 재가도 없고, 정부 간에 체결된 조약·국 제 약속이고, 교환 공문·행정 협정 등도 포함되기 때문에 건수로서는 가 장 많다. 영문 명칭은 Memorandum이 많이 사용되는데, 특별히 지정된 것은 아니다. 예를 들면, 「일본국 및 멕시코합중국 간 의료 자유업에 관한 협정」(Convention relative au Libre Exercice de la Profession de Médecin, 1917년 4월 26일 조인)은 Convention이라는 명칭을 붙이고 있 음에도 불구하고 "각의를 거친 것만으로 재가 및 자문[추밀원에] 없 이"[155] 처리되었다.

152) 위의 책, 58쪽.
153) 위의 책, 58~59쪽.
154) 宮內廳 編, 『明治天皇紀』第10, 吉川弘文館, 1974, 235쪽.
155) 外務省 條約局 編, 앞의 책 『條約ノ締結, 批准及公布ニ關スル調書』, 1936, 9쪽.

이상 메이지기의 조약 형식에 관한 세 유형을 개관했는데, 어떤 조약이 제I종, 제II종, 제III종 중 어느 형식으로 체결되는가는 이태진이 상정하는 것처럼, 그 조약의 내용이나 명칭에 따라 미리 결정되어 있는 것이 아니다. "국제법상 어떠한 조약 형식으로 할지는 당사자 간에 자유로 결정할 수 있는 사항이고, 어느 정도의 관행이 인정된다 하더라도, 반드시 내용이 규정하는 것은 아니다"[156]라는 것이 확인된다. 또 조약의 영문 명칭과 일본어 명칭은 획일적으로 대응하는 것은 아니라는 것에도 유의하고 싶다. 예를 들면, Convention은 일본어 명칭에서는 조약으로도 협약으로도 사용되고 있다. 조약국 제1과가 작성한 『조약의 체결, 비준 및 공포에 관한 조서』는 "Convention을 협정 또는 협약이라 번역한 것은 '조약'으로서 공포하는 것을 피하고자 하는 용어로 나온 것 같다"[157]고 쓰고 있다.

그렇다면 조일·한일 조약 가운데 제I종 형식에 속하는 조약은 어떠했는가?

「조일 수호 조규」(Treaty of Peace and Friendship between the Empire of Japan and the Kingdom of Corea, 1876년 3월 26일 조인)부터 「한국 병합에 관한 조약」(Treaty regarding the Annexation of Korea to the Empire of Japan, 1910년 8월 22일 조인)까지의 사이에, 일본이 조선·한국과 체결한 조약은 53건이라 한다.[158] 그 중 주요한 조약을 나타낸

156) 坂元茂樹, 「日韓は舊條約問題の落とし穴に陷ってはならない」『世界』1998년 9월호, 202쪽.
157) 外務省 條約局 編 第一課, 앞의 책 『條約ノ締結, 批准及公布ニ關スル調書』, 9쪽.
161) 1965년 11월 5일의 중의원 한일 조약 특별위원회에서 藤崎 조약국장은 "한일 병합 때에 효력을 잃어버린 것은 52건, 이 독립 때에 효력을 잃어버린 것은 병합 조약 1건뿐입니다"라고 답변하였다(『衆議院の日本國と大韓民國との間の條約及び協定等に關する特別委員會議事錄』10호, 11월 5일, 1~2쪽).

것이 표 2다.

표시의 조약 중, 제I종 형식, 즉 비준 조약으로서 확인할 수 있는 것은 (1) '조일 수호 조규'와 (4) '조일 수호 조규 속약' 뿐이다(이하 조약명 앞에 붙인 번호는 표 2에 표시한 것). 이태진은 「개항~청일전쟁 사이의 한일 간 제 조약의 구비 요건 일람표」[159]를 제시하면서, "이 표에 따르면 조일 수호 조규에서 한성조약까지의 6차[표 2의 조약 번호 (1)~(6)과 같다]는 모두 위임장 발포 및 이것의 확인, 비준서 또는 그에 대신하는 국서(國書) 가 발급된" 조약이고, "일본의 이러한 협상 자세는 국제법상 또는 국제 관례상 정당한 것이었다"[160]라고 평가한다.

이태진 논문의 목적은 '청일전쟁 전의 정당한 한일 간 협정'의 논증 자체에 있는 것이 아니라 그것과는 대조적으로 일본의 조선 침략이 본격화한 "1904년 2월[러일 개전]부터 1910년 8월[한국 병합 조약 조인]까지의 관련 5협정[표 2의 (9), (10), (12), (13), (16)]이, 전권 위임장과 비준서를 빠뜨린 것은 세계 조약사와 한일 간 협정사, 어느 쪽에 비추어 보더라도 이례적이고 파격적이었다는 사실"[161]을 밝히고, 이들 조약이 "결코 성립한 것이라 볼 수 없다"[162]는 것을 주장하는 점에 있다. 그러나 이태진의 지적에는 사실에 부합하지 않는 점들이 적지 않기 때문에, 앞서 본 조약의 세 가지 유형에 입각하여 조일 간 조약의 체결 과정을 재검토하기로 하자.

---

159) 이태진, 위의 논문 「韓國侵略に關聯する諸條約だけが破格であった」, 260쪽.
160) 위의 논문, 261쪽.
161) 위의 논문, 262쪽.
162) 위의 논문, 261쪽.

표 2. 일본과 조선·한국의 주조약 형식

조약명(일본의 통칭)	조인 연/월/일	조약 전문 주요어	전권위임장 유무	비준조항 유무
(1) 조일수호조규	1876.2.26	일본국정부/조선국정부	있음	없음
(2) 조일수호조규부록·통상장정	1876.8.24	일본국정부/조선국정부	있음	없음
(3) 제물포조약	1882.8.30	일본국/조선국	있음	없음
(4) 조일수호조규 속약	1882.8.30	일본국/조선국	있음	없음
(5) 일본 인민 무역 규칙 등	1883.7.25	-	(있음)	없음
(6) 한성조약	1885.1.9	대일본국대황제/대조선국대군주	있음	없음
(7) 조일잠정합동조관	1894.8.20	대일본·대조선 양국정부	없음	없음
(8) 대일본대조선 양국 동맹	1894.8.26	대일본·대조선 양국정부	없음	없음
(9) 한일의정서	1904.2.23	(주1)/(주2)	없음	없음
(10) 한일협약	1904.8.22	-	없음	없음
(11) 한국통신기관위탁에 관한 취극서	1905.4.1	일본국정부/한국정부	없음	없음
(12) 한일협약	1905.11.17	일본국정부/한국정부	없음	없음
(13) 한일협약	1907.7.24	일본국정부/한국정부	없음	없음
(14) 한국사법 및 감옥사무위탁에 관한 각서	1909.7.12	일본국정부/한국정부	없음	없음
(15) 한국경찰사무위탁에 관한 각서	1910.6.24	일본국정부/한국정부	없음	없음
(16) 한국병합에 관한 조약	1910.8.22	일본국황제폐하/한국황제폐하	있음	없음

외무성 편『日本外交年表竝主要文書』上, 外務省條約局 편『舊條約彙纂』3권, 田保橋潔『近代日鮮關係の硏究』上에 의해 작성.
(주 1)「대일본제국황제폐하의 특명전권공사 林權助는 … 상당한 위임을 받는다」
(주 2)「대한제국황제폐하의 외무대신 임시서리 육군참장 李址鎔은…상당한 위임을 받는다」

서명자		비준서 교환 연/월/일	공포 연/월/일(일본)
일본 측	조선·한국 측		
참의개척장관 黑田淸隆 외 1	판중추부사 신헌 외	(비준) 1876.2.27(조) 1876.3.22(일)	1876.3.22 (태정관포고)
이사관외무대승 宮本小一	강수관의정부당상 조인희		1876.10.14 (태정관포고)
주한 변리공사 花房義質	영의정치사 이유원	1882.10.31	1882.11.22 (태정관포고)
주한 변리공사 花房義質	영의정치사 이유원		1883.10.15 (태정관포고)
주한 변리공사 竹添進一郎	독변교섭통상사무 민영목		1885.1.21 (태정관고시)
외무경 井上馨	좌의정 김굉집		1885.1.21 (태정관고시)
주조공사 大鳥圭介	외무대신 김윤식		
주조공사 大鳥圭介	외무대신 긴윤식		1894.9.11 (관보게재)
주한공사 林權助	외무대신 임시서리 이지용		1904.2.27 (관보게재)
주한공사 林權助	외무대신서리 윤치호		1904.9.5 (관보게재)
주한공사 林權助	외무대신 이하영		1905.4.28 (관보게재)
주한공사 林權助	외무대신 박제순		1905.11.23 (고시)
통감 伊藤博文	내각총리대신 이완용		1907.7.27 (관보게재)
통감 曾禰荒助	내각총리대신 이완용		1909.7.24 (통감부고시) 1909.7.31 (관보게재)
총감 寺內正毅	내각총리대신 임시서리 박제순		1910.6.24 (통감부고시) 1910.6.30 (관보게재)
총감 寺內正毅	내각총리대신 이완용		1910.8.29 (공포)

먼저 (1)「조일수호조규」부터 보자. 1875년 12월 9일, 참의 구로다 기요타카(黑田淸隆)가 특명전권변리대신에 임명되고,[163] 이어 12월 27일, 원로원의관 이노우에 가오루(井上馨)가 특명부전권변리대신에 임명되었다[164]. 조선의 전권위원은 교섭 개시 직전인 1876년 1월 30일에 접견 대관에 임명된 어영대장 신헌(申櫶), 접견부관에 임명된 예조판서 윤자승(尹滋承)이다.[165]

정식 회담은 2월 11일부터 시작되었는데, 다음 12일에 일본은 조약안 및 비준 서안을 제시하고, 조기 조인을 강요하였다. 이후 비공식 절충을 포함하는 교섭이 이루어져, 27일(조인서의 일자는 26일) 조인하기에 이른다. 그 사이, 조선 국왕의 비준서 형식을 둘러싸고, 국왕 친서와 국새 압인의 전례가 없는 조선의 반대로 분규했는데, 최종적으로는 비준서에 조선 국왕 성휘(姓諱)를 친서하지 않고 '조선국 君主之寶'를 새로 주조하여 찍고, 조약 조인과 동시에 일본에 직접 건네주게 되었다.[166]

조약 전문에는 "일본국 정부는 특명전권변리대신 육군중장 겸 참의 개척장관 구로다 기요타카, 특명부전권관리대신의관 이노우에 가오루를 뽑아, 조선국 강화부에 이르고, 조선국 정부는 판중추부사 신헌, 도총부부총관 윤자승을 뽑아, 각각 받드는 바의 논지에 따라 논의하여 결정된 조관(條款)을 다음에 개열(開列)한다"로 되어 있다. 전권위원 임명자가 마치 양국 정부인 듯하지만, 당초 일본이 제시한 원안 전문(前文)의 주어

---

163)『日本外交文書』8권, 144쪽; 田保橋潔,『近代日鮮關係の硏究』上, 朝鮮總督府中樞院, 1940, 422~423쪽.

164)『日本外交文書』8권, 144쪽. 田保橋潔,『近代日鮮關係の硏究』上, 朝鮮總督府中樞院, 1940년, 422~423쪽.

168) 田保橋潔, 위의 책에 따르면, 2월 11일 제1차 회의에서는 '피아(彼我) 전권 위임장을 검토할 틈도 없고'(456쪽), '黑田·이노우에 正副 전권의 전권위임장도 제시하기에 이르지 않았다'(459쪽)라 한다. 조선의 전권 위임장 제시는 2월 20일인 것 같다(『日本外交文書』9권, 100쪽).

166) 田保橋潔, 위의 책, 502쪽.

는 '대일본국 황제 폐하'와 '조선국왕 전하'였다. 그러나 "황제 폐하라 칭하고, 국왕 전하라 칭함은 차등이 있는 것 같다. 따라서 일본국 정부, 조선 정부라 고쳤으면 좋겠다"[167]는 조선 측의 국가 원수 존칭 삭제 요구를 받아 들여 수정한 결과다. 전권 위임장 발급자는 정부가 아니라 천황과 조선 국왕임은 말할 필요도 없다.

또한 「수호 조규」에는 비준 조항이 없으나, 조선 국왕의 비준서는 조인과 동시에 일본이 수령하고, 조약 제12관에 "위에 의정된 11관의 조약, 오늘부터 양국 신수(信守) 준행(遵行)의 시작으로 한다"고 명시하여 즉일 실시하도록 했다. 천황의 비준은 3월 22일이고,[168] 같은 날 태정관(太政官) 포고 제34호로 공포되었는데, 조선으로의 비준서 전달이 지체되어, (4)「조일 수호 조규 속약」체결을 위해 조선에 건너간 외무대승 미야모토 고이치(宮本小一) 이사관이 7월 31일, 예조판서 김상현(金尙鉉)에게 전달하였다.[169] 비준서 교환은 이렇듯 동시가 아닌 변칙적으로 이루어졌다.

(4)「조일 수호 조규 속약」(Additional Convention, 1882년 8월 30일 조인)도 비준 조약이다. 이 조약은 임오군란의 선후(善後) 약정인 (3)「제물포 조약」교섭과 병행하여 이루어지고, 동시 조인되는데, 조약 형식으로는 양자가 명확히 구별되어, 「조일 수호 조규 속약」만이 비준을 요구한 조약이 되었다.[170]

임오군란 발생(1882년 7월 23일)에 앞선 1882년 4월 25일 천황은 조선국 주재변리공사 하나부사 요시모토(花房義質)에게 통상 조약 체결 교

---

167) 『日本外交文書』 9권, 98쪽.
168) 위의 책, 134쪽.
169) 위의 책, 221~224쪽.
170) 田保橋潔, 앞의 책, 824쪽.

섭의 전권을 주는 위임장을 교부하고,171) 조선 측도 통리기무아문사 김보현(金輔鉉)을 전권대관에, 김굉집(金宏集)[김홍집]을 전권부관에 임명하여, 6월 5일부터 협상이 이루어졌는데, 군란으로 교섭이 중단되었다.172) 속약 교섭은 그 재개로 간주되었다.

「조일 수호 조규 속약」 전문의 주어는 애매하고, 전권위원 임명의 기술도 없지만, 말문에 "양국 전권대신 각각 유지(諭旨)에 의거하여 약(約)을 세워 인(印)을 찍고, 다시 비준을 청하여, 2개월 안(일본 메이지 15년 10월, 조선 개국 491년 9월)에 일본 도쿄에서 교환해야 한다"고 되어 있어, 비준 조약임을 명기하고 있다. 서명자는 (3) '제물포 조약'과 같이 일본은 변리공사 하나부사 요시모토, 조선은 전권대신 이유원(李裕元), 전권부관 김굉집이다. 10월 30일 천황은 이것을 비준하고, 아울러 비준서 교환의 전권을 외무경 이노우에 가오루에게 주었다. 이에 기초하여 이노우에는 31일 일본을 방문 중이던 특명전권대신 겸 수신사 박영효(朴泳孝)·부대신 김만식(金晩植)과 비준서를 교환, 11월 22일 태정관 포고 제54호로 공포되었다.173)

이상의 2건, 즉 (1) 「조일 수호 조규」와 (4) 「조일 수호 조규 속약」만이 조일 간에 체결된 비준 조약인데, 이태진은 이것 말고도 (2) 「조일 수호 조규 부록 및 통상 장정」(Appendix to the Treaty of Amity and Friendship, 1876년 8월 24일 조인), (3) 「제물포 조약」(1882년 8월 30일 조인), (5) 「조선국에서의 일본 인민 무역 규칙」(Regulations under which Japanese Trade is to be conducted in Corea, 1883년 7월 25일 조인), (6) 「한성 조약」(Convention between Japan and Trade Corea, for

171) 『日本外交文書』 15권, 194쪽; 田保橋潔, 앞의 책, 664~665쪽.
172) 田保橋潔, 앞의 책, 665~666쪽.
173) 『日本外交文書』 15권, 297~298쪽.

the Settlement of Differences between the two Countries, 1885년 1월 9일 조인)도 비준 조약 또는 그에 준하는 형식의 조약으로 보고 있다. 그러나 앞서 말한 두 건의 비준 조약과 대비해 보면, 체결 절차·조약 형식상에 분명한 차이가 있어, 비준 조약이라 볼 수 없다.

(2) 「조일 수호 조규 부록 및 통상 장정」은 조선 개국 후의 통상 규정을 정한 조약인데, 교섭을 맡은 일본 측 대표는 외무대승 미야모토 고이치(宮本小一)다. 태정관은 1876년 6월 8일 미야모토(宮本)에게 이사관으로서 조선국 파견을 명하고,[174] 6월 28일, "조선국의 정부 위임의 중관(重官)과 협의 결정할" 위임장을 주었다.[175] 미야모토가 교섭해야 하는 조선의 대표는 "의정부의 인(印)이 있는 위임장과 김상현[예조판서]이 하관(下官)에게 준 조회문(照會文)을 지참한 관원"[176]이라 되어 있어, 실제로 의정부 당상(堂上) 조인희(趙寅熙)가 특차강수관(特差講修官)으로 임무에 임했다.[177] 여기서 주목되는 것은 당초부터 양국 정부 위임의 관원을 교섭 담당자로 삼은 것이다. 따라서 천황·조선 국왕으로부터 전권 위임장이 발급된 일은 없고, 미야모토에게는 태정관 위임장, 조인희에게는 의정부 전교등본(伝敎謄本)이 교부되었다.[178]

교섭은 8월 5일부터 시작하여, 같은 달 24일 미야모토 고이치·조인희가 「수호 조규 부록」 및 「조선국 의정 제항(諸港)에서 일본국 인민 무역 규칙」에 기명 조인했다.[179] 그것들은 「수호 조규 부록」 전문에 "일본국 정부는 이사관 외무대승 미야모토 고이치에게 위임하여, 조선국 경성에

174) 『日本外交文書』 9권, 216쪽.
175) 위의 책, 218~219쪽.
176) 위의 책, 218쪽.
177) 위의 책, 230쪽.
178) 田保橋潔, 앞의 책, 590쪽.
179) 『日本外交文書』 9권, 274~283쪽.

이르고, 조선국 정부는 강수관 의정부 당상 조인희에게 위임하고, 서로 회동하여 의정한 조관을 다음에 개열(開列)한다"라고 되어 있는 것처럼 정부 간 협정이었다. 따라서 비준 조항은 없고, 조인 당일 실시되었다. 이 태진이 작성한, 앞의 「개항~청일전쟁간의 한일 간 조약의 구비 요건 일람 표」에는 7월 31일에 비준서 전달이라 되어 있는데, 이 비준서는 앞서 밝힌 바와 같이 (1) 「조일 수호 조규」의 일본 비준서를 가리키는 것으로, (2) 「수호 조규 부록」의 비준서가 아니다. 「수호 조규 부록」등의 조인은 8월 24일(이태진의 표에는 4일이라 되어 있는 데 잘못이다)이기 때문에, 조인 이전에 비준서가 전달되는 일은 있을 수 없다. 이태진의 오인이다.

「조일 수호 조규 부록 및 통상 장정」은 10월 14일 태정관 포고 제127호로 공시되었다.

(3) 「제물포 조약」의 교섭은 앞서 서술한 (4) 「조일 수호 조규 속약」과 병행하고 있고, 이미 전권 위임장의 교부를 받은 하나부사(花房) 변리공사가, 임오군란 처리의 위임을 정부로부터 받은[180]것과 겹쳐, 약간 복잡한 양상을 드러낸다. 서울에 온 하나부사는 1882년 8월 20일 조선 국왕을 알현하고, 조선 측 전권위원 임명을 주청(奏請)하여 허가를 얻었다.[181] 27일, 조선 정부는 영의정 이유원(李裕元)을 전권대신에, 호조참판 김굉집[김홍집]을 부관에 임명하고, 정원전교등본(政院傳敎謄本)의 교부를 하나부사에게 전했다. 조선 측 위임장도 정부에서 발급한 것이다.

8월 30일 (4) 「조일 수호 조규 속약」과 함께 (3) 「제물포 조약」에 양국의 전권위원이 기명 조인하였다. 전자는 비준 조약이었는데, 후자는 비준서 교환을 필요로 하지 않는 정부 간 협정으로 하였다. 이태진에 따르

183) 田保橋潔, 앞의 책, 789쪽.
181) 위의 책, 806쪽.

면, "임오군란 때 일본이 입은 피해에 대해 조선이 배상한 것이었기 때문에, 배상 행위 자체를 비준한다는 것은 국가의 위신을 손상시키는 행위"[182]라는 이유에서 비준을 피하고, 비준에 대신하여 국서 제출로 한 것이라 한다. 그리고 10월에 일본에 온 전권대신 겸 수신사 박영효(朴永孝)가 천황을 알현하여 국서를 봉정(奉呈)[183](10월 19일)하였는데, 그것은 「제물포 조약」 제6항의 "조선국은 특히 대관을 파견하여 국서를 작성함으로써 일본국에 사죄할 것"에 의한 것이고, 국서를 비준서에 등치(等置)할 수는 없다. 비준 조약에서의 비준서 교환은 교환하는 것에 의미가 있고, 한쪽으로부터의 문서 제출만으로는 외교 행위로서의 비준의 의미를 갖지 않는다.

가령 사신 파견으로 국서·친서 제출이 비준서 교환에 대신할 수 있다면, (9)「한일의정서」(Protocol, 1904년 2월 23일 조인)에 대해, 조인 후에 보빙사(報聘使)로 일본에 온 이지용(李址鎔)이 4월 25일 천황에게 친서를 봉정하였으므로,[184]「한일의정서」도 비준 조약에 준한다고 해야 할 것이다. 그렇다면 이태진이 주장하는 청일전쟁 이후 체결된 조약의 법적 결함성에 대한 지적 일부를 스스로 무너뜨리는 셈이 된다.

(5)「조선국에서 일본인 무역의 규칙·조선국 해관 세목(海關 稅目)」은 지난 해 조선이 미국·영국·독일과 수호 통상 조약을 체결하고, 통상 기준이 정비됨에 따라 개정을 피할 수 없게 된 조일 간 통상장정(通商章程)으로 체결되었다.

1883년 3월, 외무경 이노우에 가오루는 주조(駐朝) 변리공사 다케조에 신이치로(竹添進一郎)에게 통상 장정 교섭 훈령을 내렸는데, 통상 장정

---

182) 이태진, 앞의 논문, 「韓國侵略に關聯する諸條約だけが破格であった」, 261쪽.
183) 『日本外交文書』15권, 294~296쪽.
184) 宮內廳 編, 『明治天皇紀』第10, 712~714쪽.

은 기본적인 국가 간 조약이기 때문에, 4월 이노우에는 교섭 권한 부여를 산조(三條) 태정대신(太政大臣)을 통해 주청하고, 재가를 얻은(28일)[185] 후, 다케조에(竹添) 변리공사에게 '통례의 절차로서' 교섭할 것을 위임하였다. 다케조에는 조선국 고용의 통리아문협판교섭통상사의(通利衙門協辦交涉通商事宜) 게오르그 폰 묄렌도르프(P. Georg von Moellendorff)와의 협의를 거쳐, '조선 정부 위임지 전권대신(朝鮮 政府 委任之 全權大臣)'[186]에 임명된 독판교섭통상사무 민영목(閔泳穆)과 7월 18일부터 교섭을 개시하고, 7월 25일, 무역 규칙·해관세(海關稅)에 다케조에와 민영목이 기명 조인하였다. 양 조약 모두 전문은 없고, 무역 규칙 말문에, "위의 증거로서 양국의 전권대신, 이 조약에 이름을 쓰고 인(印)을 찍는 것이다" 하고, 해관 세칙 말문도 "위의 증거로 양국의 전권대신, 이 세목에 이름을 쓰고 인(印)을 찍는 것이다"로 되어 있다.

모두 정부 간 협정이기 때문에 비준 조항은 없으나, 무역 규칙 제42관에 "이 규칙은 조인한 날로부터 100일 내에 일본·조선 양 정부의 인준을 거쳐야 하는 것으로, 위의 100일 경과 후, 곧 그것을 실천할 것"이라 되어 있고, 9월 27일에 양국 정부 인준, 10월 15일, 태정관 포고 제34호로 공시되었다.[187] 조인 후 100일의 기간을 두고 확인한 것은 정부 '인준'이고, 천황·조선 국왕의 비준은 아니다.

(6)「한성 조약」도 또한「메이지 17년 경성폭도사변[갑신정변]에 관한 선후(善後) 약정」인데, 다케조에 관리공사가 정변에 깊이 관계하고 있었던 것에 더하여, 사변의 진압에 청군이 출동함으로써 선후책이 복잡해졌다.

185)『日本外交文書』16권, 281~282쪽.
186) 田保橋潔, 앞의 책, 669쪽.
187)『日本外交文書』16권, 261, 267쪽.

일본 정부는 1884년 12월 4일의 쿠데타 발생(8일 진정 국면)에서부터 2주 후인 12월 19일의 각의에서 대응책을 결정하였다. 그것에 기초하여 천황은 외무경 이노우에 가오루를 특파전권대사로 조선에 부임하도록 명하고, 21일 조선 국왕에게 보내는 국서 및 대조선 · 대청 교섭을 위한 전권 위임장을 내렸다. 1885년 1월 3일 서울에 입경한 이노우에는 6일 국왕을 알현하고, 국서와 전권 위임장 한역문(漢譯文) 초본을 봉정하고 회담 개최를 요청하였다.[188]

조선에서도 6일 좌의정 김굉집을 특파전권대신에 임명하고 국왕이 전권 위임장을 내려, 7일부터 양국 전권위원에 의한 회담이 개시되었다. 서두에서 전권 위임장 제시에 임하여, 김굉집의 위임장 중에 "일본 공사 오청기모(誤聽其謀), 진퇴실거(進退失據)"이라 적혀있는 것을 이노우에는 그 삭제 혹은 수정을 요구하고, 다음 8일 수정되어 재 제시된 전권 위임장을 확인하였다[189]. 교섭은 갑자기 선후 조약안의 협의로 바뀌고, 그 날 대강 합의에 이르러,[190] 9일 이노우에와 김굉집이 조인서에 기명 조인하였다. 조약은 전문에서 "대일본국 대황제 …… 특파 전권대사 백작 이노우에 가오루를 택하고, 대조선국에 이르러 편하게 일을 처리하게 하신다 …… 이에 전권의 문빙(文憑)에 의거하여, 각각 이름을 쓰고 인(印)을 찍은 것이 다음과 같다"고 하고, 양국 국가 원수가 임명한 전권(全權)위원에 따른 조인임을 기록하고 있다.

앞서 언급한 (3)「제물포 조약」의 경우와 비교하여, 천황이 전권 위임장을 보내는 일은 이례적이나, 다케조에 판리공사가 사건에 관여한 까닭에 교섭을 맡길 수 없었고, 이노우에 외무경을 특파전권대사로 파견할 수

188) 『日本外交文書』18권, 524~525쪽; 田保橋潔, 앞의 책, 1045~1048쪽.
189) 『日本外交文書』18권, 338~339쪽; 田保橋潔, 앞의 책, 1049~1052쪽.
190) 『日本外交文書』18권, 342~347쪽.

밖에 없었기 때문일 것이다. 또한 동시 병행적으로 대청 교섭이 있을 것이라 예상한 것도 천황 발급의 전권 위임장으로 이어졌던 것이라 생각된다. 그러나 사건의 원인·경과의 구명을 피하고, 조기 수습을 도모한 일본은 조인을 서두르는 한편, 「제물포 조약」을 모방하여, "조선국 국서를 수교하여 일본국에 보냄으로써 사의를 표명하는 것"을 포함하는 5개 항목의 조약을 맺고, 비준을 생략하였다. 따라서 「한성 조약」은 조선국왕·천황의 전권 위임장 발급은 있었지만 비준 조약은 아니다. 「한성 조약」이 1월 21일에 태정관 고시로 공표된 후인 2월 20일, 조선국 흠차(欽差)대사 서상우(徐相雨)·부사 묄렌도르프가 참관하고 조약에서 정한 사죄의 국서를 천황에 봉정했다.[191] 이태진은 이 국서를 비준서에 '대치'한 것이라 보는데,[192] 「제물포 조약」의 사후 조치와 마찬가지로, 비준서 교환에 대신하는 것으로 볼 수 없다.

이와 같이, 이태진이 비준 조약 혹은 비준 조약에 준한다고 본 (2), (3), (5), (6) 4건의 조약은 어느 것도 제I종 형식 조약이 아닌 제II종 형식 조약이다. 1890년대 이후의 정부 간 조약 조인 위임의 훈령이 문서의 전권 위임장을 수반하지 않는 것에 대해, (2), (3), (5), (6)의 경우는 정부((6)만 천황)로부터 전권 위임장이 발급되는 것은 다음과 같은 사정에 따른 것이라 생각된다.

「조일 수호 조규」 체결 후, 일본 정부가 그때까지의 '이사관(理事官)' 파견에 대신하여 외교 사절단의 장(長)으로서 '공사(公使)'의 명칭을 사용한 첫 예는 1877년 9월 10일 태정관 통달로 외무대서기관 하나부사 요시모토를 대리공사로 임명한 일이다.[193] 대리공사는 외무대신으로부터 상

---

191) 宮內廳 編, 『明治天皇紀』 第6, 吉川弘文館, 1971, 364~366쪽.
192) 이태진, 앞의 논문 「韓國侵略に關聯する諸條約だけが破格であった」, 260쪽, 표 2.
193) 『日本外交文書』 10권, 218~219쪽.

대국의 외무대신에 대해 파견되기 때문에, 하나부사는 외무경 데라지마 무네노리(寺島宗則)가 조선 예조판서 서당보(徐堂輔)에게 보낸 문서[194]를 지니고 조선으로 건너왔다. 하나부사는 1878년 11월, 1879년 3월에도 대리공사로 조선에 파견되어 조선 정부와 교섭했는데, 1880년 10월에는 변리공사로서 서울에 부임하게 된 것이다. 이 때 파견국 원수의 신임장에 상당하는 '대일본국 황제'가 '대조선국 대왕' 앞으로 보낸 국서[195]에는 "요시모토(義質)[하나부사]가 귀국(貴國)에 왕래한지 이미 오래다. 능히 양국의 우호를 돕는다. 짐은 그것을 귀중히 여기고, 이에 변리공사에 승임(陞任)하여 귀국의 경성에 주재함으로써 이에 교섭 등의 일 처리를 관장하도록 한다.…… 대왕은 총애를 베풀어주시고, 때때로 알현할 수 있도록 해주시는 한편, 짐이 명하여 진술하는 바를 잘 들어주심으로써 그 직무를 다할 수 있도록 해주시기를"이라 되어 있어, 천황이 조선 국왕에 대해 파견한 서울 주재 외교 사절임을 밝히고 있다.

그 후 1893년까지 일본의 변리공사가 파견되었는데(1887년 3월~91년 7월은 대변공사[代辦公使]라 호칭), 1893년 7월 15일, 특명전권공사(청 주재) 오토리 게이스케(大鳥圭介)가 '조선국 주재 공사 겸임'으로 임명되었다.[196] 특명전권공사란 조약 개정 교섭을 바로 앞에 둔 같은 해 10월 31일 공포된 개정 '외교관 및 영사관 관제'에 따르면, 외교관 중 가장 상위에 오른 칙임관(勅任官)이다.[197]

한편, 일본주재조선공사는 1886년 1월 30일, 이헌영(李憲永)의 '특차변리대신' 임명[198] 이후, 변리대신·변사대신을 역임했는데, 1894년 12

---

194) 위의 책, 225~2264쪽.
195) 『日本外交文書』 13권, 425~426쪽.
196) 『官報』, 1893년 7월 17일.
197) 外務省百年史編纂委員会 編, 『外務省の百年』 上, 原書房, 1969, 211쪽.

월 4일 이준용(李埈鎔)이 '주재일본전권공사'에 임명되고,[199] 이어 이듬해 95년 5월 10일 고영희(高永喜)가 '특명전권공사'(일본국 주재)가 되었다.[200]

이리하여 청일전쟁 전후에 조일 간에 특명전권공사를 상호에 파견하는, 정식 외교 사절단 제도가 확립함에 따라, 특별한 경우를 제외하고 전권 위임장 교부를 생략하게 된 것으로 보인다.

사실 청일 개전 이후의 조일·한일 간의 조약에는 비준 조약인 제I종 형식 조약은 한 건도 존재하지 않았다. 본래 비준 조약의 형식을 취해야 하는 (16) '한국 병합에 관한 조약'도 형식적으로는 제II종 조약이다. 한국 병합 조약 체결 과정은 이 책 5장에서 설명하겠지만 여기서 잠시 살펴보면 다음과 같다. 조인 후의 비준과 비준서 교환을 피하는 데 부심한 일본 정부가 절차로서는, 조인 전에 조약 안의 추밀원에의 자문, 천황 재가를 행하고, 「관보」에 따른 공표도, "짐은, 추밀 고문관의 자문을 거친 한국 병합에 관한 조약을 재가하여, 이에 그것을 공포한다"는 상유(上諭, 임금의 말씀)를 붙인 조약 제4호로 공포하였다. 즉, 절차상은 비준 조약에 준한 것이다. 그러나 조약 제8조에 "본 조약은 일본국 황제 폐하 및 한국 황제 폐하의 재가를 거친 것으로서, 공포일로부터 그것을 시행한다"라고 기록함으로써, 형식상은 비준이 아니라, 재가에 의해 체결되는 제II종 형식 조약을 택한 것이다.

그 외의 조약도 제II종 혹은 제III종 형식 조약이다. 다만 제II종과 제III종을 명확히 구분하는 일은 간단하지 않다. 언제, 어떠한 내용의 조약을 천황이 재가하는가를 보여 주는 사료적 근거가 애매하기 때문이다. 표

198) 『李朝實錄』 54책, 學習院東洋文化硏究所, 1967, 369쪽.
199) 『李朝實錄』 55책, 學習院東洋文化硏究所, 1967, 219쪽.
200) 위의 책, 252쪽.

3은 외무성 조약국이 작성한『각국에서의 조약 및 국제 약속 체결의 절차에 관한 제도』(1924)의 표 제3 '국제 약속의 추밀원 관계 선례'를 기초로 조일·한일 간 조약을 분류한 것이다.

이 자료는 모든 조약을 채록하고 있지 않지만, 재가하기 전 추밀원에 자문한 A조약은 (16) '한국 병합에 관한 조약' 1건뿐이다. 그 외의 제II종 형식 조약에는 추밀원에서 조인 후에 보고되는 B와, 보고되지 않는 C가 있었다. 일반적으로는 "정치적 조약으로 …… 비준 조항이 없는 것은 그 조인 전, 조인의 재가를 주청하고, 위의 내용에 관해 조인 전에 추밀원에 하문(下問)하도록 하는 것을 본칙으로 해야 함에도 불구하고, 종래 조인의 재가는 주청하더라도 추밀원에 부의(附議)되지 않고, 곧바로 조인 권한의 위임을 받들어, 조인 후 발표 전, 추밀원에 보고하는 경우가 많고, 그러므로 추부(樞府)[= 추밀원]의 반대를 완화하기 위해, 특히 추밀원에 칙어를 내리는 것을 예로 한다"고 한다.[201]

(9)「한일의정서」(Protocol, 1904년 2월 23일 조인)에 대해서도 2장에서 설명하겠지만, 천황 재가는 조인 직전에 이루어져 조인 후 추밀원에 보고된 B조약 예다. 2월 27일 추밀원 부의장 히가시쿠제 미치토미(東久世通禧) 외 14인의 추밀고문관들은 "이번 한일 간 조약 체결 건이 있는데, 당국 대신은 기명 조인 전 그것을 추부의 논의에 부치는 것을 주청한 적이 없고, 특히 뜻을 받드는 일 없이 단지 사후의 전말(顚末)을 보고하기 위해 나왔다"고 상주하여,[202] 조인 전 추밀원에 자문을 구하지 않은 정부의 실책을 비판하였다. 그러나 히가시쿠제(東久世)등의 요청에도 불구하고,

201) 外務省 條約局 第一課, 앞의『條約ノ締結, 批准及公布ニ關スル調書』43쪽. 조인 후 추밀원으로의 보고 때 칙어하사는 영일 '제1차 동맹 조약'(1902년 1월 30일 조인)의 경우가 첫 예이다(위의 책, 45쪽).
202)『日本外交文書』37권 1책, 346~347쪽; 宮內廳 편,『明治天皇紀』第10, 649~651쪽.

이후에도 B(조인 후의 보고) 혹은 C(조인 전에 재가만으로 추밀원에는 제출되지 않는다)의 제II종 형식에 의한 절차가 관례화되었다. 이것은 한일 간 조약에 한하지 않고, 한국 이외의 외국과의 정치 조약에서도 그러하다.[203]

이하의 세 건의 조약은 한국 행정권의 일부를 일본에 '위탁'하는 것을 정한 것이다. (11)「한국통신기관위탁에 관한 취극서(取極書)」(Agreement, 1905년 4월 1일 조인)에 관한『명치천황기(明治天皇紀)』는 "한국 주차 특명 전권 공사 하야시 곤스케와 한국 외무대신 이하영(李夏榮)과 상의(商議)한 바이고, 이 날[1905년 4월 1일] 두 사람은 취극서의 조인 교환을 완료한다. 이에 따라 28일 그것을 공표한다"[204]라고만 쓰고, 추밀원에의 보고에는 언급하고 있지 않지만, (14) '한국사법 및 감옥업무위탁에 관한 각서'(Memorandum concerning the Administration of Justice and Prison in Corea, 1909년 7월 12일 조인)는 조인 후인 7월 24일 추밀원에 보고하고, 가쓰라 수상과 추밀원 의장으로 바뀐 이토 히로부미가 '설명'을 한다.[205] (15)「한국 경찰 행정 위탁에 관한 각서」(1910년 6월 24일 조인)의 경우도, 조인 후인 6월 28일, 추밀원 회의에 가쓰라 수상에 의한

203) 각국과의 정치 조약은 추밀원에 자문(諮詢)이 아니라 보고로서 처리된 예가 많다. 예를 들면, 영일 '제1차 동맹 협약'(Agreement of Alliance of 1902, 1902년 1월 30일 조인), 제2차 Agreement of Alliance of 1905(1905년 8월 12일 조인), 제3차 Agreement of Alliance of 1911(1911년 7월 13일 조인) 또는 러일 '제1차 협약'(Convention de 1907, 1907년 7월 30일 조인), '제2차 협약' (Convention de 1910, 1910년 7월 13일 조인), '제3차 협약'(Convention de 1916, 1916년 7월 8일 조인), 일프 '메이지 40년 협약' '프랑스령 인도차이나에 관한 선언서'(Arrangement de 1907, Déclaration concernant l'ndo-china française, 1907년 6월 10일 조인), 미일 '태평양 방면에 관한 교환 공문'(Exchange of Notes regarding the Pacific Ocean, 1908년 11월 30일 조인) 등은 추밀원에 대해 칙어 하사, 수상·외무대신의 설명에 의해 보고되었다.
204) 宮內廳 編,『明治天皇紀』第11, 吉川弘文館, 1975, 107쪽.
205) 宮內廳 編,『明治天皇紀』第12, 吉川弘文館, 1975, 262쪽.

'각서' 설명이 있고, 통감부 경시·경부의 임용·분한(分限, 법률의 규정에 따라 주어지는 특별한 지위의 한계 - 역자) 등 4건의 관련 사항이 심의되었다.[206]

표 3에서 누락되어 있지만, (13) 제3차 「한일 협약」(Agreement, 1907년 7월 24일 조인)도 조인 후인 7월 25일에 추밀원에 보고되었기 때문에 제II종 형식 B조약이다.

조인 전에 재가는 있지만, 추밀원에 보고되지 않은 제II종 C에 속하는 제2차 '한일 협약'(Convention, 1905년 11월 17일 조인)에 관해서는 3장에서 다룬다. 이 조약을 제II종 형식 조약이라 보는 것은 11월 15일에 알현한 이토 히로부미 특파 대사가 황제에 대해, 하야시 곤스케 공사와 박제순 외무대신에 의한 정부 간 협정의 체결 교섭의 개시를 강요하고, 황제도 어쩔 수 없이 그 절차를 양해하고 있기 때문이다.

표 3의 제II종 C에서는, 그 외 3건의 조약을 들고 있다. 그 중 「절영도 지소 차입 약서」(絶影島 地所借入約書, 1886년 1월 31일 조인)는 1885년 11월, 해군경 가와무라 스미요시(川村純義)가 해군용 석탄고(石炭庫) 부지로 부산만 내의 절영도에 지소 4900평 차입을 천황에게 '상청(上請)'하고, 11월 20일 '상재(上裁)'를 거쳐 해군성이 외무성에 조선 정부와의 교섭을 의뢰하여, 이듬해 임시 대리 공사 다카히라 고고로(高平小五郎)와 독판교섭사무 김윤식(金允植)이 차입 약서에 조인한 것이다.[207]

(8) 「대일본 대조선 양국 맹약」(Treaty of Alliance between Japan and Corea, 1894년 8월 26일 조인)은 청일전쟁시의 조일 공수 동맹 조약이다. 개전 후, 청일간의 항쟁이 조선에 누를 끼칠 것을 두려워하는 조선

---

206) 위의 책, 424~425쪽.

207) 『日本外交文書』 19권, 371쪽.

표 3. 제II종 · 제III종 형식의 조일 · 한일 간 조약의 예

제II종 형식	A 비준이 필요하지 않은 국제 약속으로 추밀원에서 자문 받도록 한 것(1건)	한국 병합에 관한 조약(1910. 8. 22)
	B 비준이 필요하지 않은 국제 약속으로 조인 후[추밀원에] 보고되도록 한 것(4건)	한일의정서(1904. 2. 23) 한국 통신 기관 위탁에 관한 취극서(1905. 4. 1) 한국 사법 및 감옥 사무 위탁에 관한 각서(1909. 7. 12) 한국 경찰 사무 위탁에 관한 각서(1910. 6. 24)
	C 조인 전, 재가의 절차를 이 행한 것(4건) (추밀원에 제출되지 않는다)	절영도 지소 차입 약서(1886. 1. 31) 대일본 대조선 양국 동맹(1894. 8. 26) (제2차) 한일 협약(1905. 11. 17) 일본 조선 양국 통어(通漁) 규칙(1889. 11. 12)
제III종 형식	D 재가 또는 상주를 집행하지 않는 것(7건) (추밀원에 제출되지 않는다)	월미도 지소 차입 약서(1891. 1. 21) 잠정 합동 조관(1894. 8. 20) 소송 사무에 관한 한일 취극(1897. 4. 14) (제1차) 한일 협약(1904. 8. 22) 재한 외국 인민에 대한 경찰 사무에 관한 협정(1909. 3. 15) 인천 · 부산 및 원산 청국(淸國) 거류지 규정(1910. 3. 11) 재조선 각국 거류지 폐지의 실시 기일에 관한 외교 문서 (1914.3.26, 3.27)

외무성 조약국『各國ニ於ケル條約及國際約束締結ノ手續ニ關スル件』(1924)에서 작성.
조약 명칭은 원칙으로 외무성 조약국『舊條約彙纂』3권(1934)에 의한다.
왼쪽란의 형식 및 A, B, C, D는 저자가 붙였다.

정부 대원군이 청일 양군의 조선 철퇴의 주선을 주조(駐朝) 구미 여러 나라 대표에게 내담(內談)하는 등 반일적 행동을 행하고 있는 것을 감지한 무쓰 무네미쓰(陸奧宗光) 외무대신이 1894년 8월 13일, 주조공사 오토리 게이스케(大鳥圭介)에게 조일 맹약의 체결을 훈령하였다. 오토리는 '조일 양국은 청에 대해 공수 동맹의 위치에 서 있음을 분명히 밝힌' 조약안을 작성하고 그것을 정부가 승인하여, 8월 26일 오토리 공사와 김윤식 외무대신이 조인하였다.[208] 맹약 전문은 '대일본 대조선국 양국 정부'가 주어로, 조약 목적을 기재한 후, "양국 대신은 각각 전권 위임을 받들어 정약(訂約)한 조관을 다음에 개열(開列)한다"로 하고, 본문 제3조에 "양국 전

---

208)『日本外交文書』27권 2책, 332~338쪽.

권대신 기명 조인함으로써 증빙을 분명히 한다"라고 기재했다. 천황이
언제 이것을 재가했는지는 현재로서는 불분명하다.

　'일본조선양국어업규칙'(Regulations between Japan and Corea,
respecting Fisheries, 1889년 11월 12일 조인)은 조일 근해에서 양국 어
선의 어업세·단속 규칙을 정한 것이다. 1886년부터 현안으로 되어 있었
는데, 1889년에 대리공사 곤도 마스키(近藤眞鋤)와 독판교섭통상사무
민종묵(閔種黙)이 기명 조인하는 조약을 체결하였다. 그 전문에는, "일본
정부는 대리공사 곤도에 위임하고, 조선 정부는 독판교섭통상사무 민종
묵에게 위임하여, 각각 위명을 받들어 회의 정립한 각조는 다음과 같다"
라고 되어 있기 때문에, 정부 간 협정임을 알 수 있다. 일본 정부의 각의
결정과 재가는 1888년 5월 4일이다.[209]

　어업 규칙은 1908년에 전면 개정되는데, 그 경우의 조약 형식은 "한
일 양국 현재의 관계상, 특별·협약적인 형식을 취하는 것이 좋지 않으므
로, 이에 통감과 한국 정부와의 사이에 단순히 공문의 왕복으로써 결정
한다"는 것을 고무라 주타로(小村壽太郎) 외무대신이 요구하고, 각의 결
정(10월 1일)의 통지를 받은 부통감 소네 아라스케(曾禰荒助)가 10월 31
일 이완용(李完用) 총리대신 앞으로 「어업에 관한 협정」(Agreement
between the Corean Government and the Residency － General of
Japan regarding the Fishing Industry of the Subjects of Corea and
Japan)안을 조회하고, 같은 날 이완용이 '이의 없음'을 회답, 교환 공문의
제III종 형식에 의해 성립하였다.[210]

　재가의 필요 없이 '정부만으로 성립하는' 제III종 형식의 조약 건수는

209) 『日本外交文書』 22권, 371, 378~379쪽.
210) 『日本外交文書』 41권 1책, 773~775쪽.

가장 많다. 내용적으로는 (7) '조일 잠정 합동 조관'이나 (10) 제1차 '한일 협약'처럼 정치 협정을 비롯하여, 표시 예에는 없지만, 통상 관계·토지 (거류지) 관계·해난 구조 관계·어업 관계 등 여러 분야에 걸쳐 있고, 명칭도 조약·협약·약정서·취극서·각서·왕복 문서(교환 공문) 등 다양하다. 이 모두가 정부 간 협정, 행정 결정에 가까운 형태로 체결된 것들이다.

「조일잠정합동조관」(1894년 8월 20일 조인)은 청일 개전의 계기가 된 "한성에서 양국 병사의 우발 충돌을 일으킨 사건[1894년 7월 23일 일본 군의 왕궁 점령 사건]을 수습하고, 이에 장래 조선의 자유 독립을 공고히 하여, 피차의 무역을 장려함으로써 더욱 양국의 친밀을 도모하기 위한," 7개 항목의 총괄적 사항을 결정한 협정이다. '잠정'이라 한 것은 말문에 "조관 안에서 영원히 준수해야 할 일은 후일 다시 조약으로 준행할 것"이라 했기 때문인데, 그런 의미에서 제III종 형식으로 하고, 오토리 게이스케 공사와 김윤식 외무대신이 기명 조인하였다.[211]

일본인 재무 고문의 용빙(傭聘), 일본 정부가 추천하는 외국인 외교 고문의 용빙, 한국 정부의 조약 체결·외국인에의 특권 부여 등에 대해 일본 정부와의 사전 협의 등을 정한 제1차 「한일 협약」(Agreement, 1904년 8월 22일 조인)이, 제2차 「한일 협약」(Convention, 1905년 11월 17일 조인)·제3차 「한일 협약」(Agreement, 1907년 7월 24일 조인)과 달리, 제III종 형식 조약으로 한 것에 위화감이 있지만, 그것은 '한일의정서'에 기초한 행정적 전개라고 보았기 때문이다.

이상의 조약 체결 절차·조약 형식의 검증을 통해 밝혀진 여러 사실에 입각하여, 앞서 제시한 과제에 대한 해답을 정리해보자.

첫 번째는 "외교권 이양과 같은 중대 사항은 당연히 전자[정식 조약

---

211) 『日本外交文書』 27권 1책, 652~654쪽.

Treaty]의 형식을 갖추지 않으면 안 된다. 그러나 이것[제2차 한일 협약] 에는 (a) 국가 원수가 대표(전권위원)를 임명하는 위임장, (b) 양국 대표 가 서명한 조약문[조인서], (c) 조약문에 대한 국가 원수의 비준서 등이 모 두 갖추어져야 함"에도 불구하고, "을사늑약[제2차 한일 협약]은 협정문 [조인서]만 있을 뿐이고, 전권위원의 위임장이나 협정문에 대한 황제의 비준서가 발급되어 있지 않아, 외교권 이양과 같은 중요한 사실을 취급하 는 외교 협정으로서는 요건이 미비하다"는 이태진의 주장212)에 대한 검 토다.

이태진은 외교권 뿐 아니라 국내 행정권 '이양'과 같은 국가 주권에 관 련되는 조약은 모두 '정식 조약'이어야 한다고 본다. 이태진이 말한 '정식 조약'이란 영어 Treaty가 붙은 비준 조약인데, 이러한 주장이 정리화될 수 있을까? 여기에서의 분석 결과에 따른 답은 부정적이다. 메이지시기 일 본의 대외 조약 중 제I종 비준 조약의 형식을 취하는 것은, 상대국의 정체 (政體)·제도·국내법과의 관련 등에도 의하지만, 조약 내용으로 보아 관 습적으로 그러한 것은 통상 조약·강화 조약·영토 조약 등이다. 이태진이 입론(立論)의 전제로 삼고 있는 외교권·내정권 '이양' 조약이 비준 조약이 어야 함을 뒷받침할 사례적 근거를 찾을 수 없다. 오히려 정치 조약은 대 한(對韓) 조약만이 아니라, 영국·러시아·프랑스 등과의 조약에서도 비 준 조약을 피하고, 재가를 필요로 하는 정부 간 협약인 제II종 형식 조약을 선택하는 경향이 있었다.

두 번째는 이태진이 지적하는, 1880년대까지의 조선과 일본의 조약 체결에 대해, 일본 정부는 '그 법적 근거를 확실히 행하고자' 하여, '지나칠 정도로' 엄격히 비준 조약 또는 그것에 준하는 조약의 체결 절차·형식을

212) 이태진, 「韓國倂合は成立していない」上, 『世界』 1998년 7월호, 308쪽.

요구한 것에 비해, 청일 개전 이후는 스스로 조약 성립의 '요건'을 무시하고, 법적으로 부당한, 따라서 원천적으로 무효인(성립될 수 없는) 침략 조약을 한국에 강제했다[213]는 점이다.

이태진이, 일본의 조선 침략이 본격화하는 청일전쟁을 경계로 하여, 그 이전의 조약을 '정식 조약'이라 하고, 이후의 조약을 '파격'이라 주장하는 것은 양자의 대조성을 강조하기 위한 설정으로 보인다. 여기서의 검증에서 얻은 결론은 1880년대까지의 조선과 일본 조약 중, 비준 조약인 제I종 형식을 취한 것은 '조일 수호 조규'와 그 속약의 2건뿐으로, 그 외의 주요한 조약은 제II종 형식의 정부 간 협정이다. 청일전쟁 이전의 조일 간 조약은 비준 조약이 일반적이고, 국가 원수의 전권 위임장 발급, 비준서 교환이 관습적으로 성립했다고 볼 수는 없다.

이태진이 비(非)비준 조약을 비준 조약이라 오인한 것은 사료의 오독(誤讀)과 확대 해석에 의하지만, 오인의 원인은 제I종 형식 조약과 제II종 형식 조약의 구별이 명확히 파악되지 않았기 때문인 듯 하다. 그런 까닭에 조약 체결권자인 천황·황제가 발급하는 전권 위임장과 자국 정부가 조약 서명자에게 발급하는 전권 위임(문서라고는 한정되지 않는다)을 혼동하거나, 비준과 재가가 구별되지 않는 혼란에 빠져 있다. 재고를 기대한다.

---

213) 이태진, 앞의 논문 「韓國侵略に關聯する諸條約だけが破格であった」, 261~262쪽.

▌보론

이태진은 『세카이』 2000년 5·6월호에 「약식 조약으로 국권을 이양할 수 있을까? - 운노 교수의 비판에 답한다(略式條約で國權を移讓できるのか－海野教授の批判に答える)」(上·下)를 발표하였다. 이 논문은 한국의 『전통과 현대』 1999년 겨울호에 실린 같은 논문의 일본어 번역이고, 필자가 『세카이』 1999년 10월호에 쓴 「李敎授 '韓國倂合不成立論'を再檢討する」에 대한 반(反)비판의 형태를 취하고 있다. 쟁점은 여러 가지에 걸쳐 있는데, 가장 중요한 점은 "운노 교수는 전권 위임장과 비준 조항의 유무는 국제 관례나 국제 규정이 있는 것이 아니라, 당사자 간의 합의에 의해 결정되는 것이라는 전제 아래 [이태진 논문에 대해서] 반론을 전개하였다"214)는 점이다.

이태진은 『세카이』 1999년 3월호에 실린 논문 「한국침략에 관한 제 조약만이 파격이었다(韓國侵略に關する諸條約だけが破格であった)」에서, 일국의 외교권·내정권을 타국에 이양하는 중요한 정치 조약은 최고의 '격식'을 갖춘 '정식 조약'의 형식으로 체결하고, 거기에 조응하는 문서로서 서명자에게 교부되는 전권 위임장 및 조약 체결권자의 비준서를 작성하

---

214) 이태진, 「略式條約で國權を移讓できるか」上, 『世界』 2000년 5월호, 248쪽.

는 것이 국제적 관례라 주장하였다. 그리고 청일전쟁 이후의 한일 간 조약은 이에 반하여 '파격'(결격의 뜻. 원문은 격식을 어겼다)의 절차·형식의 조약이고, 무효라 판단하였다. 이태진은 그 논거로서, 일본에서 1902년~1911년에 간행된 「국제법잡지(國際法雜誌)」에 소개된 각국의 조약 56건을 제시하고, "1911년까지의 관례를 보면, 국권에 관련한 협정의 경우, 위임장 교부는 비준서 발급과 마찬가지로 필수 조건이었음이 분명함"에도 불구하고, 한일 간의 "1904년 2월부터 1910년 8월까지의 관련 5협정이 전권 위임장과 비준서를 결한 것은 세계 조약사와 한일 간 협정사, 어느 쪽에 비추어 보아도 이례적인, 파격의 예였다는 사실이 명백해졌다"[215]라고 결론지었다.

게다가 이태진은 논문 「약식 조약으로 국권을 이양할 수 있는가」(上)에서, 이 결론을 재확인하면서 "운노 교수가 이것을 참조하지 않고 자신의 지론을 그대로 표명한 일은 유감이다"[216]라고 불만을 표명하고 있다. 나는 이태진의 입증을 무시한 것은 아니지만, 그의 주장과 증명 방법에 불충분함을 느낀 것은 사실이다.

그 첫 번째는 조약 형식과 체결 절차는 교섭국 간의 합의에 의한다 함은 내 독단이나 전전(戰前)의 일본 외무성의 기준에 따라 자의적으로 해석한 것이 아니라, 널리 국제법에서 설명되는 통설이고, 이태진 쪽이 오히려 통설에 대한 이설(異說)인 것이다. 예를 들면, 일본의 표준적인 국제법 교과서의 하나인 다카노 유이치(高野雄一)의 『국제법개론(國際法概論)』에는 다음과 같은 설명이 있다.[217]

---

215) 이태진, 앞의 논문 「韓國侵略に關聯する諸條約だけが破格であった」, 259, 262쪽.
216) 이태진, 앞의 논문 「略式條約で國權を移讓できるか」上, 250쪽.
217) 高野雄一, 『全訂新版 國際法槪論』下, 弘文堂, 法律學講座 双書, 1986, 11~12쪽.

조약을 그 체결 절차에 따라 정식의 조약과 간이 조약(les accords en forme simlifée)으로 나누는 경우가 있다. 그것은 조약 체결권자(원칙으로 원수[元首])의 비준을 거쳐 정식으로 체결되는 조약과 이런 비준을 거치지 않고 전권위원 혹은 일정한 조약 체결권을 위임받은 기관 대표의 서명만으로 체결되는 조약과의 구별이다. …… 이러한 구별은 조약의 체결 절차를 정하는 각국의 헌법 하에서 명문 또는 관례로서 인정되는 것이 보통이고, 국제법이 조약에 그러한 구별을 직접 정하고 있는 것은 아니다. 국제법은 국내법이 스스로 조약 체결 절차를 정하는 것을 인정하고 있다. 그 때문에 간접적으로 국제법상의 구별로서 나오는(조약법 조약 12조 · 14조), 어느 조약이 한쪽 나라에게는 정식적인 조약이면서, 다른 쪽 나라에게는 간이 조약과 같은 경우도 있다. 즉, 조약의 내용으로 객관적으로 인정되는 국제법상의 구별은 아니다.

만일 내 설명이 불충분하고 오해를 야기했다면, 조약 형식 · 절차는 교섭국 간의 합의에 따른다고밖에 서술하지 않은 것에 기인한다. 정확히 바꾸어 말하면, 교섭국 각각의 국내법(헌법)이 정하는 조약 체결 절차에 비추어 형식을 선택한다는 의미다.

두 번째는 첫 번째와도 관련이 있는데, 이태진이 『국제법잡지』에서 인용한 56건의 조약218)의 분석 방법에 대한 의문이다. 그의 주장은 조약 문 중에서 '전권위원 · 위임장 조관'과 '비준 조관'의 유무를 추출하고, 그 건수를 수량적으로 처리한 결과에 의거하고 있고, 체약국 각각의 정체 (주권 행사의 형태)나 국내법에 대한 고찰을 사상(捨象)하고 있다. 예를 들어, 이태진이 중시하는 보호 조약의 경우를 보면, 예증의 5건은 어느 것도 프랑스가 튀니지(담보 조약과 보호 조약) · 안남[安南, 프랑스 지배 하의 베트남 – 옮긴이] · 캄보디아 · 마다가스카르와 체결한 비준 조약이

---

218) 이태진, 앞의 논문 「韓國侵略に關聯する諸條約だけが破格であった」, 254~256쪽의 「國際法雜誌」 수록 국제 협정 사례 일람표.

다. 프랑스는 1794년 헌법에서 입법 기관에 조약 체결권을 귀속시켰으므로, 주요 조약에 관해서는 조인 후에 의회의 승인을 구할 필요가 있기 때문에 비준 조약의 형식을 택하고, 소정의 국내 절차를 거친 후에 대통령의 비준서 발급·교환 절차를 밟은 것이라 생각된다.

이태진이 든 사례 일람표에서 미국과 일본 간 조약을 추리면 다음 6건이 있다(조약명 등은 외무성 조약국『조약휘찬(條約彙纂)』에 따른다).

① 「저작권 보호에 관한 협약」(Convention Regarding the Protection of Copyright, 1905년 11월 10일 조인, 06년 5월 10일 비준서 교환)

② 「중재 재판 조약」(Arbitration Convention, 1908년 5월 5일 조인, 8월 24일 비준서 교환)

③ 「청에서의 발명, 의장(意匠), 상표 및 저작권의 상호 보호에 관한 조약」(Convention for the Recitrocal Protection in China of Invention, Designs, Trade Marks and Copyrights, 1908년 5월 19일 조인, 8월 6일 비준서 교환)

④ 「한국에서의 발명, 의장, 상표 및 저작권의 보호에 관한 조약」(Convention for the Protechion in Korea of Inventions, Designs, Trade Marks and Copyrights, 1908년 5월 19일 조인, 8월 6일 비준서 교환)

⑤ 「태평양 방면에 관한 교환 공문」(Exchange of Notes Regardings the Paciffic Ocean, 1908년 11월 30일, 주미일본대사·미국 국무장관이 공문 교환)

⑥ 「통상 항해 조약」(Treaty of Commerce and Navigation, 1911년 2월 21일 조인, 4월 4일 비준서 교환)

이상에서 ⑤를 제외한 나머지는 모두 서명자에의 전권 위임장 교부를 동반한 비준 조약이다. 미국에서도 1787년 헌법에서 대통령의 조약 체결권에 대해 상원의 조언과 승인 조건을 붙인 이래, ⑥의 '통상 항해 조약'은 물론이고, ①, ③, ④와 같은 국민의 권리와 관련되는, 모든 조약은 상원의 출석 의원 2/3에 의한 승인을 필요로 했기 때문에, 비준 조약의 형식을 취해야 했던 것이다.

이에 대해 조약 체결권을 군주의 전권으로 하는 일본이나 한국의 경우에는, 쌍방에 의회 승인 등의 제약이 없기 때문에, 통상 조약·강화 조약·영토 조약·다국 간 조약 등의 특정 조약을 제외하고, 교섭국과의 합의가 얻어지면 비준 조약으로 하지 않고, 군주의 재가만으로 조약을 체결하는, 제II종 형식의 조약 예가 많은 것이 아닌가 생각된다. 즉, 비준 조약을 필요로 하는 요인은 이태진이 상정하는 것처럼 조약 내용의 경중에 따라 국제적 관습으로서 조약 형식의 '격식'이 성립하고 있었던 것이 아니라(프랑스·미국처럼 의회의 승인을 조건으로 하는 방식은 19세기에 구미 대륙 제국에 보급된 것이라, 얼핏 관습적 성립인 것처럼 보일지라도), 조약 체결국의 국내법과의 관련으로 정해지는 것이다. 따라서 보호 조약 등의 식민지화 관계 조약의 경우, 비준 조약을 필요로 하는 것은 보호국화되는 측에 있었던 것이 아니라, 국내적으로는 의회제 민주주의가 전개한 구미 식민제국 측에 있었다고 보아야 한다.

더구나 비준 조약임을 이용하여, 조선에 대해 영국·독일이 유리하게 조약 내용을 고친 예가 있다. 1882년 6월 6일 조인된 「조영 인천 조약」 (Treaty of Jenchuan, with Great Britain), 6월 30일 조인된 「조독 수호 통상 조약」은 비준 단계에서 영국·독일 정부가 거부하여 비준에 이르지 않고 재교섭하게 되었다. 양국은 이 느슨한 불평등 조약에 만족하지 않았던 것이다. 다시 이듬해 1883년 11월 26일에 조인한 「조영 수호 통상 조약」 (Treaty of Friendship and Commerce between Great Britain and Corea, 1884년 4월 28일 비준서 교환)·부속 통상 장정 및 「조독 수호 통상 조약」 (Treaty of Friendship and Commerce between Germany and Corea,

1884년 11월 18일 비준서 교환)·부속 통상 장정은 비준되지 않은 전년의 조약 내용과 달리, 저 관세율, 영국·독일인의 내지 여행, 영국·독일 군함의 국내 정박 등 불평등 조항을 포함하는 것이었다. 교섭을 주도한 주청 영국공사 해리 스미스 파커스(Harry Smith Parkers)는 이 조약을 영국이 동아시아 제국과 맺은 조약의 모델이라 부풀려 말했다.[219] 이 경우 비준 조항은 교섭국 쌍방의 대등성을 보장하는 것이 아니고, 조약을 강제하는 강대국의 일방적 이익을 위해 이용되고 있다.

이상은 통설에 의거한 나의 추론에 지나지 않는다. 이태진 설에 반론하는 것이라면, 그가 거론한 56건의 조약 예에 대해 체약국 쌍방의 조약 체결에 관한 국내법 규정과 조약 체결 교섭 과정을 밝혀야 하겠지만, 그것은 현재의 내 능력을 훨씬 넘어서 있다. 앞으로의 과제로 하고 싶다.

219) 渡辺勝美, 『朝鮮開國外交史硏究』, 東光堂書店, 1941, 430~443쪽.

'한일의정서'와 제1차 '한일 협약'

1. '한일의정서'- 한국 보호국화의 기점

1) 한·만 문제와 영일 동맹

1901년(메이지 34) 6월, 제4차 이토 히로부미 내각의 뒤를 이어 수상에 취임한 가쓰라 다로는 '정강'(政綱)의 하나로, '한국을 보호국으로 만드는 목적을 달성할 것'을 내세웠다.[1] 일본 정부가 공식적으로 정책 목표로서 한국 보호국화를 명시한 것은 아마 이것이 처음일 것이다. 그것은 단순히 한국에 일본 세력을 심으려는 것 말고도 한국 외교·내정에 일본이 개입하려는 의도를 보여 준다. 그러나 같은 해 10월, 주러 공사 취임을 요청받은 구리노 신이치로(栗野愼一郎)가 수락 조건으로 가쓰라 수상·고무라 외무대신에게 제시한 의견서[2]에는 대러시아 정책에서 채택해야할 방침으로 '보호국'화와 '세력 범위'(勢域)화를 명확히 구분하여 다음과 같이 밝히고 있다.

(1) 일본은 한국을, 러시아는 만주를 보호국으로 하고, 기타 한국 혹은 만주에서 각기 완전한 자유행동의 권리가 있음을 인정할 것.
(2) 일본은 한국을, 러시아는 만주를 그 세력 범위로 하고, 한국 혹은 청의 독립과 완전을 해치지 않는 한도 내에서, 각기 자유행동의 권리가 있음을 인정하는 것이다. 그러나 (1)은 종래 누누이 선언한 제국의 정책과 절대적으로 반대되는 것으로, 러시아의 동의를 얻기가 매우 곤란하기 때문에, 부득이하게 (2)의 주의로 협상을 시도하는 수밖에 없을 듯 하다.

1) 德富猪一郎 編, 『公爵桂太郎伝』, 乾卷(故桂公爵記念事業會), 1917, 996쪽.
2) 平塚篤 編, 『子爵栗野愼一郎伝』, 興文社, 1942, 254~260쪽.

러시아와의 교섭을 맡게 된 구리노는 첫째, 만한 보호국화(滿韓保護國化)의 상호 승인 안을 거절하고, 실현 가능한 둘째 한국·청의 '독립과 안전'을 저해하지 않는 범위 내에서의 한만의 '세력 범위' 분할을 목표로 하는 협상을 제의하여 승낙을 얻었다. 따라서 가쓰라 내각 '정강'이 내건 한국 보호국화는 즉시 실행해야할 정책방침이 아닌, 장래에 실현을 노리는 정치 목표로 설정된 것이라 이해했으면 한다.

한편 같은 해인 1901년 1월 7일, 러시아 정부의 훈령을 받은 주일러시아공사 이즈보리스키는 가토 다카아키(加藤高明) 외무대신을 방문하여, "러시아 정부는 여러 나라의 공동 보증 아래 한국을 중립시킬 계획을 제의하는 것이 득책(得策)이라 생각한다. …… 앞에 제시한 계획이 실행 될 수 있는 조건을 내밀하게 그리고 우정 어린 마음으로 일본 정부와 협의할 것을 여기에 제의하는 바다"라고 전달했다.[3] 가토는 즉시 이 한국 중립화 제의를 재외 공사에 통보한 바, 11일에 주청공사 고무라 주타로로부터 "한국의 중립은 …… 중대한 장해를 일으킬 것"이라며, 다음과 같은 의견을 알려왔다.[4]

러시아가 이 제의를 한 것은 만주에서 행동의 자유를 바라는 데에 기인하는 것이 명확하므로, 이것으로써 만주 문제와 관련시키는 것이 아니라면 한국 문제의 해결은 만족스러운 것이 아니다. 따라서 러시아가 만주를 중립지로 하는 것에 동의하지 않는 한, 어떠한 경우에도 일본국 정부는 러시아의 제의를 용인하지 않는 것이 극히 중요하다. 만일 이렇게 하는 것이 불가능하다면, 일본은 한국에서, 러시아는 만주에서, 각기 세력 범위를 분할하는 것을 주장하는 것 외에 다른 방법이 없다.

3) 『日本外交文書』 34권, 521쪽.
4) 위의 책, 524쪽.

고무라는 만주 문제와 한국 문제는 불가분한 것이기 때문에 일괄 처리 해야 하고, 만한 양쪽의 동시 중립화가 아니라면, 일본은 한국을, 러시아는 만주를 각기 세력 범위로 하는 '분할'을 주장하고 있다. 지바 이사오(千葉功)가 말한 '만한 불가분론(滿韓不可分論) = 만한 교환론(滿韓交換論)'[5]의 제창이다.

고무라의 제언을 받은 가토 외무대신은 1월 17일 진다 지사미(珍田捨巳) 주러 공사 앞으로 '대러 구상서(對露口上書)'를 첨부하여 러시아 정부에의 회답훈령을 주었다. 그것은 북청사변(北淸事変) 후에도 만주를 사실상 점령하고 있는 러시아군이 철수하고, "종전의 상태로 복귀함으로써 외변(外邊)의 사유(事由)에 방애(防碍)를 받는 일 없이 자유롭게 교섭을 수행할 수 있게 될 때까지, 본안[한국 중립화 안]의 상의(商議)를 연기하는 것이 득책이라 믿는다"는 내용이었다.[6] 같은 날 가토 외무대신은 이즈보리스키 공사와 만나 "한국 중립의 일은 귀국이, 만주에 관한 선언을 실행[철수]한 후에 그것을 의논해도 전혀 늦지 않다고 생각한다"고 전했다. 이즈보리스키는 일본이 만주 문제와 연결시켜 회답한 사실에 '실망'하여, "만주 문제는 한국 중립의 의안과는 전연 별개의 문제이어야 한다"며 반론했으나, 가토는 "이 두 사안[만한 문제]은 분리해서 볼 수 없는 것이라 믿는다"고 답하면서 거듭 "자신의 사견"이라 전제하고 "중립 보증의 범위를 만주까지 미치게 하는 의지를 러일 양국이 갖는다면, 그 역시 본 문제를 해결하는 하나의 방법일 터이고, 또는 권세의 구역을 나누려는 의지가 있다면 그 역시 다른 방법이 될 것이다"라고 부언했다.[7] 고무라의 제안대

---

5) 千葉功, 「滿韓不可分論 = 滿韓交換論の形成と多角的同盟·協商網の摸索」『史學雜誌』 105편 7호, 40쪽. 종래의 통설을 비판한 지바의 의견에 대체로 찬성이다. 본 항의 서술도 위의 논문 외에 千葉의 관련 논문에 힘입은 바가 크다.
6) 『日本外交文書』 34권, 527~528쪽.

로 한만 교환론이다.

진다 주러 공사도 마찬가지로 1월 23일 러시아 외무대신 블라디미르 람즈도르프(Count Vladimir N. von Lamzdorf)에게 '회답 구상서'를 직접 전달하고[8] 다음날 24일에 회견했다. 람즈도르프는 일본의 회답에 '만족한다'고 했으나, "중립 관념의 발의는 러시아 자신의 희망으로 이를 이루려는 것은 아니라, 오히려 러시아가 일본국에 대해 흔쾌히 주려는 바의 양여의 하나로서 이를 이루려는 것이다"라고 설명했다.[9] 러시아는 한국 중립화라는 '양보' 조건과 바꾸어 만주에서 행동의 자유를 일본으로 하여금 승인하게 하려는 것을 의도했지만,[10] 일본은 이것을 '양보'라고 받아들이지 않았다. 또한 한만 "중립 처분을 이 기회에 체결할 경우에는 일본국 정부가 실제 만주에서의 현상 유지에 대해 그것을 도와주든가 혹은 적어도 그것을 묵시한다"고 국제적으로 '추단(推斷)하게 만드는'[11] 위험을 수반하고 있었다. 가토가 말하는 만한 동시 중립화 안은 러시아의 반응을 탐색하기 위한 외교상의 사전 파악, 떠보기식 행위에 지나지 않는다. 일본이 요구하는 한만 교환론은 한만 지역의 세력 분할에 다름 아니다.

이리하여 한국 중립화 안은 사장되었지만, 그 과정에서 제기된 '만한 불가분론 = 만한 교환론'은 청일전쟁 후 한반도의 러일 세력 분할로 후퇴할 수밖에 없게 된[12] 일본의 외교를 전환시키는 계기가 됐다.

---

7) 위의 책, 528~529쪽, 「明治三十四年一月十七日外國公使來談要領筆記拔抄」.
8) 위의 책, 529~530쪽.
9) 위의 책, 530~531쪽.
10) 鈴木隆史, 『日本帝國主義と滿洲』上, 塙書房, 1992년, 38쪽.
11) 『日本外交文書』34권, 530쪽.
12) 청일전쟁 후, 조선 문제에 대해 일본과 러시아 사이에 체결한 협정에는 다음의 것이 있다. ① '각서'(고무라 – 웨바 협정, 1896년 5월 14일 조인). 이 중에서 양국의 군대 주둔은 부산 – 서울 간 일본 전신선 보호를 위해 일본 위병을 배치하는데, 조급히 200명 이내의 헌병 배치로 바꾸고, 질서 회복 후에는 철수할 것, 거류지 보호를 위해 서울에 2중대, 부산에 1중대(1중대에는 200명 이내)의 일본 병사를 배치하고 러시아도 공사관·영사관 보호를 위해, 일본

지바 이사오에 따르면 '만한 불가분론 = 만한 교환론'이 부상한 것은 의화단 봉기를 구실로 만주에 러시아군이 진주한 1900년 7월 무렵이라 한다.[13] 대체로 가토 다카아키 전 주영공사·고무라 주타로 주러 공사·하야시 곤스케 주한공사·야마자 엔지로(山座円次郎) 주한공사관서기관 (1901년 4월 정무국장이 된다) 등 외무 관료가 발상하고, 앞서 말한 1901년 1월 러시아 제의에 대해 일본 측 회답의 기본 인식을 형성했다. 그러나 원로 및 각료가 공통 인식으로서 '만한 불가분론 = 만한 교환론'에 도달한 것은 같은 해 4월~ 12월이었다. 야마가타 아리토모(山縣有朋)는 4월 24일에 이토 히로부미에게 보낸 「동양 동맹론」[14]에서 그 인식을 보이고,[15] 가쓰라 수상과 의사소통을 하지 않은 이토도 12월에 가진 러시아 수뇌와의 교섭에서는 한만 교환론의 입장에서 임했다.[16] 이 시점에 이르러 원로

군의 수를 넘지 않는 위병을 배치하여 평온 회복 후에는 러일 병사 모두 철수할 것이라 했다.
② '의정서'(야마가타 - 로마노프 협정, 1896년 6월 9일 조인). 조선 재정 구제를 위한 러일 양국에 의한 권고·원조, 현재 보유하고 있는 일본 전신선 유지와 서울 - 국경 간의 러시아 전신선 가설권 등을 규정한 본 협정 외에, 비밀 조관에서, 조선 내에서의 소란 발생 시에 러일 합의에 의해 군대를 파견하고, 양국 군대의 충돌을 피하기 위해 비점령의 '공지'를 설정하여 각각 '용병 지역'을 확정할 것, 고무라 - 웨바 협정에서 정한, 조선국 군대가 확립할 때까지 러일 양국이 동수의 군대를 주류시키는 권리는 여전히 유효하다고 했다.
③ '의정서'(니시 - 로젠협정, 1898년 4월 28일 조인). 러시아 정부는 한국에서의 한일 간의 상업상·공업상의 관계 발달을 방해하지 않는다고 했지만, 러일 양국 정부는 한국의 주권 및 완전한 독립을 확인하고, 한국 내정에의 불간섭을 약정, 나아가 한국의 요구에 응하여 연병교관(練兵教官)·재무고문관을 파견할 경우에는 상호 협상한다. 또한 교섭 과정에서 일본은 만주 및 그 연안은 일본의 이해관계의 범위 밖임을 명언하고, 러시아의 뤼순·대련 조차를 인정했다.
이상의 3협정은 모두 한국 내에서 일본과 러시아의 세력 균형주의에 기초한 권리분할 규정이고, 한국의 독점적 지배를 목표로 하는 일본의 의도에서 본다면, 일본의 우위는 보증되지 않고, 오히려 일본 측은 수세에 서 있었다.
13) 千葉功, 앞의 논문, 44~46쪽.
14) 伊藤博文關係文書研究會 編, 『伊藤博文關係文書』 8, 塙書房, 1980, 138~140쪽; 大山梓 編, 『山縣有朋意見書』, 原書房, 1966, 264~266쪽.
15) 千葉功, 앞의 논문, 58쪽.
16) 위의 논문, 66쪽.

· 내각의 합의를 얻었던 것이다.

외교 과제를 만주 문제 또는 한국 문제로서가 아닌 한·만 문제로 삼은 정책 방침을 확립시킨 배경의 하나는, 만주에서 똬리를 틀고 있던 러시아 군에 대한 영국·독일을 비롯한 국제적 비판의 고조였고, 또 하나는 영국 과 일본의 동맹을 향한 교섭의 진전이었다.

주지하는 바와 같이 의화단 활동이 만주에 파급되자 러시아는 그 진압을 명목으로 1900년 7월 관동주 총독 예브게니 알렉세이에프(Evgenii I. Alekseev)를 만주 파견군 사령관으로 임명하고, 10만이라는 대군을 출동시켜 8월 2일 하얼빈을 점령, 10월 초순까지 만주 전역을 제압했다. 북청사변은 10월 26일부터 정전 교섭이 개시되어, 12월 30일에 여러 나라가 제시한 화의 조건을 청이 수락함으로써(최종 의정 조인은 1901년 9월 7일) 종결하지만, 러시아는 이와는 별도로 국제적 해결의 틀에 구애받지 않고 독자적으로 만주 문제에 관한 대청(對淸) 교섭을 시도했다. 그러나 러시아의 만주 독점을 꾀하는 단독 행동은 일본을 포함한 여러 나라가 비난하는 바였고, 청에도 러시아의 요구를 거부하도록 압력을 가했기 때문에, 청러 간 협정은 성립하지 않았다. 일본의 정치 지도층은 여러 나라가 러시아의 만주 점령에 대해 비판하는 것을 '만한 불가분론 = 만한 교환론' 추진을 부추기는 바람이라 여기고 대러 교섭의 지침으로 삼았던 것이다.

또한 영일 동맹으로의 도정도 대러 교섭을 유리하게 하는 이용재료였다. 일본이 이익을 공유하는 영국과 제휴하는 일은 만주에서 러시아 세력을 견제하는 데에 유리하다. 발단은 청의 영토 보전, 문호 개방에 이어서 영국과 양자강 협정(1900년 10월 16일 조인)을 체결한[17] 독일로부터 극

---

17) 『日本外交文書』 33권, 55~57쪽에 영독 협정문이 있다. 그 제4항에 오스트리아=헝가리, 프랑스, 이탈리아, 일본, 러시아, 미국에 협정을 통지하고 "여기에 기재한 주의를 인용할 것을 권유할 것"으로 되어 있었다.

동 문제에 관한 일본·영국·독일 3국 동맹 체결을 권유받은 것이다. 1901년 봄 하야시 다다스 주영 공사로부터 그 보고를 받은 가토 외무대신은 고무라 주청 공사(9월 외무대신으로서 입각)의 의견을 구한 다음 영국의 의향을 탐색하고 동맹 성립의 가능성을 감지했다.

수상이 된 가쓰라도 한국 보호국화를 내건 '정강'의 별도 항으로서 "혼자 힘으로 극동의 대국을 담당하기는 곤란하기 때문에, 기회를 보아 구주(歐洲)의 한 국가(영국)와 어떤 종류의 협약을 체결하는 데에 주의할 것"[18]을 거론하며, 영국과 연계해서 극동 문제 해결에 임한다고 했다.

8월 3일(오이소[大磯]), 4일(하야마[葉山])에서 있은 가쓰라·이토 회담에서, 이토로부터 "만일 영국이 우리의 요구를 받아들인다면, 우리나라는 물론 영국의 희망에 따르는 데 주저할 필요가 없다"는 동의를 얻은 가쓰라는 다음날 5일 야마가타 아리토모·사이고 쓰구미치(西鄕從道)·오야마 이와오(大山嚴)·마쓰카타 마사요시(松方正義)·이노우에 가오루 등 원로의 승낙도 얻어냈다.[19] 통설적으로 이토·이노우에 등은 러일 협상 노선을 고집하고, 영일 동맹 노선과 대립했다는 견해도 있으나 "당시의 지도자층이 친러·친영의 두 파로 확연하게 나누어져 있었다고 보는 것은 맞지 않으며" "귀착되는 바는 우선순위의 문제"에 지나지 않았다.[20]

영국과의 정식 교섭은 10월 16일부터 시작되어 11월 6일에는 영국 초안이 제시되었는데,[21] 그 전문에 "대영제국 및 일본 양국 정부는 오로지 동아시아에서 현상(現狀) 및 전국(全局)의 평화를 유지할 것을 희망하며,

---

18) 『公爵桂太郎伝』乾卷, 995쪽.

19) 春畝公追頌會, 『伊藤博文傳』 下, 同會, 1904, 519~520쪽.

20) I·ニッシュ, 『日本の外交政策一八六九 — 一九四二』, 宮本盛太郎 譯, ミネルバ書房, 1994, 69쪽.

21) 『日本外交文書』 34권, 39~41쪽.

또한 한국이 외국의 어떤 국가에게도 병탄(倂呑)되지 않을 것, 및 청의 독립과 영토 보전을 유지하고, 중국에서의 상업 및 공업에 대해 각국 균등의 기업권을 향유하는 것에 관해 특별한 이익 관계를 갖는다"라고만 되어 있고, 10월 16일에 하야시 공사가 랜스다운 외무대신에게 표명한 "우리 일본은 조선에서의 자신의 이익을 보지(保持)하고 다른 나라로 하여금 그것을 방해하지 못하게 할 것을 시종 희망"[22]한다는 사항에 대해서는, 초안의 어디에도 한국에서 일본의 우월적 지위를 확인하는 문언은 없었다.

이것을 불만으로 여긴 하야시는 11월 7일 "별도 조항을 만들어 '영국은 한국에서 일본의 이익이 탁월(卓越)함을 승인하고, 또한 일본이 자신의 이익을 보호하기 위해 적절한 조치를 취하는 일이 있어도, 영국은 모두 그것을 승인해야 한다'는 뜻을 한층 분명하게 표시하여 두는 것이 득책"이라고 고무라 외무대신에게 진언했다.[23] 다음날 8일에도 하야시는 거듭 고무라 앞으로 다음과 같이 보고하였다.[24]

> 본사(本使)가 가장 중점을 두고 있는 조선 문제에 관한 문언은 아직 충분히 본사의 뜻을 만족시키지 못합니다. 즉, 조약 안의 서문에 '어떠한 외국이라도 조선을 병탄하는 것은, 이를 막는다' 운운의 문자는 영일 양 체맹국(兩締盟國) 이외의 외국이 이를 병탄하는 것은 이를 막아야 한다라는 의미로 해석되고…… 또 한편으로 말하면 조선 이외의 모든 외국을 가리키는 것과 같이 보일 뿐만 아니라, 일본이 조선에서 가지는 거대한 이익을 영국이 인정한다는 문언이 없고, 이 이익을 보호하기 위하여 일본이 취해야하는 조치는, 영국이 이를 방해하지 않는다는 보장이 없음에 대하여, 본사는 이것을 조약 중에 명확히 해두어야 한다고 생각합니다.

22) 『日本外交文書』34권, 37쪽. 같은 책, 35권, 37쪽.
23) 『日本外交文書』34권, 41~42쪽.
24) 위의 책, 43~46쪽.

하야시의 상신(上申)을 기다릴 것도 없이, 고무라를 비롯한 일본 정부도 같은 의견이었다. 일본의 수정 대안은 11월 28일의 임시 각의에서 결정, 29일 가쓰라 수상이 영국 정부 초안과 함께 천황에게 상주했다.[25]

일본 정부 안의 가장 큰 수정점은 다음과 같다. ① 영국 안 전문 중의 '한국이 어떠한 외국에게도 병탄되는 것을 막을 것'을 '다른 나라(別國)가 한국을 병탄하고, 또 그 영토의 일부를 점령하는 것을 막을 것'으로 수정. ② 본문에 한 조를 추가하여, 조약의 유효 기한을 5년간으로 하지만, 계속할 수도 있다. 또는 기한 동안 영일 어느 쪽이 다른 국가와 교전 중일 경우에는 강화 시까지 계속하게 한다. ③ 비밀의 '별관(別款)'을 두어, 영국 안에 있는 양국 해군의 '협동 동작'을 규정한 조항을 제1관으로 하고, 여기에 제2관 "양 체약국은 모두 동양에서 최대 해군력을 소유한 다른 나라의 해군력에 비해, 실력 상 우세한 해군을 항상 동양에 유지할 것을 노력해야 한다" 및 제3관 "영국은 일본국이 현재 한국에서 갖고 있는 우세한 이익을 옹호 증진하기 위하여 필요한 조치를 채택할 수 있다는 것을 승인한다"를 추가한 것이다. 모두 러시아를 가상 적국으로 한 군사 맹약이다.

일본 정부안은 가쓰라·고무라가 원로 야마가타·마쓰카타·사이고로부터 동의를 얻고, 망설이던 이노우에도, 고무라와 외무성 고용 헨리 윌러드 데니슨(Henry Willard Denison)의 설득에 굴복하여, 12월 7일의 하야마회의(葉山會議)(桂別邸)(네 원로 외에 가쓰라·고무라 출석)에서 정부안에 찬성을 표명했기 때문에 원로 간의 의견이 일치했다.[26] 고무라는 이 원로 회의에서「영일협약에 관한 의견」[27]을 제출했는데, 그 중에서 "영국과 맺어, 그 공동의 세력을 이용하고, 이로써 러시아로 하여금 어쩔

---

25) 위의 책, 57~61쪽.
26)『日本外交文書』35권, 73~78쪽. (石井菊次郎書記官稿, "日英協約交涉始末").
27)『日本外交文書』34권, 66~69쪽.

수 없이 우리 요구에 응하도록 하는 이상의 양책(良策)은 없다"고 하고, 러시아 교섭의 전제로서 영일 동맹을 이용할 것을 강조했다.

그 사이에 페테르부르크를 방문하여, 총리 세르게이 비테(Sergei Y. Witte), 외무대신 람즈도르프와 '개인의 자격으로' 회견하고(12월 2, 3일), 의견을 교환한 이토 히로부미는 12월 6일 베를린에서 가쓰라 앞으로 회담 상황을 다음과 같이 보고했다.[28]

나는 일본과 러시아가 서로 한국의 독립을 보장하고, 또한 한국 영토의 일부라도 서로에 대해 군사 전략의 목적에 사용하지 않을 것, 그리고 한국 해안에 포대 등을 구축하여 한국해협의 자유항행을 위험하게 하는 일을 하지 않을 것을 서로 약속하는 데에는 상대편으로 하여금 한국에서 공업상, 상업상, 성지상, 또한 군사상의 사항(원래 군사적 행위는 반도[叛徒] 및 유사 소란[騷亂]의 진압에 국한한다고 하여)에 이르기까지 일본의 독점적 자유행동을 인정할 것을 승낙하도록 했다.

물론 내가 실제 교섭에 들어감에 임해서는, 그에게서 대가를 요구받은 것은 의심할 여지도 없는 바로서, 더구나 그 구하는 바는 회담 중에 상대편에서 준 오히려 명료한 시사에 근거하여 판단하건대, 아마 만주, 즉 나로 하여금 덧붙여 말하게 한다면, 러시아는 이미 현재 차지하고 있고, 또한 사실상 자유행동을 하고 있는 만주에서 러시아의 다소 폭넓은 자유행동 그것에 있다고 생각한다.

이토는 자신의 제안에서 "상대편은 일본과 한 가지 협조할 것을 마음속으로 희망하고 있다는 느낌을 갖게 되었다"고 전했으나, 유화적인 비테는 그렇다 치더라도, 람즈도르프는 12월 4일의 회견에서 이토의 제안에 대해 "이래서는 러시아는 조금도 얻는 것이 없고, 먼저 조선을 일본의 보호국으로 한다고 일반화한다면, 각료(閣僚)와도 신중히 상담을 한 뒤

---

28) 위의 책, 63~64쪽. 또한 이토의 람즈도르프 외무대신과의 회견기는 『日本外交文書』 35권, 108~111쪽. 비테 장상과의 회견기는 위의 책, 111~115쪽에 수록되어 있다.

에라야 확답할 수 있다"고 불만을 내비치고 있다.[29] 이토가 자신의 제안을 러시아에 '승낙시켰다'라고 말한 것은 러일 협상을 선행해야 한다는 자기주장의 실현 가능성을 강조하기 위한 것일 수도 있다.

그 무렵 영일협약을 우선시하고, 영국에 대해 배려하는 차원에서 '이중 교섭(double dealing)'을 피하고 싶어 하는 가쓰라·고무라와 이토와의 사이에 실랑이가 있었고, 정보 교환의 부족이 양자의 틈새를 넓혀[30] 이토의 제안은 기각되었다. 그러나 러시아 수뇌와의 회담에서 이토의 자세는 "현안 문제[영일협약]의 주의(主義)[대의]에 모순되는 일은, 모두 피한다"[31]는 것을 동의한 전제하에서 한만 교환론에 입각한 제안을 했던 것이지, 한만 문제에 관한 기본자세에서 가쓰라·고무라와 대립하고 있었던 것은 아니다. 실제로 이토의 러시아 방문은 영일 교섭의 장애가 되지 않고, 오히려 협약 체결을 촉진시키는 효과가 있었다.

한편 12월 12일, 하야시로부터 일본 정부 대안을 받은[32] 영국의 반응은 일본에게 엄격한 것이었다. 특히, '별관'에 추가한 제2관, 제3관은 "피아(彼我) 교섭 중 가장 큰 어려운 문제를 만들었다. 우리 측 수정안 제출후, 협약 체결에 이르기까지 1개월 반을 요한 것은, 순전히 이 두 항 때문"[33]이었다. 12월 19일 하야시와 회견한 랜스다운 외무대신은 "제2관에 관해서는, 내각은 세계 어느 곳에서도 영국 해군력의 배치를 어떠한 약정에 의해 구속하는 것에는 단호히 반대"라 하고, "제3관에 관해서는 …… 한국에서 일본의 침략적 정책을 방조한다는 의미로 오해받을 염려

---

29) 『日本外交文書』 35권, 43쪽.
30) 千葉功, 앞의 논문, 64~67쪽.
31) 『伊藤博文傳』 하권, 536쪽. 11월 24일 이토로부터 하야시 주영공사 앞으로의 전보.
32) 『日本外交文書』 34권, 76쪽.
33) 『日本外交文書』 35권, 80쪽.

가 있으므로, 후일 의회에서 비평을 받을 때, 이에 대답하기 곤란할 것으로 사료된다"고 밝혔다.[34]

특히, 제3관 문제는 그 뒤에 하야시가 「영일 동맹 협약 체결시말」에서 "한국에서 일본의 이익을 보호하는 문제는 본 협약의 담판 중 가장 많은 시일을 요(要)한 것으로서, (1902년) 1월 28일 동 문제의 결정과 함께 본 협약의 수정 협정을 보기에 이르렀다"[35]라고 회고하듯이, 일본으로서는 영일협약에서 기대하는 최대 목표였지만, 영국이 가장 경계한 점이었다.

영국이 위구심을 가진 것은 "별개 조항 제3조[일본안 별관 제3관]에 의해, 일본이 사실상 한국에서 자유행동을 할 수 있게 되어, 마침내는 일본이 동국[한국]에서 침략 방침으로 전환하여 급기야 러시아와 충돌하게 되고, 여러 나라 간의 전쟁에 이르는 사태를 염려한 것"[36]이고, "영국 의회의 의원 중에는 영국이 한국에서 일본의 침략 행위를 조장한 것처럼 해석하는 자가 있을 수 있"[37]기도 했고, 나아가 "한국에서 일본의 침략적 행동으로 인해 전쟁에 돌입할 염려를 공중(公衆)이 품게 된다는 것도 있을 수 있는"[38]임을 예상했기 때문이다.

랜스다운 외무대신은 1902년 1월 14일, 영국 수정안을 제시하고[39] 일본안 '별관' 제1관, 제2관은, 이 협약과는 별개로서, "대영제국 · (일본국)은 할 수 있는 한 극동의 해상에서, 여하한 제3국의 해군보다도 우세한 해군을 집합할 수 있도록 유지하는 데 노력할 것"을 기입한 공문(公文)으로 하고, 또 '별관' 제3관의 취지를 본문 제1조에 포함시킬 것을 제안했다.

---

34) 『日本外交文書』 34권, 86쪽.
35) 『日本外交文書』 35권, 50쪽.
36) 위의 책, 44쪽.
37) 위의 책, 45쪽.
38) 위의 책, 6쪽.
39) 위의 책, 1~3쪽.

이후 문언 표기의 수정은 있었지만 조인을 서두르는 일본이 기본적으로 는 이것에 합의하고, 1월 30일 하야시 공사와 랜스다운 외무대신이 「제1 차 동맹 협약」(Agreement of Alliance of 1902)에 기명 조인했다.[40] 확정 조문 제1조는 다음과 같다.

> 제1조 양 체약국은 상호 청국 및 한국의 독립을 승인함으로써 이 두 나라, 어느 쪽 에서도 전연 침략적인 방향으로 기울지 않을 것임을 성명(聲明)한다.
>
> 그러나 양 체약국의 특별한 이익에 비추어, 곧 그 이익이란, 영국에게는 주로 청 국에 관해서, 또한 일본국에게는 그 청에서 갖는 이익에 더불어, 한국에서 정치상, 상업상 및 공업상의 이익을 갖는다. 양 체약국은 만일 위의 이익에 대해 다른 나라 의 침략적 행동으로 말미암아, 또는 청국이나 한국에서, 양 체약국 어느 쪽이 그 신민(臣民)의 생명 및 재산을 보호하기 위해, 간섭을 요하는 소요의 발생으로 인 해 침범을 당하는 경우에는, 양 체약국 어느 쪽에서도 해당 이익을 옹호하기 위해 필요 불가결한 조치를 취할 수 있음을 승인한다.

여기에는 일본 정부가 영일 동맹에 기대한, 한국에서 일본의 독점적 · 지배적 지위를 영국이 승인하는 내용이 명기되어 있지 않다. 거꾸로 청 국 및 한국의 독립 · 영토 보전의 보장, 침략 의사의 부인 등 일본의 대륙 팽창에 대한 억제가 전면에 내세워져 있다. 제2조 이하의 군사 협력도 애 매하여 구체성을 결여하였다. 평가할 만한 것이 있다고 한다면, 제5조에 서 '일본국 또는 영국에서, 상기의 이익이 위태로움에 부딪쳤다고 인정할 시는 양국 정부는 상호 충분히 또한 격의(隔意)없이 통고해야 한다'라 하 여, 극동 문제를 영일의 공통 이해 대상으로서 협의함을 규정한 점이리라.

주영공사(1894년 11월~1900년 2월) · 외무대신(1900년 10월~1901

40) 위의 책, 16~17쪽, 19~23쪽.

년 6월)을 맡았던 가토 다카아키는 영일협약이 공표되었던 1902년 2월 12일의 담화에서[41] 다음과 같이 영일 동맹의 의의를 설명했다.

"…… 이 협약의 성질부터 논하면, 순수한 공수(攻守) 동맹으로서, 저 러시아·프 랑스 동맹이든, 독일·오스트리아·이탈리아의 3국 동맹이든, 구주 무대의 주역이 되고, 중심점이 되는 것과, 조금도 다를 것이 없다. …… 이 협약의 결과, 영국이 향유할 이익이 많다는 것은 말할 것도 없고, 우리나라의 보상도 역시 실로 비상한 바가 있다고 할 수 있다. … 우리나라의 이해(利害)에서 가장 절실하게 중요한 청한(淸韓) 양국에 대해, 영일이 상호 손을 잡게 된 것은 실로 막대한 외교상의 성 공이라 평가하지 않을 수 없다."

"국가를 개방한 지 겨우 40년, 구미인의 눈으로 보면 약소국, 반개화로 보일 우리 나라에 대해 [영국이] 이와 같이 생사를 같이하는 협약을 서서이 맺게 된 것은 무엇 을 의미하는가?"

"이와 같이 우세한 영국과, 우리 제국이 당당하게 동맹하게 되면, 실로 우리 앞날 에 적이 없고, 그야말로 맹호에 날개를 단 것이나 다름없다."

세계에서 으뜸가는 대영제국과 '공수 동맹'을 맺음으로써, 일본이 아 시아의 우두머리가 되었다고 착각한 국민도 영일협약을 환영했다. 그러 나 이안 힐 니쉬(Ian Hill Nish)가 지적하듯이 "이 동맹이 가져온 충격을 과대평가해서는 안 된다"[42]

그렇다고는 하나 영일 동맹은 러청만주환부협약(露清滿洲還付協約, 1902년 4월 8일 조인)[43] 체결에 영향을 주었다. 환부 협약은 제2조에서 조인 후 6개월마다 만주 주둔의 러시아 군대를 점차 철수한다고 되어 있

41) 「時事新報」, 1902. 2. 12(『明治ニュース事典』 VI, 毎日コミュニケーションズ, 1985, 583 ~584쪽).
42) ニッシュ, 앞의 책, 71쪽.
43) 『日本外交文書』 35권, 221~230쪽.

어, 그 제1기로서 랴오닝성(盛京省) 서남부에서 랴오허강(遼河)에 이르는 지역에서의 철수는 실행되었으나, 제2기인 1903년 4월을 기한으로 하는 랴오닝성 나머지 지역과 지린성(吉林省)에서의 철수 약속은 이행되지 않았다. 러시아는 북만주에서의 철수 조건으로 7개조를 제시하였는데, 청이 그것을 거부하자 4개조로 수정하여 다시 제시, 그마저도 거부되어 환부 조약의 이행을 촉구 당하였기 때문에 교착 상태에 빠졌다.

일본 정부는 청에 대한 러시아의 새로운 요구에 대해 경고를 보내는(4월 20일) 동시에 1903년 4월 21일 교토에 있는 야마가타의 별저 무린앙(無隣庵)에서 야마가타·이토·가쓰라·고무라가 회동하고 대러 교섭의 기본 방침을 협의했다. 거기에서 얻은 결론은 "만한 양국 관련의 문제라면, 우리는 한국에서 충분한 권리를 요구하고, 그 교환으로서 만주에서는 러시아에게 그 경영의 단초에 관련된 범위에서 우세한 양보를 하고, 다년간에 걸친 난문제를 일시에 해결하려고 한다"[44]는 것이다.

그 구체화가 6월 23일의 이토·야마가타·오오야마·마쓰카타·이노우에 등 원로와 가쓰라 수상·데라우치 마사타케 육군대신·야마모토 해군대신·고무라 외무대신이 출석한 어전(御前) 회의에서 「러일 협상안 요령」 8개조의 결정이다.[45] 이것은 영국의 이해를 얻은 후[46] 6개조로 정리된 「러일 협상안」으로, 8월 12일 구리노(栗野) 주러 공사가 람즈도르프 외무대신에게 직접 전해주었다.[47] 협상안이란 ① 일본·러시아는 청·한 양국의 독립·영토 보전의 존중, 각 나라의 상공업의 기회 균등을 보호 유지한다. ② 러시아는 한국에서 일본의 이익 및 이익 보호 조치의 승인

44) 앞의 책 『公爵桂太郎伝』 坤卷, 121쪽.
45) 『日本外交文書』 36권, 1~4쪽.
46) 위의 책 4~8쪽.
47) 위의 책, 11~14쪽.

을, 일본은 만주에서 철도 경영에 관한 러시아의 이익 및 이익 보호 조치를 승인한다. ③ 일본이 한국에서, 러시아가 만주에서 상공업 활동을 발달시키는 것을 상호 저해하지 않는다. 러시아는 장래 한국 철도의 만주 남부로의 연장을 저해하지 않는다. ④ 반란·내란 진압을 위해 일본이 한국에, 러시아가 만주에 파병하는 병력은 필요 수를 초과하지 않고, 임무 종료 후에는 즉시 철수한다. ⑤ 러시아는 한국에 대한 조언(助言), 병력을 포함한 원조가 일본의 전권(專權)에 속한다는 것을 승인한다. ⑥ 현행의 만주·한국에 관한 러일 협정의 실효 등이다.

여기에서도 당사국인 청국·한국이 빠진 상태에서 제국주의 국가끼리의 담합인 한만 교환론이 전개되고 있는데, 종전의 그것과 비교해서 일본이 새롭게 주장한 점은 만주에서의 러시아 권익을 철도 관계로 한정함과 동시에, 한국 철도의 남만주로의 진출을 의도하고, 또한 한국에서 일본의 우월적 지위의 확보에 더하여, 한국영내의 군사 전략적 이용의 승인을 러시아에게 요구하고 있는 것이다. 러시아에 대해 고자세인 고무라 외무대신의 지론은, 한국을 일본의 보호국으로 하고, 만주에 대한 일본의 경제적 진출을 러시아로 하여금 인정하게 하자는 것이다.[48] 이에 대해, 1903년 5월 궁정서기가 된 알렉산드르 베조브라조프(Aleksandr M. Bezobrazov)의 무단 외교(武斷外交)는 일본의 만주 진출 거부, 한국의 독립과 영토 보전 및 영토·연안의 군사적 사용의 금지[49] 등이고, 고무라 외교의 요구와 정면으로 대립하는 것이었다.

러일 협상은 1904년 1월까지 모색되었으나,[50] 최후까지 쟁점이 되었

---

48) 外務省 編, 『小村外交史』, 原書房, 1966, 298~299쪽. 1902년 11월 1일, 고무라로부터 구리노 주러 공사에 내시(內示)한 '협상의 골자'.
49) 위의 책, 334~335쪽. 1903년 10월 로젠 주일공사가 가져 온 「露帝の允許経たと秤する對案」.
50) 千葉功, 「日英同盟締結後における日露外交方針」, 『日本歴史』 1996년 10월호; 千葉功,

던 것은, 러시아 측이 강하게 요구한, 북위 39도 이북(나중에 국경 양측 50킬로미터로 감축)의 한국령의 중립(양국 군대의 불가침) 지대 설정과 한국령의 군사적 사용 금지 규정이었다. 지바 이사오에 따르면, 러시아는 최종적으로는 중립 지대 조항을 삭제한 협상안을 준비했음에도 불구하고, 일본에 그것이 전해지지 않았기 때문에, "러일전쟁은 구체적인 쟁점에서는 타협이 가능했지만 커뮤니케이션이 철저하지 못한 데서 오는 상호 신뢰의 양성에 실패함으로써 야기된 전쟁이었다."[51]

그러나 한만 교환론 자체에 모순이 있었던 것은 아닐까? 확실히 교섭 수법으로서 이토가 "내 목적은 교호적 기초의 협상에 비해 한층 일본을 위해 이익이 되어야 할 상세(狀勢)를 형성하려는 데에 있으므로 어쩔 수 없는 경우가 되면, 즉 최하책으로서 교호적 기초까지 양보할 각오다"[52] 라고 말하는 것처럼, 당초에는 자신에게 유리한 부등가 교환 조건에서 출발하여, 교섭 경과에 따라 양보하고 '최하책으로서의 교호적 기초'(等價交換)로 결말을 지을 수는 있으리라. 지바 이사오는 만한 교환론을 다음과 같이 구분하여 일본은 a → b, 러시아는 c → b로 향해 나아갔다고 말한다.[53]

a. 일본에 유리한 만한 교환(만주에서 러시아 권리를 제한)
b. 대등한 만한 교환(협의의 만한 교환)
c. 러시아에 유리한 만한 교환(한국에서 일본의 권리를 제한)

「日露交渉 – 日露開戰原因の再檢討」, 年報近代日本硏究 18, 『比較の中の近代日本思想』, 山川出版社, 1996 所收; 增田知子, 「日露戰爭への道」, 井上光貞ほか 編, 『日本歷史大系』 4 近代 I, 山川出版社, 1987, 所收, 1026~1035쪽.
51) 千葉功, 앞의 「日露交渉 – 日露開戰原因の再檢討」, 313~314, 317쪽.
52) 『日本外交文書』 35권, 134쪽. 1901년 12월 22일 이토로부터 가쓰라 앞 전보.
53) 千葉功, 앞의 「滿韓不可分論 = 滿韓交換論の形成と多角的 同盟・協商網の摸索」, 41쪽.

그러나 일본이 만주에서 러시아 권익의 극소화를 요구하여 '대등한 만한 교환'인 b에 도달한다면, 한국에서의 일본의 권익도 그것에 대응하여 제한하지 않으면 안 된다. 혹 일본이 한국의 완전 지배를 의도하는 것을 고집하게 되면, 마찬가지로 러시아의 만주 완전 지배를 인정하지 않으면 저울의 균형을 이룰 수 없을 터다. 결국 일본은 그 어느 쪽도 선택할 수 없는 것이다. 람즈도르프 외무대신은 러시아를 방문한 이토에게 이렇게 말했던 적이 있다.[54]

> 협상이란, 쌍방의 이익을 상호 양보적으로 규정하는 것을 가리키는 것과 같다. 그리하여 이 서면에 따르면 귀국의 이익만을 규정하고, 우리로서는 모두 양보뿐이다. 조선에 관한 민새의 러일 협상은 상호 내붕한 것이다. 즉, 한쪽이 500명을 출병시키면, 다른 한쪽도 역시 500명을 출병시킨다는 것과 같은 협정이다. 그런데 도 금일 출병의 전권 및 정치적 전권을 맡기면 러시아는 곧 양보를 하게 될 것이다. 귀국은 이익만 얻은 것에 반해, 러시아는 손실만 되어 몹시 곤란하다.

또한 만일 러일 협상이 결렬되면, 고무라·웨버 협정, 야마가타－로바노프 협정, 니시－로젠 협정은 여전히 효력을 유지하고, 람즈도르프 외무대신이 말하는 '대등 상호' 규정에 구속되어, 일본은 한국에의 파병·주류(駐留)·기지 구축(基地構築) 등을 할 수 없게 되는 것이다. 러시아가 압록강 연안 지방으로 진출함에 따라 위협을 받고 있던 일본이 이에 대항하여 한국에 군사적 거점을 설정할 길은 막혀 있었다.

이리하여 선택지(選擇肢)를 잃은 외교적 어려움을 타개하는 데에 러시아와의 전쟁 이외에는 남아 있지 않았다.

1904년 2월 8, 9일 연합 함대는 뤼순항, 인천항 등에서 러시아 군함을

---

54) 『日本外交文書』 35권 119쪽, 「露國外相ラムスドルフ伯ト會見ノ記, 其二」.

기습, 개전.

2월 10일, 선전 조칙(宣戰 詔勅) '환발(渙發).'

2) '한일의정서' 교섭의 좌초

러일전쟁이 불가피하다고 판단한 1903년(메이지 36) 12월 30일의 각료 회의는 「러시아와 교섭 결렬시 일본의 취해야 할 대청한 방침(對淸韓方針)」[55]을 결정했다. 그 중 한국에 대한 방침은 다음과 같다.

한국에 관해서는, 어떠한 경우라도 실력으로써 이를 우리 세력 아래 두어야함은 물론이지만, 될 수 있는 한 명의(名義)를 바르게 선택하는 것이 상책이다. 만일 지난 날 청일전쟁의 경우와 같이 공수 동맹 혹은 다른 보호적 조약을 체결할 수 있다면 가장 좋을 것이다. 그렇기 때문에 기회가 도래하면, 위와 같은 조약을 체결 할 수 있는 소지를 만들어두기 위해, 지난번에, 이미 필요한 훈령을 주한 공사에 내리고, 기타 여러 종류의 수단을 취하고 있다. 또한 앞으로도 한층 유효한 수단을 취하고, 이로써 우리 목적을 관철하는 데 노력해야 한다.

여기에서는 한국과의 '공수 동맹 혹은 다른 보호적 조약' 체결의 필요가 강조되고, 그를 위한 정부 공작이 이미 시작되고 있음을 보고하고 있다.

주한 공사 하야시 곤스케가 고무라 주타로 외무대신으로부터 '한일 간에 비밀 조약 체결에 관한 건'[56]의 훈령을 받은 것은 위의 각료 회의 결정보다 약 3개월 전인 9월 29일이다. 훈령은 "이때, 한국 황제를 우리 쪽으로 끌어들이는 것은 제국의 정책상 극히 긴요한 일이고…… 일러 간에 평

---

55)『日本外交文書』36권 1책, 41~45쪽.
56)『駐韓日本公使館記錄』19권, 국사편찬위원회, 1991, 533쪽.

화의 파열을 보게 될 경우에 이르면, 한국 황제의 향배(向背)는 전국(全局)의 이해 상 지대한 관계를 갖게 될 것이 분명하므로 …… 어떤 식으로든 한일 간에 밀약을 맺어 둘 필요가 있습니다"라고 밝혀, 하야시에게 밀약 체결의 수단 방법에 대해 의견을 구하고 있다. 이에 대해 하야시는 10월 14일자의 회보에서, 한국이 "양 강국이 흘겨보는 사이에 서서 그 태도를 명백히 하리라고는 도저히 기대하기 어려운" 일이고, "한국 황제의 형세 방관주의는 도저히 사정(事情)의 이해를 가지고 설파하기 어려운 사정이 여기에 있다"고 판단하여 소극적이었는데, "이때, 억지로 희망(希望)하는 비밀 조약의 성립을 꾀하는 데에는, 오직 한국 황제로 하여금 목전의 이익을 차지하게 하고 더불어 상당한 위력을 가하는 것 외에 다른 방법이 없다"라 하여 다음의 네 항목을 들었다.[57]

1. 한국 황제가 가장 싫어하는 망명자에 대해, 한국 황제가 만족하는 견제(牽制)를 가할 것.
2. 재정을 보충(補足)하기 위해 거액의 차관(借款)을 공여할 것.
3. 상당한 운동비를 한국 조정(韓廷)의 세력자에게 제공할 것.
4. 대러 교섭에 막대한 영향을 미치지 않는 범위에서 경성(京城) 주재의 우리 수비병을 두 배 정도 늘릴 것.

하야시는 10월 30일, 거듭 고무라에게 상황 보고[58]를 했지만, 거기에서도 "지금의 시국에 관해, 궁중 및 정부에는 이렇다 할 통일이나 정해진 태도가 없을 뿐만 아니라, 왕왕 시국 문제를 권세 쟁탈의 공격거리로 삼고 있어서 … 현재의 상태로는 한국 황제를 우리에게 끌어들이는 일은 거의

---

57) 위의 책, 534~535쪽.
58) 위의 책, 536~539쪽.

절망적이라 할 수 있습니다"라고 말했다. 하야시도 이 보고에서 인정한 한국 궁중·정부의 최고 유력자는 내장원경(內藏院卿) 겸 탁지협판(度支協辦) 이용익(李容翊)과 원수부 회계국총장(元首府會計局總長) 이근택(李根澤)이고, 그들은 중립주의를 표방하고 있었다.

『고종실록』광무 7년(1903) 11월 23일에 "각국을 향해 선언, 일본과 러시아가 전쟁을 할 때 우리나라는 국외중립"이라는 기술이 있다.[59] 1903년 11월에 한국이 중립을 선언한 사실은 확인되지 않지만, 러일전쟁 시에 국외중립 선언을 하는 방침이 결정된 것이라 생각된다. 그에 대해 일본 측은 비밀 조약을 내세워 한국의 국외중립화를 방해하고, 개전이 되면 한반도를 용병(用兵) 지역으로 삼을 것을 도모한 것이다. 이용익 등이 일본이 체결을 요구하는 비밀 조약에 반대하는 것은 불을 보듯 뻔했다.

고무라 외무대신도 교섭의 난항을 예상했다. 그런 이유로 황제의 신임이 두텁고, 이용익 등과도 친한, 간사이(關西) 재계인인 오미와 조베(大三輪長兵衛)가 한국 정부 고문으로 초빙된(10월) 것을 역이용하여, 오미와에게 황제와 측근을 포섭하는 공작을 명령했다.[60] 고무라는 11월 30일, 하야시에게 "한국 황제를 끌어들이고, 우리 목적 수행의 소지를 만들

---

59) 『고종실록』(『이조실록』 56책, 學習院東洋文化研究所, 1967), 167쪽.
60) 藤村道生,「日韓議定書の成立過程 – 大三輪長兵衛韓國關係文書『諸事抄錄』,『渡韓始末錄』の史料解説として」,『朝鮮學報』61호, 藤村『日淸戰爭前後のアジア政策』,岩波書店, 1995에 수록. 이 논문은 1971년의 발표로, 앞의 『駐韓日本公使館記錄』 19권의 간행 이전이기 때문에 약간의 잘못이 있고, '한일의정서' 체결에 임하였을 때의 자기의 공적을 정부로부터 무시당했기 때문에 분개해서 쓴 「渡韓始末錄」에 주로 의거했기 때문에 오미와의 공적을 과대평가하게 되었다. '한일의정서' 조인 후인 3월 9일, 하야시는 고무라 앞 보고(「大三輪長兵衛ノ擧動取調 1건」(外務省外交史料館所藏 '外務省記錄' 4·3·1·4)에서 오미와가 황제의 외국 공관 파천 등, '폐하의 경동(輕動)하심을 경계한' 노력을 인정하면서도, 이용익을 '신뢰'하고, 그의 국외중립론을 부정할 수 없었다는 것을 비난하고 있다. 그러고 보면, 고무라·하야시의 오미와 등이 황제·이용익 등을 포섭하라는 공작을 지령한 것은 반면에 오미와의 한정(韓廷)에의 접근 감시 및 행동 규제였다고 추측된다.

기 위한 이용방법도 이것으로 가능하다고 생각하고, 이번에 오미와를 도한(渡韓)시키기로 결정했습니다. 그를 도한 시킨 뒤에는 만사(万事)를 각하에 털어놓고 이야기하고, 각하의 지휘 아래 행동해야 한다고 말씀 드려 놓았습니다. 위와 같은 사정을 아시고서, 어련하게 동인을 지휘하시고, 우리 목적을 달성하기 위한 바탕을 만드는 일에 서로 진력합시다"라고 통보했다.[61] 오미와의 서울 입성은 12월 19일이다.[62]

이 통지 발송과 같은 11월 30일 하야시는 황제를 알현하고, 한일 간의 '화목을 더욱 돈독하게 할' 방편을 강구하시고, 빨리 그 성립을 이룩하기' 위해 '칙명을 가장 신뢰하시는, 신하에게 내리시어, 그 신하에게 위임하실' 것을 '밀주(密奏)'했다고 한다.[63] 이 문서에 하야시가 기입한 단서(但書)에는 "본 건에 대해 폐하는 3~4일의 후, 신임하는 관리를 파견하고 협의시킬 것임"이라 했지만, 곧 협의가 개시된 것은 아니다.

12월 27일 고무라 외무대신은 하야시 앞으로, "한국 황제를 우리 쪽으로 포섭해 두는 것이 극히 필요해짐에 따라, 각하는 이 목적을 달성하기 위해 한층 수단을 강구하여 힘을 다할 것"이라 훈령하고, 그를 위한 조건으로서 '망명자 처분'(민비 살해 사건(을미정변)에 연좌되어, 일본에 망명한 한국인을 오지에 격리) 및 한국에 '상당한 금액을 증여할' 것을 용인한다고 했다.[64] 이에 대해 하야시는 12월 28일 "오늘에 이르기까지, 아무런 효력이 나타나지 않는다. 그 이유는 폐하를 비롯해 궁중 일반은 러시아의 협박에 형세 방관주의를 취하는 한편, 대관 중 다수는 우리에게 접근함으로써 얻어지는 이익을 충분히 인정하고 있음에도 불구하고, 강력한

---

61) 『駐韓日本公使館記錄』 19권, 539~540쪽.
62) 大三輪長兵衛 「從明治 36年 12月 渡韓中諸事抄錄」, 『朝鮮學報』 61집, 132쪽.
63) 『駐韓日本公使館記錄』 19권, 443쪽.
64) 위의 책, 444쪽.

후원이 없어 그 소신을 상주할 용기가 없는 까닭이다"라고 경과를 보고하는 동시에, 일본 정부의 '망명자 처분'과 매수 '비용' 지출 실행을 조건으로 정부 공작에 노력하지만, "제국 정부로서는 먼저 병력에 의해 경성에서 우리 위력을 수립하는 방침으로 나올 것을 희망한다," "가장 신속하게 결행할 필요가 있다는 것"을 호소했다.[65]

　　같은 날(28일), 하야시는 황제의 명을 받아 내방한 민영소(閔泳昭) 학무대신·민영환 육군부장과 회견,[66] 뒤이어 다음날 29일 밤, 이지용(李址鎔, 23일 외무대신 임시 서리에 취임)과 회담한 협정 체결이 필요한 것을 자세하게 이야기하고, 이지용에 대한 황제의 '위임장 형식'의 「칙명의 초안」[67]을 수교(手交)하여, 교섭 개시를 상주하도록 촉구했다. 이때 이미 하야시는 「한일의정서 공사 초안」이라 불리는 협정안을 작성했지만, 그것을 이지용에게 제시했는지의 여부는 분명하지 않다. 「초안」은 다음과 같다.[68]

---

65) 위의 책, 445~446쪽.
66) 위의 책, 447~448쪽;『日本外交文書』36권 1책, 774~775쪽.
67) 위의 책, 446쪽. 하야시가 12월 29일에 기고한 것으로, 다음과 같다.
'대한국 대황제 폐하는 그 외무대신에 명하여 대일본국 대표자에 대해 다음 건을 협의하도록 위촉한다.
1. 乙未 망명자는 일본 국법이 허용하는 범위에서 엄중히 처분하고, 자객(刺客) 고영근에 대해서는 가급적 관전을 베풀 것.
2. 대한제국 황실의 안전 및 독립 유지에 관해 대일본제국 정부의 성실한 조력을 요구하고, 시변(時變)에 임하여 대한제국 영토의 침해, 특히 한성의 안전에 관해 동 정부로 하여금 임기 필요한 조치를 취하도록 할 것.
3. 다 하지 못한 세목은 외무대신과 일본국 대표자 사이에 임기 타정할 것.
제1항에서 말하는 '자객 고영근'은 민비 살해 사건에 관계하여 일본으로 망명한 우범선을 찔러 죽인(1903년 11월 24일) 한국인. 12월 26일 히로시마(지방재판)에서 사형 판결을 받았지만, 일본 정부(고무라)는 '한국 황제를 우리 편으로 포섭해두기' 위해, "특면을 상주하여 1등을 감하여 생명을 도울 생각"임을 '내주'(內奏)시켰다(『日本外交文書』36권 1책, 756쪽).'
68)『日本外交文書』36권 1책, 776~777쪽. 또 같은 책에는 12월 27일 오미와 초베가 기초한 '日韓議定書三輪顧問案'이 병재(倂載)되어 있다. 그것은 '한일 동맹의 기초가 되어야 할 조항'으로서 7항목과 별도 조항으로 되어 있고, 하야시 '초안'과 비교하여 좀 더 명확하게 군

의정서(議定書)

대한제국 외부대신은, 대일본제국 대표자와 타협하여 다음 안건을 의정(議定)할 것.

1. 한일 양국은 국제상의 장애를 엄중하게 조처하여 정의(情誼)를 완전하게 소통할 것.

2. 동아대국 평화에 관해 만일 정세 변화를 당하게 될 경우에는, 한일 양국이 성실한 정의(情誼)를 상호 제휴해서 안녕 질서를 영구히 유지할 것.

3. 미비한 세목은 외부대신과 일본 대표자 사이에 그때그때 협의하여 정할 것.

제1항에서 말하는 '한일 양국 국제상의 장애'란 을미정변 관계 망명자의 처분을 가리키고 있다.

'망명자 처분'과 맞바꾸어 공수 동맹을 맺는다는 발상은, 1900년 7월 '궁내성의 제도 취조'를 명목으로 일본에 간 궁내부시종 현영운(玄映運)의 제의(提議)로 거슬러 올라간다. 현영운은 7월 하순의 외무성통상국장 스기무라 후카시(杉村濬)와의 회견에서,[69] "귀국이 망명자 처분의 일을 승낙하면, 귀아(貴我) 양국 사이에서 국방 동맹을 정결(訂結)하고, 만일 한국 내란 혹은 외환(外患)이 있는 경우에는, 일본에서 병사를 파견하여 이것을 진정하고, 혹은 방어할 것을 약속하며, 일본이 타국과 개전할 때에는, 한국 내에서 전비(戰備)를 하거나, 혹은 군대를 행동하도록 하는 일을 허락한다. 사실상, 밖에 대해서는 양국일체의 태도를 취한다"라고 제안했다. 이 제안은 일본에 입국한 다음에 동아동문회(東亞同文會)의 구니토모 시게아키(國友重章)·쓰네야 모리후쿠(恒屋盛服) 등과의 협의로

사 동맹 구상을 보여 준다.

69) 1900년 8월 4일, 아오키 외무대신으로부터 하야시 공사 앞의 '본년 7월 하순 현영운이 스기무라(杉村) 통상국장을 방문하였을 때의 대화 요령'(「韓國宮內府侍從玄映運來朝一件」, 『外務省記錄』 6.4.4.24, 外務省 外交史料館 소장).

부터 생겨난 현영운의 사안(私案)에 지나지 않고, 한국 황제·정부의 지시에 의한 것은 아니었다. 그 때문에 스기무라는 "이 조약이 양국 간에 성립되기를 진실로 바라는 바이지만, 내가 귀국을 보니, 이 일이 도저히 이루어질 것 같지 않다"라고 냉정하게 대응했다.

귀국(8월 10일 도쿄 출발)한 현영운은 황제를 알현한 자리에서 '망국자 처분'에 대해 "제실(帝室)에서 상당한 비용을 지급하고, 타국에 이전시키는 방법이 좋을 것"이라 건의한 다음, "현재의 동양 형세에 비추어보면, 한일 제휴는 한국의 생존 상 필요하다는 뜻을 건의했다"고 한다. 그러나 황제는, "어느 것도 동의하지 않는 것은 아니지만, 그렇다 하더라도 곧바로 그것을 실행하려는 결심이 없는" 모양이었다. 그러한 상황을 하야시 공사는 아오키(靑木) 외무대신 앞으로 "바로 지금의 정태 아래서 그 성공을 보는 일은 극히 지난(至難)해 보입니다"라고 보고했지만,[70] 9월 17일에 이르러 한국 정부는 '국방 동맹' 체결과 '망명자 처분'을 일본에 요구할 것을 결정하여, 주일공사 조병식(趙秉式)에게 지시했다.[71] 그러나 조병식이 일본 정부와 교섭한 형적(形跡)은 없다. 설령 교섭 과제가 되었다 하더라도, 망명자의 비호 책임을 포기하여 국제적 비판을 받는 것이나, '국방 동맹'이 러시아를 자극하는 것을 우려하는 일본 정부가 이에 응했다고 생각되지 않는다.

야마가타 내각 총사직(9월 26일)의 뒤를 이어 수상이 된 이토 히로부미(10월 19일, 제4차 이토 내각 성립)는 취임 수락 조건의 하나로 '국방 동맹' 계획의 중지를 들었다[72]고 한다. 이 때문에 한일 군사 동맹안은 중

---

70) 1900년 8월 25일, 하야시 공사로부터 아오키 외무대신 앞의 전보(앞의 문서).
71) 千葉功, 앞의 책, 「滿韓不可分論 = 滿韓交換論の形成と多角的な同盟·協商網の摸索」, 49~50쪽.
72) 주 71과 같음.

지된 경위가 있다.

한국이 제의한 '한일 양국 동맹'안을 상기하여 내용이 유사한 1903년 의 비밀 동맹 조약 체결도 용이하다고 보았다면, 안이한 판단이라 할 수 있다. 실제 하야시가 이지용 등과 접촉한 12월 말, 주한러시아공사 알렉 산드르 파블로프(Aleksandr I. Pavlov)는 "서(書)로써 한황(韓皇)을 협 박"했다.[73] 파블로프는 "최근 일본에서는 한국을 그 보호국으로 하는 제 안을 제출하고, 궁중에서 지금 숙의중이라 들었다. 일이 과연 그렇다면, 러시아도 각오한 바가 있다는 의미"의 경고를 황제에게 알린 것이다.[74] 또 정부 안에서도 이용익(李用翊)과 함께 이근택(李根澤)은 중립주의 입 장에서 일본과이 동맹안에 반대했다. 1903년 8월 이후, 한국의 중립 보장 타진을 위해 유럽에 출장 중이던 현상건(玄尙健)이 1904년 1월 11일에 귀 국하여,[75] 한국 중립에 대해 여러 나라로부터 보장을 받을 수 있는 가능 성이 있다고 전하자, 중립파는 힘이 붙는다.

선수를 쳐서 밀약을 체결하고, 한국 중립 계획을 무산시켜버리려는 하야시는 이지용·민영철(閔泳喆) 군부대신과 모의해 '한국 황제의 근시 (近侍)를 농락하는' 공작을 추진하고, 그것을 위해 '운동비'로서 1만엔을 이지용에게 제공했다.[76] 그러한 회유책과 하야시의 '협박'이 주효하여 반대를 주창하던 이근택이 찬성파로 돌아서고, 이지용·민영철과 함께 밀약 체결의 중심적인 추진자가 되었다. 1월 16일자의 하야시가 고무라 외무대신에게 한 보고는 "폐하는 완전히 일본을 신뢰한다는 의향을 갖게 되고, 이지용의 손을 거쳐 가장 내밀하게 본인[하야시공사]이 주상(奏上)

73) 朝鮮總督府, 『朝鮮 ノ 保護及倂合』, 1917, 13쪽.
74) 『駐韓日本公使記錄』 19권, 449~450쪽.
75) 『日本外交文書』 37권 1책, 310쪽.
76) 위의 책, 333~335쪽.

하게 한 밀약안은 머지않아 조인하게 되었다"고 하면서, 14일에는 "이지용·민영철 이 두 사람은 폐하에 대해 위의 3인(이지용·민영철·이근택)에게 밀약 체결의 위임을 내리도록 하는 뜻을 주상하고…… 위임은 수일 내에 본인에게 제시될 수 있도록 했다"는 것도 부언했다.[77] 조인의 형세가 갖춰졌다는 의미다.

19일, 황제로부터 교부된 전권 위임장[78]을 가지고 내방한 세 사람에 대해, 하야시는 수정 기고(起稿)한 밀약안을 제시하여, 협의한 결과, 한국은 '모레까지 폐하의 뜻을 받아 회답'하기로 했다. 한국에 제시함과 동시에 일본 정부의 승인을 얻기 위해 외무성에 보낸 하야시의 밀약안이란 다음과 같다.[79]

대한국 외부대신 서리 [공란] 대황제 폐하의 칙명 위임에 의해, 또 대일본제국 특명 전권 공사 하야시 곤스케는 대일본제국 정부의 정당한 위임에 의해 한일 양국 간에 아래의 건을 협정함.

1. 한일 양국 간에 항구불역(恒久不易)의 친교를 보호 유지하고, 동양의 평화를 확보하기 위해, 양국 정부는 언제나 성실하게 상호의 의사를 소통하여, 완급을 막론하고 서로 도울 것.

2. 대일본제국 정부는 대한제국의 황실의 안녕 및 그 영토 독립의 보전을 성실하게 보장할 것.

3. 양국 정부는 상호의 승인을 거치지 아니하고 나중에 본 협정의 취지에 위반할 협약을 제3국과의 사이에 정립(訂立)할 수 없다.

4. 미비한 세조(細條)는 대한제국 외부대신과 대일본제국 대표자와의 사이에서 그때그때 타협하여 정할 것.

5. 본 협정은 양국이 서로 비밀에 부칠 것.

77) 앞의 책, 335~336쪽.
78) 『駐韓日本公使記錄』 19권, 463쪽에 전권위임장의 사본이 수록되어 있다.
79) 위의 책, 462쪽.

또 하야시는 망명자 처분에 대해서는 별도로 다음과 같은 공문안을 작성했다.[80]

한일 양국 간에 항구불역(恒久不易)의 친교를 보호 유지하고, 완급에 따라 서로 돕는 협약을 금일 정립(訂立)함으로써, 대일본제국 특명전권공사 하야시 곤스케는 대일본제국 정부를 대표해서 다음과 같이 약속함.

1. 한일 영국 간에 오래도록 친교의 장해로 된 을미 망명자는, 대일본제국 정부가 속히 적당한 처분을 가할 것.

2. 대한제국의 황실의 안녕에 대한 범인에 대하여 대일본제국 정부의 주권 하에 있는 자들에 대해서는, 동 정부가 장래에도 충분한 제재를 가할 것.

메이지 37년 월 일
특명전권공사 하야시 곤스케

이 수정안이 그때까지의 원안과 크게 다른 점은 협정안 제3항에 양국은 사전 승인 없이는 제3국과의 협약을 금지하는 부인권(否認權)을 새로운 조항으로 첨가한 것이다. 형식상은 쌍무적(双務的)이지만, 한국이 독자적으로 제3국과 조약 등을 체결하는 일을 규제한 것이다. 현재는 한국의 중립 선언을 저지한 것이 목표이지만, 한국 외교권에 대해 일본이 개입하는 단서가 된다.

다음날인 20일 아침, 한국으로부터 다음의 대안이 제시되었다.[81]

대일본제국 특명전권공사 하야시 곤스케는 대한제국 외부대신서리 이지용과 각각 그 정부 위임을 받들어, 아래의 안건을 의정함.

80) 위의 책, 463쪽.
81) 앞의 책, 468쪽(日本文約案).

1. 한일 양국 국제상의 장애를 엄중하게 조치하고, 정의(情誼)를 완전하게 소통할 것.
2. 동아내국(東亞大局)의 평화에 관해 만일 변동의 때에 임하여서는, 한일 양국은 성실한 우의(友誼)로써 서로 제휴하고, 안녕 질서를 영구하게 유지할 것.
3. 미비된 세조(細條)는 일본국 대표와 외부대신과의 사이에서 그때그때 협의하여 정할 것.

위에서 하야시가 제출한 안의 제3항은 삭제되고, 제2항의 일본에 의한 한국의 보전 보장도 애매한 문언으로 대치되었다. 게다가 그때까지는 황제(및 천황)의 전권 위임장에 기초한 교섭 형식에 의한다고 되어 왔던 것이 각 정부 위임에 의한 한국 외무대신과 하야시 공사와의 조인에 의한 정부 간 협정으로 바뀌었다.

20일 밤 고무라 외무대신으로부터 하야시 원안과 한국 측 대안을 비교하여 수정한 일본 정부안이 하야시에게 도착했다. 다음과 같다.[82]

한일의정서
일본국 황제 폐하의 특명 전권 공사 하야시 곤스케 및 대한국 외부대신 서리 육군 참장 이지용은, 각각 상당의 위임을 받아, 아래의 조관(條款)을 협정하였다.
제1조 한일 양국 간에 항구불역(恒久不易)할 친교를 보호 유지하고, 동양의 평화를 확보하기 위하여 양국 정부는 언제나 성실하게 상호의 의사를 소통하며, 완급을 막론하고 서로 도울 것.
제2조 대일본제국 정부는 대한제국의 황실의 안전·강녕을 성실하게 보증할 것.
제3조 대일본제국 정부는 대한제국의 독립과 영토 보전을 확실히 보증할 것.
제4조 양국 정부는 상호의 승인을 거치지 아니하고, 후래(後來)에 본 협정의 취지에 위반할 협약을 제3국과의 사이에 정립(訂立)할 수 없음.
제5조 아직 갖추지 못한 세목(細目)은 외부대신과 일본국 대표자와의 사이에 그

---

82) 앞의 책, 470쪽.

때그때 협의하여 정할 것.

고무라는 한국의 대안 제1항은 "주로 망명자에 관한 것으로서, 그 처분은 일시에 끝나기" 때문에 불필요하다 하여, 하야시 원안을 채택했다. 하야시 원안 제2항 및 한국 측 대안 제2항에 대해서는, 한국 황실의 안녕 보증과 한국의 독립·영토 보전 보장의 2개조로 하고, 일본의 한국에 대한 보호책임을 좀 더 명확하게 제시했다. 하야시 원안 제3항(한국의 대안에는 없다는)의, 제3국과의 협정 체결의 사전 협의에 관해서는 자구를 수정하는 정도에서 채용하고, 하야시 원안 제4항과 한국의 대안 제3항과는 같은 의미여서 남겨 두었으며, 하야시 원안 제5항은 삭제했다. 그리고 형식은 한국 대안대로 정부 간 협정으로 하고, 서명자를 각 정부 위임의 하야시 공사와 이지용 외무대신서리로 하였지만, 고무라는 별도로 "민영철 및 이근택으로부터도 이 협약에 대해 조금도 이의가 없다는 뜻의 서면을 받아둘" 것을 하야시에게 지시했다.[83]

일본안은 「협정서」가 한국과의 군사 동맹임을 은폐하면서, 제5조의 "아직도 갖추지 못한 세목"에 대한 사후 협의 조항의 운용에 의해 확대 전개할 여지를 남겨 둠과 동시에, 제4조에 의한 한국 외교의 중립국화 노선 또는 러시아 접근을 봉쇄할 것을 도모한 것이다. 그것을 예지한 러시아 공사 파블로프는 한국 황제에게 조회(照會), 견제하는 활동을 개시(20일)하여, 이용익 등 중립파의 반격도 활발하게 된다.

그리하여 "한국 조정의 상황이 언제 바뀔지 모르고, 게다가 조인 전 기밀이 누설되는 일이 있으면, 정세에 차질이 생길 것"이라 우려한 하야시는 21일 한국 측 대안에 입각하여 조인할 것을 청훈(請訓)하는[84] 한편

---

83) 앞의 책, 469쪽.

운동비 1만엔의 재 공여의 승인도 요구했다.[85] 고무라도 "할 수 없이 귀전(貴電)대로 우선적으로 협약을 정결(訂結)하게 하고, 나아가 그 기회를 엿보아 우리가 희망하는 안과 교환하게끔 하라"고 회훈(回訓)할 수밖에 없었다.[86]

그러나 조인을 예정한 23일까지 한국 정부의 방침은 일변했다. 21일 중국 지푸(芝罘)로부터 발신된 한국 정부의 국외중립성명(局外中立聲明)이 발표되었던 것이다.[87] 25일 일본 정부는 주일한국임시대리공사 현보운(玄普運)으로부터 중립 성명서를 접수하고, 그 승인을 요구받지만,[88] 중립의 승인은 협의 중인 한일 밀약의 성립을 막는 것이 된다.

23일 밤 하야시와 회견한 이지용은 "이미 영국 정부는 승낙을 해주었으므로, 일본 정부도 똑같이 승낙해주면, 한일 간 조약 성립의 흔적을 은폐하기 위한 좋은 방법일 것"이라 설명하여 하야시의 협력을 구하고, 먼저 일본 정부가 한국의 중립 성명을 승인한 뒤 밀약 조인서를 작성할 것을 제안했다.[89] 하야시도 "국외중립의 승인과 이번의 밀약 체결과는 표면적으로는 모순되는 것 같지만, 전자는 공공연한 것이고, 후자는 비밀에 부쳐진 것이다. 또 전자가 먼저 결정된 사항인 반면, 후자는 그 후의 상태에 기초한 것이므로 나누어 이해해야 할 것"이라며 임기응변의 논리를 펴고, "이지용이 희망하듯이 속히 한국 정부에 대해 '승인하게' 하도록, 본사에게 전훈(電訓)을 하기 바란다"며 중립 성명 승인을 청훈(請訓)했다.[90]

---

84) 앞의 책, 472~473쪽.
85) 위의 책, 475쪽.
86) 위의 책, 476, 477쪽.
87) 『日本外交文書』 37권 1책, 310~311쪽.
88) 위의 책, 316쪽.
89) 『駐韓日本公使館記錄』 19권, 481~482쪽.
90) 『日本外交文書』 37권 1책, 314~316쪽.

이에 대해, 이미 한국의 중립 보장 요청에 '회답하지 않는다'는 것을 결정하고 있었던[91] 고무라 외무대신은 "현안의 밀약은 세계에 대해 일본의 지위를 오인시키고, 스스로 장래의 자유행동을 속박할 위험을 무릅쓰면서까지 꼭 체결해야할 필요와 이익을 인정할 수 없다"고 말하고,[92] 중립 보장과 밀약 조인의 이중 체결에 반대하여, "당분간은 이 상태로 적당한 시기를 기다려야 할 것"이라는 훈령을 하야시에게 주었다.[93]

한국의 중립 선언을 영국·독일·프랑스·덴마크·청·이탈리아가 승인했지만, 러일전쟁에서 국외중립의 한국에 대한 침입 계획을 가진 일본은 승인을 주지 않고 무시했다. 개전 후, 러시아 외무대신 람즈도르프는 재외 러시아 외교관에게 다음과 같은 문서를 보내 일본의 국제법 위반의 잘못을 지탄했다.[94]

> 러일 양국 간 담판 파열 이래, 일본국 정부의 태도는 문명 제국 간 상호 관계를 규정하는 각 관습법의 공공연한 위반을 구성한다 …… 한국 황제는, 러일 양국 충돌의 위험을 예상하고, 올해 1월, 엄정 중립을 지킬 결심을 선언한 문서를 각국에 발송하였는데, 각국은 만족을 표하면서 그것을 접수하고, 러시아도 역시 그것을 승인했다. …… 그런데도 일본국 정부는 위 사실을 무시하고 각 조약 및 그 의무를 모멸하였다. 또 국제법의 원칙을 위배하고 아래에 제시하는 행위를 감행한 점, 바야흐로 정확하고 충분한 확인을 거친 사실로서 이를 역증(歷証)하는 바이다.
> (1) 선전 포고보다 먼저 일본의 군대는 중립을 선언한 한국에 상륙했다.
> (2)~(5) 생략
> 우리 러시아 정부는 앞에 기술한 각 사실이 심각하게 국제법 위범의 죄를 구성하는 것이라 인정하고, 일본국 정부의 행동에 대해 각국에 항의를 제출하는 것이 그 의무라 사료하고, 국교를 보장한다는 원칙을 중시하는 각국이 우리 태도에 합의

91) 앞의 책, 316, 317쪽.
92) 위의 책, 316쪽.
93) 위의 책, 338쪽.
94) 『日本外交文書』 37·38권 별책 『日露戰爭』 I , 45~47쪽.

할 것이라 확신하여 의심하지 않는다. ……

그러나 일본을 비난하는 국제 여론은 일어나지 않았다.

한편, 한국에서도 24일 밤, 밀약 재가를 상주한 이지용·민영철·이근택에 대해, 고종 황제는 "한국의 독립에 관해서는, 한국은 중립을 지키면 안심이다. 지금의 경우, 일본과 제휴하여 러시아의 노여움을 초래하는 것이야말로 오히려 한국의 독립에 해가 되는 까닭에, 세 사람의 체면을 유지하기 위해서는, 세 사람이 현직을 떠나도 좋다는 뜻의 분부가 있으셨다"고 한다.[95] 실제 1월 하순부터 2월 상순에 걸쳐 대폭적인 이동이 이루어져, 외무대신에는 새로이 박제순(朴齊純)이 임명되었다. 다만 주청공사로 있었던 박제순의 부임까지는 헌병사령관·법무대신으로 전임한 이지용이 계속해서 외무대신임시서리를 맡게 되었다.[96] 민영철은 일단 원수부군무국총장을 명령받은 후, 주청공사가 되었다. 이근택은 호종대총관·강원도관찰사가 되었다. 한편, 이용익은 군무대신(21일)·탁지상(度支相, 27일)의 요직에 취임한다.

3) '한일의정서'의 조인

일단은 유산된 것처럼 보였던 한일 밀약(의정서)안이지만, 러일전쟁과 함께 다시 살아난다.

---

95) 『日本外交文書』 37권 1책, 336~337쪽.
96) 이지용은 3월 12일 외무대신 서리를 면해 법무대신으로 전임하게 되고(金正明 編, 『日韓外交資料集成』 5권, 巖南堂書店, 1967, 117쪽;「韓國外部大臣交迭ニ關スル件」, 한국 『官報』 1904년 3월 13일 호외), 또한 4월 19일 이하영(李夏榮)이 외무대신에 임명되어 박제순의 외무대신 취임은 실현되지 않았다(같은 책, 180쪽;「韓國外部大臣任命ニ關スル件」, 한국 『官報』 1904년 4월 20일 호외).

어전 회의가 대러 교섭 단절, 군사 행동 채용을 결정한 1904년(메이지 37) 2월 4일의 밤 데라우치 마사타케 육군대신은 제12사단장에게 임시 파견대의 편성·한국 파견을 명령했다.[97] 임시 파견대는 보병 제14연대 제1대대·제47연대 제2대대·제24연대 제1대대·제46연대 제2대대를 기간으로 하는 평상시 편제의 4대대로 편성되고, 6일 사세보항(佐世保港)에서 제2함대 제4전대 등의 호위를 받은 다이렌마루(大連丸)·오타루마루(小樽丸)로 출항하여 8일 인천항에 상륙했다.[98]

그 즈음 한국 조정에서는 '경성을 국외중립지로서 각국에 승인하도록 하는 논의'[99]가 있었으나, 하야시 곤스케 공사는 9일 한국 정부에 대해 일방적으로 '육군 약 2,000명을 선발대로 하여 금일 상륙'을 통지하고,[100] 임시 파견대 사령관 기고시 야스쓰카(木越安綱) 소장은 상륙 4대대 중 2대대를 러시아 영사관 및 해안 경계를 위해 인천에 잔류하게 하고, 다른 2대대를 거느리고 서울에 진입했다. 입경 2대대의 약 반수에 해당하는 460명의 병사는 "이현(泥峴, 진고개)의 일본 상가 및 여관에 가득 찼다"[101]고 한다. 나머지는 전월, 남산 산기슭의 왜성대에 준공한 신병영에 수용되었다.

임시 파견대를 먼저 파견한 것은 한국 정부 및 주한 외교단에 대해 군사적 위압을 가하고, 서울 중립화를 저지하기 위해서다. 18일 인천 주둔의 임시 파견대 2대대도 서울에 입경, 창덕궁을 숙사로 삼았다.[102] 19일에는 제12사단장 이노우에 히카루(井上光) 중장이 도착하고, 임시 파견

---

97) 參謀本部 編, 『明治三十七八年日露戰史』 1卷, 東京偕行社, 1912, 165쪽.
98) 위의 책, 165~166쪽.
99) 『日本外交文書』 37권 1책, 319~320쪽.
100) 『日本外交文書』 37·38권 별책 『日露戰爭』 I, 128쪽.
101) 弊原坦, 『日露間之韓國』, 博文館, 1905, 103~104쪽.
102) 『駐韓日本公使館記錄』 21권, 國史編纂委員會, 1991, 272쪽.

2장 '한일의정서'와 제1차 '한일 협약' 153

대의 편성을 해제함과 더불어 기병연대·공병대대 그 밖의 부대를 합쳐 전시편성에 이행했다. 18일, 제12사단에 부어된 대본영훈령(大本營訓令)[103]에 의한 임무는 평양 점령이었기 때문에, 도한부대의 일부는 '북진'을 개시하고 있었지만, 24일 수령된 대본영훈령[104]에 의해 "사단은 여러 대대로 나뉘어, 경성 – 의주 가도를 거쳐 평양을 향해 전진하고, 진남포에 상륙할 제1군에 합할" 것을 명령받았다. 이에 따라 제12사단의 주력은 29일 이후 서울을 출발하여, 3월 11~18일 평양에 도착하지만,[105] '한일의정서'가 조인된 2월 23일 당시는 '사단의 대부분이 경성에 집합한'[106] 상태였고 서울은 일본군의 완전 제압 아래 있었다.

이미 2월 12일, 주러 공사 파블로프는 러시아 외교관·재류 러시아인 등과 함께 서울을 떠나, 인천항에서 프랑스 군함으로 퇴거해 있었다. 8일 고무라 외무대신은 하야시 공사에게 "한일 양국 사이에 보호적 협상 혹은 공수 동맹이 성립되어 있는 상태라면, 러시아는 한국의 교전국이기 때문에, 한국 정부로 하여금 철퇴를 요구하도록 할 수 있고, 만일 성립하여 있지 않다면, 일본은 현재 사실상 경성 부근을 점령한 것, 그리고 러시아 공사의 주재는 군사 행동의 방해를 이유로 들어, 우리 쪽에서 철퇴를 요구하는 조치를 취해야 할 것"이라 훈령했다.[107] 전시 국외중립을 선언하고, 일본과는 의정서 미체결의 한국에, 한국과는 교전 관계가 아닌 나라의 대표자인 러시아 공사가 주재하는 것을, 러시아와의 교전국인 일본의 정부

---

103) 『明治三十七八年日露戦史』 1권, 172~173쪽.
104) 위의 책, 158쪽.
105) 위의 책, 179쪽. 1904년 2월말의 제12사단 병력은 야전사단 1만 9241명, 병참부 7,301명, 합계 2만 6,798명이다(『明治三十七八年戦役統計』, 陸軍省 編, 『日露戦争統計集』 8, 東洋書林, 1995, 352~355쪽).
106) 『明治三十七八年日露戦史』 1권, 178쪽.
107) 『日本外交文書』 37·38권 별책, 『日露戦争』 I , 25~26쪽.

가 '점령'과 '군사 행동에 방해된다는 것'을 이유로 철수시킨 셈이 된다.

이리하여 러시아 공사의 간섭·방해, 혹은 한국 정부 내 친러파의 접촉을 배체하여 한국 정부에 위압을 가한 상황 아래서, 현안의 의정서 교섭이 재개된다.

2월 9일, 하야시 공사는 공사관무관 이지치 고스케(伊地知幸介) 소장, 서기관 하기와라 모리이치(萩原守一), 고쿠부 조타로(国分象太郎), 통역 시오카와 이치타로(塩川一太郎)를 대동하여 고종 황제를 알현했다.108) 그 자리에서 하야시는 '한일 동맹의 정결'에 대해 황제에게 속을 떠보았던 바, 황제는 "자신도 또한, 그것을 희망하지만, 지금의 때는 오히려 표면상, 각국에 치우침이 없이 교제할 필요가 있으므로, 동맹 체결의 건은 숙고해 두어야 한다고 대답"했다. 거기에서 하야시는 "동맹 체결은 점차 진행하는 데 만사가 잘 될 것이라 믿는다"고 고무라에게 보고했다.

그러나 13일, 1월 20일에 제시한 한국 안에 조인한 '의정서'를 가지고 이지용이 일본 공사관을 방문하여109) 하야시에게 "이 기회에 앞서 교환을 연기한 밀약을 교환하자고 제의"110)했다. 이 한국안 '의정서'에는 군사 동맹 규정 및 제3국과의 조약 체결의 사전승인 규정이 없고, 일본이 의도하는 바와 크게 벗어난 것이다. 러일전쟁에 의해 조인할 수밖에 없다고 판단한 이지용 등은 이로써 국외중립 성명과 '의정서'와의 양립을 도모한 것으로 보인다.

그러나 하야시는 이지용이 지참한 조인서를 반려하고, 같은 날 새로 작성한 '의정서'를 이지용에게 수교함과 동시에 고무라에게 청훈했다. 다음에 제시하는 문서가 그것인데 밑줄 친 곳은 고무라가 정정한 부분이고,

---

108) 『駐韓日本公使館記錄』19권, 492~493쪽.
109) 大三輪長兵衛, 「渡韓始末錄」, 『朝鮮學報』61호, 184쪽.
110) 『駐韓日本公使館記錄』19권, 493~494쪽.

( )안은 고무라가 변경·추가한 내용이다.[111]

의정서

대일본제국 황제 폐하의 특명전권공사 하야시 곤스케 및 대한제국 황제 폐하의 외부대신임시서리 육군참장 이지용은, 각각 상당한 위임을 받아 아래의 조관을 협정한다.

제1조 한일 양 제국에 항구불역(恒久不易)의 친교를 보호 유지하고, 동양의 평화를 확립하기 위하여, 대한제국 정부는 완전히(삭제) 일본 정부(대일본제국 정부)를 신뢰하고, 오로지(삭제) 일본(대일본)제국 정부의 조언을 받아, 내치외교(內治外交)의 개량을 도모해야 한다(및 조력을 받아, 시정施政의 개선을 꾀해야 한다)

제2조 대일본제국 정부는 대한제국의 황실의 안전·강녕을 성실(확실)하게 보증해야 한다(할 것).

제3조 대일본제국 정부는 대한제국의 독립과 영토 보전을 확실히 보증해야 한다(할 것).

제4조 제3국의 침해에 의해, 혹은 내란으로 인하여, 대한제국의 황실의 안녕 혹은 영토의 보전에 위험이 있을 경우에는, 대일본제국 정부는 속히 임기의 필요한 조치를 취해야 한다. 그리고 대한제국 정부는 위의 대일본제국 정부의 행동을 용이하도록 하기 위해 충분한 편의를 제공할 것(대일본제국 정부는 전항前項의 목적을 달성하기 위해 군사 전략상 필요한 지점을 점유할 수 있을 것).

제5조 양국 정부는 상호의 승인을 경유하지 아니하고, 후래(後來)에, 본 협정의 취지에 위반할 협약을 제3국과의 사이에 정립(訂立)할 수 없다.

제6조 본 협약에 관련된 미비한 세조(細條)는 대일본제국 대표자와 대한제국 외부대신과의 사이에서 그때그때 타정(협정)해야 한다(할 것).

이 '의정서'안은 전체 구성에서는 1월 20일의 일본 정부안을 계승하고 있지만, 한국의 일본에 대한 종속적 위치를 명시하고 있는 점에서는 전

---

111) 위의 책, 494~495, 496~497쪽. 『日本外交文書』 37권 1책, 340쪽에 「2月 13일 草公使館案」과 「二月 十七日 草修正案」이 수록되어 있는데, 이 인용문과 자구(字句)의 차이가 있다.

안과는 차원이 다르다. 그 첫째는, 전 안 제1조에서 한일 양국의 상호 '부조'를 규정했지만, 본안에는 한국이 일본의 '조언 및 조력'에 의해 '시정'(施政)을 개선할 것을 의무화하고 있다. 둘째는, 본안에서 신설된 제4조의 삽입이다. 대러 전에 즈음하여 한국의 일본군에의 협력뿐 아니라, 한국 국내를 일본의 용병 지역으로 한다는 승인을 요구하고 있다. 그리고 '미비한 세조'의 협정을 규정한 제6조는, 당초부터 있었던 조항이지만, 본안에서도 하야시는 "조약안은 중요한 뜻을 밝히는 데 그치고, 크고 자세한 조항은 제6조에 의해 그때그때 외부대신과 협정하는 쪽이, 그 성립을 용이하게 하는 데 이익이 된다고 믿는다"[112]라고 생각하였다. 즉, 구체적인 정책 전개로 통하는 묘호를 확보하려고 한 것이다.

15일 한국 정부에 제시된 일본안을 둘러싸고 한국 각의는 제1조에 "제국 정부의 조언 및 조력을 받아, 시정(施政)의 개선을 꾀하는 것이라 되어 있는 부분에 대해 깊은 위구심을 품는다. 이는 독립국의 체면을 손상시키고, 일찍이 청에 예속한 것과 동일한 악례(惡例)를 후세에 남길 우려가 있다고 상의하고…… 일본 정부의 고려를 구하여, 한국의 독립과 더불어 온당한 문자를 의정서에 표시하고, 이로써 한일 양국의 친교를 영원하도록 할 것이라는 의견에 일치하여," 다음의 문언 수정을 요구했다.[113]

제1조 중의 "대한제국 정부는 대일본제국 정부를 신뢰하고, 대일본제국 정부의 조언 및 조력을 받아, 시정의 개선을 꾀할 것"을 "대한제국 정부는 대일본제국 정부를 신뢰하고 시정의 개선에 관해 그 충고를 들을 것"이라 수정.

제2조 중의 "황실의 안전·강녕을 확실하게 보증할 것"을 "황실을 확

---

112) 『駐韓日本公使館記錄』 19권, 493~494쪽.
113) 위의 책, 498~499쪽.

실한 친의(親誼)로써 안전·강녕하게 할 것"이라 수정.

제4조 중의 "충분한 편의를 제공할 것"을 "충분히 편의를 부여힐 깃"으로, 또 "군략상 필요한 지점을 점유할 수 있을 것"을 "군략상 필요한 지점을 그때그때 사용할 수 있을 것"의 수정 요청이다. 모두 자구수정의 범위를 벗어난 것이 아니고, 일본의 한국 보호국화의 강제를 항거할 자유는 이미 한국에 없었다.

이에 대해 일본 정부(고무라)는 제1조의 일본의 '조력(助力)'을 고집하고, "그 충고 및 조력을 받아들일 것"이라 해야 한다 등을 회훈했지만(17일),[114] 한국 측에서는 "이것을 영구적으로 양국의 관계를 정하는 의정서에 명기하는 것은 나라의 체면상의 결점이 너무 심하다는 의논이 정부 내에 일어나," 이지용도 "조력이라는 두 자가 있어서는 도저히 정부의 논의를 정리하기 어렵다는 뜻"을 하야시에게 전했다. 하야시는 한국 측의 요청을 받아들이든지 그렇지 않으면 "이지용을 은퇴시키고 후임자로 하여금 교섭을 계속시키는 방법을 찾는 것 외에 없다"라 하여 재차 고무라에게 청훈(18일)했지만,[115] 고무라는 "이 두 자를 삽입하는 것의 필요를 인정하지 않는 데 대해, 앞서 제기한대로 빨리 협의를 정리하"도록 하야시에게 훈령을 내렸다(19일).[116]

이러한 조정을 거쳐 얻은 완성안은 21일에 하야시로부터 고무라에게 보내지고, 다음날 22일에 고무라로부터 "제출하신 완성안대로 재가를 얻은 것에 대해, 속히 조인할"것 이라는 훈령이 주어졌다.[117] 같은 날 이지용은 조인이 끝난 한문 조인서를 하야시에게 보내고, 하야시도 또한 오후

114) 앞의 책, 500쪽.
115) 위의 책, 500~501쪽.
116) 위의 책, 502쪽.
117) 위의 책, 506쪽.

에 조인서를 교환하는 절차를 가다듬고 있었지만,[118] 황제로부터 제1조 중의 "충고를 채용할 것"을 "충고를 받아들일 것"으로 정정(訂正)하도록 요망이 제출되고,[119] 그 때문에 다시 정부에 청훈할 필요가 생겨 22일의 조인서 교환은 불가능해졌다. 그 자구 수정의 배경에는, 중립파의 최후의 저항이 있었다. 23일자 하야시의 보고[120]에 따르면, 잠시 "궁중에서 멀리 물러나 있던" 중립파의 현상건(玄尙健)·이학균(李學均)·길영수(吉永洙)가 "궁중에 불려가 주상(奏上)한 바 있고, 그 결과 폐하는 의정서 조인을 다시 연기할 생각을 갖게 되었다"고 한다. 또한 이용익은 이지용에 대해 "폐하의 명으로 의정서에 불완전을 주창하고 위의 의정서를 조인하게 되면, 이지용은 대죄인으로 처분되어야 할 형편에 놓여 있었기 때문에…… 이외부(李外部)는 후난(後難)을 두려워하여 조인을 거절할 결심이 생겼"다고 밝혔다. 여기에서 말하는 '의정서의 불완전'이 앞서 말한 황제의 문구 수정 요구에 연결되는 것이리라.

이용익의 주장은 "이 기회에 완전히 일본을 신뢰한다는 조약을 맺을 경우에는 후일 러시아가 승리를 거두었을 때 한국을 병탄하는 강경한 이유(理由)를 주게 된다는 일정한 의논"이었지만, 처음부터 하야시는 "이용익이 그 근본의 주의에서 우리를 반대"하는 자이고 '방해의 근본'이라 여기고 있었다.

이용익 등의 강력한 반대로 황제가 "이미 조인에 이른 조약의 교환도 정지하고," "의정서 조인을 다시금 연기할 생각을 일으키는" 상황에 몰린 하야시는 도피하려는 이지용 외무대신을 붙잡아 23일 정오 외부에서 회견하고 '자세하게 설명'한 다음 조인서를 교환하는 데 성공했다.[121] 하야

118) 앞의 책, 506쪽.
119) 위의 책, 507쪽.
120) 『日本外交文書』 37권 1책, 339~340쪽.

시는 오후 3시 15분에 "오늘 조인했다"라며 고무라에게 타전했다. [122]

그와 동시에, 하야시는 이용익 등의 방축(放逐)을 획책했다. 조인 당일의 23일 밤 고무라 앞으로 보낸 전보[123]에서 하야시는 "향후, 우리 손으로 한국의 내정을 개량하는 데 이(李)의 존재는 심각한 방해의 근본이 되기 때문에, 이번 기회에 일본에 여행하도록 권고하고 어용선(御用船)에 편승(便乘)시켜 하루 빨리 내지로 출발하게 해야 한다"라고 적었는데 이날 오후 3시, 제12사단장 이노우에 히카루 중장을 대동하고, 의정서 조인 주상(奏上)을 위해 알현한 하야시는 이용익의 일본 '유람'을 아울러 상주하여 "폐하의 칙낙(勅諾)을 받"았다. [124] 황제의 '허락이 있었다'고 하더라도 하야시의 강청(强請)일 것이다. "시국이 일변하여 한국이 정리될 때까지는, 다시 말해 그를 방임할 때까지는 폐하와의 사이에 연락수단을 통하여 음모를 꾀하지 않으리라는 보장이 없다"고 판단하여 취해진 황제와 중립파와의 격리책이다.

오미와 조베에(大三輪長兵衛)의 『제사초록(諸事抄錄)』 2월 23일에는 "이용익을 이지치 소장 관저에 초대하여 일본에 도항시키는 것으로 결정하고 밤에 인천으로 내려보냈다"[125]고 되어있기 때문에 사실상의 납치 연행일 것으로 보인다. 이용익은 25일 이른 아침, 어용선 뤼순(旅順)호로 우지나항(宇品港=지금의 히로시마항)으로 향했다. 가토 마사오(加藤增雄) 한국정부고문(전 주한공사)이 동행했다. 27일, 이용익은 우지나에서 하선하여 도쿄로 향했는데, 그로부터 약 10개월간 관헌의 감시 하의

121) 『日本外交文書』 37권 1책, 339~340쪽.
122) 『駐韓日本公使館記錄』 19권, 511쪽.
123) 『日本外交文書』 37권 1책, 339~340쪽.
124) 『駐韓日本公使館記錄』 19권, 514쪽; 『日本外交文書』 37권 1책, 341~342쪽.
125) 大三輪長兵衛, 앞의 책, 『諸事抄略』 160쪽.

억류 생활을 강요당한다.126) 또한 탁지부대신·원수부회계국총장 사무 임시서리직을 해임당했다.127)

러일전쟁 이전의 한일 동맹의 '의정서'는 밀약으로서 구상되었지만, 개전 후에는 그 필요성이 없어지고 오히려 공표함으로써 한국의 중립 성명을 무효화할 필요가 있었다. 그 때문에 일본 정부는 조인 4일 후의 27일자 「관보」 휘보란(彙報欄) 궁청(宮廳) 사항으로 '한일의정서'를 공표함과 더불어 "한국 정부에서도 될 수 있는 대로 빨리 이것을 공표하도록" 재촉했다(26일).128) 한국 「관보」에는 3월 8일자 호외 교섭 사항란에 게재되었는데 이는 한국에서의 「관보」에 의한 조약 공표의 첫 사례로 되어 있다.

또한 이태진은 '한일의정서' 조인 이틀 후에 고무라가 하야시에게 의정서 문안을 보내어 '사후 조정 처리'를 지시했다고 하여, 다음과 같이 밝히고 있다.129)

이 협정은 협정체결 날짜를 1904년 2월 23일로 하고 있으나 『일본외교문서』에 실린 관련 자료들에 의하면 2일 뒤인 2월 25일에 일본 외무대신 고무라 주타로가 완성된 협정문안을 현지의 하야시 곤스케 공사에게 전문으로 하달하고 있다. …… 협정문안이 일본 측에 의해 협정일보다 늦게 일방적으로 지시되고 있는 것은 협정이 정상적인 절차를 밟지 않고 있었다는 것을 의미한다.

여기에서 이태진이 지적하고 있는 『일본 외교 문서』에 수록된 문서란 "한일의정서 전문 및 기명 회보의 건"이라는 사료명이 붙은 다음의 문

---

126) 廣瀬貞三, 「李容翊の政治活動(1904~07年) ─ その外交活動を中心に」『朝鮮史研究會論文集』25호, 85쪽.
127) 韓國 『官報』 1904년 2월 24일·25일.
128) 『駐韓日本公使館記錄』 19권, 521쪽.
129) 이태진, 「일본의 대한제국 國權 침탈과 조약 강제」『한국사시민강좌』 19집, 일조각, 1996, 27~28쪽; 이태진, 「韓國倂合は成立していない」 上, 『世界』 1998년 7월호, 304쪽.

서다.130)

2월 25일 오후 ₀,₃₀발
2,08착

고무라 외무대신   재한 하야시 공사
제186호(긴급)

귀하의 전문(貴電) 제48호에 관한 답신. 의정서의 전제에는 제1란의
표제에 '의정서(議定書)' 3자를 쓰고, 제2란부터 비로소 '대일본제국 황제
폐하의 특명전권공사 하야시 곤스케 및 대한제국 황제 폐하의 외부대신
임시서리 육군참장 이지용은, 각각 상당한 위임을 받아 아래의 조관(條
款)을 협정한다'의 62자를 썼다. 이렇게 쓰고 제1조로 옮겨 제6조로 끝을
맺은 다음, 마지막에 날짜 및 조인자를 "메이지 37년 2월 23일, 특명전권
공사 하야시 곤스케, 광무 8년 2월 23일, 외부대신임시서리 육군참장 이
지용"이라 하고, 날인한 것이다.

첫머리의 '귀하의 전문 제48호'란, 전날 고무라가 하야시 앞으로 타전
한 "협약 전문 및 쌍방의 기명을 긴급 전보하기 바람"이라는 문의를 가리
키는 것이고,131) 그것에 대해 '재한 하야시 공사'가 '고무라 외무대신' 앞
으로 '회보'(回報)한 것이 이 전문임을 한눈에 알 수 있다. 그런데 이태진
은 발신자와 수신자를 잘못 파악하고, 23일 조인 2일 후의 25일에 고무라
가 하야시에게 협정문을 지시한 것으로 착각하여 "정식 조인은 25일에
전문으로 문안의 하달을 받은 후에," "조인 날짜까지 마음대로 조정(調
整)하여" 성립시켰다132)고 주장하고 있는데 명백한 잘못이다.

---

130) 『日本外交文書』 37권 1책, 343쪽.
131) 위의 책, 342~343쪽.
132) 이태진, 「조약의 명칭을 붙이지 못한 '을사보호조약'」, 이태진 편저 『일본의 대한제국 강
점』, 까치, 1995년 수록, 77~78쪽. 또한 이상은 졸고, 「李敎授'韓國倂合不成立論'을 再檢討す

'한일의정서' 조인에 반대하는 분노는 이지용 등 체결에 관련된 각료나 관원에게 돌아갔다. 국외중립파의 이학균·현상건은 궁정 안에서 황제의 뜻을 뒤집는 공작을 개시하고, 길영수는 군대와 보부상에게 손을 쓰고 있는 것으로 전해졌다.[133] 중추원부의장·시종원경 이유인(李裕寅)은 중추원 '직원'(의관)의 의결로 "이지용을 강력하게 탄핵"했는데, 이들의 움직임 뒤에는 "한국 황제가 몰래 이것을 교사하는 낌새"가 보였다고 한다.[134] 또 보부상에 의한 "이지용·구완희(具完喜, 의정서의 성립에 진력한 자) 기타 2, 3명에 대한 암살 계획" 소문이 퍼지고 있던 3월 3일 이른 새벽, 구완희 집에 폭발물이 던져지고 이지용 집 부근에서도 폭발음이 두 차례 울린 사실이 보고 되었다.[135] 하야시는 이 '폭약'(爆烈藥) 사건을 국외중립파로 철도원 감독직에서 해임된 길영수(전 평양대련대장)가 철도원감독 이규항(李圭恒)·평양대연대장 최락주(崔洛周)·평양대참령 이재화(李在華)와 모의하고, 해산 명령을 받은 예하의 보부상을 선동하여 세운 계획의 일환이라 단정하고, "해당 지역의 안전을 교란하고, 나아가 전국의 치안에까지 영향을 미칠 것이 뻔한" 중대 사건이라 하여 한국 정부에 대해 길영수 등의 처분과 경무사 구영조(具永祖)의 문책을 요구함과 동시에 '불안' 상황이 지속될 경우에는 일본 측이 "경찰 임무를 맡을 수밖에 없음"을 통고했다.[136]

る」,『世界』1999년 10월호, 266~267쪽 및 「한국 병합의 역사 인식」,『전통과 현대』, 1999년 가을호, 151~152쪽에 지적한 점이다. 이것에 대해 이태진은 「약식 조약으로 어떻게 국권을 이양하는가?」『전통과 현대』1999년 겨울호, 287쪽(일본어 번역,「略式條約で國權を移讓できるのか」上,『世界』2000년 5월호, 255쪽)에서, '발신자와 수신자를 바꾸어 해석했다,' '착각'이었다는 것을 인정하기 때문에 결말이 끝난 문제다.

133)『駐韓日本公使館記錄』21권, 319~320쪽.

134) 위의 책, 308~309쪽.

135)「韓國二於ケル褓負商隊關係雜纂」, 外務省外交史料館 소장,『外務省記錄』5·3·2·61.

136)『駐韓日本公使館記錄』22권, 국사편찬위원회, 1991, 348~350, 351~352쪽.

'폭약' 사건이 일본의 날조 사건인지 아닌지는 불분명하지만, 하야시가 길영수 등의 제거와 수도 경찰권에의 개입을 도모할 기회로 이용한 사실은 확실하다.

반대파 고관의 배제는 성공한 듯이 보였지만, '한일의정서' 비판을 통한 반일 세력은 확대되었다. 6월 27일, 하기와라 슈이치(萩原守一) 대리공사는 이하영 외무대신 앞으로 "근래, 귀국인 중 무지한 자들이 혹은 통문(通文)이라 부르고, 상서라고도 칭하며, 혹은 익명 서류를 국내외에 유포하고 있는데, 이러한 무리들이 은밀히 집회를 개최하려는 움직임을 탐지하고 있습니다"라며, 한국 당국의 엄중한 단속과 처분을 요청했다.[137] 여기에서 말하는 불온 동향이란, 예를 들면 전 의관 홍우석(洪祐晳)의 이지용 탄핵문의 상서(5일),[138] 유림인 금기우(金箕祐) 등의 '배일적 통문'의 13도에의 반포,[139] 평리원판사 허위(許蔿)·전 의관 이상천(李相天)·농상공부상공국장 박규병(朴圭秉)·한성재판소수반판사 김련식(金璉植)·전 참봉 정훈모(鄭薰謨) 연서의 수원관찰사 앞으로의 통론문(5월),[140] 이승재(李昇宰) 외 3인의 의정서 배척 통문(7월)[141] 등이다.

이러한 움직임에 대해, 배일 운동의 대중화를 우려한 일본은 "의정서는 일본과 한국이 각각 황상의 위임을 받아 체결한 협정이고, 그 성문은 각 황제의 재가를 거쳐 조인되었으며, 형식에서도 극히 정중을 다한 조약인 것 외에 그 내용에서는 실로 양국 국가 최대의 요망을 현실화 하고, 양국이 이로써 앞으로 나아갈 운명을 꾀할 근본주의의 확립을 이룬 것으로써

---

137) 위의 책, 402~403쪽.
138) 위의 책, 379, 393~394쪽.
139) 위의 책, 396, 398, 457~459쪽.
140) 위의 책, 400~402쪽.
141) 위의 책, 404~405쪽.

표 4. 한국주차군의 병원 (각 월 말 현재, 단위 명)

	전투원			비전투원				총
	장교	하사관	계	장교 (相當官 포함)	하사관·병졸 (相當官 포함)	계	한국 주둔 헌병대 수	
1904년 3월	163	7,703	7,866	43	1,108	1,151	-	9,017
4	168	4,586	4,754	65	1,382	1,447	370	9,201
5	184	8,207	8,391	61	1,398	1,459	314	9,850
6	195	6,814	7,009	65	1,690	1,755	278	8,764
7	178	6,379	6,557	67	1,726	1,793	278	8,350
8	312	12,371	12,683	76	1,520	1,596	269	14,279
9	319	11,921	12,240	95	1,650	1,745	267	13,985
10	446	17,104	17,550	128	2,387	2,515	269	19,975
11	530	19,564	20,094	142	2,793	2,935	273	23,029
12	530	19,175	19,705	178	3,719	3,897	275	23,602
1905년 1월	918	36,948	37,866	407	9,680	10,087	298	47,953
2	865	36,593	37,458	487	11,423	11,910	275	49,368
3	868	35,258	36,126	505	11,900	12,405	523	48,531
4	470	19,336	19,806	242	4,982	5,224	520	25,030
5	505	20,059	20,564	259	4,851	5,110	483	25,674
6	480	20,187	20,667	235	4,913	5,148	475	25,815
7	467	19,899	20,366	247	5,095	5,342	471	25,708
8	480	19,853	20,333	256	5,328	5,584	615	25,917
9	511	21,713	22,224	285	5,777	6,062	606	28,286
10	519	19,227	19,746	221	3,679	3,900	597	23,646
11	515	18,916	19,431	230	3,649	3,879	659	23,310
12	525	18,766	19,291	233	3,729	3,962	659	23,253
1906년 1월	526	18,661	19,187	227	3,729	3,956	639	23,143
2	506	18,722	19,228	205	3,503	3,708	647	22,936
3	403	10,043	10,446	200	2,023	2,223	640	12,669

『明治三十七八年 戰役統計』(陸軍省,『日露戰爭統計集』3(東洋書林, 1995)) 1584~1689쪽.

이 협정은 절대로 양국 상하의 존중을 필요로 하는 것은 말할 것도 없다. 그런데도 불구하고 정말로 귀 국민이 모든 방법, 갖가지 문서, 내지는 직간접적으로 위의 의정서의 존립을 비난하는 것과 같은 행위를 저지르는 짓을 가볍게 간과해서는, 결국 조선의 국법을 문란하게 하는 것이 되지 말라는 보장이 없다"[142]는 논리로 반대자를 철저하게 탄압할 것을 한국 정부에 요구했다.

또는 3월 10일, 대본영(大本營)은 "오로지 한국의 질서 안정과 아울러 제1군 후방의 연락에 임하"기 위해 종래의 한국주둔대를 개편하여 한국주차군으로 하고, 그 사령부(군사령관 하라구치 겐세이[原口兼済] 소장) 및 예속 부대의 편성을 명령했다.[143] 표 4에 따르면, 3월말에 '전투원' 7,866명, '비전투원' 1,151명으로 총 9,017명이던 한국주차군의 병력은 10월 말에는 2만 명 규모의 군단이 되었고, 1905년에는 2만 수천 명의 대군(1~3월은 압록강군의 일부가 포함되었기 때문에 특히 많다)이 한국 내에 상주하게 된다. 그 한국주차군 편성의 계기가 된 것도 '한일의정서'에 의한 한일의 "동맹에 반대하는 자가 많고, 경성의 정황이 심히 불온하여 한국 내각은 그 때문에 동요를 면할 수 없다," 한편, "제12사단이 평양으로 전진하여 경성의 수비가 박약하게 되면, 한국 정부의 의지가 급변하여 소란이 없을 것이라 보장하기 어렵다" 판단하고, "병력의 후원에 힘입어, 그 소란을 미연에 제지하여야 한다"는, 반일 세력의 전개를 무력 탄압할 태세 강화의 의도에 따른 것이다.[144]

---

142) 앞의 책, 379쪽, 하야시 공사의 이하영 외무대신 앞 공문.

143) 『朝鮮駐箚軍歷史』 25쪽.

144) 『明治三十七八年日露戰史』 1권, 183쪽.

2. '한일의정서'의 전개 - 제1차 '한일 협약'

1) '한일의정서' 이후의 대한 정책

'한일의정서'는 양국 정부가 대등한 입장에서 자유의사에 바탕을 두고 교섭을 이끌어 합의한 다음에 체결한 조약이 아니다. 러일전쟁하의 한성(서울)을 군사적으로 제압하고, 조약 체결 반대의 국외중립파를 배제하여 강제한 것에 지나지 않는다. 따라서 전국(戰局)의 불리화(不利化), 반대파의 반격 등의 상황 변화 여하에 따라 합의의 기초는 흔들릴 수도 있다. 더구나 '한일의정서'는 당면한 한일 관계의 존재 방식을 규정한 기초 조약이고, 보호국화 정책을 구체적으로 전개하기 위해서는 이후의 행정상의 협정을 맺어야 했지만 그것을 곧 바로 실행할 수는 없었다. '한일의정서' 조인 직후인 1904년(메이지 37) 2월 27일 하야시 주한 공사가 고무라 외무대신 앞으로 제출한 의견서[145]가 "개혁을 일시에 또는 급격히 결행할 때에는, 폐하를 비롯한 한국 인민이 도리어 우리 의지를 의심하거나 혹은 외부의 비난을 초래할 것이므로 시간을 두고 결행할 것"이라 밝힘으로써 점진론을 취한 것은, '한일의정서' 서명자인 하야시 자신이 합의의 불확실함을 숙지하고 있었음을 보여 준다.

'한일의정서'에 대한 한국의 합의를 확인하고, 모순을 해결하기 위해서 생각해낸 것이 추밀원 의장 이토 히로부미의 '한국 황실 위문'[146]을 명목으로 하는 방한이다. 이토 특파 대사의 파견은 '한일의정서'의 비준서 교환에 상당한다.

---

145) 『日本外交文書』 37권 1책, 347~348쪽.
146) 위의 책, 274쪽.

추밀원 서기관장 쓰즈키 게이로쿠(都筑馨六) 등 10인의 수행원을 거느리고 3월 17일 서울에 입경한 이토를 맞은 하야시는 이토의 알현 시 고종 황제가 자문할 사항을 예상하고, 그것에 대한 '사견(私見)'을 제출했다.[147] 그 중에서 하야시는 다음과 같이 서술하고 있다.

1. 이미 의정서 체결로 양국 관계가 확정된 이상, 무게를 거기에 두고 한국이 추호의 의심도 갖지 않게끔 양국의 친교를 영구히 증진할 것을 요한다는 뜻, 및
2. 내정에 관해서는, 요는 질서 개선의 성과를 올리는 데 있지 몇몇 법령 등의 제정이 급선무가 아니므로 고문관과 같은 것도 필요에 따라 일본 정부와 협의하여 점차 빙용하고, 급격한 거동은 애써 피하려는 뜻을 가지고 간화(懇話)에 임하시는 것이 바람직하다······.

하야시는 여기서도 앞서 언급한 2월 말의 의견과 다름없이 한국 내정에의 개입에 대해서 점진론과 자제적인 태도를 보였다.

이토는 서울 도착 다음날인 18일 황제를 알현하고, "짐이 전에 러시아에 대해 전쟁을 선언한 것은 실로 동양 항구의 평화를 염려한 것이다. 지금 한국과 일본 양국이 새로이 협약을 체결하고 교의(交誼)에 특히 친밀을 더하여······ 장래 더욱 그 돈독을 향해 나갈 것을 기대한다"고 한 국서를 봉정하였다.[148] 그 후 26일까지의 체재 중에 20일, 25일의 두 차례 알현 기회를 얻었다.

알현 석상에서 황제는 ① '망명자 처분 건,' ② '경의철도에 관한 건,' ③ '고영근(高永根) 인도에 관한 건,' ④ '궁내에 고문을 빙용하는 건'에 대해 '대사의 진력 알선을 요구'했는데, 이토는 황제의 환심을 붙잡아두는

<hr>

147) 앞의 책, 284~286쪽;『駐韓日本公使館記録』21권, (국사편찬위원회, 1991) 24~25쪽에 따르면, 3월 20일에 「伊藤大使へ呈出」이라고 되어 있다.
148)『日本外交文書』37권 1책, 276~277쪽.

정도로 응답하고 확언을 피하여,[149] 방한의 첫째 의의였던 '한일의정서' 의 합의 확인에 매진한 것처럼 보인다.

이토는 20일 알현 때, "한일 양국은 완전히 동맹국의 관계를 가짐으로써 …… 그 의정서에서 정한 사항은 귀국에서 존행될 것을 바람과 동시에, 혹시라도 그것의 장애가 될 만한 것은 단연코 배척하지 않으면 안 된다" 라고 말하여, 황제로부터 의정서의 "주의를 확고히 지키고 그것과 일치 하는 방침을 취한다"는 맹언을 끌어냈다.[150]

또한 이토가 민병석 궁상을 통해 황제에 주달한 글 중에는, "폐하는 일본을 신뢰하고 일본과 주의 방침을 같이함과 동시에 의정서의 취지를 염두하여 한일 동맹의 성과를 올려야 한다. 일부러 좌시우고(左視右顧) 하고 애매모호하는 사이에 그 방침이 흔들리는 것은 한국을 위한 득책이 아니다. 그리하여 만일 그 방침이 일정하지 못할 때에는 러일 교전 중, 즉 전쟁 상태에서 간혹 일본 측이 불리하게 될 것이고, 한국 병사의 창이 거꾸로 우리를 향하게 되는 일이 벌어질 경우에는, 어쩔 수 없이 우리는 귀국에 대해 적국적(敵國的) 행위로 나오지 않을 수 없다"고 '한일의정서'에 반하여 친러적 행동을 취한다면 적으로 여기겠노라 위협하였다. 그리고 "만일 한국의 태도가 불분명하여 그 거취가 정해지지 않으면 [이토가] 복명하든가, 일본 정부는 힘껏 그 만일에 대비하기 위해 상당한 조치를 취하지 않을 수 없다. 즉, 한국에서 우리 병력을 수배로 늘려 위압의 행동으로 나오는 등 그 돌발 사태에 처할 준비를 할 것임은 물론이다"라고 말했다.[151]

25일 최후의 알현 석상에서 이토는 '우리 황제 폐하께 전언'할 것을 재

149) 앞의 책, 290~292쪽.
150) 위의 책, 295쪽.
151) 위의 책, 289쪽.

촉한 바, 한국 황제는 "지금 한일 양국 관계는 의정서에 입각하여 확정되었다. 우리나라가 취해야 할 주의 방침도 역시 그것에 일치할 것을 요한다. 짐은 우리 신하를 이끌어 이 주의 하에 한일 제휴의 성과를 거둘 것을 약속한다"152)는 굴욕적인 언사를 피력해야 했다.

불확실한 '한일의정서'의 '주의(主義)'를 한일 양국의 공통 의사로 확인한 이토 방한의 '성공'은 '보빙대사(報聘大使)'를 명받은 이지용 법무대신153) 일행154) 8인의 도일(4월 22일 도쿄 도착, 30일까지 체류)로 더욱 뒷받침되었다.155)

이토가 서울 체재 중이던 3월 22일, 하야시는 고무라에게 "이번 기회에 한국 정부로 하여금 공적으로 종전 한러 양국 간에 체결한 각종 조약은 모두 효력을 상실했다는 뜻을 선언하게 하는 것이 사의(事宜)에 맞는 것이라 생각한다"고 청훈하였다.156) 고무라는 24일 여기에 동의하면서 "적당한 시기를 보아 훈령할 것"이라 회훈했는데,157) 30일에 거듭 한러 간 조약 뿐 아니라, 러시아인 등에 부여한 특허를 포함하여 폐기해야할 것을 덧붙였다.158)

고무라가 한러 간 조약·약속의 폐기를 선언하도록 한국 정부와의 교섭에 들어가야 한다는 내용의 훈령을 내린 것은 5월 9일이다. 그 훈령에는 선언문안도 첨가되어 있었다.159) 이것을 받아 하야시는 이지용 외무대신서리에게 제안하고, 12일에는 이지용으로부터 동의의 회답을 얻었

---

152) 앞의 책, 290쪽.
153) 위의 책, 280쪽.
154) 『駐韓日本公使館記錄』 22권, 국사편찬위원회, 1991, 443~444쪽.
155) 宮內廳, 『明治天皇紀』 第10, 吉川弘文館, 1974, 712~714쪽.
156) 『日本外交文書』 37권 1책, 382~383쪽.
157) 위의 책, 383쪽.
158) 위의 책, 383~384쪽.
159) 위의 책 386쪽.

다.160) 한국 어전회의가 17일에 열리고161) 18일 밤「관보」호외로 한러 간 조약 및 특허 계약 폐기의 '칙선서'가 발표되었다.162) 앞서 고무라가 지시한 선언 문안과 기본적으로는 같지만, 고무라는 거듭 각국 정부에의 통지에 전문을 붙일 것을 요구하고,163) 그것을 "가결하였지만 그것[전문] 을 발표하는 데 몹시 주저한" 한국 정부에게 '권고'하여164) 24일자「관보」 에 발표하게 하고165) 5월 말 재외 한국 공사 및 주한 각국 사신에게 통지하 였다.166)

한러 조약의 폐기는 주한 러시아 공사관 폐쇄, 주러한국공사의 철수 등과 함께, 일본과 '동맹 관계'를 맺은 한국의 대러시아 국교 관계의 단절 을 의미한다. 그러나 러시아가 이를 승인한 것이 아니라 '폐기' 조약이 여 전히 효력을 가지고 있다고 해석하고 있던 문제는 전후에 표면화된다(이 에 대해서는 이 책 3장 제2차 한일 협약 중 1. 대한 보호권 설정 계획의 1) 러일전쟁 종결과 한국 문제 참조).

'한일의정서'의 유효성 확인을 전제로 한 일본의 대한 보호국화 추진 의 배경에는 5월중의 일본군에 유리하게 전개된 전국 변화가 있다. 5월 1일, 제1군이 압록강을 도하(渡河)하여 주렌청(九連城)을 점령하고, 이어 서 5일에는 제2군이 랴오둥반도에 상륙하였으며, 나아가 19일 독립 제10 사단이 다후산(大孤山)에 상륙하였다. 전선이 북상하여 만주로 이동한 5 월 20일 하야시는 고무라 외무대신 앞으로 "이번 기회에 한일의정서의

160) 앞의 책, 388쪽.
161) 위의 책, 389쪽.
162) 위의 책, 389쪽.
163) 위의 책, 392쪽.
164) 위의 책, 393쪽.
165) 위의 책, 394쪽.
166) 위의 책, 396~398쪽.

조항에 근거하여, 한국 경영에 관한 계획의 대강을 외부대신과 본관 사이에서 협정해 두기로 협의를 개시하고 싶다"는 뜻을 자세히 보고하고,167) 이어 20일 기고한 일명 '제2안' '협정해야 할 조관안'을 고무라 앞으로 송부하였다. 다소 장문이지만 『일본외교문서』에 수록되어 있지 않기 때문에 다음에 전문을 제시한다. 168)

대일본제국 정부 특명전권공사 하야시 곤스케 및 대한제국 외부대신 [   ]는 광무 8년 2월 23일자 한일 양국 간에 정립한 의정서 제6항에 입각하여 다음의 조관을 협정한다.

제1관 대한제국의 군대를 한층 유력 정예화 하기 위하여 그 병사를 감축하고, 그의 교련을 일본 사관에게 전임시킬 것. 이 목적에 필요한 일본사관의 인원수 및 봉급은 양국 정부 간에 협정한 다음, 가능한 한 빨리 교련을 시작해야 한다.

제2관 대한제국 정부의 재정 정리 후 적당한 시기에 해당 해군을 조직할 필요가 있을 경우에는, 그 교련은 오로지 일본 사관이 맡아야 한다.

제3관 대한국 정부의 재정을 정리하기 위해 재무 고문관을 일본으로부터 용빙하고 재정에 관한 제반의 요무를 일임한다. 또 화폐 제도 개혁을 위해 일본 통화는 한국 통화와 같이 공사 제반의 거래에 지장이 없이 통용해야 한다.

제4관 농업 발달 개량을 도모하기 위해 한일 양국의 합자로 농업은행을 설립하고, 그 중요한 역원에는 일본인을 채용해야 한다. 또 개간지를 개량하고 또 미간지를 개척하기 위해, 한국 신민이 전답과 산림(山林) 소유권 혹은 지상권을 저당하여 일본의 자본을 이용하고, 또는 일본인을 용빙하는 데 대해 한국 정부는 일절 간섭하지 말아야 한다. 또 이상의 결과 일본 신민이 얻은 제 권리에 대해 한국 정부는 방해하지 말아야 한다.

제5관 궁내부 및 정부 소속의 산림과 벌판 및 미경작지의 이용과 개척에 관해 한국 정부는 일본 정부와 협의한 다음 속히 적당한 경영 방침을 정해야 한다.

제6관 상공업의 발달을 도모하기 위해 한일 양국의 합자로써 한일은행을 설립하

---

167)「日韓協約雜件」, 外務省 外交史料館 소장, 『外務省記錄』 2.1.1.1.
168)『駐韓日本公使館記錄』 21권, 40~42쪽.

고 그 중요한 중역에는 일본인을 채용해야 한다.

제7관 농상공업의 발달 개량에 관해, 특히 한일 양 국민 간의 협동 계획에 관해서는 한국 정부가 충분히 장려하고 절대 방해 및 간섭을 하지 말아야 한다.

제8관 수상교통 발달을 도모하기 위해 일본인만 혹은 한일인 공동의 사업으로서, 한국 하천에서의 선박운항 및 미개항장 상호 간 혹은 개항장과 미개항장 간의 운항을 계획할 경우에는, 대한국 정부는 가능한 한 편의를 제공하고 결코 저해하지 말아야 한다.

제9관 한국 내지의 교통을 편리하게 하기 위해 필요한 철도는 일본인만 혹은 한일인 공동의 사업으로 경영하게 하되 한국 정부는 그 계획에 편의를 제공하고 결코 그것을 저해하지 말아야 한다. 또 도로의 개량은 오로지 한국 중앙 정부 혹은 지방청의 경비로 결행해야 한다.

제10관 통신의 편의를 도모하기 위해 경성에서 이미 이룬 한일 양국의 전선(전신 전화를 포함한다)의 기계적 연결은 영구히 보존하고, 한일 양국 간의 해저 전선은 일본 정부로 하여금 배로 운반하여 해저에 설치하게 하며 장래 한국연해에 침설해야 할 해저 전선은 한국 정부 단독으로 혹은 한일 양국 정부의 공동 사업으로 필요에 따라 배로 운반하여 해저에 설치해야 한다.

한국 정부는 앞으로 한층 한국 내지의 우편 제도를 개량 확장해야 한다. 또 일본 정부의 우편 제도는 일본 신민이 다수 거주하는 한국 내 각 지방에 설치해야 한다.

제11관 한국 내의 각종 광산 채굴은 종전 각 체맹국 신민에게 특허한 것 외에 궁내부 소관의 광산이라도 일정한 규칙을 세워 내외인에게 채굴권 특허하고 한국 정부는 그에 상당한 편의를 제공해야 한다.

제12관 항만과 하천의 개량에 관해 각 체맹국과 관계가 없는 부분은 일본인 단독으로, 혹은 한일인 공동으로 그 개량 사업을 실시해야 한다.

제13관 해관세(海関税)의 출납은 종전대로 일본의 은행으로 하여금 그것을 취급하게 한다. 또 나중에 총세무사의 교체를 필요로 하는 경우에는 먼저 일본 정부와 협의해야 한다.

제14관 한국과 제 외국과의 무역을 발달시키기 위해 현재 개방한 항시(港市) 외에 한국 정부는 일본 정부와 협의를 거쳐 다른 항시를 점차 개방해야 한다.

한일 양국 정부는 각기 상대국의 신민으로 자국 내에 토지를 소유할 수 있도록 해야 한다.

한국 내지 일반의 개방에 관해 한국 정부는 일본 정부와 협의를 거쳐 가까운 장래에 적당한 시기를 택하여 그것을 견행해야 한다.

제15관 연해 어업을 발달시키기 위해 한국 연안에서 상당한 해역의 조차를 허가해야 한다.

제16관 중앙 정부의 행정 기관을 개선하기 위해 의정부에 일본인 최고 고문관 1인을 용빙하고, 각반 시정으로 의정부의 의견을 요하는 사건은 미리 해당 고문관의 의견을 구해야 한다.

외교 및 내치에 관한 중앙 기관에 일본인 고문 각 1인을 두고 제안 건에 관해 그의견을 구해야 한다.

제17관 지방 행정을 개량하기 위해 각도 관찰사청에 일본인 참사관 각 1인을 두고 관찰사로 하여금 시정 상 해당 참사관의 의견을 구해야 한다.

지방 경찰 행정을 개량하기 위해 경성에 경찰 연습소를 설립하고, 그 교사는 일본인으로서 그것을 맡게 해야 한다. 또 한국 경관의 교련이 충분할 때까지는 각 지방청에 적어도 1인 이상의 일본 경관을 용빙해야 한다.

제18관 중앙 및 지방의 교육을 완비하기 위해 각종 학교를 설립하고 그 교사는 대부분 일본인으로 해야 한다.

이 '조관안'은 식민지 군대의 육성까지도 포함하는 포괄적인 보호국화의 지침을 제시하고 있다. 2, 3월 무렵에는 한국 내정에 대한 간섭에 대해 점진론을 취하고 있던 하야시가 얼마 지나지 않아 권력적 지배에 대한 자신감을 드러내어 급진론으로 전환하고, 더구나 보호국화에 필요한 제 권리를 '한일의정서' 제6조 '본 협약에 관한 남은 세부 조항은 대일본제국 대표자와 대한제국 외부대신 사이에 임기(臨機) 협정함'에 편승하여 획득하고자 하는 것이다.

하야시의 '조관안'이 내건 한국에서 일본이 획득해야 할 정치적·경제적 권리는 일거에 조약으로 획득해야 할 것이 아닌 장래의 획득 목표로서,

5월 30일 원로 회의 및 31일 각료 회의에서 결정된 '제국의 대한 방침' 및 '대한 시설 강령'[169]에 포함되었다.

"제국은 한국에 대해 정치·행정상 및 군사상 보호의 실권을 장악하고, 경제상 더욱 우리 이권의 발전을 도모해야 할 것"이라 목표를 설정한 '제국의 대한(對韓) 방침'은 그 '이유'로 한국은 "도저히 그 독립을 영원토록 지탱 할 수 없을 것이 분명하므로…… 제국은 한일의정서에 의해 어느 정도 보호권을 장악할 수 있다하더라도 더욱 국방·외교·재정 등에 관해 한층 확실하고 적절한 체약 및 설비를 성취함으로써, 이 나라에 대한 보호의 실권을 확립함과 동시에 경제상 제반의 관계에서 반드시 필요한 권리를 얻어 착착 그 경영을 실행하는 것이 당무로서 급박하다고 믿는다"고 적혀 있다.

청일전쟁 이래 일본이 침략을 정당화하기 위해 항상 들어온 한국의 독립 보장을 지속적으로 부르짖으면서 독립의 기초인 내정·외교·군사를 일본이 무너뜨리고 식민지화를 추진하는 마스터플랜이 '대한 시설 강령'에 제시되었다. 그 항목만을 제시하면, ① '방비(防備)를 완전히 할 것,' ② '외정을 감독할 것,' ③ '재정을 감독할 것,' ④ '교통 기관을 장악할 것,' ⑤ '통신 기관을 장악할 것,' ⑥ '척식을 도모할 것'이었다.

②의 '외정'으로 "최근의 적당한 기회에 한국 정부로 하여금 외국과의 조약 체결, 기타 중요한 외교 안건의 처리에 관해서는 미리 제국 정부의 동의를 요한다는 뜻을 받아들이도록 꾀한다"는 것을 들었다. 한국 외교권에 대한 일본의 직접적인 간섭권의 탈취다. 또한 일본 공사의 감독 하에 있는 외국인 1인을 한국외부아문에 고문관으로 배치한다고 했다. 이것들은 ③ '재정' 감독을 위해 일본인 고문관제를 포함하여 제1차 '한일

---

169) 『日本外交文書』 37권 1책, 351~356쪽.

협약'에서 실현된다.

① '방비'에서는, 한국 내에 '군사 전략상 필요한 지역을 수용'하는 것이 '한국의 방어 및 안녕 유지의 책임을 부담한' '제국 정부의 당연하고도 필요한 권리'라고 주병권(駐兵權)을 강조할 뿐 아니라, '평화 극복이라 할지라도 상당한 군대를 한국의 요소에 주둔시키고, 국내외 불의의 사태에 대비할 것을 필요로 하여, 평시에도 한국 상하를 막론하고 우리 세력을 유지는 데 대단히 유용하다'고 말하고, 영구 점령의 의도를 노골적으로 드러냈다. 더구나 그것은 외적의 침공에 대한 방어에 그치지 않고 초기 의병 투쟁을 경험한 일본군은 조선 민중의 반일 투쟁에 대한 탄압 기구로서 장래에도 눌러 앉아 있겠다는 뜻을 표명한 것이다.

개전 후인 3월 10일, 그때까지의 한국주둔대는 한국주차군으로 개편되었다. 당시의 예하 부대는 보병 6대대 반(보병 1대대·후방 보병 5대대 반)으로, 대동강(평양) - 양덕(평안남도) - 덕원(함경남도) 이남을 관할 구역으로 하였는데, 5월에는 전선의 북상에 따라 한국의 거의 모든 지역을 관할 구역으로 하여 1대대 반이 추가되었다.[170] 게다가 제1차 '한일 협약' 조인 전날 가쓰라 수상·고무라 외무대신·데라우치 육군대신 회의(대본영)에서 '이웃 국가의 형세와 한국 진압의 고려에 의해 1사단을 평안도에, 다른 1사단을 각도에 배치'하는 '한국주차군 확장안'을 결정하고[171] 9월 7일에 주차군 사령부의 편성을 이루어 2사단제를 목표로 삼았다(전시 중에는 실현되지 않았다.[172])

이리하여 한국 전역의 군사적 제압 아래, 일본은 제1차 '한일 협약'을 비롯한 7건의 국제 약속을 한국에 강요·체결하였다. '한일의정서' 조인

---

170) 『朝鮮駐箚軍歷史』, 25쪽.
171) 위의 책, (金正明 編, 『日韓外交資料集成』 별책 I, 巖南堂書店, 1967, 해제.
172) 大江志乃夫, 『日露戰爭と日本軍隊』, 立風書房, 1987, 373~374쪽.

에서 제2차 '한일 협약' 조인까지, 즉 러일전쟁기에 한일 간에 맺어진 국제 약속은 표 5와 같다. 앞서 하야시 '조관안'이나 '대한(對韓) 시설 강령'에 게재된 권리 획득 목표를 정부 간 협정 형식에 따라 개별적이고 순차적으로 손에 넣은 것이다.

특히, 1905년 4월 1일 조인한 '한국 통신 기관 위탁에 관한 취극서'는 조선·한국이 국가 사업(관영)으로서 창업하여 발전시켜온 우편·전신·전화 사업을 '위탁' 명목으로 일본에 이양시킨, 행정권 이양의 초기 예로서 주목된다.

이미 지난해 5월 31일 각의 결정으로 6월 11일 천황이 결재한 '대한 시설 강령' 제5항 '통신 기관의 장악'[173]은 "한국 정부로 하여금 우편, 전신 및 전화 사업의 관리를 제국 정부에 위탁하게 하고, 제국 정부는 일본의 통신 사업과 합동으로 경영관리하여, 양국 공통의 한 조직을 이룬다"고 밝힘으로써 한일 통신 기관의 '합동 경영관리'를 의도하고 있었다. 러일전쟁 중 한국의 통신 시설 수용 혹은 확장을 행한 일본은 1904년 7월 조사를 위해 한국에 파견한 체신성 서기관 이케다 주사부로(池田十三郎)의 제안에 기초하여, 같은 해 말부터 한국 정부에 통신 사업의 '합동'을 제의하였다. 경영 관리권을 일본에 '위탁'하게 되는 한국 측은, 소관 관청인 통신원의 존속과 수익 분배를 역 제안했지만, 이에 대해 '일본국 정부의 관리권 및 사무 확장에 저촉되지 않는 범위에서 현재의 통신원을 존치하는 것은 한국 정부의 임의로 할 것'(제6조) 및 '…… 충분한 수익을 내게 될 때에는 일본국 정부가 이익을 내는 것 중 상당 부분을 한국 정부에 교부해야 한다'(제9조)는 공수표를 형식적으로 도입한 '취극서'를 일본이 강요하여, 1905년 4월 1일 하야시 곤스케 공사와 이하영 외무대신이 조인하였다.[174]

173)『日本外交文書』37권 1책, 354쪽.

표 5. 러일전쟁기의 한일 간 국제 약속

명칭(일본), 영문	조인 연/월/일	서명자
한일의정서(Protocol)	1904. 2. 23	특명 전권 공사 하야시 곤스케/ 외무대신 임시 서리 이지용
의주 개시에 관한 한국 외무대신의 선언	1904. 2. 25	외무대신 임시 서리/ 법부대신 이지용
용암포 개시에 관한 한국 외무대신의 선언	1904. 3. 23	외무대신 임시 서리/ 의정부 참정 조병식
충청 · 황해 · 평안도에서의 어업에 관한 왕복 문서	1904. 3. 22 6. 4	특명 전권 공사 하야시 곤스케/ 외부대신 이하영
한일 협약(Agreement)	1904. 8. 22	특명 전권 공사 하야시 곤스케/ 외부대신 윤치호
한국 통신 기관 위탁에 관한 취극서 (Agreement)	1905. 4. 1	특명 전권 공사 하야시 곤스케/ 외부대신 이하영
한국 연해 및 내하의 항행에 관한 약정서 (Agreement between Japan and korea relating to coastwise Navigation)	1905. 8. 13	특명 전권 공사 하야시 곤스케/ 외부대신 이하영

外務省 條約局, 『舊條約彙纂』 3卷(1934)을 토대로 작성.

한국 황제가 "이것을 인신에 비유하면, 마치 혈맥과 같아 국가의 생존상 지대한 관계가 있다"[175)]라고 통탄한 정부 통신 기관의 일본 정부로의 인계는 7월 1일까지 종료하여 일본 체신성이 관장하게 되었다.[176)] 이후 한국의 통신 기관은 체신성령 등에 의해 운용되었는데 통감부 설치 후인 12월 20일, 칙령 제268호 '통감부 통신 관서 관제'가 공포되고 그 시행 (1906년 1월 10일)과 함께 통감의 관리 아래 놓이게 된다.

174) 朝鮮總督府 遞信局, 『朝鮮遞信事業沿革史』, 1938, 5~11쪽; 水原明窓, 『朝鮮近代郵便史』, 日本郵趣協會, 1993, 384~388쪽. 「韓國通信機關委託ニ關スル取極書」는 『官報』 1905년 4월 28일 휘보란 관청 사항에 공표.

175) 『日本外交文書』 38권 1책, 500쪽.

176) 朝鮮總督府 遞信局, 앞의 책, 10쪽. 이와 관련하여 "大日本帝國郵便切手"가 사용되게 된 것도 7월 1일이다.

2) 제1차 '한일 협약'의 조인

1904년(메이지 37) 5월 4일, 고종 황제를 알현한 하야시 곤스케 공사는 "제국 정부에서 결정하는 대로 상당한 인물을 한국 조정이 받아들일 수 있는 지반을 만들기 위해, 이토 후작의 의견 등을 참작하여 조만간 시정 방침을 하나로 정하고, 폐하의 채납(採納)을 간원하는 기회가 있어야 한다는 뜻을 부가하여 말씀을" 올렸다.[177] 제1차 '한일 협약'의 예고다. 그 후 하야시는 6월 12일경부터 약 1개월간 귀국하였다. '한일의정서'에 기초한 협정 사항의 구체화에 대해 정부와 협의하기 위해서였던 것으로 보인다.

7월 19일 하야시의 귀임[178]에 때를 맞추기라도 하듯 20일, 한국주차군사령관은 "현재의 한국 상황에 비추어 작전상 치안 유지를 위해 경성 내외에 군사 경찰을 투입하고 필요시에는 병력으로써 소요 지역을 경비하도록 한다"는 뜻을 한국 정부에 통고하는 동시에 한국주차헌병대장·경성사영(京城舍營) 사령관에게 '훈령'을 내렸다.[179] 하야시도 '추가 부대 도착'에 대비하여 한국 친위 제3대대 병사 차용을 한국 정부에 신청하였다[180](21일). 군사 경찰 실시에 대해 한국 정부는 철회를 요구하지만[181] 무시당했다.

이리하여 일본군에 의한 치안 상태의 강화가 진행 중이던 8월 4일, 고무라 외무대신은 하야시 공사에게 "귀관은 외교 재무의 고문 문제를 비롯하여, 전에 내시한 순서에 따라 때를 보아 착착 우리 계획을 실행해야 할 것"이라는 훈령을 내렸다.[182] 이것을 받아 하야시는 6일 이하영 외무대

---

177) 『駐韓日本公使館記錄』 22권, 391쪽.
178) 위의 책, 408쪽.
179) 『朝鮮駐箚軍歷史』 211~213쪽.
180) 『駐韓日本公使館記錄』 22권, 409쪽.
181) 위의 책, 467쪽.
182) 『日本外交文書』 37권 1책, 360쪽.

신을 불러 다음 세 항목을 제시했다.[183] 8월 22일 조인된 제1차 '한일 협약'의 원안이다.

1. 한국 정부는 일본 정부가 추천하는 일본인 1명을 재무 감독으로서 탁지부에 고빙(雇聘)하고, 재무에 관한 일은 모두 그 의견을 물어 시행할 것.
2. 한국 정부는 일본 정부가 추천한 외국인 1명을 외교 고문으로서 외부에 고빙할 것.
3. 한국 정부는 외국과의 조약 체결과 기타 중요 외교안, 즉 외국인에 대한 특권 혹은 계약 등의 처리에 관해서는 미리 일본 정부의 대표자와 협의할 것.

일본인 '재무 감독'의 탁지부 고빙, 외국인 '외교 고문'의 외부 고빙 및 한국의 조약 체결·외교 안건 처리 시 일본 정부와의 사전 협의는 모두 '대한 시설 강령'이 내건 한국 보호국화의 실행 목표다. 재정·외교를 관장하는 한국 정부의 중추부에 일본인 혹은 일본 정부가 추천하는 외국인을 파견하여 정책을 좌우하는 일은 일본이 독립을 보장한 한국 주권에 대한 중대한 침해다. 또 '한일의정서' 제5조(양국 정부는 상호의 승인을 거치지 않고 나중에 이 협약의 뜻에 위반하는 협약을 제3국과의 사이에 체결할 수 없음)의 쌍무적이고 또 '취지'를 한정한 협정 범위의 틀을 깨고, 모든 외교 안건에 관해 일본 정부와의 사전 협의, 곧 부인권(否認權)을 설정하는 새로운 제안은 한국 외교권의 독립성을 부정하고 사실상의 보호국으로 삼는 것이다.

이렇듯 한국의 주권에 관련되는 중요 사항의 협정이었는데 일본정부는 '한일의정서' 제6조에서 말하는 '미비한 세조(細條)'의 '임기 협정'이라 하여 조약 형식을 취하지 않았다. 그런 까닭에 전문·말문도 생략한 채 정부 간 행정상의 결정 형식을 골라 제의하였다. 하야시의 보고에 따르

183) 앞의 책, 361쪽.

면, 이하영 외부대신은 "자기 혼자의 의견으로 이상에 동의했다"고 한다.[184]

그리고 하야시는 10일 고무라 편에 보낸 보고[185] 가운데, 궁내 고문제(顧問制)를 아울러 설치할 필요성을 주장하였다. 하야시는 "모처럼 재정 고문 기타 입안한 개혁도 궁중의 근본에서 맺어지지 않는 이상은 그것이 재가를 얻고 또 실행하기까지 필연적으로 많은 방해를 받게 될 것이므로, 궁내 고문을 두어 궁중의 정숙을 유지하는 것이 재정 고문의 개혁안을 용이하게 실행하는 데 필요"하다고 하는 것이다. 그러나 고무라는 궁내 고문안을 채택하지 않았다. 11일 훈령[186]은 "궁내 고문의 건을 꺼내는 것은 득책이 아니라고 인정되므로 …… 아무런 말도 꺼내지 않도록 하라"고 하야시에게 지시하였다. 입법·행정의 최종 책임이 황제에 있는 명목을 유지하고, 일본이 책임을 나누어 갖는 것을 피하기 위해서일 것이다. 약 반 년 전인 2월, 오에 다쿠(大江卓)의 궁내 고문 용빙 문제가 부상한 적이 있었다. 여기서 말한 궁내 고문 용빙 계약은 개인적인 것이라 생각되는데, 이미 궁상서리 윤정구와 오에 사이에 조인이 끝났다. 그러나 오에가 망명자 처분에 관해 한국 황제의 공작 지시를 받고 있다고 본[187] 일본 정부가 반대하고 오에를 설득하여 사퇴시킨 적이 있다.[188]

8월 12일 하야시는 앞서 든 세 항목의 '각서'를 지참하고 알현하여 고종 황제의 '채납'을 얻었다. 채납은 재가가 아니고 긍정적으로 다룬다는 정도의 의미인데, 황제는 이하영 임시 외무대신에게 명하여 참정과 탁지

184) 앞의 책, 361쪽.
185) 위의 책, 361~362쪽.
186) 「日韓協約雜件」, 外務省外交史料館 所藏, 『外務省記錄』 2.1.1.1.
187) 『駐韓日本公使館記錄』 21권, 293~294쪽.
188) 『駐韓日本公使館記錄』 23권, 國史編纂委員會, 1991, 167~169쪽.

상과 협의한 후, 외무대신이 하야시와 '각서'에 기명 조인하기로 '내정'하였다고 하야시는 보고하고 있다.[189] 의정부 회의에 부의하지 않고 담당 대신 간의 합의만으로 처리한 것이다.

그러나 심상훈(沈相薰) 참정·박정양 탁지상은 '재무 감독'의 "감독은 그 글자의 뜻 그대로 일반의 의혹을 야기하고 마치 그 위치가 정부대신 위에 있는 것 같은 오해를 면할 수 없다"고 하여, '재무 감독'을 '재무 고문'으로 수정할 것을 주장하여 양보하지 않았다. 하야시는 '본 건은 정식 각의에 부의될 성질의 것이 아니다'라고 보고 있었는데, 18일에 열기로 한 각의에서도 '각원은 모두 감독이라는 문자에 반대 의향을 표할' 것이 예상되었다. 이로 인해 하야시도 이해를 표시하고 고무라에게 '고문'으로의 변경을 청하여[190] 19일 고무라로부터 그것을 승인하는 회훈을 받았다.[191]

18일 각의에서 제기된 것으로 보이는 각료의 "제3항에 대해 이의를 주창하는 자가 많고"라는 내용은 하야시에게 비공식적으로 승인한 이하영 외무대신을 당혹스럽게 했다. 하야시의 탐색에 따르면, "폐하 스스로 내심 그것에 반대하고 은밀한 방법으로 그 속뜻을 모모 대신에게 통고한 까닭에 의정부원의 반대가 생겨나게 된 것이 확실하다"고 한다. 19일 상황 보고를 위해 내방한 이하영 외무대신에 대해, 하야시는 '위압을 요한다는 뜻'을 전함과 동시에, "어쨌든 제1·제2, 즉 재정 및 외교 고문의 건만 외부대신과 각서에 기명 조인할" 것을 약속하고, 제3항에 대해서는 "알현한 위에 폐하의 의견을 확인할 것"이라 하였다.[192] 제1항·제2항과 제3항

---

189) 『日本外交文書』 37권 1책, 362쪽.
190) 앞의 책, 363쪽.
191) 『駐韓日本公使館記錄』 23권, 246쪽.
192) 『日本外交文書』 37권 1책, 362~364쪽.

을 분리하여 조인하는 일은 일본 정부의 훈령에 입각한 것이 아닌 하야시의 독단이다.

또한 같은 날 하야시는 황제에 대해 한국의 재정·외교의 '시정 개선'이 '급선무'임을 강조하고, 신하의 우유부단·투안고식(偸安姑息)을 허락하지 말고 '성단(聖斷)으로써 신하를 독려할' 것을 촉구하는 상주문을 제출하였다.[193]

다음날 20일 아침, '외부대신 이하영,' '탁지부대신 박정양'이 19일자로 기명 조인한 2항목의 '각서'를 하야시에게 전달하고, 하야시도 기명 조인하였다. 거기서는 제1항 원안의 '재무 감독으로 탁지부에 고빙하고……'는 '재정 고문으로 한국 정부에 용빙하고……'로 수정되었다. '감독'에서 '고문'으로의 변경은 전술하였는데, '탁지부 고빙'에서 '한국 정부 용빙'으로의 변경은 19일 하야시 - 이하영 회담에서 협의된 것이라 추정된다. "우리 고문으로 하여금 정부 주요부처의 실권을 장악하게 하고, 의정서의 각 조를 넓은 의미에서 또 우리 이익에 맞도록 해석하여, 한국 정부의 행동을 하나로 엄밀히 감독하는 데 있다"고 생각하는 하야시는 "재정 일은 널리 각부에 걸쳐 정리해둘 필요가 있다고 인정됨에 따라", 이 또한 독단으로 수정한 것 같다.[194] '각서' 성안은 천황 재가는 물론이고 정부 승인을 거친 것은 아니었으나, 21일 고무라는 하야시 앞으로 "조속히 그리고 만족스럽게 처리되어 깊은 감사의 뜻을 표한다"라는 전문을 보내[195] 사후 승인하였다.

제3항에 대한 협의는 아프다는 핑계로 틀어박힌 이하영에 대신하여, 협판 윤치호가 외무대신서리에 취임하는 등의 사정 때문에 지체되는 것

193) 『駐韓日本公使館記錄』 22권, 514쪽.
194) 『日本外交文書』 37권 1책, 364~365쪽.
195) 『駐韓日本公使館記錄』 23권, 249쪽.

처럼 보였으나, 22일 하야시는 공사관서기관(하기와라 슈이치일 것이다)·공사관 부속 무관 사이토 리키사부로(齊藤力三郞) 중령을 대동하여 참내하고, 심상훈 참정·민병석 궁상의 임석을 요구하여 병상외 고종 황제에게 '제3항 협약의 필요성을 거듭 말하고, 그 동의를 구해 폐하의 재가를 받'았다. 외교 사절이 타국의 원수에 재가를 주청하는 것도 이상하지만, 하야시의 누술(縷述)이 강요였음은 의심할 나위 없다. 다음 23일 윤치호 외무대신서리가 제3항 말단의 '일본 정부의 대표자와 협의할 것' 중에 '대표자'의 삭제 수정을 요구한 후에, 앞의 '각서' 2항과 아울러 '동의'할 것을 전달해 왔다. 거기서 하야시는 문언 수정을 받아들여 3항목을 병기하고, 날짜를 22일로 한 조인서를 작성하였다196). 이른바 제1차 '한일 협약'이다.

이 조인서 정본에는 표제, 전문 및 말문이 없고, 본문의 3항목과 '메이지 37년 8월 22일'(광무 8년 8월 22일)의 날짜, '특명전권공사 하야시 곤스케,' '외부대신서리 윤치호'의 기명 조인이 있을 뿐이다. 형식적으로는 19일자 조인의 '각서'와는 서명자도 다른 별도의 협정이기 때문에, '각서'는 조인서란 외에 "본 협정은 따로 1항목을 추가하여 메이지 37년 8월 22일 새로 기명 조인한 위에 교환한다"고 기입하고 상호 보존하기로 했다.197)

19일자 조인서나 22일자 조인서에 표제는 없지만 일본은 전자를 '각서'(Memorandum)198) 후자를 '협정'(Agreement)이라 불렀다. 후자 역

196) 『日本外交文書』 37권 1책, 367쪽.
197) 앞의 책, 「日韓協約雜件」, 韓國 『官報』 1904년 9월 9일은 공표한 '협정서'에 부쳐, '본 협정서 제1항·제2항은 광무 8년 8월 19일에 외부대신 이하영과 탁지부대신 박정양과 일본 특명전권공사 하야시 곤스케와 선행 조인한 바, 동월 22일에 제3항을 추가하야 개위 조인(改爲調印)하고, 19일 조인건은 교환존당(交換存檔)할 事'이라 주기하고 있다.
198) 『日本外交文書』 37권 1책, 362~365쪽에 수록되고 있는, 8월 12일부터 20일까지의 사이에 하야시가 고무라 앞으로 보낸 5통의 전문에는 모두 '각서'라고 쓰여 있다. 또한 위의 책 365쪽 수록의, 21일발 고무라로부터 주영공사 하야시 다다시·주청공사 우치다 야스나리

시 '각서'에 지나지 않았다고 본 이태진은 "일본 정부가 '2개의 각서를 하나의 협약(Agreement)으로 전환[199]'시킨 '제1차 한일 협약'으로 널리 알려져 있는 이 협정은 엄밀히 말하면 실재(實在)하지 않은 외교 협정이다[200]"라고 한다.

『일본외교문서』 37권 1책에 수록된 문서에서 최초로 '협약'이라 부른 것은 하야시가 8월 23일에 조인을 끝낸 것을 고무라에게 보고한 전문이고[201] 25일 고무라가 하야시에게 보낸 훈령에서도 "앞의 협약 사본을 긴급 우송했다"고 하고[202] 거기에 29일자 고무라가 하야시 주영공사·우치다 야스나리(內田康哉) 주청공사 앞으로 보낸 통보[203](영문)에서는, 19일자 제1항·제2항 조인은 Memorandum, 22일자 모두 3항의 조인은 Agreement라 구별하고 있다. 이태진은 '협정 일자인 8월 22일보다 십여 일 뒤인 9월 4일에 일한 협약이라는 명칭이 붙은 완성된 협정 전문이 재한공사에게 하달되었다'[204]고 하는데, 그보다 좀더 빨리 8월 23일 조인 때부터 일본 측에서는 '협약'이라 부르고 있었던 것이고, 이태진이 말하는 것처럼 2개의 '각서'를 합체시켜 '공문서 형식 변조의 범법적 수단'[205]을 통해 '협약'으로 '변조'한 것은 아니다. 단 '협약' 명칭에 관해 양국 간에 협

앞 전문에는 memorundum으로 되어 있다.

199) 이태진, 「조약의 명칭을 붙이지 못한 '을사보호조약'」 이태진 편저 『일본의 대한제국 강점』, 까치, 1995, 86쪽.

200) 이태진, 「일본의 대한제국 국권 침탈과 조약 강제」, 『한국사 시민강좌』 19집, 일조각, 1996, 31쪽. 일본어 번역은 「韓國倂合は成立していない」 上, 『世界』 1998년 7월호, 307쪽에 따른다.

201) 『日本外交文書』 37권 1책, 367쪽.

202) 위의 책, 368쪽.

203) 위의 책, 368~369쪽.

204) 이태진, 앞의 「일본의 대한제국 國權 침탈과 조약 강제」. 일본어 번역은 『世界』 1998년 7월호, 307쪽.

205) 이태진, 앞의 『조약의 명칭을 붙이지 못한 '을사보호조약'』, 앞의 책, 89쪽.

의 · 합의한 흔적은 없다.

본래 '각서'란 국가 간의 합의를 나타내는 조약 · 국제 약속과는 구별되고, 한쪽 정부가 상대국 정부에 대해 당해 문제에 대한 견해를 전달하는 경우(예를 들면, 1895년의 러시아, 프랑스, 독일 3국의 랴오둥반도 환부 권고 각서[206])라든가, 회담 · 교섭의 요지를 기술한 외교 문서의 형식이다. 따라서 표제나 서명이 없는 것이 보통이다. 제1차 '한일 협약'에 대해 말하면, 처음부터 외무성 − 재외 공사 간의 부내 문서에서는 '각서'라 부르고 8월 19일에 조인하였는데, 거기서도 합의를 나타내는 '특명전권공사 하야시 곤스케'와 '외부대신 이하영 · 탁지부대신 박정양'의 기명 조인이 이루어지고 있었다. 한국 측 2인의 대신의 서명은 재무 · 외교 고문을 용빙하는 주무아문(主務衙門)의 장(長)으로서의 합의라고도 해석할 수 있다. 그에 대해 조약으로서의 형식을 갖출 것을 의도한 22일자 조인서의 한국 측 서명자는, 탁지부대신을 제외하고 정부를 대표하는 '외부대신서리 윤치호'만으로 하였다. 이 형식은 '각서'의 그것은 아니고, 정부 간 결정으로서의 형식에 의한 합의를 나타내는 것이라 볼 수 있다. 그렇기 때문에 일본 정부는 '협약'이라 부르고, 외국 정부로의 통첩에 임하여 첨부한 '한일 협약에 관한 일본 정부 성명'(Statement of the Japanese Government Regarding the Agreement of August 22nd, 1904 between Japan and Corea)[207]에서는 Agreement라 영역하였다.

단 제1차 '한일 협약'은 조약 명칭(일본문)으로서는 제2차 '한일 협약,' 제3차 '한일 협약'과 같이 '협약'이기는 하지만, 제2차 · 제3차 협약이 제II종 형식의 절차를 밟아 체결한 것에 대해 제1차 협약은 제III종 형식에 의

---

206) 『日本外交文書』 28권 2책, 15~17쪽.
207) 『日本外交文書』 37권 1책, 369~370쪽.

한 정부 간 협정으로 처리되어 있다. 정부는 위의 일본 정부 성명이 모두에서 "이 협약은 2월 23일의 의정서(Protocol)의 당연한 논리적 결과다"라고 밝히고 있듯이, '한일의정서' 제6조의 '미비한 세부 조항'의 구체적 전개로 평가하고 행정상의 결정이라 여기고 있었다.

제1차 '한일 협약'은 일본에서는 9월 5일자 「관보」휘보란 관청사항에 '한일 협약'이라는 표제를 부쳐 공표, 한국에서는 9월 9일자 「관보」교섭 사항란에 '협정서'로 공표되었다.

제1차 '한일 협약'은 재무·외교 문제를 도입했을 뿐 아니라 한국 외교권의 행사를 크게 제약하는 조약이다. 영국의 신문 「스탠더드」 1904년 9월 6일자가 "이 협약은 한국을 일본의 종속국으로 보지 않으면 안 된다는 것을 보여 순다. 한국 내부의 자치권이 이 협약의 규정과 저촉되지 않는 한 저해 받지 않는다 하더라도, 한국은 일본에 종속됨으로써 그 외교 및 상업 정책의 지도는 도쿄로부터 나오게 될 것이다"[208]라고 논평한 것은 정곡을 찌른 견해라 할 수 있다.

협약에서 정해진 재무 고문에는 대장성 주세국장 메카타 다네타로(目賀田種太郞), 외교 고문에는 주미일본공사관 미국인 더밤 화이트 스티븐스(Durbam White Stevens)가 협약 교섭 단계에서 이미 선임되었다. 메카타는 1883년 이래 대장성에 근무한 재무 관료다. 스티븐스는 주일 미국 공사관원을 거쳐 1882년 주미일본공사관에서 근무하다 1884년 다시 도일, 이노우에 가오루 외무경의 비서관(이노우에가 '한성조약' 교섭의 특파전권대사로 조선에 출장했을 때 수행), 1887년 주미일본공사관 명예참사관 등을 역임한 친일인사다.[209]

---

208) 앞의 「日韓協約雜件」수록의 하야시 다다스 주영 공사로부터 고무라 외무대신 앞 보고에 의한다.
209) 河村一夫, 「ステイ ― ヴンス」, 『日本外交史辭典』, 山川出版社, 1992, 444쪽; ユネスコ

메카다는 9월 22일 고베(神戶)를 떠나 29일 서울에 도착하여[210] 10월 15일 '재정 고문 용빙 계약'(월급 800원)을 체결한다. 메카타와 신기선 참정·민영기 탁지상·이하영 외무대신이 시명한 용빙 계약서는 다음과 같다.[211]

(전문 생략)

제1조 메카타 다네타로는 대한국 정부의 재정을 정리 감독하고 재정상 제반의 설비에 관하여 가장 성실하게 심의 기안할 책임을 맡을 것.

제2조 대한국 정부는 재정에 관한 일체의 사무는 메카타 다네타로의 동의를 거친 후 시행할 것.

메카타 다네타로는 재정에 관한 사항의 의정부 회의에 참여하고 재정에 관한 의견을 탁지부대신을 거쳐 의정부에 제의할 수 있을 것.

의정부의 결의 및 각 부의 사무로서 재정에 관계있는 것은 그 상주 전에 메카타 다네타로의 동의 가인(加印)을 요할 것.

제3조 메카타 다네타로는 재정상에 관해 알현을 청하고 상주를 할 수 있을 것.

제4~제6조 (생략).

이에 따라 재정 고문은 재정 사무의 승인, 재정에 관계하는 의정부회의(각의)에의 출석, 의견 제출, 상주 전 동의(승인), 알현 후 상주 등, 한국 재정 정책의 사실상의 통할자로서의 권한을 갖게 된다.

메카타의 한국 부임에 즈음하여 고무라가 내훈에 더하여 준 '재정 감독 및 정리 등에 관한 표준'[212] 17항목은, ① 일본 화폐의 유통 공인, ② 백

東アジア文化研究センタ 編, 『資料御雇外國人』, 小學館, 1975, 304쪽; 梅溪昇 編, 『明治期外國人敍勳史料集成』, 思文閣出版, 1991, 1권 554쪽, 3권 164~165, 325~326쪽, 4권 169~170쪽.

210) 『駐韓日本公使館記錄』 22권, 416쪽.

211) 『駐韓日本公使館記錄』 23권, 264~265쪽; 『日本外交文書』 37권 1책, 373~374쪽.

212) 『駐韓日本公使館記錄』 24권, 국사편찬위원회, 1992, 45~47쪽.

동화의 주조 정지와 기 발행분의 처분, ③ 일본의 화폐 주조와 한국 전환국 폐쇄, ④ 한국 정부 발행 지폐 금지, ⑤ 제일은행권의 유통, ⑥ 공채 발행에 대한 일본 정부의 보증, ⑦ 일본 정부의 국채 대부, ⑧ 예산 결산의 확립, ⑨ 출납 정산제의 설치, ⑩ 징세법 개정, ⑪ 적절한 시기에 세관의 통일, ⑫ 일본인에 대한 특허에 따른 황무지 개간, ⑬ 광산 개발의 허가, ⑭ 한국 군대의 감원, ⑮ 용빙 외국인의 불필요한 인원 축소, ⑯ 재외 한국 공사관의 철수, ⑰ 체신 사업의 일본 위탁으로, 한국 내외정 전반에 걸친 넓은 범위의 것이었다. 이것들에 덧붙여 '항상 주한제국공사와 협의한 다음에' '실황을 조사하고 살피어 일의 경중완급에 따라 그 실행을 도모할 것'이라 하였다. 정책의 집행 주체는 한국 정부지만, 실질적으로 일본의 친일 식민지화 정책의 전개를 꾀하는 것이었다.

한편, "20여 년 간 계속하여 제국을 위해 힘쓴 귀하의 재능과 충실함에 대해 충분한 신용을 가지고 귀하를 외교 고문으로 한국 정부에 추천"('스티븐스에 대한 내훈'213))을 받은 스티븐스는 10월 18일 방일하여 2개월 가까이 도쿄에 머문 후, 12월 12일에 도쿄를 떠나 서울로 향하였다.214) 24일 알현한 후, 27일 재정 고문에게 부여된 것과 같은 지위·권한이 있다는 내용이 적힌 '외교 고문 빙용 계약서'215)(월급 800원)에 서명했다. 재정 고문과 다른 점은 스티븐스의 경우는 한국 정부 용빙이 아니라 '외부아문외교고문으로 용빙'된 것이다. 계약서의 한국 측 서명자는 이하영 외무대신과 민영기 탁지상이다.

이렇듯 중추기관에 직접 관여하는 재정·외교 고문의 권한은 다른 '고

---

213) 『日本外交文書』 37권 1책, 376쪽.
214) 「韓國外交顧問トシテ元來美帝國公使館雇「スチーブンス」傭聘一件」, 外務省外交史資料館 所藏, 『外務省記錄』 3.9.3.34.
215) 『日本外交文書』 37권 1책, 380~381쪽.

문'에게는 없는 것이다. 1902년 8월 농상공부고문관이 된 가토 마사오의 임무는 '농상공무대신의 자문에 응하여 사안을 서로 상의하는 일(應農商工部大臣諮詢妥商事)'이었고, 1904년 3월 군부고문관에 취임한 노즈 진무(野津鎭武) 소좌의 임무는 '군부대신의 자문에 응하여 사안에 대해 상의하고 의견을 제출·개진하는 일(應軍部大臣諮詢妥商開弁提出意見事)'이었는데[216] 해당 대신의 자문에 답하거나 의견 제출하는 범위를 넘어서지 않고 있다. 그러나 재정·외교 고문 용빙 후인 1905년 2월 경무고문으로 한국 정부에 용빙된 마루야먀 시게토시(丸山重俊, 월급 400원)의 '경무고문 용빙 계약'[217] 제2조에는 "대한국 정부는 경무에 관한 일체의 사무는 마루야먀 시게토시의 동의를 거친 후 시행할 것. 마루야먀 시게토시는 경무에 관한 의정부회의에 참여하고 경무에 관한 의견을 내무대신을 거쳐 의정부에 제의할 수 있을 것"이다. 같은 해 2월 한국 정부 용빙의 중학교 교사에서 학부학정참여관(學部學政參與官)에 기용된 시데하라 다이라(幣原坦, 월급 300원, 도쿄고등사범학교 교수)의 '용빙 계약서' 제2조도 마루야마 경무고문과 같이, 교육 사항에 관한 의정부 회의에의 참여와 의견 제의를 명기하고 있다. 단 알현, 상주의 규정이나 '의정부의 결의 등 상주 전에 동의 가인(加印)하는 것에 관한 규정을 삭제'[218]하여 재정·외교 고문의 권한·대우와는 차등을 두었다. 하야시는 "한국 정부에 고빙되어야 할 고문관은 한일 협정서에 근거한 재정·외무의 양 고문과 스스로 구별하고 통일을 꾀하기 위해, 고문의 명의에 대신하여 참여관의 명의를 쓴다. 즉, 마루야마는 경무참여관이라 칭하도록 한다"고 생각하고 있었다.[219] 그러나 고무라는 '장래 용빙될 각부의 주임자는 모두 고문의 명의

---

216) 『駐韓日本公使館記錄』 23권, 209쪽; 『日本外交文書』 37권 2책, 471쪽.

217) 『日本外交文書』 38권 1책, 834쪽.

218) 위의 책, 827쪽.

로 계약해야할 것'[220])이라 반대하고, 오히려 '재정·외교의 양 고문에 대해 경중의 구별을 두고' '고문의 명의에 대신하여 참여 또는 감독으로서 해야 한다'[221]고 주장한 하야시에 대해, 고무라는 '모두 고문이라는 명의'로 할 것을 고집한다. "특히, 경무는 외교·재정의 양자와 같이 제국 정부가 가장 무게를 두어야 할 곳일 뿐 아니라, 경무고문은 단지 경무청의 조언자로 있는 것이 아닌 한국 정부의 고문으로 중앙 및 지방의 경찰 행정 모두를 거느리고 다스려야 할 것이므로 이에 관해서는 반드시 고문의 명의를 써야할 것이다"고 하여, "학부 기타의 고문관은 부득이하다면 구태여 참여의 명의를 쓰더라도 큰 지장이 없다"고 회훈하였다.[222] 그 결과 마루야마 경무고문, 시데하라 학부참여관이 되었다. 또 이 두 사람의 용빙에 관해서는 양국 정부 산에 협의되었는데, 재정·외교 고문의 경우와는 달리 제1차 '한일 협약'처럼 정부 간 협정서에 의거한 것은 아니다.

이리하여 재정·외교·경무·교육의 각 부분에 일본인 고문·참여관을 파견하여(1906년 6월에는 우메 겐지로(梅謙次郎)를 정부 법률 고문으로), 한국 정부 기관의 주요부처를 장악하고 대일 종속적인 '내정 개혁'을 추진하게 된다.

한편, 한국 정부가 용빙하고 있었던 총세무사 영국인 맥레비 브라운(McLeavy Brown), 내무고문 벨기에인 데로비뉴(Delovigne), 법무고문 프랑스인 로렝 크레마지(Laurent Crémazy), 프랑스어 교사 에밀 마르텔(Emile Martel), 독일어 교사 볼얀(J. Bolljan) 등 30명 이상의 일본인 이외의 용빙 외국인[223]은 일본 정부의 '그들의 계약 기한 만료까지는 종전의

---

219) 위의 책, 829~830쪽.
220) 위의 책, 830쪽.
221) 위의 책, 832쪽.
222) 위의 책, 833쪽.

대우를 하고 불평이 없게'[224] 하자는 방침에 따라, 계약이 끝날 때를 기다려 점차 정리하였다. 이상의 용빙 외국인 가운데 데로비뉴, 마르텔, 볼얀 등을 이용익으로 이어지는 숭립파로 간주하고 있었다.[225] 하야시가 "고용 외국인 중학교 교사 및 기타 한 두 사람을 제외한 이들 중 조금도 하는 일이 없이 고액 봉급을 받으면서 한국인의 무지에 붙어서 종종 소문을 유포하고, 한일 양국 관계에 유해한 행위를 하고 있다"[226]라고 한 것도 그들을 가리켜서 한 말일 것이다. '한일의정서' 조인 후, 일본은 자주 한국 정부에 대해 외국인 용빙에 임해서는 일본 정부와 사전 협의를 하도록 제의하여 용빙 구미인의 정리에 착수하고 있었다.[227]

법무 고문 크레마지는 1905년 5월 29일로 용빙 기한이 만료되어, 한국 정부는 속빙을 내정하고 있었지만, 하야시는 "당국[한국] 정부와 프랑스 국적 고용인과의 계약 중에는 당국 정부에 아주 불리한 조항을 가진 것이 많다"는 이유로 이의를 제기하여 철회시켰다. 하야시는 6월 하순에는 "그 목적을 거의 달성하여 지금은 한두 명을 제외하고 모든 프랑스 국적 고용인이 남지 않게 되었습니다"라고 보고하였다.[228]

1893년 10월, 해관세무사(총세무사)로서 부임한 이래 한국 해관 행정을 관장해온 브라운도 1905년 8월에 임기가 만료되어 해임되었다. 일본 정부는 "한국 내에 별개의 제국을 만드는 것이나 다름없는 정황"[229]에

---

223) 『韓國傭外國人并本邦人關係雜簒』 수록 「韓國傭外國人名表送付ノ件」, 外務省外交史料館 所藏, 『外務省記錄』 3.9.3.36.
224) 『駐韓日本公使館記錄』 23권, 175쪽.
225) 『駐韓日本公使館記錄』 19권, 485쪽.
226) 金正明 編, 『日韓外交資料集成』 5권, (巖南堂書店, 1967, 181쪽, 「韓國政府雇外國人整理ニ關スル件」.
227) 『駐韓日本公使館記錄』 22권, 346쪽; 같은 책, 23권, 183~184쪽.
228) 『駐韓日本公使館記錄』 23권, 231~232, 234, 235쪽.
229) 『日韓外交資料集成』 5권, 394~395쪽. "關稅擔保ニ對シ總稅務司ヨリ申出ノ件."

서 "해관을 대장성[탁지부]의 일부로 만들어 그것을 우리 고문관의 지도 감독하에 두고 있는 이상 '브라운'을 그대로 현직에 유임시키는 일은 사실상 불가능한 형편230)"임을 영국 정부에 설명하고231) 그 이해를 구하여 브라운이 '스스로 사임한다는 식으로 처리'했다.232) 사임에 즈음한 10월 29일 알현에서 브라운은 "외신(外臣)은 스스로 원해서 사직하는 것이 아닙니다. 정치상의 이유와 스스로의 의지에 반하여 사임하는 것입니다"233)라고 주언하여 불만을 표시했지만 11월 30일에는 귀국 길에 올랐다.234) "청국 세관에 적을 둔 해관장"(영국인)도 사임하고235) "탁지부에 직속하여 우리 재정 고문의 관리 아래 둔"236) 세관에는 일본인 세관 관리가 근무하게 되었다.

한국 '근대화'를 지도해온 구미인에 대신하여 한국 정부 용빙원의 대부분을 고문 이하의 일본인이 차지하였다. 일본인에 의한 한국 '근대화'는 다름 아닌 한국 '식민지화'였다.

1905년 11월 현재의 용빙 일본인237)은 정부 재정 고문부 스즈키 아쓰시(鈴木穆) 외 30명, 군부 노즈 진무 외 2명, 궁내부 다지바나 엔주(橘円寿) 궁내부보조원 겸 제실제도정리국기사 외 1인, 학부 시데하라 다이라(幣原坦) 참여관 외 13명, 경무고문 부속 나가타니 다카시(永谷隆志) 보좌관 외 116명, 탁지부 인쇄국 우즈 세이(宇津盛) 기사 외 13인, 농상공학교

230) 『日本外交文書』 38권 1책, 912쪽.
231) 『日韓外交資料集成』 5권, 528~529쪽, 「韓國總稅務司'ブラウン'解任方ニ關シ在韓美國公使及'ブラウン'ニ內談ノ件」.
232) 『日本外交文書』 38권 1책, 913, 915, 916쪽.
233) 위의 책, 919쪽.
234) 위의 책, 919~920쪽.
235) 위의 책, 916쪽.
236) 『日韓外交資料集成』 5권, 533쪽, 「韓國總稅務司辭任ニ關シ各港領事へ電報ノ件」.
237) 「韓國ニ傭聘セラレタル本邦人取調一件」, 外務省外交史料館 所藏, 『外務省記錄』 3.8.4.36.

부속농사시험장 오이소 진타로(大磯仁太郎) 기사, 농상공부 고치베 다다요시(巨智部忠承) 이학박사 외 5명으로 총 188명에 달한다.

이렇듯 '한일의정서,' 제1차 '한일 협약'에 기초한 일본의 침략이 구체적으로 진행되자 양 조약의 폐기를 요구하는 한국 관민의 소리가 높아졌다. 1905년 3월 7일 좌의정·우의정 등을 역임한 '원로 대신 조병세를 우두머리로 추대하여 한일의정서 및 양국의 협약을 비난하고, 건언서를 올리려는 계획'을 알아낸 하야시는 황제에게 의견을 구했다.238) 또한 최익현의239) 상소가 3월 6일, 7일자의 「황성신문」에 게재되자240) 하야시는 9일 최익현의 "상소는 한일의정서에 대해 감히 비방을 시도하고 게다가 우리나라를 원수라 지칭하여 양국의 친교에 상처를 내고 확립된 국헌(國憲)을 문란하게 할 목적으로 언사를 열거하고 있는 것이라 인정된다"하여 최익현의 '관직 박탈 처분'을 이하영 외무대신에 요청하였다. 나아가 "각처에 전파될 우려가 있으므로 우리는 시기와 형편에 맞는 처리를 할 방침"임을 통고하였다.241)

또 하야시는 "군사령관과 협의하고 군사령관이 오늘 아침[11일], 최익현 및 허위(許蔿)를 데려와 사정을 취조"하고242) 13일에는 "경성 이외의 지역으로 퇴거를 명하여 우리 헌병이 향리[경기도 포천]로 호송"시켰다.243) 그러나 최익현은 15일에 상경하여 거듭 상소하였기244) 때문에,

---

238) 『駐韓日本公使館記錄』26권, 국사편찬위원회, 1992, 119~120쪽.
239) 旗田巍, 『朝鮮と日本人』, 勁草書房, 1983, 376~377쪽.
240) 『駐韓日本公使館記錄』26권, 129~131쪽 수록의 「正二品崔益鉉跋草」, 『皇城新聞』 1905. 3. 6, 3. 7 所揭의 「正二品崔益鉉氏의 上疏한 全文」은 이것과 같은 글인데, 한글이 섞여 있는 번역문.
241) 『駐韓日本公使館記錄』24권, 172쪽.
242) 『日韓外交資料集成』5권, 411~412쪽, 「在野ノ大官日韓議定書調査關係者攻擊ノ件」.
243) 『駐韓日本公使館記錄』24권, 593쪽.
244) 旗田巍, 앞의 책, 378쪽.

하야시는 24일 이하영 외무대신에게 "귀 정부는 즉시 그의 관직을 정지시 킨 뒤, 향리에서 적당히 감시할 방도를 취할 필요가 있다고 생각합니 다"[245]고 전하였고, 23일 일본군 헌병대는 최익현을 다시 체포하여 충청 남도 정산으로 보냈다.[246]

245) 旗田巍, 앞의 책, 378쪽.
246) 『駐韓日本公使館記錄』24권, 174쪽.

▌ 보론: 보호국의 법적 규정과 보호국 구상

1) 국제법 학자의 보호국 연구

1905년(메이지 38) 11월 17일 조인된 제2차 '한일 협약'은 보호 조약이다. 이로 인해 한국은 일본의 피보호국(이 책에서는 보호국이라 한다)이 되었다는 것이 통설이다.

한국 보호국화 정책에 깊이 관계한 것을 비롯하여 외무성의 국제법 고문으로 활약한 도쿄제국대학 교수 다치 사쿠타로(立作太郎)의 대표적 저작 중 하나인 『평시국제법론(平時國際法論)』(日本評論社, 1930)은 보호국을 다음과 같이 규정한다.[247]

> 보호국(State under the protectorate of another State)은 보호를 하는 국가와의 사이의 보호 조약에 입각하여, 그것이 보호를 받음과 동시에 그에 따라 내정 외교, 특히 외교 관계에서 제한을 받는 국가다. 현시점에서 이른바 보호국은 외교 관계에 대해 보호를 주는 국가에 의해 제한을 받는 것을 그 특징의 하나로 인정하고 있으므로, 단순히 다른 나라의 보호를 받는 국가는 특히 단순 보호(simple protection) 국가 등의 명칭을 사용하여, 그것을 보통 보호국과 구별하고 있다. 보호국 중, 혹은 병합 전의 한국과 같이, 그 외부에 대한 대표가 보호를 하는 국가에 의해 완전히 이루어져서, 국제법상의 권리 능력을 향유하더라도, 국제법상의 행위 능력을 향유할 수 없는 경우가 있다. 혹은 1881년 이후의 튀니지처럼, 보호

247) 立作太郎, 『平時國際法論』, 日本評論社, 1930, 137~138쪽.

국이 그 이름으로 외교 관계를 유지해도, 보호를 하는 국가가 파견하는 통감이 보호국의 외무대신을 겸하여, 실제상으로 보호국의 외교 관계상의 실권을 쥐는 경우가 있고, 혹은 1884년 이후 영국에 병합되기 이전의 남아프리카공화국(트렌스발)과 같이, 보호국이 스스로 외교 관계를 유지하고, 조약 체결에 관해서 보호를 하는 국가의 부인권을 인정하는 등 어느 일정한 사항에 대해 보호를 하는 국가에 의해 제한을 받는 것에 그치는 경우도 있다. 보호국과 보호를 하는 국가는 전연 별개 국가이고, 양자의 관계는 국제법상의 관계다. 보호국은 보호 조약에 의해 제한받는 범위에서만 행위의 자유에 대해 제한을 받는 것이어서, 보호 조약 중에 특히 제한을 두는 것 외에는 제한을 받지 않는 것이라 추정되는 것이다. (중략)

실제로 수많은 보호국들은 훗날 보호를 하는 국가에 병합되기에 이르는 과도적 단계에 있는 것이다. 마다카스카르, 안남(지금의 베트남), 캄보디아와 같은 경우는 일단 프랑스의 보호국이 되었다가, 결국 병합되고 말았던 것이다.

요약하면, '보통의' 보호국이란 ① 보호를 하는 국가로부터 외교 관계의 제한을 받는 국가로서, 단순한 보호를 받는 관계에 있는 '단순 보호' 국과는 구별된다. ② 보호국은 국제법상의 권리 능력을 가지고 있지만, (a) 국제법상의 행위 능력을 완전히 갖고 있지 못한 한국·튀니지의 경우(당초, 다치는 이것을 '을종 진정보호국(乙種 眞正保護國)'이라 불렀다, (b) 스스로 외교 관계를 유지하지만 일정 사항에 대해 보호를 하는 국가에 의해 제한을 받는 국가(예를 들면, 보호국의 국제적 행위에 대해 보호를 하는 국가의 부인권·협찬권 등을 받아들인 트란스발[남아프리카 공화국의 최북단에 있는 주 – 옮긴이] 등의 경우 – 이것을 '갑종 진정보호국'(甲種眞正保護國)이라 불렀다)가 있다. ③ 보호 관계는 국제법상의 국가 간의 관계이고, 조약에 의해 보호국의 제한 범위가 규정된다. ④ 많은 보호국은 보호를 하는 국가에 의해 병합되는 '과도적 단계'에 있는 국가다.

그리고 다치는 보호국이 "독립국인가 아닌가의 구별 기준은 국제법상의 권리 능력 및 행위 능력을 완전히 갖고 있느냐 없느냐라는 점에서 구해야 하기"[248] 때문에, 보호국은 '반주권국(半主權國)'이라 하더라도, 국제법상의 주체가 되는 자격을 상실한 '비독립국'[249]이라 규정했다.

이 다치의 소론은 현재도 국제법 교과서에 기술되어 있는 보호국의 일반적 규정이다.[250] 다치는 '한일의정서' 체결 직후인 1904년 3월, 3년 9개월의 유럽 유학[251]에서 귀국하여 곧바로 몰두한 보호국 연구에서 이 견해[252]를 제시한 것이다. 당시 "보호국이란 국제법에서 겨우 12~13년 전(1890년대)부터 논단에 등장하고, 유럽 학자 사이에서도 종종 이견이 있어, 매우 난감한 연구 제목으로 되어 있다"[253]고 일컬어지고 있었다. 다치는 유럽 국제법 학자의 여러 설을 정리하고, 보호 조약의 실례를 인증하면서, 당면한 한국 보호국화의 외교 과제에 답하는 마음으로 보호 관계의 국제법적 규정을 도출한 것이다.

일본 정부도 '한일의정서' 이후의 한국 보호 정책 추진의 지침으로서 보호 관계의 국제법적 검토를 초미의 과제로 삼고 있었다. 1904년 3월 외무성에 설치된 임시취조위원회는 이를 위한 기관이다. 외무차관 진다 스테미(珍田捨巳)가 위원장을 맡은 이 위원회에는 외무성정무국장 야마자 엔지로(山座円次郎), 외무성참사관 구라치 데쓰키치(倉知鐵吉) 외, 외무

---

248) 위의 책, 135쪽.
249) 위의 책, 136쪽.
250) 高野雄一, 『全訂國際法槪論』上, 弘文堂, 1985, 120쪽.
251) 다치의 유학은 "외교사 연구를 위해 독일, 프랑스, 영국에 유학"이다(外務省百年史編纂委員会編, 『外務省の百年』, 原書房, 1969, 105쪽).
252) 立作太郎, 「保護國論」, 『外交時報』 8권 8호, 1905년 8월; 立作太郎, 「保護に關する保護條約の硏究」, 『國際法雜誌』 4권 7호, 1906년 3월; 立作太郎, 「保護關係ノ成立ト保護国ノ條約上ノ権利義務」, 『法學志林』 8권 7호, 1906년 7월. 이것들은 다치의 외무성 보고 "보호국에 관한 취조"를 논문화한 것이다.
253) 有賀長雄, 「保護國論を著したる理由」『國際法雜誌』 5권 2호, 1906년 10월, 5쪽.

성참사관으로 도쿄제국대학 법과대학 교수 데라오 도오루(寺尾亨), 도쿄제국대학 법과대학 교수 다카하시 사쿠에(高橋作衛), 도쿄제국대학 법과대학 조교수(4월부터 교수) 다치 사쿠타로, 학습원 교수 나카무라 신고(中村進午)가 참여하였다. 이들 네 사람의 국제법학자 가운데 다치 이외의 세 사람은 이듬해 1905년 중에 각각의 사정으로 위원을 사임했으나, 다치만은 1906년 2월 위원회 해산까지 위원회 일에 전념했다.[254]

임시취조위원회의 작업 경과는 분명하지 않지만, 그 무렵 외무성은 위원회 내외의 국제법 학자에게 정책 제언을 포함한 조사 보고를 요구한 듯 하다. 현재, 외무성 외교 사료관에 소장되어 있는 『외무성 기록』(1·4·3·12)에 "보호국에 관한 조사 1건" 2권이 남아 있다. 이 문서의 후반에 '참고'로 붙어있는 다음의 보고 7건이 그에 해당하는 것으로 생각된다.[255]

① 외무성 법률 고문 데니슨, "보호국에 관한 '데니슨' 고문의 調査書", 영문 타이프 4쪽, 1904년 3월 이후 작성.

② 육군성 참사관(전 외무성참사관) 아키야마 마사노스케(秋山雅之介), "아키야마 육군성 참사관 조사의 피보호국 지위에 관한 보고서", 육군성 괘지 8매, 1904년 3~8월 작성.

③ 다치 사쿠타로, "다치 박사 조사의 보호국에 관한 취조서", 괘지 15매, 1905년 4~7월 작성.

④ 다치 사쿠타로, "다치 박사 조사의 보호국에 주재하는 제3국 영사에 인가장에 관한 취조서", 괘지 7매, 1906년 2월 중 작성.

⑤ 마쓰하라 가즈오(松原一雄) 영사관 보, "보호국에 대한 소견" 괘지 48매, "베를린 법과대학 국제법 교수 하이보른 박사 저 『보호국론』에서 발췌 번역", 괘지

254) 田中愼一, 「朝鮮における土地調査事業の世界史的位置 (1)」 『社会科学研究』 29권 3호, 61~63쪽.
255) 작성 추정 시기는 田中愼一, 위의 논문 69~78쪽에 의한다.

39매, 1904년 11월~ 05년 2월 작성.

그 외,

⑥ "영국 식민지 및 프랑스의 보호국에 관한 제 조약과 제법령"(Treateis, Laws and Ordinances relating to British Colonies and French Protectorates) 영불문 50쪽.

⑦ "영국과 콩고 자유국과의 사이에 체결된 조약문"(Agreement between Great Britain and His Majesty King Leopold II Sovereign of the Independent State of the Congo, relating to the Spheres of Influence of Great Britain and the Independent State of the Congo in East and Central Africa), 영문 타이프 7쪽, 이 수록되어 있다. [256)]

이것들을 상세하게 분석한 다나카 신이치(田中愼一)의 연구에 따르면, ②의 아키야마 참사관 보고는 1904년 5월 31일의 각의 결정인 '제국의 대한 방침' 및 '대한 시설 강령 결정의 건'의 '정책 플랜의 참고 자료'로 제공되고[257)] ③의 다치 보고와 ⑤의 마쓰하라 영사관보 보고는 1905년 4월 8일의 각의 결정인 '한국 보호권 확립의 건' 및 같은 해 10월 27일의 각의 결정인 '한국 보호권 확립 실행에 관한 각의 결정의 건'에 즈음하여 "외무성안 작성을 위한 참고 자료로 되었다"고 한다. [258)] 그리고 그 과정에서 한국 보호국화의 모범적 선례로 프랑스의 보호국가들, 특히 튀니지에서 그것을 찾는 '프랑스·튀니지론'이 정착되어 갔다.

덧붙여 말하면 튀니지의 보호국화란 대략 다음과 같았다. 19세기의 튀니지(후사인 왕조)는 외압 아래에서 군대의 근대화, 헌법의 도입, 학교

---

256) 이들 중 田中愼一, 「朝鮮における土地調査事業の世界史的位置 (2)」, 『社会科学研究』 30권 2호에, ②가 66~68쪽, ③은 75~81쪽, ⑤는 68~75쪽에 소개되어 있다.
257) 田中愼一, 위의 논문 (2), 38~41쪽.
258) 田中愼一, 위의 논문 (2), 56~64쪽.

제도의 정비 등 위로부터의 개혁을 추진하고 있었으나, 근대화 정책에 따라 늘어난 지출이 외채 누적을 초래하여, 파탄한 국가 재정을 영국·이탈리아·프랑스의 공동 관리에 맡기지 않으면 안 되었다(1869). 튀니지의 대외 종속은 1878년의 동방 문제를 둘러싼 베를린 회의에서, 독일·영국으로부터 튀니지에 대한 행동의 자유를 인정받은 프랑스로 기울어졌다. 1881년 3월 프랑스는 튀니지로 출병, 5월 바르도 조약(Treaty of Bardo)을 강제하여 외교·재정권을 장악하고, 나아가 1883년 6월 마르사 협정(Convention of al-Marsa)을 맺어 튀니지를 보호국으로 삼은 것이다.

이렇게 해서 튀니지의 외교는 프랑스가 대표하게 되고, 프랑스 정부가 파견하는 통감(resident general)이 외교·내정 양면에서 실질적인 권력자로서 튀니지를 경영하기에 이르렀다고 한다.[259]

그와 같은 프랑스의 튀니지 지배 방법에서, 일본 정부는 한국 보호국화의 지침을 구했던 것이다. 그러나 바르도 조약과 제2차 '한일 협약'은 튀니지·한국의 외교권 행사를 전면적으로 침탈한다는 점에서 동일하지만, 튀니지 주재 프랑스 총독이 튀니지 외무대신을 겸임하고, 튀니지의 조약은 "튀니지 군주의 이름으로, 프랑스 정부와 체결한다[260]에 대해, 제2차 '한일 협약'에 의해 설치된 한국 주재의 통감이 관할하는 외교 사항은 '외국 영사의 직권 내에 있는 지방적 문제에 한정되어'[261] 제3국과의 조약 체결 등의 한국 외교권 행사는 일본 외무성이 전담한다는 점 등 실태 면에서는 차이가 있다.

이상의 외교성 보호국론에 대해, 와세다 대학 교수 아리가 나가오(有賀長雄)[262]가 1906년 9월 『보호국론』을 상재했다. 아리가는 청일전쟁에

---

259) 宮治一雄, 『アフリカ現代史』V, 山川出版社, 1978, 49~53쪽.
260) ヂイ·アンチロッチ, 『國際法の基礎理論』, 一又正雄 譯, 酒井書店, 1971, 248쪽.
261) 田村幸策, 『國際法』上, 有斐閣, 1951, 126쪽.

서 제2군 사령부 법률 고문으로 종군하였고, 러일전쟁에서는 만주군 법률 고문으로 출장한 전시 국제법 학자로 알려졌으며, 또한 추밀원 의장비서관(1889~1891), 총리대신 비서관(1892~1893, 1898)으로서 이토 히로부미에 봉사한 경력을 가지고 있다. 1898년에는 국제법학의 논설지「외교시보(外交時報)」를 발간하고 편집의 중책을 담당한 학자다.

"한국은 당연히 일본의 보호국이어야 한다"라고『보호국론』서문을 써낸 아리가가 보호국 문제에 관심을 가진 것은 1895~1896년의 프랑스 출장 때였다고 한다. 거기서 주요한 관련 서적을 사서 귀국하여, '책을 집필해야 겠다'고 구상한 지 10년만에 "이른바 보호국이 무엇인가에 관해, 공정하고 온건한 뜻을 양성함으로써, 장래의 대한 정책을 위해 견고하고 확실한 기초를 다질"[263] 목적으로 써 낸 것이 위의 책이다.

보호국론 제일인자를 자임하는 아리가는 세계의 보호국 사례와 학설을 풍부하게 제시하고 논술했으나, 외무성 임시취조위원회에 참석하는 국제법 학자와의 사이에 일정한 거리를 두었다. 거꾸로 다치 등 외무성의 정책 제언자들은 아리가의『보호국론』논설을 인정할 수 없었던 것이다. 다치는 아리가의『보호국론』이 간행되자 곧바로 비판하는 글을 집필했는데[264] 아리가도 이에 응했다.[265] 다나카 신이치가 말하는 '아리가 - 다

---

262) 아리가 나가오(1860~1921)의 약력은 다음과 같다(戰前期官僚制研究會 編·秦郁彦 著 『戰前期日本官僚制の制道·組織·人事』, 東京大學出版會, 1981, 22쪽 등에 의한다).
1882년 도쿄대학 철학과 졸업, 1886년 6월 원로원 서기관, 1886년 11월~1888년 6월 독일 유학, 1889년 5월 추밀원 서기관, 동년 6월~1891년 6월 추밀원의장비서관(1888년 4월~1889년 10월 이토 히로부미 의장), 1892년 8월 내각 총리대신비서관(1892년 8월~1896년 8월 이토 히로부미 수상), 1893년 4월 농상무성 문서과장, 동년 5월 농상무성특허국장, 1894년 10월 제2군사령부 법률 고문, 1895년 9월~1896년 프랑스 출장, 1896년 6월 육군대학교 교수. 1898년 3월~7월 총리대신비서관(1898년 1월~6월 이토 히로부미 수상), 1900년 2월 법학 박사, 1904년 4월 1884년부터 강사로 출강하던 도쿄전문학교가 전문학교령에 의해 와세다 '대학'이 되어, 교수, 1904년 만주군 법률 고문.
263) 有賀長雄,『保護國論』, 早稻田大學出版部, 1906, 서문 3쪽.

치의 보호국 논쟁'이다.

논쟁의 내용과 경과에 대해서도 다나카의 연구[266)]에서 신세를 졌는데 논쟁의 쟁점은 ① 보호국의 종류에 따른 구별(類別), ② 보호국은 독립국가인가의 두 가지로 집중된다.

①에 대해 보호국의 범위를 전근대에서의 종주국과 속국과의 종속 관계나 근대에서의 식민제국의 보호령 지배를 포함하여 포괄적으로 파악하는 아리가는 보호국을 다음과 같이 제1종~제4종으로 구별했다. [267)]

제1종 보호국(호위적 보호국·단순 보호국): 자주권을 가지고 있는 약소국이 독립 유지를 위해 강대국의 보호를 받는 관계. 단 보호를 받는 약소국은 자국의 내정 외교에는 간섭을 받지 않는다.

제2종 보호국(후견적 보호국·정치상 보호국·진정 보호국·국제 보호국): '국제상의 책임을 완수할 힘이 없는' 국가에 대해 '이해관계가 가장 많은 강국은 이를 이끌어 세계 여러 나라의 반려(伴侶)에 들게 하고, 그리하여 그 교제상에서 책임을 다하도록 하기 위해, 잠시 이에 대신하여 주권의 일부를 행사하는' 관계. '한일 협약' 이후의 한국은 여기에 포함된다.

제3종 보호국(행정상 보호국): 다른 국가의 주권을 장악하는 강대국이 형식적으로 그 국가의 군주권을 이용해서 행정을 집행하는 경우.

제4종 보호국(식민적 보호국): '해외 미개척지의 양토(壤土)를 그 식민지로 삼고자 하는' 강대국이 일정 지역을 구획하여 '보호지'로 삼아 여러 나라의 승인을 얻는 경우. 이른바 보호령(保護領).

264) 立作太郎, 「有賀博士の保護國論」 『外交時報』 107호, 1906년 10월; 立作太郎, 「國家ノ獨立ト保護關係」 『國家學會雜誌』 20권 11호, 1906년 11월; 立作太郎, 「保護國の類別論」 『國際法雜誌』 5권 4호, 1906년 12월; 立作太郎, 「保護國論に關して有賀博士に答ふ」 『國際法雜誌』 5권 6호, 1907년 2월.

265) 有賀長雄, 「保護國の類別論」 『外交時報』 110호, 1907년 1월.

266) 田中愼一, 「保護國問題 ─ 有賀長雄·立作太郎の保護國論爭」 『社會科學研究』 28권 2호; 田中愼一, 「韓國倂合」, 井口和起 編, 『日淸·日露戰爭』, 近代日本の軌跡 3, 吉川弘文館, 1994, 수록.

267) 有賀長雄, 앞의 책, 1~4쪽.

이와 같이 아리가는 보호 관계가 생기는 정치적 요인에 따라 보호국을 종합적으로 파악하여 구별했다. 이에 대해 다치는 엄밀한 의미에서의 국제법학의 입장에서 나열적 구분에 지나지 않는 아리가설을 비판하고, 보호국을 한 국가의 외교권에 대한 행위 능력에 제한이 가해진 경우로 파악하고, 아리가가 말하는 '제3종·제4종 보호국의 개념을 부정하였다. 또한 제1종 보호국에 대해서도 관용으로서 보호의 존재를 인정하여 '단순 보호국'이라 하면서 협의의 보호국과 구별했다. 다치는 이미 앞서 게재한 외무성 보고서에서 이 생각을 제시했는데 아리가와의 논쟁 과정에서 재정리하고 보호국을 다음의 두 가지 형태로 구분했다.[268]

'갑종 진정보호국' …… '국제법상의 행위 능력에 대해 능보호국(能保護國, 보호를 주는 국가)으로부터 제한을 받아도, 피보호국이 직접 대외 관계를 유지하고, 피보호국의 외교 기관이 직접 제3국의 외교 기관과 교섭할 수 있는 경우' 구체적 사례는 1874~1884년의 안남, 1884~1902년의 트란스발.

'을종 진정보호국' …… '능보호국이 대외 관계에 대해 피보호국을 대표하고, 피보호국의 외교 기관이 직접 제3국의 외교 기관과 교섭할 수 없는 경우' 구체적 사례는 1905년 이후의 한국, 1885~1896년 마다카스카르, 1884년 이후의 안남, 1881~84년의 트란스발.

다치가 보호국을 한정적으로 파악한 것은 국제법학상으로 봤을 때 정당하므로 아리가가 반론할 여지는 없지만, 다치가 아리가에게 필봉을 겨눈 것은 아리가설의 전개가 일본의 대한 정책의 장애가 될지도 모른다고 보았기 때문이다. 앞서 인용한 것과 같이 아리가가 말하는 '제2종 보호국'은 보호를 하는 국가가 보호국을 '이끌어 세계의 반려에 들게 하기' 위해,

268) 立作太郞, 「保護國の類別論」『國際法雜誌』5권 4호, 1906년 12월, 30~31쪽.

'잠시 이에 대신하여 주권의 일부를 행사한다'고 했다. 그 테두리에서는 일본의 한국 보호국화를 정당화하는 논리지만, 아리가는 보호국으로서의 한국의 장래를 유동적으로 보고, 다음과 같이 말한다.

> 한국은 …… 4종의 보호국 중 어디에 속하는가, 또 장래에 어느 한 종으로 변화하려는 경향이 있는가, 이것이 곧 우리들이 잠시 학술상의 한 문제로 따지고 싶은 바다. 또 한국은 과연 어떤 종의 보호국에 속하는가를 말하는 것이 명료하게 될 때에는, 구주의 열강이 기왕에 동종의 보호국에 대해 취한 여러 조치를 참고하여 그 실험에 비추어 우리가 조치를 취할 수 있고, 장래 한국의 입법·사법·행정을 지도하는 데 다소의 도움이 될 것이다. 먼저 학술상으로 연구를 다하고, 그 성취를 따져 정사(政事)상의 계획을 세울 때에는 자연히 오류를 없앨 것이므로 성공의 기대가 크다. 이에 반해 만약 자연의 추세를 무시하고, 정치상의 목적만을 안중에 두어 계획할 때에는 설령 일시의 효과를 거두더라도, 훗날 번거로움을 남길 우려가 있다.[269]

또한 이렇게도 밝히고 있다.

> 안남, 튀니지는 점점 프랑스의 깊은 간섭을 받으려는 데 반해, 일찍이 영국의 보호국인 트란스발 및 이탈리아의 보호국인 아비시니아[지금의 에티오피아]는 명실공히 완전한 독립국이 되었다. 그렇다면, 곧 일본은 먼저 새롭게 한일 양국 사이에 성립을 눈앞에 둔 보호 관계를 정밀하게 분석하고, 장래에 어떤 방향으로 변화하도록 해야 할 것인지, 또는 변화시켜야 하는 것인지를 추구할 필요가 있다.[270]

아리가의 유별론 방법은 다치에 따르면, '보호 관계가 기인하는 정치적 사실을 표준으로 하여 보호국의 4종을 구별하고 각 종류에 대해 특별

---

269) 有賀長雄, 「保護國の硏究」, 『外交時報』 9권 2호, 1906년 2월, 61~62쪽.
270) 有賀長雄, 위의 논문, 55쪽.

한 본연의 성질을 인정함으로써 특유의 법리를 인정하려는'271) 것이기 때문에 보호국 유형이 다양해짐과 동시에, 각각의 보호국 장래에 대한 방향성도 다양화 할 수밖에 없다. 아리가는 보호국 '변화'의 한 유형으로서 트란스발의 영국으로부터의 독립(1881년, 제1차 보아전쟁), 아비시니아의 이탈리아로부터의 독립(1896년, 아도와 전투)을 들어 보호 관계 해소도 있을 수 있다는 것을 시사하고, '정치상의 목적만을 안중에 두고 계획하는' 일본의 한국보호 정책을 암암리에 비판했다.

이에 대해, 보호국을 병합으로의 '과도적 단계'라고 보는 다치는 아리가가 말하는 '제2종 보호국'은 마다가스카르·안남·캄보디아 등 '병합에 이르는 과도적 제도로 존재하는 경우는 그 예가 부족하지 않다면서, 한국을 '여러 나라와의 관계에서 지금보다도 더욱 멀어지게 하는'272) 것이 보호 관계의 법리상 인정되는 바라 기술하고 있다. 병합을 염두에 둔 보호 정책의 전개를, 대한 정책의 축으로 생각하는 다치는 아리가설을 부정할 수밖에 없었던 것이다.

쟁점 ②의 보호국은 독립국인가라는 문제에 대해서도 다치는 아리가가 "한국은 보호국이면서 독립국이다"273)는 명제에 대해 보호국은 비독립국이라는 국제법의 규정에 입각하여 철저하게 비판했다.

아리가가 이 문제를 집어든 것은 청일전쟁 이래, 일본이 한국의 독립 보장을 여러 차례 선언하고, 한국 보호국화의 기점인 '한일의정서'274)에서도, 제3조에 '대일본제국 정부는, 대한제국의 독립 및 영토 보전을 확실히 보증할 것'이라 명기하고 있었다. 그럼에도 한국을 보호국으로 삼는

271) 立作太郎, 앞의, 「保護國の類別論」, 25~28쪽.
272) 立作太郎, 위의 논문, 28쪽.
273) 有賀長雄, 앞의 책, 216쪽 이하.
274) 『日本外交文書』 37권 1책, 345~346쪽.

일이 논리적으로 가능한가라는 심각한 문제가 있었기 때문이다. 이것은 국제적 비판을 초래할 수도 있었고 한국의 반일 투쟁에 동기를 부여할 충분한 이유였다.

아리가는 '보호국론을 저술한 이유'에서 다음과 같이 밝히고 있다.[275]

> 일본이 여러 국가에 대해서든 조선국 그 자체에 대해서든 누누이 한국의 독립 및 영토 보전을 담보할 것이라 다짐하는 일은 거짓말인가. 국가는 거짓말을 해도 좋다는 것인가. 단지 한국이 독립국이기는 하나 보통의 독립국이 아니라는 것은 당연한 사실이다. …… 그렇다면 명분은 독립국이면서 실제 관계는 다르게 되어 있는 바를 어떻게 설명해야 좋은가. 그 점이, 바로 보호국의 법리 관계를 연구할 필요가 있는 까닭이다.

아리가가 내린 결론이 '한국은 보호국이면서 독립국이다'였다. 그 이유는 다음과 같다.[276]

> 한국과 같은 피보호국과 단순 독립국 사이에 명확한 구별이 없는 것은 아니다. 단순 독립국은 무릇 자주 국가에 속하는 각종 권리를 모두 갖추고, 또 스스로 이를 행사하는 데 반해, 피보호국은 이를 모두 갖고 있어도, 이것을 모두 자유 행사하지 못하고, 그 일부분의 행사는 능보호국의 의사에 의해 제한 받는다. 이것이 명백한 구별이다. 그러므로 피보호국은 불완전한 독립국임을 부정하기 힘들다. 그러나 그 불완전함 때문에 능보호국의 주권으로 이를 조성하고, 피보호국에 단독 행사할 수 없는 바의 권리를 능보호국의 감리 지도하에서 행사하게 한다면, 또 이처럼 조성한 다음 제3국이 이것을 봤을 때에는 피보호국도 역시 완전한 독립국과 전혀 다른 점이 없다…… 제2종 보호 관계 하에서 피보호국은 제3의 국가들에 대해 이

---

275) 有賀長雄, 앞의「保護國論を著したる理由」2쪽.
276) 有賀長雄, 앞의 책, 221~222쪽.

것을 말할 때에는 말할 나위 없이 독립국이나 오직 그 능보호국에 대해서만 독립국이 아니다.

견강부회라고도 보이는 아리가의 주장하는 바는 한국이 자력으로 독립국의 능력을 갖고 있지 못하기 때문에 일본이 보호해 줌으로써 한국의 독립이 유지된다는 식의 보호국화를 정당화해 온 일본 정부의 논리와 부합하는 것이었다.

한편 다치는 아리가설을 '기이한 이론'이라 하여 물리치고, 제2차 '한일 협약'은 한국을 "국제법 술어의 의의에서 독립국이 아님을 분명히 했다"[277]라고 주장했다. "국가의 독립이란 한 나라가 그 국제법상의 행위능력, 특히 외교권에 대해 다른 나라로부터 법규상의 제한을 받지 않는 소극적인 상태를 가리키기"[278] 때문이다. 보호국으로서의 한국은 그 의미에서 비독립국이다.

다치의 비판은 아리가의 주장을 굴복시키기에 충분한 법적 규정이었다. 그러나 다치에게도 하나의 과제인 일본 정부의 한국 독립 보장 선언과 보호국의 비독립국 규정임을 어떻게 정합시킬 것인가라는 문제가 남아 있었다. 이 점에 대해 다치는 '한일의정서'에서 말하는 '독립'이란 "국제법상 술어의 의의로 해석해서는 안 된다"면서, "외교상의 속용어(俗用語)의 의의로 해석할 수 있는지 없는지에 대한 의문의 여지가 있다"[279]고 밝혀 국제법상의 '독립' 개념에서 일본 정부가 사용한 '속용어'로서의 '독립' 보장을 배제하고 공약의 이행 책임을 방기했다.

다치는 일본이 공언해온 외교상의 '독립의 의미는 단순히 한국의 국

---

277) 立作太郎, 「國家ノ獨立ト保護關係」, 『國家學會雜誌』 20권 11호, 1906년 11월, 40쪽.
278) 立作太郎, 위의 논문, 35쪽.
279) 立作太郎, 위의 논문, 42~43쪽.

제법상의 법인격을 상실시키지 않고, 따라서 병합 등의 방법에 의해, 국제 관계상 한국을 소멸시키지 않을 것을 보증하는 것에 지나지 않으며, 국제법상 술어로서의 독립의 의미와 크게 차이가 있다. 그러므로 이와 같은 뜻에서의 독립의 보증은 한국을 국제법상의 술어의 의의에서 비독립국이 되는 것을 막는 데 있는 것이 아니다'[280]고 말한다. '독립' 보장의 전언(前言)과 보호국화한 현실과의 모순을 호도하는, 앞뒤를 뜯어 맞춘 것임은 분명하다.

그리고 다치는 제2차 '한일 협약' 제4조 '일본국과 한국 사이에 현존하는 조약 및 약속은 본 협약의 조관에 저촉되지 않는 한 모두 그 효력을 계속하는 것으로 한다'는, 보호 조약인 제2차 '한일 협약'에 저촉하는 '한일 의정서 제3조의 독립 보증 조관은, 이미 그 효력이 계속되지 않음을 언명한 것으로 봐야한다'고 해석하고, 영일 '제1차 동맹 협약'(1902년 1월 30일 조인) 전문의 '한제국의 독립과 영토 보전을 유지할 것'도 "메이지 38년 (1905) 8월 12일의 영일 신 협약은 특히 이 말을 생략하고, 제3조에서 영국은 일본의 한국에서 지도 감리 및 보호 조치를 취할 권리를 승인"한 것이기 때문에, "일본은 한국과의 관계에서든 제3국과의 관계에서든 한국을 비독립국이라 하여도 어떠한 모순도 발생하지 않는다"고 주장했다.[281] 한국의 '독립' 보장 선언은 조약상 철회되었다는 말이다.

다치의 해석이 일본 정부의 공식 해석이 되었는지의 여부는 불분명하지만, 정부가 '독립' 보장에 대한 철회를 표명한 흔적은 없다. 아무튼, 그 후에도 일본 정부는 '독립' 보장을 서언(誓言)한 사실을 무시할 수는 없었다. 한국 병합이 이른바 강제적 병합이 아니라 어떤 식으로든 임의적 병

280) 立作太郎, 위의 논문, 43쪽.
281) 立作太郎, 앞의 「國家ノ獨立ト保護關係」 41쪽.

합 형식을 취해야 했는데, 일본 정부가 부심한 것도 그 때문이다.

이상과 같은 아리가 – 다치 논쟁에서 다치의 국제법학상의 우위는 부인하지 않지만 다치가 외무성 브레인이었던 것에 대해, 아리가가 이토 통감의 한국 보호 정치에 일정한 영향을 준 것도 사실일 것이다. 이토와 아리가와의 접촉은 구체적으로는 불분명하나 아리가가 『보호국론』은 "이토 통감…… 을 위해 헌책(獻策)한 자료를 발표한 것"[282] 이라 일컬어지는 것도 이유가 없는 것은 아니다. 앞서 말한 바와 같이, 이토의 추밀원의 장비서관·수상비서관을 맡은 경력을 가진 아리가가 이토에게 보호국 구상의 제언을 했다고 하더라도 이상하지 않기 때문이다.

2) 스티븐스의 헌책

이토 통감의 보호 정치 구상에 영향을 준 또 다른 사람은 외교 실무가인 스티븐스다. 한국의 외부 폐지 후 스티븐스는 잇따라 한국 의정부고문·통감부사무 겸임[283]으로서 이토를 보좌하고 이토도 그를 중용했다.[284]

제2차 '한일 협약' 조인 직후 서울에 체재 중이던 이토는 스티븐스 등에게 한국 경영의 방법에 대해 의견을 구했다. 1905년(메이지 38) 11월 26일에 스티븐스가 제출한 의견서는[285] 일본어 번역으로 23장, 약 7,700

---

282) 山田三郎, 「故有賀博士を追懷す」『外交時報』541호, 2쪽.
283) 『駐韓日本公使館記録』 26권, 국사편찬위원회, 1992, 451~452쪽.
284) 헤이그 밀사 사건이 발생한 때, 스티븐스는 우연히 '미국 서해안 배일 운동 완화의 내명을 띠고 사가(賜暇) 귀국할 예정'이었는데, 이토는 '스티븐스가 우리 쪽에 있을 필요가 있다고 생각해, 얼마동안 머물러 있게 할 것'으로 한(『日本外交文書』 40권 1책, 457~458쪽) 것에 서부터도, 이토가 스티븐스를 중용하고 있었던 것을 엿볼 수 있다.
285) 『駐韓日本公使館記録』 26권, 98~110쪽. 사진복각(寫眞復刻) 때문에 판독이 불가능한 곳에 대해서는, 琴秉洞 의 「乙巳保護條約」についての一史料」(『朝鮮研究』 39호)에 소개되어 있는 조선대학교 도서관 소장의 사본에서 보정했다. 약간 문언(文言)의 차이가 있다. 또한 『駐韓日本公使館記録』 26권, 93~98쪽에는 스티븐스와 동시에 제출되었다고 생각되는

자가 넘는 장문의 것인데 내용을 요약해서 제시하면 다음과 같다.

(1) 제2차 '한일 협약'은 전년 2월 조인한 '한일의정서' 및 같은 해 8월에 조인한 제1차 '한일 협약'에 의해 '이미 성립'한 한국 외교권에의 개입을 '드디어 완성'시키고, '한국의 외교 사무를 전적으로 관리하는 권리'를 확립한 보호 조약으로, '학자의 이론적 강구를 통해서도 굳이 이론의 여지가 없는 것'이다.

(2) 국제법상 보호국 규정은 아직 성문화되어 있지 않고, 보호조약은 '보호자가 가지는 권리 및 의지가 어떠한가에 따라, 광의로도 또한 협의로도 해석할 수 있는' 것이나, '일본의 한국 보호권은 표면상 한국의 외교 사무를 관리하는 것에 그치더라도, 어느 정도 내정 사무로 감독하는 것은 외국 관계를 적당히 처리하기 위해 필수적으로 필요'하다. 게다가 한일 사이에는 기정의 '한일의정서' 및 제1차 '한일 협약'이 있기 때문에 한국에 대해 내정 감독권을 가진다. 또한 보호국은 '표면상, 독립을 호칭함으로써 감정을 융화'하는데, '외국과의 관계상 완전한 독립국이 아닌 것'이 '공통된 특성'이다.

(3) 한국이 여러 외국과 체결한 현행 조약을 일본이 존중하는 것은 국제적 의무다. 또 문호 개방, 기회 균등을 존중하지 않으면 안 된다. 이 점들에 유의하면 '일본 정부는, 현행 조약으로 인해 외국의 간섭을 초래하는 일 같은 것은 없을 것이다.'

(4) 일본이 한국에서 행사해야 하는 '권세 활용 방법'의 '적합한 선례'는 없지만, '영국·이집트 사이의 예가 한일 관계에 가장 가깝다. 그러나 영국이 이집트를 경영한 정책이나 법령을 직접 응용할 수는 없다. 배워야

한국주차군사령관 하세가와 요시미치(長谷川好道)의 「한국 경영 기관의 수뇌에 대해」와 재무고문 메카타 다네타로의 「재무에 관한 경과 및 금후 방침의 대요」가 수록되어 있다.

할 점은 '영국이 특히 크로머 경에 의해 이집트의 국정을 지도 감독시킨 정신 및 방법'이고, '한국에서 일본의 대표자 등이 한일 양국의 이익을 위해 그야말로 모방해야할 바'로, 일본은 영국의 이집트 보호국 경영의 '성공적인 비결을 채용함으로써 자국 일에 도움이 되게 하는 것'이 좋다.

(5) 일본국 내의 일부에는 가능한 한 빨리 한국 정치 '전반의 감독을 전부 일본 손에 넣어야' 한다는 '진취책(進取策)'이 존재한다. 이는 한국의 폐정(弊政)을 접하고 나서 생긴 감정론으로 이해할 수 없는 것도 아니지만, '이와 같은 감정으로 하여금 자기 행동의 동기가 되게 하는 것은 득책이 아닐 뿐만 아니라 전혀 실행할 수 없는' 것이다. 일본은 그와 같은 '진취책'이 아닌 '이타적 방법에 기초한 정책을 채용하지 않으면 결코 성공의 효과를 거두지 못할 것이다.'

(6) 제2차 '한일 협약'에 의한 보호국 관계는 '한일 양국 관계의 지위상 과도적 상태에 지나지 않는다'는 의견이 있다. 외국의 예를 보아도 '보호국이란 필경 불만족스럽고 번잡함이 많은 존재'여서, 많은 보호국은 (A) '자치권을 회복'하느냐, (B) '보호자인 자기 나라에 정치상 완전 합병되느냐'로 '귀결'된다. 여기서 한일 관계의 장래를 따지는 것은 논외의 문제이지만, (A) 자치권의 회복이든, (B) 병합이든 당장 일본이 한반도에서 가지는 '탁월한 권세를 행사'하는 것에는 변화가 없다. 그리고 그 방법이란 '행정, 사법의 엄연한 감시와 감독, 인민에 대해 관용과 인자함을 다하는 것'이다.

(7) 장래 한국이 자치권을 회복한다면 그 '자치권을 가지는 한국에는 반드시 선량한 정부가 있고 선의가 있어야 한다. 그렇지 않으면 시종 일본의 안녕을 위협하는 원인이 될 것이다. 이상의 논지는 한국이 영구히 일본의 속지로 되는 경우에도 역시 적용되어야 할 것이다.

이에 반해 한국에 안도번영(安堵繁榮)의 신민이 있어, 베푸는 데 선정으로 하고, 이 융성 번영이 일본의 인애(仁愛)한 호의에서 비롯된 것임을 마음으로 지각하기에 이르면, 한반도는 일본의 보호국과 속지임을 불문하고, 일본에게 정치상 가장 강고한 성채(城砦)임과 동시에 그 상공업 이익의 정당한 발전에 대해 굉장히 부유한 국토가 될 것이다. 이와 같은 상태에 이른다면, 합병이라는 것이 과연 필요 또한 바람직한 것이라 인정될 것인가, 반드시 위력을 사용하지 않고 기운 발전하여 자연의 결과로서 수행되기에 이를 것이다.

(8) 이와 같은 의견에 대해 사람들은 '진부'하다 할 것이다. 혹은 한국의 현상으로는 실행 불가능이라 평할 것이다. '한국에 개혁이 필요하다는 것, 그 행정을 개량하고 인민의 상태를 개선하는 것이 최우선 사업'임은 누구나 아는 사실이다. 문제는 "무엇을 개혁해야 하는가가 아니고, 어디에서부터 착수해야 다소의 성공을 꾀할 수 있는가"에 있다. 오늘날 한국에서의 일본의 지위는 이미 확립되어 있고, 이집트 경영에 착수할 당시의 영국의 그것과 비교했을 때 훨씬 강고하며 영일 양국의 '권세'를 유효하게 비교할 수는 없지만, '영국이 이집트에서 얻은 실험 가운데 취할 수 있는 교훈'이란 '그 대표자 등이 이집트 국민 대중의 안정과 번영을 증진시키기 위해 고심하고 참담해 함으로써 각종의 좋은 제도를 계획, 책정, 시행한 사실'이다.

(9) 이집트 경영의 예에서 적용할 수 있는 또 하나의 교훈은, '다른 나라 인민의 국사를 지도 감독하는 일에 대단히 신중해야 한다. 이를 실행하는 데 견딜 수 없을 정도의 치밀한 계획 같은 것은 채용하지 않는 것이 최선책'이다. 영국의 이집트 경영은 재정 정리부터 착수했으나, 일본의 한국 경영은 이미 재정뿐만 아니라 세관, 우편 전신 업무, 외교 사무 등이

일본의 감독 하에 있기 때문에, '이미 실시되고 있는 개혁을 공고히 하여 그 활용을 원활하게 하는 것'이 좋다. '급진 강행하는 것은 이롭지 않을 뿐 아니라, 단시일 내에 너무 과다한 일을 수행하려고 욕심을 부리면 오히려 잃는 것이 많을 것이다.'

(10) 한국의 현 상태를 염두에 두었을 때 '갑작스레 근본적 개혁을 실행하는 것처럼 도저히 바람직하지 못한 일에 속'하지만 당장, 통감이 해야 할 일의 하나로, '황제가 현재 모든 벼슬아치에 대한 임명상의 권리를 방기하게 하는' 것이 필요하다. 그러나 황제의 임명권을 부정하는 것은 아니고, '통감의 신임과 원조를 받는' 대신의 '추거'(推擧)에 의해 인사를 행하고 궁정의 인사 특권을 폐지하여 '성실 공평한 사람으로 하여금 현행 법령을 행하도록 장려하는 것'이 '지금 당장 해야 할 일'이다.

(11) 러일전쟁 중, 증가한 일본인 거류민의 '행동은 비난을 면하기 어려운 것이 많고,' 한국인의 '원성을 사는 데는 대개 큰 이유가 있는' 것들이다. 이와 같은 일본인을 단속하기 위해 일본인 집합지에 재판소를 설치하고 경찰관을 증원할 필요가 있다. '한국인의 환심을 사는 것이 일본의 신용에 막대한 도움이 된다는 점을 깨달아야' 한다. 일본이 한국 경영에서 '영구적 성공을 거두고, 한국으로 하여금 그것을 보필하게 하여 결코 번거롭지 않게 하려면, 오로지 일본에 의뢰하는 것이 어렵지 않게 함으로써 방위 능력이 없는 인민의 환심을 얻는 일에 힘써야 한다.'

스티븐스가 으뜸으로 강조하는 것은 제2차 '한일 협약'이 보호 조약으로서 '이미 한 점 의심할 여지가 없고,' '명확한 유례는 아직 찾아 볼 수 없는' 완벽한 조약이라 확언한다. 더욱이 일본 정부는 한국 외교권을 행사하는 권리를 가졌을 뿐만 아니라, '한일의정서,' 제1차 '한일 협약'과 함께 한국 행정의 관리·감독권을 갖게 되었다고 한다. 또한 문호 개방·기회 균등의 외교 원칙을 지키고, 한국이 외국과 맺고 있는 현행 조약이 유지되는 한, 일본의 한국 보호에 대한 국제적 간섭은 없다고 보증함으로써 한국 보호국화에 의한 일본의 법적, 외교적, 정치적 지배의 '합법성'을 주장했다. (앞의 (1), (2), (3)항)

두 번째로 스티븐스는 피지배 측 한국 정부 및 국민이 일본의 지배에 대해 복종하는 것을 당연시하는 합의 형성, 다시 말해 지배의 '정당성'이 결여되어 있다는 사실에 주의를 촉구했다. 제2차 '한일 협약' 체결을 기회로 일본 국내에서 분출한 합병강행론이나 한국의 근본적 개혁론을 비판하면서, 전년부터 추진해 온 대한 시책을 계속하고, 행정·사법에 대해서는 감독을 강화할 것과 더불어, 한국 국민에 대해서는 자애를 보여줄 것을 요구하고 있다. 스티븐스는 크로머 경(Evelyn Baring, 1st Earl of Cromer)[286]의 이집트 경영을 예시하여, 한국에 대한 '이타적' 정책, '관용' 정책을 통해, 한국의 '육성 번영'이 일본의 '호의'에 의한 것임을 알게 하고, 일본에 '의뢰'하는 사람들의 '환심'을 얻을 필요가 있다는 것을 말한다 (위의 (5), (6), (7), (10)항).

스티븐스는 지배의 외적 틀인 법적·제도적 장치에 '합법성'이 있었다 하더라도, 피지배자의 내면적인 합의에 의한 '정당성'을 수반하는 것이 아니라면 지배는 관철되지 않는다는 점을 강조했다. 그러므로 '한국에 안

---

286) 크로머 경(1841~1917)은 1876년 이집트 환채기금의 영국위원으로서 이집트에 부임한 것이 최초. 재정 지도 등에 임무한 후에 인도로 전임했으나, 1883년, 이집트주재총영사·외교사무관으로서 다시 이집트에 부임하고, 외채에 의존한 근대화 정책 때문에 위기에 빠진 재정 재건, 사법·행정 제도 개혁, 관개 시설 개발 등을 행하고, 이집트에서 영국 지도권을 확립했다. 그 공적으로 1892년 남작, 1897년 자작, 1901년 백작에 서품되었는데, 1906년의 딘샤와이 사건(The Dinshaway Incident)을 계기로 일어난 이집트 민족주의 운동 때문에, 1907년 총영사를 사임했다(有賀長雄, 앞의 책, 140~149쪽, 『世界傳記大事典』4, ほるぷ出版, 1980, 101~102쪽 참조).

도번영(安堵繁榮)의 신민이 있어 베푸는 데 선정으로' 통치하게 되는 상태가 실현된다면, 한국을 자치 국가(종속국)로 삼든 병합을 하든, 일본에게 한국은 '강고한 성채,' '부유한 국토'가 될 것이라 말한다(위의 (7)항).

여기에서 스티븐스 의견서와 '아리가·다치 논쟁'을 대비해 보면, 스티븐스의 입장은 아리가설에 가깝다고 할 수 있다. 스티븐스가 보호국으로서의 한국이 '완전한 독립국이 아니다'고 본 점에서는, 아리가의 "한국은 독립국이라 하더라도, 보통의 독립국은 아니다"[287]에 유사하고, 한국의 장래를 병합에서만 구하지 않고, '자치권' 회복의 가능성을 지적하는 점에서도 아리가와 같으며, 또 한일 관계의 모범적 선례를 영국의 이집트 지배에서 보는 점에서도 아리가설에 통하고, 외무성 계통의 '프랑스·튀니지론'과 대립한다.

일본의 식민지 권력의 앞잡이로 활동한 스티븐스는 "한국 고문이라는 이름을 빌려 음으로 양으로 일본을 도우는 데 진력했고, 그의 손에 의해 한국의 독립도 좌절된 것"[288]이라 지목되어, 한국 민중의 증오의 대상이 되었다. 결국 1908년 3월 샌프란시스코에서 한국인 전명운·장인환에게 사살된다. 그런데 위의 의견서만 봤을 때 스티븐스는 일본의 정치가·군인에게 결여되어 있던 지배의 '정당성' 획득을 최우선으로 중시하는 정치 철학을 가진 사람이었다.

명성이 높은 크로머 경을 자신에 비유한[289] 이토의 통감 정치가 스티

---

287) 有賀長雄, 앞의 「保護國論を著したる理由」 2쪽. 또한 아리가는 프랑스의 타히티·캄보디아·안남·마다카스카르 지배를 '일본의 보호 제도를 한국에 세우려는' '전형(典型)'으로 보는 동시에, 영국의 이집트 지배를 "참고의 자료로 삼아야 한다"고 서술하고 있다(有賀, 『保護國論』, 57~58쪽).

288) 『日本外交文書』 41권 1책, 843쪽.

289) 이토는 "당초 이집트에서의 크로마 경을 스승으로 삼아 한국에 부임하여 어디까지나 지도, 보호, 감리의 범위 내에서 통감 정치의 열매를 거둘 방침이었다"(外務省 編, 『小村外交史』, 原書房, 1969, 837쪽).

브스의 진언에 의한 것이라고는 할 수 없지만 이토는 일본의 보호국 지배에 대한 한국 측의 합의, 즉 한국 국민의 의사를 지배할 수 있는 '정당성' 확보의 필요성을 의식하고 있었다. 1907년 후반 이후, 이토가 소리 높여 주장했던 '자치 육성 정책'[290](사법 제도 정비·은행 설립·교육 진흥·식산 흥업(殖産興業)이 주축) 등에서도 그것이 엿보이지만, 통감 부임에 즈음하여 1906년 2월 5일 정우회원이 개최한 송별회 석상에서 다음과 같이 연설했다.[291]

일본 쪽에서는 한국에 대해 고통스런 경력을 쌓지 않으려 하고, 한편 한국에서는, 즉 엄청난 압박으로 느끼는 것이 있을 것이기 때문에, 반드시 (통감부임을 - 역자) 열복(悅服, 기쁜 마음으로 복종)하지는 않을 것이나. 이미 열복하지 않으려고 할지도 모른다. 그들은 자국의 독립을 잃은 까닭에 어떤 나라를 위해서라도 마찬가지라는 감정을 가지고 있을 것이다. 따라서 이번 기회에, 그들을 유혹할 만한 것이 있는지, 그들이 곧 일본의 굴레에서 벗어나려고 한다면, 일본은 그들을 열복시키기 위해 노력해야 한다. 즉, 일본의 보호는 그들의 독립에 위해를 주는 것이 아님을 자각시키고, 일본은 일본의 독립을 보전하기 위해 어쩔 수 없이 그들을 보호하는 데 있고, 결코 해로운 뜻에 있는 것이 아님을 알려줄 필요가 있으므로, 나는 약간의 성의로 이에 대응하는 동시에, 또 한국민이 처한 경우(境遇)의 슬픔에 대해서는 우선 언론뿐 아니라 정치, 재정 등을 막론하고 사실로써 동정을 표명하고자 한다.
이처럼 한국이 우리의 보호국임에도 결코 안심할 수 있는 상황이 아니라면, 제군들도 이에 유의하여 한국 사람들이 마음을 상하지 않도록 하고 진실로 이해를 같이 할 것, 곧 같은 배에 탄 사람이라는 생각을 갖는다면 현재의 시기와 의심(猜疑)도 사라질 것이다.

---

290) 森山茂德, 『近代日韓關係史研究』, 東京大學出版會, 1987, 214~215쪽.
291) 內藤憲輔 編, 『伊藤公演說全集』, 博文館, 1910, 191~194쪽.

일본의 한국 보호가 한국인이 '열복'한 것은 아니라는 것, 즉 지배의 '정당성'을 갖지 못하다는 것을 누구보다도 잘 알고 있는 이토는 한국이 '일본의 굴레에서 벗어나려고 한다는' 점을 두려워하여 한국에 대한 '동정'의 필요성을 호소한 것이다.

이와 같은 이토의 인식에 바탕을 둔 통감 정치는 '점진설'이라 불리어 정부 수뇌(가쓰라 수상·고무라 외상·데라우치 육상·야마가타 아리토모 등)의 '급진설' 사이에서 대한 정책을 둘러싸고 여러 가지 차질을 초래하게 된다.

3장

제2차 한일 협약

1. 대한 보호권 설정 계획

1) 러일전쟁 종결과 한국 문제

보호 조약인 제2차 '한일 협약'(1905년 11월 17일 조인) 체결은 러일 '강화 조약'(1905년 9월 5일 조인)을 비롯하여, 영일 '제2차 동맹 협정'(1905년 8월 12일 조인), 가쓰라 - 태프트(Taft) 협정(1905년 7월 29일 성립)에 의한 러시아·영국·미국의, 일본의 한국 보호국화 승인을 전제로 이루어졌다.

1905년(메이지 38) 4월 8일의 각의는 "한국에 대한 보호권을 확립하고, 이 나라의 대외 관계를 모두 우리의 손아귀에 넣지 않으면 안 된다"는 방침을 정하고 10일 천황의 재가를 얻었다.[1] 여기서 일본 정부가 한국 정부와 체결해야 할 보호 조약이란 다음과 같은 내용이다.

1. 한국의 대외 관계는 전부 제국이 담당하고, 재외 한국 신민은 제국의 보호에 맡길 것.
2. 한국은 직접 외국과 조약을 체결할 수 없을 것.
3. 한국과 외국과의 조약의 실행은 제국이 그 책임을 맡을 것.
4. 제국은 한국에 주차관(駐箚官)을 두고 해당국의 시정 감독 및 제국 신민 보호에 임하도록 할 것.

'한일의정서' 체결 이래 이미 "그 나라(한국)의 외교를 우리 감독 아래에 두고, 조약 체결권을 제한할 수 있게 되어" 있지만, "이번 기회에 한 걸음 더 나아가 한국에 대한 보호권을 확립"하려는 것이다. 다치 사쿠타로의 이른바 '갑종 진정보호권(眞正保護勸)'에서 '을종 진정보호권'으로 방

---

1) 『日本外交文書』 38권 1책, 519~520쪽.

침을 변환한 것이라고도 할 수 있다. 그러나 일본이 한국 외교권 행사를 전면적으로 장악하기 위해서는 한국과 맺고 있는 조약에 근거하여 외교 사절을 파견하고 있는 여러 나라가 이를 승인하고, 공사관 등을 철수해야 한다. 그 때문에 "이것의 실행에 관해서는 여러 나라의 태도 여하를 주의 깊게 살펴보고, 가능한 한 외국과의 문제를 초래하지 않을 수단을 강구한 다음, 적당한 시기에 단행하는 것이 상책이라 생각한다"면서 영국·미국에 대해 사전 승인 공작을 추진하게 된다.

1905년 6월 미국 대통령 루즈벨트의 알선으로 워싱턴에서 '러일 강화 담판(談判)'을 개최하기로 하고 전권위원의 인선 작업도 마무리를 지은 30일에 각의는 전권위원에 대한 훈령안을 결정했다.[2] 그 중 일본이 요구 해야 할 '절대적 필요조건'은 다음과 같다.

1. 한국을 완전히 우리의 자유 처분에 맡길 것을 러시아가 승낙한다는 약속을 받 아낼 것.
2. 일정한 기한 내에 러시아 군대를 만주에서 철수시킬 것. 그와 동시에 우리 쪽도 만주로부터 철수할 것.
3. 랴오둥반도 조차권 및 하얼빈·뤼순항 간 철도를 우리 쪽에 양여하도록 할 것.

또한 "위 사항은 전쟁의 목적을 달성하고, 제국의 지위를 영구 보장하기 위해 긴요한 것이므로 귀관은 어디까지나 이를 관철하도록 해야 한다"라 명하고 있다. 위의 내용 가운데 제2항의 만주 문제는 전후 러시아·일본·청 사이의 새로운 문제가 되지만, 제1항·제3항은 강화 조약의 합의를 기초로 실현된다. 이 훈령안은 7월 5일에 재가되어 3일 전권위원에 임명된 고무라 주타로 외무대신과 주미공사 다카히라 고고로(高平小五郞)에

2) 『日本外交文書』 37·38권, 별책 日露戰爭 Ⅴ, 106~107쪽.

게 교부(6일)되었다.[3]

'절대적 필요조건'의 필두로 내걸었던 일본에 의한 한국의 '자유 처분'에 대해 강화 교섭 개시 당일인 8월 10일, 일본 전권위원이 문시로 러시아 전권위원에게 건넨 '강화 조건'에는 다음과 같이 명시되어 있다.[4]

첫째, 러시아는 일본이 한국에서 정치상, 군사상 및 경제상 탁월한 이익을 보유하는 것을 승인하고, 일본이 한국에서 필요하다고 인정되는 지도, 보호 및 감독의 조치를 취하는 데 이를 저해하거나 또는 간섭하지 않을 것을 약속할 것.

후술하겠지만, 이 문구는 영일 제2차 '동맹 협약' 제3조의 취지와 거의 같다. 일본 정부의 진의는 한국과 보호 조약을 체결하는 것을 러시아가 사전에 승인하도록 하는 데 있었다.

이에 대해 러시아 전권위원은, 일본안을 일단 승인하면서, 대안으로 다음의 사항을 추가하여[5] 12일의 교섭에 임했다.

첫째, …… 단 러시아국 및 러시아국 신민은 다른 여러 외국 및 그 나라의 국민에 현재 속하고, 또는 장래에 속하게 될 일체의 권리를 향유해야 함은 물론이다. 또, 앞서 말한 일본국 조치의 실행을 위해 한국 황제의 주권을 침해해서는 안 된다는 것을 알아야 한다. 특히, 군사상의 조치에 관해서는 일체 오해의 원인을 피하기 위해, 일본국은 한국에 인접한 러시아국 영토의 안전을 침범할 만한 조치를 취하지 말아야 한다.

즉, ① 러시아의 최혜국(민) 대우의 보장, ② 일본의 한국 주권 불가침, ③ 한국 인접의 러시아령의 안전 보장 사항이 추가된 것이다. 이를 받은

---

3) 外務省編, 『小村外交史』, 原書房, 1966, 491쪽; 『明治天皇紀』第11, 吉川弘文館, 1975, 198쪽.
4) 『日本外交文書』 37·38권, 별책 日露戰爭 V, 277쪽.
5) 앞의 책, 404~405쪽.

일본 측 대안은 ①을 인정하고, ③에 대해서는 한러 국경에서의 한국, 러시아 양국의 영토 안전을 보장하는 상호 관계라 수정했지만, ②는 삭제했다. 러시아 전권위원 비테는 ③의 일본안을 '공평'하다고 평가하여 동의했으나, ②의 "한국 황제의 주권을 침해하지 않는다는 조건을 제외한 것"은 "러일 양국의 약속으로 하나의 독립국을 망하게 하는 것 같은 느낌을 주는 것은 좋지 않다"고 하여, 조약상에 명기할 것을 강력히 주장했다.[6] 비테의 발언은 정론이지만, 한국에 대해 보호 조약의 강요를 기도하고 있던 고무라는 받아들일 수 없었다. 고무라와 비테, 로만 로젠(Roman R. von Rozen, 전권위원, 주미러시아공사) 간의 논의 끝에, "조약에 올리는 것은 절대로 동의할 수 없다"고 한 고무라도 비테가 제안한 회의록에의 기재를 인정하여 타협했다. 회의록에는 다음과 같이 기재되었다.[7]

　　일본국 전권위원은, 일본국이 장래 한국에서 취할 필요가 있는 조치로서, 한국의 주권을 침해할 경우에는 한국 정부와 합의한 다음, 그것을 취할 것임을 여기에 성명한다.

　　이러한 경과를 거쳐 러일 '강화 조약' 제2조는 문구 수정의 위에 다음의 확정안이 정리되었다.[8]

　제2조
　러시아제국 정부는, 일본국이 한국에서 정치상, 군사상 및 경제상의 탁월한 이익을 보유할 것을 승인하고, 일본제국 정부가 한국에서 필요하다고 인정되는 지도, 보호 및 감리의 조치를 취하는 데 있어서, 이를 저해하거나 또는 이것에 간섭하지 않을 것임을 약속한다.

6) 앞의 책, 409쪽.
7) 앞의 책, 411~413쪽.
8) 앞의 책, 535쪽.

한국에서 러시아국 신민은 다른 외국의 신민 또는 인민과 완전히 같은 대우를 받아야 한다. 이를 환언하면, 최혜국의 신민 또는 인민과 동일한 지위에 두어야함을 알이야 한다.

양 체약국은, 일체 오해의 원인을 피하기 위해 한러 국경에서, 한국 또는 러시아국 영토의 안전을 침해할만한 어떠한 군사상 조치도 취하지 않을 것임을 동의한다.

일본이 한국에 대해 "지도, 보호 및 감리의 조치"를 취하는 것을 러시아가 승인했다고는 하나 국가의 최고 주권인 외교권에 관련된 보호 조약 체결에 대해, '한국 정부와 합의'를 전제로 할 것을 회의록에 기재하라고 '성명'한 사실은 일본 정부에게 장래 불안 재료를 남긴 것이 된다.

실제, 제2차 '한일 협약' 조인 후인 1906년 2월 러시아 정부는 주한 러시아 총영사에 임명된 게오르그 프랑슨(George de Plançon)의 영사 위임장(commission) 수신인을 한국 황제로 할 것을 일본 정부에 조회해 왔다. 이에 대해 보호권 설정 후의 인가장(exequatur) 부여권은 "완전히 제국 정부에 속하는 것"9)이라는 방침을 세운 일본 정부는 영사 위임장을 "우리 천황 폐하 앞으로 하는 것이 절대적으로 필요하다"10)라며 수신인의 변경을 요구했다.

이토 통감은 한국 황제를 수신인으로 한 위임장 발급은 "러시아가 확실히 제국의 한국에 대한 지위를 변환하려고 꾀하는 것"11)을 의미한다고 보고 중요시 했는데, "이 문제 해결에 이르기까지는, 비록 한국에 부임하는 러시아 영사가 있다 해도, 본관은 이를 공인하지 않을 결심이다"12)라고 강경한 태도를 취했다. 이는 '통감 직무 요람(統監職務心得)'13) 제18조

---

9) 『日本外交文書』 39권 2책, 88~89쪽.
10) 앞의 책, 108쪽.
11) 앞의 책, 93쪽.
12) 『駐韓日本公使館記錄』 26권, 국사편찬위원회, 1992, 325~326쪽.

의 "제국 정부가 한국 주재 외국 영사에 인가장을 줄 때에는 미리 통감의 의견을 구하는 것으로 한다"에서 비롯된다. 이토나 일본 정부가 경계심을 강화한 것은 러시아 정부가 다음의 공문[14]을 영국·독일 정부에 송부한 사실이 판명되었기 때문이다.

재런던 러시아 대사관은 영국 정부에 공문을 보내 재한 각국 영사에 대한 인가장을 다음 이유를 들어 한국 황제가 발급해야 한다는 뜻을 논했다.

1. 러시아와 한국과의 약속에 따르면 한국은 아직 독립국의 지위를 잃지 않았다. 한국의 독립은 1898년의 러일 협약 및 1904년의 의정서로 승인되었다. '포츠머스' 조약 제2조는 러시아가 한국의 독립을 잃는 것을 승인한다는 뜻으로 해석해서는 안 된다.

2. 일본국 정부는 한국에서 일본국의 특수한 지위에 대해 각 관계국의 승인을 얻기 위해, 어떠한 조치도 취한 적이 없다.

러시아 정부는 한국이 여전히 독립국이고, 러일 '화친 조약' 제2조는 일본의 대한 보호권 설정을 러시아 측이 승인한 것은 아니라는 견해다. 이토는 러시아 정부의 주장을 "구 조약(한러 조약) 유효주의를 유지하고, 이로써 포츠머스 조약의 정신을 몰각하여, 더 나아가 한러 간에 체결한 공사 이익상의 계약을 부활시킴으로써 한국에서 제국의 지위를 위태롭게 하려는 의심이 없지 않다"[15]라고 보았다.

확실히, '한러 육로 통상 장정'(1888년 8월 20일 조인)을 비롯해, 한국이 러시아에 공여한 이권 약정은 러일전쟁 중 한국이 일방적으로 폐기를

---

13) 「帝國二 韓國=於テ統監府竝二 理事廳設置一件」(外務省外交史料館 소장 『外務省記錄』 1.1.2.40, 『일본의 한국침략사료총서』 3, 한국출판문화원, 1988, 688~695쪽.

14) 『駐韓日本公使館記錄』 26권, 265쪽. 『日本外交文書』 39책 2책, 90~91쪽.

15) 『駐韓日本公使館記錄』 26권, 300~301쪽.

선언했지만, 러시아가 동의한 것은 아니다(이 책 2장 '한일의정서'와 제1 차 '한일 협약' 중 2. '한일의정서'의 전개 – 제1차 '한일 협약' 참조). 러일 강화 교섭에서 일본은 러시아가 "한러 조약을 폐기한 한국 정부의 선언은 무효라고 하고, 그 조약 및 압록강 삼림 벌채 계약 등을 여전히 유효하다 고 주장할 것으로 예상"[16]하고 있었다. 그러나 러시아는 구 조약 문제는 언급하지 않았는데, 일본도 구 조약 무효의 확인을 요구한 것은 아니다. 이토는 러시아의 한러 통상 조약의 유효성과 함께 한국 외교권의 존속, 이권 약정의 계속 등에 대한 확인 요구의 일환으로 영사 위임장 문제를 파악했던 것이다.

위임장 문제의 분규를 피하길 원했던 러일 양국 정부는 '영사 신임장 에는 일반적으로 군주의 이름과 주소를 기입하지 않는'[17] 예에 따라 프랑 슨의 위임장에도 수신인을 기입하지 않는 것으로 합의했다.[18] 그러나 러 시아의 음모에 대한 의심을 완전히 불식할 수 없던 일본 정부는 인가장 청구 공문에 "일본 정부가 한국에서 적법한 보호권을 갖고 있다는 승인을 명기"할 것을 요구했다.[19] 이에 대해 "러시아 정부는 일본이 한국의 대외 관계를 완전히 감리할 권리를 갖고 있음을 승인한다"[20]고 청구 공문에 기록했을 뿐, 일본이 고집했던 "명확하게 보호권을 인정한다는 문구 삽 입"[21]을 피해 애매함을 남겨 두었다.

16) 『駐韓日本公使館記錄』 25권, 국사편찬위원회, 1992, 155쪽.
17) 『駐韓日本公使館記錄』 26권, 292쪽.
18) 보호국에 주재하는 제3국의 영사에 대해 인가장을 주는 것은 보호국인가 보호를 해주는 나라인가에 관한 다치 사쿠타로의 조사(『外務省記錄』 1·4·3·12, 「保護國ニ關スル調査 一件」 수록, 外務省外交史料館 소장)는 학설상, 실례상 양쪽이 있다고 보았다. 그 후 다치는 한국에 관해서 "1889년의 마다가스카르(Madagascar)의 사례 이후, 이런 종류의 보호국에 대해서 는 보호를 해주는 국가가 영사의 인가장을 주어야 한다는 사상이 강하게 된 것은 의심할 바 없는 것 같다"고 하고 있다.
19) 『日本外交文書』 39권 2책, 125~126, 130~131쪽.
20) 앞의 책, 132~134쪽.

프랑슨은 일본 정부가 가승인한 상태에서 8월 11일 주한 총영사로 부임하는데,[22] 정식 위임장을 수령한 일본 측이 천황의 인가장을 그에게 교부한 것은 11월 21일이다.[23]

일본의 대한 보호권 승인 문제는 일단 결말이 난 것처럼 보였지만, 아직도 이토는 "유감스런 일이지만 한국 문제에 이르러서는 포츠머스 조약에서 러일 양국 간에 아직도 이의가 끼어들 여지를 남기고," "한국과 각국과의 조약은 존재할 뿐만 아니라, 우리에 대해 공사관을 재설(再設)하지 않겠다고 보증, 계약하는 나라가 없"고[24] "러시아와 한국 사이에 체결한 각종 협약 및 계약의 폐기에 이의가 끼어들 수 있게 되"고, "재작년[1905년] 11월의 한일 협약에 대해 언제든지 러시아는 이의를 주장할 수 있는 시위에 있다"[25]고 보고 있었다. 그런 까닭에 이토는 1907년의 러일 협상의 최대 과제를, 러시아에 일본의 한국 보호국 지배를 확인시키는 일이다고 주장한 것이다.

한편, 러일 '강화 조약' 조인을 약 3주 앞둔 8월 12일, 영일 '제2차 동맹협약'이 조인되었다. 1902년 1월 30일 조인된 영일 '제1차 동맹 협약'[26]은 그 제6조에 "본 협약은 조인일로부터 즉시 실현되고, 그 기일로부터 5년간 효력을 갖는 것으로 한다"고 규정한 시한 협정이었다. 따라서 1907년 1월까지는 유효했고, "폐지할 의사"가 있는 경우는 종료 12개월 전, 즉 1906년 1월에 통고한다고 되어 있었는데 그보다 약 1년이나 빠른 1905년 2월 12일의 영일협약 3주년 기념식에서 고무라 외무대신의 연설[27]을 계

---

21) 앞의 책, 142~146쪽.
22) 앞의 책, 149쪽.
23) 앞의 책, 154쪽.
24) 『日本外交文書』 40권 1책, 153~154쪽.
25) 앞의 책, 155쪽.
26) 『日本外交文書』 35권, 19~20쪽.

기로 개정·재체결 문제가 부상하였다. 영일 양국이 품고 있는 각각의 사정이 그것을 필요로 했기 때문이다.

영국과의 예비적 절충을 시작하기에 앞서 방침을 결정한 1905년 4월 8일의 각의[28]는 영일 '제1차 동맹 협약'의 "근본적 주의인 협약의 성질 및 범위에 관해서는 변경이 필요 없을 뿐 아니라, 이것을 변경하지 않는 것이 옳다"고 하면서도, "동맹 체결 이래 생긴 국면 변화에 따라 적당한 변경을 가할 것"을 희망했다. 한국의 독립과 영토 보전의 유지를 명기했던 제1차 협약의 규정이 일본의 행동을 자승자박하는 것을 우려한 것이다. 그 때문에 '적당한 변경' 사항으로 다음의 두 가지를 들었다.

첫째, 기한은 전후 제국의 지위를 가능한 한 안전하고 튼튼하게 다진다는 견지에서 일정하게 해둘 필요가 있다. 그러나 그 장단에 대해서는 위의 목적과 아울러, 향후의 형세 변화를 예상하고, 그 핵심을 취하여 적절하게 정해야 한다.
둘째, 이번 전쟁의 결과로 한국의 지위가 일변할 것이므로 본 협약도 또한 이에 따라 필요한 변경을 가해야 한다. 즉, 우리나라는 한국에 대해 보호권의 확립을 세우고 있기 때문에 이를 실행하기 위해서라도, 협약에 저촉되지 않도록 수정을 가하고, 그 실행에 대해서 영국 정부의 찬조를 얻도록 미리 그에 상당한 조치를 해 둘 필요가 있다.

제1항에서 말하는 협약 기한에 대해서는 국제 정세의 유동성을 고려하여 특별히 정하지 않았으나 4월 16일, 고무라가 주영 공사 하야시 다다스 앞으로 보낸 2통의 훈령[29]에는 영국에 7년으로 제안하도록 명령했다. 나중의 5월 24일의 각의 결정에서 10년으로 수정된다.[30]

27) 『日本外交文書』 38권 1책, 1~3쪽.
28) 앞의 책, 7~8쪽.
29) 앞의 책, 8~11쪽.

일본 측에 긴급했던 것은 일본이 한국에 보호권을 설정하기 위해 사전에 영국 정부의 양해를 구하는 제2항이었다.

4월 16일 하야시 공사 앞으로 온 앞의 훈령에서, 고무라는 "제국의 가공할 최대 위험은, 실로 한국의 대외 관계에 숨어 있다 …… 따라서 제국 정부가 완전하고도 독점적으로 한국의 대외 관계 및 외교 사무의 지도 감독을 장악하는 것은, 자위상 부득이한 조치로 이를 위해서 제국 정부는 한국의 대외 관계를 제국이 인수하고, 동시에 스스로 한국과 여러 나라 간의 현존하는 조약의 실행을 다 할 의사가 있다"고 말했다. 또 한국을 일본의 완전한 보호국으로 삼을 계획을 제시하고, 이를 위해 일본의 "행동에 관한 영일 간의 합의는 반드시 이것을 서면에 명기할 필요가 없다 하더라도, 제국 정부는 위의 행동에 대해 영국 정부의 찬조를 확보해 둘 것을 바라는 것이다"라고 지시했다.[31]

영국 정부의 협약 개정 의향은 식민지 인도를 러시아의 위협으로부터 방위하는 것에 바탕을 두고 있었다. 5월 17일 하야시 공사와 회담한 랜스다운 외무대신은, "영일 동맹을 지금보다는 한층 유력한 것으로 만들기를 희망한다"고 하면서, 적용 지역을 인도의 동쪽으로 확장함과 동시에, 영일 어느 쪽이 러시아의 공세를 받은 경우, 영국(해군)은 일본을 일본(육군)은 영국을 원조하는 군사 동맹을 맺고, 러시아를 견제하는 태세를 갖추고 싶다고 제의한 것이 전해졌다.[32]

이를 받아 24일에 열린 각의는 "협약의 적용 범위를 확장할 뿐만 아니

---

30) 앞의 책, 17쪽.
31) 고무라의 훈령에 대해, 한국 보호국화 계획의 누설을 두려워 한 하야시 다다스는 "한국에 관한 내 의사를 영국 정부에 통지하는 것은 당분간 연기하는 것이 상책일 것"이라 품신했다(앞의 책, 11~12쪽).
32) 앞의 책, 12~13쪽.

라 그 성질까지도 바꾸고, 방위 동맹을 고쳐서 공수 동맹으로 할 것을 희망"하는 영국의 제안을, 일본 정부도 "지금의 협약보다 진전시켜 공수 동맹으로 이행하는 것이 상책"이라 판단했다.[33] 요컨대, 일본의 한국 보호국화에 대한 승인과 맞바꾸어, 인도 동쪽의 극동에서의 영국의 군사적 행동에 대해, 일본이 지원을 하는 동맹 관계를 맺는다는 것이다. 하야시의 말을 빌면 "한국에 관한 조항과 인도에 관한 조항이 이 협약의 골자"[34]였다.

각의 결정은 '협약의 대강' 6항목과 '비밀 약관' 3항목을 열거했다. 그중 한국과 관계된 항만을 제시하면, 제2에 "영국은 일본이 한국에서 갖는 정치상, 군사상 및 경제상의 특수 이익을 옹호하기 위해, 마땅히 필요하다고 인정되는 조치를 취할 수 있음을 승인할 것"이라 한 것 외에, '비밀 약관' 3에 "일본이 한국에 대해 다른 나라의 침략적 행동을 예방하고, 아울러 한국의 국제 관계에서 분규가 발생하는 것을 막기 위해, 한국에 대해 보호권을 확립할 때는, 영국은 이를 승인할 것"이라 했다. 비밀 협정으로서 일본의 한국에 대한 보호권 설정을 영국이 승인한다는 명기를 요구한 것이다.

다음 25일 고무라는 이 각의 결정을 하야시 공사에 전달함과 동시에 영국과의 교섭 위임을 훈령[35]하였고 하야시는 26일 랜스다운 외무대신에게 일본 측 협약안으로 제시했다.[36]

6월 10일 랜스다운은 영국 정부가 기초한 협약안을 제시하고,[37] 이후 그것을 바탕으로 교섭이 이루어졌다. 그 경위에 대해서는 『일본 외교 문

33) 앞의 책, 15~17쪽.
34) 앞의 책, 79쪽.
35) 앞의 책, 18~19쪽.
36) 앞의 책, 19~20쪽.
37) 앞의 책, 25~26쪽.

서』38권 1책에 실린 하야시 다다스의 "영일 동맹 신 협약 체결시말"[38] (10월 2일, 가쓰라 외무대신 앞 제출)이 있으며, 그 외 몇몇 연구[39]가 발표되어 있으므로 생략한다. 이러한 자료들은 영국과 일본 간에 기본적인 의견 대립이 없었음을 보여준다.

8월 8일 하야시 다다스와 랜스다운 사이에 신 협약안이 타결되었다.[40] 12일에는 두 사람이 조인한 영일 '제2차 동맹 협약' 가운데 한국 조항은 제3조로서 다음과 같이 기록되었다.[41]

일본국은 한국에서 정치상·군사상 및 경제상의 탁월한 이익을 갖기 때문에 대영제국은, 일본국이 그 이익을 옹호 증진하는 데 정당하고도 필요하다고 인정되는 지도, 감리 및 보호 조치를 한국에서 취할 권리를 승인한다. 단 그 조지는 언제나 여러 나라의 상공업에 대한 기회균등주의에 반하지 않을 것을 요한다.

앞서 말한 바와 같이, 당초의 일본안은 '비밀 약관'으로서 "보호권을 확립한다……"였지만, 6월 6일에 열린 회담에서 랜스다운의 "한국에 관한 규정도 공공연하게 조약의 본문 중에 기재하여 하등의 해를 보지 않도록 해야 한다"는 의견[42]을 일본도 받아들여[43] 한국에 대한 '지도(guidance), 감리(control) 및 보호(protection) 조치'라는 애매한 문구로 대치되었다. '지도·감리·보호'는 외무성 법률 고문 헨리 데니슨의 용어라 한다.[44] 하지만 1월 25일 다카히라 주미공사가 미국 대통령에게 제의했

---

38) 앞의 책, 74~84쪽.
39) 예를 들면, 外務省 編, 『小村外交史』 620쪽 이하; 寺本康俊, 『日露戰爭以後の日本外交 ―パワーポリチイクスの中の滿韓問題』, 信山社, 1999, 제1장 제4절, 92쪽 이하 등.
40) 『日本外交文書』 38권 1책, 59쪽 주.
41) 앞의 책, 59~63쪽.
42) 앞의 책, 22~24쪽.
43) 앞의 책, 29~30쪽.
44) 朝日新聞社 편, 『日本外交秘錄』, 朝日新聞社, 1934, 122쪽. 당시 외무성에서 조약안 기

던 러일 전후의 '한국 문제' 가운데 이미 "한국을 완전히 일본의 세력권 내에 두고 한국 국운의 보호, 감독과 더불어 지도를 완전하게 제국의 손아귀에 넣는 것이 필요하다고 믿는나"45)고 했는데, 이는 어순은 다르지만 첫 사용의 예일 수도 있다. '지도·감리(독)·보호'가 보호권 설정을 의미하는 것은 말할 것도 없다.

하야시 다다스 공사에 대한 기명 조인의 권한 위임은 조인 전 날인 8월 11일 재가를 거쳐 훈령으로 전해졌다.46) 영일 '제1차 동맹 협약'과 동일하게 제II종 형식을 취한47) 영일 '제2차 동맹 협약'의 공표는, 러일 '강화 조약' 조인 후인 9월 27일자 「관보」 호외 휘보란 관청 사항에서다.

하야시 곤스케 공사가 한국 정부에 영일 신 협약을 공식으로 통지한 것은 10월 5일이지만48) 이미 정보를 얻고 있던 한국은 "제국 정부가 조만간 어떤 조치를 취할 것이라 추측하고, 담화를 시도하는 자가 적지 않다"49)는 상황에 처해 있었다. 협약 내용 발표 후의 떠들썩한 세상은 다음과 같이 보고되었다.

"정계의 현 상태를 불평하는 무리의 논제가 되고, 독립국의 이름은 마침내 인도와 동일한 지위로 떨어졌다고 비관한다. 이 이야기는 이른바 잡배들에 의해 궁중에

초를 작성했던 시데하라 기주로(幣原喜重郎)의 회고록 "ワシントン會議の裏面觀その他," (外務大臣官房文書課, 1950년, 시데하라의 집필은 1939년 2월 廣瀬順晧 編輯『近代外交回顧錄』 4권, ゆまに書房, 2000년 수록, 29~32쪽)에 따르면, 데니슨은 지도 → 보호 → 감리를 병합에의 단계를 보여 주는 지배 개념이라 생각하고, 영일 '제2차 동맹 협약' 제3조의 '지도, 감리 및 보호'의 어순은 "이 협약의 정본 정서 때, 과실로 문자의 순서 전도되고 오기한 채로 조인을 끝낸" 것이라 말한다.
45) 外務省編, 『日本外交年表竝主要文書』 上, 原書房, 1965, 232~233쪽.
46) 『日本外交文書』 38권 1책, 58~59쪽.
47) 추밀원에의 자문은 이루어지지 않고, 9월 26일 어전회의 후 추밀원에서 칙어 낭독, 가쓰라 수상의 설명이 있었다(앞의 책, 71~72쪽).
48) 『駐韓日本公使館記錄』 24권, 국사편찬위원회, 1992, 186~189쪽.
49) 『日本外交文書』 38권 1책, 522쪽.

유포되어 한국 황제까지도 통탄하며 비관하게 만들고, 각종 음모가 궁중에서 한국 황제를 중심으로 종횡 논의되는 형편이다"50)

"궁중과 부중(府中)은 물론 일반 인민 중에서도 비관적 관념을 품은 자가 점점 많아지고, 수일 내에 일본이 한국의 지위에 대해 단안을 내릴 것을 예상하여, 그전에 어떤 방어 수단을 강구하기 위해, 개교보생회(開敎保生會), 청년회(靑年會) 등의 단체 및 '코리아 데일리 뉴스' 등으로 하여금 왕성하게 배일주의를 고취할 뿐만 아니라, 특히 주목해야 할 것은 중추원 의관 등을 교사하여, 대외 조약을 맺는 데는 중추원이 관제상 당연히 참여해야 한다는 건의를 시도하게 하고, 하층 인민을 선동하여 이른바 의병인 자들을 각 지역에서 봉기하게 하려는 속셈이며, 은밀하게 궁중 및 일본 반대 측에 획책하고 있는 상황이다."51)

영일 신 협약 다음에 맞게 될 자국의 보호국화를 예지한 것이다. 10일 박제순 외무내신은 영일협약에 대해 "제3자인 한국과는 관련이 없다"고 하기와라 슈이치 대리공사에게 '회답'했다고 한다.52) 이 보고의 요약에는 한국은 영일협약에 구속되지 않는다는 의미밖에 없지만, 선행 조약을 무시하고 일본이 영국과 체결한 협약을 비난하는 의미를 내포하고 있었던 것으로 보인다. 비슷한 시점에 박제순 외무대신이 '황제의 비밀 지령에 의거하여'53) 초안을 잡아 주한영국공사 존 조단(John N. Jordan)에게 보낸 항의의 조회문(照会文)54)이 있기 때문이다.

50) 『駐韓日本公使館記録』 24권, 300~301쪽.
51) 『日本外交文書』 38권 1책, 523~524쪽.
52) 『日本外交文書』 38권 1책, 523~524쪽.
53) 『駐韓日本公使館記録』 24권, 302~303쪽.
54) 박은식, 『한국통사』, 三乎閣, 1946, 67쪽, 데라우치 이타로 역. "살펴보건대 한영 조약의 원문, 일후 만약 별국과 갈리는 바가 있으면, 마땅히 곧 법을 세워서 잘 조치해야 하고, 상호 최혜국 대우의 예 등을 이야기하고, 체결 이후 피차 사신의 왕래, 날마다 점점 친목을 더하여 맹약을 존중하여 지키고, 싫증나거나 달라진 것이 없었다. 지금 귀국 일본과 협약을 정립하여, 그 중 한영의 조약과 맞지 않는 바가 많다. 이것은 곧 우리나라의 뜻에 미치지 못하는 바이다. 지금 세계 각국은 균세로서 주를 삼는다. 땅이 작은 나라라 하더라도, 제대국의 사이에 끼어, 모두 자주로써 동등한 권리를 향유하고 있다. 어찌 혼자 우리나라만이 그렇지 않단

박제순 외무대신으로부터 "영국 정부가 일본과의 사이에 정립한 동맹 조약 가운데 한국의 지위에 관해 규정한 바는 종전의 약지(約旨)에 위반하는 부당한 조약"이라는 항의와 함께 신 협약의 철회를 요구받은 조단 공사는 17일에 하기와라 대리 공사와 만나는데, 하기와라의 "어떠한 조치도 취하지 말고 '무시(ignore)'할 작정"이라는 의견에 동조했다.[55] 하기와라는 앞의 박제순의 '회답'에 대해서도 "본관은 어떠한 설명도 해주지 않는 한편, 오히려 적절한 일이라 하여 그대로 방임해 두"었다.[56]

영일 양국에 대한 한국의 항의는 이미 체결된 조약의 취지에 반하는 영일 '제2차 동맹 협약'의 부당성에 맞추어져 있었다. 그것은 "한제국의 독립을 승인"한 영일 '제1차 동맹 협약'에 반하여 한국 보호국화를 추진하는 일본과 그것을 지지한 영국에 대한 비난일 것이다. 특히, 일본에 대해서는 그 전 해에 체결한 '한일의정서' 제3조의 '대일본제국 정부는 대한제국의 독립 및 영토 보전을 확실하게 보증할 것"을 비롯해, 일이 있을 때마다 일본 정부가 표명해 온 한국의 독립보장에 역행하는 정책 전환의 책임을 추궁한 것이다. 그뿐만 아니라 '한일의정서' 제5조에 "양국 정부는, 상호의 승인을 거치지 아니하여 나중에 본 협약의 취지에 위반되는 협약을 제3국과의 사이에 체결하지 않을 것"이라 명기되어 있음에도 불구하고, 영일협약 체결 과정에서 '상호의 승인'은커녕 한국 정부에의 통고조차 하

말인가. 우리나라는 일찍이 한 번도 귀국에 죄를 지은 적이 없고, 더구나 또 귀국은 신의를 가지고 있다고 천하에 알려져 있다. 어째서 그 맹약을 중요시하지 않는 데 이르렀단 말인가. 만일 별국이 귀국에 간섭하는 일이 있고, 제3국과 공공연히 인허한다면, 곧 귀국은 그것을 능히 용인하겠는가. 이것은 우리나라가 귀국에 바라는 바가 아니다. 감히 귀 공사에게 한 번 이것을 묻지 않을 수 없다. 만일 능히 귀국 정부에 대신 통달하고, 이 조약을 회수하고, 유지하는 이유를 도모하면, 곧 혼자 우리나라의 행운만이 아니고, 실로 또 대국의 행운이다. 귀 공사 이것을 도모하라."
55) 『日本外交文書』 38권 1책, 524쪽.
56) 앞의 책, 523~524쪽.

지 않고 조인했다는 위반 사실도 있었던 것이다.

파리대학 법학부 강의 담당자 프란시스 레이[57](국제법)는 제2차 '한
일 협약' 체결 후인 1906년, 「한국의 국제 상황」을 발표했다.[58] 그는 이
논문에서 "1894년 이래 적어도 4차례, 일본이 대한제국의 독립을 대외 정
책의 기초로서 중국 연해의 세력 균형에서 불가결하다고 판단한 국제적
합의가 있었"음을 지적한다. 네 차례의 국제적 합의는, '대일본·대조선
양국 맹약'(1894)·'청일 강화 조약'(1895)·니시 - 로젠 협정(1898)·영일
'제1차 동맹 협약'(1902)이고, "일본은 대한제국의 독립을 1904년 2월 23
일 의정서에서 보증했"음을 확인한다. 그리고 "이 약정과 1905년 조약에
의한 대한제국의 보호권 확립과는 어떻게 양립할 수 있는 것일까? 보호권
은 독립과 서로 맞지 않다. 그것은 피보호국에게 외적 주권, 정확하게 말
하면 독립의 방기를 가져오기 때문이다. 거기에는 절대적인 모순이 있
다"며 한국의 독립을 보장한 선행 조약과 보호 조약인 제2차 '한일 협약'과
의 모순을 지적했다. "대한제국의 독립의 보장을 약속한 이상, 일본은 이
에 구속된다. 또 실제로는 완전히 일본에 종속되어 있는 대한제국과, 그

---

57) 프란시스 레이의 생애는 자세히 알 수 없지만, 1921년의 『國際法學院年報』 28호를 참조
해 주요 경력과 업적을 보면 다음과 같다. 1870년 1월 9일 파리에서 태어나 1899년 「레판토
와 바바리에서의 계급 간의 외교적·영사적 보호」라는 논문으로 파리대학에서 법학 박사 학
위 취득. 1910~1911년 파리대학 법학부 국제공법 강사, 1910~1911년 파리상업고등학교 국
제법 교수. 1차 대전 후인 1919년 강화회의에서 의정서 및 기록 문서 책임 담당관, 또 강화회
의의 프랑스 대표단원으로서, 항만·수로·철도위원회와 1839년의 제 조약의 개정위원회의
실무 대표자를 맡은 후, 강화 조약 제349조에서 결정된 도나우(河歐州)위원회의 사무총장
으로 된다. 그의 업적으로서는 앞의 학위 논문 외 국제공법에 관한 다수의 저작이 있지만,
특히 한국 관계의 것을 들면, 「韓國における外國人の法的條件」(『國際私法および國際刑法
誌』, 1906), 『國際法の觀點からみた日露戰爭』 제1권(1911) 등이 있다.
58) Francis Rey, "La Situation Internationale de la Coree," Revue Generale de Droit
International Public, Tome VIII, 1906, 일본의 戰爭責任資料センター 譯·海野 해설 「フラン
シス·レイ, 韓國の國際狀況」(『戰爭責任研究』 2호)에 소개한 일이 있지만, 오역 부분이 있어
서 고친 번역(宋惠媛 譯)을 따른다.

독립을 제한하거나 또는 무엇보다도 독립을 해소할 목적을 갖는 어떠한 조약도 체결할 수 없다. 보장 조약은 피 보장국과 마찬가지로 보장국에도 의무가 따르"기 때문이라 밝히고, 제2차 '한일 협약'의 "무효 원인은 이 조약에 앞서 체결된 약정 때문에 일본은 무효의 원인을 자신 스스로가 가지고 있다"고 결론지었다.

레이의 지적을 기다릴 것까지도 없이 한국 국민이 보호 조약 반대 투쟁의 정당성을 주장할 수 있었던 최대의 이유는, 그때까지 일본이 내걸어 온 한국의 독립 보장을 식언하고 국가적 신의에 어긋난 위배 행위를 행한 것에 대한 비판이 있었기 때문이다.

선행 조약의 한국 독립 보장 선언과 보호 조약 체결의 논리 모순은 일본 정부나 국제법 학자에게도 중대 문제였던 것이 틀림없다. 영일 '제2차 동맹 협약' 체결을 교섭 중이던 1905년 7월 28일, 하야시 다다스 주영 공사는 가쓰라 임시 외무대신 앞으로 "우리나라가 종래 누누이 성명한 한국 보전 독립의 유지 증언을 철회할 적당한 기회가 바야흐로 무르익었다"[59] 고 전언(前言) 철회를 표명하도록 정상을 자세하게 보고했다. 한국의 독립 보장이 식민지화 정책의 장애가 된다고 본 것이다. 혹은 국제법 학자는 궤변을 부렸다. 아리가 니가오가 "한국은 보호국이면서 독립국이다" 라고 주장한 것은 앞에서도 설명했지만, 그것을 비판한 다치 사쿠타로도 1906년의 논문에서, "메이지 37년 2월의 한일의정서 제2조에서 우리나라는 한국의 독립을 보증한다 하더라도 그 후 메이지 38년 11월 17일의 한일 협약을 맺는 데 이르러 …… 한국이 일찍이 국제법의 술어(術語)적 의미에서 독립국이 아님을 명백히 했다. 여기에 이르러 전에 한일 사이에 약속했던 독립 보증에 관한 조관은 그 효력을 상실한 것으로 보아야 할

---

59) 『日本外交文書』 38권 1책, 45~46쪽.

것이다"[60]고 말했다. 즉, 신법 우위의 원칙을 적용함으로써 "한일의정서 제3조의 독립 보증 조관은 일찍이 그 효력이 지속되지 않음을 언명한 것이라 볼 수 있다"[61]고 말하는 것이다. 다치에 따르면 "이른바 독립의 의미는 단지 한국의 국제법상의 법인격을 상실하게 하지 않고, 따라서 병합 등의 방법으로 국제관계상에서 한국을 소멸시키지 않는다는 것을 보증하는 것에 지나지 않"[62]았는데, 그 '보증'도 불과 4년 후에는 병합의 현실에 의해 배반당하게 되는 것이지만.

어쨌든 영일 '제2차 동맹 협약'은 일본의 한국 지배를 영국이 승인하는 것이었으나, 조인 후인 1905년 9월 24일 다짐하기라도 하듯이 일본 정부는 하야시 주영 공사에게 훈령을 내려 "제국 정부가 한국의 대외 관계를 인수하는 것 외에 방법이 없다고 믿는다. 따라서 제국 정부는 머지않아 한국 정부에 대해 이 목적에 필요한 조치를 취할 것이다. 위에서 말하는 조치는 신 영일협약의 조항에 비추어, 완전히 영국 정부의 동의를 얻었음을 의심하지 않더라도 …… 미리 양국 정부 사이에 의견을 교환하여 둘 것을 희망한다"[63]며 영국의 사전 양해를 얻도록 지시했다. 이에 근거하여 하야시를 만난 랜스다운 외무대신은 영국 "정부는 신 동맹 협약이 규정하는 바에 따르고, 단지 일본 정부가 한국에 대해 취하는 조치에 반대하지 않을 뿐 아니라, 오히려 매우 호의적(greatly in favour)"[64]이라 대답함으로써 한일 보호 조약 체결 지지를 표명했다고 한다.

미국의 사전 양해는 가쓰라·태프트 협정에서 시작되지만, 이 협정에

---

60) 立作太郎, 「國家ノ獨立ト保護關係」『國家學會雜誌』 20권 11호, 40~41쪽.
61) 앞의 논문, 41쪽.
62) 앞의 논문, 43쪽.
63) 朝鮮總督府, 『朝鮮ノ保護及併合』, 1917, 19~20쪽.
64) 朝鮮總督府, 『朝鮮ノ保護及併合』, 1917, 19~20쪽.

관한 외무성 기록이 소실된 관계로 충분한 검토가 불가능하기 때문에, 나가타 아키후미(長田彰文)의 연구[65]로 개략을 살펴보면 다음과 같다.

미국 육군 장관 윌리엄 태프트(William H. Taft)가 필리핀 시찰을 마치고 수행단 80여 명과 함께 요코하마에 도착한 것은 1905년 7월 25일이다. 그 후 30일 고베항을 떠날 때까지 1주일 정도 일본 관민 모두의 대환영을 받았다. 태프트는 27일 가쓰라 수상과 비밀 회담을 가졌다. 29일 태프트는 국무장관 엘리후 루트(Elihu Root) 앞으로 가쓰라와 합의한 각서를 전송했다. 그 중 아시아 문제에 관한 요점을 뽑으면 다음과 같다.[66]

① 필리핀 문제: 태프트가 "필리핀에서 일본의 유일한 이익은 필리핀 제도가 미국과 같은 강력하고 우호적인 국가에 의해 통치되는 것"이라 말한 것에 대해, 가쓰라도 찬성을 표하고, "일본은 필리핀에 대해 어떠한 공격적 의도를 가지는 것은 아니라고 명확하게 밝혔다."

② 동양 평화 문제: 가쓰라는 "극동에서 전반적인 평화 유지는 일본의 대외 정책의 기본 원칙"이라 표명하고, "상기의 목적 달성을 위한 최상이면서 실제로 유일한 방책은 탁월한 원칙을 유지하는 것에 공통의 이해를 갖고 있는 일본·미국·영국 3개국 정부 사이에 충분한 양해를 형성하는 것"이라 강조했다. 이에 대해 태프트는 이해를 나타내면서 다음과 같이 말했다. "상원의 동의 없이는 비밀 비공식 협정에 어떠한 양해에도 미국 대통령이 참가하는 것은 곤란하고, 실제 불가능하다. 그러나 자신은 비록 협정이 없어도 미국 국민은 극동에서의 평화 유지에 대해 일본과 영국의 정책과 충분히 일치하고 있기 때문에, 어떠한 사태가 발생하더라도 일본, 영국과 협력하여 이러한 목적을 위해 마치 미국이 조약상의 의무 아래 있는 것과 같이, 미국이 적절한 행동을 취할 것을 기대할 수 있다고 확신한다."

③ 한국 문제: 가쓰라는 러일전쟁 후의 대한 정책으로서 "일본이 다른 대외 전쟁에 돌입할 필요 아래 다시금 놓일 가능성을 배제하기 위해 확고한 조치를 취하는 것이 절대로 필요하다"고 말한 것에 대해, 태프트는 동의하면서 "개인적 의견으로서

65) 長田彰文, 『セオドア·ルーズベルトと韓國』, 未來社, 1992, 특히, 4장 「桂·タフト協定」と韓國」.
66) 앞의 책, 102~106쪽.

는, 한국이 일본의 동의 없이는 외국과 조약을 맺을 수 없음을 요구하는 정도까지의 일본국에 의한 한국에 대한 종주권의 수립은, 현 전쟁의 논리적 귀결이고, 동양에서 항구적 평화에 직접 기여하는 것이라 말하는 취지의 견해를 말했다."

이 태프트가 루트 앞으로 보낸 보고 전문에 대해, 7월 31일 루즈벨트 대통령은 "모든 점에서 완전히 옳다"고 평가하고, 태프트가 가쓰라 앞으로 승인을 전달하도록 지시했다.[67] 태프트가 마닐라에서 가쓰라에게 그것을 타전한 것은 8월 7일이다.[68]

이상이 가쓰라·태프트 협정이라 부르는 미일 양국의 의사 확인에 의한 각서 성립 경위다. 요컨대, 일본이 필리핀 침략의 의도가 없는 것을 확인한 대가로 미국은 일본에 의한 한국 보호국화를 승인하고, 아시아에서의 미영일 제국주의의 협조와 주도성에 합의한 것이다.

루즈벨트 대통령은 그때까지도 일본의 한국 보호국화에 찬의를 나타내고는 있었지만, 가쓰라·태프트 협정에서도 의사 표시·확인에 그치고, 국제적 구속력을 수반하는 조약으로는 하지 않았다. 미국이 그렇게 한 까닭은 영일협약과 같은 동맹 조약을 맺는 것은 전통적 정책에 반한다는 이유 때문이다. 일본으로서는 거기에 일말의 불안을 남겼다. 게다가 러일전쟁의 승리에 의해 탄력을 붙인 일본의 팽창주의에 루즈벨트는 의심을 품기 시작했다.

그리하여 러일 '강화 조약' 조인이 끝나자, 고무라는 9월 9일 대통령과의 회담석상에서 일본의 한국 보호국화 '단행'에 대해 의견을 구했다. 루즈벨트는 "나 또한 평화 조약의 결과, 이렇게 될 것이라 예상하고 있었던

67) 『日本外交文書』 38권 1책, 450~452쪽.
68) 앞의 책, 450쪽.

바, 장래의 화근을 절감하는 데에는 이것 말고 다른 대책이 없다고 생각한다. 이에 대해서는 일본이 위의 조치를 취하더라도 이의가 없으므로 나를 충분히 신뢰해도 좋다"고 대답했다.[69] 외무성이 펴낸 『고무라 외교사(小村外交史)』에 따르면 고무라는 여기에 그치지 않고, "이 보호권 시행은, 조약의 형식에 따르는 것을 원칙으로 하지만, 만일 한국이 조약 체결에 응하지 않을 경우, 일본은 일방적으로 보호권 설정을 선고할 수밖에 없는데, 이 경우 대통령이 양해해 줄 것"을 요구했다. 루즈벨트는 "일본의 일방적 선언으로 한국에 보호권이 설정된 경우라도 그것을 지지한다"[70]고 한 점에서 실행 계획의 내용에 개입하여 의견 교환을 나눈 것이 아닌가 짐작할 수 있다.

고무라는 그 전 날 루트 국무장관과의 회견에서도 같은 시도를 했는데, 루트도 "이(대한 보호권의 설정)를 러시아의 침략적 행동을 예방하는데 당연히 드러나게 되는 결과라 인정하고, 한국의 안녕 및 동양 평화를 위해서도 최상책이라 생각하기 때문에, 일본이 이를 단행하더라도 미국의 여론은 조금도 반대하는 일이 없을 것이다"고 대답했다.[71]

미국 대통령과 국무장관으로부터 이와 같은 확언을 들은 것은 가쓰라 · 태프트 협정을 재확인한 셈이 된다.

2) 보호 조약의 준비 과정

러일 '강화 조약' 조인 직후, 고무라 주타로 전권위원은 몸살을 앓았는데, 병든 몸을 이끌고 대통령 알현을 마친 그는 뉴욕에서 몸져눕고 말았다. 장

---

69) 앞의 책, 520~521쪽; 同 37 · 38권 별책 日露戰爭 V, 542쪽.
70) 『小村外交史』 612~613쪽.
71) 『日本外交文書』 37 · 38권 별책 日露戰爭 V, 542쪽.

티푸스로 의심되는 중환이었다. 이 때문에 그의 귀국은 예정보다 훨씬 늦어져 9월 27일에 뉴욕을 출발, 1905년(메이지 38) 10월 2일 밴쿠버에서 객선에 탑승하여[72] 16일 요코하마에 도착하였다.[73] 돌아오는 도중의 차 안과 선상에서도 고무라는 한국 보호 조약안이나 만한 경영 강령을 비서관인 혼다 구마타로(本多熊太郞)에게 구두로 전하여 외무성에 타전(打電)하거나 정서(淨書)하도록 했다.[74] 레지던트 제너럴(résident général)을 '통감(統監),' 레지던트(résident)를 '이사관(理事官)'이라 번역한 것도 요코하마에 도착하기 수일 전에 고무라가 한 일이다.[75]

고무라가 서두른 이유는 "우리의 대한 보호권 확립은 영미 양국이 이미 동의를 나타냈을 뿐 아니라, 그 이외의 제국도 한일 양국의 특수한 관계와 전쟁의 결과를 고려하고, 최근에 발표된 제2차 영일 동맹 협약 및 러일 강화 조약 명문에 비추어, 한국이 일본의 보호국이 되는 일은 피할 수 없는 순서임을 묵인했다. 특히 이번 강화에서 우리나라가 한 양보를 여러 나라가 인정하여 일대 영단이라 한 바, 따라서 여러 나라는 일본이 여기까지 양보하여 화해 국면을 만들어낸 이상, 그 얻은 권리 및 이익은 어디까지나 정확하게 지키고 활용할 결심이라는 것을 믿고 있기 때문에, 이상을 결행하는 데 지금이 가장 호기다"[76]는 판단 때문이었다.

고무라가 귀국한 다음 날인 17일 어전 회의에서 "러일 강화 규정을 실행하기에 앞서, 먼저 청으로 하여금 우리의 만주 경영의 방침을 승인하도록 하고 한국을 우리 보호 아래 두기 위해 각각 협약을 체결할 방침"이 결

---

72) 앞의 책, 548쪽.
73) 앞의 책, 556쪽.
74) 『小村外交史』, 614쪽.
75) 本多熊太郞, 『魂の外交』, 千倉書房, 1941, 225~227쪽.
76) 『小村外交史』 719쪽.

정되었다.[77] 고무라는 귀국 상경중인 하야시 곤스케 공사와 도모하여 이토 히로부미의 한국 방문을 요청하기로 하고, 두 사람은 오이소(大磯)에 있는 이토를 방문하여 비공식적인 허락을 받고[78] 25일에도 고무라는 야마가타 아리토모와 함께 오이소를 방문하여 거듭 이토의 한국 방문을 간청하였다.[79]

10월 27일 각의에서 결정되고, 같은 날 재가된 대한 보호권 설정 실행 계획은 고무라가 "보호권 설정의 순서와 방법, 특히 착수하는 데 도저히 한국 정부의 동의를 얻을 가망이 없을 경우 취해야 할 방책에 이르기까지" 입안하고, "가쓰라는 모조리 이것을 수용하고 원로의 동의를 얻은" 것이다.[80] 각의 결정[81]의 전문은 "한국에 대해 우리 보호권을 확립하는 것은 이미 조정회의의 정한 바인데, 지금이 실행하기에 절호의 시기다"로 시작하고, 그것이 허용되는 국제적 조건이 성숙했음을 밝힌 후, "이번 기회에 그것을 결행함으로써 우리 소망을 관철하도록 꾀해야 한다"고 맺고 있다. 그리고 "다음과 같은 방법과 순서"로서 8항목을 열거한다. 이하, 설명을 덧붙이면서 제시하겠다.

첫째는 '대체로 별지와 같이 조약을 한국 정부와 체결하고, 동국 외교 관계를 완전히 우리 수중에 넣는 것'이다.

여기서 말하는 '별지' 조약 초안은 장문이므로 생략하겠으나, 4개조로 되어 있고, ① 한국외교권의 모든 행사를 일본 정부가 담당한다. ② 한국 황제 아래 통감을 두고 영사에 대신하여 이사관을 둔다. ③ 한국과 제

---

77) 春畝公追頌會, 『伊藤博文傳』, 同會, 1940, 680쪽.
78) 주 77과 같음.
79) 앞의 책, 682쪽.
80) 『小村外交史』 719쪽.
81) 『日本外交文書』 38권 1책, 526~527쪽.

외국과의 현행 조약의 준수를 주된 의미로 한다. 이 초안은 후에 그대로 조약안으로서 한국 측에 제시되고, 11월 17일의 '교섭'에서 약간의 조문 수정이 이루어지지만, 주된 의미에서 성문과 초안은 같다.

둘째는 '조약 성립 시에는 발표 전에 영국과 미국은 물론 프랑스, 독일 정부에도 내밀히 통첩한다. 이어서 발표와 동시에 공적인 하나의 선언으로 삼고 제국이 한국에 대해 보호권을 확립하게 된 이유를 밝힌다. 아울러 한국과 여러 나라와의 조약을 유지하고, 한국에서의 여러 나라 상공업상의 이익은 이것을 상해하지 않는다는 뜻을 성명하는 것'이다.

보호권 설정은 보호국이 되는 한국과의 조약 체결로 완결되는 것은 아니고, 그 보호 조약이 국제적으로 승인되어야 한다. 또 조약에 입각하여 한국과 정식 국교 관계를 맺고 있는 각국이 자국을 대표하여 외교 사무에 종사하도록 한국에 파견, 상주 중인 특명전권공사 및 그 공관을 철수해야 한다. 이를 위해 한국과의 조약 체결국인 제 외국에 보호 조약 체결을 통지함과 동시에 양해를 구하고, 이미 얻은 영사 재판권·거류지 제도·관세의 협정 세율제 등을 포함하는 기정 조약의 유지와 기득 이권의 보장을 확약 및 선언한다. 이는 앞서 언급한 4월 8일의 각의 결정[82]이 '치외법권에 관해서는 제국은 적당한 시기에 사법 제도를 한국에 공포함으로써 외국인에 대한 법권을 장악하도록 하고, 또 세율에 관해서는 제국과 여러 나라 간에 조약 개정의 시기를 기다려 필요한 협정을 맺는 것이 득책이라 믿는다'고 한 방침과의 모순을 깊게 하는 셈이 된다.

셋째는 '실행 시기는 11월 초순이 될 것'이다.

'실행'의 의미는 불명확하지만 착수의 의미로 해석하면, 곧 재가를 주청하고 '11월 초순' 계획 실현을 향해 '실행'에 착수하는 것이 된다. 제2차

82) 앞의 책, 519~520쪽.

'한일 협약' 조인은 11월 17일이다.

넷째는 '조약 체결의 전권은 하야시 공사에 위임하는 것'이다.

제2차 '한일 협약' 교섭 및 기명 조인의 권한을 하야시 곤스케 주한 공사에 위임하기로 결정한 것인데, 그것은 천황에 전권 위임장 교부를 주청하는 것이 아닌 앞서 밝힌 제Ⅱ종 형식에 의한 정부 위임을 의미한다. 조약 초안 말문에는 '이상의 증거로서 아래의 이름은 각국 정부로부터 상당한 위임을 받고 본 협약에 기명 조인하는 사람이다'라고 적혀 있다. 고무라 외무대신은 다음 날 28일자로 하야시 공사에게 '위 조약 체결의 권한은 이것을 귀관에게 위임함'을 포함하는 5개조의 훈령을 내렸다.[83]

다섯째는 '특히 칙사를 파견하고 한국 황제에게 친서를 보내는 것'이다.

제2차 '한일 협약' 체결을 한국 황제에게 승복시키기 위한 특별 사절의 파견이다. 특파 대사에는 이미 내략하고 있던 이토 히로부미가 임명되고, 강제 조인의 주도적 역할을 다 하게 된다. 이토는 앞서 말한 것처럼 '한일 의정서' 조인 후 방한하고, 황제를 압박하여 굴복시킨 경험을 갖는다.

여섯째는 '하세가와 사령관이 하야시 공사에게 필요한 원조를 제공함으로써 본 건의 만족스러운 성공을 꾀해야 한다는 뜻의 명령을 내리는 것'이다.

하세가와 사령관은 지난 해 3월 창설된 한국 주차군의 제2대 사령관으로서 10월 13일에 부임[84]한 하세가와 요시미치(長谷川好道) 육군 대장이다. 여기서 말하는 하야시 공사에게의 '필요한 원조'의 구체적 내용은 불분명하지만, 조약에 의하지 않고 선언으로써 보호권을 설정하는 경우도 고려하고 있었던 점에서 보면, 단지 군사적 협박에 그치지 않고, 조약

---

83) 『駐韓日本公使館記錄』 25권, 國史編纂委員會, 1992, 219쪽.
84) 『朝鮮駐箚軍歷史』 36쪽.

에 반대하는 무장 봉기에 대한 철저한 탄압과 한국 전토의 점령도 상정하고 있었던 것이리라.

일곱째는 '경성 주둔을 목적으로 수송중인 제국 군대를 가능한 한 본건 착수 이전에 모두 다 입경시키는 것'이다.

일본군의 경성(서울)으로의 집중 동원인데, 뒤에서 논하기로 한다.

여덟째는 '착수 상에서 도저히 한국 정부의 동의를 얻을 전망이 없을 때는 최후의 수단으로서, 한편으로 한국을 향해서는 보호권을 확립한다는 뜻을 통고하고, 각국을 향해서 제국 정부가 이상의 조치로 나올 수밖에 없는 이유를 설명하고, 아울러 한국과 각국과의 조약을 유지하고, 한국에서의 각국의 상공업상 이익은 이것을 손상시키지 않는다는 뜻을 선언하는 것'이다.

조약에 의하지 않고 선언(declaration)으로 보호권 설정을 할 경우의 조치다. 선언은 일방적인 의사 표시이고, 그 자체는 한국을 구속할 수 없다. 그러나 선언 통고를 받은 제 외국이 승인하고 일정한 외교 조치를 강구한 경우에는 한국이 사후적으로 보호국이라는 것을 인정하지 않을 수 없게 될 것임을 노린 것이다. 앞서 설명한 바와 같이 루즈벨트 대통령은 선언에 의한 보호권 설정이라 하더라도 '그것을 지지'한다는 뜻을 표명했다.

제7항으로 돌아가서 한국 주차군의 배치 상황을 보자. 한국 주차군은 1904년 말에는 2만 명 규모의 군단이 되었는데(표 4 참조), 러일전쟁이 종결된(1905년 9월 1일 휴전에 관한 의정서 조인, 9월 5일 강화 조약 조인) 9월 상순의 한국주차군은 후비(後備) 제2사단·후비보병 제16여단을 주력 부대로 하여 총병력 '전투원' 1만 9,768명, '비전투원' 5,578명이다.[85]

---

85) 陸軍省 편, 明治三十七八年戰役統計」, 『日露戰爭統計集』 3, 東洋書林, 1994년, 1661~1662쪽.

이들 주력 부대는 10월 16일 '개선(凱旋)' 명령을 받고, 대신 제13사단・제15사단이 한국 주차군에 편입되었다.[86]

1905년 3월 신설된 제13사단은 6월 이후 사할린으로 출정, 9월에는 예하의 보병 제50연대・보병 제52연대・야전포병 제19연대 제2대대가 타이완으로 파견되었다. 사할린 잔류 부대와 타이완 파견 부대를 제외한 여러 부대가 한국으로 오게 되었다. 10월 하순 전후로 함경도 여러 항에 상륙, 26일 사단 사령부도 함경도 함흥에 도착하여 동부 수비대(사령관 하라구치 겐세이 중장)로서 함경도 수비 임무를 맞는다.[87]

같은 해 7월에 편성된 제15사단은 8월 19일 만주 파견의 명을 받아 출정, 제2군의 전투 서열에 편입되어 철령(鐵嶺) 부근에 주둔하는데, 10월 18일 한국 주차군으로의 전속 명령을 받아, 20~24일에 현지를 출발, 다렌(大連)에서 해로를 따라 23~27일에 인천・진남포에 상륙하고, 황해도의 일부・평안도를 관구로 삼는 한편, 안둥현(安東縣, 지금의 단둥(丹東)시) − 펑톈(奉天) 간의 철도 수비 임무를 받은 북부 수비대(사령관 오키하라 미쓰자네(沖原光孚) 중장)와 황해도 일부・경기도・강원도・경상도・충청도・전라도를 관구로 하는 남부 수비대(사령관 오타 사다모토(太田貞固) 중장)로 나뉘어 배치되었다. 사단 사령부는 평양이다.[88]

제2차 '한일 협약'을 조인한 1905년 11월 중순의 한국주차군 병력을 나타낸 표 6에 따르면, '전투원' 총 1만 9,559명, '비전투원' 총 3,850명이다. 이 병력 수는 '전시 편제의 1.5사단(평시 편성의 2개 사단 이상[89])'에

---

86) 參謀本部 編, 『明治三十七八年日露戰史』 10권(東京偕行社, 1914년) 509~510쪽.
87) 『第十三師團史』, 原口兼濟(防衛廳防衛硏究所圖書館 所藏).
88) 『騎兵第十九連隊歷史』, 防衛廳防衛硏究所圖書館 所藏); 『朝鮮駐箚軍歷史』 43, 88~94쪽.
89) 大江志乃夫, 「植民地戰爭と總督府の成立」, 岩波講座, 『近代日本と植民地』 2, 岩波書店, 1992, 17쪽.

표 6. 1905년 11월 제 2순(중순)의 한국주차군 현원　　　　　　　　　　　　　　　　단위: 명

			전원(戰員)		비전원	
			장교	하사 · 병졸	장교 (상당관 포함)	하사 · 병졸 (상당관 포함)
한국주차군 사령부			15	12	28	113
제 13 사 단	13사단 사령부		9	43	25	139
	보 25여단 중	사령부	2	2	1	10
		보 49연대(1대대 결)	39	1,639	6	141
	보 26여단 중	사령부	3	2	1	13
		보 51연대	52	2,511	12	214
	기 17연대		16	355	5	149
	야포 19연대(1대대 결)		20	582	5	142
	공 13대대		9	411	3	75
	사단 계 (6,666인)		150	5,575ま ま	58	883
제 15 사 단	15사단사령부		11	42	25	148
	보 29여단	사령부	3	2	1	12
		보 57연대	57	2,585	9	235
		보 58연대	56	2,556	9	230
	보 30여단	사령부	3	2	1	12
		보 59연대	56	2,587	9	231
		보 60연대	56	2,599	9	234
	기 19연대		17	383	4	150
	야포 21연대		27	953	5	235
	공 15연대		9	429	3	80
	사단 계(14,076인)		295	12,138	75	1,568
한국주차전신대			4	102	15	289
진해만 요새			20	443	7	53
영흥만 요새			31	774	7	59
한국주차헌병대					22	638
한국주차병원					2	33
합계(23,409명)			515	19,044	214	3,636
			19,559		3,850	

『明治三十七八年戰役統計』(陸軍省 編『日露戰爭統計集』(東洋書林, 1994)) pp. 1672~1673에 의
해 작성.

상당하는데, 제13사단은 앞서 말한 이유에서 약 2분의 1의 사단 병력인 6,666명밖에 없었고 1만 4076명을 거느린 제15사단과는 큰 차이가 있었다. 그 배치[90]는 한국 북부인 함경도·평안도·황해도 및 경성(서울)·평양·함흥 등으로 두터웠고, 그 외의 지방과 도시에는 보병 1중대 규모의 배치에 그쳤다. 여전히 북방 국경 수비가 가장 중요시되고 있었던 것이고, 서울을 중심으로 한 배치라고는 할 수 없다. 경성 지구를 관구로 한 부대는 제15사단 보병 제30여단 제59·60연대(1대대·2중대 결) 및 기병 제19연대(1중대 결), 포병 1대대이고, 그 '전투원' 병력은 보병 약 2,649명, 기병 약 300명, 포병 약 490명, 합계 약 3,439명이라 추정된다.[91] 이들 부대가 10월 27일 각의 결정 제7항에서 말하는 '수송중인 제국 군대를 가능한 한 본건 착수 이전에 남김없이 입경시킨다'는 병력에 해당하는 것이리라. 한국 주차군 '전투원' 총병력의 17.6%를 경성 지구에 집중시킨 셈이 된 것이다. 돌연 팽창된 그들의 "숙사로는 주로 한국 병영, 관아, 기타 관유 건물로써 충당하여도, 그 수가 적은데다 황폐한 것이 적지 않기 때문에 …… 대부분은 한국인 가옥을 징용했다"[92]고 하는 형편이었다. 서울의 병력 수용 능력을 넘어서는 과잉 동원이다. 교외인 용산의 영구 병영 건설은 아직 착수를 하지 않은(1906년 8월 기공) 상태였다.

정교(鄭喬)의 사서 『대한계년사(大韓季年史)』는 제2차 '한일 협약' 강제 조인시의 일본군 동원에 관해 다음과 같이 쓰고 있다.[93]

90) 1905년 11월 상순의 한국 수비대 배치는 다음 표와 같다.
91) 추정 인원은 보병 1연대=3대대=12중대, 기병 연대=3중대, 포병 연대=2대대=6중대로 산출(大江志乃夫, 『日露戰爭の軍事史的硏究』, 岩波書店, 1976, 62쪽).
92) 『朝鮮駐箚軍歷史』 95쪽.
93) 鄭喬 『大韓季年史』, 國史編纂委員會 「韓國史料叢書」 5, 1957, 171쪽. 한문을 일본어로 읽은 것은 琴秉洞 「乙巳保護條約の强制調印と問題點」(海野 편 『日韓協約と韓國倂合』, 明

[1905년 11월] 17일 이른 아침, 주둔 5강(한강·동작진·마포·서강·양화진) 각처의 일본군이 모두 경성으로 들어온다. 기병 700~800명, 포병 4,000~5,000명, 보병 2만~3만 명이 종횡에서 사방으로 뛰어다닌다.

우리나라 인민은 한 걸음도 자유로울 수 없다. 궁성 내외는 촘촘한 그물로 둘러싸고 대소의 관리, 출입에 전율한다.

이상에 기록된 동원 병력을 사실로 보는 쪽도 있으나 과장된 전문에 의한 것이리라. 원래 한국 주차군의 경성관구 부대 '전투원' 3,400여 명 외에 '비전투원'인 한국주차헌병대와 경찰관이 있고, 그들이라면 약 3,000명에 조금 못 미치게 보이는 서울 지역 한국 군대[94]의 병력을 웃돌아, 한국 정부를 비롯하여 약 20만 명[95]의 한성 부민을 벌벌 떨게 만들고도 남을 군사력을 배치한 것이 된다.

2. 제2차 '한일 협약'의 강제 조인

1) 이토 히로부미 특파 대사의 파견

1905년(메이지 38) 11월 2일 '한국 황실 위문'을 명목으로 한국 파견 명령을 받은[96] 이토 히로부미는 추밀원 서기관장 쓰즈키 게이로쿠 이하 20명의 수행원을 거느리고 5일 신바시(新橋)를 출발(이토는 오이소에서 승차), 6일과 7일은 시모노세키(下關)의 슌판로(春帆樓)에서 머물고 8일 군

石書店, 1995 수록) 51쪽에 의한다. 문장 속의 '5江'은 모두 서울 교외.

94) 『朝鮮駐箚軍歷史』, 333~335쪽.

95) 統監官房文書課 『第一次統監府統計年報』(1907년)가 기록한 1906년의 한성부 호수는 4만 6374호, 남자 10만 9167명, 여자 9만 158명, 인구 합계 19만 9,325명이다(250쪽 표 참조).

96) 『日本外交文書』 38권 1책, 482쪽.

표. 한국 수비대 배치

1905년 11월 상순 현재

동부 수비대

부대호: 제13사단(보병 2연대와 1대대, 포병 1대대)
관구: 함경도.

주둔지	주둔 부대
부가	보병1중대
회령	보병여단 사령부 / 보병 연대본부 및 1대대 / 공병대대(1중대)
무산	보병1중대
운성 및 청진	보병1중대
경성	보병대 본부 및 1중대
성진	보병 1중대
북청	보병1대대(2중대)
갑산	1보병 1중대
함흥	사단사령부, 보병여단사령부 / 보병1연대(1대대와 2중대) / 기병 1연대 / 포병 1대대(1대대) / 공병 1중대
장진	보병 1중대
원산	보병 1중대

북부 수비대

부대호: 제15사단(남부수비대에 배속된 부대 제외)
관구: 황해도 일부, 평안도, 안동현 - 봉천간의 철도

주둔지	주둔 부대
안동현 이북	보병1여단(1연대와 2중대) / 공병대대 본부 및 1중대
의주	기병 1중대
초산	보병 1중대
안주	보병 1대대(1중대)
정주	보병1중대
평양	사단사령부 / 보병1연대(1대대와 2중대) / 포병1연대
진남포	공병1중대(1대대)
황주	보병1중대

남부 수비대

부대호: 보병30여단, 기병제 19연대(1중대), 야전포병제21연대 1대대
관구: 황해도 일부, 경기도, 강원도, 경상도, 충청도, 전라도

주둔지	주둔 부대
개성	보병1대대(1중대)
해주	보병1중대
	보병여단사령부
경성	보병2연대(1대대와7중대) / 기병1연대(1중대) / 포병1대대
금산	보병1중대
춘천	보병1중대
인천	보병1중대
충주	보병1중대
대구	보병1중대
부산	보병1중대
전주	보병1중대

『朝鮮駐箚軍歷史』 p.92 별표 에서 작성.

함 스마(須磨)를 타고 부산에 입항, 9일 저녁 특별 열차로 서울(한성)에 도착하였다.[97] 마루야마 시게토시(丸山重俊) 경무 고문이 하야시 곤스케 공사에 보낸 보고[98]에 따르면 이토의 방한에 대해 "궁정은 표면적으로는 정온[靜穩]을 가장하면서 오로지 환영 준비에 여념이 없는 것처럼 보인다. 그러나 이면에서는 후작의 입경(入京)은 국가의 존망이 걸린 문제라 여기고, 궁정 내에서는 은밀히 날조된 얘기를 가지고 황제의 마음[宸慮]을 어지럽히는 자가 적지 않다. 인민들 사이에도 갖가지 유언비어가 난무하고 있다. 그러므로 이토의 입경은 일반인들의 주목의 초점이 되어 있다"고 한다.

다음날인 10일 이토는 경운궁(후에 덕수궁이라 개칭)의 수옥헌(漱玉軒)에서 고종 황제에 다음과 같은 천황의 친서를 봉정하였다.[99]

…… 생각하건대 조선과 일본 양국의 관계는 이번 기회에 나아가 한층 더 친밀을 기해야 할 것입니다. 귀국은 불행하게도 국방이 아직 갖추어지지 않고 자위의 기초가 아직 튼튼하지 않습니다. 그 때문에 종래 왕왕 동아시아 전국(全局)의 평화를 확보할 수 없었음은 짐이 폐하와 함께 유감으로 생각하는 바입니다. 그러므로 지난해 양국 간에 협약을 맺어 귀국 방위의 책무를 제국이 담당하기에 이르렀습니다. 지금 다행히 평화는 회복되었지만 그것을 항구히 유지하고 동아시아에서 장래의 분란을 끊기 위해서는 양 제국간의 결합을 한층 공고히 하는 것이 매우 중요한 일이라 생각합니다. 짐은 정부에 명하여 그 방법을 확립하도록 했습니다. 무릇 귀 황실의 안녕과 존엄은 추호도 훼손되는 바 없이 견실히 유지될 것임은 짐이 미리 확실히 보장하는 바입니다.
원컨대 폐하께서는 깊이 세계의 추세를 살피고, 국가 인민의 이해를 돌아보아 짐의 지성에서 나온 충언을 경청하시기 바랍니다.

97) 『駐韓日本公使記錄』 26권, 국사편찬위원회, 1992, 66~70쪽, 「伊藤大使韓國往復日誌」.
98) 『駐韓日本公使記錄』 25권, 국사편찬위원회, 1992, 237쪽.
99) 宮內廳 편, 『明治天皇紀』 第11(吉川弘文館, 1975) 374~375쪽.

동양 평화론을 기초로 그 전 해에 체결한 '한일의정서'의 취지를 발전시켜, 한일 관계를 '공고'하게 할 '방법'을 확립하고 싶다는 것이다. 그 '방법'이 보호 조약 체결이다.

11월 2일에 서울로 부임한 하야시의 보고[100]에 따르면 "궁중 및 정부의 정황을 보건대, 모두 두려움과 공포심 때문에 불안에 떠는 것 같다 …… 또 우리와 친밀한 이하영·이근택·이지용 등은 다른 사람의 참언으로 황제의 신임을 잃고 궁중으로부터 소외되어, 우리의 손과 발이 되어 황제를 조종할 수 없는 상태"에 빠져 있었다. 조약 체결 교섭의 난항이 예상되었기 때문에 하야시는 "우리의 확정 의견을 한국 정부에 공공연히 통고하여 그것을 그대로 신속하게 실행하도록 할 수밖에 없는 상황에 이를지도 모른다고 예측하고, 한국 정부에 대한 보호권 설정의 통고 문안을 작성, 그 청훈(請訓)과 동시에 정부 선언 공문의 작성을 재촉하는 전보를 가쓰라 임시 겸임 외무대신에 보냈다.[101] 조약에만 집착하지 말고 한국 정부에 대한 통고와 제외국에 대한 선언으로 처리하기 위한 준비도 교섭과 병행해서 시작하자는 것이다.

이토는 이어서 "담판을 개시하기 위해 속히 알현을 요구[102]"하였지만, 황제는 병환을 이유로 승낙하지 않다가 15일 오후 3시 반(3시라고도 한다)에 겨우 실현되었다. 이토는 고쿠부 조타로 서기관을 대동하고, 황제는 통역으로 박용화(제실회계심사국장) 한 사람만을 배석시켰으며 알현은 3시간 반 이상에 이르렀다.[103]

그 모습은 이토의 복명서(12월 8일)에 첨부된(고쿠부가 작성한 것이라

---

100) 『日本外交文書』 38권 1책, 484~485쪽.
101) 위의 책, 485~486쪽.
102) 위의 책, 485~486쪽.
103) 위의 책, 486~487쪽.

생각됨) '알현시말'104)에 기록되어 있다. 그에 따라 개략을 더듬어보자.

처음에 고종 황제는 1895년 을미사변(민비 살해)에서부터 이야기를 시작하여, 지난해 3월의 이토 내한 이래 일본인의 지도 아래 이루어진 내정 개혁, 예를 들면 재정 정리에 관련하여 제일은행의 중앙은행화, 황실 재정의 압축, 우편 통신 기능의 침탈, 한국 군대의 정리 축소 등과 러일전쟁 하의 주둔 일본군의 민중 탄압 등을 열거하면서, 지금 "우리나라의 조정과 인민들로 하여금 일본의 태도를 의심케 하고 감정 악화를 야기하기에 이르렀다"고 말하고, "가령 경[이토]이 입장을 바꾸어 오늘날 우리나라가 조우한 처지에 있다고 생각하면 대체로 이해할 수 있는 것이 아닌가"라고 일본의 침략으로 초래된 한국의 실정을 호소하고 일본의 정책을 비난하였다.

이토는 거만하게 "그렇다면 폐하께 묻겠습니다. 한국은 어떻게 해서 오늘날 생존할 수 있었습니까? 이렇게 물을 수도 있습니다. 한국의 독립은 누구 덕분이냐는 말입니다. 폐하께서는 이 사실을 알고 계시면서도 이와 같은 불만을 말하시는 것입니까?"라고 힐문했다.

황제는 그래도 1896년의 '아관파천'이 "일시적인 방편[權宜]에서 나온" 것이라 변명하였는데, 이토는 그 말의 통역 도중에 발언을 막고 "폐하로부터 역사적 설명"을 듣는 것은 "다른 날로 미루고, 사명의 요지에 관해 아뢰"겠다고 하면서 본론[本題]으로 들어갔다. 그는 천황 친서를 인용하면서 "귀국의 대외 관계, 이른바 외교를 귀국 정부의 위임을 받아 우리 정부가 대신 그것을 행"하겠다고 제의하였다.

이에 대해 황제는 "대외 관계 위임 건에 대해서는 일부러 그것을 절대로 거부하는 것은 아니다. 그러나 중요한 것은 그 형식에 있다. 내용에 대

---

104) 앞의 책, 499~503쪽.

해서는 어떻게 협정한다 해도 결코 이의가 없다"고 대답하였다. 황제가 말하려 한 바는 외교권을 행사하는 독립국이라는 '형식'의 유지는 양보할 수 없지만, 이미 일본의 감독 아래 있는 외교 사무의 형태는 인정하겠다는 것이고, 이토가 "내부 열람을 위해" 제시한 보호 조약안에는 반대한다는 것이다. 보호국은 국제법상의 권리·능력·법적 인격을 갖지 않는, 즉 독립국이 아니기 때문이다. 그렇기 때문에 황제는 "그 형식조차 갖지 못하면 필경 오스트리아·헝가리의 관계와 같거나, 혹은 최열등국, 예를 들면 다른 여러 나라(列國)가 아프리카를 대하는 동일한 지위에 서게 되는 것이 아닌가"라고 비독립국인 보호국 혹은 식민지가 되는 것을 거부하였다.

이토는 정직하게 대답하고 있지 않다. 군주가 없는 헝가리나 아프리카 식민지를 "한일 관계에 인용하려는 것은 너무 지나친 망상으로, 비교하기에 너무 부적당한 것이 아니"냐고 반론하고, 보호 조약이란 "제국 정부는 귀국의 위임을 받아 외교를 담당하는 것이고, 기타 일체의 국정은 물론 귀 정부의 자치에 맡기기 때문에 어떠한 국체상에 변동을 생기게 하는 것이 아니다"고 한 것은 사실에도 반하고, 법적으로도 잘못이다. 이토가 "감히 폐하를 기만하고 우리나라의 이익만을 꾀하려는 것이 아니다"라고 부언하고 있는 것도 작위가 느껴진다.

황제는 거듭 "그 형식의 얼마를 보존하는 것에 경의 알선·진력에 기대한다"라며 "애소적 정실담(哀訴的 情實談)"을 "수 없이 반복"하였는데, 이토의 협박의 정도는 높아갔다.

> 본안은 제국 정부가 갖은 고려를 거듭하여, 이미 추호도 변통의 여지가 없는 확정안으로서 …… 결코 움직일 수 없는 제국 정부의 확정된 의안[議]이므로, 오늘의 핵심은 오직 폐하의 결심 여하만 남아 있습니다. 이것을 승낙하건 거부하건 마음대로 입니다만, 만일 거부하신다면 제국 정부는 이미 결심한 바 있습니다. 그 결과

가 과연 어떻게 될 것인가, 아마 귀국의 지위는 이 조약을 체결하는 것 이상의 곤란한 경우에 처하고, 한층 이롭지 못한 결과를 각오하지 않으면 안 될 것입니다.

이는 황제에 대한 외교 사절의 언사로서는 결례다. 곤궁해진 황제가 "사안이 중대하다. 짐 스스로 그것을 재결할 수 없다. 짐이 정부 신료에 자문하고 일반 인민의 의향도 살펴볼 필요가 있다"고 말하자 말꼬리를 잡은 이토는 또다시 폭언을 되풀이했다.

폐하가 정부 신료에게 자문하시는 것은 지당한 일로서, 저[私臣] 또한 오늘 결재를 하시라는 뜻은 아닙니다. 그렇지만 일반 인민의 의향을 살펴야 한다고 운운하는 사태에 대해서는 기괴하기 짝이 없다고 생각합니다. 왜냐하면, 귀국은 헌법 정치가 아닙니다. 국가의 모든 일을 폐하의 친재로 결정하는 이른바 군주 전제국이 아닙니까? 그러므로 인민의 의향 운운하지만, 그것은 필시 인민을 선동하여 일본의 제안에 반항을 시도하시려는 생각이라 추측됩니다. 이에 용이하지 않은 책임을 폐하 스스로 지게 되시지 않을까 두렵습니다.

"매우 낭패한 모습"의 황제는 "아니다, 아니다. 결코 그러한 의미가 아니다"라고 부정하자, 이토는 "폐하가 …… 대체로 일본 정부의 제안은 시국의 대세상 그것에 동의하는 것이 적당하다고 하는 성의(聖意)를 분명히 대신[閣臣]에게 보이고, 대신들로 하여금 성의가 무엇인지를 알게 함으로써 기회를 잘 잡을 수 있을 것이라고 생각한다"고, 황제가 해야 할 역할을 구체적으로 제시한 위에, "쓸데없이 그 결정을 천연하는 것은 귀국에게 손해가 되면 되었지, 이익이 되는 바가 없다는 사실을 기억하십시오"라고 쐐기를 박았다.

황제는 어쩔 수 없이 "대사는 하야시 공사로 하여금 외부대신에게 제출하도록 하는 것이라면, 외부대신은 공사와 거듭 교섭하여 그 결과를 정부에 제의하고, 정부는 그 의견을 결정한 위에 짐의 재가를 구하게 하도록 해야 할 것이다"고 응답할 수밖에 없었다. 여기서 이토가 "하야시 공사로 하여금 외부대신에게 제출하도록 하라"고 한 것은, 앞서 이토가 "체결에 필요한 조건은 우리 대표로 하여금 공식(公式) 절차를 밟아 귀국 당국에 교섭하도록 할 것이다. 이런 일은 히로부미의 임무가 아니라 모두 외교관의 권능에 속한다. 이미 하야시 공사는 그를 위해 제국 정부의 필요한 훈령을 지니고 있다"고 말한 것을 가리킨다. 공식 교섭은 외교관인 하야시 공사와 박제순 외무대신 사이에서 행해야 한다는 의미로, 그렇게 하라는 명령을 황제는 외무대신에 내리라는 말이다. 다음의 황제와 이토의 대화가 그것을 보여 준다.

대사: 일이 완만하게 되는 것은 사정이 허락하지 않는 바라면, 오늘 밤 바로 외부대신을 불러서 하야시 공사의 제안을 바탕으로 해서 바로 협의를 매듭짓고, 조인에 이르도록 주선하라고 칙명을 내려 주십시오.

폐하: 어쨌든 외부대신에게는 교섭 타협의 방도를 강구하라는 지시를 내리겠다.

대사: 전에도 몇 번 말씀드린 것처럼 본안은 결코 시일을 천연할 수 없습니다. 매우 속결을 요하는 것이므로, 담당 대신은 물론 정부 대신으로 하여금 대체적인 주의를 모두 알리고, 신속히 타협을 매듭짓는 것이 아주 중요합니다. 그러므로 그 뜻을 포함하여 조속히 칙명을 전해 주십시오. 만일 그렇게 하지 않아 내일 하야시 공사의 제안에 임하여, 외부당국이 아직 폐하로부터 아무런 칙명을 받지 못했다는 등의 불상사가 절대 일어나지 않도록 여기서 분명히 약속해 주십시오.

폐하: 속히 조치를 취하겠다.

대사: 그러면 히로부미는 물러가 그 결과를 기대하고, 그 결과에 따라 다시 찾아뵙고 아뢰겠습니다.

이상이 장시간에 걸친 알현의 줄거리다.

이태진은 이 알현에서 이토가 고종 황제에게 "한국 측 전권위원을 조칙으로 임명해 줄 것을 요청했다"고 했는데, "황제는 전권공사 위임 조칙을 내려 달라는 이토 히로부미 특사의 요구에 응하지 않았다"고 한다.[105] 그러나 '알현시말'에는 그러한 기술은 없다. 이토가 황제에 요구한 것은 황제가 박제순 외무대신에 대해 하야시 공사와 절충을 시도하라는 '칙명'이지, 전권 위임 임명의 '조칙'(전권 위임장)의 발포는 아니다. 앞서 말한 바와 같이, 이미 일본 정부는 천황의 전권위임장 교부가 아니고, 따라서 조약에는 비준 조항을 첨가하지 않고 (비준서 교환을 수반하지 않는다) 조인서에의 기명 조인의 권한을 하야시 공사에 정부가 위임하는 것을 정하고 있었기 때문에, 이토가 황제에게 박제순 외무대신의 전권 위임의 조칙 발포, 혹은 전권 위임장 하부를 요청할 이유는 없었다고 생각된다.

알현에서 이토의 목적은 하야시 공사와 박제순 외무대신 간의 교섭개시의 철로를 까는 것에 있었다. 사카모토 시게키(坂元茂樹)는 제2차 '한일 협약'에 비준 조항이 없다는 점에 관련해서 "교섭 시점에서 이러한 점[비준의 필요, 불필요]이 전해졌다거나 논의된 흔적은 없다[106]"고 서술한다. 전권 위임장 없이 주재 공(대)사와 외무대신(수상) 간에 교섭을 행하고 천황의 재가만으로 정부 간 협정으로서 조약·국제약속이 체결되는 이른바 제II종 형식의 경우는 비준서 교환을 수반하지 않는 것이 통례이기 때문에 전권 위임장의 생략은 동시에 비준서 교환의 생략을 함의하고 있었다고 할 수 있다. 이토의 알현의 결론은 그러한 조약 형식과 교섭 절

---

105) 이태진 「일본의 대한제국 국권 침탈과 조약 강제」 『한국사시민강좌』 19집, 일조각, 1996, 35, 37쪽, 일본어 역은 「韓國併合は成立していない」 上, 『世界』 1998년 7월호 수록에 의한다.
106) 坂元茂樹, 「日韓は舊條約問題の落とし穴に陷ってはならない」, 『世界』 1998년 9월호, 200쪽.

차를 결정한 것이 된다.

다음날인 16일 이토는 숙사인 손탁 여관으로 한국 대신·원로를 초대하였다. 참석한 사람은 한규설(韓圭卨) 참정·이지용 내상·이하영 법상·이완용 학상·권중현 농상공상·이근택 군상·민영기 탁지상·심상훈 경리원장(전 참정) 등 8명이다. 박제순 외상은 하야시 공사와 회견 때문에, 시종무관장(侍從武官長, 전 참정)은 다른 볼일 때문에 불참하였다.

당시 한국 각료에 대해서는, 한규설의 참정 취임도 하야시가 황제에 '권고'하여 실현된 것이었는데, 9월 9일 일단 조각된 "한 참정의 내각은 예상했던 것처럼 각 대신이 취임하지 않았기 때문에 성립되지 않게" 되어 개각이 불가피하게 되었다. 19일 하야시는 황제를 뵙고, "폐하와 직접 협의한 결과, 참정 한규설 아래 내부에 이지용, 외부에 박제순, 법부에 이하영, 학부에 이완용을 임용한다. 그리고 앞서 새로 취임한 농상공부 조동희를 그만두게 하고, 대신에 이근택을 앉히기로 하고, 탁지부에 민영기, 군부에 권중현을 유임시키기로 확정한" 사람들이다.[107] (단 이근택과 권중현은 임명 대신 자리를 서로 바꾼다.) 하야시는 지난해 말에 귀국하고 다시 정부 내의 요직에 복귀하여 정계에서 세력을 부활시키기에 이른 "이용익의 배척을 전후하여 정부를 개조하고 구래의 폐습을 일변함과 동시에 우리 지도 아래 계속 그 책임을 다할 신정부를 성립시킬[108]" 공작을 하고 있었다.

이토와의 회견은 오후 4시에 시작되어 7시 반에 이르렀지만, 고쿠부 서기관은 '이토대사 한국 각 대신 및 원로 대신과 담화의 요령[109]'을 그다지 상세하게 기록하지 않았다. 이토는 전날의 알현 때와 같이 보호 조약

---

107) 『駐韓日本公使記錄』 23권, 국사편찬위원회, 1991, 477쪽, 同 26권, 122~124쪽.
108) 『駐韓日本公使記錄』 22권, 국사편찬위원회, 1991, 516, 517~518쪽.
109) 『日本外交文書』 38권 1책, 488~491쪽.

체결의 필요성을 강조하면서 대신들에게 이해를 구한 것 같지만, "제국 정부가 스스로 결심한 바 있어 이 제안을 감행한 이상, 귀국 정부가 그것을 승낙하지 않는다고 해서 가만있지 않을 것이라는 점을 기억하시오"라고 위협하는 것도 잊지 않았다.

이에 대해 이하영 법상과 이완용 학상은 동의를 표시하고, 권중현 농상공상은 "가령 귀측 제안을 우리 측이 받아들인다고 하면 우리나라의 독립은 명실 공히 상실되어, 옛날 청의 속국이었던 시대보다 한층 더 열악한 상태가 될 우려는 없겠습니까? 하다못해 형식만이라도 보존하도록 대사께서 고려해 주시기를 바랍니다"고 말했다. 그리고 한규설 참정도 또 "그 형식상에서 조금이라도 여지를 남겨주시기를 바랍니다. 무릇 한국의 현새 상황은 숨이 넘어가는 빈사의 상태와 같습니다. 간신히 한 줄기 여명을 보존하고 있는 것은 오직 외교 관계를 스스로 하는 데 있을 뿐입니다. 그런데 그 외교마저 귀국에 위임한다면 완전히 명맥이 단절되는 비참한 지경에 빠지게 될 것입니다"고 독립국의 '형식'조차 상실하는 보호 조약에는 반대를 표명하였다.

한편 같은 날 오후 3시 하야시는 박제순을 불러 "…… 앞으로 귀국 황실 및 영토의 안전을 어지럽히고, 나아가 동양의 평화를 분란시킬 원인은 오로지 그 대외 교섭에 있음을 확인하고 먼저 그 화인[禍因]을 제거하여 양 제국을 결합하는 이해 공통의 주의를 한층 공고히 하는 것이 가장 긴급하고 절실한 것이라고 하고 정부에서 신중히 논의한 결과, 이번에 다시 귀아 양국 정부 사이에 다음에 제시하는 조관(條款)을 정립(訂立)하고, 귀국의 대외 교섭 일체를 제국 정부가 담당하기로 결정하는 것에 대해 신속히 귀 정부의 동의를 얻고자 제국 정부의 훈령을 가지고 이렇게 조회(照會)하는 바입니다"라는 조회문110)과 함께 조약안을 건넸다.

하야시 공사와 박제순 외상과의 공식 교섭의 시작을 의미한다. 하야시는 보호 조약 체결의 필요성을 누차 말했지만, 박제순은 "이 약정 안에 있는 실제의 권력은 사실상 일본이 이미 차지하고 있다. 지금 새삼스럽게 그것을 약정하여 한국 황제를 괴롭히고 정부를 곤란에 빠트리고 또 국민을 소요하게 만드는 것과 같은 일은 쓸데없는 짓이다"고 말했다. 조약화 불필요론의 형태를 취한 반대론이다. 하야시는 가쓰라 임시 겸임 외무대신 앞으로 이상의 경과를 보고하는 전문111) 중에서 "본관도 내일 각 대신을 불러 모아 충분히 설명할 작정"임을 보고한 후 "경우에 따라서는 각 대신을 대동하고 알현하여 본 안을 결정하도록 만드는 길로 나갈 것이다"라고 조기 조인 예정을 보고하였다. 그리고 실제로 그렇게 되지만, 조약안을 제시한 다음날 빠르게도 조인한다는 전개는 제2차 '한일 협약'이 일본 측의 유무를 말하지 못하게 하는 강제에 의한 것임을 보여 주는 동시에, "일이 지연되면 한국의 내각이 혹시 총사직의 행동으로 나아가 그로인해 우리가 대담을 할 당사자를 잃어버릴 우려가 있다112)"고 보았기 때문이다.

하야시의 회고록『나의 70년을 말한다(わが七十年を語る)』에 따르면 "조선 정부의 각 대신을 어떻게 해서든 아침부터 일본 공사관에 참집시켜 그 석상에서 내가 담판을 시작하겠습니다"만, "혹시 어쩔 수 없이 왕 앞에 가서 칙재(勅裁)를 받게 될 상황이 되지는 않을까 생각됩니다. …… 그러므로 담판의 진행 여하에 따라서는 거기에는 당신이 꼭 와주지 않으면 안 될 것입니다.113)"라고, 하야시가 이토와 상담하고, 17일 결착(決着)의 계획을 세웠다고 한다.

110) 朝鮮總督府『朝鮮ノ保護及併合』, 1917, 22~23쪽.
111)『日本外交文書』38권 1책, 531쪽.
112) 앞의 책, 497~498쪽.
113) 林權助 述 · 巖井尊人編,『わが七十年を語る』, 第一書房, 1935, 223쪽.

2) 조약 강제의 현장

1905(메이지 38)년 11월 15일의 내알현에서 이토 특파 대사가 제시한 일본의 요구 사항은 17일의 「코리아 데일리 뉴스」가 다음과 같이 특종 보도했다.[114]

1. 황제 아래 전국을 통치하기 위하여 일본인 총감을 임명할 것.
2. 각 개항장에 일본인 행정관을 임명할 것.
3. 한국 외교 사무를 도쿄로 이양할 것.
4. 일본의 승낙없이 어떠한 약속(계약)도 다른 외국과 행하지 않을 것.

하야시 공사는 "이 기사는 알현 때 통역을 맡았던 박용화(朴鏞和) 이외는 이를 누설할 만 한 자가 없을 것"이라고 보고 박용화를 추궁함과 동시에, 기사의 "오해에 관해 한국 대신의 미혹을 푸는 데 노력하고 있다"고 보고했다. 그러나 내 알현 때 황제와 이토의 대화 내용과 기사의 차이는 별도로 하더라도, 일본이 보호 조약에서 요구하고자 한 것은 위의 요구 사항에 요약되어 있고, 그 후의 경과도 그 사실을 증명하기 때문에 반드시 '오해'라고는 말할 수 없을 것이다.

여하튼 민심을 불안에 빠뜨리고 있던, 한국을 움켜잡으려는 일본의 마수가 확실하게 정체를 나타내기 시작한 것이다. 11월 16일, 마루야마 시게토시(丸山重俊) 경무고문은 하야시에게 "요즘 길거리에 사람이 많이 나와 있다. 이를 보건데 언제 사변이 일어날까 궁금해 하고, 다소 인심이 불온한 모양이 없지도 않다. 오로지 경계중"이라 보고했지만,[115] 국권 상실에 대한 불안과 민중 봉기에의 기대가 뒤섞이고, 노상에 넘쳐나는 사람

---

114) 『日本外交文書』 38권 1책, 492쪽.
115) 『駐韓日本公使館記錄』 25권, 250~251쪽.

들을 두렵게 만든 것은 일본군의 위협이다. 일본 신문조차도, 서울 "남산 왜성대 일대의 산에는 만일의 사태에 대비하기 위해 군대를 배치하고, 또 17일과 18에는 마침 구 왕성 앞 및 종로 부근에서 보병 1대대의 연습, 포병 중대의 연습, 기병 연대의 연습이 있어서, 반대파도 결국 숨을 죽인 것 같다"고 보고하고 있다.[116] 또한 17일에는 "일본 보·기·포의 3병과가 구 왕성 앞 광장에서 종일 성대한 훈련을 행하고, 그 정련되고 활발한 동작은 때가 때인 만큼 일종의 감상을 품게 하고" "한국 병사가 제복, 무기를 버리고 도주한 자가 더욱 많아졌다'"고 보고 되었다.[117]

이와 같은 시위 위협과 엄계(嚴戒) 태세 아래서, 17일 오전 11시에 한국의 모든 대신이 일본 공사관에 소집되었다.

하야시 공사와 한국 대신과의 회담 경과는 기록이 없어 알 수 없지만, 협약 조인 후인 18일, 하야시가 가쓰라 임시 겸임 외무대신 앞으로 보낸 보고 전보[118]에는 다음과 같은 개략이 기록되어 있다.

각 대신은 지난 며칠 동안 이토 대사 자신의 친절한 설득에 의해 대체로 이 조약안의 취지 및 그 제의에 관한 제국 정부의 입장과 결심을 이해하고, 이 조약의 조인은 금일의 시세(時勢)로 보아 어쩔 수 없음을 인정하고 있지만, 아무도 자진해서 조인을 승낙하는 발언을 하는 자가 없고, 특히 참정 한규설은 현저하게 주저하는 태도를 가지고, 결국 일동은 사태의 자세한 사정과 각자의 의견을 폐하게 상주하여 성단을 받은 뒤에, 확답을 본관에게 주겠다고 하는 대답에 일치했다.

한규설 참정의 반대가 있고, 결론을 얻는 데에 이르지 못했기 때문에, 황제의 '성단'에 맡기게 되었다는 것이다.

116) 『東京日日新聞』 1905 · 11 · 25.
117) 『駐韓日本公使館記錄』 25권, 272쪽, 마루야마이 하야시 앞으로 보고.
118) 『日本外交文書』 38권 1책, 534~536쪽.

이토의 복명서에 첨부된 "한일 신 협약 조인시말(日韓新協約調印始末)"에 수록되어 있는, 같은 날 하야시가 이토 앞으로 보낸 통보에는 "협약안에 대한 대체적인 의견을 확인한 바, 각 대신 모두 대체로 이견이 없다고 언명했지만, 일이 중대하기 때문에 군신(君臣) 사이에 최종적인 의논을 한번 할 필요가 있다고 주장한 결과, 함께 궁중으로 갔다"[119]고 되어 있다. 하야시가 계획한 각본대로 전개되었기 때문에, 하야시가 그와 같이 유도한 것으로도 추측되지만, 어쨌든 어전 회의를 열게 하기 위해, 하야시는 대신들을 대동하고 궁중으로 들어갔다. "헌병인가 무엇인가를 미리 배치하여 도중에 도망가지 못하도록 감시하고[120]" 있었기 때문에 대신들을 연행했다는 편이 좋다. 하기와라 슈이치·고쿠부 소타로(國分象太郎) 서기관, 마에마 교사쿠(前間恭作)·시오카와 이치타로(塩川一太郎) 통역도 동행했다.[121]

경운궁 안에도 "각 대신을 호위하기 위해, 일본 경찰 관리 및 헌병 등 다수가 궁성 안에 있다"[122]고 했지만, 이것도 대신들의 도망을 저지하기 위해서 일 것이다. 또는 황제가 외국 공관으로 '파천(播遷)' 하는 것을 방지·감시하는 것도 그 임무였을지 모른다. 그와 같이 어수선한 가운데, 오후 4시경 시작되어 7시에 이른 어전 회의의 대략은, 한규설 참정이 하야시에게 전한 바에 따르면 "각 대신이 일치하여 본 조약안을 거절하라고 두 차례에 걸쳐 상주했지만 폐하는 그것을 받아들이지 않고, 정부 대신들에게 다시 한 번 본관(하야시)과 협상하라는 명령을 내렸다. 이렇게 된 이상, 하루 이틀의 유예를 청하고 다시 정부의 의견을 정리해서 본관과

119) 앞의 책, 503쪽.
120) 林權助述, 앞의 책, 224쪽.
121) 『駐韓日本公使館記錄』 26권, 77쪽.
122) 『駐韓日本公使館記錄』 25권, 297~298쪽.

협의하기로 했다"123)고 한다. 대신 등의 총의로서 조약안 '거절'을 두 번 상주했지만, 황제는 그것을 받아들이지 않고, 대신들에게 하야시와 교섭을 계속하라고 명령을 내렸으므로, 징부 견해를 통일시킨 후에 교섭하고 싶다는 결론에 도달한 것이다.

오후 8시 전에 황제는 하세가와 주차군 사령관저에서 대기하던 이토에게 이재극(李載克) 궁상을 보내, "일본 공사와 협의를 하라고 내각의 여러 대신에게 명했지만, 그들이 두 번이나 반대 의견을 표명해서 어쩔 수가 없었다. 만일 지금 그것을 강행한다면 더욱더 분란을 불러올 것이기 때문에 협의 확정의 일은 잠시 유예해 주었으면 한다."고 전했다. 이토는 이것을 받아들이지 않고, "사태를 질질 끌면 더욱더 분란을 크게 하여 황제의 뜻에 멀어져갈 우려가 있으므로, 만일 여러 대신이 논의 하여 성지(聖旨)에 따르지 않는 바가 있으면, 본사(이토) 또한 즉각 궁중으로 찾아뵙고 아뢰올 것입니다"라고, 이재극 궁상을 통해서 황제에게 답했다.124)

이에 앞서 하야시는 시데하라 다이라 학부참여관에게 명령을 내려 이토에게 입궐을 재촉하는 연락을 취해두었으므로,125) 이토는 "만일의 경우에 즉시 우리 육군 관헌에게 명령을 내리기 편할 목적으로 하세가와 대장 및 사토(佐藤) 헌병대장(한국주차헌병대 경성분대장 사토 마쓰타로[佐藤松太郎] 헌병대위)의 동행을 요구,"126) 경운궁으로 급히 갔다. 그 모두가 하야시가 이토와 사전에 짜두었던 시나리오에 따른 행동으로, "단숨에 일을 해치우려고127) 하는 강행 돌파 계획의 실행이다.

123)『日本外交文書』38권 1책, 535쪽.
124) 앞의 책, 497쪽.
125) 林權助述, 앞의 책, 227쪽.
126)『日本外交文書』38권 1책, 497쪽.
127) 앞의 책, 535쪽.

이토는 알현을 요청하고 병환 중의 황제에게 "바라건대 침소에 불러주실" 것을 희망했지만, 황제는 이재극 궁상을 통해서 다음과 같은 칙답[勅答]을 내리고, 궁상은 그것을 대신들에게도 전달했다.128)

…… 어제 대사가 본 것과 같이 인후부에 종양이 생겨, 언어 응대에 몹시 고통을 느끼므로 뜻과 같이 될 수 없음을 유감으로 생각한다. 협약안에 대해서는 짐이 정부 대신으로 하여금 상의 타협을 이루도록 하겠다. 경은 부디 그 사이에 서서 주선하여 좋은 타협의 길을 강구하기를 바란다.

이토는 우선 황제로부터 조약안 승인을 얻어, 칙명으로 대신들 사이의 반대론을 봉쇄할 작전이었는데, 그것이 불가능함을 알고 위의 칙답 중의 "정부 대신으로 하여금 상의 타협을 이루도록 하라"는 말을 자신에 대한 '주선' 의뢰로 해석하고, 이것을 이용해서 대신들에 대한 설득에 착수한다.

한규설 참정은 자신은 황제의 "타협을 이루어라"는 상황에 반대했다고 말하고, '불충'을 이유로 참정을 사직하고 "참형의 벌(斧鉞의 誅)"을 청할 작정이지만, "우리나라의 독립이 …… 그 형식만이라도 남아서 …… 국체에 한 가닥 명맥을 보전하려 한다"고 생각한다고 명백히 의견을 말했다. 이토는 한규설의 사의는 "정부 대신의 직책을 짊어진 사람으로서 할 일이 아니다"고 비판하면서, "타협을 이루어라"는 칙명이 내린 이상, 의견은 "두 가지가 있을 뿐"이라며 '타협' 문제의 바꿔치기를 획책했다. ① "폐하는 즉시 대명(大命)을 당국 대신에게 내려, 단호히 본 협약안에 동의하고 속히 조인을 완료해야 한다고 명령을 내리시고, 당국 대신은 이를 받들어 행한다," 즉 찬성. ② "정부 대신은 국가의 이해를 돌아보아 그 의지를 번복하고, 곧바로 폐하의 칙재(勅裁)를 받들어 결말을 보게 한다,"

128) 이하 주기가 없는 것은 같은 책 503~507쪽 「日韓新協約調印始末」에 의함.

즉 반대다. 그리고 이토는 한규설 참정에게 "각 대신 각자의 의견을 물어, 만일 동의하지 않는 대신이 있다면, 어떠한 이유 때문인지를 일단 알고 싶다"고 말하고, 위의 양자택일을 각 대신에게 물을 것을 독촉했다.

가장 먼저 발언을 요구받은 박제순 외무대신이 "본 협약안에 대해서는 결코 동의하지 않는다. 그러므로 이것을 외교 담판서 본 대신이 그 절충에 임하고 타협을 이루는 것은 감히 할 수 없는 일이지만, 만일 명령이라 한다면 어쩔 수 없을 따름이다"고 대답하자, "명령이라 한다면…"이라는 말꼬리를 잡아 이토는 "귀 대신은 본 협약안에 절대적으로 반대한다고 볼 수 없다. 폐하의 명령이 내려지면 조인되는 것으로 보아도 무방하다고 믿는다"고, 일방적으로 반대는 아니라고 판정했다. 그러나 조선총독부 편 『조선의 보호 및 병합(朝鮮の保護及併合)』의 기술에 따르면[129] 박제순의 발언은 "이것이 명령이라 한다면 감히 이러쿵저러쿵해서는 안 되지만, 교섭 담판이라 한다면 가부를 논하지 않을 수 없다. 뿐만 아니라 불초이 몸이 지금 외교 임무를 맡고 있는데, 외교권이 남에게 옮겨지려는 때를 당하여 어찌 감히 이것을 가하다고 할 수 있으랴"이다. 즉, 외무대신의 임무를 맡고 있는 자신은 찬성할 수 없다고 반대 의사를 명확하게 표시한 것이다. 그러므로 18일에 하야시가 가쓰라 외무대신 앞으로 보낸 보고에는, "이지용, 이완용, 이하영, 권중현 및 이근택의 5대신[130]은 정세가 부득이 하다는 의견," 즉 찬성자라고 했지만, 박제순을 여기에 들어있지 않다.

---

129) 朝鮮總督府, 『朝鮮ノ保護及併合』, 25쪽.
130) 이상 5대신은 '을사5적'이라 불리고, 규탄의 표적이 되지만, 이하영 대신에 박제순을 5적에 넣는 설도 있다. 예를 들면 12월 1일 하야시 공사가 민영환 등의 상소운동에 대해 기술한 가쓰라 임시 외무대신에게 보낸 보고에 의하면 "상소의 취지 요점[趣意要領]으로 주장하는 바는 신 협약을 파기하고, 5대신 즉 박제순, 이지용, 이완용, 권중현, 이근택(이하영은 협약 조인 때 오히려 거절론으로 기울어 있었다고 여겨졌다)을 참형에 처해야 한다는 데 있다"(『日本外交文書』 38권 1책, 954~956쪽)고 하고 있다.

민영기(閔泳綺) 탁지상(度支相)은 "대체로 본 조약을 부인한다"고 말하며 반대로 일관했다. 이하영 법무대신은 "한일 양국 간에는 이미 의정서가 존재하고 있다. 그에 이어 지난해 7, 8월경 체결된 협약을 가지고 하면 되지 지금 다시 신 협약을 체결할 필요는 없는 것 같다"고 신 협약 불필요론을 논했으나, 이토의 추궁에 "우리 측이 최근 수차례에 걸쳐 이에 위배되는 행위를 하여 …… 끝내 귀국으로 하여금 이번의 제안을 하게끔 만든 것은 두고두고 유감인 바이다"라고 부언하자, "귀 대신의 의견은 우선 본안에 동의하시는 것으로 보아도 지장이 없다"라고 찬성으로 간주되었다.

이것에 대해 적극적으로 찬성을 표명한 사람이 이완용 학상이다. 그는 "오늘 원만하게 타협을 이루어 일본의 요구를 받아들이는 동시에, 우리 쪽의 요구도 받아들이게 하여 피아(彼我) 합의한 위에 체결하는 것이 좋다"고 했다. 이토는 "그러면 귀 대신은 완전한 동의로 인정한다"라고 했다. 이어 "조금 전 어전 회의에서 대체로 이 학상의 의견에 찬동을 표시한" 이근택 군상도, "이번의 협약안에 대해 이 학상과 같은 의견을 품고 있는" 이지용 내상도 "어전 회의에서 이 학상의 의견에 찬동을 표시한" 권중현 농상공상도 모두 찬성파로 헤아려졌다.[131]

<hr />

131) 한국 측 사료로서 뉴욕 도서관 알렌 문고 소장의 「乙巳勒約顚末記錄」(金基奭, 「光武帝の主權守護外交·1905~1907年」(海野 編, 『日韓協約と韓國併合』, 明石書店, 1995, 58쪽이 존재한다는 사실이 보고되어 있으나 아직 보지 못했다. 그 외에 헤이그 密使의 '控告詞'(金庚姬, 「ハーグ密使」と「國際紛爭平和處理條約」 「明治大學 『文學硏究論集』12호」 220~223쪽)가 알려져 있다. 여기서는 종래 무시되어 온 이완용·박제순·이지용·권중현·이근택 등의 자기 변명적 상소(『高宗實錄』 권46, 光武 9(1905)년 12월 16일조)에 기록된 이토와 한국 대신 사이에 오갔던 문답 부분을 제시한다(데라우치 이타로[寺內威太郞譯], 大臣 이름 아래의 선은 인용자가 그었다).

대사가 곧 참정대신에게 토의를 시작하자고 요청한다. 한규설이 대신(大臣)들에 대해 각기 자기 의사를 말하라고 한다. 대사가 먼저 참정대신을 향하여 "각 대신들은 어전에서 있은 회의의 경황만 말하는 것이 좋겠다. 내가 한 번 듣고자 한다. 참정대신은 무엇이라 상주하였는가"라고 하니 한규설이 말하기를 "나는 단지 否字로 말씀드렸을 뿐이다"라고 했다. 대사가

결국 반대는 한규설과 민영기 두 명뿐이라 본 이토는 한규설 참정에 대해 "보통 채결(採決)의 상규(常規)인 다수결에 따라 귀 수상은 본 문제

물어 말하길 "어떤 연고로 '부'라고 말하였는지 설명하여야 하겠다"라고 하니 한규설이 말하기를 "설명할 것 없다. 다만 반대일 뿐이다"라고 하였다. 다음으로 외부대신(外部大臣)의 여하를 물었다. 신 제순이 대답하여 말하기를 "이것은 명령이 아니다. 즉, 이것이 교섭이라면 찬성과 반대가 없을 수 없다. 내가 현재 외교의 책임을 맡고 있다. 외교권이 넘어가는 데 어찌 감히 찬성한다고 말하겠는가"라고 하였다. 대사가 말하기를 "이미 협상하여 잘 처리하라는 폐하의 지시가 있었으니 어찌 명령이 아닌가. 외부대신은 즉 찬성하는 편이다"라고 하였다. 다음으로 민영기(閔泳綺)에게 물으니 "반대입니다"라고 대답하였다. 대사가 절대 반대인가고 물으니 그렇다고 대답하였다. 대사가 말하길 "그렇다면 탁지부대신은 반대다"라고 하였다. 다음으로 이하영에게 물었다. 대답하여 말하기를 "지금의 세계정세와 동양의 형편 그리고 대사가 이번에 온 의도를 모르는 바가 아니다. 우리나라가 외교를 잘하지 못한다. 이 때문에 귀국이 여기에 간섭하려 드는 것이니 이는 바로 우리나라가 스스로 취할 바가 아니다. 그러나 벌써 지난해에 이루어진 의정서와 협정서가 있다. 이제 또 외교권을 넘기라고 하는가. 우리나라의 국체에 관계되는 중대한 문제이니 승낙할 수 없다"고 했다. 일본 대사가 말하기를, "그렇지만 이미 정세와 형편을 안다면 이것도 역시 찬성하는 편이다"라고 하였다. 다음으로 신 완용에게 물으니 그가 속으로 가만히 생각하여 말하기를, 협상하여 잘 처리하라는 폐하의 지시에 대하여 참정대신의 성명이 있었으니 이 문제의 근본은 이미 정해졌다고 여겼다. 이에 대답하여 말하기를 "나는 갑자기 접견 석상에서 말씀드린 바는 이와 같을 뿐이고 끝내 찬성한다는 말은 하지 않았다." 대사가 말하기를 "다시 확인해야 할 바를 확인하면 이도 찬성하는 편이다"라고 하였다. 다음으로 신 중현에게 물었다. 대답하기를 "나는 접견 석상에서 대체로 학부대신과 같은 뜻이었는데, 한 가지 다른 의견이 있다. 바로 황실의 존엄과 안녕에 대한 문구다. 그런데 찬성과 반대의 두 글자 사이에서 충신과 역적으로 구별된다. 고로 참정, 의견을 모으는 마당에서 반대한다는 한 마디로 잘라 말 했을 뿐"이라고 하였다. 대사가 말하기를, "황실의 존엄과 안녕의 글자는 과연 타당한 문구라면 이도 역시 찬성하는 편이다"라고 하였다. 다음으로 신 근택에게 물었다. 대답하여 말하기를 "나도 접견 석상에서 학부대신과 같은 뜻이었으나 의견을 수렴하는 마당에서는 충신과 역적이 갈라지기 때문에 농상공부대신과 같은 뜻이 된다"라고 하니 대사가 말하기를, "그렇다면 이도 역시 찬성하는 편이다"라고 하였다. 다음으로 신 지용에게 물었다. 대답하여 말하기를 "나 역시 접견 석상에서 학부대신과 같은 뜻이었다. 또 내가 일찍이 지난해 봄에 하야시 공사와 의정서를 체결하였는데, 이 조약의 조문 중 독립 공고, 황실 안녕, 영토 보존 등의 명백한 문구가 있으니 애당초 이 문제에 대하여 가부를 물을 필요도 없다"라고 하였다. 대사는 이도 역시 찬성하는 편이라 말하였다. 이어서 이재극에게 대신 상주해 달라고 요구하였다. "협상하여 잘 처리하라는 폐하의 지시를 이미 받았기 때문에 각 대신들에게 의견을 물었더니 말하는 바가 하나가 되지 못했다. 그러나 그 실제를 따져보면 반대한다고 단정할 수는 없다. 그 가운데서 오로지 반대한다고 확실히 말한 사람은 오직 참정대신과 탁지부대신뿐이다."

대체적인 줄거리는 이토 특파 대사 복명서에 첨부된 「日韓新協約調印始末」의 기술과 같지만, 상소에는 조약안에 대한 한국 대신의 거부적 발언 부분이 강조되어 있다.

를 완전히 가결된 것으로 인정하고, 필요한 형식을 갖춰 재가를 청하고 조인을 실행한" 것을 촉구하고, 나아가 "이와 같음에도 불구하고, 각하가 본 안을 거부하고 끝내 일본과 절교하려는 의지를 표시한다면 나는 우리 천황 폐하의 사명을 받들어 이 일을 응징한다. 제군에게 우롱당하고 가만히 있을 수 없다"고 협박했다.

황제의 칙명은 "상의 타협을 이룩하라"는 것이고, 어제 이토와 대신들의 회견에서 권중현 농상공상이나 한규설 참정이 이토에게 호소한 것처럼 한국의 요망은 독립 국가의 '형식' 유지다. 따라서 '상의 타협'해야 할 것은 어떻게 하면 보호 관계에 있으면서 독립 국가의 체면을 보존할 것인가에 대한 협의였다.

되풀이하여 말하지만, 일반적으로 보호 관계란 특정 2개 국가 사이에서 체결되는 보호 조약에 따라 보호를 주는 국가가 보호국에 대해서 외교 및 내정에 관한 권리를 설정한 관계를 말한다. 보호국은 국가로서의 법인격에 수반하는 국제법상의 '권리 능력'을 가지고 있지만, '행위 능력,' 즉 외교권의 행사에 대해 보호를 주는 국가에 의해 일정한 제한을 받게 된다.[132] 다만 그 형태는 조약에 따라 다양했다. 앞서 말한 바와 같이 다치사쿠타로는 보호 관계를 두 형태로 구분했지만, 그 뒤에 다시 다음의 3종으로 구분하고 있다.[133]

제1종: '그[보호국의] 외부에 대한 대표가 완전히 보호를 주는 국가에 의해 이루어져, 국제법상의 권리 능력은 향유하지만 국제법상의 행위 능력을 향유하지 못하는' 경우. 1885년 조약에 의한 마다가스카르와 프랑스와의 관계, 1905년 제2차 '한일 협약'에 따른 한국과 일본과의 관계.

132) 立作太郎, 「國歌ノ獨立ト保護關係」『國家學會雜誌』 20권 11호, 1906년 11월, 38쪽; 立作太郎, 『平時國際法論』, 日本評論社, 1930, 137~138쪽.
133) 立作太郎, 『時局國際法論』, 日本評論社, 1934, 360쪽.

제2종: '보호국이 스스로 외교 관계를 유지하고, 조약 체결에 관해서 보호를 주는 국가의 부인권을 인정하는 등, 어느 일정 사항에 대해 보호를 주는 국가에 의해 제한을 받는 데 그치는' 경우. 1884년 이후 1900년의 병합까지의 트란스발 공화국과 영국과의 관계.

제3종: '보호국이 그 이름으로써 외교 관계를 유지하지만, 보호를 주는 국가가 파견하는 통감이 보호국의 수상 겸 외무대신의 직임을 맡아, 실제상에서 보호국의 실권을 쥔' 경우. 1881년의 바르도 조약에 의한 튀니지와 프랑스와의 관계.

일본이 한국에 강요했던 것은 제1종의 보호 관계이지만, 고종 황제는 알현한 이토에 대해 "사신 왕래의 사례와 같은"[134] 독립국의 '형식' 유지를 주장하고 있으므로, 다치가 말한 제2종 일본이 부인권을 가지지만 한국 독자의 외교 경로(사절단의 파견·접수)를 유지하는 보호 형식의 조약 체결, 즉 현상의 조문화를 양보의 최저선으로 하여 '상의 타협'하는 것을 의도했던 것이다. 하지만 이토는 칙명의 '상의'만을 이용해서 교섭을 강제하고, '타협'을 무시하여 조약안의 내용을 협의하지 않고 일괄하여 찬부를 묻는 방법으로 결론을 끌어냈다. 한국 대신은 이토의 술수에 빠졌던 것이다.

조인 후 황제는 "이와 같이 중요한 조약을 이렇게 쉽고 급하게 체결한 것은 실로 영원히 남을 한이다. 원래부터 금일의 경우, 각 대신이 조치한 다하더라도 어찌할 도리가 없을 것이다. 다만 여기에 일본의 요구를 받아들이는 동시에 우리나라도 또 무언가 반대 이권을 요구하는 밀고 당기는 협상은 이번에 미리 대신들이 복안으로 가지고 있었어야 했을 것이다. 그런데도 그렇게 하지 못하고 결국 쉽사리 체결을 끝낸 것은 대신들이 무능하고 무기력한 때문이니 어처구니없어 참을 수 없다"[135] 고 개탄했다고

---

134) 『日本外交文書』 38권 1책 501쪽.

한 것도 황제가 명한 '상의 타협'의 의도가 전혀 반영되지 못한 채, 독립을 상실한 것에 대한 분개였을 것이다.

한규설 참상은 여전히 "내 뜻을 바꾸지 않겠다," "나는 폐하의 성지를 저버리고, 또 각료와 의견을 달리하게 되었다. 마땅히 진퇴를 결정하고, 삼가 대죄를 기다리는 것 외에 무엇을 하리오"라고 "목놓아 흐느끼"면서 말하고, 결국 퇴실했다.136) 흥분한 나머지 심란 상태에 빠진 듯 하다.

다음으로 입궐하에 상주하기에 앞서 조문의 자구 수정으로 옮겨가,

---

135) 『駐韓日本公使館記錄』 25권, 297~298쪽, 「伊藤候來韓ニ付第六回報告」(11월 20일, 丸山警務顧問이 林公使앞으로). 또는 18일 미타니 아키노치(三谷明憲) 巡査에 의한 「韓人ノ 報告ニヨレバ」(앞의 책 274~275쪽), "조약 조인이 끝나고 각 대신 등이 대궐을 물러나자, 폐하는 몇 시간동안 눈물을 흘리다가 결국 피를 토하셨다. 대신들은 일본과 한 통속이 되어 짐을 협박해서 조약에 조인하도록 만들었다. 짐의 백성들은 일제히 일어나 이 슬픔을 함께 하라는 운운의 말이 있었다. 오늘 각 지방에 사자(使者)를 파견하여 보호조약에 조인한 것은 짐의 의지가 아니며, 짐은 협박 때문에 조인한 것이므로 짐의 백성들은 일어나라 운운"라고 말했다고 한다.

136) 鄭喬 『大韓季年史』, 國史編纂委員會, 『韓國史料叢書』 제5는 이토가 "급히 퇴거하라고 말했다. 규설은 황송해 하며 대답하기를 '나는 참정이 아니란 말이오'라고 했다. 그리고 바로 퇴출하여 어전에 들어가려고 했다"고 전하며, 박은식 『朝鮮獨立運動의血史』 姜德相 譯, 平凡社, 1972, 29쪽은 "참정대신 한규설이 '신명을 걸고 절대 거부한다'고 맹세하자, 이토는 헌병에 명하여 한규설을 별실로 연행, 구치했다"고 한다. 여기서는 이토가 한규설에게 퇴실을 명령했다거나, 헌병에게 끌고나가게 했다고 하지만, 앞에 나온 마루야마(丸山) 경무고문의 보고에는 "한 참정은 …… 반 광란 상태가 되어 폐하의 거실로 들어가려고 했기 때문에 다른 사람이 제지했다"고 되어 있다. 또 11월 24일 하야시가 가쓰라에게 보낸 보고(『日本外交文書』 38권 1책 610~611쪽)에 따르면, "한 참정은 조약의 조인을 거절하기 위해서는 폐하로 하여금 이토 대사를 인견(引見)해서 애원조의 설명을 하도록 하는 것이 최후의 방책이라 믿고, 폐하의 허가를 기다리지 않고 곧바로 옥좌로 가서 상주하려고 시도하였다"고 한다. 이토가 한규설을 퇴출시킬 이유는 없었으니, 『大韓季年史』나 『朝鮮獨立運動의血史』의 기록은 과장인 듯하다. 이상설의 『控告詞』의 다음 기술이 사실에 가까운 것이 아닐까 한다. "총리대신 한규설은 그[이토]의 간청에 동요함이 없이 일관해서 수락을 거부하고, 각의실을 나가려고 했습니다. 이토는 그의 손을 잡고 요구를 받아들이도록 재차 시도하였으나, 그는 강력히 저항하고 자리에서 일어났습니다. 그때 병사와 헌병대가 헌병에 포위되어 있는 별실로 그를 데리고 갔습니다. 이토는 그 방으로 찾아가서 위협과 회유를 되풀이하면서 동의를 얻어내려고 노력했으나 아무런 효과도 없었습니다. 그는 결코 동의하지 않는다고 하면서 '차라리 죽는 쪽이 낫다'고 대답했습니다. 이토는 격노해서 '당신의 동의와 직인(職印)이 없어도, 이 조약은 체결시킨다'고 말했습니다"(金庚姬, 앞의 논문, 223쪽)

다음과 같이 조약안에 수정이 가해졌다.

① (이하영 법상 제의): 제1조 '…… 외국에 대한 관계 및 사무를 완전히 스스로 감독 지휘한다'에서 '완전히 스스로'를 삭제 요구 - 받아들임.
② (이완용 학상 제의): 제3조 통감의 직장(職掌)에 '내정에 간섭하지 않는다'를 삽입할 것을 요구 - '통감은 오로지 외교에 관한 사항을 관리하기 위해 경성에 주재한다'를 삽입.
③ (권중현 농상공상 제의): 새로 제5조를 만들어 '일본국 정부는 한국 황실의 안녕과 존엄을 유지할 것을 보증한다'를 추가할 것을 요구 - 받아들임.

이 외에 조약에 기한을 부가하자는 제의가 있었지만 하야시가 강력히 거부했다. ①~③의 수정·추가는 보호 조약의 본질을 변경한 것은 아니다. 제3조의 삽입 문언은 한국 외교권의 행사를 일본 정부가 행한다고 규정한 제1조와의 정합성이 결여되고, 뒤에서 언급하는 바와 같이, 한국의 외교적 대표가 일본 외무성인가, 통감인가라는 문제를 발생시키게 된다. 신설된 제5조는 천황 친서에 있는 "귀 황실의 안녕과 존엄은 추호도 훼손되는 바 없이 견실히 유지될 것임은 짐이 미리 확실히 보장하는 바이다"의 전용(轉用)이다.

수정 조약안은 즉시 이재극 궁상·이지용 내상이 입궐하여 상주하였다. 황제는 "이 수정안을 만족하게 생각하시고 재가를 하셔야겠지만, 폐하의 희망에 따라 또 하나의 조항, 즉 한국이 부강을 이루고 그 독립을 유지하기에 족한 실력을 쌓게 되면 이 조약을 철회한다는 뜻의 자구를 삽입할 것을 특히 대사에게 간절히 바랐다"고 한다. 이미 거부할 수 없다고 판단한 황제는 최소한 시한을 붙여서 조약의 효력 기한을 설정하고, 빼앗긴 외교권의 회복을 기대한 것이라 생각된다. 이토는 그것을 역이용하여 황

제의 요구를 받아들이고, 수정한 것으로써 재가가 내린 증거라 한다. 수
정은 전문에 "한국이 부강하다고 실력을 인정할 때에 이르기까지"의 삽
입이다. 이토는 '스스로 붓을 집어' 이것을 써넣었다.

뒤에 하야시는 과거를 회상하며 다음과 같이 말하고 있다.[137]

> 그래서 나는 이토 선생을 돌아보며 말했다. "이것은 조약이라는 명의로 되어 있는
> 관계상, 일본으로서는 당연히 추밀원의 내락(內諾)을 얻지 않고서 문구를 생략하
> 거나 보족할 수 없는 일입니다만, 이 경우는 그렇게 느긋한 흉내를 낼 여유가 없습
> 니다."
> 고 말하자 이토 선생이 말씀하셨습니다.
> "내가 명했다고 하면 그것으로 끝이다."

하야시가 말하는 '추밀원의 내락'은 하야시의 착각이든지, 구술할 때
필기자의 오기인 듯 하다. 그러나 조약의 수정가감은 정부 승인을 필요로
한다. 그것을 위한 청훈(請訓)을 생략한 것이 되어 절차상의 관습에 위반
한다.

어쨌든 수정안을 재차 황제께 보였던 바, "폐하는 특히 만족한다는 말
씀을 하셨다"고 「한일 신 협약 조인시말」은 기록하고 있다. 공적인 보고
서로서 정치적 효과를 노린 표현이라 생각되지만, 일본은 이것을 가지고
황제의 재가가 내리고, 조약 체결에 필요한 쌍방 동의를 얻어, 조문이 확
정되었다고 보고, 이후 그런 자세를 끝까지 견지했다.

서명자는 '특명 전권 공사 하야시 곤스케'와 '외부대신 박제순'으로,
두 사람이 기명하고 직인을 찍게 되는데, 박제순은 저쇄(邸璽, 職印)를 지
참하고 있지 않아서 "박 외무대신은 그 관인(官印)을 외부(外部) 주임자

---

137) 林權助 述, 앞의 책, 229쪽.

에게 가지고 오라고 전화로 명"했다고 한다. 외무대신 직인의 은닉, 인도 거부 등의 방해를 예상한 하야시는 "국새(邸璽의 잘못)를 보관하고 책임 지는 관리[司]가 있습니다. 그래서 나는 외무성에 아침 일찍부터 사람을 보내, 그 국새를 보관하고 있는 관리(國璽保持官)를 감시하지 않으면 안 됩니다"[138]라고 말하지만, 계획대로 일이 진행된 것은 아니다. 28일 하야 시가 가쓰라 앞으로 보낸 전문에 의하면, 박제순 외상은 "서명을 하기에 앞서 인장을 가져 오도록 외부에 수차례 전화를 했지만, 인장 보관자인 비서과장이 부재이기 때문에 인장은 2시간 늦게 서야 비로소 보관자가 궁중에 가져왔다"고 보고하고 있다.[139]

이 때문에 조인은 지연되어 18일 오전 1시(1시 반이라도 함)에 간신 히 조인을 마쳤다. 조인서의 정서(淨書)는 일본문이 시오가와(塩川)·마 에마(前間) 통역관, 한글문은 내각 주사(主事) 2인이 했다. 한국 측 서명 자인 박제순의 기명은 자필이 아니라 이토가 썼다는 김덕호(金德鎬)의 지 적이 있다.[140] 아마 조인 당시 주한독일변리공사 잘데른(Saldern)이 독 일 수상에게 보낸 보고 중에 "외부대신 박제순도 황제 앞에서 자신은 조 약에 서명한 기억이 없다"고 말했다고 한 1992년 6월 14일자 「코리아 헤

---

138) 앞의 책, 224쪽.

139) 『日本外交文書』38권 1책, 556~557쪽. 뒤에 스티븐스를 사살했던 장인환(張仁煥) 등 은 스티븐스가 "한일 조약 체결 때 국새를 강탈하여 제멋대로 약정서에 찍어, 한국에 천취[千 載]의 치욕을 남겼다. 그는 한국 고문이라는 이름을 빌려 음으로 양으로 일본을 돕기만 했 다. 한국 독립의 멸망은 실로 그의 손에 의해 획책되었다"(『日本外交文書』41권 1책, 843쪽) 고 믿고, 살해 이유로 삼고 있다. 또한 이태진은 박제순 외무대신이 "직인을 가지고 가지 않 았던 것은, 본인이 스스로 협정 대표로 생각하고 있지 않았음을 의미"한다(이태진「韓國倂 合は成立していない」上,『世界』1998년 7월호, 310쪽)라고 하지만, 지나친 천착이다. 박제 순은 11월 17일 당일 조인이 행해질 것이라는 예상하고 있지 않았던 것뿐일 것이다.

140) 金德鎬(「從軍慰安婦」·太平洋戰爭被害者補償對策委員會常務委員)「日本帝國主義の 武力侵攻と軍事的占領を隱蔽した '乙巳五條約'の不法と無效性」, ICJ國際セミナ-東京委 員會 編,『裁かれるニッポン』, 日本評論社, 1996, 143쪽.

럴드」의 기사에 따른 것으로 생각되지만, 박제순이 조인서에 기명한 것과 다른 문서의 필적을 대조하는 등 입증에 필요한 절차가 취해지지 않았으므로 이에 대한 앞으로의 연구를 기다리고 싶다.

하야시는 18일 가쓰라 외무대신 앞으로 조약안의 수정 부분을 전송하고, "위 수정은 결국 대체로 중대한 관계가 없다고 인정해 이를 받아들였다"고 보고했다.141) 이 전문의 '도쿄 도착'은 19일 오전 8시 40분이다. 이날 정부는 이토 특파 대사의 진력에 대해서 "사의를 표한다"는 전문을 보내고,142) 20일에는 천황이 "임무를 완수"한 하야시 공사를 "가상히 여긴"다는 칙어(勅語)를 하사했다.143) 그러나 조약 확정문의 정부 사후 승인, 재가가 어떻게 이루어졌는지 명확하지 않다.

일본 정부는 11월 20일·21일 영국·미국·독일·프랑스 주재 공사에 한일 보호 조약 조인을 해당 정부에 내시하도록 훈령하고,144) 22일에 앞의 4개 국가에 더하여, 청·오스트리아·이탈리아·벨기에·덴마크 주재 공사에게 정식으로 '협약' 전문과, 체결에 이른 이유 및 여러 나라가 한국과 맺고 있는 조약의 존중, 한국에서의 여러 나라의 정당한 상공업의 이익 보장을 주창한 일본 제국 선언을 각 정부에 통고하라고 지시했다.145) 그때 정부 견해로서, "향후 한국의 외교 사무는 협약 제1조에 의거하여 도쿄 외무성에서 관계 여러 나라 정부(關係 列國政府) 또는 그 도쿄 주재 대표자와 직접 이를 한다는 것"에 유의할 것을 전했다. 조약문에서, "혹은 한국 외교는 통감이 도쿄 외무성의 지휘 감독을 받아 여전히 경성에서 이를 행

141) 『日本外交文書』 38권 1책, 536~537쪽.
142) 앞의 책 537쪽.
143) 앞의 책 538쪽.
144) 앞의 책 540쪽.
145) 앞의 책 542~546쪽. (英文도)

하는 것처럼 의혹을 불러일으킬 수도 있다고 여겼기" 때문이다. 실제로 미국 국무장관 루트는 "협약 제3조에 주차하는 통감은 외교 사무를 처리하고 지휘한다고 되어 있는데, 지금부터 성성에 수재하는 각국 대표자는 외교상의 사항에 관해서 직접 통감과 교섭해야 한다는 뜻이냐고 질문"하고 있었다.[146) 조인시에 이토가 삽입한 제3조의 문언이 일으킨 문제다.

영문 번역은 조인 직후에 수석 수행원인 쓰즈키 게이로쿠(都筑馨六)와 스티븐스 외교 고문이 했고,[147) 조인서 정본에는 없는 표제를 컨벤션(Convention)이라 붙이고, 제3조의 '오로지 외교에 관한 사항'의 '오로지'를 primary(주요한)이라 번역하는 등 주도한 배려가 베풀어졌다.

일본에서의 공표는 11월 23일자 「관보」 호외에 외무성 고시로 게재(표제 없음)하고, 아울러 '한국에 통감부 및 이사청(理事廳)을 설치하는 건'을 칙령 제240호로 공포했다. 한국에서는 12월 16일자 「관보」 교섭 사항란에 '한일 협상 조약'으로 공시되었다.

3. 제2차 '한일 협약'의 법적 문제

1) 한국의 저항과 열강의 조약 승인

제2차 '한일 협약' 강제 조인 후, 한국 사회는 불온한 공기에 휩싸였다. 「황성신문」의 장지연(張志淵)은 사전 검열에 따른 기사 게재 금지 명령을 무시하고, 1905년(메이지 38) 11월 20일자 신문에 유명한 「금일야방성대곡(今日也放聲大哭)」을 게재했다.[148) 황제에의 상소도 줄이었다. 『고종

---

146) 앞의 책 541~542쪽.
147) 『駐韓日本公使館記錄』 25권, 280쪽.
148) 『駐韓日本公使館記錄』 25권, 국사편찬위원회, 1992, 302쪽. 마루야마 경무고문이 하야

실록(高宗實錄)』에 기재된 11월 말까지의 상소만 40건 이상에 이른다. 이 중 가장 저명한 것이 조병세(趙秉世)·민영환(閔泳煥) 등의 상소다.

궁내부 특진관 조병세(1827~1905)는 우의정(1889), 좌의정(1893) 등을 역임한 원로로 향리인 경기도 가평에 은퇴해 있었지만, 조약 조인의 보고를 받고 상경하여, 11월 23일 황제의 부름을 받고 조인에 응했던 대신의 '무군멸법지죄(無君蔑法之罪)'을 규탄하고 조약 파기 등을 요구했다.[149] 그리고 26일 이후는 "신 조약 파기의 목적을 가지고, 당국 대신을 토멸하자는 취지의 상소"를 거듭 올렸다.[150] 또한 서울 주재 각국 공사에게 원조를 요청하는 글을, 하야시 곤스케 공사에게는 일본 정부의 반성을 촉구하는 글을 보냈다. 각국 공사 앞으로 보낸 글은 다음과 같다.[151]

우리나라가 세계에서 자주 독립하고 있는 것은 천하가 다 알고 있는 바다. 일본이 우리나라에서 마관조약(청일 강화 조약)부터 지금 러일 개전 때에 이르기까지 선전 조칙(宣戰詔勅)과 한일의정서에서 우리나라의 독립과 영토 보전을 이야기하지 않은 적이 없었다. 각국에 성명한 것도 또 천하가 다 아는 바이고, 또 귀 공사가 아는 바이다.

지금 일본 대사와 공사가 조약 초고를 하나 우리나라 궁중으로 가지고 들어와서, 조약에 날인할 필요가 있다고 강제했다. 그 약장(約章)의 뜻은 곧 '우리나라에 일본 통감을 두고 일본에 우리나의 외교를 이관한다'는 것이다.

만일 이렇게 되면 독립은 변하여 속지로 되고, 속지는 가라앉아 망하는 것으로 끝난다. 우리나라의 황제는 아직 인준을 내리지 않았다. 참정대신은 완강히 지켜서 그들의 청을 따르지 않는다.

일본 대사는 능욕하고 협박하며 병사들을 인솔하여 궁궐을 포위하고, 군소(群小)

시 공사에게 보낸 보고. 경찰은 즉시 발행지를 차압하고 인쇄기를 봉인, 발행 금지 처분을 했다.

149) 『李朝實錄』 56책, 학습원동양문화연구소, 1984, 265쪽.

150) 위의 책, 340~341쪽. 상소문은 335~336, 341쪽.

151) 黃玹, 『梅泉野錄』, 朴尙得 譯, 國書刊行會, 1990, 444쪽.

를 접주고, 움직여서, 그 가부를 물었다. 처음부터 예식을 갖추고 있지 않았다. 강제로 외부(外部)의 인장을 가져오게 하여 날인해 갔다. 그것을 정약(定約)이라 부르고 있다.

지금 천하의 대국(大局)은 약소로서 열강 사이에 처하여 스스로를 지킬 수 있는 자는 달리 없다. 믿는 것은 인국의 우의(友誼)이고, 의지하는 것은 공법(公法)이다.

나아가 계속해서 협박으로 체결된 조약은 국제법상 무효이기 때문에, 한국에 주재하는 공사는 각 기관에 도모해 조약을 부인하고, 한국이 구권(舊權)을 잃고 망국으로 되지 않도록 노력해 주기 바란다고, 기술하고 있다.

또한 하야시 공사에게 보낸 글에서는,[152]

폐국과 귀국은 일찍부터 인의(隣誼)를 돈독히 하여 교호(交好)가 날로 밀접했다. 청일 강화 조약으로부터 고무라 외상이 여러 나라에 보낸 변명서에 이르기까지 '우리나라의 독립을 보전한다'고 말하지 않은 때가 없다.

그런데도 지금 귀 대사와 공사는 병력을 인솔하고 궁궐을 포위하고, 참정을 구금하고, 외무대신을 협박하고, 예식을 갖추지 않고 강제로 조인시켜, 우리의 외교권을 강탈하려 하고 있다. 스스로 공법을 어기고 멋대로 식언을 하는 것은 아닌가? 귀 공사에게 청하건대 돌이켜 생각해 보기 바란다. 정의, 공리(公理)에서 어찌 이런 일이 있을 수 있을까? 천하가 장차 귀국을 탓하는 수가 있을까 은근히 두렵다. 다행히 귀공사가 마땅히 다시 뉘우치어 귀 정부에 아뢰어 이 조약을 취소하고, 우리 동서대국(東西大局)을 보전하도록 극구 요구한다.

이들에 나타난, 일본이 과거 조약 등에서 명언해 온 한국의 독립보장을 식언하여 한국을 보호국으로 만들고, 게다가 국제법을 무시하여 조약을 강제로 체결한 것에 대한 비난은, 조병세나 많은 상소자 뿐만 아니라,

152) 위의 책, 445쪽.

반일 의병으로 결기하는 한국인에게 공통된 인식이었다.

주미공사(1895년, 1899년), 유럽 6개국 주재 공사(1897년)임명의 경력을 갖고, 황제의 측근인 시종무관장 민영환(1861~1905)도 조병세를 도와 상주(28일)했다. 그들은 정부·궁중의 백관에게 호소하여 조약 파기와 조약에 찬성한 5대신 파직의 상소 운동을 전개하려고 한 것이다. 종로 등의 상점은 27일 이래, 휴업해 이에 호응했다.[153]

"사태가 불온으로 기우는 것을 우려한" 하야시는 27일, 황제에게 상주하여 조병세 등에게 해산을 명하도록 하고, 그래도 여전히 명령을 거절한 조병세를 헌병을 보내 체포하여 향리에 보내도록 했다. 민영환 등의 상소자에 대해서도 칙명에 따른 처분을 통지했지만, 그들은 28일 밤, 항명의 "죄를 기다린다"고 하면서 평리원 문전에 집합해서 해산하지 않았다.[154]

이토와 하야시는 고종 황제에게 진언하여 그들에게 해산 명령을 내리게 했다. 일동은 그에 따랐지만 민영환은 귀가하지 않고, 다음날 아침 단도로 자결했다.[155] 조병세 또한 12월 1일 아침, 소청(疏廳)인 표훈원(表勳院)에서 돌아가는 길에 아편을 먹고 그날 오후 4시 반 절명했다.[156]

민영환·조병세의 순절에 대하여, 하세가와 요시미치 한국주차군사령관과 하야시는 "일반의 감정을 누그러뜨리는 계책으로서 …… 이들의 사후에 대해 후한 대접을 내리고, 국장에 붙여주기 바란다는 뜻을 황제에게 주청"[157]하는 동정의 포즈를 취해 보였다.[158] 황제가 민영환과 조병

---

153) 『駐韓日本公使館記録』 25권, 345~346쪽.
154) 『日本外交文書』 38권 1책, 952~953쪽. 하야시는 조병세 등의 상소 운동에 대해 황제가 해산 명령을 내릴 것을 요청했는데, "만일 그렇게 하지 않을 때는, 본관은 어쩔 수 없이 스스로 해산시킬 조치를 취하여 치안의 유지를 꾀할 것이다"고 무력을 행사할 것임을 넌지시 내비치며 실행을 강요했다.
155) 위의 책, 953~954쪽.
156) 위의 책, 954~956쪽.
157) 위의 책, 957쪽.

세에 대해 "忠正 慮國忘家曰忠 以正服人曰正"의 시호를 내리고,[159] 조제 (弔祭)의 예를 내린 것은 그 결과다. 조병세의 장례는 12월 8일 이른 새벽 약 1000명이 참가한 가운데 이루어지고,[160] 황제의 외척인 민영환의 1등 예상(一等禮喪, 국장)은 12월 19일 프랑스 공사를 비롯해 6,000~7,000명 이 참석해 성대하게 집행되었다.[161]

일본의 감시 아래 있던 황제는 이들 상소를 받아들이지 않았지만, 누 구보다도 집요하게 보호 조약의 파기에 달라붙었다. 김기석의 연구「광무 제의 주권 수호 외교·1905~1907 - 을사 늑약 무효 선언을 중심으로」[162] 는 제2차 '한일 협약' 조인 전후에서 헤이그 '밀사' 사건에 이르는 사이에 적어도 6차, 황제가 제2차 '한일 협약'의 무효 확인을 여러 나라에 요구하 는 활동을 시도했다는 사실을 밝혔다. 정리하면 표 7과 같다. 일본 정부는 이러한 황제의 '주권 수호' 활동을 방해했는데, 구미 제국주의 국가들도 일본의 대륙을 향한 팽창 계획에 경계의 눈초리를 보내기 시작은 했지만, 일본에 침략당한 한국의 호소에 귀를 기울이고, 도움의 손길을 뻗치는 것 은 없고, 제2차 '한일 협약'의 유효성을 인정했다.[163]

---

158) 위의 책, 958쪽에 수록된 12월 7일 가쓰라 외무대신이 하야시에게 보낸「日韓協約反對 者 嚴戒ノ詔勅發布措置方訓令ノ件」에 따르면, 가쓰라는 "신 협약 반대의 의사 표시로써 자살한 자에게 도리어 후한 대접을 내리는 예"를 "유감"이라 하고, "이런 분별없는 행동을 엄중하게 경계하는 조칙을 발포할" 것을 하야시에게 훈령했다.

159) 한국『官報』1905년 12월 4일 호외. 민영환에 대해서는 11월 30일 '忠文'이라는 시호를 내 렸지만 (한국『官報』1905년 12월 1일 호외), 뒤에 조병세와 함께 '忠正'으로 고쳤다.

160)『駐韓日本公使館記錄』25권, 400쪽.

161) 위의 책, 428~429쪽.

162) 서울대학교 교육연구소 한국교육사고, 1993년(이태진 편저,『일본의 대한제국 강점』, 까치, 1995년에 재수록). 김혜영의 일본어 번역은 海野 編,『韓日協約と韓國倂合』, 明石書店, 1995에 수록.

163) 한국 보호국화를 둘러싼 한국의 대미 공작과 미국의 대응에 대해서는 長田彰文,『セオド ア·ルーズベルトと韓國』, 未來社, 1992, 제6장「韓國保護國化および韓國倂合て美國」참조.

표 7. 고종 황제의 제2차 한일 협약 무효화 운동

시기	사자	목적	결과
1905년 10월 (친서 작성) 1905년 11월 26일(전보)	헐버트	미국 정부에 협약 체결 저지의 주선 의뢰, 협약 무효 선언 전달	루트 국무장관, 협력 거부 회답, 묵살
1905년 11월~ 1906년 봄	알렌 전 주한 공사 (콜브란·보스토윅 개발회사 변호사 엘리어트 경유)	황제의 백지 친서, 협약의 불법 조인 경위 전달, 미국·영국·일본의 공동 보호 요청	알렌, 활동을 중지
1905년 12월 11일 ~19일	閔泳瓚 주불 공사	루트 국무장관과 회견, 미국 정부의 주선 요청	루트 국무장관, 협력거부 회답
1906년 1월 29일 (문서 작성)	런던 데일리 뉴스 기자 스토리	협약 무효 선언, 열강에 의한 5년간의 공동 보호 희망	1906년 12월 6일 「런던 트리뷴」에 게재. 1907년 1월 16일 「대한매일신보」에 게재.
1906년 6월 22일 (친서) 1907년 5월 8일 (출국)	헐버트 (특별위임원 임명 위임장)	미국·영국·프랑스·독일·러시아·오스트리아·이탈리아·벨기에·청 9개국 원수에 보낸 친서에서 협약 무효 선언, 주선 요청, 헤이그 국제 재판소에의 제소 의사 표명	황제 퇴위로 중지
1907년 4월 20일 (위임장)	李相卨, 李儁, 李瑋鍾	제2차 만국평화회의(헤이그)에 특사 파견, 협약의 무효를 호소하다.	평화 회담 출석을 허락받지 못했다.

金基奭, 「광무제의 주권수호외교·1905~1907년」(海野 편 『日韓協定と韓國併合』 수록)에 의해 작성.

일본과 한국이 체결한 보호 조약을 제3국이 승인하는 것은, 그때까지 한국과 국교 관계를 유지해 온 제3국이 한국의 독자적인 외교권 행사를 부인하고, 한국에 주재하는 자국의 외교 사절을 철수시키는 것에 의해 증명된다. 제2차 '한일 협약' 공표 당일인 11월 23일 주미 공사 다카히라 고고로(高平小五郞)는, 국무장관 루트(Elihu Root)에게 협약 및 선언을 공문으로 통지함과 동시에, 구두로 "재한 미공사관 철수에 관한 제국 정부의 희망을 말한"[164] 것도, 협약 승인의 실행을 요구하는 것이다. 다음 24

일, 루트는 주한 공사 에드윈 모건(Edwin V. Morgan)에게 "한국에서 철수하여 미국으로 돌아오고, 공사관의 건물, 재산 및 문서를 총영사의 보관 아래 두도록"165) 훈령함과 더불어, 다카히라 공사에게 이후 한국에 관한 외교 사항은 도쿄의 미국 공사관과 일본 정부의 사이에서 직접 행한다고 회답했다.166) 주일미국대리공사 헌팅턴 윌슨(Huntington Wilson)도 25일 주한 미국 공사관의 철수와 "한국에서 동국[미국]의 조약상의 권리 및 동국 인민의 신체 재산에 관한 외교 사무는 향후 재본방(일본) 동국 공사관에서 이것을 취급한다"는 것을 외무성에 통지했다.167)

마찬가지로 주일영국대사는 12월 2일, "재한국 영국 공사를 철수하고, 총영사로 하여금 이를 대신하기로 했다"는 뜻을 외무성에게 통지하고,168) 주일 독일공사도 12월 4일, 주한 독일 공사관의 철수를 외무성에 전했다.169) "홀로 (주한) 프랑스공사 콜링 프랑시(V. Collin de Plancy)만은 주저하는 바 있다"고 보였지만, 12월 29일 프랑스 정부는 일본 정부에게 주한 공사관의 철수을 통지하고, 프랑시 공사도 1906년 1월 21일 서울을 떠났다.170) 청 공사관도 2월 6일 철수했다.171)

한편, 한국 재외 공관의 철수도 이루어졌다. '한일의정서' 체결 후 일

164) 『日本外交文書』 38권 1책, 548쪽.
165) 長田彰文, 앞의 책, 181쪽.
166) 『日本外交文書』 38권 1책, 548~549쪽.
167) 『官報』 1905년 11월 29일
168) 『官報』 1905년 12월 6일
169) 「官報」 1905년 12월 7일.
170) 朝鮮總督府, 『朝鮮ノ保護及併合』 32쪽, 마쓰노미야 슌이치로(松宮春一郎)의 서울로부터의 보고 「保護條約締結後の韓國」(『外交時報』 9권 2호, 1906년 2월, 26~27쪽에 따르면, 각국 공사의 서울 철수(공사관 폐쇄)는 1905년 11월 30일 영국공사 조단, 12월 2일 청국공사 曾廣銓, 12월 8일 미국공사 모건, 12월 16일 독일공사 살데른(Saldern), 1906년 1월 21일 프랑스 공사 프랑시라 한다.
171) 주 170과 같음.

본 정부는 '재정 정리'를 이유로 한국 외교 기관의 축소와 일본 재외 공관에의 사무 위탁을 통해 조약에 의하지 않는 보호국화를 추진하는 공작을 하고 있었다. 1904년 5월, 톈진(天津) 지방의 한국 영사 사무를 이주인 히코키치(伊集院彦吉) 총영사에게 위탁하는 문제가 제기되었을 때, 주청공사 우치다 야스나리(內田康成)는 "이 건과 관련하여 재북경 한국 공사관도 추가로 철거하고, 청에 대한 외교 관계를 우리 공사에 의뢰하도록 하는" 의견을 제출했는데, 이에 하야시 주한 공사는 더욱 "나아가 구미 여러 나라에 있는 한국 공사관을 철폐하는 동기로서 본인도 의견을 같이 한다"라고 동조했다.172) 그리고 제1차 '한일 협약' 체결 후 하야시는 "현재 (한국이) 주외(駐外) 외교관의 다수가 휴가 귀국[賜暇歸朝]을 요청하고 있는 것을 좋은 기회로 삼아, 여비 등을 주어서 각 관에 관원 1명을 제외하고 올해 말까지 점차 휴가 귀국을 허가하고, 귀국 후의 재파견 및 후임자 파견은 중지하는 방침을 취하고, 잔류 관원 1명은 내년에 시기를 보아 각 주재국의 제국 대표자에게 이권을 대표하게 하는 절차를 완료한 다음 철수시키는 방법을 취했으면 하는 희망"을 고무라 외상에게 상신했다.173)

주청한국공사 민영철에 대한 한국 정부의 귀국 명령은 11월 하순에 내려졌지만,174) 그것은 고무라 외상·우치다 공사 등의 획책에 의한 것이다.175) 민영철의 귀국은 1905년 1월 하순(23일 지푸[芝罘] 출발)이다.176) 4월에는 3명의 공사관원도 귀국하고, 대리공사로서 박태영(朴台榮) 한 사람만이 잔류하게 되었다.177) 고무라 등은 그 기회에 한국 공사관의 폐

172) 『日本外交文書』 37권 1책, 411쪽.
173) 위의 책, 412쪽.
174) 위의 책, 417쪽.
175) 위의 책, 413~416쪽.
176) 『日本外交文書』 38권 1책, 591쪽.
177) 위의 책, 598~599쪽.

쇄를 도모했지만,[178] 공사관 폐쇄는 제2차 '한일 협약' 조인 후가 된다.

1904년 가을경부터 한국 정부의 한국 공사관에의 송금을 귀국 여비 이외는 대부분 정지시켜, 말하자면 밥줄을 끊어 재외 외교관의 자발적인 귀국 청원을 기대한 일본 정부는 외국에 대해서는 "종래, 한국의 외교는 모두 경성에서 결정되는 상태로서, 특별히 외국에 공사를 파견해 둘 필요를 인정하지 않는다. 재정 정리의 측면에서 오히려 점차 공사를 철수시키는 쪽"[179]이라는 입장에서, 외국 정부가 대리공사 대신 정임공사(正任公使) 파견을 한국 정부에 제기하지 않도록 요청했다. 곧, 한국의 재외 외교 기능의 일본에의 이양을 획책한 것이다.

주영 한국 공사관은 1905년 5월 12일, 대리공사 이한응(李漢鷹)의 자살을 계기로 "당분간 폐쇄"하기로 하고, 공사관 재산, 문서의 보관을 명예 영사 프리처드 모건(Pritchard Morgan)에게 위탁했다.[180]

지난해 12월 이래, 본국 정부로부터 송금이 끊겨[181] "9개월간 아무런 지급도 받지 못했기 때문에 극심한 곤란에 빠졌고…… 모든 계책을 다해도 어떤 대책을 강구할 수 없어, 거의 기아 상태에 이르게 된"[182] 주미 공사관의 대리공사 신태무(申泰茂)도 6월에 귀국 명령을 받았지만,[183] 여비와 기타의 경비를 지불할 수 없고, 11월 중순에 이르러도 송금이 없어 "아주 절박"해 있었다.[184]

제2차 '한일 협약' 조인 당시 정임 공사에 의한 한국의 외교 활동을 유

---

178) 위의 책, 593, 595~596, 604쪽.
179) 『日本外交文書』 37권 1책, 418쪽.
180) 『日本外交文書』 38권 1책, 599~601쪽.
181) 위의 책, 596~597쪽.
182) 위의 책, 601쪽.
183) 위의 책, 602쪽.
184) 위의 책, 609쪽.

지하던 곳은, 주불·주독 공사뿐이다. 조인 후, 이토와 하야시는 "외무아문 및 재외 공관 폐지에 관한 칙령 같은 것도 적어도 잠시 미루는 편이 시의 적절한 것 같고…… 정부 내의 동요가 다소 정리된 다음에 가능한 빨리 폐쇄의 칙령을 내리게 해야 한다. 동시에 소재 제국 공사에게 훈령하여, 그 주재국 정부와 협의한 위에 철수시기를 정하고, 공사 및 관원에 대해서는 그 시기까지의 급여 및 귀국 여비를 지급하"는 수속을 밟을 것을 품신(11월 24일)했다.185) 이 의견에 따라 12월 11일, 가쓰라 임시 겸임 외상은 재외 일본 대사·공사에게 훈령을 내려, 한국과의 수호국 정부에 대해 "한일협약의 결과로서 재외 한국 공사관 및 영사관의 직권 및 직무는 이미 우리 외교 대표자 및 영사관에 이전했다"186)는 것을 통지하고, 한국 국민의 보호를 명하고,187) 동시에 재외 한국 공사에게 그 뜻을 전했다. 14일 한국 정부는 칙명이 아니라 "외부대신 이완용의 명의로서 독일·프랑스·미국·청·일본에 있는 각 주차 공사에게 한일 협약의 결과라 하여 철수를 명하고, 기록 및 관유 재산을 일본 공사(도쿄는 외무성)의 보관으로 이전하고, 봉급 및 여비 등은 일본 공사를 거쳐 신청하라는 뜻을 훈령"했다.188)

이에 따라 주일한국공사 고영희(高永喜)가 12월 21일에 귀국한189) 것을 시작으로 주미 대리공사 김윤정(金潤晶)이 1906년 1월 30일에 귀국길에 오르고,190) 주독 공사 민철훈 외 관원 3명은 2월 28일 베를린을 출발했다.191) 공사관 소유 재산을 둘러싼 처리에 시간이 걸린 주청대리공사

185) 위의 책, 609~611쪽.
186) 위의 책, 613~615쪽.
187) 위의 책, 616쪽.
188) 위의 책, 619쪽.
189) 위의 책, 622쪽; 『官報』1905년 12월 22일.
190) 『日本外交文書』39권 2책, 9~10쪽.

박태영(朴台榮)의 귀국도 3월 중인 것 같다.[192] 지난해 말, 황제의 밀지를 받고 도미해서, 미국 정부에 보호 조약 무효의 주선 의뢰를 했던 주불 공사 민영찬(閔泳瓚, 민영환의 아우)은 귀국을 주저했지만 3월 17일 파리를 출발했다.[193](상하이로 망명)

이리하여 주한 외국 공사의 철수, 한국 재외 공사관의 폐지로 일본의 대한 보호권은 국제적으로 승인되었다. 한편, 한국 정권은 조약 조인에 반대한 한규설 참정의 면직에 따라 1905년 11월 17일자로 참정에 임명되었던 민영철[194] 대신에 28일 박제순을 참정으로,[195] 그 외 민영기 탁지상·이지용 내상·이근택 군상·이완용 학상·이하영 법상·권중현 농상공상을 현직에 유임시키고, 신변의 경호와 증봉(연봉 3,000엔)[196] 등에 의해 의사의 자유를 잃어버린 각료에 조약 조인의 책임을 지속시켰다. 조선총독부 편『조선의 보호 및 병합(朝鮮ノ保護及併合)』은 이 장관들은 "조약 체결의 책임자이기 때문에 이른바 호랑이 등에 탄 기세(騎虎之勢)에 제압당하여 정부 이외에 그 몸을 두어 안전을 기약하기 어렵기 때문에, 사면초가에 처해 열심히 그 직무에 힘썼다"고 기록하고 있다.[197]

191) 위의 책, 23~24쪽.
192) 위의 책, 25쪽.
193) 위의 책, 27~28쪽.
194) 한국『官報』1905년 11월 19일 호외.
195) 한국『官報』1905년 11월 29일 호외, 11월 24일 하야시가 가쓰라 외무대신에게 보낸 보고(『日本外交文書』38권 1책, 610~611쪽)에 따르면, 하야시는 "조약 체결 후, 바로 외부에서 새로운 수반 대신을 임명할 때는 뜻하지 않게 조약의 실행에 방해를 할 우려가 있다고 하여, 참정의 후임은 되도록 현재의 대신 1인으로 하여금 겸임시키도록 현재 궁중과 의견을 조정 중"이라 한다. 이 하야시의 공작이 주효해서 박제순의 참정 취임이 실현된 것이라 생각된다.
196) 한국『官報』1905년 12월 15일, 또 하야시는 조인 전후에 기밀비 10만엔을 지출, 이하영(3000엔), 이지용(5000엔), 이근택(5000엔), 이완용(1만엔), 박제순 외 2大臣(미지불분 1만 5000엔), 구완희(3000엔)에게 회유 또는 선후 대책비로 제공했다(『駐韓日本公使館記録』25권, 404~406쪽).
197) 朝鮮總督府,『朝鮮ノ保護及併合』(1917년) 32쪽.

제2차 '한일 협약'이 국제적으로 승인되고 괴뢰 내각 체제가 존속하는 한, 일본에게 황제나 반일 망명자의 대외 활동, 반정부 정치가의 상소가 개별적으로 행해지더라도 두려울 것은 없다. 그러나 그들이 결합하여, 이미 비등점에 달하고 있던 민중의 항일 기운과 접합할 경우에는, 거족적인 항일 투쟁으로 발전할 가능성이 있다는 점을 두려워하고 있었다. "상소를 하고 황제가 비답[批辭]을 내릴 경우에는, 마침내 문제가 터져 전국을 뒤흔드는 소요를 일으키기 쉽다"[198]고 보였기 때문이다. 상소자를 매개로 황제와 민중의 연결고리가 성립하는 것이다.

러일전쟁 때 한국 민중은 일본의 노동력 징발, 군용지·철도용지 등의 강제 수용 등에 대해 분노를 터트리고 있었다. 예를 들면, 1905년 8월 일본군은 군용지로서 용산(300만 평), 평양(393만 평), 의주(282만 평), 합계 975만 평(약 3200ha)을 수용했다. 수용에 앞서서 6월 육군성은 '군용지 매수비'로서 30만엔을 계상(計上)했다. 그 중 10만엔은 수용지 내의 일본인·외국인 소유지의 '매수비'에 충당하기로 하고, 나머지 20만엔을 '배상비'로서 한국 내부(內部)에 교부하고, "내부는 이것을 적당하게 그 소유자에게 배당하"도록 했다. 8월에 지불된 20만엔은 '매수비'가 아닌 '배상금'이고, 토지 수용의 책임은 내부에 전가되었다. 후에 일본 공사관이 발표한 '수용지 배상에 관한 고시'[199]에는, "우리 군사령부가 20만엔을 한국 정부에 교부한 것은 한국 정부의 재정 현황을 고려하고, 또 한국민의 곤란을 가급적 감소시키자는 뜻에서 특별히 이 금액을 교부한 것이므로, 이 금액의 교부를 수용지 대가로 보는 것은 오해의 정도가 지나친 것으로서, 이른바 한국 정부 재정의 결핍을 고려하여 한국 정부가 해당 지역을 수용

198) 『駐韓日本公使館記錄』 26권, 국사편찬위원회, 1992년, 13쪽, 공사관으로부터 총독부에 「引繼事務要略」.
199) 『日本外交文書』 38권 1책, 702쪽.

하는 비용을 보충한 셈이므로, 한국 정부는 그 뜻을 잘 헤아려야 마땅할
것"이라 말한다. 즉, 일본군의 군용지 수용은 개별 토지 소유자로부터의
매상이 아니라 한국 정부가 제공한 것이고, 재정이 궁핍한 한국 정부의
토지 수용 비용을 '보충'하기 위해 20만엔을 교부했다는 것이다.

일본군의 군용지 수용에 대한 일본 정부(외무성)의 견해는[200] '한일
의정서' 제4조(…… 대한제국 정부는 위의 대일본제국 정부의 행동을 용
이하게 하기 위해 충분한 편의를 제공할 것. 대일본제국 정부는 전항의
목적을 달성하기 위해 군략상 필요한 지점을 임기 수용할 수 있을 것)에
근거하고, 일본군이 '임기 수용'한 토지는 "당연히 한국 정부로부터 우리
군에게 공급해야 하는 것"이라고 하고 있었다. 곧, 일본군이 '필요'로 하는
토지의 매수와 일본군에의 제공은 한국 정부의 책임이고, 일본 정부가 토
지 수요자에 대한 보상 책임을 지는 것은 아니라고 변명하고 있었다.

그리고 '배상금' 20만엔의 교부에 즈음하여, 주차군 사령부는 한국 내
부에 다음의 보증서를 제출하도록 했다.[201]

전에 청구하신 용산·평양 및 의주 등 3개소의 토지를 귀군의 소용지(所用地)로서
수용하는 건에 대해 승인합니다. 이것에 대해서는 귀서(貴書, 1905년 7월 26일,
주차군 사령관으로부터 한국 내부에의 통고) 제3항에 따라 배상금 20만엔을 수령
하여 이것을 관계 인민에 배당하고, 인민은 소유하는 가옥, 묘지, 식물 등을 귀군
의 필요에 따라, 이것을 다른 곳으로 이전하고, 이후 구소유주가 어떠한 문제도 제
기하지 않을 것임을 보증합니다.

가령 수용지 975만 평에 대한 '배상금'을 20만엔으로 잡고 평당 보상

---

200) 「日露戰爭ノ際韓國ニ於ケル帝國ノ軍事經營一件」, 外務省外交史料館所藏 「外務省記錄」 5. 2.
2. 8.
201) 『朝鮮駐箚軍歷史』 256쪽.

금을 계산하면 2.1전이다. 당시 사람들은 신문 1부 값밖에 안된다고 말했다. 몇 해 뒤의 일이지만, 1911년 1월에 조사한 '전답 매매 가격표'202)에 따라 경기도 12개소의 중급 1두락 평균 가격을 계산하면, 논은 31원 50전, 밭은 32원 91전이다. 또한 1두락 평균 평수를 논 138평, 밭 187평203)으로 잡으면, 평당 매매 가격은 논은 22.8전, 밭은 17.6전이 되기 때문에, 수용지의 지주에 지불된 보상금은 그 10분의 1정도 밖에 되지 않는 셈이 된다. 또는 1907년 '경성'의 평균 쌀값(백미 1되, 중급)은 16.1전이기 때문에,204) 2.1전의 보상금은 미 1.3홉 분이 된다. 어쨌든 무상에 가까운 강제 수용이었다.

여기에 반발한 용산 부근의 사람들은 수용지의 시가에 의한 매입, 이전료 보상, 이전 기일의 연기를 요구하면서 한성부청으로 몰려들었고, "약 1,600명의 토민(土民)은 내부(內部)에 운집하여 불온한 행동으로 나가려다" 헌병에게 저지당했다.205)

'한일의정서' 제4조를 근거로 한 토지 강제 수용은 제멋대로 이루어졌다. 하기와라 슈이치 공사관서기관(임시대리공사)은 10월 24일, 고무라 외상 앞으로 그 폐해를 다음과 같이 지적했다.206)

군용이라 칭하는 일반의 토지를 수용하는 데 임해서는, 당관(공사관)에 아무런 통지가 없을 뿐만 아니라, 한국 정부에 대해서도 문서 한 장 통고하는 것 없이 바로 이를 수용하고, 그 수용한 토지의 위치, 광협과 같은 것에 대해 깊이 고려한 흔적

202) 朝鮮駐箚憲兵隊司令部「朝鮮各地物價調査槪要」1911년 1월 조사, 朝鮮學文獻硏究所 編, 『朝鮮各地物價調査槪要』, 구한말일제침략사료총서 통계편, 서울, 아세아문화사, 1986, 1401 ~1402쪽.
203) 『朝鮮總督府統計年報』1910년 부록, 135쪽, 斗落은 '1말의 종자를 파종할 수 있는 면적'을 말한다.
204) 『統監府統計年報』1907년, 287쪽.
205) 『朝鮮駐箚軍歷史』256쪽, 『日本外交文書』38권 1책, 694~695쪽.
206) 『日本外交文書』38권 1책, 702~704쪽.

도 없고, 혹은 필요한 정도 이외에 막연하게 군용이라 칭하며 광대한 토지를 수용
한 경우도 있고, 또는 아무런 관계도 없는 멀리 떨어진 토지를 군용지로 만들거나,
반드시 그곳이라고 한정할 수 없다고 생각되는 토지를 강제로 수용한 경우도 있
어서, 토지 소유자 및 거주민이 여간 고통을 느끼는 것이 아닙니다. 특히, 주민의
퇴거를 명하는 경우에도 시기를 가리지 않고 행하여, 지금과 같이 추위로 접어드
는 계절에는 그 곤란한 상태를 말로 표현 할 수 없습니다 …… 단지 지금은 관민
모두가 군용이라는 명의에 두려움을 느껴, 대부분은 앞에서는 다소곳하게 따르지
만 뒤에서는 불평을 늘어놓는 상태입니다. 또 공사에 관해서도 청부자 같은 사람
들은 상당한 이상의 청부 금액을 받으면서도 또한 군용이라는 이름을 빌려 도처
에서 인부를 징발하거나 토지 가옥을 무단으로 사용하는 등 극히 난폭하게 구는
무리가 있어서 당국 관청에 누를 끼치는 자가 적지 않습니다…….

하기와라의 상신은 육군의 맹렬한 반발을 사서[207] 철회할 수밖에 없
었다.[208] 이토조차 육군의 부당함을 인정해서 '배상금' 20만엔에다 53만
엔을 추가할 것을 요구했지만, 데라우치 육상은 '보증서' 제출이 있는 이
상, "단연코 이를 거절하는 것이 지당하다"며 응하지 않았다. 이토의 거듭
된 요청에 대해 "수용 지역 내에 육군이 직접 사용하지 않는 토지를 조사
해서, 이를 한국 정부에게 환부해야 할 것"으로 되고, 1907년에 행한 조사
에 근거해서 수용지의 59%에 해당하는 578만 평을 '환부'하여 '낙착'했다
고『조선주차군역사(朝鮮駐箚軍歷史)』는 기록하고 있다.[209]
　　노동력과 생산 수단을 빼앗기고 생활 기반이 파괴당한 한국 민중의
앞에 지도자가 나타나 '창의(倡義)'의 논리를 제시하고, 조직자가 민중의
반일 감정을 한 데 모으면 황제를 추대하는 광범한 항일 내셔널리즘 투쟁

207)『駐韓日本公使館記錄』25권, 32쪽 이하에 육군 측의 사료가 수록되어 있다.
208)『日本外交文書』38권 1책, 705, 713쪽.
209)『朝鮮駐箚軍歷史』258~259쪽.

이 전개될 조건이 갖춰져 있었다. 그리고 1906년 여름, 민종식(閔宗植) · 최익현(崔益鉉)의 의병이 봉기한다.[210]

민종식(1861~?)은 예조참판(1889), 도승지(1893) 등을 역임한 문신으로, 갑오개혁 이후는 충청남도 정산(定山)에 은거하고 있었다. 1906년 봄 정산에서 거병을 계획해서 각지의 동지와 연락을 취했는데, 5월 11일 행동에 옮겨 17일 남포군아(藍浦郡衙) 습격에 이어 19일 홍주성(洪州城)을 점령, 1,100명이 넘는 의병 부대를 가지고 일본 헌병 · 경찰대의 공격을 물리쳤다. "소수의 헌병 및 경찰관으로는 평정하기 어렵다"고 본 통감부 총무장관 쓰루하라 사다키치(鶴原定吉)는 한국주차군참모장 오타니 키쿠조(大谷喜久藏)와 협의하고, 보병 2중대(대대장 다나카田中 소좌 지휘)의 파견을 결정했다.[211] 민지 출발한 마루야마 경무고문의 경찰대와 합류한 보병 부대는 31일 이른 새벽 홍주성을 공격하고, 오전 6시 그곳을 점령,[212] 포로 150여 명 가운데 80여 명을 서울로 압송했다. "폭도의 봉기는 궁중에 출입하는 잡배의 사주에 기인한다는 것은 이미 의심할 수 없는 사실"이라 본 쓰루하라는 "여러 나라의 비난을 초래를 할 우려가 없을까"를 걱정하면서도 포로를 한국 정부에 인도하지 않고, '군법회의'(군율 심판)에 회부해야 할 것인지 말 것이지를 상신(6월 2일)했지만,[213] 이토는 "폭도는 주차군 군율에 따라 처분하는 것 이외는 없다고 인정한다. 한국의 안녕과 질서를 유지하고, 한일 양국의 후의(厚誼)를 방해하는 자에 대해서는 필요한 조치를 취하는 데 주저할 필요가 없다. 더욱이 이번 폭동과 같은 것은 한국 스스로가 이를 진압할 수가 없는 결과로서, 부득이한

---

210) 姜在彦, 『朝鮮近代史硏究』, 日本評論社, 1970, 251~255쪽, 『朝鮮ノ保護及倂合』, 34~35쪽.
211) 『駐韓日本公使館記錄』 26권, 375~376쪽.
212) 위의 책, 381~382쪽.
213) 위의 책, 280~281쪽.

일이라 인정한다"[214]고 지시했다. 이토가 말하는 군율이란, 러일 전시하인 1905년 7월 3일에 제정된 '한국주차군 군율' 및 '군율 위범 심판 규정'[215]을 가리킨다. 이 군율은 전후에도 존속되고 있었다.[216]

홍주성에서 탈출하여 도망한 민종식은 11월, 공주군 탑산(塔山)에서 체포되어, 평리원의 재판에 회부되었다. 주차군 사령부는 이 재판에 일본인 이사관을 입회시켰다. 이토는 하세가와 사령관(당시, 통감 대리)에게 "이 건의 가장 중요한 점은 민종식과 궁중의 관계이기 때문에, 경무청 및 평리원에서 심사할 때 이 점을 분명히 밝히도록 주의할 것"이라고 지시했다.[217] 이토가 두려워했던 것은 황제 – 조정 신하 – 민중의 3자 연관인 것이다.

1905년 11월 29일, '5적' 대신의 처벌과 조약 파기를 상소한 최익현[218]도 1906년 음력 2월, 전라북도 태인(泰仁)에 내려가 거병의 '창의토적소(倡義討賊疏)'[219]를 상소(윤 4월)함과 동시에, 일본의 '기신배의16죄(棄信背義十六罪)'를 문책하는 글을 일본 정부에 보내고 거병했다.[220]

최익현·임병찬(林炳瓚) 등의 의병 부대가 거점으로 삼은 곳은 전라북도 순창이었지만, 6월 12일 남원·전주 진위대(鎭衛隊)의 공격을 받아 전

---

214) 위의 책, 323쪽.

215) 『朝鮮駐箚軍歷史』 184~188쪽.

216) 이 군율이 개정되어 일본의 군사시설에 대한 한국인의 비위(非違)를 대상으로 하여, 사형을 제외한 군율이 공포된 것은 1906년 8월 7일이다(『朝鮮駐箚軍歷史』, 195~199쪽).

217) 『駐韓日本公使館記錄』 26권, 391쪽. 민종식은 사형 판결을 받았지만, 통감의 충고에 따라 이하영 법무대신이 주청하여 종신 유형으로 감형되어 진도에 유배되었다. 12월 특사(『朝鮮ノ保護及倂合』, 35쪽).

218) 『高宗實錄』, 271~272쪽. 상소했던 "청토오적소(請討五賊疏)"는 한국문집편찬위원회 편, 『면암선생문집』 1, 경인문화사, 1994. 422~427쪽. "재소(再疏)"는 같은 책, 428~434쪽.

219) 『勉菴先生文集』 1, 434~438쪽.

220) 旗田巍, 「近代における朝鮮人の日本觀 – 衛正斥邪論を中心して」(『思想』, 1967. 10, 旗田, 『日本人の朝鮮觀』(勁草書房, 1969년) 수록), 旗田巍, 『朝鮮と日本人』(勁草書房, 1983) 354쪽 이하.

투 중에 항복하고, 최익현 등은 포로가 되었다.

일본군은 이 전투에 참가하지 않았지만, 통감부는 최익현 등을 헌병대에 인도할 것을 요구했다.[221] 7월 27일, 이토의 내알현 때 황제는 전술한 '홍주 폭도'의 군율 처분은 인정했지만, "최익현과 김승백 두 사람에 대해서는 우리 법부에 인도할 것을 바라는 바다. 왜냐하면 최익현은 그 칭하는 바가 의병을 일으키는 데 있다고 하더라도 지방의 소요를 일으킨 것이라면 우리 국법은 추호도 용서할 수 없다. 김(金)은 짐(朕)의 말을 사칭하여 국교를 손상케 하려고 한 자로, 우리나라 군신 간에 있어서조차 김과 같은 행위를 하는 자가 있을 때는 사형에 처하는 것이 보통이다. 하물며 국제간에 중대한 사단을 야기시키려고 한 그와 같은 자는 중죄에 처하고 일벌백계로 나서지 않으면, 장래 또 그와 같은 잘못을 따라하는 자가 없음을 보증할 수 없다"[222]고 말하고, 사법권의 독립을 강하게 주장하면서 국법에 따른 처분을 요구했지만, 이미 이토는 7월 11일 데라우치 육상에게 '폭도수령'을 쓰시마(對馬島)에 유형·감금 처분에 부치는 것의 승인을 요청하고 있었다. 이토에 따르면 "지금 그를 한국 정부에 넘겨 형을 집행시켜도 도저히 그 목적을 달성할 수 없을 것이 뻔합니다. 아라비 파샤(Arābi Pasha)를 콜롬보에 유배한 옛 예에 따르려 합니다. 이 일은 군법의 이례(異例)에 속하므로 일부러 각하를 번거롭게 만들어, 임기응변의 부득이한 조치로서 각하께서 내각에 제의하고, 가부(可否)의 명령에 접할 수 있게 되기를 바랍니다"[223]고 한다. 아리비 파샤(1839~1911)는 이집트 독립 운동의 지도자로서 1881년의 반란을 지도하고, 그 후 성립된 민족주의적인 정권의 육상이 되었지만, 1882년 영국 출병군과의 전투에서 패해,

221) 『駐韓日本公使館記録』 26권, 289쪽.
222) 『日本外交資料集成』 6권 상, 312~313쪽.
223) 『駐韓日本公使館記録』 26권, 296~297쪽.

포로가 되어 실론 섬에 유배되었다. 이토는 그 예를 따르자고 말하는 것이다.

그러나 설령 최익현을 군율로 심판하는 것이 직법했다고 하더라도, 국외에 감금하는 것은 '이례'이므로 이토는 각의에서 특별히 결정할 것을 요구한 것이다. 7월 17일, 데라우치는 이토에게 "한국 폭도 수령에 대한 쓰시마 배치의 건은 상신하신 것과 같이 각의 결정 되었습니다"라고 통지[224]했으므로, 알현의 때는 이미 최익현의 쓰시마 감금 처분은 결정이 끝난 것이 된다.

이토가 황제의 신뢰가 두텁고 인망도 높은 노유학자 최익현을 군율의 범위를 넘어 국외에 유배시키려고 한 것은, 최익현을 황제와 민중으로부터 격리시켜 황제와 의병과의 연결고리를 단절하려는 의도 때문이었다. 이토는 7월 2일의 내알현에서도 순창 의병의 김승백에 관해서 "본관은 직책상, 도저히 묵과하기 어려운 일이 있다. 예를 들면, 폐하는 유생 김승백이라는 자를 궁중에 끌어들여, 이를 이용하려고 시도한 것과 같고, 지금 그 자는 우리 헌병에서 취조한 결과, 휴대한 서류 중에 성상 일본 섬 오랑캐의 적신(敵臣) 이토, 하세가와(聖上日島夷敵臣伊藤, 長谷川) 운운하고 있습니다. 이것은 폐하의 말씀인가라는 질문에 대해서, 그는 진실로 그렇다고 대답한 까닭에 …… 본관은 궁중과 폭도의 관계를 알고, 실제로 폭도에 대해 궁중으로부터 자금을 공급한 증거를 갖고 있습니다. 동시에 궁중과 폭도가 암암리에 연락을 가지고 있다는 것도, 궁중과 상하이·블라디보스토크 지방에 있는 한인 사이에 밀사밀전(密使密電)이 왕래하는 것도 잘 알고 있습니다. …… 그러므로 이번 기회에 폐하를 위하는 마음으로, 성의를 다해 궁궐 숙청의 성과를 올리기 위해 궁중 단속의 방법을

224) 위의 책, 345쪽.

강구하려고 합니다"[225]라고 '간언'하고, 황제와 항일 활동과의 연계를 지적하고, 양자의 분단을 위해 궁중 단속을 강화할 것을 예고하고 있었다.

군율 심판은 최익현에게 금고 3년, 임병찬에게 2년 형을 부과하고, 두 사람을 쓰시마에 보냈다. 최익현은 쓰시마·이즈하라(嚴原)의 옥사에서 1907년 1월 1일에 죽었다.[226] 우국의 '유소(遺疏)'를 남겼다.[227]

2) 조약의 무효 원인으로서의 강제

제2차 '한일 협약'은 일본이 한국에 조인을 강제하여 체결한 보호 조약이다. 조인의 경과는 앞에서 서술했지만, 그것이 강제가 아니라 대등한 국가 산의 자율적 의사에 근거한 합의에 의해 체결되었다고 보는 사람은 없을 것이다. 그렇다면 문제는 가해진 강제가 국제법상 조약의 무효 원인에 상당하는 강제인가 아닌가라는 점으로 모아진다.

'조약법에 관한 빈 조약' 제51조는 "조약에 구속되는 것에 대한 국가의 동의 표명은 당해국의 대표자에 대한 행위 또는 협박에 의한 강제의 결과 행해진 것인 경우에는, 어떠한 법적 효과도 갖지 않는다"고 하고 있다.[228] 이것은 이 조약이 채택된 1969년이기 때문에 그렇게 말할 수 있는 것이 아니라, 제2차 '한일 협약'이 조인되었던 1905(메이지 38)년에는 이미 관습 규칙으로서 확립되어 있었던 사고방식이다. 당시 외무성 참사관으로서 통상국에 근무하고, 후에 정무국장으로서 한국 병합 계획의 책정에 관계했던 구라치 데쓰키치(倉知鐵吉)도 일본대학의 전신인 일본법률

225) 『日本外交資料集成』 6권 上, 236~237쪽.
226) 旗田巍, 『朝鮮と日本人』, 385~386쪽.
227) 『勉菴先生文集』 1, 438~441쪽.
228) 小川芳彦, 『條約法の理論』(東信堂, 1989) 28~29쪽.

학교 강의록『국제공법(國際公法)』(1899?)에서 다음과 같이 말한다. 229)

> 만일 국가가 강폭, 협박 등을 받았다는 이유로 조약의 효력을 다툴 수 있는 것이라
> 고 한다면, 개전을 피하기 위해 맺은 조약 및 전후의 강화 조약과 같은 것은 도저히
> 유효하게 체결할 수 없게 된다. 그러나 조약 체결에 종사한 자 자신에 대해 강폭,
> 협박 등이 행해졌을 때는, 그 자가 발표한 바의 의지라는 것은 도저히 이를 진정한
> 것으로 볼 수 없으므로, 합의의 완전함은 여기에서 깨진 것이라고 말하지 않을 수
> 없다. 따라서 이 경우에는 조약은 결코 유효한 것이 아니다.

구라치는 '강폭 · 협박'에 의해 조약이 체결된 경우, 국가에 대한 그것
과, 조약 체결자 개인에 대한 그것을 구별하여, 전자에 의한 조약은 유효
하지만, 후자의 강제에 의해 체결된 조약은 무효라고 본다.

도쿄제국대학 법과대학 교수 다카하시 사쿠에이(高橋作衛)의『평시
국제법론(平時國際法論)』(1903)도 다음과 같이 기록한다. 230)

> 주권자 또는 체결의 전권을 가진 사람이 강폭 또는 협박을 받아, 그 때문에 조약에
> 기명하게 되었을 때는 그 조약은 유효하지 않다. 이러한 경우에는 국가의 이름으
> 로 조약을 맺는 개인은 강박을 받고, 그 때문에 자유 결정 능력을 잃게 되었으므로
> 그 조약은 구속력을 갖지 못한다.

이와 같은 견해는 그것이 모두 교과서의 서술이라는 것에서도 알 수
있듯이, 20세기 초의 국제법학이 일반적으로 승인하고 있던 정설이라고
해도 좋다.

그러면 제2차 '한일 협약'은 조인시에 조약의 무효 원인이 되는 국가

---

229) 倉知鐵吉,『日本法律學校弟四期講義錄 · 國際公法』, 1899, 197쪽.
230) 高橋作衛,『平時國際法論』, 日本大學, 1903, 649쪽.

의 대표 개인에 대한 강박(duress)이 있었다고 볼 수 있을까? 조인 이듬해인 1906년 레이는 앞에 게재한 '한국의 국제 상황'에서 다음과 같이 말한다.[231]

> 극동에서 온 특전을 읽어보면, 지난 11월의 조약은 일본과 같은 문명국으로서는 수치스러운 정신적·육체적 폭력으로 대한제국 정부를 강제했다고 한다. 조약 조인은 전권대사인 이토 후작과 하야시를 호위한 일본군의 압력하에 대한제국의 황제와 대신들에 의해 이루어진 것에 지나지 않는다. 2일간 저항한 후, 대신회의는 어쩔 수 없이 조약에 조인했지만, 황제는 곧바로 열강 각국에 대해, 그 대표자에게, 특히 워싱턴에 있는 그의 대신에게, 가해진 폭력에 강경하게 항의하도록 명령했다.
> 서명이 이루어진 特수한 狀況으로부디 우리들은 주저하지 않고 1905년 조약이 무효임을 주장한다. 실제로 공법에서는, 사법(私法)의 원칙의 적용에 의해 전권대사(한국의 대신)에게 행사된 폭력은 조약을 무효로 하는 의사 표시의 결여에 해당하는 것임이 확인된다.

레이는 제2차 '한일 협약'의 무효 원인으로서 한국 정부의 동의의 결여를 들고, 그것이 "정신적·육체적 폭력"에 의해 이루어졌다고 하지만, 폭력적 강제가 국가에 대한 것인지, 대표자 개인에 대한 것인지 반드시 명확했다고는 할 수 없다. 그러나 레이의 논문은 제2차 '한일 협약'이 무효 조약이라 본 최초의 국제법 논문이다.

그 후, 레이의 논문은 미국국제법학회로부터 조약법 제정에 관한 법률안 기초의 위탁을 받은 하버드대학교 법학부가 작성(1935)한, 이른바

---

231) Francis Rey, "La Situation Internationale de la Coree", Revue Generale de Droit International Public, Tome ⅩⅢ, 1906(宋惠媛 옮김).

하버드 초안에 참고 문헌으로 인용되었다. 또 국제연합 총회의 하부 기관인 국제법위원회의 조약법 조약의 법전화 과정에서, 특별 보고자 클라우드 월도크 경(Sir Claud Waldock)이 제2보고서(1963)에서, 하버드 초안에 따라 국가의 대표자 개인에 대한 강제에 의한 무효 조약의 사례로서 제2차 '한일 협약'을 들었다. 그러나 사카모토 시게키(坂元茂樹)에 따르면,232) 하버드 초안에서도, 국제법위원회(월도크 보고)에서도, 제2차 '한일 협약'에 대해 독자적인 검토를 행한 흔적은 없으며, 선행 연구인 레이의 논문을 인용한 것에 불과하다고 한다. 따라서 전통적 국제법학계가 레이의 주장을 인지하고, 지지해 왔다고 보는 것은 레이의 논문을 과대평가했다는 비난을 면할 수 없을 것이다.

레이의 논문 발표 직후, 레이의 무효설을 비판하고 유효설을 전개한 사람은 아리가 나가오다. 아리가는 1906년 9월 간행된『보호국론』(초판은『외교시보』102호, 1906년 5월에 발표한「한일 조약과 강박 문제」)에서 "어떤 의미에서 강제는 모두 이런 종류의 조약의 성립에서 빼놓을 수 없는 요건이기 때문에 그 효력을 해치는 일은 없다"233)라고 주장하고, 나아가 "오늘날 국제법에서는 사정의 강제와 육체의 강제를 구별하여, 조약 체결자의 일신상에 위해를 가하려고 하여 이를 공갈하고, 조인시킨 조약은 무효이지만, 사정에 쫓겨서 할 수 없이 조인한 조약은 이를 무효라 하지 않는다. 그러므로 11월 17일 건은 원래 사정의 강박에 해당하는 것은 사실이라 하더라도, 누구도 한국 대신을 협박하여 이것에 조인하지 않는 자는 구금하고 살육하겠다고 위협했다는 말을 듣지 못했다"234)고 했

232) 坂元茂樹,「日韓保護條約の效力－强制たよる條約の觀點から」, 關西大學,『法學論集』44권 4·5호; 동「戰後補償問題の‘周邊’－日韓保護條約の效力」,『法律時報』66권 9호.
233) 有賀長雄,『保護國論』, 早稻田大學出版部, 1906, 205쪽.
234) 위의 책, 208쪽.

다. 아리가는 '사정의 강제'와 '육체의 강제'를 구분하여, 후자만이 조약의 무효 원인이 된다는 판단에서 제2차 '한일 협약'의 경우에는 '사정의 강제'는 있었지만, '육체의 강제'는 없었기 때문에 "보호 조약의 효력에 아무런 영향도 미치지 않는다"[235]라고 결론지었다.

그러나 국제법은 1939년 3월 15일 독일·체코 협정 조인 때 체코슬로바키아 대통령·외무대신이 피스톨을 들이대는 협박을 당하여 요구에 따를 수밖에 없었던,[236] 신체적 강박의 사례만을 조약의 무효 원인으로 보고 있는 것은 아니다. 국가의 대표자 개인의 정보 폭로, 그 가족에 대한 위해 등 넓은 범위의 협박을 포함하여 개인에 대한 강박으로 생각하고 있다. '육체의 강제'에 한정했던 아리가설은 국제법의 일반 규정보다 협소한 기준이라고 하시 않으면 안 될 것이다.

또한 제2차 '한일 협약' 조인 때 한국 대표자에 대한 신체적·정신적 협박에 대한 박진감 넘치는 증언으로 니시요쓰지 긴다카(西四辻公堯)의 『한말 외교 비화』가 인용되고 있다.[237] 그것은 단호하게 반대한 한규설 참정이 별실로 끌려 나가자, "이토 후작은 다른 사람을 돌아보면서 '너무 사태를 그르치게 하면 죽여 버리겠다'라고 큰 소리로 중얼거렸다"[238]는

235) 有賀長雄, 『保護國論』, 早稻田大學出版部, 1906, 205쪽.
236) 藤田久一, 『國際法講義』 I, 東京大學出版會, 1992, 78쪽.
237) 琴秉洞은 「乙巳保護條約'についての資料(その二)」(『朝鮮研究』 41호, 1965년 7월에서, 西四辻公堯의 『韓末外交秘話』 중의 제2차 '한일 협약' 조인 '교섭'의 부분을 소개했다. 그밖에도 「乙巳保護條約の强制調印と問題點」, 海野 편 『韓日協約と韓國併合』(名石書店, 1995년)수록), 「乙巳五條約'の强制調印と問題點」, ICJ 國際セミナ - 東京委員會 편 『裁かれニッポン』(日本評論社, 1996년 수록, 「韓國併合條約の不法性と不當性について」, 文道平 편, 『在日朝鮮人の歷史と展望』, 大阪經濟法科大學出版部, 1998년 수록 등에서도 그 부분을 소개하고 있다. 또한 1965년 12월 3일 참의원의 한일 조약 등 특별위원회에서 구로야나기 아키라(黒柳明) 위원(公明党)은 "보호조약 성안 때의 문서"로서 西四辻公堯의 『韓末外交秘話』의 이 부분을 소개하면서 일본의 강제에 의한 한국 보호국화의 정부 책임을 추급한 적이 있다(参議院, 『韓日條約等特別委員會會議錄』 9호 33쪽).
238) 西四辻公堯, 『韓末外交秘話』, 1930, 48丁.

구절이다.

　금병동(琴秉洞)에 따르면, "니시요쓰지 긴다카(西四辻公堯, 육군 대좌)는 이토의 막료로서 (조인의) 현장에 있었던 인물이다"라고 해석하고 있지만 이는 잘못이다. 니시요쓰지 긴다카(1878~1943)는 자작 니시요쓰지 이에(西四辻家)의 양자(1910년 습작)로, 본명이 오쿠라 유사브로(小倉祐三郞)라는 군인이다. 1905년 당시 그는 육군 보병 대위, 러일전쟁 때에는 제3군에 속한 후비(後備) 보병 제4여단 부관이었고, 한국 주차군 사령부 부속이 된 것은 1907년 5월(1909년 9월까지)이기 때문에, 1905년 11월 17일 밤의 '교섭' 현장에 있었을 가능성은 우선 없다고 생각하지 않으면 안 된다. 또 니시요쓰지는 1920년대에도 조선에 파견되어, 춘천·무산 수비대장, 조선군사령부 부속 등을 역임했기 때문에, 그 나름대로 조선통이었다.[239] 그런 그가 퇴역(육군소장) 한 후 1930년에 사가판(孔版)으로 만든 것이 『한말 외교 비화』이고, 그 서문에는 "한국 말기의 중요 정무[樞機]에 참가한 조선 역대 인물의 회고담을 골자로 해서 내가 특별히 찬록(纂錄)한 바로서, 이른바 조선인의 병합관이다"라고 쓰여 있는 것을 보면, 전문(傳聞)을 이야기풍으로 편집한 것인 것 같다. 이토가 한국 대신을 위협하고 협박한 상황을 전하는 2차 사료라고 해야 할 것이다.

　원래 대신들이 공포를 느낀 것은 사실이다. 강제 조인의 현장에서 그 과정을 지켜보았던 참찬 이상설이 후에 황제의 '밀사'로서 헤이그에 갔을 때, 「쿠리에 드 라 컨퍼런스(Courrier de la Conference)」(1907년 6월 28일)에 "공고사(控告詞)"를 발표하고 일본의 침략의 불법성을 고발하는 속

---

239) 西四辻公堯이 한말의 정치사에 흥미를 갖고 있었음은 육사 동기로 황실의 시종무관을 지냈던 魚潭에게 요구했던 구술 필기 『魚潭小將回顧錄』(市川正明 編, 『日韓外交史料』 10, 原書房, 1981 수록)과 『金亨燮大佐回顧錄』(앞의 책 수록)에 서문을 쓰고 있는 것에서도 엿볼 수 있다(藤村道生, 「資料紹介·韓國侍從武官からみた日本の韓國 併合」, 九州工業大學, 『研究報告·人文社會科學』 21호 수록).

에서, 그 장면을 다음과 같이 재현하고 있다.[240]

> 내부대신 이지용·군부대신 이근택은 1895년 10월 8일 밤 주한일본공사 미우라(三浦, 梧樓)가 왕비(민비)를 학살하던 비참한 장면을 상기하고, 그 때와 같은 잔학 행위가 되풀이되는 것을 두려워해, 각자 동료 대신에게 수락을 간청했습니다.

그들이 생명의 위협을 느끼는 정신적 협박을 받고 있었던 것은 사실일 것이다.

그것이 어떻든 간에, 레이설이든지 아리가설이든지 모두 가해진 압박이 국가에 대한 것인가, 나라의 대표 개인에 대한 것인가, 명확하지 않다는 데 또 하나의 문제점이 있다. 국제연합 국제법위원회가 조약법 최종초안에 제출한 논평에서, "국가 그 자체에 강제를 가하는 수단으로서 국가 원수 또는 대신에 대한 강제와, 개인적 자격에서의 그들에 대한 강제를 완전하게 구별하는 것은 불가능할지도 모른다"[241]고 기술한 것도 국제법이 이론적으로는 '대(對) 국가'와 '대(對) 개인'을 구분했다 하더라도 구체적인 사상(事象)에 적용할 때 양자를 구별하는 것이 곤란하다는 것을 예상한 것이라 생각된다.

게이츠카 사쿠타로(経塚作太郎)는 1966년에 발표한 논문 「조약의 무효 및 취소」에서 "조약 체결에 즈음해서 사용되는 강박은 조약의 체결자 개인에 대해서만이 아니라, 그 조약에 승인을 부여하는 입법부의 구성원에게 가해지는 경우"의 일례로서, "1905년 한국 왕 및 그 대신이 보호 조약을 수락하도록 강요받았던" 것을 들었다.[242] 그러나 게이츠카는 그것이

---

240) 金庚姫, 「ハーグ密使」と「國際紛爭平和的處理條約」(明治大學, 『文學研究論集』12호) 223쪽.
241) 小川芳彦, 「國際法委員會條約法草案のコメンタリー(4)」(關西學院大學 法政學會, 『法と政治』, 20권 1호) 141쪽.

조약의 무효 원인이 되는 강제인가 어떤가의 판단을 피하고, 다음과 같이 기술하는 데 그쳤다.[243]

> 확실히 전권 대표 개인에게 가해지는 강제적 압박은 그것에 근거하여 체결된 조약을 무효로 만든다고 할 수 있지만, 국가의 직무상의 기관(예를 들면, 원수, 수상, 외무대신)에게 가해진 강제의 경우, 명백한 육체상의 강압은 별개로 하여, 국가 자체에 가해진 강제적 압박과의 구별이 실제상 곤란한 경우가 생기고, 또 양자, 즉 개인적 강박과 국가 자체에 가해진 강박이 동시에 행해진 경우도 있어 간단하게 결정 할 수는 없다.

사카모토 시케키(坂元茂樹)가 "때로는 국가 자체에 대한 강제와 국가 대표자에 대한 강제의 어느 범주에서 논해야 하는가의 판단이 곤란한 사례가 생기게 된다. 제2차 한일 협약은 바로 그러한 사례와 같이 생각된다"[244]라고 한 것도 마찬가지일 것이다.

어쨌든, 레이도 아리가도 모두 한정된 당시의 신문 등의 보도에 따라 논한 것이고, 사실 인식의 잘못도 있다. 그에 비하면 현재는 역사학이 축적한 풍부한 자료를 공유하고 있다. 그것들의 정보를 이용하면서 국제법 연구자가 다시 제2차 '한일 협약의 효력'에 대해 검토할 것을 기대한다. 또 그와 병행해서 한일 회담에서 한일 간 구 조약을 "이미 무효"라고 하여 법적 근거의 평가를 회피한 일본 정부는 드디어 재개되는 조선민주주의 인민공화국과의 국교 정상화 교섭을 향하여, 당사국으로서 진지한 검토를 개시해야 한다.

---

242) 経塚作太郎, 「條約の無效及び取消」(『法學新報』 73권 4호, 同 『條約法の研究』(中央大學出版部, 1967년)에 수록) 같은 책, 562쪽.
243) 위의 책, 563쪽.
244) 坂元茂樹, 「日韓は舊條約問題の落とし穴に陥ってはならない」(『世界』 1998년 9월호) 198쪽.

3) 조약 형식의 하자

제2차 '한일 협약' 무효설은 국가를 대표하는 개인에 대해 강박이 가해진 것을 무효 원인으로 할 뿐 아니라, 조약 체결의 절차와 형식에 중대한 결함이 있었다는 것을 지적한다. 이태진은 "이 협정은 사안의 중대성에 비추어 명백히 협정 대표의 위임, 협정문, 비준 등 세 가지를 모두 갖추어야 성립할 수 있는 것이었다. 그러나 실제로 이루어진 것은 오직 협정문 하나, 그것도 명칭이 빠져 있는 것이었다[245]"고 말한다. 곧, ① 서명자에게 전권 위임장 발급이 없었던 점, ② 황제의 비준(재가)이 이루어지지 않았던 점, ③ 조약(Treaty)으로서 표제가 붙어야 할 보호 조약에 대해 영문 명칭의 Convention조차 조인서에는 기재되지 않았던 점을 들어 필요조건의 이느 하나도 충족되지 않았던 "이 조약은 형식적인 면에서 미완의 조약문으로 조인에 부칠 수 없는 수준의 것이었다[246]"라고 하여 조약 불성립설의 근거로 삼고 있다. 그것들의 여러 사항을 검토해보자.

첫째는 전권 위임장의 결여 문제다. 제2차 '한일 협약'의 서명자는 '특명 전권 공사 하야시 곤스케'와 '외부대신 박제순'인데, 천황이 하야시에게 전권 위임장을 교부하지 않은 것은 사실이다. 앞서 말한 것처럼 1905 (메이지 38)년 10월 27일의 각의는 하야시에게 정부차원의 전권 위임을 부여할 것을 결정하였다. 착임에 임하여 파견국 원수의 신임장을 접수국 원수앞으로 제출하고 있는 특명전권공사(혹은 특명전권대사[247])는 자

---

245) 이태진, 「조약의 명칭을 붙이지 못한 '을사보호조약'」; 이태진 편저, 『일본의 대한제국 강점』, 까치, 1995 수록, 112쪽.
246) 위의 책 67쪽.
247) 일본공사(공사관)의 대사(대사관)로의 승격은 1905년 12월 주영공사(하야시 다다스)의 대사 승격을 시작으로, 이후 1908년 5월까지 미국·독일·프랑스·이탈리아·오스트리아·러시아의 구미 주요국과의 대사 교환이 실현되었다(外務省百年史編纂委員會 編, 『外務省の百年』 上, 原書房, 1969, 488~495쪽).

국 정부로부터 훈령을 받아가면서 교섭에 임하고, 그 승인을 받은 후에 나라를 대표하는 직무 권한에 기초하여 조약 조인서에 기명 조인할 수 있다. 물론 다국 간 조약의 경우에는 전권 위임장이 필요하고, 2국간에서도 전권 위임장 제시를 요구하는 경우도 있지만, 그것은 당사국의 협의에 따라 결정된다.

예를 들면, 당초 밀약으로서 준비된 '한일의정서'는 1904년 1월 단계에서는 전권 위임장이 필요하다고 하여, 한국은 발급하고, 하야시도 전권 위임장의 발급을 요청하였지만, 후에 한국의 요구에 따라 불필요하게 되었다. 그 때문에 하야시는 다시 "조인의 전권[정부 위임]을 전보로 부여하도록" 고무라 외상에게 요청하였다.[248]

여기서는 천황이 내리는 전권 위임장과 정부(외상)가 부여하는 전권 위임은 명확히 구별되어 있다.

제2차 '한일 협약' 조인서의 한국 측 서명자 박제순에 대해서도 황제의 전권 위임장은 하달되지 않았다. 일본 측은 당초부터 박제순 외무대신이 교섭 대표이고 조약 서명자라는 것을 예상하고 있었다. 3장 2절 1항에서 설명한 것과 중복되지만, 이토 히로부미 특파 대사가 11월 15일의 알현에서 황제에 "바로 외부대신을 불러서 하야시 공사의 제안을 바탕으로 해서 바로 협의를 정리하여, 조인할 수 있도록 조치하라는 칙명을 내려주십시오"라고 요청한 것도, 하야시 공사 – 박제순 외무대신의 교섭·조인 계획이던 것을 보여 준다. 이토가 황제에 요구한 것은 박제순에 대한 전권 위임장을 교부하라는 것이 아니라 하야시와 교섭을 행하는 '칙명'이었다.

본래 외무대신은 내각총리대신과 함께 자국을 대표하는 입장에 있다

---

248) 『駐韓日本公使館記錄』 19권, 국사편찬위원회, 1991, 466~467쪽.

고 여겨지고 있다. 이태진은 제2차 '한일 협약' 서명자인 "박제순의 직함은 외무대신으로만 되어 있다,"[249] 또 제3차 '한일 협약' 서명자인 "통감후작 이토 히로부미와 내각 총리대신 훈2등 이완용"의 "양측 모두 전권위원이란 호칭이 들어가 있지 않은 것이 주목된다"[250]고 하는데, 수상 및 외상은 재외 대사·공사와 같이 전권위임장 없이 합의한 조약 조인서에 기명 조인하는 권한을 가진다. 원래 통상 조약·강화 조약과 같이 조약 체결권을 가진 국가 원수의 비준을 필요로 하는, 이른바 비준 조약(앞서 설명한 제I종 형식의 조약)의 경우 수상·외상이 전권 위임장을 교부받아 전권위원으로서 조약 체결 교섭에 임한 예도 있다. 가장 유명한 것은 청일 '강화 조약'(1895년 4월 17일 조인)에서 이토 히로부미 수상·무쓰 무네미쓰(陸奧宗光) 외상을 선권변리대신으로 임명[251]한 것이 그것이다.

이태진이 지적한 것처럼 전권 위임장의 결여가 제2차 '한일 협약' 체결의 결격 사항이고 무효 원인이 된다면, 똑같이 전권 위임장 없이 조인된 '한일의정서'·제1차 '한일 협약'·제3차 '한일 협약'을 비롯하여 조일·한일 간에 체결된 많은 조약(표 2 참조)도 모두 무효라고 하지 않으면 안 된다.

둘째는 황제 비준의 결여 문제다. 이것에 대해서는 약간의 혼란이 보인다. 그것은 외교 행위로서의 비준(비준서 교환 혹은 비준 통고)과 국내적인 조약 체결권자의 비준(천황·황제의 재가)의 혼동이다. 물론 양자는 관련되어 있고, 조약 체결권자의 비준이 없으면 외교적 비준도 성립되지 않지만, 그 구별을 명확히 파악하지 않은 채로 입론하면, 황제의 비준 = 재가가 없었던 것의 증거로서 외교 문서의 비준서의 결여를 드는 것과 같

249) 이태진, 「일본의 대한제국 국권 침탈과 조약 강제」『한국사 시민강좌』 19집, 일조각, 1996 수록, 37쪽; 일본어 번역은 「韓國併合은 成立하고 있지 않다」上, 『世界』 1998년 7월호, 310쪽.
250) 이태진, 위의 논문 38쪽; 앞의 책 『世界』 1998년 8월호 186쪽.
251) 『日本外交文書』 28권 2책, 287쪽.

은 잘못을 범하기 쉽다. 또한 조인서의 서명자는 조약 체결권자인 천황·황제가 아니라는 것은 말할 것도 없다. 그런데도 1995년 10월 16일 한국 국회가 구 조약의 무효 확인을 결의한 '대한제국과 일본제국 간의 늑약에 대한 일본의 정확한 역사 인식을 촉구하는 결의문'에서는 제2차 '한일 협약' 조인서에 고종 황제의 서명이 없다는 것을 가지고, 황제가 조약을 승인하지 않은 증거로 삼고 있다.[252] 거기서는 황제 스스로가 조인서에 '서명·날인'하는 것이 통례인 듯한 인상을 주고 있지만, 이는 잘못이다. 이태진이 말한 "비준서가 없다"라는 의미는 이것과는 다른, 국내 헌법적 견지에서 황제의 재가를 결한 위헌 조약이다 라고 주장하는 것으로 받아들이고 싶다.

제2차 '한일 협약'은 비준 조약이 아니었기 때문에 비준서 교환은 없고, 따라서 보존되어야 할 비준서도 존재하지 않는다. 통상적으로 비준 조약이라면 그 조약 전문에 조약 체결권자인 국가 원수가 누구누구에게 조약 체결 교섭·기명 조인의 전권을 부여한 것, 전권위원은 서로 전권위임장을 제시하고 그 타당성을 확인한 것을 적는다. 그리고 조약 중에 비준 조항을 두어, 이 조약은 각각의 국가 원수의 비준을 받은 후 비준서 교환을 행하는 것을 기록하는 형식을 취한다. 제2차 '한일 협약'의 경우는 이상과 같은 문언의 전문이나 비준 조항은 없고, 후문(後文)에 "이상의 증거로서 하명 [하야시 공사·박제순 외상]은 본국 정부로부터 상당한 위임을 받아 본 협약에 기명 조인하는 것이다"이라 쓰여 있을 뿐이다. 이 형식은 제2차 '한일 협약'이 정부 간 협정으로 체결된 것임을 보여 주고, 앞서 말한 제II종에 상당하기 때문에 일본에서는 국내법적인 의미에서 천황 재가를 필요로 한다. 한국에서도 마찬가지로 황제 재가는 필요했던 셈이다.

252) 일본어 번역은 『コリア・フォーカス』3권 5호에 의한다.

그렇다면 고종 황제의 재가는 있었던 것일까? 고종은 제2차 '한일 협약' 강제 조인 직후부터 조인은 일본의 강제적 압력에 의한 것, 황제인 자신은 재가하지 않은 점을 한국과의 조약 체결국 정부·원수에 호소하는 국권 회복 운동을 전개한 것은 잘 알려져 있지만, 일본 측은 고종이 협약 체결에 반대 의사를 가지고, 심정으로서 불복이 있었다고 하더라도 조인 전에 재가를 내린 것으로 보았다. 즉, 11월 17일 밤 이토·하야시와 한국 대신이 강제로 절충한 끝에, 5명의 대신이 이토의 강압에 굴복하여 협약 안 수락의 기본 방향이 정해지자, 대신들의 의견을 수용하여 수정해 정리한 완성안을 황제의 재가를 얻기 위해 상주하도록 했다. 그것에 대해 황제로부터 한국이 독립의 실력을 갖춘 단계에서 조약을 해제한다는 뜻의 사구 삽입의 요망이 나왔기 때문에, 이토는 곧 전문에 황제의 수정 의견을 넣은 문언을 첨가하여 최종안으로 상주해 재가를 얻었다는 것이다.

이 황제의 수정 의견의 삽입을, 나중에 이토는 황제의 협약 승인의 증거로 이용하고 있다. 이토가 초대 통감으로 서울에 부임한 지 4개월 후인 1906년 7월 2일, 3시간에 걸친 내알현에서, 요즘 통감의 존재를 무시하고 있다면서, 즉 협약의 유효성을 인정하지 않는 황제에 대해 이토는 다음과 같이 날카로운 어조로 힐책하였다.[253]

협약이라는 것은 폐하가 알고 계시는 바와 같이 폐하의 희망을 받아들여 자구의 수정 등도 행한 위에, 칙재를 거쳐 체결된 것입니다. 그런데 무슨 까닭에 폐하는 이 협약에 근거하여 제국 정부가 파견한 통감, 곧 본관의 임무를 승인할 수 없다고 말을 흘립니다…… 내친김에 이에 관해 폐하의 마음을 알고 싶습니다.

이토는 제2차 '한일 협약'이 황제의 수정 의견을 수용한 위에, 합의의

253) 김정명 편, 『日韓外交資料集成』 6권 상, 巖松堂書店, 1964, 232~233쪽.

칙재를 거친 것이라는 사실을 재확인 해줄 것을 요구한 것이다. 황제는 어쩔 수 없이 다음과 같이 답할 수밖에 없었다.

> 지난해 협약은 지금 경이 말한 것처럼 짐의 희망을 수용하여 자구 등의 수정을 한 연후에 협정을 본 바이다. …… 짐은 거듭 통감을 승인 하지 않는 등의 의사가 없음을 이해하기 바란다.

이태진은 이 '내알현시말'에 기록되어 있는 것과 같은 사실은 "어느 것도 믿을 수 없다"고 한다. 그리고 "설령 그랬다 하더라도 문서로 남은 것이 아니므로 그것들은 결코 법적 효력을 가질 수 없다"고 주장한다.[254] 가장 유력한 '법적 효력'을 가지는 증거 문서라고 하면, 제2차 '한일 협약'의 재가서일 것이다. 다른 조약에는 반드시 재가서가 있는데, 제2차 '한일 협약'만은 재가서가 없다면, 황제의 재가 거부를 설득력 있게 주장할 수 있을 것이다. 그러나 그렇지 않은 한 우리는 재가의 증거 기록으로서 한국 「관보」 1905년 12월 16일의 '한일 협상 조약' 공시에 따를 수밖에 없는 것이다.

다만 제2차 '한일 협약'에 황제의 재가서가 없었다는 것도 추측할 수 있다. 왜냐하면 1907년의 헤이그 '밀사' 사건에 즈음하여 황제에 양위를 강청한 이완용 수상 등이 "광무 9년[1905] 11월 17일의 신 조약에 어새를 날인할 것"[255]을 주청한 사실은, 조인 후 2년 가까이 지난 시점에도 아직 재가인이 없다는 것을 의미한다. 이 주청을 이토의 지시에 의한 것으로 해석하려는 경향도 있지만, 황제 재가는 있었던 것으로 밀어 부쳐왔던 일

---

254) 이태진, 앞의 「일본의 대한제국 국권 침탈과 조약강제 - 한국 병합 불성립을 논한다」 (앞의 책 수록), 46쪽; 일본어 번역은 『世界』 1998년 8월호 191쪽.

255) 국사편찬위원회 편, 『한국독립운동사』, 정음문화사, 1968, 197쪽.

본 측이 스스로 모순을 폭로할 리는 없을 것이다. 제2차 '한일 협약'에 제일 먼저 찬성하였지만, 미승인 상태로 남아 있는 협약에 대해 재가를 얻는 일에 집착하고 있었던 이완용 등의 획책이었다고 봐야 할 것이다.

세 번째는 제2차 '한일 협약' 조인서 표제의 결여 문제다. 이태진은 서울대학교 규장각 및 일본외무성 외교사료관 소장의 제2차 '한일 협약' 조인서 정본의 어느 쪽에도 표제(조약명)가 기재되어 있지 않은 것을 지적하고, '한일 협약'(Convention)이라는 명칭은 후에 일본 측이 자의적으로 붙인 것이라는 점을 밝혔다. 종래 조약명을 붙인 간행 사료집을 봐온 우리들이 간과해온 문제다.

이태진은 "외교권 이양과 같은 일국의 주권에 관계되는 조약은 ……정식 조약 Treaty이어야 한다는 것은 말할 것도 없다"[256]고 한다. 다른 논자들 중에도 보호 조약은 Treaty 형식이어야 한다는 지적이 있다. 그러한 주장은 아리가 나가오가 『보호국론』(1906)에서 제2차 '한일 협약'에 대해, "한국 외무대신과 일본 공사가 평소의 직권으로서 조인한, 이른바 동문통첩(同文通牒)의 형식을 취한 것이다. 쌍방에서 특히 전권위원을 파견하여 의정 조인(議定調印)한 위에, 양국 군주의 비준을 거친 정식 조약이 아니다"고 서술한 다음, "외국간의 동종의 보호 조약은 대체로 정식 조약의 체재를 취한다"[257]라고 기술한 것에 의거하고 있다. 그러나 아리가가 동서 부록에 게재한 프랑스를 중심으로 한 보호 조약 11사례 가운데 조약명을 Traité라고 한 것은 7건, Convention이라 한 것이 4건이다. 이태진은 "Convention은 주로 우편 협정, 적십자 가입, 저작권 보호 등 특수한 사항에 관한 협정에 사용되는 용어이고," "Convention이 외교권 이양과 같은

---

256) 이태진, 앞의 「조약의 명칭을 붙이지 못한 '을사보호조약'」(앞의 책 수록) 97쪽, 同 「韓國侵略に關聯する諸條約だけが破格であった」(『世界』 1999년 3월호) 258쪽.
257) 有賀長雄, 『保護國論』, 早稻田大學出版部, 1906, 202쪽.

정치적 사안에 사용된 예는 거의 찾아볼 수 없다"258)고 하지만, 그것은 사실과 다르다.259) 아리가가 말하는 '정식 조약' 중에는 Convention도 포함되어 있는 것이고, 또 비록 조약 체결 절차상 생략된 부분이 있었다고 하더라도 "정식 조약과 약식 계약의 효력에 어떠한 차이가 있는가 하면, 실제에 있어 정부를 구속하는 효력상에 추호도 차이가 있다는 것을 인정할 수 없다"260)고 하는 아리가의 지적에도 주의를 기울일 필요가 있다.

또한 이태진은 일본 측에도 조약명을 '한일 협약'이 아니라 '한국외교 위탁 조약'이라는 표제를 붙일 계획이 있었다고 하면서, 『일본외교문서』 38권 1책에 수록된 문서 4곳에 '한국 외교 위탁'(531쪽), '한국 외교 위탁 조약'(532쪽), '외교 위탁 조약안'(534쪽), '외교 위탁 조약'(538쪽)이 사용되고 있는 점을 지적한다. 그러나 그것들은 강제 조인 전후인 11월 17일부터 19일까지의 기간에 하야시 공사가 가쓰라 임시 외상 앞으로 보낸 전문에 한하여 나타나고, 일본 정부가 하야시 공사에게 보낸 훈령에는 사용되고 있지 않다. 또 이상의 용례에서도 표현이 조금씩 다르기 때문에 '한국 외교 위탁 조약'은 조약 표제로서 준비되었다기보다도 보호 조약의 내용에 입각한 하야시의 편의적인 표현이라 생각된다.

이태진은 일본이 "한국 외교 위탁 조약을 목표로 하였으나, 그에 상당하는 구비조건을 얻는 것이 아무것도 없음으로 명칭을 써넣을 수가 없었다. ······ 조약의 명칭이 빠진 것은 결국 조약이 미완이었다는 것, 다시 말하면 제대로 성립되지 않았다는 것을 의미한다"261)고 단정하지만, 앞서

---

258) 이태진, 앞의 「일본의 대한제국 국권침탈과 조약 강제 - 한국병합 불성립을 논함」(앞의 책 소재) 36쪽, 『世界』 1998년 7월호 310쪽.
259) 坂元茂樹, 앞의 「日韓は舊條約問題の落とし穴に陷ってはならない」 202~203쪽은 Convention이 특수한 사항에 관한 협정에 사용된다는 규칙성은 없으며, 또 Agreement와 비교해서 상하의 격을 정하는 것도 곤란하다고 지적하고 있다.
260) 有賀長雄, 앞의 책, 202쪽.

말한 것처럼 일본 정부는 계획 책정 단계부터 전권 위임장을 발급하지 않고, 조약에 비준 조항을 기술하지 않는, 정부 간 협정으로서의 '협약' 형식으로 체결하기로 하고 있었다. 비준 조약으로 하지 않았던 것은 조인 후 비준서 교환까지의 기간에 비준을 저지하는 한국 내의 저항과 여러 나라의 간섭을 걱정했기 때문이라 생각되는데, 조약 체결권이 천황·황제의 전결권에 속하고, 의회의 승인을 필요로 하지 않았던 일본·한국간의 경우에는 서로 국가 원수의 재가를 가지고 조약을 성립시키는 것이 가능했던 것이다.

또 조인서 정본에 표제가 기재되지 않은 것은 제2차 '한일 협약' 외에, 제1차 '한일 협약,' '간도에 관한 청일 협약'(1909년 9월 4일 조인), '한국 병합에 관한 조약'(1910년 8월 22일 조인) 등도 그러하다. 혹은 일본이 한국 이외의 여러 나라와 체결한 조약 중에서도 러일 '강화 조약262)'(1905년 9월 5일 조인), 제1차 '러일 협약'(1907년 7월 30일 조인)도 표제가 없다. 또한 "국제 약속의 조인 본서에는 표제를 붙이지 않는 관행이 있다"263)고 하는 영국과의 '제1차 동맹 협약'(1902년 1월 30일 조인)·'제2차 동맹 협약'(1905년 8월 12일 조인)의 조인서 정본에도 조약 표제는 붙어 있지 않다.264) 이들 조약은 일본에서는 「관보」 게재에 임하여 편의상 내용에 상응한 명칭을 붙여 발표되었다.

그렇다면 조인서에 표제를 기재하지 않은 조약은 제2차 '한일 협약'에

---

261) 이태진, 앞의 「조약의 명칭을 붙이지 못한 '을사보호조약」 102쪽.
262) 1905년 9월 17일 정부의 "강화조약원본에는 그 모두에 조약의 명칭이 기재되어 있는 가"라는 문의에 대해, 18일 고무라 전권위원은 "조약의 모두에는 어떠한 명칭도 기재되어 있지 않다"고 회답하였다(『日本外交文書』37·38권 별책 日露戰爭 V, 545~546쪽).
263) 외무성 조약국 제1과, 『條約ノ締結, 批准及公布ニ關スル調書』, 1936, 5쪽.
264) 「제3회 동맹 협약」(1911년 7월 13일 조인)에서 처음으로 표제에 Agreement of Alliance between Japan and Great Britain이라 붙었다.

한정되지 않고 널리 보이는 것이고, 이태진이 추측한 이유에 따라 제2차 '한일 협약' 조인서로부터 표제가 빠진 것은 아님은 물론이고, 표제 결여를 가지고 "조약이 미완이었다"라고 말할 수 없을 것이다.

이상 이태진의 지적에 따라서 전권위임장·황제 비준·조약 표제의 세 가지 점에서 비판적으로 재검토해 보았다. 그 결과 조약 체결의 절차, 형식상의 하자의 관점에서 제2차 '한일 협약'의 유효성을 부정하는 것은 어렵다고 말하지 않을 수 없다.

4장

제3차 한일 협약

1. 통감부 행정과 국제 관계

1) 통감부의 설치

1905년(메이지 38) 11월 22일, 제2차 '한일 협약'의 공포와 동시에, "협약 제3조에 기초하여 통감부를 경성에, 이사청(理事廳)을 경성·인천·부산·원산·진남포·목포·마산 기타 필수 요지[須要]에 설치하고, 이 협약에 따라 제반의 사무를 관장하게 한다"는 칙령 제240호가 공포되었다.[1] 그러나 이 단계에서 정부는 통감부·이사청 제도의 구체적인 계획을 가지고 있었던 것은 아니다. 칙령 공포에 앞서 가쓰라는 서울 체재중인 이토에게 의견을 구했다.[2] 이에 대해 이토는 "관제 초안에 대한 의견은 연구 중이므로, 귀국 후에 상담하"기로 하고, 우선 통감부·이사청 설치를 알리는 칙령안을 보냈다.[3] 이 이토의 "의견에 기초해" 재가·공포된 것이 칙령 제240호다.

통감·이사관의 관할 범위·권한이나 조직을 규정하는 '관제'에 관해서는 이토의 방한 전에, 이토의 "경성 도착 뒤 한국에서 실제의 형세를 고려, 이 관제안에 대한 귀견[이토의 의견]을 결정하기"로 했었다.[4] 그래서 통감부·이사청 '관제'안 작성은 12월 8일에 귀경한 이토의 통감 내정(13일)을 기다려, 이토가 "직접 기초하게 되고, 오늘[13일]부터 기초에 착

---

1) 『官報』 1905년 11월 23일 호외.
2) 『日本外交文書』 38권 1책, 492쪽.
3) 위의 책, 493~494쪽.
4) 「帝國二於テ 韓國=統監府並=理事廳設置一件」, 外務省外交史料館 所藏, 『外務省記錄』 1·1·2·40; 『日本の韓國侵略史料叢書』 3권, 한국출판문화원, 1988, 440~441쪽 수록 가운데 11월 20일, 가쓰라 임시외무대신이 하야시 공사(이토 대사)에게 보낸 전보. 이하, 같은 책의 인용은 『日本の韓國侵略史料叢書』 3권의 쪽수를 제시한다.

수"5)하게 되어, 이토는 "내각 및 육해군 당국자 등과 의견을 교환하고, 내각에서 대체적인 방침[主義]을 정하고, 이 방침에 따라 통감부의 조직, 기타를 준비"6) 하기로 되었다.

물론 그 이전에도 정부 내에 '관제'안이 없었던 것은 아니다. 외무성 외교사료관 소장 『외무성 기록』 중의 "제국의 한국에 통감부 및 이사청 설치 1건"에 "통감부 및 이사청 관제 칙령안"(초고)이라는 문서가 수록되어 있다.7) 작성 시기는 명확하지 않지만 초고가 "이사부(府)"라 부르고 있는 것으로 보면, 11월 22일 칙령이 "통감부 및 이사청을 설치할 건"이라 발표하기 이전, 아마도 제2차 '한일 협약' 조인 이전의 것으로 추정된다.8) 이 초고를 기초로 검토가 이루어지지만, 완성안까지의 과정에서 최대의 문제점은 통감의 지위와 외교상의 권한에 관한 것이었다.

'만주에 관한 청일 협약' 교섭을 위해 특명 전권대사로 북경에 체재중인 고무라 주타로(小村壽太郎)는 제2차 '한일 협약' 조인 직후부터 통감의 권한 집중을 우려했다. 11월 20일, 고무라는 가쓰라 임시 겸임 외무대신 앞으로 전보를 보내9) "한일 협약의 문면을 살펴보건대, 혹시 한국 외교는 통감이 재도쿄 외무성의 지휘 감독을 받아, 이전과 마찬가지로 경성에서 이를 행하는 것처럼 오해를 불러일으킬지도 모르겠다. 이것은 원래 이 협약의 취지가 아니기 때문에 ……적절이 외국 정부의 오해를 풀게 해 주십시오"라고 사정을 자세히 상신(具申)했다. 앞서 말한 정부의 재외 공사에

---

5) 위의 책 495쪽, 12월 13일, 진다 스테미 차관이 고무라 앞으로.
6) 『樞密院會議議事錄』10권, 東京大學出版會, 1981, 368쪽.
7) 『日本の韓國侵略史料叢書』3권, 515~528쪽, 546~554쪽.
8) 『駐韓日本公使館記錄』25권, 국사편찬위원회, 1992, 287쪽 이하에 "통감부 및 이사청관제 칙령안"(전16조)이 수록되어 있다. '초고'를 수정한 것으로 보이지만 작성자가 불명한 것이어서 다음 연구를 기대한다.
9) 『日本外交文書』38권 1책, 539~540쪽.

대한 지시는 이 고무라의 의견에서 비롯되었지만, 나아가 고무라는 다음과 같이 외무성이 집행하는 '한국의 외교 사무'와 통감이 한국에서 담당하는 외교상의 '지방적 사무'를 준별해야 한다고 강조한다.

1. 금후 한국의 외교 사무는 협약 제1조에 의거하여 도쿄 외무성에서, 관계 여러 나라(列國) 정부 또는 그 재도쿄 대표자와 직접 이를 행한다.
2. 재한국 영사와의 교섭, 기타 한국과 여러 나라의 조약 실행에 관한 지방적 사무는 협약 제3조에 의거하여 통감이 일본 이사관 및 한국 관헌을 지휘 감독하고, 이를 행하도록 한다.

이토가 제2차 '한일 협약' 제3조에 삽입 수정했던 "통감은 오로지 외교에 관한 사항을 관리하기 위해 경성에 주재한다"의 해석을 고무라는 위의 '2'와 같이 한국 내의 '지방적 사무'로 한정하고, 한국 외교권의 행사는 외무성이 담당한다는 것을 '관제'에 명시할 것을 요구했던 것이다. 고무라가 구상한 통감의 위치는 이토의 구상과 대립한다. 이토가 서울 체재 중이던 11월 22일, 하기와라 슈이치 공사관 서기관이 쓰즈키(都筑馨六) 추밀원 서기관장에게 보낸 '관제' 원안에 대한 수정 의견의 하나로[10] "한국의 대외 관계를 처리함에 있어서는, 각부 대신과 직접 교섭을 행하는 데 편리할 뿐만 아니라, 통감이 각 고문을 통리(統理)하는 데에도 역시 매우 편리하다"는 이유에서 "통감은 한국 정부 수반 대신 또는 각부 대신과 교섭하고, 한국 황제 폐하를 알현하여 상주할 수 있다"는 1항을 추가할 것을 요구하고 있었다. 이토의 뜻에 따른 요청일 것이다.

한편 12월 12일 진다 스테미(珍田捨已) 외무차관은 고무라에게 보낸 전보에서 '관제' 제정을 둘러싼 상황을 보고하고,[11] "대세는 통감부를 외

---

10) 『駐韓日本公使館記錄』 25권, 378~380쪽.

무성으로부터 분할하여, 이를 폐하에 직접 속하게 하려는 것으로 생각한다. 이렇게 해서는 각하가 당초부터 생각하신 바와 근본적으로 동떨어진 결과를 보게 될 뿐만 아니라, 외무성과 통감부 사이에 연락을 결하고, 자연히 한국 외교의 불통일을 가져와 매우 바람직하지 않는 현상이 나타날 것을 우려한다"고 말하면서, 고무라가 가쓰라에게 의견을 제출할 것을 의뢰했다.

가쓰라도 18일경 '관제'안이 "거의 확정되었음"을 고무라에게 전하는 전보에서12) "중요한 외교 사무에 관해서는 통감이 조치를 취하기 전에 미리 외무대신에게 협의해야 한다고 결정되어야 할 것 같습니다"라고 알렸다. 이에 대해 고무라는 19일의 회신에서,13) 그 문안에서는 "통감도 중요한 외교 사무를 집행하는 것으로 생각한다. 그런데 이겨우 정령(政令)이 두 군데에서 나올 우려가 있을 뿐만 아니라. …… 만일 통감부에서 중요한 외교 사무를 취급하는 것을 알게 되면, 모처럼 철수하기로 결정한 공사관도 이를 존치(存置)하는 결과가 되고, 우리의 당초 목적을 무산시킬 우려가 아주 많다"고 반대를 표명하고, "충분히 주의"했으면 좋겠다고 요망했다.

19일 오후 8시 '도쿄' 수신 전보로 고무라의 의견을 들은 가쓰라는 "가능하다면 전술한 의미를 더욱 명료하게 하고자, 어제(20일) 즉시 그 뜻을 전했지만, 관제 및 주의 사항[통감 직무 주의 사항] 모두 오늘(21일) 발표 예정으로 진행하고 있었기 때문에 끝내 수정할 수 없었다"고 고무라에 전했다.14) 중요 외교 사항에 대해 통감이 외무대신과 사전 협의하도록 한

---

11) 『日本外交文書』 38권 1책, 560~561쪽.
12) 『日本の韓國侵略史料叢書』 3권, 496~504쪽, 18일, 가쓰라가 하야시 주한 공사 앞으로. 고무라에게는 轉電(658쪽).
13) 『日本外交文書』 38권 1책, 562쪽.

규정은 '관제'가 아니라, '관제'와 동시에, 가쓰라 수상이 통감에 교부한 '통감 직무 주의 사항'15)(기밀)에 다음과 같이 성문화되었다.

제4조 통감 및 외무대신은 한국에 관한 중요한 외교 사무에 관해서 조치를 취하기 전에 미리 협의를 해야 한다.

가쓰라는 21일의 전보16)에서, '통감 직무 주의 사항'은 '관제'의 하위 규정이기 때문에 "주의 사항 중의 외교 사무란 말할 필요도 없이 관제에 의해 통감 및 외무대신이 각자가 가진 권한 내의 외교 사무의 의미로 해석해야 할 것"이므로 "큰 지장은 없을 것으로 판단된다"고 고무라에게 변명했다.

그러면 20일의 추밀원 회의에 제출된 '통감부 및 이사청 관제 칙령안'에서, 통감 등의 지위·권한은 어떻게 규정되었는지, 앞의 '초안'과 비교해 보자. '칙령안'은 "내각에서 기초할 때에도, 의장[이토 히로부미 추밀원의장] 및 서기관장[쓰즈키 게이로쿠(都筑馨六) 추밀원 서기관장], 서기관[가와무라 긴고로(河村金五郎)·시바타 고바사부로(柴田駒三郎)]도 심사에 참가하여 심의를 끝낸" 것이라 한다.17)

통감·통감부에 관한 규정

ⓐ '초고'
제1조 한국에 통감부를 둔다.

---

14) 『日本の韓國侵略史料叢書』 3권, 658~662쪽. 21일 가쓰라가 고무라 앞으로.
15) 『日本の韓國侵略史料叢書』 3권, 658~662쪽. 21일 가쓰라가 고무라 앞으로.
16) 『日本の韓國侵略史料叢書』 3권, 658~662쪽. 21일 가쓰라가 고무라 앞으로.
17) 『樞密院會議議事錄』 10권, 369쪽.

제2조 통감부에 통감을 둔다.

　　통감은 친임(親任)으로 한다.

제3조 통감은 외무대신의 지휘 감독을 받아 한국 정부의 시정을 감시하고, 이사관
　　을 지휘 감독한다.

제4조 통감은 그 권한 혹은 특별 위임에 의해, 통감부령을 발할 수 있다.

　　통감부령에는 1년 이하의 금고, 또는 200원 이내의 벌금 부과할 수 있다.

제5조 통감은 한국의 안녕 질서를 유지하기 위해 긴급히 필요하다고 인정할 때는
　　한국 수비군 사령관에 요청해서 병력을 사용할 수 있다.

제6조 통감은 이사관의 명령 또는 처분이 법령·조약에 위배되고, 공익을 해치고,
　　또는 권한을 침범하는 것으로 인정할 때는 그 명령 또는 처분을 정지하고,
　　또는 취소할 수 있다.

제7조 통감 외, 통감부에 아래와 같은 직원을 둔다.

　　총무관　　　　 1인　칙임

　　서기관　　전임　5인　주임(奏任)

　　경시　　　전임　1인　주임

　　통역관　　전임　2인　주임

　　　　　　　전임　15인　판임(判任)

　　경부(警部)　전임　5인　판임

제8조 총무관은 통감을 보좌하고, 부무(府務)를 총리(總理)하며, 통감이 없을 때,
　　또는 부재할 때는 임시로 그 직무를 대리한다.

제9조·제10조(서기관, 통역관에 관한 규정) 생략

ⓑ 추밀원 회의 제출 칙령안

제1조 한국 경성에 통감부를 둔다.

제2조 통감부에 통감을 둔다.

　　통감은 친임으로 한다.

　　통감은 천황에게 직예하고, 외교에 관해서는 외무대신을 경유하여 내각 총
　　리대신을 거치고, 기타 사무에 관해서는 내각 총리대신을 거쳐 상주를 하고
　　재가를 받는다.

제3조 통감은 한국에서 제국 정부를 대표하고, 제국 주차 외국 대표자를 경유하는 것을 제외하고 한국에서 외국 영사관 및 외국인에 관한 사무를 통할하고, 아울러 한국의 시정 사무로서 외국인과 관계있는 일을 감독한다.

통감은 조약에 기초해 한국에서 제국 관헌 및 공서(公署)가 시행해야할 제반의 정무를 감독하고, 기타 종래 제국 관헌에 속한 일체의 감독 사무를 시행한다.

제7조 통감은 통감부령을 발하고, 이에 금고 1년 이하 또는 벌금 200원 이내의 벌칙을 부과할 수 있다.

제4조 통감은 한국의 안녕 질서를 유지하기 위해 필요하다고 인정될 때는 한국 수비군의 사령관에 대해 병력 사용을 명할 수 있다.

제8조 통감은 소관 관청의 명령 또는 처분이 조약 또는 법령에 위배되고 공익을 해치고, 또는 권한을 침범하는 것이 있다고 인정할 때는 그 명령 또는 처분을 정지, 또는 취소할 수 있다.

제11조 통감 외 통감부에 아래의 직원을 둔다.

    총무장관   1인 칙임
    농상공무총장 1인 칙임 또는 주임
    경무총장   1인 칙임 또는 주임
    비서관   전임 1인 주임
    서기관   전임 7인 주임
    경시   전임 2인 주임
    기사   전임 5인
    통역관   전임 10인 주임
    속(屬) ─┐
    경부(警部) ─┤─ 전임 45인 판임
    기수(技手) ─┤
    통역생 ─┘

통감부 또는 그 관할 관청의 사무를 촉탁 받은 한국인은 고등관 또는 판임관 대우로 할 수 있다.

제12조 총무관장은 통감을 보좌하고, 부무(府務)를 총리한다.

제13조 통감이 사고가 있을 때는 통감이 정한 바에 의해 한국 수비군의 사령관 또는 총무장관이 임시 통감의 직무를 대리한다.

제14조~제21조(농상공무총장·경무총장·비서관·서기관·기사·통역관·기수에 관한 규정) 생략.

제5조 한국의 시정 사무 중에 조약에 기초한 의무의 이행을 위해 필요한 것은, 통감이 한국 정부에 이첩(移牒)해서 그 집행을 요구한다. 단 급히 시행을 요하는 경우에는 바로 한국의 해당 지방 관헌에 이첩, 이를 집행하도록 하고, 후에 이를 한국 정부에 통보한다.

제6조 통감은 제국 관리, 기타 사람으로서 한국 정부가 용빙(傭聘)한 사람들을 감독한다.

제9조(관리의 주임관·판임관 진퇴에 관한 규정) 생략.

제10조(관리의 서위서훈[敍位敍勳]에 관한 규정) 생략.

제2조는 ⓐ에서는 통감 친임만을 규정했지만 ⓑ에서는 나아가 천황 직예를 규정하고, 통감이 재가를 요청할 경우에는 총리대신을 거쳐 상주한다고 했다. "통감은 천황에게 직예하고, 친재를 받아 국무를 시행하는 것으로(不明)로 한다. 따라서 내각 또는 각 성에서 훈령을 받지 않는다"[18]고 하여, 내각에서 독립한 절대적인 권한을 부여받았던 것이다. 단 외교 사항에 관해서는 "외무대신을 거쳐 내각 총리대신을 경유"도록 하여, 국가 간 차원의 외교에 대해서는 외무대신의 감독 하에 있다는 것을 보여 주었다. 이것은 앞서 고무라가 우려했던, 통감이 외교 보호권에 관여하는 것처럼 오해하게 만드는 문언을 삭제한 대신에 기입한 것으로 생각된다.

제3조는 ⓐ에서는 보호 조약 하에서 통감 정무의 일반적 규정이지만, ⓑ에서는 그것에 그치지 않고, 외교에서의 통감의 지위를 명시하고, 통감

---

18) 『駐韓日本公使館記錄』 25권, 423쪽, 12월 18일자로 가쓰라 수상이 하야시 공사 앞으로 '관제'안 확정에 대해 통지.

은 한국에서 일본 정부 대표로서의 외교관의 직무를 가지는 것과 함께, 한국에서 외교상의 지방적 사무의 통할(統轄)과, 한국 정부 시정 사무 가운데 외국인 관계의 감독을 행하는 것으로 직무 장악(職掌)의 범위를 한정했다.

ⓐ의 제4조, ⓑ의 제7조는, 통감에 의한 통감부령의 발령권에 관한 규정이다. '관제'에 대해 자문을 받은 추밀원 회의(20일)에서 아오키 슈조(靑木周藏) 고문관이 통감부령·이사청령은 "한국인에게도 적용되는지, 아니면 일본인에게만 적용되는지 명확하지 않다. 내 견해로는 일본인에게만 해당한다고 생각하는 데 어떻습니까"라는 질문에 대해, 의장인 이토는 "당신의 견해대로입니다"라고 대답하면서 "머지않아 발포될 예정"인 재판소령을 예로 들어 "점차 이 조항을 한국인에게도 적용할 시기가 올 것으로 생각합니다"라고 부언했다.19)

ⓐ의 제5조, ⓑ의 제4조는 통감의 용병권에 관한 규정이다. 이토는 추밀원 회의에서 "통감은 문무를 관할한다. 군대에 대해 문관이 지휘하는 것은 지극히 곤란한 일로서, 오늘날까지 이를 해결하지 못한 타이완에서는 문무 양립해도 좋지만, 한국에서는 이 방법으로는 어쩌면 한국인이 이간하는 등의 기회가 발생한다. 또 통감은 위력을 갖지 않으면 안 된다. 무관 쪽에 의지하는 것과 같은 일이 없도록 해야 합니다. 본관이 임무를 부여함에 따라 수비군 사령관이 명령을 듣게 되는 것입니다"라고 설명하고20) 무관제를 취하는 식민지·타이완 총독과 한국은 사정이 달라서, 문관인 통감이 수비대 사령관에게 용병을 명하는 형태가 정당함을 강조했다. 또한 조문 중의 "한국의 안녕 질서를 유지하기 위해" 라는 말 속에는

---

19) 『樞密院會議議事錄』 10권, 373~374쪽.
20) 위의 책, 370쪽.

항일 무력 투쟁에 대한 탄압을 포함하는 것은 말할 필요도 없다.

ⓐ의 제6조, ⓑ의 제8조는 통감 관할 관청이 행한 행정 명령·처분에 대한 통감의 정지 또는 취소권의 규정이다.

ⓐ의 제7조, ⓑ의 제11조는 통감부 직원 구성인데, ⓐ에 비해 ⓑ에서는 직무 분장과 증원이 보인다.

ⓐ의 제8조, ⓑ의 제12조·제13조는 총무관(총무장관)의 직무 규정과, 통감 대리 규정이지만, ⓑ 제13조의 통감 대리에는 총무관장과 함께 한국수비군사령관을 병기했다. 이 점에 관해 추밀원 회의에서 오토리 게이스케(大鳥圭介) 고문관은 "사령관은 통감부 내의 사람이 아닌 것과 같다. 이 사령관이 총무장관처럼 대리를 할 수 있는가"라고 질문했다. 이토는 "이것도 큰 모략이다 …… 그 때의 형편에 따라 누군가에 대리를 명하는 길을 열어둔 것이다"고 받아넘겼다. 오토리가 지적한 것과 같이 수비군사령관을 통감대리로 임명하는 것은 제도적으로는 이례적인 것이지만, 1907년 9월 19일 공포된 '통감부 및 이사청 관제' 개정에 따라 신설된 부통감이 "통감 유고시 그 직무를 대리"(제10조의 2)하게 되기까지는, 이토 부재시의 통감대리는 한국주차군사령관 하세가와 요시미치(長谷川好道) 대장이 임무를 맡고 있었다.

또한 ⓐ에는 없고 ⓑ에 신설된 조항으로, 제5조·제6조·제9조·제10조가 있다. 제5조는 제2차 '한일 협약'뿐만 아니라, 향후 체결될 조약에 기초한 의무 집행을 한국 정부에게 촉구하는, 통감의 청구에 관한 규정이다. 또한 제6조는 한국 정부가 용빙(傭聘)한 일본인에 대한 통감의 감독권을 보여 준다.

이상과 같이 통감의 직무로서 외교 사무는 한국 내의 '지방적 사무'로 한정되었다. 한편 통감의 한국 내정 관여 범위는 한국 정부의 조약 이행의 감독으로 한정했다. 추밀원 회의에서 오토리 게이스케 고문관의 "제3조의 한국의 시정 사무의 범위는 무엇인가. 내정을 포함하는 것 같은데, 어떤가"라는 질문에 대해, 이토는 "이에 대헤서는 설명하지 않기로 하겠다. 이것은 큰 정략(大政略)이 포함되는 바, 정략을 운용하는 기계(機械)다. 이것을 오늘 제한하기는 어렵다. 일본 정부의 정략에 일임할 수밖에 없다"라고 대답하고[21] 한국 내정에 대한 관여는 일본 정부의 '정략'의 문제라고 둘러대고, 그 '범위'에 대한 확답을 회피했다. 한국에 대한 '지도, 보호 및 감리'의 범위는 무제한인 것이다.

다음으로 이사관·이사청에 관한 규정을 보자.

ⓐ '초안'

제11조 한국 각지에 이사부를 둔다. 이사부의 위치 및 관할 구역은 외무대신이 이를 고시한다.

제12조 각 이사부에 다음과 같은 직원을 둔다.

단, 경시(警視)는 외무대신이 특히 이를 둘 필요가 있다고 인정되는 이사부에 한한다.

이사관	1인	주임
부이사관	1인	주임
경시	1인	주임
서기생		판임
통역생		판임
경부		판임
순사	판임 대우	

이사청 직원의 정원은 별도로 이를 정한다.

제13조 이사관은 외무대신 및 통감의 지휘 감독을 받아 한국 정부의 지방 시정을 감시하고, 한국에 있는 제국 신민의 보호, 기타 본령에 특별히 규정한 경

---

21) 앞의 책, 374쪽.

우를 제외하고, 영사관 직무 규칙에 따라 한국재근령사(韓國在勤領事)에 속하는 사무를 관장한다. 개항 소재지를 관할하는 이사관은 전항에 든 것 이외에 외무대신 및 통감의 지휘 감독을 받아 한국 주재 외국 영사관과의 교섭을 담당한다.

제14조 이사관은 그 직권 또는 특별한 위임에 따라 그 관할 구역 내에 이사부령을 발할 수 있다.

이사부령에는 25일 이하의 금고, 구류 또는 25원 이내의 벌금의 벌칙을 부과할 수 있다.

제15조 이사관이 없을 때, 또는 부재할 때는 부이사관이 임시로 그 직무를 대리하고, 부이사관이 없을 때, 또는 부재할 때는 상석의 서기생이 임시로 그 직무를 대리한다.

제16조 부이사관은 이사관의 명을 받아 부무(府務)를 관장한다.

제17조 (통감부 · 이사부 서기생에 관한 규정) 생략.

제18조 (통감부 · 이사부 통역생에 관한 규정) 생략.

제19조 (통감부 · 이사청 경시, 통감부 · 이사부 경부, 이사부 순사에 관한 규정) 생략.

제20조 통감부 및 이사부에서 사무의 분장은 외무대신이 정한 바에 따른다.

부칙(이행 조치) 생략

ⓑ 추밀원 회의 제출 칙령안

제22조 한국 내 필수 요지에 이사청을 둔다. 이사청의 위치 및 관할 구역은 통감이 이를 정한다.

제23조 각 이사청에 다음과 같은 직원을 둔다.

이사관　　주임

부이사관　주임

속　　　　판임

경부　　　판임

통역생　　판임

전항 직원 외, 통감이 필요하다고 인정되는 이사청에 경시를 둔다. 주임으로 한다.

부이사관 2인 이상을 두는 이사청에서는 그 중 1인은 주로 법률사무를 관장하는 것으로 한다.

이사청 직원의 정원은 별도로 이를 정한다.

제24조 이사관은 통감의 지휘 감독을 받아, 종래 한국재근령사에 속한 사무와 조약 및 법령에 기초해 이사관이 집행해야할 사무를 관장한다.

제25조 이사관은 안녕 질서를 유지하기 위해 긴급히 필요하다고 인정될 경우에 통감의 명령을 청할 겨를이 없을 때는, 당해 지방 주재 제국 군대의 사령관에 이첩해서 출병을 요청할 수 있다.

제26조 이사관은 한국의 시정 사무 중에서 조약에 기초한 의무의 이행을 위해 필요한 사무에 대해서, 사안이 긴급을 요하며, 통감의 명령을 청할 겨를이 없다고 인정될 때는 즉시 한국 당해 지방 관헌에 이첩하여 이를 집행하도록 하고, 후에 이를 통감에게 보고해야한다.

제27조 이사관은 이사청령을 발하고, 여기에 벌금 10원 이내, 구류 또는 과료의 벌칙을 부과할 수 있다.

제28조 부이사관은 이사관의 명을 받아 청무를 관장하며, 이사관 사고시는 임시로 그 직무를 대리한다.

제30조(통감부·이사청 속에 관한 규정) 생략.

제32조(통감부·이사청 통역생에 관한 규정) 생략.

제29조(통감부·이사청 경시에 관한 규정) 생략.

제31조(통감부·이사청 경부에 관한 규정) 생략.

제33조(통감부·이사청 순사에 관한 규정) 생략.

ⓐ의 제11조, ⓑ의 제22조는 이사부 = 이사청의 설치 규정이고, 뒤에 통감부령에 의해 표 8과 같이 고시되었다. 1906년 1월 19일 설치된 이사청 10개소는 그때까지 영사관 및 그 분관이었으나 같은 해 중에 대구·신의주에 이사청이, 수원·해주·경성(鏡城)·함흥에 각 지청이 증설되었다(표 8).

이들의 이사청이 각기 담당하는 관할 구역은 한국 전국토를 망라한다.

표 8. 이사청의 위치 · 관할 구역

명칭	위치	영사관 개설	이사청 개설	이사청 설치시의 관할 구역
부산 이사청	부산	1880. 2. 21	1906. 1. 19	경상도 동북부 · 강원도 남부
마산 이사청	마산	1899. 5. 20	1906. 1. 19	충청도 동남부 · 경상도 서남부
군산 이사청	군산	목포 영사관 분관 1899. 5. 31	1906. 1. 19	전라도 북부 · 충청도 남부
목포 이사청	목포	1897. 10. 26	1906. 1. 19	전라도 남부
경성 이사청	경성	1884. 10. 30	1906. 1. 19	경기도 동부 · 강원도 서부 · 충청도 동북부 · 황해도 동남부
인천 이사청	인천	1882. 4. 19	1906. 1. 19	경기도 서부 · 충청도 서북부 · 황해도 남부
평양 이사청	평양	진남포영사관 분관 1899. 8.10	1906. 1. 19	평안도 동북부 · 황해도 동부
진남포 이사청	진남포	1897. 10. 30	1906. 1. 19	황해도 서북부
원산 이사청	원산	1880. 5. 23	1906. 1. 19	함경도 남부 · 강원도 동북부
성진 이사청	성진	원산영사관분관 1899. 7. 24	1906. 1. 19	함경도 북부
대구 이사청	대구		1906. 9. 15	경상도 북부 · 충청도 동남부 · 강원도 남부
신의주 이사청	신의주		1906. 11. 17	평안북도
경성 이사청 수원 지청			1906. 12. 15	
인천 이사청 해주 지청			1906. 12. 20	
성진 이사청 경성(鏡城) 지청			1906. 12. 18	
원산 이사청 함흥 지청			1906. 12. 20	

『官報』1906년 2월 12일, 8월 23일, 12월 25일 게재의 통감부령에 의한다. 영사관 개설은 『外務省警察史』 3권(不二出版社, 1996) P. 4.

그것은 재한 일본인의 한국 내 각지의 확대를 반영하지만, 이사청이 종래의 영사 업무를 넘어서 통감부 산하의 지방 행정 기관으로서의 성격을 갖게 된 것을 의미할 것이다. ⓐ에서는 이사청의 위치 · 관할 구역을 외무대신이 고시하는 것으로 하였으나, ⓑ에서는 통감이 정하는 것으로 변경했다. 이사청은 외무성 기관이 아닌 , 통감의 통할로 두었던 것이다.

ⓐ의 제12조, ⓑ의 제23조는 이사부 = 이사청의 직원 구성이다. '관제' 공포와 동시에 공포된 칙령 제269호 '이사청 직원 정원령'[22]에 따르면 이사관·부이사관 30명, 경시 5명, 속·경부·통역생 90명이라 되어 있지만, 이것과는 별도로 1906년 4월 16일 공포된 통감부령 제9호에서[23] '통감부 및 이사청 순사의 정원은 통틀어 500인'으로 정해졌다. 종래의 영사관 순사에 해당하지만, 이사청 설치로 '전관(轉官)'하게 된 영사관 순사는 248명이었기 때문에[24] 두 배로 증가한 것이 된다. 이것들을 평균하면, 1 이사청마다 직원 12~13명, 순사 50명이다.

ⓐ의 제13조, ⓑ의 제24조·제25조·제26조는 이사관의 직장·직무 권한에 관한 규정이다. 종래 영사가 행해오던 관할 구역 내의 일본인의 통상상·경제상의 이익 보호를 목적으로 하는 업무를 계승하는 것은 물론이지만, 외무대신과 통감의 이중 명령 계통에 속하는 것으로 한 ⓐ에서는, 이사관은 외국 영사와 교섭하는 외교 권한을 인정하는 것과 더불어, '한국 정부의 지방 시정을 감시'하는 것도 임무로 규정되었다. 이들의 문언은 이사관이 통감의 감독 하에 전속된 ⓑ에는 없으며, 이사관의 긴급시의 출병 요청권, 한국 시정의 조약 이행 청구권을 갖는다고 규정되었다.

ⓐ의 제14조, ⓑ의 제27조는 이사청령 발령권의 규정이다. 또한 ⓐ의 제15조, ⓑ의 제28조는 이사관의 대리 규정이다.

이상과 같이 외무대신과 통감에 속하도록 한 ⓐ에서의 이사관과, 통감에 직속하는 ⓑ에서의 이사관에서는 직무 권한의 면에서 큰 차이가 있다. ⓑ에서는 영사 업무보다도 통감부의 하부 기관으로서 지방행정의 일

22) 『官報』 1905년 12월 21일 호외.
23) 『官報』 1906년 4월 24일.
24) 『外務省警察史』 3권, 不二出版, 1996, 4쪽.

단을 담당하고, 식민지 행정관적 권한이 강화되어 있는 것으로 볼 수 있다. 또한 1907년 10월 29일 조인된 '경찰 사무 집행에 관한 취극서'에 의해, 일본인 한국 경찰관이 "재한 일본 신민에 대한 경찰 사무를 집행"하는 것이 되자, 이사청 경찰은 폐지되고, 1909년 7월 12일 조인된 '한국 사법 및 감옥 사무 위탁에 관한 각서'에 기초하여 통감부 재판소에 의한 재판 기관의 통일이 실현되자 이사관 재판권은 소멸하고, '이사청 이사관은 사법 사무를 취급하지 않는 단순한 행정 관청'[25]이 된다.

'통감부 및 이사청 관제' 외에 관련 칙령안 5건은 12월 20일, 추밀원의 자문에 돌려져, 불과 한 시간에 '관제'에 관해서는 수정 없이 가결, 상주(上奏), 동일 재가, 21일부로 '관보' 호외에 칙령 제267~280호가 공포되었다.

또한 '관제' 등의 공보와 농시에, 가쓰라 수상으로부터 '통감 직무 주의 사항'(전 18조)이 "칙(勅)을 받들어" 이토에게 통달되었다. 거기에는 앞서 말한 외교 사무에 관한 통감·외무대신의 사전 협의(제4조)가 포함되었다. 그 외 외교 사무에 관해서 통감이 행하는 직무로서, ① 한국의 조약상의 권리 보호(제5조), ② 한국 시설의 조약상의 의무 이행 감독(제6조), ③ 외국인의 권리 의무에 관한 시정 사무의 승인, ④ 한국 관헌의 조약 위반 처분에 대한 취소 또는 수정(제8조), ⑤ 비한국인의 알현시 배석(제9조), ⑥ 비한국인의 훈장 수여의 상주(제10조), ⑦ 한국 주재 영사와의 교섭에 대한 통감·이사관의 처리(제17조), ⑧ 한국 주재 외국 영사에 대한 인가장 교부에 대해 사전 의견 구신(具申) 등이 상세하게 규정되었다. 요컨대, 일본을 비롯한 외국과 한국의 기정 조약 이행의 감독, 한국 황제·정부와 외국인의 직접 접촉의 차단을 목적으로 한 사항이다.

한국 시정에 대한 지휘·감독에 대해서는, ① 황제를 알현하고, 정무

---

25) 朝鮮總督府 『施政25年史』(1935), 40쪽.

의 소통을 꾀한다(제11조), ② 정부 회의에의 출석(제12조), ③ 정부 중요 관직에 보좌의 추천(제13조), ④ 한국 시정에 대한 권고(제14조)인데, 이것들에 의해 한국 행정의 형식적 주체는 한국 정부리고 하면서, 일본 정부·통감의 정책 의도의 관철을 기하고 있다.

이토의 통감 임명은 12월 21일이고, 통감부는 1906년 1월 17일에 폐쇄된[26] 한국 외부의 청사를 빌어[27], 2월 1일에 개청(開廳)했다.[28] 이토는 3월 2일, 바탕색이 파랗고 왼쪽 윗부분 3/4쪽에 히노마루를 새겨 넣은 통감기[29]를 게양한 통감부에 착임했다.[30]

2) 러일전쟁 후의 외교 정책

제3차 '한일 협약' 조인으로부터 약 1개월 후인 1907년(메이지 40) 8월 31일 영러 협상이 체결되고, 1904년 4월 8일 조인된 영프 협상과 합쳐 영국·프랑스·러시아 3국 협상이 성립되었다. 이 새로운 국제 관계의 틀에 일본은 어떻게 대응해야 할 것인가? 이토 통감은 말할 것도 없이 정부 수뇌는 선택을 잘못하면 국제적으로 고립될지 모른다는 위기감을 안고 있었다.

1907년 11월 6일, 이토는 제1차 사이온지 긴모치(西園寺公望) 내각의 하야시 다다스(林董) 외무대신 앞으로, "최근의 세계 추세를 깊이 살펴보고, 그것이 제국에 끼칠 영향이 어떨 것인가를 생각하면 참으로 우려를 금할 수 없다"고 하면서 다음과 같은 내용의 의견서[31]를 보냈다.

---

26) 한국 『官報』 1906년 1월 19일, "外部官制改正件"에 의해 외부 사무는 의정부로 이속하고, 외사국(外事局)이 신설되었다.
27) 『日本の韓國侵略史料叢書』 3권, 722쪽, 1월 18일 하야시 공사가 외무대신 앞으로 한 보고.
28) 『官報』 1906년 2월 6일, 통감부 고시 2호.
29) 『官報』 1906년 2월 15일, 칙령제 21호.
30) 春畝公追頌會, 『伊藤博文傳』 하권, 春畝公追頌會, 1904, 710쪽.

(1) 영러 협상 성립 후의 영국은 "영일 동맹의 필요성을 느끼는 것이 옛날과 같이 절실하지 않으므로" "우리에 대한 태도가 옛날과 같이 허심탄회, 오로지 친교를 요구하는 열렬한 마음이 없는 것은 틀림없는 사실"이다. 예를 들면, 반일 캠페인을 행하고 있는 『대한매일신보』(발행인은 영국인 어니스트 토머스 베델[Earnest Thomas Bethell]) 처분에 대한 영국의 비협력적 태도[32])는 그 표현이고, 영국 저널리즘의 논조에 "일본과 미국의 사이를 이격(離隔)하고, 미국과 일본 양 국민을 선동, 사주하는 흔적"이 현저하다.

(2) 독일에서는 황화론(黃禍論)[1])을 주창하고 있는 황제가 러시아 황제에게 친서를 보내, "전후, 일본을 괴롭혀 그 예봉을 꺾으려면 오직 일본으로 하여금 재정상 곤란한 처지에 서게 하는 것 이외에 다른 방법은 없다"고 말했다고 하며, 현재 "만주 문제와 그 밖의 문제에 대해 중국(청국)을 사주하여 일본에 대한 악감을 강하게 하고, 미국인을 선봉해서 일본과의 친교를 방해하려고 시도하며, 때때로 혹은 인종론을 고취해서 백인종을 격앙시켜 공포에 떨게 하려는" 정략을 취하고 있다.

(3) 미일 관계는 "나날이 형세가 우리에게 이롭지 못하게 추이하는 것은 너무나 가슴이 아프고," "오늘날의 형세가 그대로 추이하면 미국 국회는 끝내 일본인 배척의 입법을 하기에 이를지도 모를" 상황이다. "미일 교의(交誼)의 장애는 노동 문제, 이민 문제"에 있으며, 그 해결이 필요하지만, 아오키 슈조(靑木周藏) 주미대사의 외교 언동[33])에는 문제가 많기 때문에, 이 대사를 경질해야 한다(아오키 대사는 이듬해 1월 소환).

(4) 일본이 만주 정책에서 "문호 개방·기회 균등 등의 주의를 존중하지 않고, 함부

31) 『日本外交文書』40권 3책, 789~791쪽. 하야시 외무대신은 이토 의견서에다 자신의 대외정책 의견과 '대청 정책관견(管見)'을 함께 원로·廟堂 '諸公'에게 보내어 의견을 구했다(위의 책, 792~803쪽). 하야시는 이토 의견서를 부정한 것은 아니지만, "각국이 연합해서 일본을 고립시키려고 획책한다라는 주장은 혹시 지나친 기우가 아닌가 생각된다," "우리나라 외교의 방략은 영일 동맹으로써 운용의 중추로 삼아야 한다," "무역에서는 기회 균등, 문호 개방주의를 실행하는 것을 상규로 삼는 것이 긴요하다고 믿습니다"(799쪽)고 주장했다.
32) 베델 사건에 대해서는 小川原宏幸, 「日本の韓國保護政策と韓國におけるイギリスの領事裁判權 — ベッセル裁判を事例として」 『駿台史學』 110호.
33) 아오키 대사의 발언에 대해서는, 若槻泰雄, 『排日の歷史』, 中央公論社, 1972, 94, 96쪽.

로 이기주의로 내달리면, 구미 제국은 우리의 성실을 의심하고, 우리를 믿지 않기에 이를 것이다. 그 결과로서 자본의 융통이 두절되어 직접 타격을 입는 것은 우리의 경제 사회이다. 그 중에서도, 제국 정부의 재정은 비상한 곤란에 조우하지 않을 수 없고", 또는 "만주에서 이기(利己) 정책의 실시는 거세게 청인의 반항을 초래함은 물론, 제3자에 대해서 선동의 기회를 주어, 마침내 같은 인종인 청일간의 전쟁이 재연되기에 이르지 않는다고 보장하기 어렵다."

(5) 이상과 같이 "제국이 현재 처해 있는 위치는 당국자가 가장 우려해야 할 것으로 생각"되고, "세계의 대세는 거의 일본을 고립시키고야말 경향"이므로, 일본 정부는 어떠한 외교 방침을 갖고 이것에 임해야 할까? "본관은 최근의 추세를 깊이 생각할 때 제국의 앞날을 깊이 우려"하는 바이다.

러일전쟁 후의 이른바 황화론의 확산과 미일 관계의 냉각 등에 의한 일본의 고립화, 3국 협상국과 미국으로부터 일본의 중국 침략에 대한 비판을 이토는 걱정한 것이다. 뒤에서 설명하겠지만, 특히 (2), (4)에서 말하고 있는 외채의 두절은 일본의 재정 위기로 직결되기 때문에, 정부는 협조 외교에 의해 국제 관계의 안정을 도모해야 했다. 이토가 이 의견서를 제출한 1907년 11월은 바로 고종 황제의 강제 양위, 제3차 '한일 협약' 체결, 한국 군대 해산(이상 7월), 일본인 차관 취임(8월), 경찰 합병(10월) 등 통설적으로는 통감부의 한국 내정권 장악이 본격화했다는 시기다. 이때 이토가 "세계의 대세는 거의 일본을 고립시키고야 말 경향을 보이고," "제국의 현재 처지는 당국자가 가장 우려해야 할 것으로 생각"하고, 위기감을 점점 더 강하게 품게 된 것은 주목할 만하다.

다음은 일본의 대 러시아·프랑스·미국·영국 관계를 중심으로 외교 정책의 전개를 개관해 두겠다.

【일본 – 러시아 관계】

일본은 러일 '강화 조약'에서 러시아로부터 양도받은 랴오둥반도(遼東) 선단부의 조차권 및 장춘 – 대련 간 철도의 소유·경영권 등을 1905년 12월 22일 조인된 '만주에 관한 청일 조약,'[34] '부속 협정,' '부속 결정(取極)'에서 청에 승인시켜, 철도·광산·산림의 이른바 3대 이권을 획득했다. 또 러일 '강화 조약 추가 약관'[35]에서 정한 만주 철병 기한이 조약대로 실시된 후 18개월을 이용해서, 일본군은 전후에도 만주에서 주둔하고, 1905년 10월에는 만주군 총사령관의 예하에 군사기관인 관동 총독부(1906년 9월, 관동 도독부로 개조)를 설치, 점령지에서 시행해 왔던 군정을 계속하여, 청인의 저항과 영국·미국의 비판을 받고 있었다.

러일전쟁 後의 일본은 이미 전쟁 전의 만한 교환론(滿韓交換論)이 아니라, 만주를 새로운 이권 범위로 파악하고 적극적인 제국주의 정책의 전개를 획책했다. 동시에 러시아의 복수전을 우려하여, 그에 대한 준비도 소홀히 하지 않았다. 1906년 10월 야마가타 아리토모(山縣有朋)가 상주한 '제국 국방 방침안'[36]은 "장래에도 우리 국방상 주요한 적국은 러시아라고 상정"하고, "러시아에 대한 육군의 작전은 …… 한국을 근거로 삼아 주(主)작전을 북부 만주 방면에, 지(支)작전을 한국 함경도방면에서 길림성의 동북부 및 남부 연해주에 걸친 지방으로 유도한다. 요컨대 관동주를 아군의 지(支)근거지로 만들어야한다"라고 말하고 있다.

그리고 영일 '제2차 동맹 협약'[37] 제7조에 근거한 영일 공수 동맹의 "조건 및 그 원조의 실행 방법"에 대한 협의 개시를 영국에 요구했다. 협의

---

34) 『日本外交文書』 38권 1책, 156~162쪽.
35) 『日本外交文書』 37·38권 별책 露日戰爭V, 538쪽.
36) 大山梓 編, 『山縣有朋意見書』, 原書房, 1966, 295~301쪽.
37) 『日本外交文書』 38권 1책, 59~63쪽.

는 1907년 5월 29일~6월 6일에 이루어져, 극동에서 러일 교전 혹은 인도 경계 지역에서 영러 교전이 발생했을 경우, 상호간에 "고유의 전장에서 작전을 함으로써 동맹국을 위해 견제할 것" 등에 관하여 합의했다. 그러나 러시아가 타국과 동맹하고 개전했을 경우나 러시아 이외의 나라와 전쟁(미일전쟁을 상정)을 할 경우에 대해서는 다시 고려하기로 했다.[38]

러일전쟁 후에도 얼마간 계속된 러일 대립의 긴장을 푼 것은 1907년 7월 30일 조인된 러일 '제1차 협약'[39]이었는데, 그것을 재촉한 것은 영러 협상의 진전이었다. 같은 해 2월에는 러일 협상 개시가 검토되고,[40] 3월 3일의 원로 회의는 협상 원안을 결정했다.[41] 여기에는 ① 러일의 영토 보전, 대청 조약·러일 '강화 조약'에 근거한 제 권리의 상호 존중, ② 청의 독립·영토 보전, 여러 나라 상공업의 기회균등의 승인, ③ 만주에서 철도·전신에 관한 권리의 남(일) 북(러) 분할, ④ 러시아에 의한 제1차·제2차 '한일 협약'의 공식 승인과 한일 관계의 '발전'에 대해 '방해'·'간섭'하지 않는다는 약속이 제시되어 있었다.

그 이후, 모토노 이치로(本野一郎) 주러 공사와 이즈보리스키 (Aleksander P. Izvol'skii) 외무대신과의 사이에서 교섭이 진행되어 조인에 이른다. 협약 본문은, 그 제1조에서 앞의 원로 회의가 결정한 ①에 해당하는 러일 쌍방의 영토 보전, 대청 기약 조약에 근거한 제 권리 및 러일 '강화 조약' 등에 의한 권리의 상호 존중을 규정하고, 제2조에서 원로 회의

---

38)『日本外交文書』40권 1책, 32~37쪽. 일미전쟁의 경우 영국의 교전의무면제는 영일 '제3차 동맹 협약' 체결에 즈음해서 1911년 4월 5일의 일본각의에서 확인되었고, 이미 러일개전의 가능성도 소멸되었기 때문에 신 협약에서는 영국의 교전의무는 "필요 없기 때문에 삭제" 되었다.(『日本外交文書』44권 1책, 344쪽.)

39)『日本外交文書』40권 1책, 173~175쪽.

40) 위의 책, 97~103쪽.

41) 위의 책, 108~109쪽.

결정, ②에 해당하는 청의 독립·영토 보전·여러 나라 상공업의 기회균등 주의의 승인을 규정했다. 공표를 꺼린 힘든 중요 항목은 전부 비밀 협약으로 정리되었다. 그 제1조에서는 '분계선'을 설정하여 만주를 2분하고, 북부에서 러시아의, 남부에서 일본의 이익 범위를 획정했다. 이어 제2조에서 러시아는 한일 간의 현행 조약을 승인하고, 한일 "관계가 더욱 발전함에 있어, 이를 방해하거나 간섭하지 않을 것을 약속"했다. 또 제3조에서 일본 정부가 외몽고에서 러시아의 '특수 이익'을 승인하고, 이에 간섭하지 않을 것을 약속했다.

만주 분계선에 대한 교섭은 어디에 선을 그을 것인가를 두고 다소 이견이 있었지만, 간단하게 타결되었다. 문제가 된 것은, 일본의 한국 지배를 명기한 제2조와 러시아의 외몽고에서 '특수 이익'의 승인을 규정한 제3조에 관해서다.

러시아는 러일 '강화 조약' 제2조에서, 일본의 한국에서의 "지도, 보호 및 감리의 조치"를 승인했지만(220~221쪽), 일본의 한국 보호국화를 반드시 인정한 것은 아니었다. 이토는 "한국 문제에 대해서는 포츠머스 조약에서 유감스럽지만 아직 러일 양국 간에 이의를 제기할 수 있는 여지를 남겼고," "한국과 각국의 조약은 존재할 뿐만 아니라, 우리에 대해 공사관을 재설하지 않을 것임을 보증 계약 하는 것이 없"[42]으며, "러시아와 한국 사이에 체결한 각종 협약 및 계약 폐기에 이의를 제기할 수 있기에 이르러" "2년 전(1905) 11월의 한일 협약에 대해서 언제라도 러시아는 이의를 주장할 수 있는 지위에 있다"[43]고 보고 있었다. 1906년 주한러시아 총영사 프랑슨(George de Plancon)의 신임장 문제[44]를 일본의 한국 보호를

---

42) 위의 책, 153~154쪽.

43) 위의 책, 155쪽.

44) 森山茂德, 『近代韓日關係史硏究』, 東京大學出版會, 1987, 207쪽; 寺本康俊, 『日露戰爭以後の

부인하는 것으로 이해한 것도 그 때문이다. 그 때문에 이토는 러일 협상의 최대 안목은 러시아에 일본의 한국 보호국 지배를 확인시키는 것이라 주장한 것이다.

앞의 원로 회의 결정 ④도 또한 제1차·제2차 '한일 협약'의 승인과 한일 관계의 '발전'을 용인하도록 러시아에 요구했지만, 이 한국 문제를 포함한 일본의 원안에 대해, 1907년 4월, 러시아 정부는 만주에서 러일 세력 범위의 획정과 한국 문제에 대해서는 비밀 조약으로 할 것을 제의하고, 나아가서 그 제3조로서, 일본이 몽고 및 만주 이외의 청 변경에서 러시아의 우월적 지위를 승인할 것을 요구하는 대안을 제시했다.[45] 몽고·청 변경 문제의 새로운 제시는, 일본이 한일 간 신 협약의 승인과 더불어 "향후의 발전에 대해서, (러시아가) 이를 방해하고 또는 이에 간섭하지 않을 것을 약속할" 것을 요구한 것에 대한 러시아의 '보상'이었다. 일본안은 러일 '강화 조약'의 규정을 초과하는 보증을 러시아가 일본에게 부여하는 것이 되기 때문에, 그에 대한 대가로서다. 또한 일본안에서 말하는 한일 관계의 '발전'에 대해서, 모토노 이치로 주러 공사와 이즈보리스키 외무대신과의 개인적 차원의 대화에서는 '한국 병합'의 의미라고 이해하고 있었다고 한다.

러시아의 대안을 검토한 4월 16일의 각의는 다음과 같은 사항을 결정하고, 모토노 공사에게 훈령을 내렸다.[46] ① 만주 분할 문제를 비밀 협약으로 하는 데에 동의한다. ② 한국 문제는 본 조약에 기재하여 공표한다. 이것은 한국의 국권 회복 책동의 대외 경로를 차단하기 위해서다. 단, '장래의 발전'의 내용을 명확히 규정하는 것은 러시아의 동의가 확실하지 않

日本外交 ― パウ·ポリチイクスの滿韓問題』, 信山社, 1999, 304~305쪽.
45)『日本外交文書』 40권 1책, 120~121쪽
46) 위의 책, 124~127쪽.

은 한 득책이 아니다. 일단 제의했다가 성립되지 않을 경우, 일본의 대한 정책에 장애가 될 우려가 있다. ③ 몽고·청 변경 문제는 러일 간의 협의 대상이 아니기 때문에 삭제한다. 단 러시아 측이 강하게 주장하여 만주 문제에서 만족할만한 해결을 얻을 수 없다면, 청의 영토 보전·기회 균등을 명기하는 본 조의 규정에 반하지 않는 범위에서 러시아의 평화적 활동을 인정하는 문안으로 수정한다. ④ 조약 형식은 양국 정부의 협약으로 한다.

이 각의 결정을 원로들도 지지했다.[47] 고무라 주타로(小村壽太郎) 주영 대사·하야시 다다스 외무대신 등은 한국 문제 처리의 거래 조건으로 몽고 문제는 "현저하게 과당한" "보상"이라 생각했다.[48] 겉으로 내세우는 이유는 몽고에서 러시아의 이익 우월을 조약상 승인하는 것은 "청의 독립 및 영토 보전"을 규정한 영일 '제2차 동맹 협약'에 위반한다. 그러나 몽고 문제에 대한 러시아의 요구를 철회시키기 위해서는 일본이 제안한 한국 문제를 철회하지 않으면 안 된다. 고무라는 한국 "합병 실행의 시기가 가까운 장래에 무르익지는 않을 것이므로, 지금 구태여 러시아에 대해 이에 관한 약속을 해둘 필요가 있다고 믿지 않는다"[49]라고 했다.

6월 10일, 하야시 외무대신은 이토 앞으로 "한국 및 몽고에 관한 사안은 이번 협약에서 전부 제거하는 것이 득책이라 생각합니다"고 하면서 이토의 의견을 구했다.[50] 이에 대해 이토는 사이온지 수상에게 전보를 보내어, "외무 당국의 의견에 동의를 표할 수 없는 것을 유감으로 생각한다"라

---

47) 위의 책, 127~128쪽.
48) 위의 책, 136쪽. 고무라는 "몽고에서 러시아의 이익 우월을 인정한다면, 그들로 하여금 만주 전체에서 우리 이익의 우월을 인정하도록 하는 것 이외에는 달리 적당한 교환적 이익은 없다"(4월 8일, 하야시 외무대신 앞, 위의 책, 122쪽)고 의견을 말하고 있었다.
49) 위의 책, 132~134쪽.
50) 위의 책, 151~152쪽.

고 반대를 표명하고, "한국 문제를 완전히 해결하지 않으면, 처음부터 협상을 하지 않은 것만 못하다," "한국 문제에 관한 러일간의 해결은 우리에게 당면한 급선무라고 생각한다"고 하면서, 협약 안에서 한국 조항을 제거하는 것에 강하게 반대했다.[51]

그러나 6월 14일의 원로 회의는, 몽고에 관한 러시아 제안을 외몽고에 한정할 것을 결의하고, 그런데도 러시아가 내몽고에 대해서까지 고집할 경우에는, 한국·몽고 문제를 협약안에서 삭제하든지 협상을 중지한다고 결정했다.[52] 이에 입각하여, 하야시 외무대신은 18일 이토에게 한국 관계 사항이 "전부 삭제되는 것에 동의할 것"을 요청했다.[53] 그러나 이토는 "본관은 동의를 표할 수 없다," "러일 협상에서 한국에 관한 사항을 전부 삭제하는 것으로 결정되면, 본관은 큰 결심을 할 것이다"[54]라고, 통감 사임도 불사한다는 강경한 태도로 항의했다. 이토는 어떻게 해서라도 이 기회에 일본의 한국 지배를 러시아가 공식적으로 확인할 것을 바라고 있었던 것이다.

모토노 공사와 이즈보리스키 외무대신의 최종 교섭은 6월 24일부터 시작되었는데, 7월 3일의 회견에서 러시아 측은 "몽고에 관해서는 우리의 보증을 외몽고로 국한하는 데에 마침내 승낙"[55]했다. 교섭은 고비를 넘겼다. 그 뒤에는 비밀 조약의 영국·프랑스에 대한 내고(內告) 등 부속 사항에 대한 최종 타협이 이루어지고 있었지만, 7월 24일, 제3차 '한일 협

---

51) 위의 책, 153~154쪽. 또한 이토는 5월 4일 하야시 외무대신의 몽고 문제에 대한 문의에 대해서 외몽고에서 러시아의 특수 이익 승인은 "어쩔 수 없는 것"이라고 했다(위의 책, 136~138쪽).
52) 위의 책, 154~155쪽.
53) 위의 책, 156쪽.
54) 위의 책, 157쪽.
55) 위의 책, 160~161쪽.

약'이 조인되어, 그것의 처리 문제가 부상했다. 비밀 협약 제2조안은 "1904년 및 1905년의 한일 조약 및 협약에 의거하여……"이다. 이렇게 되면 제3차 '한일 협약'을 제외하고 조인하는 것이 되기 때문에, 일본은 러일 '제1차 협약' 조인 일자를 7월 24일 이전으로 끌어올릴 것을 제안했지만,[56] 러시아는 난색을 표시했기 때문에 "일본국과 한국 사이에 현행 제 조약 및 협약에 의거하여……"라고 변경,[57] 7월 30일 협약에 조인했다.

앞서 말한 "러시아국은…… 이(한일) 관계가 더욱 발전함에 있어, 이를 방해거나 이에 간섭하지 않을 것을 약속한다"는 모호한 문구는 그대로 남았다.

【일본 – 프랑스 관계】

일프 '명치 40년 협약'(선언서·협약 해석에 관한 비밀 문서[58])도 러일 협약 조인보다 50일 먼저 1907년 6월 10일에 조인되었다.

영프 협상을 배경으로 진행되었던 일본과 프랑스의 접근에서, 프랑스는 "동양에서 프랑스 영토(프랑스령 인도차이나 등)의 보전, 또 청에 대한 정치적 일치[59]"를 일본에 요구하고, 일본은 외자 공급을 프랑스에 기대했다. 러일전쟁 때 발행했던 고리의 국고 채권 상환을 위해, 1905년 11월 영국·미국·독일·프랑스에서 모집한 4푼 이자 공채(영국화) 2,500만 파운드의 48%(일본화 환산 실수령액 2억 1,227만엔에 대한 비율)에 해당하는 2억 6,558만 4,000프랑을 프랑스가 차지했던[60] 실적과, 전후

---

56) 앞의 책, 170~171쪽.
57) 앞의 책, 171~173쪽.
58) 앞의 책, 81~82쪽. Arrangement de 1907, Declaration, Secret Explanatory Note.
59) 앞의 책, 47쪽.
60) 大藏省 編, 『明治大正財政史』 12권, 財政經濟學會, 1937, 222쪽.

러시아의 지위 저하에 따른 프랑스 시장의 '잉여유금(剩余遊金)'에 주목한 일본은 "프랑스 시장은 이번 공채 정리 건에, 대단히 유망하다고 생각하고"[61] 있었다.

그래서 정부는, 1906년 8월, 일본은행 부총재 다카하시 고레키요(高橋是淸)를 정부 특파 재정위원에 임명하여, 1904년 5월과 11월에 모집한 6푼 이자의 공채 2,200만 파운드와 바꾸기 위해, 구미에서 4푼 이자의 공채 2,500만 파운드 기채(起債)를 교섭할 것을 명령했다.[62]

9월 영국으로 건너간 다카하시는 10월 22일 이후 수차례 파리를 방문하여 피숑(Stéphen J. M. Pichon) 외무대신과 로칠드 가(家) 등과 절충하고, 1907년 1월, 런던과 파리에서 4푼 이자의 공채 2,500만 파운드를 발행하는 조건을 내략받았다.[63] 그러나 러시아 정부가 "현재 러일 간 상의(商議)중인 조약(러일 통상 항해 조약·러일 어업 협약 및 러일 협약)이 체결될 때까지는 일본의 청구에 응하지 말 것"[64]을 프랑스에 요청했다. 러시아의 훼방은 "일본의 군비 확장, 기타 일본의 태도에서 의구심을 품고 있기"[65] 때문이라 보였지만, 프랑스는 러시아의 요청을 무시할 수 없어 사태는 지연되었다. 일본 정부는 외교 경로를 통해 러시아에 대해 "일본 공채의 발행에 이의가 없다는 뜻을 프랑스 정부에 전해줄 것을 희망"[66]했지만, 러시아의 회답은 공채 모집을 2개월 연기할 것을 요구하는 양보에 그쳤다.[67]

61) 『日本外交文書』, 39권 1책, 389쪽.
62) 위의 책, 387~390쪽.
63) 『日本外交文書』, 40권 2책, 49쪽.
64) 위의 책, 46~47쪽.
65) 위의 책, 54~55쪽.
66) 앞의 책, 56~57쪽.
67) 앞의 책, 59~60쪽.

러시아와 일본의 대립을 조정한 것은 프랑스였지만, 파리 시장에도 난제가 있었다. 그것은 4푼 이자의 공채 발행에 대해 일본이 요구한, 공채의 각국 시가를 일정하게 하기 위해 4푼 이자 공채의 파리주식거래시장에서의 거래 인가 및 공정 환율표 게재에 대해, 시가가 높은 프랑스 측이 강하게 반발한 것이다.[68] 이 때문에 다카하시는 4푼 이자의 공채 모집 계획을 단념하고, 다시 영국과 미국 시장에서 5푼 이자의 공채를 모집할 계획을 발표했다.[69] 이에 대해 파리에서의 공채 모집에 적극적인 자세를 보인 피숑 외무대신이 진력하여, 5푼 이자 공채는 런던과 파리에서 발행(미국과 독일은 참가하지 않을 것을 표명)하게 되어,[70] 3월 4일 파리에서 다카하시는 가계약에 조인했다.[71]

3월 8일, 5푼 이사 공채(영국화) 2,300만 파운드가 런던과 파리에서, 퍼스은행, 홍콩상하이은행, 요코하마정금(橫浜正金)은행, 로스차일드 앤드 선즈에 의한 신디케이트(영국)와 로칠드 레르(프랑스)가 인수하여 발행하는 계획서가 발표되었다.[72]

이에 앞서, 피숑 외무대신은, 구리노 신이치로(栗野愼一郞) 주불 대사와의 회견에서, 종종 공채 문제가 결착되는 대로 일불 협상을 시작하고 싶다는 뜻을 언명하고 있었지만, 공채 모집 내용이 확정되자마자 협상의 개시를 제의했다.[73] 3월 27일에는 일불 협약의 프랑스안이 제시되었다. 그것은 청의 독립·영토 보전을 강조한 위에 일불 "양국 정부의 주권·보호

68) 大藏省 編, 『明治大正財政史』12권, 財政經濟學會, 1937, 241쪽.
69) 위의 책, 242~243쪽; 『日本外交文書』40권 2책, 63~64쪽.
70) 大藏省 編, 『明治大正財政史』12권, 財政經濟學會, 1937, 246~247쪽; 『日本外交文書』40권 2책, 66~67쪽.
71) 『日本外交文書』40권 2책, 69쪽.
72) 大藏省 編『明治大正財政史』12권, 財政經濟學會, 1937, 246-247쪽.
73) 『日本外交文書』40권 1책, 47쪽.

권·점유권을 갖는 지역에 붙어 있는 청 각지에서 질서와 평화적 발전이 유지될 것을 희망하고, 이들 지역에서 평화와 안전을 확보하기 위해 상호 협력할 것을 약속한다"[74]는 것이었다. 구체적으로는 프랑스령 인도차이나의 안전 보장을 요구한 것이었지만, 그에 대한 보상으로 일본은 프랑스에게 무엇을 요구해야 하는가가 검토되었다.

고무라 주영 대사는 "교환 조건으로서 경제적 이익을 점한다고 해도 그것을 실행할 방법이 없을 것이고, 청 문제에 관해서도 당장은 프랑스와 타협을 필요로 하는 사안이 없다"[75]고 부정적이었지만, 4월 16일의 각의는 앞선 프랑스 제안에 첨가해서, 일본과 프랑스 양국이 주권·보호권·점유권을 갖는 지역에서의 최혜국 대우를 기재하고, 또한 별지(付箋)를 붙여서 "본 협약과 동시에, 타이완 해협에 근접한 청의 지역에 일본의 세력 범위를 확정하는 것은 비밀 문서로써 협정한다"고 했다. 이 부전 부분은 후에 일본이 청의 "푸젠성(福建省)에서 특수 이익을 갖고 ⋯ 푸젠성을 마치 일본국이 주권·보호권 또는 점유권을 갖는 지역에 접속하는 청의 일부와 같이 간주하고, 푸젠성에 대해서 완전하고 유효하게 적용되는 것을 명료하게 승인하기를 일본 제국 정부는 희망한다"라고 고쳐 써졌다.[76] 요컨대 프랑스령 인도차이나의 보전과 교환하여, 타이완(台湾)에 '接續하는' 푸젠성을 일본의 이익 범위로 만드는 것을 프랑스에게 승인시키려고 한 것이다.

이러한 일본안에 대해, 5월 12일, 피숑 외무대신은 프랑스 정부의 수정안을 제시했다.[77] 수정된 것의 하나는, 일본안에 있는 "청의 독립 및

74) 위의 책, 48쪽.
75) 위의 책, 51쪽.
76) 위의 책, 55~56쪽.
77) 위의 책, 66~68쪽.

영토 보전……을 주의(主義)로서 존중하는 것에 동의"에서 '주의로서'를 삭제하는 것이다. 그 이유는 "장래에 중국에 대해 모종의 야심을 갖는 것처럼 오해를 받을 우려가 있기" 때문이었다. 또 하나의 수정은, 비밀 약문을 피하고 본문중의 "양 체약국이 주권·보호권 또는 점유권을 갖는 영역에 접속(limitrophe)하는 청제국의 지방"의 limitrophe(인접)을 voisin(근접)으로 대체하고, 그것에 푸젠성은 포함된다는 해석이다. 이유는 "양 정부가 암암리에 세력 범위를 정한 것처럼 해석되지 않으리라는 보장이 없기" 때문이다. 또한 14일 피숑 외무대신, 15일 루이 재무국장으로부터, 최혜국 대우와 관련하여 '통상공업 및 항해'라는 글자가 있기 때문에 통상 조약 개정의 문제가 되어, 프랑스 의회의 승인을 필요로 하므로, 이것을 협약에서 분리하여 '선언' 형식으로 하고 싶다는 제안이 이루어졌다.[78]

이 프랑스의 수정안에 대해서 하야시 외무대신은, 푸젠성에 관한 비밀 문서 작성 이외는 기본적으로 합의했다.[79] 하야시의 푸젠성 문제에 대한 주장은 "타이완의 대안 지방이 과연 그 안(voisin 중)에 포함되는지 아닌지가 명료하지 않으므로, 그것을 명확하게 하자는 주의(主意)"[80]였지만, 피숑 외무대신은 "어디까지나 세력 범위같이 싫은 표현을 피할 것을 희망하고" 스스로 '비밀 설명 문서'안을 제시해서 타결을 촉구했다.[81]

일본은 다시 약간의 문언 수정을 해서, 6월 3일의 구리노-피숑 회담에서 협약안에 합의했다.[82] '명치 40년 협약'(일불 협약) '선언서' '협약 해석에 관한 비밀 문서'의 조인은 6월 10일이다.[83]

78) 위의 책, 68~69쪽.
79) 위의 책, 71~73쪽.
80) 위의 책, 75~76쪽.
81) 위의 책, 76~77쪽.
82) 위의 책, 77~79쪽.
83) 위의 책, 84쪽.

일불 협약의 주요 부분은 다음과 같다.

일본국 정부 및 프랑스 정부는 청의 독립 및 영토 보전과 아울러 청에서 각국의 상업, 신민 또는 인민에 대해 균등 대우의 주의를 존중할 것에 동의함에 따라, 그리고 양 체결국이 주권·보호권 또는 점유권을 갖는 영역에 근접한 청제국의 여러 지방에서, 질서 및 평화 사태가 확보되는 것을 특히 염원함에 따라, 양 체약국의 아세아 대륙에서의 상호의 지위 및 영토권을 보지하기 위해, 앞에서 언급한 여러 지방에서 평화 및 안녕을 확보하는 목적에 대해 상호 지지할 것을 약속한다.

'선언서'는 생략하지만, '협약 해석에 관한 비밀 문서'[84]를 아래에 제시한다.

오늘 체결된 협약의 해석에 관해서 일체의 오해를 피하기 위해 일본 정부 및 프랑스 정부는 푸젠성이 타이완에 근접하므로, 양 체약국이 질서 평화의 유지를 특히 희망하는 청제국의 지방 중에 포함됨을 분명히 선언한다.

여기에서는 푸젠성에서 일본의 특수 이익은 명기되지 않았다. 그러나 일본에게 일불 협약의 최대 이점은 하야시 외무대신이 고무라 주영 대사 앞으로 보낸 전보(4월 24일)에서 말하는 것처럼, "일불 양국의 정치상의 관계에서 프랑스에 안심감을 줄 때는, 간접적인 결과로서 공채 및 외자 수입 등 경제상의 관계에서 이익이 적지 않은"[85] 것이었다. 협약 체결 후인 9월 5일, 구리노 대사는 하야시 외무대신 앞으로 제출한 '일불 협약 체결 전말 보고'[86]에서 다음과 같이 쓰고 있다.

84) 위의 책, 81~82쪽.
85) 위의 책, 56~57쪽.
86) 위의 책, 88~96쪽.

잘 아시는 바와 같이 프랑스에는 누년의 여유 자본이 있어서 지금까지 대부분은 러시아에 대여하고 있습니다만, 러시아 내정 상의 이유 때문에 최근에 프랑스 자본가는 자금 대여를 중지하고 있습니다. 그것을 다른 안전한 방면으로 돌리려는 것은 자연스러운 추세로서, 지금까지도 일본에 대여하려는 희망은 적지 않았지만, 아무래도 일불의 관계가 충분히 친밀하다고 말하기 어려운데다, 또 한편으로는 인도차이나에 대해 일본이 야심을 갖고 있는 것처럼 생각하고, 일본을 배척하는 말을 떠드는 자가 있었기 때문에, 일본에 대한 투자를 꺼려하는 사정이 있었습니다. 그러나 드디어 본 협약이 성립한 이상, 이 위구심은 완전히 제거될 것이므로, 이 점에 관해 모종의 협정을 맺을 수 있다면, 자본이 결핍한 제국에 크게 유리한 결과를 낳게 될 것입니다.

이해 10월 미국의 금융 공황에서 시작되는 세계적 불황을 맞이하기 직전에, 일본이 유력한 공채 모집국의 하나로 프랑스를 추가한 것의 의의는 크다. 다음 1908년 9월 25일의 각의 결정 '제국의 여러 나라에 대한 태도'에서도, "매년 축적될 프랑스의 자본은, 우리가 이용함으로써 우리의 발전에 도움이 되는 이점이 있다 …… 그러므로 제국은 지난해 체결한 일불 협약을 기초로 하여, 앞으로 더욱 프랑스와 친교를 쌓는 데 힘써야 할 것"[87]이라 하고 있다.

만주도 일불 협약에서 말하는 voisin(근접)의 하나에 들어가지만, 협약 체결에 임하여 이토에게 반대 의사는 없었다.[88]

【일본 - 미국(영국) 관계】

1897년 하와이 병합, 이듬해 1898년, 스페인으로부터 필리핀 군도·괌 등을 획득하고, 전통적인 먼로주의로부터 이른바 헤이 독트린으로 전

---

87) 『日本外交文書』41권 1책, 77쪽.
88) 『日本外交文書』40권 1책, 52~53쪽.

환한 미국은 태평양에서 우월적 지위를 확보하면서, 태평양으로의 포석에 따라 가까워진 청의 '문호 개방'을 요구했다. 이 미국의 팽창주의가 러일전쟁의 승리로 가속화된 일본의 아시아 침략에 대해 불안과 경계의 눈을 돌리게 했다. 이민 문제를 계기로 미국 국민의 대일 감정도 악화되고 있었다.

1906년, 군정하의 만주에서 구미인의 경제 활동이 일본에 의해 방해를 받고 있다는 문제가 일어났다. 2월 이래 주일 미국·영국 대사는 종종 일본 정부에 대해서 이에 대한 사실 조회, 항의, 권고를 제기했다.[89] 3월 상순에는, 영국 의회에서 만주에서의 문호 폐쇄 문제가 제기되고, 랜스다운(Marquis of Lansdowne) 외무대신은 실정 조사를 위해 북경 공사관 소속 상업사무관을 뉴좡(牛莊)·펑톈(奉天)에 파견했다고 보고했다.[90]

국제적 비판의 고조에 궁해진 정부는 일본군이 만주 철수중이라는 등을 이유로 회답을 늦추고 있었지만, 4월 11일 사이온지 수상 겸 외무대신은, 외국 영사의 부임, 외국 선박의 안둥현(安東縣)·다둥거우(大東溝)의 이용 승인 등을 포함한 '만주 개방에 관한 건'[91]을 양국 대사에게 보냄과 동시에, 4월 15일부터 약 1개월에 걸친 만주 시찰 여행에 나섰다. 사이온지는 "영미의 대러 감정은 크게 융화될 조짐을 보이고, 그리고 영국 현 내각의 영일 동맹에 대한 열의는 대개 전 내각만큼은 아니기 때문에, 우리 외교 정책도 능히 대세를 달관하고, 한편으로는 영미의 동정(同情)을 유지하면서, 다른 한편으로는 러시아와의 관계를 친밀하게"[92]하여, 국제

<hr />

89) 주일미국대리대사 헌팅턴 윌슨(Huntington Wilson)의 제의는 『日本外交文書』 39권 1책, 196~199, 204, 210~212, 215~216쪽. 영국대사 클로드 맥도날드(Claude M. MacDonald)의 제의는 앞의 책, 195, 205~208, 212~213, 219~220쪽.

90) 『日本外交文書』 39권 1책, 202~203쪽.

91) 위의 책, 222~225쪽.

92) 위의 책, 226-227쪽

관계의 재편에 대응하려고 생각했다.

사이온지 귀국 후, 5월 22일, 이토의 요청에 따라 만주문제협의회가 열렸다.[93] 출석자는 이토 통감·사이온지 수상·데라우치 마사타케 육군 대신·사이토 마코토(齋藤實) 해군대신·사카다니 요시로(阪谷芳郎) 대장 대신·하야시 다다스 외무대신 외에, 원로인 야마가타 아리토모 추밀원 의장·오야마 고와시(大山巖) 원수·마쓰카타 마사요시(松方正義) 추밀 고문관·이노우에 가오루 전 대장대신·가쓰라 타로 전 수상과 야마모토 곤페이(山本權兵衛) 전 해군대신·고다마 겐타로(兒玉源太郎) 참모 총장 등 13명이었다. 회의를 주도한 것은 미리 제안서를 준비하여 참석했던 이토다. 제안서의 주요 요지는 고다마 등 육군부 내 무단파의 만주 군정 계속론을 봉쇄하여 협상(協商)의 문호 개방을 실현하고, 구미의 신용을 회복 하는 것과 더불어, 일본이 청의 '지도자의 지위'를 확립하자는 점에 있다. 특히, 이토가 "재정상의 견지에서 관찰하건대, 일본은 적어도 영국과 미 국인의 인심을 만족시켜서, 그 동정을 얻지 않으면 안 된다"라고 말한 것 은, 외채 모집국과의 협조를 중시하고 있는 점에서 주목된다.

이토 제안서는 문제 처리의 방향 12항, '군정 철폐에 관한 실행방법' 12항, '만주에 관한 건' 13항을 열거했지만, 한 조목씩 심의하지 않고, ① "전체적인 논의에는 모두가 찬성한다," ② "이에 입각하여 장래의 대책[經 綸]을 추진한다," ③ "관동 총독의 기관을 평시 조직으로 고친다," ④ "군정 서를 순차적으로 폐지한다. 단 영사가 있는 곳은 당장에 이를 폐지한다" 를 결의했다. 육군계의 강경론은 억제된 것이다.

만주문제협의회의 결정에 입각하여, 안동·대동구에 이어 대련항 개

---

93) 위의 책, 237~245쪽. 栗原健, 「日露前後における滿洲善後措置問題と萩原初代奉天總 領事」(栗原 編, 『對滿蒙政策史の一面』, 原書房, 1966, 수록, 16~25쪽).

방이 검토되었다. 7월 2일의 각의는 만주경영조사위원회의 보고[94]인 ①
"대련을 만주 무역의 중심으로 삼을 목적으로 경영하기로 한다," ② "조차
지는 군사상 필요한 정도로 제한하는 것 외에는 순수한 자유항으로 한
다," ③ "자유항주의를 최대한까지 실행하기로 한다" 등을 승인 결정했
다. 러시아를 제외한 각국 사절 앞으로, 9월 1일부터 대련을 개방할 것을
정식으로 통고한 것은 8월 22일이다.[95] 아직 세관 문제·과세 문제 등 청
과 절충해야 할 과제를 남겨두었지만, 이로써 만주를 둘러싼 미국·영국
의 비난을 우선 피할 수 있었다.[96]

　　그러나 그것으로 미국과 일본 관계가 호전된 것은 아니다. 1908년 초
프랑스에서는 미국과 일본이 "전쟁을 피하지 못할 것"이라는 예측이 나
돌아, 주식 시장에서 일본 공채가 폭락하는 지경에까지 이르렀다.[97] 그
배경에는 이토가 앞의 의견서에서 "우리에 대한 시위운동"이라 간주했던
미국 함대의 태평양 회항에 참가하기 위해, 미국 대서양 함대가 모항을 출
발, 남아메리카를 우회해서 샌프란시스코로 가고 있다는 상황이 있었다.

　　일본에게 미국은, 러일전쟁 때부터 전후에 걸쳐 외채 모집국의 하나
일 뿐만 아니라, 수출 무역상 최대의 '고객국(華主國)'(1907년의 수출액
중 32.8%)이다. 친선 관계의 유지는 정치적으로도 경제적으로도 대단히
중요했다. 1908년 2월, 긴장 완화를 위해 하야시 외무대신은, 일본 이민
배척 문제 타개를 목적으로 주일 미국 대사 앞으로 이민의 자주 규제를

94)『日本外交文書』 39권 1책, 253~254쪽. 만주경영조사위원회의 주요 멤버는 고다마 겐
　　타로(兒玉源太郎, 위원장)·구라치 데쓰키츠(倉知鐵吉, 외무성참사관)·아라이 겐타로(荒
　　井賢太郎, 대장성주계국장)·와카츠기 레이지로(若槻礼次郎, 대장차관)·이시모토 신로쿠
　　(石本新六, 육군차관)·진다 스테미(珍田捨巳, 외무차관) 등이다.
95) 위의 책, 285~286쪽.
96) 이상에 대해서 寺本康俊, 앞 책 제2장 제3절「滿洲占領地軍政への英美兩國の批判と日
　　本の對應」참조.
97)『日本外交文書』41권 1책, 150쪽.

강화하는 미일 신사 협약 제7호(대미 일본 이민 제한에 관한 일본 정부 각서)를 보냄[98]과 동시에, 미국이 제안한 미일 '중재 재판 조약'[99]의 검토를 개시했다(5월 5일 조인, 8월 24일 비준서 교환). 또 3월에는 미국 함대의 일본 내항을 '초청'하는 제의를 했다.[100]

그 미국 함대 16척이 요코하마에 나타난 것은 10월 18일이다. 그 후 25일에 출항하기까지 1주일간 일본은 관민을 통틀어서 환영의 자세를 취했다. 그 결과 "미국 함대의 방문도 만족한 결과로 끝을 맺은," '이 시기'를 택해 고무라 외무대신은, 이른바 태평양 문제에 대해서 미국과 논의에 들어갈 것을 다카히라 고고로 주미대사에게 지시했다.[101] 다카히라 대사와 루트 국무장관의 교섭은 10월 하순부터 개시되어, 12월 2일에는 태평양에서의 미일 양국의 영토(하와이·필리핀·타이완 등)·이익에 대한 상호 존중과, 청의 독립·영토 보전 및 여러 나라에 관한 문호 개방·기회 균등을 적은 공문을 주고받았다.[102]

당초 일본 정부가 바랐던 양국의 '선언서' 형식은 미국의 반대로 교환 공문의 형식에 그쳤다.[103] 또 일본 정부는 "청에서 기회균등주의를 유지해야 한다"로 한정하고, "청의 영토 보전을 약속하지 않도록 특히 주의하려고 했지만[104] 이것도 미국의 반대로 '영토 보전'이 기입되었다.[105] 그러나 미일 합의는 양국이 "공통의 목적, 정책 및 의도를 가지"고, "우호선린의 관계를 공고하게 하기" 위한 확인임을 강조하고, 그것을 열강에게

---

98) 『日本外交文書』 41권 2책, 567~573쪽. 外務省 編 『日本外交年表竝主要文書』 上, 302~305쪽.
99) 『日本外交文書』 41권 1책, 138~140, 144~145쪽.
100) 위의 책, 152~164쪽.
101) 위의 책, 79쪽, 外務省 編, 『小村外交史』(原書房, 1966), 764쪽
102) 위의 책, 117~118쪽. 『官報』 1908년 12월 2일 호외.
103) 『日本外交文書』 41권 1책, 83~85쪽.
104) 앞의 책, 79쪽.
105) 앞의 책, 101쪽.

선전함으로써 미일전쟁 불가피의 소문과 황화론을 진정시키고, 일본의 신용을 회복시키자는 것이 목적이었다.

한편, 한국을 보호하는 입장에 있는 일본은 간도 지방(두만강의 북부)의 이주 한국인의 보호 의무를 졌지만, 그곳은 청한 국경 지대에 있어 이전부터 영토분쟁지였다. 1907년 8월, 통감부는 한국민 보호를 명목으로 간도의 용정촌에 임시 간도 파출소를 설치했지만, 청의 강경한 항의에 부딪혀 간도의 기지화나 한국령 확인이 곤란하게 보이는 가운데, 일본은 간도의 청령 승인(청한 국경을 두만강으로 하다), 재주 한국인에 대한 재판권에 관한 타협의 대가로, 만주의 철도(길장 철도의 한국령 회령까지 연장), 광산(무순·연태 탄광의 채굴권) 등의 이권을 획득한 것이 1909년 9월 4일 조인된 '간도에 관한 청일 협약'106) 및 '만주 5안건에 관한 청일 협약'107)이다.108) 여기서 일본이 간도의 한국 영유권 주장을 방기하고 이권 획득을 택한 것은, 만일 영유권을 선택했을 경우에 청의 '영토 보전'을 명기한 미일 교환 공문이나 다른 조약에 저촉되어, 미국·영국을 비롯한 국제적 비난을 면할 수 없다고 본 것도 하나의 원인일 것이다.109)

어쨌든 다카히라 - 루트 교환 공문은 외국으로부터 대체로 호의적으

---

106) 外務省 編, 『日本外交年表竝主要文書』 上, 324~325쪽.

107) 위의 책, 325~326쪽.

108) 간도 문제에 대해서는 森山茂德, 앞의 책, 227~244쪽. 寺本康俊, 앞의 책, 281~285, 418~422쪽 참조.

109) 주일 미국대사 오브라이언(Thomas J. O'Brien)은 '만주 5안건에 관한 청일 협약' 가운데, 무순·연태(煙台) 탄광에 관한 협정(제3조) 및 안봉선·남만주철도 연선 광산의 청일 합변 경영에 관한 협정(제4조)은 미국인을 제외시킨 독점권의 의혹(기회 균등 위반)이 있다고 하면서 일본 정부에 항의했다(外務省 編, 『小村外交史』, 796쪽). 또 1911년, 영일 동맹 개정에 즈음해서 가토 주영대사는 "영국 국민의 감정을 살펴보건대 그들은 우리나라에 대해 이전과 같이 일반적으로 열성적인 좋은 감정을 갖고 있지 않고, 걸핏하면 일본국은 동맹을 자기의 이익에만 사용하고, 도리어 그 정신에 반하여 청의 영토 보전을 해치고, 만주의 이익을 농단(壟斷)하려고 한다"는 "무시해서는 안 되는" 의견이 있다고 보고했다(『日本外交文書』 44권 1책, 340쪽).

로 평가를 받기는 했다.[110] 그러나 1909년 3월 대통령에 취임한 태프트 정권은 만주에 대해서도 문호 개방·기회균등주의의 적용을 강하게 요구하고, 만주철도 중립화 안을 제안, 그것을 거부한 일본과 대립한다.[111]

이상으로 러일전쟁 후의 국제 상황과 일본의 외교 정책을 개관했지만, 일본은 3국 협상과 관련을 가지는 길을 찾아 영국뿐 아니라 러시아·프랑스와도 협약을 체결하고, 미국과도 우호 관계를 유지하는 데 노력하는 협조적 외교 정책을 취했다고 할 수 있다. 이 시기에 일본 정부가 육군의 만주 무력 지배의 주장을 어느 정도 억제해서라도 대 구미 협조 외교를 추진하지 않을 수 없었던 이유는 두 가지다. 하나는 한국 병합을 위한 준비 작업이었으며, 다른 하나는 외채 공급의 확보였다.

2. 헤이그 '밀사' 사건과 제3차 '한일 협약'

1) '국제 분쟁 평화적 처리 조약'과 헤이그 '밀사'

러시아 황제 니콜라이 2세(Nikolai II)의 제창으로 1899년 네덜란드의 헤이그에서 개최된 제1차 만국평화회의는 26개국이 참가했다. 마지막 날인 7월 29일에 '국제 분쟁 평화적 처리 조약,' '육전(陸戰)의 법규 관례에 관한 조약,' '1864년 8월 22일 '제네바' 조약의 원칙을 해전(海戰)에 응용하는 조약'의 3조약과 3선언을 채택하였다. 한국은 만국평화회의에 참가하지 않은 나라였기에 이 조약의 체약국이 되지는 못했지만, 1903년 초 무렵에, '국제 분쟁 평화적 처리 조약' 등에 가맹할 의사를 네덜란드 정부에

---

110) 『日本外交文書』 41권 1책, 97, 103~105, 112~113, 119~122쪽.
111) 『日本外交文書』 42권 1책, 722~738쪽.

통지하였다.112)

'국제 분쟁 평화적 처리 조약'113)은 세계사상 처음으로 '국제 분쟁을 평화적으로 처리하기'(제1조) 위한 국제 법규와 국제기관 설치를 규정한 조약으로 알려져 있다. 제1장 '일반 평화의 유지,' 제2장 '주선 및 거중(居中)조정,' 제3장 '국제 심사위원,' 제4장 '만국 중재 재판소'의 4장 61조로 구성되어 있는데, 분쟁에 당면한 체약국은 제3국을 골라 조정을 의뢰할 수 있으며, 그 외에도 각 체약국은 중재 재판소 재판관으로서 4인을 임명하고, 그 명부는 헤이그 사무국에 상비되어 분쟁이 생긴 경우 그 중에서 선임된 재판관에 의해 재판부를 구성하도록 했다. 다만 분쟁 당사국의 합의를 얻지 못한 경우에는 쌍방에서 2인을 선임하여, 그 4인이 1인의 상급 재판관을 임명하는 것이다. '상설' 중재 재판소라고 하기에는 그 실태를 보아 부족한 것이 많았지만, 재판관 명부의 상비와 사무국의 상치(常置)가 이루어졌다는 의미에서, 국제 재판의 상설 기관의 효시가 되었다.114)

과거에 국제 분쟁에 휘말려 수난을 맛보아왔던 한국이 이 조약에 가맹하여 국제기관의 공정한 판단에 의해 부당한 침략을 저지하고자 한 것은 당연하지만, 한국의 조약 가맹 희망은 이루어지지 않았다. 제1차 회의 불참가국이 "본 조약에 가맹할 수 있는 조건은 후에 체맹국간의 협상에

112) 1903년 5월 8일자로 주일네덜란드공사 바론 스베르츠 드 란더스 위보르(Baron Sweerts de Landas Wyborgh)가 고무라 외무대신에게 보낸 통첩에 의함(『海牙萬國平和會議日本外交文書』 1권, 일본국제연합협회, 1955, 870쪽). 한국의 가맹 희망 통지 일자는 알수 없지만, 조약 가맹 일람표(앞의 책 882쪽)에 따르면 한국은 1903년 3월 17일 '陸戰法規慣例ニ關スル條約'에, 같은 해 2월 7일 'ジェネヴァ條約ノ原則ヲ海戰ニ應用スル條約'에 가맹하고 있기 때문에, 그 무렵에 '國際紛爭平和的處理條約' 가맹 의사를 표명한 것으로 생각된다. 또한 3 조약 중에서 앞의 2조약은 '國際紛爭平和的處理條約'과 달리 가맹 제한 규정이 없었기 때문에 한국의 가맹 희망은 즉시 인정되었다.
113) 外務省條約局, 『條約彙纂』 2권 1부, 1929, 91~128쪽. 이 조약은 제2차 만국평화회의에서 97조로 구성된 조약으로 개정된다.
114) 杉原高嶺, 『國際私法裁判制度』, 有斐閣, 1996, 14쪽.

의해 그것을 정한다"(제60조)라고 되어 있어서, 신규 가맹의 문호가 열려 있지 않았기 때문이다. 1904년 4월 네덜란드 정부가 제안한, 제1차 회의 불참가국의 조약 가맹 문제의 기체약국 협상 개최도 "후에 수정을 가하여 그것을 제출하기로" 되어 차후의 과제로 미루어졌다.115)

그러나 1904년 10월 세인트루이스에서 열린 제12차 만국의원연합회의 결의를 받아들여, 미국 대통령 루즈벨트는 제2차 만국 평화회의 개최를 제창하는 노고를 맡고 1899년 조약 체약국에 조회하였다. 이에 대해 일본을 포함한 14개국이 개최시기에 대해서는 어쨌든 간에 취지에 찬성하였다. 러시아는 "지금은 그 시기가 아니므로 전쟁이 끝날 때까지는 형식적인 수락을 할 수 없다는 뜻을 회답"하였지만,116) 반대였던 것은 아니다. 루즈벨트는 12월 제2차 회의 개최에 대해 각국의 찬동을 얻었다고 보고, 개최 시기·의안 등은 헤이그에 설치되어 있는 상설 평의회의 감리 아래 만국 사무국을 통해 행하기로 하고,117) 개최지는 "의거의 요람"지인 헤이그를 추천하였다.118)

이러한 움직임을, 러일 개전 이래 한층 더 일본의 침략이 진행되던 한국에서는 일본에 추종하는 정부와는 별도로 고종 황제와 이용익119) 등이 기대를 걸고 관찰하면서 러시아·미국 등에 비밀 외교 공작을 펼치고 있었다. 그 내용은 뚜렷하지 않지만, 일본이 입수한 정보에 따르면 다음과 같은 사실이 있다.

115) 『海牙萬國平和會議日本外交文書』 2권, 874~878쪽.
116) 「第二回萬國平和回議一件」참고서(외무성 외교사료관 소장 「외무성기록」 2.4.1.9.7.1).
117) 「第二回萬國平和回議一件」참고서(외무성 외교사료관 소장 「외무성기록」 2.4.1.9.7.1).
118) 『海牙萬國平和會議日本外交文書』 2권, 33쪽.
119) 1904년 12월 일본 억류에서 풀려나 귀국한 이용익의 정치 활동에 대해서는 廣瀨貞三, 「李容翊の政治活動(1904~7년)について - その外交活動を中心に」『朝鮮史研究會論文集』 25호 참조.

(1) 1904년 주일 공사 조민희는 칙명을 받고 한국공사관고문으로 컬럼비아 대학 총장인 체스 니덤(Chas W. Needham)에게 서간을 보내 미국 정부가 "한국의 독립 유지에 진력해 줄 것"을 요청하는 의뢰를 했다. 이에 대해 니덤은 조민희 공사에게 보낸 12월 23일자 답신에서, 미국 국무장관에게 한국의 요망을 전하고 이해를 얻었다고 알려왔다.[120]

(2) 1905년 3월 고종 황제는 상하이 주재 러시아 육군무관소장 콘스탄틴 데시노(Konstantin N. Desino), 상하이 체재중인 전 주한러시아공사 알렉산드르 파블로프에게 밀서를 보내 한국 구제를 러시아 황제에 전달할 것을 의뢰하였다. 그 내용은 "한국의 주권을 강탈하고, 공법을 무시하여 극히 도리에 어긋나는 짓을 한" 일본에 대해 "러시아의 두터운 은혜로 일병(日兵)을 구축하거나, 아니면 술책으로써 일본의 무자비한 비도(非道)를 막을 수단에 대한 품의를 러국 대황제 폐하에 호소할 것을 간절히 원한다"는 것이었다고 한다.[121]

(3) 같은 해 7월 "현재 모 외국[하와이]에 있는 이승만이라는 자로 하여금 가까이 열릴 평화회의를 기회로 미국에 건너가 모국 정치가에 대해 …… 미국의 후의(厚意)로 한국의 독립을 유지할 수 있도록 진력하라고 명했다.[122] 이승만은 목사 윤병구와 함께 7월 6일 루즈벨트 대통령과의 회견에 성공하고 청원서를 제출하였지만 수취를 거부당하였다.[123]

(4) 같은 해 8월 17일 이용익은 몰래 출국하여 청으로 건너가, 이어 파리(11월 1일), 베를린(11월 19일), 페테르부르크(12월 1일)를 차례로

120)『日本外交文書』38권 1책, 654~656쪽.
121) 위의 책 641쪽; 이 '한국 황제 밀서' 문제에 관해서는 634~654쪽; 국사편찬위원회 편, 『韓國獨立運動史』1권, 정음문화사, 1968, 180쪽.
122)『日本外交文書』38권 1책, 656~657쪽, 이승만·윤병구의 미국 파견에 관해서는 656~661쪽.
123) 廣瀨貞三, 앞의 논문, 88, 104~105쪽 주 25.

방문하였다.[124) 이용익의 임무와 방문국에서의 활동은 분명하지 않은 부분이 많지만, 러일 강화 조약 및 제2차 '한일 협약' 조인과 그 시기가 겹치기 때문에 프랑스·독일·러시아에 대한 공작이었음이 분명하다.

(5) 같은 해 10월 한국 정부가 용빙(傭聘)한 프랑스어 교사 에밀 마르텔은 "러시아, 프랑스 양국 정부 앞으로 보내는 밀서를 가지고 그것을 발송하기 위해 치푸(芝罘)"로 도항하였다. 마르텔은 치푸·텐진을 거쳐 베이징으로 갔는데, 중국에서의 비밀 외교 활동은 명확하지 않다.[125)

(6) 관립 중학교 교사이자 「코리아 리뷰」 주필이기도 했던 호머 베찰렐 헐버트(Homer Bezaleel Hulbert)가 황제의 밀지를 받아 미국을 향해 서울을 출발한 것도 같은 해 10월 22일이며,[126) 워싱턴 도착은 제2차 '한일 협약' 조인일인 11월 17일이다. 헐버트가 요청한 루트 국무장관과의 회견과 그 협력은 성공하지 못하고, 그에 이어 호레이스 뉴턴 알렌(Horace Newton Allen) 전 주한공사를 매개로 한 대미 공작, 그리고 민영찬 주불공사의 미국 파견이 이루어졌다.[127)

이상과 같이 1904년 말 이후 한국 황제 등은 비밀 경로를 통해 일본의 부당한 침략으로 독립이 위기에 처한 궁박한 상황을 미국·러시아·프랑스 등에 호소하고 있었다. 특히, 미국 정부에 대해 거듭 주선 의뢰를 공작한 것은 종래 지적되어 온 것처럼[128) 조미 수호 통상 조약(1882년 5월 22

124) 위의 논문, 90~96쪽.
125) 『日本外交文書』 38권 1책, 661~662쪽, 664~667쪽. 廣瀬貞三, 위의 논문, 93쪽은 마르텔이 지참한 러시아·프랑스 정부에 보낸 '국서(國書)'(『日本外交文書』 38권 1책, 661~662쪽)를 소개하고 있지만, 이 사료는 재미공사관원이 7월 25일자로 이하영 법무대신에게 통첩한 문서로, '국서'가 아니라 한국 궁정이 재외 사신에게 보낸 비밀 훈령일 것이다.
126) 『日本外交文書』 38권 1책, 662~663쪽.
127) 김기석, 「광무제의 주권 수호 외교·1905~1907 – 을사늑약 무효 선언을 중심으로」, 서울대학교 교육연구소 한국교육사고, 1993(이태진 편저, 『일본의 대한제국 강점』, 까치, 1995에 재수록). 김혜영의 일본어 번역은 海野 編, 『日韓協約と韓國併合』, 明石書店, 1995에 수록. 번역서 149쪽. 이하 이 논문에서의 인용 등은 일본어 번역서의 쪽수.

일 조인)에서 말하는 '선위조처(善爲調處, good offices)'(周旋)에 의거했던 것만은 아니다. 루즈벨트 대통령이 제2차 만국평화회의의 제창자로서 활약한 것을 주목하였기 때문이라 보는 것이 보다 설득적이다. 다시 말하면 러일전쟁 종결·제2차 '한일 협약' 강제 조인 이전에, 가까운 장래에 개최될 제2차 만국평화회의에의 참가, '국제 분쟁 평화적 처리 조약' 가맹에 의해 국제기관의 지지를 얻어 한국의 주권 수호·국권 회복을 도모한다는 외교 방침을 확립하고, 이후의 고종의 대외 활동도 이 방침에 따라 전개되는 것이다.

한편 루즈벨트 대통령의 강화 권고에 러일 양국이 응한(1905년 6월) 후, 제1차 만국평화회의 제창자로서 명예를 짊어진 러시아 황제는 제2차 회의 소집 의사를 표명하고 루즈벨트의 찬성을 얻었고, 러시아 정부는 개최국인 네덜란드 정부의 동의도 받아냈다.129)

일본 정부가 제2차 회의의 예비적인 초청장에 상당하는, 러시아 정부로부터의 개최 조회를 받은 것은 1905년 11월 13일이다.130) 그 무렵 각국에도 예비적 초청장이 보내졌다. "러시아국 정부는 남미의 여러 공화국에 이르기까지 모든 국가에 대해 이 통고를 발하였다"131)고 하므로 한국에도 보내졌을 것이다. 그것을 직접 증명해 주는 기록은 없지만, 주이탈리아임시대리공사 구사카베 미쿠로(日下部三九郎)와 주미대사 아오키 주조가 하야시 외무대신 앞으로 보낸 보고에 따르면, 이탈리아와 미국의 외교 문서를 통해 한국으로 초청장이 송부된 것이 확인되었다고 한

128) 김기석, 앞의 논문 146~147쪽, 166쪽.
129) 앞의 「第二回萬國平和回議一件」 참고.
130) 『海牙萬國平和會議日本外交文書』 2권, 96~97쪽. 주일프랑스 대사 아르망 Jules Harmand로부터의 移牒에 의한다.
131) 『海牙萬國平和會議日本外交文書』 2권, 96~97쪽. 주일프랑스 대사 아르망 Jules Harmand로부터의 移牒에 의한다.

다.[132] 단 그것은 한국 정부를 거친 것이 아니라 한국 황제에게 직접 보내진 것이라 생각된다. 이 해 12월 상하이에 체재하고 있었던 현상건이, 고종이 러시아 황제에게 보내는 친서를 가지고 페테르부르크에 가서 러시아 외무대신에게 전해주는[133] 것을 보면 러시아 황제와 한국 황제를 연결하는 비밀 루트가 기능하고 있었던 것으로 생각된다.

1906년 4, 5월경 러시아 정부는 제2차 회의 개최 시기(러시아 원안은 같은 해 7월 하순, 미국 수정안은 9월 하순), 제출 의제 및 '국제 분쟁 평화처리 조약'에 신규 가맹 방법에 대한 통고를 참가 예정국에 송부하였다.[134] 신규 가맹 방법이란 제1차 회의 참가국의 '협상'을 생략하고, 제2차 회의에 신규로 초청된 국가가 개최국인 네덜란드 정부에 조약 가맹 통고를 하면 가맹국(제약국)으로 간주한다는 '편법'이다.

고종 황제 앞으로도 4월 비밀리에 이 통지(초청장)가 도착했다.[135] 6월 22일 고종은 헐버트를 특별위원에 임명하고 영국·프랑스·독일·러시아·오스트리아=헝가리·이탈리아·벨기에·청 등 각국 정부와 한국 문제에 대해 협의하는 위임장을 교부하였다.[136] 또한 여러 나라 원수 앞으로 제2차 '한일 협약'은 자신이 승인하지 않은 늑약이고, 무효임을 장래헤이그의 만국 재판소(상설 중재 재판소)에 제소할 때 협력해 달라는 친서를 헐버트에게 맡겼다.[137]

제2차 회의에의 한국위원의 출석과 '국제 분쟁 평화적 처리 조약'에의

---

132) 金庚姬, 「ハ-グ'密使'と'國際紛爭平和的處理條約'」(明治大學『文學硏究論集』12호) 226~227쪽.
133) 劉孝鐘, 「ハ-グ密使事件と韓國軍解散」(『三千里』49호) 42쪽.
134) 『海牙萬國平和會議日本外交文書』2권, 107~109쪽.
135) 국사편찬위원회 편『韓國獨立運動史』1권, 181쪽.
136) 김기석, 앞의 논문 186쪽.
137) 김기석, 앞의 논문 187~189쪽.

가맹이 확실시되던 이 단계에서 고종은 일본 이외의 열강 제국에 대해 공공연히 제2차 '한일 협약'의 무효를 선언함과 동시에, 조약에 기초한 상설 중재 재판소에의 제소 의사를 표명한 것이다. 그러나 헐버트에 의한 친서 전달은 달성되지 않았다.

한국이 '국제 분쟁 평화적 처리 조약'에 가맹하고 체약국으로서의 권리를 행사하는 것을 우려한 일본 정부는 6월 25일 주일러시아공사 게오르기 바흐메테프(Georgii P. Bakhmetev)에게 제2차 회의 개최 시기의 연기(1907년 4월 말 내지 5월 초를 희망)와 신규 가맹국의 승인 '편법'에 대한 강한 반대를 다음과 같이 전하였다.[138]

새로 이 조약에 가맹하는 여러 나라는 가맹 후 주선 및 거중(居中) 조정에 관해 특별한 지위를 갖게 될 뿐 아니라 중재 재판소 재판관 지정권 등도 역시 가지게 된다. 이것은 국제상 중대한 관계를 발생시킬 수도 있는데, 귀국 정부가 제안하신 바와 같이 원(原) 체약국의 동의를 얻지 않고 네덜란드 정부에 대해 통지함으로써 바로 해당 조약에 가맹할 수 있다고 한 것은 유감이지만, 제국 정부로서는 동의하기 어렵습니다.

10월 9일 바흐메테프 공사는 "제1차 회의에 참여하지 않았지만 제2차에 초대하려는 남미 제(諸)공화국의 가맹에만 영향을 미칠 것"이고 "한국, '파나마' 및 '아비시니아' 제국은 이미 다른 이유로 문제 밖이었기 때문에" "공공연한 초대를 하지 않을 것임은 물론"이라 일본 정부에 회답하였다.[139] 제2차 회의에 한국을 초청하지 않는다. 즉, 최종적으로 개최국인 네덜란드 정부가 발하는 정식 초청장을 한국에는 보내지 않기로 한 것이

---

138) 『海牙萬國平和會議日本外交文書』 2권, 113~115쪽.
139) 앞의 책 115~116쪽; 김경희, 앞의 논문 228쪽.

다. 실제로도 제2차 회의 참가국 44개국 중 신규 참가국은 18개국으로[140] 중남미제국 이외에는 1905년 스웨덴과의 동군(同君) 연합을 해소하고 독립한 노르웨이뿐이었다.

일본의 방해 공작으로 한국은 제2차 만국평화회의의 정식 초청장을 받을 수 없었지만, 고종 황제는 1907년 4월 20일자로 전 의정부참찬 이상설·전 평리원검사 이준에게 제2차 만국평화회의에 한국을 대표하는 위원으로 출석하는 전권 위임장을 주고[141] 이어 5월 8일에는 헐버트를 유럽으로 출발시켰다.[142]

이상설·이준은 5월 21일 블라디보스토크를 출발하여, 6월 4일 페테르부르크에서 전 주러공사관 참사관 이위종(이범진 공사의 아들)과 합류, 러시아 황제에 고종의 친서를 봉정한 후 베를린을 거쳐 6월 25일 헤이그에 도착하였다. 이미 제2차 회의는 6월 15일에 개회되고 있었고 이상설·이준은 7월 2일 러시아수석위원 넬리도프(Nelidov, 회의의장)를 찾아가 위원으로서의 승인을 요구하려고 했지만 넬리도프에게 면회를 사절당하였고[143] 네덜란드 외무대신과의 회견 요청도 거부당했다.[144] 그들은 지역에서 발행되는 신문인 「쿠리에 드 라 컨퍼런스(Courrier de La Conference)」에 평화회의 위원에게 자신들의 임무를 밝힌 서간(6월 27일자) 및 일본의 한국 침략 행위, 제2차 '한일 협약' 강제 조인의 불법성을

---

140) 제2차 회의의 신규참가국은 아르헨티나, 볼리비아, 브라질, 칠레, 콜롬비아, 쿠바, 도미니카공화국, 에콰도르, 과테말라, 아이티, 니카과, 파나마, 파라과이, 페루, 엘살바도르, 우루과이, 베네수엘라 등 중남미제국과 노르웨이의 18개국으로, 노르웨이를 제외한 다른 국가는 1907년 6, 7월에 '國際紛爭平和的處理條約'에 가맹하였다.

141) 김기석, 앞의 논문 228쪽.

142) 『日本外交文書』 40권 1책, 425~428쪽, 『日本外務省 特殊調査文書』 37권(高麗書林, 1990년) 32~36쪽.

143) 『駐韓日本公使館記錄』 31권(국사편찬위원회, 1993년) 78, 81~82쪽.

144) 앞의 책 84~85쪽.

호소하는 '공고사(控告詞)'와 부속 문서(6월 28일자)를 발표하는 등의 선전 활동에 힘쓸 수밖에 없었다.145)

이상설 등의 이른바 헤이그 밀사가 평화회의 출석을 위해 헤이그에 나타났다는 보고를 쓰즈키 게이로쿠(都筑馨六) 대사(평화회의위원)가 타전한 것은 6월 29일이다.146) 그러나 그것은 이토 통감에게 청천벽력이었던 것은 아니다. 오인한 것이 있다면 그 주역을 헐버트로 보고 있었던 점이다.

이에 앞서 이토는 5월 22일 알현에서 "폐하께서는 미국인 헐버트에게 만국평화회의에서 한국 국권 회복을 운동하라고 부탁하셨고, 그 운동비로 거액의 금액을 주고자하는데 그 금액의 지출에 애를 먹고 다른 사람에게 돈을 구할 방법을 상담하신 사실"을 지적하며 고종 황제의 '음모사략[陰謀詐略]'을 추궁한 적이 있었다.147) '밀사'의 헤이그 도착 후인 7월 3일에도 이토는 여전히 "한인 3인의 성명은 무엇이라는가? 그들의 배후에는 미국인 '헐버트'라는 자가 있어서 지휘하는 것으로 믿는다148)"라고 말하고 헐버트 주도설에 서 있었다. 그러나 이상설 등의 동향을 모르던 것은 아니다. 5월 24일 블라디보스토크 주재 무역사무관 노무라 모토노부(野村基信)는 통감부총무장관 쓰루하라 사라키치 앞으로 이상설·이준 등 "파견위원은 만국평화회의 개최를 기회로 하여 헤이그에 가서 한국의 독립을 위해 여러 나라 전권위원들에게 운동할 것이라 한다"고 보고했다.149) 그 보고문서의 구획된 지면(欄)밖에는 통감부 외무총장·경무총장의 사

145) 김경희, 앞의 논문, 220~223쪽.
146) 『日本外交文書』40권 1책, 428~429쪽.
147) 김정명 편, 『日韓外交資料集成』6권 상, 巖南堂書店, 1964, 476쪽.
148) 『日本外交文書』40권 1책, 430~431쪽.
149) 『駐韓日本公使館記錄』29권(국사편찬위원회, 1992년) 525쪽.

인과 함께 통감 '알고 있음(承知)'이라 기록되어 있다. 그렇다면 '밀사' 출현의 보고는 예상했던 것이고, 이토에게 당장 필요한 것은 3인의 '밀사'가 "한국 황제의 칙명에 따라 평화회의위원의 대우를 받으려고 진력하는가 아닌가를 확인하는" 것이었다. "이 운동이 정말 칙명에 따른 것이라면 우리 정부도 이 기회에 한국에 대해 국면을 일변시킬 행동을 취할 수 있는 좋은 시기라고 믿는다. 곧, 전기의 음모가 확실하다면 세권(稅權), 병권(兵權) 또는 재판권을 우리가 장악 할 좋은 기회를 얻은 것으로 생각한다150)"고 7월 3일 시점에서 일찌감치 제3차 '한일 협약'에 의한 한국 내정권의 침탈, 군대 해산 등을 시사하는 일본의 대응책을 제시하고 있었다.

서울대 교수 김기석(교육사)은 헤이그 특사 파견을 포함한, 1905~1907년 사이 고송 황제의 주권 수호 외교 활동에 대해 새로 발견한 사료를 바탕으로 상세히 밝힌 노작을 발표하였다. 그러나 내가 여기서 중시한 '국제 분쟁 평화적 처리 조약'을 빠트렸기 때문에 고종이 행한 수차례의 친서 전달·밀사 파견(표7 참조)의 상호 관련성을 보지 못하여, 결과적으로 마치 고종이 모든 기회를 이용하여, 말하자면 닥치는 대로 일본의 불법 행위를 국제 여론에 호소한 듯한 인상을 주고 있다. 예를 들면, 헤이그 '밀사'의 임무가 평화회의에서 제2차 '한일 협약'의 불법·무효 선언 호소 활동이었던 데 비해, 헐버트의 활동은 친서 전달·중재 재판소에 대한 제소로 "헤이그 특사와 헐버트에게 주어진 밀지의 성격은 처음부터 달랐다151)"고 김기석은 말한다. 그러나 김경희가 지적하는 것처럼 양자의 행동은 연계되어 있고, "먼저 1단계로 '밀사'에 의해 '국제 분쟁 평화적 처리 조약'에 가맹하고, 그것을 전제로 2단계로서 헐버트에 의한 상설 중재 재

---

150) 『日本外交文書』40권 1책, 430~431쪽.
151) 김기석, 앞의 논문, 207쪽.

판소에 대한 제소가 있었던"[152] 것이다.

1905년 이후의 고종의 대외 활동의 목적과 방법은 시종일관 제2차 만국평화회의 정식 참가, '국세 분쟁 평화적 처리 조약' 가맹, 동조약 체약국으로서의 상설 중재 재판소에 대한 제소였다. 미국을 비롯한 통상 조약체결 9개국 원수에 대한 어필도 그 목적 실현을 위해 국제적 이해를 얻기 위한 공작으로 일관성을 가지고 있었다.

이 전략 구상은 한국을 국제 사회로부터 말살하고자 한 일본의 방해 공작 때문에 달성되지 못했다. 평화회의의 정식 초청장을 받지 못한 채 고종 황제는 평화회의위원의 전권 위임장을 이상설 등에게 주어 파견하였다. 그러나 헤이그에서도 한국 대표의 회의 참가는 인정되지 않았고, 따라서 '국제 분쟁 평화적 처리 조약'에 가맹하지 못하고 체약국의 권리에 기초한 상설 중재 재판소에 대한 제소 계획은 수포로 돌아갔다.

2) 고종의 강제 양위와 제3차 '한일 협약'

고종 황제의 '밀사' 파견을 알아채고 있었던 이토 통감은 헤이그에 '밀사' 가 도착했다는 소식을 받자 기민하게 대응하여, 1907년(메이지 40) 7월 3일, 하야시 다다스 외무대신 앞으로 '사건'을 기화로 삼아 고종의 책임 추궁, 한국 내정권 획득의 '좋은 기회'로 삼아야 한다는 의견을 전달하였다.

이어 이토는 5일 또는 6일에 "황제에게 그 책임은 전부 폐하 한 사람에 돌아가는 것임을 선언하고, 아울러 그 행위는 일본에 대해 공공연하게 적의를 발표하였으니 협약 위반임을 면하지 못한다. 그러므로 일본은 한국에 대해 선전[宣戰]할 권리가 있다는 것을 총리대신[이완용]으로 하여금

152) 김경희, 앞의 논문, 231쪽.

알리게 했다."153) 또한 7일 일본 정부에 대해 "차제에 우리 정부가 취해야 할 수단 방법(예를 들어, 여기서 한 발 더 진척된 조약을 체결하여 우리에게 내정상의 어떤 권리를 양여하게 하는 것 등)은 정부에서 논의하셔서 훈시해 줄 것을" 요청하였다.154)

한국 황제·정부가 '극한 번민 상태'에 빠졌음은 상상하기 어렵지 않다. 6일 이완용 수상은 이토를 방문하여, "일이 이 지경에 이르게 되어서는 국가와 국민을 유지하면 족하다. 황제의 신상에 대해서는 되돌아볼 여유가 없다"고 아부하는 말을 하면서 황제 퇴위의 방향을 흘렸다. 이에 대해 이토는 "양위와 같은 일은 본관이 아주 조심스럽게 생각하고, 한국인[韓人]이 가볍게 행동하여 일을 그르쳐, 그 책임이 일본에게 돌아오게 하는 일 따위는 절대 허락할 수 없다"고 주의를 주었다고 보고하고 있다.155)

사건 처리의 실행 책임자로서 이토는 이미 복안(腹案)을 굳히고 있었지만, 표면상으로는, 한국 정부에 대해서는 이완용 내각에 자주적인 문책 수단·방법을 취할 것을 촉구하고, 다른 한편 일본 정부에 대해서는 훈령을 청하는 형태로 자신의 통감 정치에 비판적인 원로·정계·여론을 포함하여 본국의 대응 자세를 살펴본 것이라 보인다.

헤이그 '밀사' 사건에 대한 일본 국내의 반응은 정부(제1차 사이온지 내각)와 이토 통감의 한국 경영의 실책의 결과라고 하여 그 책임 추궁과 아울러 대한 강경론이 고조되고 있었다.

야당인 헌정본당(憲政本黨)의 외교조사회는 7월 18일 회합에서 "적어도 영국이 인도에서, 프랑스가 베트남에서 하는 정도로 하지 않으면 안 된다156)"라는 의견을 정리하고, 이토 앞으로 "한국 처분은 속히 용단을

153) 『日本外交文書』 40권 1책, 454~455쪽.
154) 『日本外交文書』 40권 1책, 454~455쪽.
155) 『日本外交文書』 40권 1책, 454~455쪽.

내릴 것을 절실히 바란다[157]"는 전보를 보냈다. 유코카이(猶興會)도 7월 13일 오가와 히라기치(小川平吉) · 오자키 유키오(尾崎行雄) · 오타케 간이치(大竹貫一) 등 11인이 회동하여, "한국을 근본적으로 깨끗이 정리[廓淸]할 것," "시찰원 3명 이상을 파견할 것," "수상 및 외무대신을 방문할 것"을 '협정'함과 동시에[158] 이토 앞으로 "한국 황제 밀사 사건은 사리가 명백한 사항이므로 각하는 차제에 단호한 결심으로써 근본적으로 처단하실 것을 희망합니다"는 전보를 쳤다.[159] 그런 다음 오가와 히라기치 · 기쿠치 다케노리(菊池武德)가 사이온지 수상을 방문하여 유코가이(猶興會)의 의견을 전하고, 고쿠류카이(黑龍會) 간사이기도 한 오가와가 한국으로 건너가 이토에게 "현재 제1책은 한일 합방(合邦)을 하는 것이고 제2책은 보호국으로 하는 것인데, 부디 제1책을 택해야 할 것"이라 요청하였다고 한다.[160] 제2책에서 말하는 "보호국으로 한다"의 문언은 불명확하지만, 오가와가 7월 14일 고쿠류카이(黑龍會)의 도야마 미쓰루(頭山滿) · 이오키 료산(五百木良三) · 구니모토 시게아키(國友重章) · 오타케 간이치(大竹貫一) · 고노 히로나카(河野廣中)와 함께 정부에 제출한 '각서[161]'에 게재한 '제2안,' 즉 "한국 황제로 하여금 그 지위를 황태자에게 물려주도록 함과 동시에 그 통치권을 우리 제국에 위임하도록 할 것"에 해당할 것이다. 동 '각서'는 "제1안을 취할 수 없다면 제2안은 반드시 단행해야 한다. 우리들은 확신하고 또 단언한다. 일이 이미 여기에 이르렀는데도 또 구태여

156) 위의 책, 463쪽.
157) 『大阪每日新聞』 1907.7.24.
158) 『日本外交文書』 40권 1책, 462~463쪽.
159) 『萬朝報』 1907.7.16.
160) 葛生能久, 『日韓合邦秘史』 하권(黑龍會出版部, 1930년) 346.
161) 『日本外交文書』 40권 1책, 461, 小川平吉 文書研究會 編, 『小川平吉關係文書』 2(みすず書房, 1973) 25쪽 수록의 '日韓 倂合建議'와 같은 글. 「伊藤統監ニ京城ニ於テ提出」이라 주기가 붙어 있다.

우유부단하고 모호하게 한때를 구차하게 넘기려는 것은 단지 제국의 장래에 화근을 남길 뿐 아니라 또한 한국 인민을 도탄의 지경에서 구할 수 없는 난국에 빠뜨리는 졸책"이라 하고 있다.

한편 동지기자구락부(同志記者俱樂部)는 7월 13일 다음을 결의하고 이토 앞으로 결의문을 보냈다.[162)]

> 밀사 사건은 한일 협약을 심히 멸시한 일이지만, 우리는 이토 통감의 지도가 적절하지 못했기 때문에 일어났을 뿐만 아니라, 제국의 위엄을 손상시키고 통감을 욕보인 처사라고 생각한다. 그러므로 우리 기자들은 크게 통감이 직분을 다하지 못했음을 책함과 동시에 그것에 대한 선후책을 강구할 필요가 있다고 생각한다.

여기서는 지금까지 이토가 취해 왔던 연약한 대한 정책의 책임을 문제시하고 있다. 이날 동지기자구락부의 회동자는 국민구락부 기관지인 『대국민(大國民)』(주필 다카하시 히데토미[高橋秀臣])의 동인인 무라마쓰 고이치로(村松恒一郎, 「동방협회회보(東邦協會會報)」 주필), 시게노 다마시로(繁野珠城, 「제국통신(諸國通信)」 기자), 엔조 데라기요(圓城寺淸, 「만 조보(萬朝報)」 기자) 외 오타니 세이오(大谷誠夫, 「도신문(都新聞)」 기자), 에모리 다이기치(江森泰吉, 「보지신문(報知新聞)」 기자), 하시모토 요시카쓰(橋本善勝, 「동경일일신문(東京日日新聞)」 기자) 외 3인으로[163)] 헌정본당의 별동대의 역할을 하였다.

야마가타 이리토모·가쓰라 타로 계열의 대동구락부 위원도 구체적 방법은 "하나같이 정부를 신뢰"한다고 하면서도 "이번 일에 대해서는 정

---

162) 『日本外交文書』 40권 1책, 463쪽.
163) 회합자의 소속은 原敬文書研究會 編 『原敬關係文書』 8권(일본방송출판협회, 1987년) 538~696쪽 수록의 1906년 「新聞社內狀調」, 1906. 07년 「新聞紙通信社一覽表」, 1906.07년 「雜誌一覽表」에 의한다.

부가 단호한 조치로 나갈 것"을 요구하였다.[164]

이리하여 정부와 이토를 뒤흔들어 압박한 대한 강경론은 "상하 여론이 비능하여 솥에서 물이 끓는 것 같고 혹은 신문에서 혹은 연설에서 병턴을 논하고 합방을 말하는 게 왕성하다"[165]는 상황을 만들어냈다. 사이온지 수상은 이토와 협의하기 위해 한국으로 파견한(7월 15일 도쿄 출발) 하야시 다다스 외무대신 앞으로 "출발한 후 국내의 여론은 의외로 강경으로 치달았다"는 것을 전하지 않을 수 없었다.[166]

이러한 상황 하에 이토로부터 훈령 요청을 받은 정부는 10일 원로인 야마가타·마쓰카타·오야마·이노우에와 가쓰라 전 수상, 각료인 사이온지 수상·사이토 해군대신·데라우치 육군대신·하야시 외무대신·사카타니 대장대신·하라 내무대신 등이 모여 회의를 열었다.[167] 그 자리에 제출된 '처리 요망안'의 제1안은 "한국 황제로 하여금 그 대권에 속하는 내치정무의 실행을 통감에 위임하도록 할 것," 제2안은 "한국 정부로 하여금 내정에 관한 중요 사항은 모두 통감의 동의를 얻어 그것을 실행하고 시정개선에 대해 통감의 지도를 받을 것을 약속하도록 할 것," 제3안은 "군부대신, 탁지대신은 일본인으로 임명할 것"이었는데, 심의 과정에서 거기에 ① "한국 황제로 하여금 황태자에게 양위하도록 할 것. …… 단 본 건의 실행은 한국 정부로 하여금 실행하도록 하는 것이 득책일 것이다," ② "국왕 및 정부는 통감부서 없이는 정무를 실행하지 못할 것 (통감은 부왕[副王] 혹은 섭정권을 가진다)," ③ "각 성(省) 가운데 주요한 부(部)는 일본 정부가 파견한 관료로서 대신 혹은 차관의 직무를 실행하도록 할 것" 등

---

164) 春畝公追頌會 『伊藤博文傳』 下, (春畝公追頌會, 1940) 758쪽.
165) 朝鮮總督府, 『朝鮮ノ保護及倂合』, 100쪽.
166) 『日本外交文書』 40권 1책, 461쪽.
167) 原奎一郎 편 『原敬日記』 3권, (乾元社, 1951) 75쪽.

표 9. 원로 · 각료들의 찬성과 반대 상황

	山県有朋(원로)	寺内正毅(육군대신)	다수
1 한국 황제, 일본 황제에 양위	지금은 반대	지금은 반대	반대
2 한국 황제, 황태자에 양위	지금은 반대	지금 실행	반대
3 관백설치(통감)	찬성	찬성	찬성
4 각 성에 대신 또는 차관을 들임	찬성	찬성	찬성
5 고문을 폐한다	찬성	찬성	찬성
6 통감부는 막료에 한하고 그 외에는 한정부에 합병	찬성	찬성	찬성
7 실행은 통감에서 일임한다	찬성	찬성	찬성
8 외무성으로부터 고관파출, 통감과 타협 (외무대신)	찬성	찬성	찬성
9 칙정설	반대	반대	반대
10 협약설	찬성	차성	차성
11 협약에 국왕 동의하지 않을 때는 합병의 결심(곧 1을 실행)	찬성	찬성	찬성

『일본외교문서』 40권 1책, p. 456에서
9「칙정설」이란 한국 내정권 이양을 황제의 勅詔(칙조)에 의해 행한다는 의견, 10「협약설」은 그것을 협약에 의해 행한다는 의견

의 안이 제출되었다. 원로들의 의견은 표 9와 같다. "한국 황제[韓皇], 일본 황제에 양위," 즉 병합에 대해서는 야마가타 · 데라우치 모두 "지금은 안 된다," 다수 또한 "안 된다"로, 즉시 병합설을 취한 사람은 없었다. 그러나 "협약에 국왕이 동의하지 않을 때는 합병의 결심"에는 전원이 찬성하고 있다. 또한 "한국 황제, 황태자에 양위"에 관해서는 데라우치만이 "지금 실행"을 주장하였는데, 야마가타는 "지금은 안 된다," 다수도 "안 된다"였다.[168]

이 수뇌 회의는 확고한 정부 방침을 확정하지는 못하였다. 『하라케이 일기(原敬日記)』에 따르면,[169] 원로의 주장은 말이 두서가 없고 책임 회

168)『日本外交文書』 40권 1책, 455~456쪽.

피의 논의가 많고 "결국 이 기회에 내정의 실권을 우리가 장악하는 것, 만일 그렇게 할 수 없다면 일본인을 내각원(內閣員)으로 하고, 내각원은 반드시 통감의 동의를 관철시키자, 이 대체적인 방침을 적절히 실행하는 것은 이토 후작에게 일임하고 이 취지를 설명하기 위해서 하야시 외무대신이 도한해야 한다고 결정"하는 데 그쳤다. 12일의 각의도 이것에 따라 "내각에서는 최하한선을 제시하고 실제적인 실행은 이토 통감에게 위임170)"하는 것으로 하고, 다음의 '한국 내정의 전권 장악에 관한 한일 협약의 건'171)의 재가를 얻었다.

제국 정부는 현재의 기회를 놓치지 말고 한국 내정에 관한 전권을 장악할 것을 희망한다. 그 실행에 대해서는 현지의 정황을 참작할 필요가 있으므로, 그것을 통감에게 일임할 것. 만일 전기의 희망을 완전히 달성할 수 없는 사정이 있을 경우, 적어도 내각의 대신 이하 중요 관헌의 임명은 통감의 동의를 얻어 그것을 실행하고, 통감이 추천하는 본국인을 내각의 대신 이하 중요 관헌에 임명할 것.
전기의 주지(主旨)에 기초하여 우리 지위를 확립하는 방법은 한국 황제의 칙명에 의하지 않고 양국 정부 간의 협약으로 할 것.
본 건은 매우 중요한 문제이기 때문에 외무대신을 한국으로 보내 직접 통감에게 설명할 것.

여기서는 한국 내정권 장악의 실행을 이토 통감에 일임하고, 그 협정은 정부 간 협약으로 체결하는 것, 그리고 하야시 외무대신의 한국 파견을 결정한 것이 기술되어 있다. 그날 사이온지 수상은 이토 앞으로 "재가를 받은" 이상의 내용을 타전하였다.172)

169) 『原敬日記』 3권, 75~76쪽.
170) 위의 책, 79쪽.
171) 外務大臣 官房文書課 「閣議決定書輯錄」 26호, (외무성 외교사료관 소장 「外務省記錄」 Z.1.3.0.1).

애매하고 불분명한 원로·각료에 비해 명확한 의사를 제시한 것은 오히려 천황이다. 사이온지 수상의 상주에 대해 천황은 "특히 관심이 계신 모양으로 누차 하문 등을 하셨고,"173) 한국으로 가는 하야시 외무대신 편으로 이토에게 '예지(叡旨, 천황의 생각)'를 전하였다. 그 '예지'는 "한국 황제[韓皇]의 마음이 실로 갈팡질팡하여 한일 협약도 겉으로만 받아들이는 척하고 몇 번 바뀌었는지 셀 수도 없다. 이번 기회에 한국 황제의 두뇌를 개량해서 앞으로 절대로 변하지 않게 할 방법을 세우도록"174) 지시하고 동시에 사이온지에게 준 '성지(聖旨, 천황의 생각)'에서는 구체적인 정책에 대해 언급하여 "이번에 신 조약을 맺고 군정, 재정, 내정, 혹은 궁중 출입배(出入輩) 감소 등을 엄중히 처분 정리를 하고, 한편으로 200~300만엔을 국왕에게 주고, 공사(公私)의 지불은 통감부에서 감독하여 은혜를 베푸는 것이 어떻겠는가?"라고 말하고 있다.175) 이 '성지'도 '부신(副伸)'으로 이토에게 전달되었다.

다음 13일 하야시 외무대신은 천황을 알현하여 "이번의 사건에 관해 각의가 결정한 바를 아뢰고 도한 후 히로부미와 상의한 사항은 때때로 전신으로 아뢰겠다는 뜻을 아울러 상주"하였다.176) 하야시의 출발은 15일이었다. 도중에 오이가와(大井川) 범람으로 인해 도카이도(東海道)철도 열차가 불통했기 때문에177) 서울 도착은 예정보다 늦은 18일 저녁이 되었다.178)

---

172) 「韓國ニ於テ第二回萬國平和會議ヘ密使派遣並ニ同國皇帝ノ讓位及日韓協約締結一件」 (외무성 외교사료관 소장 『外務省記録』 2.4.1.9). 위 문서로부터의 인용은 『日本外務省 特殊調査文書』 37권,(고려서림, 1990년)의 쪽수로 한다. 앞의 책, 121~124쪽.

173) 『伊藤博文傳』 하권, 757~758쪽, 7월 15일자 사이온지가 이토에게 보낸 書簡.

174) 위의 책, 754~755쪽.

175) 위의 책, 755~756쪽.

176) 宮内廳 編, 『明治天皇紀』 第11, 吉川弘文館, 1975, 766쪽.

177) 『日本外務省 特殊調査文書』 37권, 174쪽.

하야시의 서울 도착을 기다리지 않고 "이대로 간다면 도저히 황제의 음모사략(陰謀詐略)을 두절시킬 수 없다고 믿은"[179] 이토는 황제 양위 공작에 착수하고 있었다.

19일 이토가 진다 스테미(珍田捨巳) 외무차관 앞으로 전송한 보고[180]에 따르면 양위 경과는 다음과 같다.

(1) 16일 밤 이완용 수상이 입궐하여 황제에 "양위가 어쩔 수 없는 이유를 말씀드렸지만 채납"되지 않았다.

(2) 17일 밤 각료 일동이 입궐하여 위와 같은 말씀을 삼가 아뢰었으나, "쓸데없이 폐하의 노여움만 사고, 아무것도 얻지 못하고 물러"났다(이때 대신들이 주청한 '당면 정책'은 다음 3개 조항이었다고 한다. ① 광무 9년 11월 17일 신 협약[제2차 '한일 협약']에 어새를 날인할 것. ② 황제 폐하가 섭정을 추천할 것. ③ 황제 폐하가 도쿄로 가서 일본 황제에 사죄할 것.[181])

(3) 18일 밤 각료가 입궐하여 양위에 대해 아뢰자, 황제는 "짐은 이미 최후의 결심을 하였다. 경들도 끝까지 방어(내 요구에 대해서 말한다)의 수단을 강구하라고 하면서 완강하게 이것을 받아들일 기색이 없고," 대신들의 수차에 걸친 '간주(諫奏)'에 대해서는 "그 처결을 명백히 연기할 것을 요구"하였다. 그러나 하야시 외무대신의 경성 도착으로 대신들의 "시국이 몹시 절박하다는 주장"을 받아들여 9인의 원로에게 자문하는 게 되고, 회합의 결과 19일 "오전 1시에 이르러 양위할 것에 대해 폐하의 동의를 얻어, 이에 의문이 모두 일소되고 칙재(勅裁)를 거쳐 같은 날 3시에

---

178) 위의 책, 214쪽.
179) 『日本外交文書』 40권 1책, 454~455쪽.
180) 위의 책, 465~466쪽.
181) 국사편찬위원회 편 『韓國獨立運動史』 1권, 197쪽.

조칙을 발포"하였다.

(4) 그 사이 17일 밤에 황제는 이토에게 입궐을 요구하고, 18일에도 재차 들어와 만날 것을 요구하였기 때문에, 이토는 18일 오후 5시에 입궐하였다. 황제는 "헤이그 밀사 건에 대해 일단 변명[辨疏]하고 내각 대신들의 주청에 의한 양위의 건을 하문하셨"지만 이토는 "귀 황실에 관한 중대한 건에 관해서는 폐하의 모든 신하가 아닌 본관이 감히 시비의 봉답[奉答]을 하거나 혹은 이것에 간여할만한 처지가 아니라고 하면서 단호히 그것을 거절하"였다.

양위의 조(詔)는 곧 「관보」 호외로 발표되었다.[182] 이리하여 이토는 한국 정부가 "본관의 조력 혹은 동의를 구하는 것을 피하고 자력 단행"의 형태를 취하여 황제의 양위를 끌어냈다. 그러나 18일의 조는 양위를 의미하는 것은 아니었다.[183] 조에는 "짐은 지금 군국(軍國)의 대사를 황태자로 하여금 대리하게 한다"였기 때문이다. 이것을 알아차린 하야시 외무대신은 "일견 양위라고 인정하기 어려운 점"이 있다는 것을 인정하지 않을 수 없었다. 그러나 하야시는 "이 나라의 사례에 따르면 한 번 왕위에 오른 국왕이 살아 있는 중에 신왕은 따로 즉위식을 거행하지 않고, 전자는 물러나 은거하고 후자는 단지 대리의 이름으로 국정을 행하는 것으로서, 즉 조칙 중에 특히 '전례에 따라 일에 지쳐서 황제의 자리를 물려[倦勤傳禪] 준다'는 자구가 있는 것만 보더라도 이번의 행위가 양위를 의미한다는 사실은 명백하다"[184]고 대리정 = 양위라고 견강부회하여 의미를 부여하

182) 한국 『官報』 1907년 7월 19일 호외.
183) 이태진 「통감부의 대한제국 寶印 탈취와 순종황제 서명 위조」 동 편자 『일본의 대한제국 강점』 124~125쪽. 김영희의 일본어 역은 海野 編, 『日韓協約と韓國倂合』, 明石書店, 1995, 248~249쪽.
184) 『日本外交文書』 40권 1책, 466쪽.

였다. 단 하야시는 황제가 "일부러 황태자로 하여금 대리하게 한다 운운 하는 문자를 넣은" 것은 "필경 섭정이라는 뜻으로, 실은 선제가 나중에 군권(君權)을 회복하기 위해 미리 기반을 만들어두려는 마음을 가지고 있기 때문이라는 것은 의심할 여지가 없다[185]"고 보았다.

그렇다면 고종 황제로부터 순종 황제로의 양위를 이완용 내각을 사주하여 기정사실화해야 한다. 이완용 수상·조중응 법무대신·이재곤 학무대신은 21일 밤 박영효 등의 방해를 배제하고 입궐하여 다음의 세 가지 사항을 주청하였다.[186]

(1) "신제로 하여금 구제에 태상황제의 칭호를 바치게 한다는 뜻의 조칙을 내리게 할 것"
(2) "태도가 애매한 2~3명의 군인의 면관 및 선제와 함께 음모를 기도하고 있는 신임 궁내대신 박영효 및 시종원경 이도재의 면관 및 체포를 단행할 것"
(3) "인심의 진무(鎭撫)를 위해 신제의 이름으로 조칙을 발포할 것"

이에 대해 "신제의 곁에 있"던 '구제'는 (2), (3)에 대해서는 '재납(裁納)'하였지만, (1)의 "태상황제의 칭호를 바치는 것에는 단호하게 수긍하지 않고" 강하게 거부하였다. 칭호 봉정은 황태자(순종)의 대리정으로는 고종황제도 정치에 관여하여 "2군을 받들고 있는 것 같은 상태"가 계속되어 양위가 공동화되는 것을 우려한 이완용 등이 황제의 퇴위·퇴은(退隱)을 명확히 하려는 의도에서 나온 것이다. 한밤중에 급히 입궐한 고영희 탁지상·송병준 농상공상·이병무 군무대신·임선준 내상까지 가세하여 계속 주청하여, 드디어 고종 황제로부터 태황제(太皇帝, 태상황제에서

---

185) 앞의 책, 480~482쪽.
186) 앞의 책, 482~483쪽.

상을 빼다)로 한다는 데 동의를 얻고 즉시 조칙이 발포되었다. 시각은 22
일 오전 5시라고 하므로 철야로 주청이 계속되었던 셈이다.

태황제 칭호의 조는 21일자로 인심진무(人心鎭撫, 백성의 마음을 진
정시켜 안무함)의 조와 함께 발표되었다.[187] 또 22일 아침에 박영효 궁상
·이도재 시종원경 겸 내대신·이갑 교무과장·어담 시종무관·임재덕 시위
보병 제1연대 제3대 대장·남연철 원로 등이 '음모의 혐의'로 체포되어[188]
황제를 보위해온 측근이 일소되었다.

이미 재빨리 손을 써서 19일 밤에는 칙사를 종묘에 파견하여 양위를
아뢰고[奉告], 20일에는 아침에 중화전에서 권정례(權停禮, 양위식)를 거
행,[189] 같은 날 저녁에 이토 통감을 비롯하여 벨기에·청·영국·프랑스
독일 총영사가 신제를 알현[190]하는 등의 행사가 진행됨과 동시에, 19일
한국 정부로부터 공문으로 양위의 통첩을 받은[191] 통감부 → 일본 정부는
20일 재외 대사·공사를 통해 각국 정부에 고종 황제의 양위를 통지하였
다.[192] 모두가 제위 교대의 기정사실화를 위한 조치다. 이토가 "가능한
한 빨리 도달할수록 효과적[193]"이라 첨서하여 품신한, 신제 즉위를 경하
하는 천황의 친전(親電)도 21일 전달되었고,[194] 23일에는 순종 신황제가
답전을 발하였다.[195]

양위 문제가 비등(沸騰)하고 있는 사이 신 협약 문제에 대한 교섭은

187) 한국『官報』1907년 7월 22일.
188)『日本外交文書』40권 1책, 490~491쪽.
189) 위의 책, 470쪽.
190) 위의 책, 471쪽.
191) 위의 책, 467쪽.
192) 위의 책, 471~473쪽.
193) 위의 책, 470쪽.
194) 위의 책, 476쪽.
195) 위의 책, 486쪽.

진행되지 않았다. 22일 사이온지 수상 앞으로 보낸 전보[196]에서 하야시는 "이번의 사건[헤이그 밀사 사건]에 관한 협상 담판을 개시할 호기에 아직 이르지 않았다"고 보고하면서, "장래를 위해서 지금 우리가 해야 할 것은 생각하건대 우리의 원조로 성립된 내각을 보호하고 신제를 옹립시켜 선제가 음험한 수단을 쓰는 길을 막아 정부의 지위를 견고히 하여 우리 세력을 확장하는 것이 상책이라 생각한다"고 서술하고, 신 협약 체결의 전제로서 괴뢰 정부 확립의 필요성을 강조하였다.

이어 하야시는 24일 사이온지에게 보낸 보고[197]에서 이토와의 '숙담(熟談)'의 결과인 협정 사항 8항목을 전하였다. 거기에 '통감의 의견'이라 부기되어 있는 것을 보면, 이토가 구상한 복안을 그대로 제시한 것이라 생각된다. 내용은 다음과 같다.

1. 한국 황제 폐하의 조칙은 미리 통감에 자문할 것.
2. 한국 정부는 시정 개선에 관해 통감의 지도를 받을 것.
3. 한국 정부의 법령 제정 및 중요한 행정상의 처분은 미리 통감의 승인을 거칠 것.
4. 한국의 사법 사무는 보통 행정 사무와 구별할 것.
5. 한국 관리의 임면(任免)은 통감의 동의를 얻어 행할 것.
6. 한국 정부는 통감이 추천한 일본인을 한국 관리로 임명할 것.
7. 한국 정부는 통감의 동의 없이 외국인을 용빙(傭聘)하지 말 것.
8. 메이지 37년 8월 22일에 조인한 한일 협약 제 1항[일본인 재무 고문의 용빙]은 폐지할 것.

하야시는 이 보고에 "상의(商議)는 곧 개시될 것임. 단 협상을 마무리 지으려고 한다면 다소의 수정을 예기해야할 것"이라 부언했지만, 이토는

196) 위의 책, 480~482쪽.
197) 위의 책, 492~493쪽.

이미 23일 밤 이완용 수상·송병준 농공상상에 이상의 "협약할 조건을 내시"하고 있었다.[198]

다음날인 24일 이토는 한국 정부에 조회 공문과 함께 협약안 ((1) 시정 개선에 대한 통감의 지도, (2) 입법·행정에 대한 통감의 승인, (3) 행정과 사법의 분리, (4) 고등 관리 임명에 대한 통감의 동의, (5) 일본인의 한국 관리 임용, (6) 한국 정부 용빙 외국인에 대한 통감의 동의 등), 각서안 ((1) 한일인에 의한 4종 3심제의 재판소 신설, (2) 감옥의 신설, (3) 한국 군대의 정리, (4) 한국 정부 용빙의 고문·참여관의 해고[解傭], (5) 각 부 차관 이하 한국 관리에의 일본인 임용 등)을 제시하고 "한국 정부에 대해 별지 협약서대로 약정을 요구합니다. 또한 본 건은 극히 긴요한 사항인 바 속히 승낙 여부의 회답을 받고 싶습니다. 본관은 이미 제국 정부로부터 언제라도 이 약정에 조인할 권한을 위임 받았습니다"라고 즉시 답변을 촉구하였다.[199] 당연한 일이지만 한국 정부 내에는 반대론이 엿보였다. 하세가와 주차군사령관은 "내각 대신 중 2명은 이에 동의를 표하지 않았다…… 이 조건이 과연 원만하게 해결될 것인지 어떤지 의심스럽다"(24일)고 보고하고 있다.[200] 이토 또한 한국 "정부 내에 이미 이의를 제기하는 사람이 있다고 하므로, 양국 황제의 재가를 얻기가 얼마나 어려울지는 충분히 예상된다. 결국 이것을 거절할 경우에 본관은 바로 귀조(歸朝)하여, 정부의 결정을 받들 것이다"[201](24일)라고 교섭이 순조롭지 않거나, 거절당하는 경우도 상정하였다.

24일에 한국 정부에 제시한 협약안은 앞의 8항목안이 아니라 그 중에

198) 위의 책, 491쪽.
199) 위의 책, 493~495쪽.
200) 위의 책, 491쪽.
201) 위의 책, 493쪽.

서 제1항의 황제 조칙의 통감에 의한 사전 승인을 제외한 7개조안의 것이다. 하라케이 내상은 제1항 삭제의 이유를 추측하여 "아마 명목상 조선의 체면을 세우기 위해 양보한 것 같다"[202]라고 25일의 일기에 적고 있는데, 이토는 협약에서 사전 승인제를 제외했지만, 후에 실제로는 이것을 행했기 때문에 '양보'라는 것은 맞지 않다.

협약안에 대한 한국 정부의 결정과 신황제(순종)의 재가가 있었는지 어떤지는 분명하지 않지만, 앞서 말한 천황 재가가 "한국 황제의 칙명에 의하지 않고 양국 정부 간의 협약으로 한다"라고 했던 것으로 판단하면, 순종 황제에게 주청하지 않고 진행되었을 가능성이 있다. 어쨌든 제3차 '한일 협약'과 거기에 부속하는 '각서'안은 양국 간의 교섭도 없이 원안대로 안문제시 당일인 24일 이토 통감과 이완용 수상에 의해 기명조인이 이루어졌다. 이토는 이 날 오후 11시 37분, 진다 외무차관 앞으로 조인 종료를 타전하고, 한국 정부의 희망에 따라 급히 '발포'할 것을 승낙하였기 때문에, 일본 정부도 "조금이라도 빨리 발포의 절차를 취할 것을" 요청하였다.[203]

이토로부터 조인 완료의 전보를 받은 25일 아침에 원로를 포함한 임시 각의가 열리고,[204] 이어 서울에 있는 하야시 외무대신으로부터의 '한일 협약 상주 건'[205]에 기초하여 사이온지 수상이 천황에게 "한일 협약의 등본을 예람(叡覽, 천황이 열람하는 것)하도록 바치"고 "천황이 명하여 추밀원 회의를 열"었다.[206] 회의는 천황의 "짐은 통감 후작 이토 히로부

---

202) 『原敬日記』 3권, 79쪽.
203) 『日本外交文書』 40권 1책, 496~497쪽, 498쪽 ; 『日本外務省特殊調査文書』 37권, 456~460, 465쪽.
204) 『原敬日記』 3권, 79쪽.
205) 『日本外務省特殊調査文書』 37권, 501~504쪽.
206) 『明治天皇紀』 제11, 769쪽.

미로 하여금 한일 양국 간에 새로 하나의 협약을 체결하도록 하였다. 상세한 내용은 내각 총리대신이 그것을 설명하도록 한다"는 칙어[207]와 사이온지 수상의 설명이 있었을 뿐인 간단한 것이었다. 『하라 케이 일기(原敬日記)』는 "갑자기 오후 1시부터 추밀원 회의를 열고 한일 신 협약을 알려준다고 하기에 출석하였다. 재경 고문관 출석, 이의 없이……[208]"라고 적고 있다.

제3차 '한일 협약'은 한국 황제의 재가를 거치지 않았다고 생각되는 점에서 이상하고, 일본도 서울에서 하야시 외무대신이 이토 통감과 협의했다고는 하지만, 조인 전에 협약안문에 대한 정부 승인·천황 재가가 없이,[209] 앞서 말한 7월 12일의 원로·대신회의에서 통감에 일임한다는 결정과 그 재가만 있을 뿐이고, 소인 후에 보고한 협약을 사후 승인한다는, 종래의 조약 체결 절차 관례에 반하는 이례적인 조치가 취해졌다. 그 사실을 은폐라도 하려는 듯이 '한일 협약'은 7월 25일 오후 「관보」 호외 휘보란 관청 사항에 공시되었다. 한국에서도 같은 7월 25일자 「관보」 호외에 '한일 협약'이라 공표, 그날로 시행되었다.

한편 고종 황제의 강제 양위 전후부터 소연한 움직임을 보이던 서울 민중의 저항은 제3차 '한일 협약' 조인에 이은 군대 해산으로 반란을 향해 고조되어 간다.

7월 20일 하세가와 주차군사령관이 데라우치 육군대신에게 보낸 보고,[210] 22일 하세가와 사령관이 참모총장에게 보낸 보고,[211] 9월 3일 하

---

207) 『日本外務省特殊調査文書』 37권, 426~427쪽.

208) 『原敬日記』 3권, 80쪽.

209) 外務省 編, 『日本外交年表竝主要文書』 上, 原書房, 1965, 168쪽의 1907년 7월 12일 항에 "한국 내정의 전권 장악에 관한 한일 협약의 건을 재가"라고 되어 있고, 그 외에 재가를 보여 주는 기술은 없다.

210) 『日本外務省特殊調査文書』 38권, 고려서림, 1990, 79~81쪽, 85쪽.

세가와 사령관이 하야시에게 보낸 보고인 '지방 정황(政況)212)' 등에 따르면 18일 이래 서울 "시내가 상당히 불온하게" 되었다. 18일 밤 시내 중심부인 종로에 다수의 군중이 집합하여 왕성 앞으로 몰려들었지만, 다음 19일에는 아침부터 표훈원(表勳院) 앞에 모여든 사람들이 종로에 이르러 '가두 연설'을 하고 투석을 시작하였다. 오후 5시경, 시위대 제3대대의 병사 약 40명(30명 혹은 100명이라도 한다)이 2대로 나뉘어 1대는 종로 순사 파출소에 발포, 파출소를 파괴하고 다른 1대는 도로에서 경계를 하고 있었던 경찰관에게 발포하였다. 그 30분 후에는 시위대 제2대대의 병사 수 명 및 혼성여단 사령부의 병사가 경무청을 향해 발포했다. 이 사건의 사상자는 즉사한 병사는 일본인 경부 2명, 순사 1명, 한국 순사 2명이고 부상한 경사는 경부 1명, 순사 4명(1명은 입원 후 사망) 외로 19일 중에 일본인 1명이 사망, 2명이 부상했다고 보고되었다.213)

종로의 쟁투(爭鬪) 후 격해진 군중은 일진회의 기관지 '국민신문사'를 습격하고, 다음날인 20일에도 오후 2시 30분경 약 2,000명(1,000명이라도 한다)의 민중은 이완용 수상의 집을 불 질렀으며, 혹은 "군중은 한국 군대 부근에 가서 활발하게 폭거를 교사하고 있어서 군대 하사(下士) 이하의 인심도 동요하고 있다. 또 약간의 탈영병은 때때로 한일의 경찰관과 작은 충돌을 빚고 있다"고 한다. 민중과 병사의 연계(連繫)가 성립되려던 것이다.

이러한 한국 병사·민중의 저항에 대해 이토·하세가와는 철저하게

---

211) 위의 책, 87~91쪽.
212) 『日本外交文書』 40권 1책, 571~574쪽.
213) 7월 19일의 이토 보고(『日本外交文書』 40권 1책, 468쪽)에 따르면 "오후 4시 30분경 한병(韓兵) 한 부대(약 1중대)가 병영을 탈영하여 종로에 나타나 총을 쏘고 보조원 등(우리 순사)을 습격해서 경부 1명, 순사 3명이 즉사하고 그 외 부상자 약 30여 명이 나왔다"고 한다.

탄압으로 임할 것을 결의하였다. 그들은 19일에 '소요'가 발생하자 평양에서 보병 1대대를 서울로 불러들이고(22일 서울 도착), 한국 군대에 "불온한 정황이 있다"는 이유로 같은 날 밤 11시 50분부터 보병 1대대로 하여금 왕궁을 점거, 그 밖의 기보병(騎步兵)을 주차군 사령부에 집합시키고 포병을 왜성대(倭城臺)에 배치하였다.[214] 한국 군대의 '불온'이란, 진위는 불분명하지만, 시위대 병사가 왕궁에 난입하여 황제에 양위를 강제한 대신을 살해하는 계획을 말한다.[215] 이 시위대 반란 사건은 황제의 음모라는 말도 있었다. 황제의 "진의는 병력을 가지고 내각 대신[閣員]을 억압하고, 경우[時宜]에 따라서는 그들을 살육하려는 데 있다는 증거가 현저[216]"하고, 궁중을 탈출한 군무대신·법무대신이 통감 관저에 구원을 요청하였기 때문에 이토의 명령을 받은 하세가와 사령관이 왕궁에 파견[217]한 군대를 시위대 출동 예정 30분 전인 오후 11시 58분에 왕궁에 배치했기 때문에 "간신히 그것을 방지할 수 있었다[218]"고 보고되었다.

20일에는 주차군은 용산에 있는 한국 군기창을 '점령,' 이어 같은 날 밤 한국 군부 내의 탄약고를 '점령,' 주차군의 감시 아래 둠과 동시에 한국 병사가 휴대한 탄약을 '반납'시켰다.[219] 한국 군대의 봉기를 미연에 방지하기 위해서이다. 또한 하세가와는 함흥에서 공병 1중대(공병 제13대대 제1중대)를 서울에 불러들이고(26일 서울 도착), 의주의 보병 1중대를 평양으로 옮겼다.[220]

---

214) 『日本外務省特殊調査文書』 38권, 87~88쪽.
215) 『日本外交文書』 40권 1책, 469쪽.
216) 위의 책, 481쪽.
217) 위의 책, 468, 469쪽.
218) 위의 책, 481쪽.
219) 『日本外務省特殊調査文書』 38권, 92~95쪽.
220) 위의 책, 98, 119쪽.

2월 이후 한국 주차군은 1사단(제13사단)으로 축소되었는데,[221] 주둔 부대를 이동시킴으로써 탄압 태세를 군혔던 것이다. 그러나 "한국 군대의 정황이 불온하여 어떠한 사태가 발생할지 예측하기 어렵고…… 수일 후에는 다소의 분란이 일어날 것임을 오늘부터 미리 예상해 두지 않으면 안 된다"고 판단한 이토는 21일 이에 더하여 "가장 가까운 병영으로부터 혼성 1여단을 급히 이곳으로 보내 주실" 것을 사이온지 수상에게 요청하였다.[222] 이토는 24일에도 두 번에 걸쳐 군대급파를 요구하였는데,[223] 신 협약 제의에 대해 한국 "각신 중에는 유력한 반대설"이 있고 "경성에는 약 6,000명의 한국병이 있어 언제 봉기할지 알 수 없어," "내가 부득이 극단적인 수단을 취할 수밖에 없게 될지도 모른다," "다수의 우세한 병력을 요하기 때문에 내지(內地)로부터 속히 출병시켜 주는 것이 긴요하다고 생각합니다. 만일 출병을 하여도 시기를 놓칠 경우에는 혹시 무익한 피를 흘리고, 외국의 비난을 받게 되지는 않을까 우려됩니다"라고 말하면서, 군대 급파를 요망했다. 황제 양위, 신 협약 강제에 대한 한국 국민의 반발뿐 아니라, 그에 이어 강행하고자 하는 한국 군대 해산에 대한 군대 반란을 예상하고, 탄압을 위한 병력 강화를 이토는 간절히 바라고 있었다.

사이온지 수상으로부터 군대 파견 결정의 소식[224]이 도착한 것도 24일이다. 파견 부대는 한국과 가장 가까운 제12사단(고쿠라, 小倉)의 1여단이다. 선발 부대인 보병 제14연대 2대대는 25일 밤 모지(門司)를 출발,[225] 26일 아침 부산에 도착하였다.[226] 후속 부대도 26일 밤 출발하여

221) 『朝鮮駐箚軍歷史』 44쪽.
222) 『日本外交文書』 40권 1책, 477쪽.
223) 위의 책, 488, 496쪽.
224) 위의 책, 498쪽.
225) 『日本外務省特殊調査文書』 38권, 102쪽.
226) 위의 책, 109~110쪽.

그림 1. 보병 제12여단의 배치

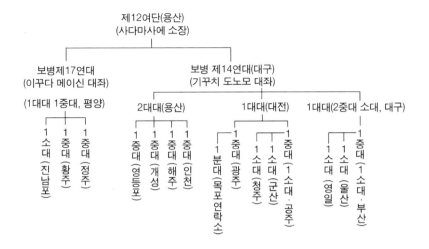

『日本外務省特殊調査文書』38권, 117~188쪽에 의해 작성.

27일 아침 도착으로[227) 도한이 완료되었다.

신착의 제12여단의 배치 예정은 그림 1과 같다. 제12여단장 요다 마사이(依田昌兮) 소장은 한국 주차군 사령관 예하의 남부 수비관구 사령관으로,[228) "주로 경성 이남의 수비에 임하고" 이전부터 주둔한 "제13사단은 오로지 경성 이북의 수비에 임[229)"하기로 분담했다고 하지만, 그림에서 보이는 바와 같이 제12여단 제47연대의 주둔지는 평양을 중심으로 한 북부였다. 요컨대 제12여단을 이제까지의 제13사단 수비대와 교대하여 지방에 분산시키고, 제13사단의 잉여 부대를 서울에 집합시키는 배치다. 또 29일에 인천에 입항한 구축함 4척이 가세한 해군 제3함대도 수비대와의 연락 태세를 갖추었다.[230)

227) 위의 책, 116, 122쪽.
228) 위의 책, 127쪽.
229) 『朝鮮駐箚軍歷史』, 44쪽.

7월 30일 광주 수비대 도착으로 "전부 예정된 배치를 마쳤다.[231]" 환언하면 한국 군대 해산을 계기로 한 반란에 대한 임전 태세가 성립한 것이다. 그것을 기나리고 있있던 이토는 31일 이완용외 요구에 응하여 군대 해산의 조칙안을 기초한다.[232]

3. 한국 내정권의 침탈

1) 불공표 '각서'의 전개

헤이그 '밀사' 사건에 관한 일본의 '선후책'은 이토 통감의 독단에 의해 일단 결착하였다. 이토를 비판했던 헌정 본당도 1907년(메이지 40) 7월 30일의 외교주사위원회에서 '한일 신 협약은 대체로 좋다'고 평가했다.[233] 유코카이(猶興會)의 기쿠치 대의사도 "차제에 어떤 사람이 그 국면에 당하여도, 이 이상의 효과를 거두는 것은 불가능하다고 판단되기 때문에 국민으로서는 만족하지 않을 수 없다"[234]고 찬사를 보냈다.

그러나 여전히 복잡하게 얽혀 제자리걸음하는 한국 병합론에 대해서 이토는 표면상으로는 반론을 계속했다. 이토는 제3차 '한일 협약' 조인 다음날인 7월 25일 담화[235] 중에서 "이번 협약의 조인은…… 점차 이것이

---

230) 『日本外務省特殊調査文書』38권, 136쪽.
231) 위의 책, 141쪽.
232) 이태진, 앞의 논문, 140~141쪽, 일본어 역은 海野 編, 앞의 책, 267~268쪽.
233) 「韓國ニ於テ第2回平和會義ヘ密使遣竝ニ同國皇帝ノ讓位及韓日協約 締結 一件」(外務省 外交史料館 所藏「外務省記錄」2.4.1.9, 『日本外務省特殊調査文書』37권,(고려서림, 1990), 596~597쪽.
234) 위의 책, 545~546쪽. 小川平吉도 「日韓新協約について」(『太陽』1907년 9월)에서 "신협약은…… 지금 한 걸음 더 나아가면 합병이라 말하기까지, 먼저 유감없이 충분히 이루어진 것이라 해도 지장 없을 것이다"고 평가했다.
235) 朝鮮總督府, 『朝鮮ノ保護及倂合』(1917), 119~120쪽.

효력을 거둘 것이 기대되는" 일임을 강조하면서, "금일 한국을 병합 운운하는 의론이 있다. 이것은 첫째로 비상한 부담을 일본에게 증가시킨다는 것은 말을 할 필요도 없다. 조정회의(廟議)에서도 제반의 고려는 충분히 이를 다해서, 그 의견을 결정했던 것으로서, 이 의론과 같은 것은 지금 다시 논의할 여지가 없다고 생각한다"고 병합설을 부정하고 있다. 또한 7월 29일의 신문 기자·통신원 초대 석상에서도 "일본은 한국을 병합할 필요가 없다. 합병은 심히 번거롭다. 한국은 자치를 필요로 한다. 그렇지만 일본의 지도 감독이 없다면 건전한 자치를 수행하기 힘들다. 그것이 이번의 신 협약을 보게 된 까닭'이라 하고", 일본은 한국에 대해서 아량을 보여줄 필요가 있다. 한국도 병력을 양성할 필요가 있다. 재정도 행정도 한국 사신이 할 필요가 있다. 일본은 어디까지나 한국을 도와서 세우지[扶植] 않으면 안 된다. 나는 금일까지 이 주의를 유지해 왔다. 장래도 유지하고 싶다"고 말했다.[236]

이토가 즉시 병합설을 물리친 것은 병합에 반대였기 때문은 아니고, 강제적인 한국 병합이 러시아를 비롯한 여러 외국의 반발을 살 것을 두려워했기 때문이며, 병합에 의한 일본의 한국 지배를 한국 국민에게 합의시킬 수 있는 조건이 부족하다고 판단했기 때문이다. 이토의 당면한 한국 경영 구상은 일본의 지도 감독에 의해, 식민지 재정 자립(일본의 재정 부담의[237] 경감)을 중심으로 한 한국의 '자치' 육성이며, 그것을 통해서 한

---

236) 內藤憲輔編, 『伊藤公演說全集』(博文館, 1910), 222쪽.

237) 能地淸, 「日淸·日露戰後經營と對外財政 1896~1913」, 東京大學, 『經濟學硏究』 23호는 러일전쟁 후기 일본의 국가 재정에서 식민지 경비는, 식민지 재정 보충금과 군사비의 누중에 의해 급팽창했다는 것을 밝히고 있다. 이에 따르면 "청일전후 경영기에는 해마다 400~950만엔으로, 1896~1903년의 합계에도 5,590만엔 밖에 없었지만…… 1907년에는 2,000만엔대로 증가하고, 1911년 이후에는 2,600만엔에서 3,400만엔으로 증가했다. …… 그 결과, 1906~1913년의 식민지 경비의 총액은 1억 7,630만엔으로 청일 전후 경영기의 그것보다 3배 이상까지 증대하고 있을"(90~91쪽)뿐만 아니라, 한국에서 반일 투쟁 탄압을 위한 군사비(육

국 국민의 의사를 지배(정당성의 획득)한 후에 병합을 실현하려고 한 것이다. 그 목적을 향한 제3차 '한일 협약' 체결은 통감이 마음대로 한국에서 보호국 경영을 행할 수 있는 기회를 획득한 것이 된다.

협약에는 공표하지 않은 '한일 협약 규정 실행에 관한 각서'가 붙어있는데, 서명자는 협약과 같은 이토와 이완용이다. 그 항목만을 들면 다음과 같다.238)

제1 한일 양국인으로 조직하는 아래의 재판소를 신설한다.

　　1 대심원 1개소

　　2 공소원(控訴院) 3개소

　　3 지방 재판소 8개소

　　4 구 재판소(區裁判所) 113개소

제2 아래의 감옥을 신설한다.

　　1 감옥 9개소

제3 아래의 방법에 의해 군비를 정리한다.

　　1 육군 1대대를 두어 황궁 수위의 임무를 맡게 하고, 기타는 그것을 해산할 것.

　　2 교육을 받은 경험이 있는 사관은 한국 군대에 머물 필요가 있는 자를 제외하고, 나머지는 일본 군대에 부속시켜 실지(實地) 연습을 행하도록 할 것.

　　3 일본에서 한국 사관을 양성하기 위해, 상당한 설비를 할 것.

제4 고문 또는 참여관의 명의로써, 현재 한국에 용빙(傭聘)된 자는 모두 이를 해용(解傭)한다.

제5 중앙 정부 및 지방청에 아래와 같이 일본인을 한국 관리에 임명한다.

　　1 각부 차관

　　2 내부 경무국장

　　3 경무사(警務使) 또는 부경무사(이하 생략)

군성 임시부 경비)는 1906~10년의 5년간에 4,697만엔을 지출하고 있다.

238) 『日本外交文書』 40권 1책, 494~495쪽.

제3차 '한일 협약' 조문이 추상적인 통감 체제의 강화를 보여주는 것에 대해, '각서'는 그 구체적인 식민지적 지배 기구의 존재 방식을 지시하고 있다. 그러므로 협약은 즉시 공표되었으나 '각서'는 비밀에 부쳐졌다. 특히, 비밀로 숨길 수밖에 없었던 것은 제3항의 군대 해산 때문이었던 것 같다. 이토는 "군대 해산의 실행 전에 누설된다면 위험해질 우려가 있으므로, 본 건은 일체 비밀에 부쳐야한다"고 사이온지 수상에게 '극비'로 통보했다.[239](7월 28일)

이토는 "이 각서는 잠시 비밀에 부치는 것으로 하여, 그 사본은 하야시 대신이 휴대하고 귀국할 것"[240]이라 해서 외무성에 전보로조차 보고하지 않고, 7월 28일 서울을 출발해 귀국한 하야시 외무대신에게 맡겼다. 강에 틸이 나서 하야시의 귀국이 다소 늦어져, '한국의 근황에 관해서······ ······ 깊이 마음을 졸이고 있던' 천황과 '속히 정확한 상세 보고를 얻을 수 있기를 희망하고 있었던' 원로·대신이 기다리는 도쿄로 귀국했던 것은 8월 1일이다.[241] 하야시는 즉시 참내하고, 천황에게 배알하여 '한국 신 협약의 전말을 자세하게 주문(韓國新協約顚末委敷奏聞)'하자, 천황은 "안심과 만족을 표시하셨다"고 한다.[242]

앞서 말한 바와 같이, 이미 이토는 사이온지 앞으로, 군대 해산의 "상세한 사항은 외무대신이 보고 할 것이지만, 어쩌면 대신이 귀국하기 전에 군대 해산을 실행하는 사정에 이를지도 모르는 것에 대해 미리 말씀을 드린다"[243]고 보고했지만, 정부가 '각서'의 내용을 안 것은 하야시의 귀국

---

239) 앞의 책, 505~506쪽.
240) 「한국에서 제2차 평화회의에 밀사파견 및 同國 황제의 양위 및 한일 협약체결 1건」 (『日本外務省特殊調査文書』 37권, 466쪽. 1907년 7월 25일, 이토로부터 진다 외무차관 앞으로.
241) 『日本外交文書』 40권 1책, 515~516쪽.
242) 『駐韓日本公使館記錄』 30권, 국사편찬위원회, 1992, 429쪽.

후이기 때문에, 7월 31일의 군대 해산의 조칙 발포에의 일 처리는, 일본 정부의 승인을 얻은 것은 아니고, 증파된 일본군의 배치에 의해 반란 진압 태세가 정돈되었다고 판단한 이토의 독단으로 전행한 것이었다.

'각서' 제3항 1에서 말하는 한국 군대 해산은, 이토가 7월 31일, 한국 정부로부터 군대 해산의 '조칙을 재가 받은' 일과, '각 군대 해산 때, 인심이 동요하면, 이를 예방하고, 혹은 칙(勅)을 어기고 폭동을 일으키는 자는 이를 진압할 것을 본관(이토 통감)에게 의뢰한다는 칙지(勅旨)를 봉승한' 공문의 조회를 받은 형식을 취하고, 이것을 군관헌(軍官憲)에게 이첩했다.[244]

다음 8월 1일 아침, 이병무 군무대신은, 주차군사령관 관저에 한국군 대장(隊長)을 소집하고, 군대 해산의 조칙[245]을 전달했다.[246] 이어서 오전 10시에 연병장에서 일반 병사에 대해 해산을 명하는 것으로 되어 있었지만, 시위 보병 제1연대 제1대대장의 분사(憤死)가 방아쇠를 당겨 이 대대가 결기하고, 인접한 시위 보병 제 2연대 제1대대도 여기에 따랐다. 군대 반란을 예상하고 있던 하세가와 주차군사령관은 보병 51연대 제3대대 (1중대는 빠짐)와 2소대, 공병 10인에게 기관총 3문을 주어 진압하게 하고, 교전 후 양 대대 병영을 점령, 병영으로부터 탈출한 한국병을 추적했다고 한다.[247]

지방 진위대에도 해산 명령이 내려졌다. 원주 진위대, 강화도 분견대에서 반란이 일어나고, 혹은 해산병이 "폭도에 가입하는 일이 점점 많아

243) 『日本外交文書』 40권 1책, 515~516쪽.
244) 『日本外交文書』 40권 1책, 519쪽.
245) 위의 책, 519~520쪽에 일본어 번역.
246) 『朝鮮駐箚軍歷史』, 336쪽.
247) 『日本外交文書』 40권 1책, 520~521쪽.

지고, 마침내 전국 각 도에 걸쳐서, 수년에 이르는 소요의 한 원인"[248]이 되었다.

이 시기 해산한 장병은 8,426명을 웃돈다. 근위 보병 부대를 중심으로 하여, 존치되었던 장병은 745명에 불과하다.[249] 이제 황궁 경호, 의례를 위한 군대밖에 남아있지 않았다. '각서' 제3항 2, 3에서 말하는 식민지 군대를 의도한 한국인 사관의 일본군으로의 편입, 사관 양성은 실현되지 않고, 1909년 8월에는 군부도 친위부로 개편된다.[250]

'각서' 제1항의 재판 기구의 개편은 협약 제3조에서 말한, 사법사무와 보통 일반사무와의 분리(즉, 사법과 행정의 분리) 규정에 대응한다. 그것은 일본의 현행 '재판소 구성법'을 모방하여 대심원·공소원·지방 재판소·구 재판소의 4종 3심제로 하고, 각 재판소의 장을 비롯해 판사·검사 등에 일본인을 배치한다는 것으로서, 1907년 12월 27일 공포된 '재판소 구성법'(한국 법률 제8호)·'재판소 구성법 시행법'(한국 법률 제9호)·'재판소 설치법'(한국 법률 제10호) 등으로[251] 법제화되었다. 그리고 1908년 8월 1일, 대심원·공소원·지방 재판소 및 구 재판소가 '제1차 개청'하는 데[252] 판사·검사·재판소 서기에는 일본인이 다수 채용되었다. 1908년 6월 말 현재의 법부 관계관서 직원의 한국인·일본인 직원은 표 10과 같고, 대심원·공소원·지방 재판소·구 재판소의 합계 274명 중 81.8%에 해당하는 224명을 일본인이 차지하고, 특히 친임(親任)·칙임자(勅任者)는 16명 중 15명이 일본인으로, 한국인은 1명에 불과하다. 마치 일본의

248) 『朝鮮駐箚軍歷史』 337쪽.
249) 위의 책, 337~338쪽.
250) 한국 『官報』, 1909년 7월 31일, 『朝鮮ノ保護及併合』 253쪽.
251) 한국 『官報』 1907년 12월 23일.
252) 朝鮮總督府, 『朝鮮ノ保護及併合』, 173쪽.

표 10. 한국 법부 및 소속 관서 직원(1908년 6월 말)

	친임	칙임		주임		판임		합계		
	일본인	한국인	일본인	한국인	일본인	한국인	일본인	한국인	일본인	계
1 본청 (대신관방, 민사국, 형사국)		2	1	6	11	19	22	27	34	61
2 대심원	2	1	2	1	4		5	2	13	15
3 공소원 (경성, 평양, 대구)			7	6	21	3	14	9	42	51
4 지방 재판소 (경성, 공주, 함흥 평양, 해주, 대구, 진주, 광주)			4	23	61	2	68	25	133	158
5 구 재판소				14	19		17	14	36	50
(2~5 소계)	(2)	(1)	(13)	(44)	(105)	(5)	(104)	(50)	(224)	(274)
6 감옥					8	9	22	9	30	39
7 법관 양성소				2	3	1	2	3	5	8
합 계	2	3	14	52	127	34	150	89	293	382

『統監府統計年報』1907년 450~451쪽에 의해 작성.

재판소와 같은 양상을 보였다. 한국 사법 정비는 통감부 설치 이래의 과제였는데,[253] 특히 법전 편찬과 함께 사법 개혁에 이토를 몰아세운 것은 한국에서 여러 외국의 이른바 치외 법권 철폐의 전제로 생각했기 때문이다. 제3차 '한일 협약'의 '각서'에 붙어있었던 '한국 정부에 송부한 것이 아닌' '부속 이유서'[254]에는, "금일의 급무는 일초라도 빨리 법률의 제정, 재판의 개량을 꾀하고, 최종 목적인 영사 재판권 철거 방법을 강구하지 않으면 안 된다"고 기록되어 있었다. 치외 법권의 특권을 가진 외국인의, 보호 정치에 대한 '폐해'는 일반적으로는 거류지 바깥에 진출한 외국인의 부동

253) 小川原宏幸, 「日本の韓國司法權侵奪過程 - '韓國の司法及監獄事務を日本政府に委託に關する覺書'をめぐって」, 明治大學, 『文學研究論集』 11호, 90~97쪽.
254) 『日本外交文書』 40권 1책, 495~496쪽.

산 소유나 기업 활동을 단속 할 수 없다는 점이고, 특수적으로는 제2차 '한일 협약' 무효 운동을 행한 고종 황제의 '밀사'로 활약했던 헐버트, 또는 반일 언론 활동을 전개하고 있었던 대한매일신보 사주 베델[255])이나 외국인 선교사의 의병 '선동'[256]) · 반일 교육[257]) 등에 나타났다. 이토는 이 상황에 대해 한국법을 근대적 법 체계로 개편 정비하고, 재판 기관을 근대화하고, 영사 재판권 철폐의 조약 개정을 실현할 방침을 채용했다. "영국은 이집트로 하여금 그 토착의 사법 제도를 개량하도록 하고, 그 문명 재판을 스스로 행할 능력을 갖추게 될 때까지 기다려, 각 국에 대해 영사 재판의 철폐를 요구한다"[258])는 이른바 '영국주의'다.

때마침 일본은 미국과의 사이에서 한국에서의 특허권 보호에 관한 소약 제설 교섭을 진행시키고 있었다. 이 교섭은 1906년 6월 미국의 제기로 시작된다. [259]) 당시, 한국 · 청 시장에서는 '일본 신민이 외국인의 상표를 침해하는 일이 적지 않는'[260]) 상태였기 때문에, 영국 · 미국 · 프랑스는 청과 한국에서 상표의 상호 보호 협정 체결을 요구하고 있었다. 다만 "상표 보호에 관한 법제는, 그 성질상, 한 국가 내에서 2개 이상의 다른 것이 병존함을 허락"하지 않기 때문에 "각국 정부는 한국에서 어떤 일정의 상표법을 승인하고, 이에 따라 자국 신민의 상표권을 완전히 보호한다든가,

255) 小川原宏幸,「日本の韓國保護政策と韓國におけるイギリスの領事裁判權 - ベッセル裁判を事例として」『駿台史學』110號.
256) 『朝鮮ノ保護及併合』173쪽.
257) 小川原宏幸,「統監府下學部の初等教育政策の展開 - '私立學校令'を中心として」, 明治大學, 『文學研究論集』9號, 140쪽.
258) 有賀長雄, 『保護國論』, 早稻田大學出版部, 1906, 303쪽.
259)『樞密院會議議事錄』12권, 東京大學出版會, 1985, 150~151쪽, 1908년 7월 30일 추밀원회의록의 데라우치 마사타게(寺內正毅) 겸임외상의 경과보고.
260)「淸韓兩國ニ於ケル發明 · 儀狀 · 商標及著作權相互保護ニ關スル日米條約締結一件」一,(外務省外交史料館所藏,「外務省記錄」2.6.1.16), 1906년 8월 16일, 하야시 외무대신으로부터 이토 통감 앞으로.

혹은 조약에 의해 획득한 영사재판권을 고수해서 위의 일정한 법제를 승인할 것을 거부하고, 따라서 자국 신민의 상표권을 희생한다든가 둘 중에서 하나를 백해야 하는 위치에 있다"[261]고 일본 외무 당국은 분석했다.

거기서 하야시 외무대신은 "본 건을 이용해서 한국에서 제국의 법권을 확장하고, 이로써 타일 한국 재류 외국인에 대한 법권을 전부 우리가 장악하는 하나의 단계로 만들 수 있으면…… 우리의 대한국 경영상에 마지막 노력을 다하여 진일보할 수 있도록 해야 한다"[262]라고 하며, 협정 초안을 제시했다.[263] 그 골자는 ① 일본 정부가 일본 현행 상표법에 준해 '한국 내에 효력을 갖는 상표 조례'를 제정한다. ② 그 적용 범위는 상표에 관해서 영사 재판권을 포기하고, 위의 상표 조례를 승인한 나라의 재한국민(일본인을 포함) 사이, 또는 그 외국인과 한국인과의 분쟁에 한한다. ③ 한국인 사이의 상표 사건에 대해서는 '한국 정부가(일본의 상표 조례와) 동일한 조례를 발포하도록' 하든가, 일본 정부가 제정한 조례 중에 '한국 신민 사이의 사건은 한국 관아의 재판에 돌린다'는 규정을 포함시키는 것으로 처리한다고 한다.

이 하야시의 안에 대해 주일 미국 대사 루크 라이트(Luke D. Wright)는 대체로 동의하고, 상표와 함께 특허·의장·저작권의 4개 권리에 대해 '제국(일본)의 법권에 복종하고, 한국에서의 위의 네 권리를 제국의 보호에 의뢰'하고, 동시에 미국이 '한국에서 소유한 영사 재판권을 포기'할 것을 제안했다.[264] 이것에 기초하여 조약안이 작성되고 양국 간의 교섭을 거쳐, 1908년 5월 19일 '한국에서 발명, 의장, 상표 및 저작권 보호에 관한

---

261) 위와 같음.
262) 위와 같음.
263) 위와 같음.
264) 위의 문서, 1906년 10월 19일, 하야시 외무대신으로부터 이토 통감 앞으로.

조약'265)을 조인하기에 이른다. 조약은 7개조로 이루어졌는데 그 제1조
·제2조에는 다음과 같이 기재되어 있다.

제1조 일본국 정부는, 발명, 의장, 상표 및 저작권에 관해 현재 일본국에서 행하고
있는 것과 같은 법령이 본 조약의 실시와 동시에 한국에서 시행되도록 해야 한다.
위 법령은 한국에 있는 미국 인민에 대해서도 일본국 신민 및 한국 신민에 대한 것
과 똑같이 적용하는 것으로 한다. (이하 생략)
제2조 미합중국 정부는 미국 인민이 한국 내에서 보호를 받아야할 특허 발명, 등
록 의장, 등록 상표 또는 저작권을 침해받은 일이 있을 경우에, 위 미국 인민이 본
건에 관해 한국에서 일본국 재판소의 재판 관할권에 전속할 것을 약속하고, 합중
국의 치외 법권은 이 일에 관해 이것을 포기하는 것으로 한다.

성립 과정에 대해서는 생략하지만, 일본 정부가 중요시했던 것은 외
무 당국이 '위의 성립 뒤에는 영국과 프랑스 제국에 대해서도 똑같이, 그
영사 재판권의 일부를 포기시켜, 같은 종류의 조약을 체결할 수 있기를
희망한다'266)고 한 미일 조약에서, 미국이 영사 재판권의 일부 포기의 조
건으로 요구한, 일본 현행 법령과 똑같이, 미국, 일본, 한국 3개국 국민에
똑같이 적용되는 법령의 시행과, 일본의 재판 관할권 아래 재판을 정한
"제법령을 일본국 법으로 정하는가, 또는 한국법으로 제정해야 하는가는
본 조약 실시의 선결 문제일 뿐만 아니라, 한국에서 여러 외국 치외 법권

265) 『官報』 1908년 8월 13일. 동 조약 체결은 제2차 '한일 협약'에 의한 한국 외교권의 행사
로서 일본 정부가 외국과 조약을 체결한 예의 하나다. 서명자는 다카히라 고고로(高平小五
郞, 주미대사)와 로버트 베이컨(Robert Bacon, 국무장관 대리)로서, 같은 해 8월 6일, 비준
서 교환. Convention for the Protection in Korea of Inventions, Designes, Trade Marks and
Copyrights.
266) 「淸韓兩國ニ於ケル發明・儀狀・商標及著作權相互保護ニ關スル日米條約締結一件」
二, 1908년 5월 14일, 하야시 외무대신으로부터 이토 통감 앞으로.

문제의 앞길에도 중대한 관계를 가진"267) 문제였다. 이것에 관해 외무성 고문 데니슨(Henry Willard Denison)의 의견은268) '한국법주의'였지만, '시행 법령을 한국 법령으로 제정한다는 건은, 내각 및 추밀원의 의향에 비추어 도저히 성립할 수 없다고 판명'269)했다. 한편 일본 법령에 따르면 "한일 협약의 정문에 따르면 한국민을 일본의 법령에 의해 구속한다는 것은 정면으로 이를 주장할 수 없다"270)는 모순을 피할 수 없었다.

한국 정부와의 협정은 하야시 외무대신이 이토에게 대한 협의(對韓協議)을 요청했지만, 이토가 "금일의 경우 한일 사이에 어떤 협약 같은 것을 체결하는 것은, 한국 정부로 하여금 한국은 아직도 국제 조약을 체결할 권리가 있다는 것과 같은 감상을 품게 만들 우려가 있는 고로 …… 공문으로 통고하는 쪽이 적당하다고 생각한다"271)고 한 의견에 따라 협의는 이루어지지 않았다. 1908년 6월 21일에 이르러 한국 정부에 대해 조회를 보내고,272) 나아가 6월 24일의 대신회의에서 이토가 한국 대신에게 미일 조약을 설명하고 '이해'를 구하였다.273) 한국 정부에로의 조회에서는 "현재의 한국 재판소로서는 유감이지만 문명국 인민을 재판하기에 족하지 못하다고 인정한 결과로…… 일본 법령을 그대로 일본, 한국, 미국 3국 신민 또는 인민에게 적용하고, 3국민 모두 일본 재판소의 재판 관리권에 속하게 하는 외에 취할 방법이 없다고 믿는다. …… 한국인도 인정해 이를 존

---

267) 위의 문서 三, 1908년 6월 9일, 하야시 외무대신으로부터 이토 통감 앞으로.
268) 위와 같음.
269) 위의 문서, 1908년 6월 15일, 하야시 외무대신으로부터 이토 통감 앞으로.
270) 『樞密院會議議事錄』 12권 153쪽. 1908년 7월 30일 회의에서 가와무라 긴코로(河村金五郎) 서기관장의 보고.
271) 「淸韓兩國 二於ケル發明・儀狀・商標及著作權相互保護二關スル日米條約締結一件」 一, 1907년 7월 10일, 이토 통감으로부터 하야시 외무대신 앞으로.
272) 위의 문서 三, 1908년 6월 29일, 이토 통감으로부터 하야시 외무대신 앞으로.
273) 金正明 編, 『日韓外交史料集成』 6권 中, 巖南堂書店, 1964, 947~948쪽.

중하여 받을[尊奉] 의무가 있다는 것을 고시하는 바입니다"고 쓰여 있다.

'한국에서 발명, 의장, 상표 및 저작권의 보호에 관한 조약'(조약 제4호)은 일본 법률의 특허법·의장법·상표법·상법 및 비송 사건 수속법(非訟事件手續法)·저작권법에 약간 수정을 가한 '한국 특허령'(칙령 제196호)·'한국 의장령'(칙령 제197호)·'한국 상표령'(칙령 제198호)·'한국 상호령'(칙령 제199호)·'한국 저작권령'(칙령 제200호)·'통감부 특허국관제'(칙령 제202호) 등과 함께 1908년 8월 13일에 공포되었다.274)

이토의 지론에 따르면 영사 재판권 철폐 후의 재판은 외국인을 포함해서 모두 한국법을 적용하는 한국 재판소에서 이루어져야 할 것이다. 그러나 이토가 지도한 한국 사법 제도 개혁은 실마리를 연 것에 불과했기 때문에 내응할 수 없었던 것이다. 미일 조약을 한국 정부에 처음으로 통지한 1907년 6월 25일의 대신회의에서 이토는 "자신의 의견으로는 한국 법률이 완비될 때까지, 일본의 법률 재판으로 이를 보호한다는 것에 이의가 없다는 뜻을 일본에 회답하고자 한다. …… 비록 일본의 법률로 한다 하더라도, 외국으로부터 법권의 일부를 회복해두면, 장래 치외 법권의 전폐를 도모하는 데 매우 편하게 될 것이라 믿기 때문"이라 말하고 있다.275)

미일 조약을 계기로 나타난 한국과 일본의 법제 모순의 해결을 꾀한 것이, 한국 병합 방침을 '확정'한 1909년 7월 6일의 각의 결정으로부터 1주일 후인 12일에 조인된 '한국 사법 및 감옥 사무 위탁에 관한 각서'276)다. 이미 통감을 사임한 이토의 제의277)에 따른 것이다. 이토는 "한국에

---

274) 『官報』 1908년 8월 13일.
275) 앞의 책, 『日韓外交資料集成』 6권 中, 560쪽.
276) 『日本外交文書』 42권 1책, 182쪽. Memorandum concerning the Administration of Justice and Prison in Corea.
277) 위의 책, 177~179쪽.

있는 오랜 세월 정치 문란의 주원인인 법치의 결점을 보완하기 위해서는, 한편으로는 법관을 양성하고, 한편으로는 국민의 법치적 습관을 길들이지[馴致] 않으면 안 된다고 하더라도, 이는 일조일석에 할 수 있는 바가 아니다. 적어도 일생 동안의 세월을 기다리지 않으면 안 된다. 그러나 한국 통치상의 하나의 큰 장애인 치외 법권의 철거를 수십 년 간 끌고[遷延], 이를 등한시한다면, 어떤 형세의 변이에 따라 마침내 그 목적을 달성할 수 없기에 이를지 알 수 없다. 고로 차라리 금일에 사법에 관한 사무를 모두 한국 정부에서 제국 정부에 위탁시키고, 순전히 제국 정부의 책무로 착착 이의 개선을 꾀하고, 하루 속히 조약 개정의 준비를 완성하지 않으면 안 된다"고 말했다. 여기서는 앞서 말한 미일 조약 이전에 이토가 주장하던 한국 사법 개혁을 통한 한국 법권 자립 구상은 벗어 내팽개쳐지고, 일본 정부로의 '위탁'을 명목으로 한국 사법권의 탈취 필요가 강조되고 있다. 이토는 일본 정부의 한국 사법권 장악과 병합과의 관련에 대해서는 언급하지 않고, '치외 법권의 철거' = '조약 개정의 준비'를 위한 것이라 했으나, 병합 프로그램에 짜 맞춰져 있던 것은 말할 것도 없다.

가쓰라 수상은 병합 방침을 승인한 같은 날 7월 6일의 각의에서 가결한 '한국 사법 및 감옥 사무 위임에 관한 건 및 군부 폐지의 건'을 즉시 주청해서 재가를 얻고, 같은 날, 도한 중인 이토와 소네 통감에게 "한국 정부와의 사이에 교섭을 마칠 것을 희망한다"는 것을 전했다.[278]

이 각서에 기초하여, 1909년 10월 16일 '통감부 재판소령'(칙령 제236호) 등 24건의 관련 칙령이 공포되고,[279] 통감부에 '통감의 관리에 속'('통감부 사법청 관제' 제1조)하는 사법청, '통감에 직속'('통감부 재판소령' 제

278) 위의 책, 179쪽.
279) 『官報』 1909년 10월 18일.

1조)하는 재판소, '통감의 관리에 속'('통감부 감옥관제' 제1조)하는 감옥이 설치되었다. 그리고 "사법에 관한 법규의 적용에 관해서는 사법권 위임 실시 후, 특히 병합 후는 원칙으로는 제국의 법규를 적용하더라도, 조선의 법규 습관, 역시 이를 무시할 수 없는 사정이 있으므로, 메이지 42년 10월, 칙령 제238호 조선인에 관련된 사법에 관한 법제를 공포하고, 법규상, 특별히 규정한 경우를 제외, 조선인에 대해서는 구한국 법규를 적용하고, 조선인과 조선인이 아닌 자와의 사이의 민사 사건에 대해서는, 필요의 변경으로써 제국의 법규를 적용할 것"280)이라 했다. 이것은 식민지 조선에서 일본법과 한국법과의 "법 제도의 이중 구조"281)를 만들어 내는 전제가 되었다.

이토가 중요시했던 한국 사법 제도에 대해 다소 장황하게 서술했지만, 다시 '한일 협약 규정 실행에 관한 각서'로 되돌아가서, 그 제5조에 거론되어 있는 한국 관리에의 일본인 임명 상황을 보자.

이른바 차관 정치라고 불리는 일본인의 한국 정부 각부 차관 취임은, 궁내부차관 쓰루하라 사다키치(鶴原定吉, 통감부총무장관), 다음으로 고미야 미호마츠(小宮三保松, 대심원검사), 내부 차관 기우치 시게시로(木內重四郎, 통감부 농상공무총장), 내부 경무국장282) 마쓰이 시게루(松井茂, 부산 이사청 이사관), 탁지부 차관 아라이 겐타로(荒井賢太郎, 대장성주계국장), 법부 차관 구라도미 유사브로(倉富勇三郎, 도쿄공소

---

280) 朝鮮總督府, 『朝鮮總督府施政年報』, 明治 43년판, 1912년 刊, 94~95쪽. 이 책은 병합 후에 간행되었기 때문에 한국인을 조선인이라 기록하고 있기도 하고, 구한국법규라고 하고 있다.

281) 小川原廣幸, 앞의 책, 「日本の韓國司法權侵奪過程」, 90, 106쪽.

282) 내부경무국은 1907년 12월 13일 공포된 「內部官制」 개정(한국칙령 제 37호)에 의해, 행정경찰·고등경찰·도서출판 및 저작·호구 및 민적·이민에 관한 경찰사무를 관장한다고 규정되고, 다른 행정부와 구별되는 경찰권의 집행을 담당하는 부국이다. 또한 경시총감으로는 경무청 고문인 마루야마 시게토시(丸山重俊)가 임용되었다.

원 검사장), 학부 차관 다와라 마고이치(俵孫一 , 통감부서기관·농상공무부 상공과장, 학부 촉탁), 농상공부 차관 오카키 시치로(岡喜七郎, 통감부경무총장) 등이 기용되었다. 이하 다수의 일본인이 한국 관서 직원에 임용되어, 1908년 6월 말 현재는, 표 11에서 보는 바와 같이 한국 정부 직원의 38.5%에 해당하는 1,797명의 일본인 직원이 중추원을 제외한 각 부에 재직하고 있었다. 특히, 한국인 직원보다 일본인 직원이 상회한 것은, 앞서 말한 법부(표 10 참조) 외에, 임시재원조사국(臨時財源調査局)·관세국·각 세관(稅關)·각 재무감독국(財務監督局) 등이 소속한 탁지부(일본인 50.3%) 및 본청(本廳) 외에 미곡의 품종 개량을 목적으로 수원에 설치되었던 권업모범장(勸業模範場) 등의 각종 산업 시험장이 소속하는 농상공부(65.7%)다.

한국 중앙 정청 및 지방 관서에 고용된 일본인은 1908년 말까지 판임관 이하를 제외하고 2,000명을 넘었다.[283]

제3차 '한일 협약' 체결에 즈음하여, 일본 정부는 '한국 황제의 칙정에 의하지 않고 양국 정부 간의 협약으로 한다'는 방침으로 임했으나, '한일 협약' 이후 맺어진 '한국 사법 및 감옥 사무 위탁에 관한 각서' 및 '한국 경찰 행정 위탁에 관한 각서'는 천황·황제의 재가를 거치지 않고 양국 정부 간의 각서에 따른 이른바 행정 협정의 형식을 취했다.

사법권·경찰권도 주요한 국가 주권이다. 그 주권에 관련되는 국제 약속을 '간략화 된 조약' 형식으로 체결하는 것이 가능한가라는 문제가 생길 것이다. 여기에 일본 정부는 한국의 사법권·경찰권의 일본에의 이양은 아니고, '사무 위탁'이라는 편법을 선택했다. 그래도 그 조문에는 제2차 '한일 협약' 전문을 모방, 다음과 같이 애매한 시한을 붙였던 것이다.

---

283) 統監府, 『第二次韓國施政年報』明治四一年版, 朝鮮總督府, 1911年刊, 18쪽.

표 11. 한국 정부 직원(1908년 6월 말 현재)

	친임	칙임		주임		판임		합계			차관(발령일)
	한국	한국	일본	한국	일본	한국	일본	한국	일본	계	
궁내부	3	65	1	93	10	302	15	463	26	489	鶴原定吉(1907.8.9), 小宮三保松(1907.9.23)
내각	7	4		10	6	32	7	53	13	66	
중추원	7	9		14		4		34		34	
내부		18	9	331	75	623	243	972	327	1,299	木內重四郎(1907.8.9), 岡喜七郎(1908.6), 松井茂(1910.6.16)
탁지부		4	4	64	93	740	722	808	819	1,627	荒井賢太郎(1907.9.7)
법부		3	14	52	127	34	152	89	293	382	倉富勇三郎(1907.9.19)
학부		2	1	20	18	318	95	340	114	454	俵孫一(1907.8.9)
농상공부			5	13	42	94	158	107	205	312	岡喜七郎(1907.9.19), 木內重四郎(1908.6)
계	17	105	34	597	371	2,147	1,392	2,866	1,797	4,663	

『統監府統計年報』1907년 444쪽(誤植訂正). 軍部는「調査未了」때문에 기재할 수 없지만, 차관은 韓鑛昌. 차관 발령은 한국「官報」, 秦郁彦『戰前日本官僚制の制度·組織·人事』(東京大學出版會, 1981년)에 의함.

'한국 사법 및 감옥 사무 위탁에 관한 각서' 제1조
한국의 사법 및 감옥 사무가 완비되었다고 인정될 때까지 한국정부는 사법 및 감옥 사무를 일본국 정부에 위탁(delegate)할 것.

'한국 경찰 행정 위탁에 관한 각서' 제1조
한국의 경찰 제도가 완비되었다고 인정될 때까지, 한국 정부는 경찰 행정을 일본국 정부에 위탁할 것.

조문은 한국 주권의 일부 이양은 아니고, 사법권·경찰권은 형식상 한국에 존치하고, 일시적으로 그 운용을 일본 정부에 위임한다는 식으로 겉만 번지르르 하게 보이도록 하는 방식을 취한 것이다. 그것은 다음에 나오는 1905년 4월 1일 조인된 '한국 통신 기관 위탁에 관한 취극서(取極書, 결정서)' 전문의 형식적 답습이다.

> 한일 양국 정부는 한국의 통신 기관을 정비하고, 일본국의 통신기관과 합동 연락해서 양국 공통의 하나의 조직을 이룸으로써, 한국의 행정상 및 경제상 득책으로 하고, 또한 이를 위해 한국의 우편 전신 전화 사업을 일본국 정부의 관리에 위탁할 필요를 인정…… 위와 같이 결정한다.
>
> 제1조
> 한국 정부는 그 국내에 우편 전신 및 전화 사업……의 관리를 일본국 정부에 위탁해야 한다.

2) 외채 문제와 반일 의병 투쟁

군대 해산을 계기로 각지에서 일어난 반일 의병 투쟁은 급속도로 증가했다. 1908년(메이지 41) 4월 한국 정정을 시찰했던 내대신 비서관 히타카 시치부(日高秩父)의 '하문봉답서(下問奉答書)'[284]에 따르면 '폭도'와 일본군 수비대·헌병대·경찰대와의 '충돌' 회수는 1907년 10월 117차, 11월 265회, 12월 276차, 1908년 1월 262차, 2월 211차, 3월 288차, 4월(20일까지) 240회에 이르고, 1907년 11월 이래 매월 200여 회의 '토벌'전을 보인다.

여기서 정미의병이라 불리는 의병 투쟁에 대해서 깊게 다룰 수는 없지만, 강원도 원주의 거병에 참가한 관동 의병장이던 이인영(李麟榮)의 부대 ─ 13도창의대진소 ─ 의 경우[285]를 예로 들어보자. 훗날 헌병대에 잡

---

284) 『日本外交文書』 41권 1책, 845~850쪽.
285) 13도 창의대진소에 관해서는, 박성수, 「1907~1910년간의 의병 전쟁에 관해서」 『한국사연구』 1호; 신용하, 「許蔿 의병 부대의 항일 무장 투쟁」 『한민족 독립 운동사 논총』, 수촌

혀 있었던 시기의 취조서[286]를 바탕으로 이인영의 활동을 더듬으면 다음과 같다.

1896년의 초기의병에 즈음해서 유인석(柳麟錫) 휘하의 의병으로 참가, 해산 후 경상북도 문경에서 농업에 종사하던 이인영이 원주에서 결기한 이은찬(李殷瓚)·이구재(李九載)의 권유를 받아 창의대장으로서 관동(대관령의 동쪽 강원도)으로 옮긴 것은 1907년 8월이다. 그는 강원도에서 해산병 200명을 포함한 의병을 모으는 한편, 해외 동포[287]나 국내 각지에 격문을 날려 의병의 결집을 호소하고, 통감과 서울 주재의 각국 총영사 앞으로 창의(의를 주창한다)의 이유서를 보냈다.[288] 그로부터 나아가 의병을 거느리고 서울로 향해 서진하고, 경기도 지평(砥平)에 포진했다. 이 때, 의병은 8,000명에 달했다. 또한 11월 강원도 홍천·춘천을 지나 경기도 양주에 진출했다. 여기에 모인 각지 의병은 1만 명 이상이다. 이 중 300명은 해산병이라 한다. 이인영은 13도창의대장으로 추대되고, 군사장에 경기도로부터 합류한 허위(許蔿) 이하, 각 지방 마다 창의대장이 임명되었다. 그리고 음력 1월에는 서울에 진입하고, 통감부에 쳐들어가 한국의 독립과 황실의 안전을 확보하고, 이어서 간신을 살해할 계획을 구체

박영서 교수 회갑기념논총간행위원회, 1992년; 유한철, 「1907~1910년 강원도 의병진과 활동」 『한국 독립 운동사 연구』 5호, 신용하, 「전국13도창의대진소의 연합 의병 운동」 『한국 근대 민족 운동사 연구』, 일조각, 1997 수록; 신용하, 「許蔿의 義兵活動」 『韓』 7권 6호 등이 있다.

286) 국사편찬위원회, 『한국독립운동사』 1, 정음문화사, 1968, 717~742쪽. 朝鮮駐箚軍司領部 編, 『朝鮮暴徒討伐誌』(金正明 編, 『朝鮮獨立運動』 1 수록) 36~55쪽.

287) 『日本外交文書』 41권 1책, 819쪽에 광무 11년(1907년) 9월 25일자로 관동창의장 이인영 서명의 재샌프란시스코 한국인 앞으로의 격문(영역문)이 수록되어 있다. 다만 헌병대 취조에서는 이인영은 부인했다(金正明 편, 『朝鮮獨立運動』 1, 49쪽).

288) 琴秉洞 解說 『暴徒檄文集』(綠陰書房, 1995년)에는, 1907년 7월 3일(음력 8월 11일)자의, 경기도 여주의 의병장 김봉기(金鳳基)의 '각국 영사에게 고하는 글'이 수록되어 있다. 김봉기와 이인영과의 관계는 불분명하지만, 의병이 봉기의 정당성을 외국 영사에게 호소하는 예는 많았다고 본다.

적으로 짜던 바로 그 직전인 12월 25일 이인영의 부친이 사망했다는 부고를 받았다. 유생이었던 이인영은 복상을 위해 후사를 허위에게 위탁하고 귀향했다.

이상이 취조서에 기록되었던 이인영의 이력이다. 이인영의 귀향후, 허위가 이끌던 창의군의 동향을 간략하게 살펴보면,[289] 허위는 먼저 서울의 각국 영사관에 다음과 같은 서장을 보냈다.[290]

오늘날, 이 거사에 나선 의병은 국권을 회복하기 위해 피로써 싸우는 단체이기 때문에, 각국은 이 충정을 헤아려 살펴, 국제법에 의거해 교전 단체로서 승인하고, 정의의 성원을 보내주십시오.

1908년 1월 말(음력 12월말), 허위는 300명의 선발대를 이끌고 서울 동대문 밖 30리(약 12km) 지점까지 몰려왔는데, 후속 부대가 도착하기 전에 일본군의 요격을 받고 패퇴했다. 이 때문에 창의군은 각지로 분산하고, 게릴라전을 계속하면서 서울 재진입의 기회를 엿보게 된다. 허위도 임진강 유역을 근거지로서 무력 투쟁을 계속하고, 관공서의 습격, 통신·선로의 파괴, 납세·미곡 수출의 방해, 한국인 순사·헌병 보조원에의 협박 등을 행하고, 4월에는 전국 13도에 의병 재결기를 호소하는 격문을 보내고, 5월에는 통감부에 30항목의 요구 사항을 들이대었다. 하지만 허위는 6월 11일 경기도 영평군(永平郡)에서 헌병대에게 사로잡혔고,[291] 10월 13일 교수형에 처해졌다.[292]

289) 「旺山 許蔿 先生 擧義 事實大略」『독립 운동사 자료집』 제2집, 독립유공자사업기금 운용위원회, 1970, 229~248쪽.
290) 조지훈, 『한국민족운동사』, 일지사, 1973; 加藤晴子 역, 고려서림, 1975, 82~83쪽.
291) 『朝鮮暴徒討伐誌』, 184쪽.

이인영·허위 등의 의병 투쟁이 주목받았던 것은 최대 규모의 투쟁이었던 것뿐만 아니라, 여러 나라에 일본의 불의를 호소하는 것과 함께, 스스로를 국제법상의 교전 단체로서 승인할 것을 요구했던 점이다. 즉, 국제 관계를 이용해서 일본을 고립화시키고자 하는 폭넓은 시야를 가지고 행동했던 것이다. 교전 단체 인정 요청의 발안자는 평리원수반 판사·평리원서리재판장·의정부참찬을 역임하고, 법률·정치에 밝은 허위로 추정할 수 있다.

전쟁 법규의 대부분은 1899년의 제1차 만국평화회의 및 1907년의 제2차 만국평화회의에서 성문화되었지만, 허위는 그것들을 참조하여 행동한 것이라 생각된다.

교전 단체의 승인은 일반적으로는 "내전 진행의 과정에서, 반란군(혁명군)이 일정의 지역을 지배하고, 사실상의 정부로서의 실질을 갖추었을 때, 종래의 본국 정부 또는 외국이 교전 상태를 계속하고 있는 사이, 잠정적으로 그 사실상의 정부를 교전 단체(belligerency)로서 승인하고, 국제법상의 주체로서의 지위를 인정하는 것"[293]이다. 이인영의 관동창의소나 13도창의대진소가 일정 지역에 성립한 사실상의 정부이고, 실효적 지배를 행하고 있던가 어떤가에 관하여는 살펴볼 여지가 있지만, 거병의 목적이 "일본인의 교활한 앞잡이가 되어 우리나라를 멸망하게 하려는 불충불의의 역신 송병준·이완용·박제순·임선준·권중현·이지용 등을 살육하고, 이로써 우리가 신용하는 인물 및 가능하다면 자기도 그 일원으로서 정부를 조직하고, 일본인뿐만 아니라 이어서 모든 외국인을 구축하고, 우리나라의 독립을 보전하려는 목적"[294]이었기 때문에 혁명군이라는 할

---

292) 『李朝實錄』 56책, 學習院東洋文化研究所, 1967년, 346쪽.
293) 宮崎繁樹, 『國際法綱要』, 성문당, 1984, 250쪽.
294) 『朝鮮暴徒討伐誌』, 37~38쪽.

수 있을 것이다.

허위는 한국 황제로부터 '폭도 진압'의 위임을 받고 의병 탄압에 광분한 일본군과 싸운 창의군과 의병 개인에는 합법적인 교전 자격이 있으므로 그 승인을 여러 나라에 요구한 것이다. 이것이 성공하면, 창의군은 1899년 제정의 '육전의 법규 관례에 관한 규칙'295)(육전 규칙)의 적용을 받는 것이 된다. 예를 들면, 그때까지 사로잡혔던 의병장의 대부분은 내란죄의 오명을 뒤집어쓰고 극형에 처해졌지만,296) '육전 규칙' 제2장 '포로'가 규정한 일정한 대우를 받을 권리가 보증되게 된다. 허위가 의병을 교전 단체로 승인 해줄 것을 여러 나라에 요청한 이유의 하나는, 국내 형법의 적용을 정지시켜, 의병이 범죄인으로서 취급받는 것을 회피하고, 거병의 정당성을 확보하기 위한 것이었다.

한편, 제3국이 의병 부대를, 한국 정부와 그 진압 위탁을 받은 일본군과의 교전 단체로서 승인하는 것이 되면, 일본은 미묘한 입장에 처하지 않을 수 없다. 일본은 국제적 감시 하에서 교전 법규에 위반하는 행동을 억제해야 한다. 또한 탄압 효과가 감쇄되는 것은 물론, 국외중립의 입장을 취하게 되는 승인국은 중립 법규에 근거하여 대일 관계를 전개해야 하기 때문에, 그 영향은 헤아릴 수 없이 크다.

중립 제도는 제2차 만국평화회의에서 채택된 5개의 조약에 의해 성문화되었다.297) 거기에는 중립국의 의무(회피 의무·방지 의무·묵인 의

295) 외무성조약국 편, 『條約彙纂』 2권 1부, 1929, 138~163쪽.
296) 『朝鮮暴徒討伐誌』 249쪽에 의하면, 체포 '폭도' 중 주모자로 간주되어 재판소 검사국이 내란죄로서 기소한 자는, 1907~10년의 4년간에 56건 199명이다. 제3차 '한일 협약' 후, 한국 재판소의 판검사에 다수의 일본인을 임용했기 때문에, 일본인 재판관이 한국 '형법대전' 제195조(정부를 뒤엎고, 기타 정사의 변경을 일으키려고 하여 난을 일으킨 자는 교수형에 처한다)에 근거해 피고를 재판했다.
297) 石本泰雄, 『中立制度の私的研究』(有斐閣, 1958) 130~137쪽, 同 『中立制度の歷史』(국제법학회, 『國際法講座』 3권 有斐閣, 1954, 수록) 266~267쪽.

무)가 규정되었지만, "해전의 경우에서의 중립국의 권리 의무에 관한 조약"298)(해전 법규)은 중립국이 교전자에 대해, 직접·간접적으로 군함·탄약 또는 일절의 군용 재료를 교부하는 것을 금지(제6조)하는 등 중립국은 교전국(교전 단체)의 쌍방에 대해서 공평하게 치우침이 없고, 쌍방에 원조하지 않는 것을 회피 의무로 했다. 원래 전통적인 중립 상업의 자유의 관점에서부터 중립국은 교전자에 대해 병기·탄약, 기타 군대·함선용 물건의 수출·통과를 방지할 의무는 없다(육전 법규 제7조, 해전 법규 제7조)고 되었다. 또한 중립국 국민이 교전자의 한편에 공급하거나, 공채에 응모하는 경우는 허용되었다.299)(육전 법규 제18조) 통상·금융 관계의 단절과 개인적 교통의 금지가 규정된 것은 1919년의 '국제 연맹 규약'(제16조 1항)에서 위약국에 대한 비군사적 제재국의 제재 의무다.

따라서 의병이 교전 단체로서 인정되었다고 하여도, 곧 국제법상 일본에 대한 외자 경로가 차단되는 것은 아니지만, 신용의 실추, 모채(募債)의 곤란은 예상된 바였다. 1908년 6월 12일 이토가 '부대장으로서 폭도 토벌에 종사하는' 육군 장교에 대해 행한 다음의 연설300)은 그 위기감을 노골적으로 나타낸다.

한국의 현황은 비록 사방에서 폭도가 봉기하는 상황이라 하더라도, 완전히 평시로서 전시도 아니고 내란도 아니고, 오히려 지방의 소요라고 칭해야 할 것이다. 일본의 주한 군대는 당연한 임무로서 폭도를 진압할 의무가 있는가 없는가, 일본은 한국 국토의 방위에 임하더라도, 이로써 곧바로 지방의 소요를 스스로 진압할 의무가 있다는 것은 아니다.

298) 『條約彙纂』 2권 1부 679~720쪽.
299) 다만 영국은, 이 부분을 유보했다(石本泰雄, 『中立制度の私的研究』 144쪽).
300) 倉富勇三郎 關係文書 30~1 「陸軍將校招待席上李藤統監演說要領筆記」(국회도서관헌정자료실 소장).

그러한 이래로 폭도는 아직도 그치지 않고, 드디어 오늘날처럼 만연을 보기에 이르렀다. 폭도 토벌에 있어서 첫째로 주의해야할 것은, 한국은 평시의 정태(情態)에 있다는 것이다. 도적의 횡행은 전쟁과 완전히 다르기 때문에, 전시의 법규를 적용할 수 없다. 지금의 상황은 전쟁이 아닐 뿐만 아니라, 내란이라고도 칭할 수 없다. 내란이란 미국의 남북전쟁과 같은 것을 가리키는 것이다.

과연 내란이라 인정되면, 다른 나라는 폭도를 교전 단체로 보고, 중립을 포고할 수 있기 때문에, 그의 영향을 미치는 바는 실로 중대한 것으로 생각된다. 그러나 한국의 폭도는 결코 내란이 아니라, 겨우 지방의 소요에 지나지 않는다. 그러면 이를 토벌함에 임하여 양민에게 위해를 가하는 일은 최대한 신중히 하지 않으면 안 된다.

여러 나라 중에 어느 나라도 폭도 봉기 때문에 중립을 선언한 국가가 없다는 점을, 이 진압에 종사하는 제군은 신중하게 이 관계를 숙고하고, 많은 주의를 기울여 가능한 한 양민에게 피해를 입히지 않도록 경고할 것을 바란다.

의병 투쟁의 내란화와 여러 나라에 의한 의병의 교전 단체 승인, 중립국 선언을 두려워한 이토는 의병 투쟁을 '지방의 소요,' '도적의 횡행'으로 축소화하고, 전쟁 법규가 적용되는 내란에는 해당하지 않는 것을 되풀이하여 말하면서 진압 부대에 자중을 요구했다. 국제적 신용의 유지와 외자 도입 경로의 확보가 일본이 당면한 과제였기 때문이다.

1907·1908년의 일본의 외교 정책의 기조는 독일을 대극으로 형성된 3국 협상의 횡축에 연결되어서, 제국주의 열강과의 협조에 의해 동아시아에서의 권익을 확대하는 것과 함께, 위기적 상황에 있었던 전후 재정을 지탱하는 외채 경로를 확보하는 것이었다.

약 17억 엔이라 일컬어지는 러일전쟁 비용의 과반이 공채로 충당된 것은 잘 알려진 사실이다. 즉, "내국채를 발행한 것이 전후 5회, 합계 4억

표 12. 러일 전시·전후의 국채

	국채총액(A) 천엔	외국채			B/A 외국채비 %	내국채 천엔
		영화 천파운드	불화 천프랑	방화환산계(B) 천엔		
1904년	995,647	3,200		312,416	31.4	683,231
1905년	1,862,386	99,396		970,410	61.3	921,975
1906년	2,217,707	117,398		1,146,160	61.7	1,071,546
1907년	2,276,346	119,399		1,165,701	51.2	1,110,645
1908년	2,250,306	119,399		1,165,701	51.8	1,084,605
1909년	2,604,804	119,397		1,165,675	44.8	1,439,128
1910년	2,672,355	130,396	450,000	1,447,215	54.2	1,225,139
1911년	2,605,665	129,396	449,999	1,437,449	55.2	1,168,216
1912년	2,595,219	131,396	449,993	1,456,971	56.1	1,138,247
1913년	2,606,122	130,896	649,992	1,529,488	28.7	1,076,633

朝日新聞社 編 『日本經濟統計總觀』(1930) p. 183에 의해 작성. 각 회계 연도 말 현재액.

8,000만엔, 외국채를 발행한 것이 전후 4차로 총 8억 200만 파운드이며 이 환산액은 8억여 만엔이라는 거액에 달했던"[301] 것이다. 이들 중에는 고리 등 불리한 조건으로 발행된 내외채가 있었기 때문에 정부는 전후 곧 국채 정리에 착수하고, 돌려 막기를 위해 새로운 외채를 발행했다. 1907년 8월 단계에서 "메이지 37, 38년 사건 때문에 발행하여 내외채 및 돌려 막기를 위해 발행한 국채는 19억 8,000만엔"에 달하고, 그에 대해서 "매년 1억 1,000만엔 이상의 금액을 일반 회계에서 특별 회계인 국채 정리 기금에 산입"하지 않을 수 없는 상황에 있었다.[302] 그 위에 제1차 가쓰라 내각의 뒤를 이어 1906년 1월에 성립되었던 제1차 사이온지 내각은 여당 정우회의 '적극 정책' 추진을 위해 국채 발행을 계속했기 때문에, 표 12에서 보

301) 大藏省 編, 『明治大正財政史』 12권, 財政經濟學會, 1937, 184쪽.
302) 위의 책, 235쪽.

는 것처럼, 1909년 말의 국채 총액은 26억 엔에 달했다.[303) 이것의 GNP (국민 총생산) 대비는 73%, 대정부 일반 회계 대비는 3.8배다. 게다가 이 해를 기점으로 내국채가 감소하고, 외국채가 계속 증가해서 국채의 반 이 상을 점유했다.

또한 같은 시기에는 지방 단체 채, 정부 관계 사채에 의한 외자 도입도 꾀해졌다. 이 때문에 표 13과 같이 무역외 수지는 인수 초과 상태가 계속 되었다. 표에서 보이는 9개년 간의 외채 도입액은 20억 엔을 초과한 것과 함께, 국채 이자 지불 5억 6,000만엔과 외채 원리 지불 · 정부 해외 지불 4억 6,000만엔을 합치면 10억 엔 이상이 지불된 것이 된다. 게다가 이 시 기의 무역 수지는 1906년 · 1909년을 예외로 하여 수입 초과를 계속하고 있었다. 그 결과, 본위화폐는 고갈하고, 심각한 위기에 빠졌다. 일본은행 총재 다카하시 고레키요(高橋是淸)는 1912년 상황에 대해서, "매년 거액 의 정화(본위화폐) 지불 초과를 보는 상태로서, 특히 근래 계속해서 수입 초과가 적지 않은 액수에 달하기 때문에, 정화의 지불도 한층 커지고, 현 실적으로 올해 1월 이후(7월까지)의 정화 지불액은 약 9,000만엔에 이르 는 상황이 되면, 머지않아 정화 준비 이외에 정부 및 일본은행이 소유하는 정화는 이를 지불하는 데 다 없어지고, 정화 준비로부터 이것이 지불되지 않으면 안 되는 시기에 도달할 것이라 생각됩니다"[304)라고 지적하고, 정 부의 재정 경제 정책의 지침을 내리도록 수상 · 대장상에게 요구했다.

이것보다 6년 전인 1906년 8월, 사카다니 요시로(阪谷芳郎) 대장상은 외채의 "정리는 실제로 매우 어려운 일로서 하나를 잘못하면 국가를 곤경

---

303) 東洋經濟新報社 編, 『明治財政史綱』, 1911, 333쪽에 의하면 1910년 3월말 현재의 국채미 상환액은 26억 1597만엔(그 중 외국채는 11억 6567만엔, 44.6%)이었다.
304) 高橋是淸, 「日本銀行の正貨準備について」(原敬文書研究會 編, 『原敬關係文書』 9권(일본방 송출판협회, 1988년 수록) 702~703쪽.

표 13. 러일 전시 · 전후의 국제 수지 (단위: 1000엔)

	무역 외 수지						무역 수지		
	수취	외자 도입	지불	그 중 국제 이자	그 중 외채 원리지불 정부 해외 지불	차액	수출	수입	차액
1904	278,509	226,786	146,928	15,013	100,234	131,581	319,260	371,360	△52,100
1905	1,054,370	992,761	238,618	33,019	179,897	815,752	321,553	488,538	△167,005
1906	120,473	35,022	260,257	71,585	42,333	△139,784	423,754	418,784	4,970
1907	226,323	63,260	130,554	57,408	26,095	95,769	432,412	494,467	△62,055
1908	172,613	59,864	137,903	60,212	21,012	34,710	378,245	436,257	△58,012
1909	209,493	102,573	38,353	61,003	18,665	171,140	413,112	394,198	18,914
1910	419,119	309,481	243,223	63,535	18,327	175,896	458,428	464,233	△5,805
1911	150,002	30,052	214,555	66,005	16,160	△58,173	447,433	513,805	△66,372
1912	232,603	97,590	190,319	66,874	19,019	42,284	526,981	618,992	△92,011
1913	281,086	118,744	185,562	64,500	22,200	95,524	632,460	729,431	△96,971
1904~1913년 합계	3,150,971	2,045,133	1,786,272	559,154	463,942	1,760,613	4,353,638	4,930,065	624,215

東洋經濟新報社 編, 『日本貿易精覽』(1935) 2쪽, 690쪽에 의해 작성.

에 빠지게 할 우려가 없다고 할 수 없다"[305]고 말했으며, 외채 정리를 위한 기채(起債)와 신규 사업을 위한 외자 도입은, 전후 일본 경제의 생명선으로서 불가피한 일이었다. 이를 위해 일본은 아시아 침략을 어느 정도 억제해서라도 열강과의 협조를 도모하지 않으면 안 되었고, 모채국(募債國)을 다면화해야만 하는 상황에 이르렀다.

이와 같은 재정 사정 아래에서 국제적 고립화를 두려워했던 이토의 위기감을 부추긴 것이 반일 의병 투쟁의 내란화 · 교전 단체 승인 요구였고, 이에 관심을 보였던 영국 정부의 동향이었다.

305) 『明治大正財政史』 12권, 231쪽.

표 14. 1908~1909년의 의병 투쟁

	1908년		1909년(2~6월)	
	교전 회수	교전 의병수	교전 회수	교전 의병수
북부 조선 4도 (함북·함남·평북·평남)	259회	10,702명	92회	933명
황해도	232	7,998	111	2,148
강원도	273	18,599	124	2,468
경기도	78	1,453	165	3,453
충청북도	113	6,815	66	832
충청남도	217	7,666	138	1,003
경상북도	158	5,702	161	3,667
경상남도	153	3,328	61	934
전라북도	219	9,960	273	5,576
전라남도	274	10,544	547	17,579
계	1,976	82,767	1,738	38,593

국사편찬위원회 편, 『한국독립운동사』 I , 295~6쪽에 의해 작성.

그러나 이토가 '토벌' 부대장에게 연설을 행한 1908년 6월의 조사[306] 에서 '수괴' 241명, '폭도' 3만 1245명을 헤아렸던 의병 투쟁은 전혀 줄어 들지 않았다. 표 14에서 보듯이 의병은 북부 조선이나 강원도·경기도· 황해도·충청북도·경상북도를 중심으로 전개되었고, 1909년에는 전라 도로 중심지를 옮겨서 더욱 더 넓혀갔다.

이들이 겨우 퇴조의 조짐을 보인 것은 1909년 가을 이후였다(표 15 (A) 참조).

이러한 의병 투쟁에 대해서 일본 정부가 취했던 첫 번째 방책은 탄압 기구의 강화였다. 군대 해산 직전, 한국주차군에 보병 제12여단이 증파 되었던 것은 앞에서도 밝혔지만, 1907년 9월에는 임시 파견 기병대(4중 대)를 추가했다.[307] 또한 13도창의대진소의병의 제2차 서울진공작전이

306) 『朝鮮暴徒討伐誌』 167쪽.

전개되었던 1908년 5월, "속히 진압의 실효를 거두고, 이로써 제국의 위엄을 보이려"고 한 이토 통감의 증병 주청을 받아들여 2연대(제6사단 보병 제23연대·제7사단 보병 제27연대)를 한국에 파견했다.[308] 또한 1909년 5월에는, 주차 부대의 일부 교대를 기회로 임시 한국 파견대가 창설되고, 사령부 및 보병 2연대(1연대의 총원 1,916명, 말 12필)로 편성되었다. 이 임시 한국 파견대(사령관 와타나베 유키치카, 度辺水哉 소장)는 전라도 의병에 대해 1909년 9~10월에 실시한 남한 폭도 대토벌 작전[309]을 실행한 부대다.

한국 주차군 헌병대의 확충에 관해서는 앞으로 설명하겠지만, 탄압기구의 강화와 병행하여 탄압법도 속속 제정되었다. 제3차 '한일 협약' 조인 당일의 1907년 7월 27일의 '신문지법'[310] 공포를 시작으로 하여, 7월 29일 '보안법,'[311] 9월 6일 '총포 및 화약류 단속법,'[312] 1908년 4월 29일 '신문지법' 개정,[313] 9월 1일 '사립학교령'[314]과 '학교령'[315] 등이다.

이러한 탄압 체제 아래에서, '폭도'라고 불렸던 의병에 대한 철저한 '토벌'이 이루어졌다. 표 15(A)·(B)는 조선 주차군 사령부 편 『조선폭도토벌지(朝鮮暴徒討伐誌)』표가 보여 주는 1907년 8월 이후의 통계다. 양표를 통하여 먼저 지적할 수 있는 것은, 1908년 제3·제4분기를 경계로 '충돌 회수,' '충돌 폭도수,' '폭도 살륙수' 등이 모두 격감하고 있는 것이다.

---

307) 『朝鮮駐箚軍歷史』 44~45쪽.
308) 위의 책, 46쪽.
309) 『朝鮮暴徒討伐誌』 69~108, 224~231쪽; 『駐韓日本公使館記錄』 34권, 국사편찬위원회, 1993, 81쪽 이하.
310) 한국 『官報』 1907년 7월 27일.
311) 한국 『官報』 부록 1907년 7월 29일.
312) 한국 『官報』 1907년 9월 6일.
313) 한국 『官報』 1908년 4월 29일.
314) 한국 『官報』 1908년 9월 1일.
315) 한국 『官報』 1908년 9월 1일.

그러나 이는 의병 투쟁의 진정화를 의미하는 것이 아니라 의병의 전투태세가 소규모 부대의 게릴라전으로 변한 것을 나타낸 것이고, 이에 대응해 일본군의 '토벌' 주체가 종래의 수비대 중심으로부터 헌병 중심으로 이행한 결과임을 보여 준다. 다음으로 확인 할 수 있는 것은 일본 측의 '전사'자 수에 비교해서 '폭도'측의 방대한 '살육'자 수다. 전기간을 통해서 일본 측 '전사'자는 133명에 지나지 않는 것에 대해, '폭도'측의 '살육'자 1만 7,718명, 133배에 달한다. 이것은 정상적인 전투에 의한 희생이라는 보기 어렵다. '토벌'대의 장비에 비해, '폭도'측의 병기가 구식 소총·수렵총에 지나지 않았다는 것만으로는 설명할 수 없다. 그것보다도 무저항의 주민을 포함한 의병 학살의 결과라고 보는 쪽이 자연스럽다.

　'포로' 수가 '살육'자 수의 약 9분의 1에 상당하는 1,933명에 지나지 않는 것도 의병이 투항할 기회를 주지도 않고 학살한 결과라 볼 수도 있지 않을까? 군사 훈련을 받은 정규군이 아니고, 일반 주민 주체의 의병 부대가 압도적으로 강력한 일본군의 공격을 받은 경우, 투항하여 포로가 되는 것은 충분히 생각할 수 있는 일이기 때문이다. 『폭도토벌지』가 의병 사망자를 전투사가 아닌 '살육'이라 기록한 것도, 대량 학살을 암시하고 있다.

　「런던 데일리 뉴스」 특파원으로 서울에 체재 중, "일본군은 그 지역 전부를 파괴하고, 대규모의 대량 살인을 행하고"[316] 있다는 정보를 얻은 프레드릭 아서 매켄지(Frederick Arther Mckenzie)가 취재를 위해 의병 투쟁이 활발한 충청도를 방문한 것은 1907년 초가을이다. 그는 취재 지역인 이천·제천·원주에서 모두 불태워진 마을의 주민으로부터, 일본군의 강간·주민 살해·약탈 등의 폭행을 들었으며 그 참혹한 폐허로 변한 마을의 흔적을 실제로 보았다. 위험을 무릅쓰고 의병의 근거지까지 발을

---

316) マッケンジ,『朝鮮の悲劇』, 渡部學 譯, 平凡社, 1972, 166쪽.

들여놓았던 그는 『조선의 비극(The Tragedy of Korea. London)』(1908)에 다음과 같이 기록했다.[317]

> 내가 가는 곳마다 들은 이야기는, 많은 전투에서 일본군은 부상자나 투항자의 전부를 조직적으로 살육했다는 것을 보여 준다. …… 이 사실은 일본 측의 많은 전투 보고에 의해서도 확인할 수 있다. 보고중의 한국인 사상자 수에는 부상자나 투항자에 대해서는 언급이 없고, 죽은 자의 수가 너무 많은 것이다. 또 한 가지 기록해 둘 필요가 있다. 일본군은 도처에 불을 질러 부수는 것과 동시에, 반란군을 도왔다는 혐의가 있는 자를 다수 사살하고 있다. 내가 이런 사실을 기록하고 있을 때 한국인이 마지막에 꼭 하는 말이 무엇인가 하면, 일제 사격을 가한 후, 불태워 부숴버릴 것을 지휘하는 일본군 장교는 사체에 다가가서 칼로 찌르거나 베거나 했다는 것이다.

의병 활동 지역의 촌락을 불 태워 버리는 것은 우발적인 사건이 아니다. 1907년 9월, 한국 주차군 사령관이 한국 국민에 대해서 발했던 고시에서 "혹은 비도(匪徒)에 가담하고, 혹은 이를 은피시키고, 혹은 흉기를 은닉하는 자에 이르러서는 조금도 용서함 없이 엄벌에 처하고, 책임을 현장범의 촌읍에 돌려, 부락을 모두 엄중하게 처치 할"것을 선언한 것에 의거해서 토벌대가 "책임을 현장범의 촌읍에 돌려 주륙을 가하고, 혹은 전 촌락을 불태우는 등의 처치를 실행"한 것이다.[318] 매켄지가 "지도 위에서 지워져버렸다"[319]고 기록한 제천에 대해서 『폭도토벌지』도 "충청북도 제천 지방 같은 곳은 거의 대부분 초토화되기에 이르렀다"[320]라고 인정하

---

317) 위의 책, 207쪽.
318) 『朝鮮暴徒討伐誌』, 131~132쪽.
319) マッケンジ, 앞의 책, 193쪽.
320) 『朝鮮暴徒討伐誌』, 132쪽.

표 15A. 의병 '토벌' 주체

	충돌 횟수(회)				충돌 폭도 수(명)			
	수비대	헌병	경찰관	계	수비대	헌병	경찰관	계
1907. 8~12	307	10	6	323	41,871	1,145	1,100	44,116
1908.1~3	318	5	5	328	20,652	208	547	21,407
4~6	358	82	27	467	21598	4,211	860	26,672
7~9	257	98	14	369	7,700	2,638	415	10,753
10~12	83	190	14	287	3,468	7,117	415	1,100
1909. 1~3	68	166	16	250	2,611	5,778	974	9,363
4~6	87	243	13	343	3,207	6,519	159	8,885
7~9	70	140	3	213	1,835	3,139	47	5,041
10~12	66	26	–	92	1,012	482	–	1,494
1910. 1~3	6	46	3	55	91	567	37	695
4~6	2	48	–	50	13	678	–	691
7~9	6	15	3	24	122	210	35	367
10~12	5	12	1	18	26	108	4	138

주차군사령부편『朝鮮暴徒討伐誌』(김정명 편,『朝鮮獨立運動』I (原書房, 1967년) pp. 245~
247)에 의해 작성.

고 있다. 제천은 보병 제52연대 제2중대가 8월 23일 이른 새벽 '점령'한
지역이었다.[321]

1907년 11월 29일, 하야시 외무대신은 다음과 같은 정보를 이토 통감
에게 보내 주의를 촉구했다.[322]

비공식으로 들은 바에 따르면, 영국 정부는 한국 각 지방에 주둔한 일본 군대의 한
국인에 대한 행동이, 왕왕 지나치게 가혹하다는 풍문을 듣고, 지금 사실을 조사하
는 중에 있고, 예를 들면 우리 군대가 폭도를 토벌할 때에, 촌락 중에 폭도를 숙박
시켰던 일이 있다하여 그 촌락을 전부 태워버리고, 이것 때문에 무고한 양민이 추
위와 배고픔으로 고통 받는 실례가 적지 않다는 보고를 전하는 자가 있다고 한다.

321)『駐韓日本公使館記錄』30권, 국사편찬위원회, 1992, 299~300쪽.
322) 위의 책, 524~525쪽, 앞의 책, 31권, 국사편찬위원회, 1993, 325쪽.

표 15B. 일본군·경찰 '전사'수와 '폭도'측의 '살육' '포로'수

	일본 측								폭도 측			
	전사(人)				살육(일본에 의한, 人)				포로(일본에 의한, 人)			
	수비대	헌병	경찰관	계	수비대	헌병	경찰관	계	수비대	헌병	경찰관	계
1907. 8~12	28	1		29	3,580	11	36	3,627	117	1	21	139
1908 1~3	11			11	3,920	7	27	3,954	235	11	3	249
4~6	15	2	14	31	3,124	474	158	3,756	276	83	80	439
7~9	19	6	1	25■	2,042	618	75	2,765■	308	127	160	595
10~12	4	4		8	349	759	9	1,117	67	61	6	134
1909. 1~3	1	4	3	8	281	451	10	742	59	34	7	100
4~6	4	6		10	296	683	9	988	45	39	10	94
7~9	5	2		7	136	336	1	473	34	42	2	78
10~12					47	124		171	21	32	4	57
1910. 1~3					11	64	1	76	1	17	5	23
4~6		4		4	5	22		27		9		9
7~9					6	9	1	15		7		7
10~12					1	6		7	2	7		9
합 계	87	29	18	133■	13,797	3564	327	17,718■	1,165	470	298	1,933

朝鮮駐箚軍司令部 編『朝鮮暴徒討伐誌』(金正明 編, 앞 책) 239~244쪽에 의해 작성.
■를 붙인 합계치는 계산치와 일치하지 않지만, 자료대로 했다.

　　정보를 받은 이토는, 곧 "지나치게 가혹한 군사 명령이 있으므로, 군
사령관에게 그 명령을 변경시키도록 함"과 더불어,[323] 그 정보원을 하야
시에게 문의한 결과, 주영일국대사가 "내밀하게 본관[하야시]에게 알린
것"이었다.[324]

　　한국 내에서도 영국인 베델이 경영하는 「코리아 데일리 메일」, 「대한
매일신보」가 일본군의 난폭한 행동을 보도했다.[325] 이들이 한국인의 항

323)「韓國ニ於テ第二回平和會義ヘ密使遣竝ニ同國皇帝ノ讓位及韓日協約締結一件」3 (『日本外
務省特殊調査文書』38권) 445쪽.)
324)『駐韓日本公使館記録』30권 525~526쪽.
325)マッケンジ, 앞의 책, 224~237쪽은 베델 재판의 증거 자료로 되었던「코리아 데일리 메
일」1907년 9월 2일~10월 1일의 일본군 비판 기사를 게재하고 있다. 또「대한매일신보」
1907년 9월 18일자 논설은 '지방 곤란'이란 제목으로 "일본 군대가 폭도의 진정(鎭靜)에 임

일 의식을 강하게 만들뿐만 아니라, 국제적 비난의 대상이 될 것을 두려워한 이토는 황제의 권위를 빌어 민심의 회복을 도모하려고 했다. 그때까지도 황제가 "유(諭) 13도대소인민 등"[326]을 발표하고, 선유사를 파견(1907년 9월 18일)하거나, 황제의 위엄을 이용해서 의병 회유를 꾀하였는데, 1909년 1월, 이토는 "민심의 일신을 꾀하기 위해 한국 황제의 지방 순행"을 행할 것을 제안했다. 황제(국왕)의 지방 순행은 조선 역사상 전례가 없는 것이다. 이토는 이완용 수상에게 메이지 천황의 지방 순행의 예를 들어서 황제의 순행을 종용하고, 스스로도 배종한다고 했다.[327]

1월 4일, 순종 황제는 "지방의 소요는 아직 진정되지 않고, 일반 백성들의 고달픔은 아직도 그치지 않고 있다. …… 여기에 엄동설한을 당해서 백성들의 궁함이 극히 심한 것은 눈으로 부모를 보는 것처럼 선하다. 어찌 일각이라도 차마 견디고 금옥 속에서 홀로 편안할 소냐! 여기에 근심하고 슬퍼하며 분발하여, 확고하게 스스로 판단하여 신년부터 먼저 유사제신(有司諸臣)을 거느리고, 몸소 국내를 돌아보고, 지방의 형세를 관찰하고, 백성의 고통을 묻겠다"라는 조칙[328]을 발표하고, 7일 출발했다. 대구 – 부산 – 마산 – 대구를 경유해서 13일에 돌아왔다. 이어서 27일부터 한국 서북부 순행의 길에 올라, 평양 – 의주 – 신의주 – 정주 – 평양– 황주 – 개성을 경유해서 2월 3일에 서울에 돌아왔다.

이 사이, 일본 황실과의 친전(親電) 교환, 일본 함대 방문, 지방 치적의 하문, 효정(孝貞)의 정표(旌表), 고령자·내외인을 직접 만나는 일, 각 단

해, 문명의 방식에 의거하지 않고 잔인 야만의 조치를 취했다"(『駐韓日本公使館記録』30권 142쪽)고 보도했다.
326) 한국 『官報』1907년 9월 21일.
327) 春畝公追頌會, 『伊藤博文伝』下, 1940, 800~801쪽.
328) 위의 책, 801~802쪽, 한국 『官報』호외 1909년 1월 4일.

체에의 하사금 지급, 순국자의 제사를 지내는 일 등이 이루어졌다.[329] 배종했던 이토도 순행지인 환영회에 참석하고, 한일 융합 아래서의 한국이 번영의 환상을 심어주고, 한국 '보호'의 정당성을 강조했다. 최후의 순행지인 개성의 환영회에서의 연설을 이토는 다음과 같이 끝맺었다.[330]

한일 친목을 돈독하게 하고, 우리 일본의 보호에 의하지 않으면 한국의 진보 문명은 백년하청(百年河淸)을 기다리는 것과 같다. 남북에 걸쳐 힘을 다해 시찰한 결과는 한인이 환영하거나 거절하는 것은 일본이 물을 바가 아니다. 일본은 한국민의 현상을 방관 좌시할 수 없다. 필경 인의(隣誼)를 두텁게 하고, 한국의 힘을 증가시키고, 일본국과 함께 한국민의 안녕 행복을 증진하지 않으면 안 된다는 뜻은 이 순행에서 내가 점점 더 깊게 생각했다는 것을 한일 양국 사람이 깊이 기억해 줄 것을 희망한다.

이토는 가쓰라 수상 앞으로 보낸 서간에서, "이번의 남북 순시는, 그 효과는 기대한 바에 미치지 못했지만, 되돌아보면 남북의 한국민으로 하여금 모두에 우리를 신뢰하는 것 외에, 방법이 없는 것을 알게 하기 위한"[331] 의도였다라고 말했다. 하지만 순행 행사는 의병 투쟁을 진정시킬 수가 없었다. 배종한 이토를 환영하지 않으면 안 되었던 처지에 있던 사람들이 개최하는 환영회에서조차, "청중 가운데 냉혹한 평가와 매도를 하는 자들이 적지 않았다"[332]는 것이다.

서북부 순행에는 각지의 민중이 이토 환영을 노골적으로 거부했다.

---

329) 『日本外交文書』 42권 1책, 183쪽.
330) 內藤憲輔 編, 『伊藤演說全集』, 266쪽, 이 책에는 대구·부산·마산·대구(군수·양반·유생에의 훈시)·의주·신의주·평양·개성에서의 이토의 연설이 수록되어 있다.
331) 『伊藤博文伝』 下, 823쪽.
332) 櫻雲閣 主人(小松綠), 『明治史實外交秘話』, 中外商業新聞社, 1927, 400쪽.

그 중에서도 일본 국기의 게양 거부·파기 등의 국기 모욕 사건은, 일본 국내에서도 한국인의 "반역적 행동"으로서 전해졌다.[333] 성공을 강조하는 공식 보고와는 정반대로 개별의 경비 기관으로부터의 내부 보고에는 민중의 불만·저항의 사례가 상세하게 기록되어 있다. 다음과 같다.

"통감 각하가 의주에 동반했을 때, 환영의 뜻을 나타내기 위해, 환영 회장인 의주 성외 백시원 보통학교 앞에 한일 양국 대국기를 교차 게양하였는데, 연회 당일 밤, 어떤 자의 소행으로, 일본 국기의 8분 정도를 절단 절취한 것을 탐지 하였으므로, 이후 전력을 다해 내탐하는 중"(2월 1일, 의주경찰서장, "韓國皇帝巡幸二付伊藤統監陪從狀況報告")[334]

"영송(迎送)을 받들어야 하는 학교 생도는, 반드시 한일 양기를 휴대 할 것을 유시하고, 각 군수는 각 학교 교사에 대해 이것을 전달했으나, 홀로 기독교 학교 생도들이 이를 휴대하는 것을 받아들이지 않고, 지난달 31일 봉련(鳳輦, 황제의 탈 것)이 도착할 때, 마침내 기독교 학교 생도는 어느 누구도 봉영하지 않았다. 그 이유를 묻자 그 날은 일요일이어서 봉영할 수 없다고 말하지만, 완전히 일본 국기 휴대를 바라지 않은 것에 근거한 것 같다.
일본 국기를 휴대하지 않도록 지도한 자로 인정되는 자를 내탐했는데, 안창호(安昌鎬/安昌浩인가), 길선주(吉善宙) 등 이외에, 학교에 대해 일본 국기를 휴대하지 않도록 통보한 것 같다. 또 봉영시, 통감에 대한 만세를 부르지 말고, 탈모를 하지 말 것을 생도에게 교시한 자도 있다고 한다"(2월 5일, 평양이사청이사관 기쿠치 다케이치(菊池武一) "行幸奉迎送二關スル狀況報告")[335]

"금회 행행의 지방에서의 한국인의 상황은, 표면상 환영하고 있는 것 같아도, 의주·정주·평양에서는 일본 국기를 게양하는 것을 즐거워하지 않는 자가 있다. 또

333) 『朝鮮』 1909년 3월호 「國旗問題」(時事評論, 琴秉洞 編·解說 『資料·雜誌にみる近代日本の朝鮮認識』 3, 綠蔭書房, 1999, 68~71쪽.
334) 『駐韓日本公使館記錄』 35권, 국사편찬위원회, 1993, 132쪽.
335) 앞의 책, 126~127쪽.

개성에서는 어젯밤 임시 사무소에 폭발물을 던진 자가 있다. 기타 평양에서는 북한행행은 일본인이 정략상 꾀어 낸 것으로서, 앞으로 원산에 순행을 권하여, 원산으로부터 일본으로 배를 타고 폐하를 연행하려고 한다는 것에 대해, 결사대를 만들고, 평양 이북의 순행을 멈추게 할 것을 기획하고, 기타 이토 통감을 암살해야 한다 등의 풍문을 유포하는 자가 있다"(1월 28일, 내부차관 오카 기시치로(岡喜七郎)으로부터 부통감 소네 아라스케 앞 보고)336)

"금회의 행행은 폐하의 의사가 아니고, 이번 척식회사가 창립됨으로써 약 400만 명의 일본인이 도한하게 되어, 이토 통감은 폐하의 행행을 권하여서, 그 지리를 순찰하는 것이다 라는 여러 가지의 망언을 하는 자가 있다"(1월 31일, 평양이사청이사관 기쿠치 다케이치(菊池武一) "行幸奉迎送ニ關スル 狀況 報告)337)

"기독교 신자를 중심으로 하여 선각자의 자리에 있는 자 등은, 일본이 무력으로 한국을 빼앗으려 하지만, 각국의 감시로 불가능하기 때문에, 급하지 않은 토목 공사를 일으키고, 혹은 지금과 같은 행행을 꾀하여서 국고를 낭비하고, 재정을 피폐하게 하여, 마침내 목적을 달성하려는 계획이다. 또 말하기를, 일본은 각지의 폭도를 토벌할 때, 무고한 양민을 살육했기 때문에, 외국의 악감정을 초래해서, 이토 통감은 황제를 끌어내어서, 남으로 서로 순수(巡狩)하게 하고, 일장기를 게양하여 환영하도록 만들어, 외국의 의심을 풀도록 한다."(2월 2일, 정주경찰서장 마츠모토 시계토시(松本重壽) "行幸ニ關シ狀況報告")338)

"기독교도 등은 말하기를…… 통감은 따라다니는 사람이다. 이 종자에 대해서 폐하와 동일한 예를 표하는 것은 폐하를 받들어 모시는데 불경이 된다. 그런데도 불구하고 일본인 관리는 자국의 권세를 빌려서, 강하게 이 비리를 행하게 되었다"(2월 8일, 정주경찰서장 마츠모토 시계토시(松本重壽) "行幸ニ對スル內部狀況報告")339)

336) 위의 책, 116~117쪽, 글 중의 폭발물사건이란, 내부경무국장 마쓰이 시게루의 보고(같은 책, 123쪽)에 의하면, "26일 오후 11시 40분, 전기(개성관찰도임시사무소) 行幸奉迎 사무소입구에서 안쪽으로 통하는 빈 방안에 頭大의 德利形陶器에 화약을 장치하고 투입한 것으로써, 폭발의 정도는 소총발사와 같았고, 별로 피해도 없다……"라 한다.
337) 위의 책, 122쪽.
338) 위의 책, 138쪽.

황제의 권위를 이용한 행행 이벤트로 민심의 귀복을 도모하려 했던 이토의 의도는 한국 민중이 거부를 명확하게 나타냈기 때문에, 완전하게 뒤틀어졌다.[340]

---

339) 위의 책, 136쪽.
340) 趙景達 『異端の民衆反亂』, 岩波書店, 1998, 429~430쪽.

5장

한국 병합 조약

1. 한국 병합 계획의 발진

1) 이토 통감 사임 후의 한국 병합 구상

순종 황제의 지방 순행에 배종한 후 서울로 온 이토 통감은 1909년(메이지 42) 2월 17일에 귀국하고, 천황에 조선 복귀를 보고 후 '정양원(靜養願, 휴양원)'을 내고, 3월은 도고온천에서 보냈다.[1] 지난해 7월 일시 귀국(11월 25일 귀임)한 후 이토는 통감 사임을 신청하였으나 만류를 받고 유임된 적이 있었다. 같은 해 11월 6일 한일동지회 초대회에서의 연설[2]에서도, "나는 적당한 시기에 적당한 인재에게 현 임무를 물려주고 한국 보호의 대성을 기하게 될 것이다"라고 하였기 때문에, 1909년 봄에 천황의 재가를 받아 정양 휴가를 하던 중에 통감 사임의 결의를 굳힌 것이라 생각된다. 사임의 가장 큰 이유는 위무(慰撫)·회유하는 것으로도 한국 국민에게서 결코 마음으로부터의 복종을 얻을 수 없었고, 지배의 합의, 즉 정당성의 획득에 자신을 잃었기 때문일 것이다. 이토는 지배의 정당성을 확보한 위에서 병합하지 않으면 안 된다는 '점진설'을 취하고 있었는데, 이제는 그 지론을 포기하지 않을 수 없었다.

1909년 4월 10일 가쓰라 수상과 고무라 외무대신은 이토를 방문하고, 미리 외무성 정무국장 구라치 데쓰키치(倉知鐵吉)에 명해서 작성하게 한 (3월 30일, 가쓰라 수상에게 제출) 다음의 '제1호 방침서 및 시설 대강서'[3]

---

1) 春畝公追頌會, 『伊藤博文傳』 下, 春畝公追頌會, 1940, 836쪽.
2) 內藤憲輔 편 『伊藤公演說全集』, 博文館, 1910, 238~239쪽.
3) 小松綠 『朝鮮倂合之裏面』, 中外新論社, 1920, 86~87쪽. 단, '시설대강서' 부분은 생략되어 있어서 불분명하다. 구라치 데쓰키치가 1939년에 구술한 "韓國倂合の經緯"(외무대신관방문서과, 1950, 『明治人による近代朝鮮論影印叢書』 16권, ぺりかん社, 1997 수록)에 '방침서'가 수록되어 있는데, 이것은 1909년 7월 6일의 각의 결정 "韓國倂合ニ關スル件"과 같은

한국병합사연구

를 제시하고 이토의 양해를 얻었다.

1. 러일전쟁 개시 이래 특히 재작년 한일 협약의 체결과 함께 동국에서 우리 시설은 크게 그 체면을 세웠다고 하더라도, 동국에서 우리 세력은 아직 충분히 충실하기에 이르지 못했다. 동국 관민의 우리에 대한 관계 역시 아직 만족스럽지 않으므로, 제국은 앞으로 더욱 한국을 도와 실적을 드러내고 제국의 안정과 동양의 평화를 확보하기에 힘쓸 필요가 있다. 그리하여 이 목적을 달성하기 위해서는 이번에 제국 정부가 다음의 대방침을 확정하고, 그에 기초하여 제반의 계획을 진척할 필요가 있다.

2. 적당한 시기에 한국 병합을 실행할 것.

한국을 병합하고 그것을 제국 판도의 일부로 하는 것은 반도의 개척을 도모하고, 우리 실력을 확립하기 위해 가장 적절한 방법이다. 제국이 내외의 형세에 비추어 적당한 시기에 단연코 병합을 실행하고 반도를 명실 공히 우리 통치 아래 두고 한국과 제외국과의 조약 관계를 소멸시키는 것은 한국의 이익임과 동시에 제국 백년의 좋은 계책이 된다.

글이다. 또한 구라치는 고마쓰 미도리(小松綠) 앞 각서(『伊藤博文傳』下, 1012~1015쪽)에서, '합병'이라는 문자에 관해 "나는 지금까지 사용된 적이 없는 '병합'이라는 문자를 새로이 생각해 만들어내고 이 대한 방침서에서 '최초로' 사용하였다"고 하고 있고, 그것에 의거한 구라치의 조어설이 있지만(君島和彦, 「韓國廢滅か韓國倂合か」藤原彰 外 編, 『日本近代史の虛像と實像』 2, 大月書店, 1990 수록, 32쪽), '병합'의 사용례는 이전에도 있다. 예를 들면, 영일 '제2차 동맹 협약'의 조기 체결을 구신한, 1905년 7월 28일의 하야시 다다스 주영공사로부터 가쓰라 임시 외무대신 앞 전보『日本外交文書』38권 1책, 45~46쪽에는 "병합의 시기가 한번 도래하면 그 조약은 당연한 결과로 사실상 소멸로 돌아가야 할 것"이라 되어 있다. 혹은 1907년의 러일 협상 때 "나는 한국을 병합할 목적을 향해 서서히 걸음을 옮기지 않으면 안된다. 아마 한국에서의 정온한 상태를 확립시키고자 하기에는 동국을 우리나라에 병합하는 것 외에 방법이 없다"(2월 21일, 모토노 주러 공사로부터 하야시 외무대신 앞 전보『日本外交文書』40권 1책, 105쪽이라든가, "우리로 하여금 그 의의 중에 한국의 병합도 포함하는 것을 공공연히 선언하도록"(3월 16일, 하야시 외무대신으로부터 이토 통감 앞 전보, 같은 책, 116쪽)되어 있고, annexation의 번역어로서 '합병'과 '병합'의 양방이 사용되고 있었다. 쿠라치는 '방침서 및 시설대강서'에서 '병합'을 사용하고, "이후 공문서에는 항상 병합이라는 문자를 사용하게 되었다"고 서술하고 있다.

『이토히로부미전(伊藤博文傳)』은 이토 - 가쓰라·고무라 회담의 모습을 다음과 같이 전하고 있다.[4]

4월 10일, 양상(兩相)이 서로 제휴하여 당시 추밀원 의장 관사에 있었던 공(公)을 방문하여 한국의 현상에 비추어 장래를 고찰하는데, 한국을 병합하는 것 외에 다른 계책이 없다는 사유를 늘어놓았다. 처음에 양상은 공이 당당히 반대 의견을 주창할 것을 예측하고 많은 변명자료를 휴대하고 있었는데, 공은 양상의 설명을 듣고 의외로 이것에 이견이 없는 뜻을 분명히 밝혔다. 양상은 크게 기뻐하고 그로부터 병합의 방침을 제시하고 협의하게 되었는데, 공은 모조리 그 대강을 시인하고 단지 이것 때문에 중대한 외교 문제를 야기하지 않도록 미리 손을 써둘 필요가 있다는 뜻을 주의했을 뿐이었다.

위에서 말하는 '중대한 외교 문제'라는 것은, 하나는 의병 투쟁의 내전화, 나아가서는 식민지 전쟁으로 발전할 경우의 국제적 비판이고, 또 하나는 병합에 대한 여러 나라, 특히 러시아의 사전 승인의 유무를 둘러싼 외교 문제일 것이다.

이토의 사표 제출(5월 하순)에 대해 천황은 일단 기각했지만, 재차 사표를 제출하자 인정하고, 6월 14일 후임으로 부통감 소네 아라스케를 임명하였다.[5] 추밀원의장으로 옮긴 이토는 사무 인계를 위해 도한(7월 5일, 서울 도착)하고, 앞서 설명한 한국의 사법·감옥 사무의 일본으로의 '위탁'(12일, 각서 조인), 군부 폐지(30일, 조칙발포) 등에 손을 대어, 한국의 국가적 강제 장치의 거의 모든 것을 빼앗고, 병합으로의 길을 깨끗하게 치우고, 14일 한국을 떠났다.

4) 『伊藤博文傳』 下, 838쪽.
5) 위의 책, 841쪽.

한편 정부는 7월 6일의 각의에서 병합으로 향한 대한 정책을 결정하고, 같은 날 재가를 얻었다.[6] 그것은 앞에서 말한 구라치가 작성한 '방침서,' '시설 대강서'를 기초로 한 것으로서, 다음과 같은 내용이다.[7]

한국 병합에 관한 건
[전문 생략]
제1, 적당한 시기에 한국의 병합을 단행할 것. 한국을 병합하고 그것을 제국 판도의 일부로 하는 것은 반도에서 우리 실력을 확립하기 위해 가장 확실한 방법이다. 제국이 내외의 형세에 비추어 적당한 시기에 단연코 병합을 실행하고, 반도를 명실 공히 우리 통치 하에 두고, 한국과 제외국과의 조약 관계를 소멸시키는 것은 제국 백년의 좋은 계책이다.
제2, 병합의 시기가 도래할 때까지는 병합의 방침에 기조하여 충분히 보호의 실권을 거두고, 힘써 실력의 부식을 도모할 것. 전항과 같이 병합의 대방침이 이미 확정되었어도, 그 적당한 시기가 도래하지 않는 동안에는 병합의 방침에 기초하여 우리 제반의 경영을 진척하고, 이로써 반도에서의 우리 실력의 확립을 기할 것을 필요로 한다.

이상과 아울러 '병합의 시기가 도래할 때까지'의 정책 목표인 '대한 시설 대강'을 결정하였다. 그것은 ① 질서 유지를 위한 군대의 주둔, 헌병·경찰관의 증파, ② 외국 교섭 사무의 일본에 의한 장악, ③ 한국 철도를 제국 철도원으로 이관하고 남만주철도와의 연락화, ④ 일본인의 한국 이주와 한일 경제의 긴밀화, ⑤ 재한 일본인 관리의 권한 확장 등이다.

이것들에 의해 따라 한국 병합의 '대방침'을 확정한 것이 되는데, 고무라 외무대신은 나아가 '병합 단행의 순서 방법 등의 세목'으로서, 제1 '병

6) 宮內廳 編, 『明治天皇紀』第12, 吉川弘文館, 1975, 254쪽.
7) 『日本外交文書』 42권 1책, 179~180쪽.

합의 선포,' 제2 '한국 황실의 처분,' 제3 '한반도의 통치,' 제4 '대외 관계'의 4항목에 대해 의견서를 작성하여, 7월 하순 가쓰라 수상에게 제출하였다.[8]

고무라 의견서에서 주목해야 할 점의 하나는 병합시에 발포하는 조칙에 '반도의 통치가 제국 헌법의 조장(條章)에 준거할 필요가 없음을 분명히 하고', '통치가 완전히 천황 대권의 행동에 속한다는 뜻을 보'이고, '후일의 쟁의를 예방하는 것'이라 하고 있는 것이다. '쟁의'라고 하는 것은 식민지에 대한 제국 헌법의 시행·불시행의 논쟁으로, 고무라는 병합의 조칙에서 한국 식민지 통치는 헌법에 의하지 않고 천황 대권으로써 행한다는 것을 '선명(宣明, 선언하여 분명히 밝힘)'하고, 논의를 봉쇄한다는 것이다. 또 하나는 '한국 황실의 처분'에 관해, '한국의 병합과 동시에 한국 황실로 하여금 명실 공히 전혀 정권에 관계하지 않도록,' '한국 황제는 완전히 그를 폐위하고 현 황제를 대공 전하로 칭한다'고 한 위에, '대공 전하, 공전하[전 황제 고종·황태자·고종의 5남 의친왕] 및 그 일문은 그것을 도쿄에 이거 시키도록 하는 것'으로 하고 있다.

가쓰라는 고무라 의견서를 각의에 부치고 병합 방침의 '대강'[9]을 작성하였는데, 거기서는 고무라가 제안한 헌법의 불시행에 관해서는 다루어지고 있지 않다. 그러나 체결되어야 할 병합 조약에는 '(가) 한국은 완전히 그 존립을 잃고 순수한 제국 영토의 일부가 되도록 할 것, (나) 한국

---

8) 外務省編, 『小村外交史』, 原書房, 1966, 841~843쪽. 제3 '한반도의 통치'는 '(1) 중앙관청의 일, (2) 지방관청의 일, (3) 재판소의 일'로 되는데, 어느 쪽도 '생략'이라 기록되어 있다. 이것은 『小村外交史』 편자에 의한 것이 아니라 고무라 의견서 원사료에서 생략된 것이라 추정된다. 즉, 통치 기구에 대해서는 검토 중으로 성안을 얻기에 이르지 않았던 것이라 생각된다.

9) 德富猪一郎 編述, 『公爵桂太郎傳』 坤卷, 故桂公爵記念事業會, 1917, 460~463쪽; 德富猪一郎 編述, 『公爵山縣有朋傳』 下, 山縣有朋公記念事業會, 1933, 747~750쪽.

황제는 완전히 그것을 폐위하고 현 황제 기타 한국 황실은 명실 공히 전혀 정권에 관계하지 않을 것'의 '취지'가 포함되도록 하고, 고무라의 '한국 황실의 처분'의 기본 의견을 채용하였다. 한국 병합은 일본이 청 영토의 일부인 타이완을 영유하고 식민지로 한 경우와 달리, 한 국가를 병합하고 일본령으로 한 것이기 때문에, 그 통치 형태는 복수의 선택이 가능했을 것이었다. 예를 들면, 빅토리아 여왕이 인도 황제로 즉위(1877)한 것처럼, 천황이 한국 황제를 겸하는 형태라든가, 병합 후의 한국에 독자의 행정부를 두고[10] 일종의 연방제인 국가 연합도 고려할 수 있다. 일진회의 합방 운동, 그중에서도 "황실의 존치와 내각의 계속, 즉 정권 전부를 통감에 위임하고 중복되는 정치 기관을 철폐하고 구 독일과 같이 연방을 이루어, 종국에는 그것을 만주·몽골·중국 기타의 동양에 미치는 모범으로 만들자"[11]고 한 일진회장 이용구의 '정합방론(政合邦論)'은 한일 연방제

---

10) 일본 국내에서도 국가 연합에 의한 합병 구상이 있었다. 일진회와도 관계가 있었던 중의원 의원 오가와 헤이키치(小川平吉)의 주변에서 작성되었다고 추정되는 「日韓合倂策·未定稿」(小川平吉 문서연구회 편, 『小川平吉關係文書』 2, みすず書房, 1973, 32~36쪽)은 한일 합병을 메이지 50년까지 행하는데, 합병 후는 '일본 및 한국을 일본제국이라 총칭'하고, '조선은 일본의 정삭(正朔)을 사용한다', 즉 조선인은 천황 통치하의 신민이 되고, '천황은 조선에서의 외교, 군비, 재판, 통신, 교통 및 작위 훈장 영전 수여의 대권을 총람'하는 한편, '한국 황제를 조선 국왕으로 하고 천황은 국왕에 조선에서의 내정, 민정, 재정, 학정의 행정권의 위임'하는 외에, 원칙적으로는 조선에 시행하는 법률은 제국의회에서 입법하는데, 조선 '국왕은 상주 재가를 거쳐 임시 긴급의 경우에 조선에 법률의 효력을 가지는 명령을 발하고 조선에 시행하는 흠령(欽令)임을 발할 수 있다'고 하였다. 또한 '통감부를 한국 내각에 합병'하고 '조선의 내각총리대신은 일본의 대신, 대장 혹은 조선의 대신인 자 중에서, 내각대신은 2인을 일본인 중에서, 2인을 조선인 중에서 천황이 임명'한다고 하고, 행정부의 설치를 구상한다. 한편 '조선의 원로 2, 3명을 추밀고문관에 임명'하는 것과 동시에, 조선의 '공, 후작은 곧 귀족원의 자리에 오르고, 백작 및 자작은 곧 동족의 선거피선거권을 가진다'고 하고, 게다가 '메이지 50년 후에는 귀족원 고액 납세 의원 호선 규칙 및 중의원 의원 선거법을 각 도에 시행'하고, 참정권 부여에도 전망을 갖도록 하였다. 이 병합책은 일진회가 요구한 합방 구상에 조응하는 일본 측 아시아주의자에 의한 구체안이라 보이는데, 흑룡회의 스기야마 다케마루(杉山武丸), 우치다 료헤이(內田良平) 등을 매개로 하여 일진회의 송병준·이용구와 기맥을 통하고 있었던 가쓰라에게도 병합 후의 한국에 행정부 설치의 뜻이 있었다는 것을 생각하게 하는 부분이다.

의 실현을 추구한 것이다.12) 고무라가 '한국 황실의 처분' 의견서에서 한
국 황실의 정권 관여 배제를 말한 부분에 이어 '이로써 한인이 다른 생각
을 하는 근본을 끊는 것'이라 한 것은 일반적으로는 황실 숭상이라는 한민
족 반일 운동의 정신적 기둥을 제거하는 것을 의미하지만, 특수적으로는
이용구의 연방론을 부인한 것을 의미한다. 즉 '합방'이 아니라 일본에 의
한 한국의 '병합' = 한국의 '폐멸'의 확인이다.

각의의 '대강' 결정에 대하여 흑룡구락부 편『국사 우치다 료헤이전(國
士 內田良平傳)』은 "이 결정은 이 각의를 지도한 가쓰라 수상으로서는 한
국에 대한 긴급 처분을 위한 것이라기보다도 오히려 한편으로는 이토 추
밀원 의장 및 야당 세력에 대한 견제를 위해, 한편으로는 야마가타, 데라우
치 등의 대한 강경론자에 대한 협조의 수단으로서 필요한 것이었다"13)고
말하는데, 핵심을 찌르는 견해이다. 그러나 각의 결정은 가쓰라 자신도 관
계를 가지고 있었던 일진회의 합방 운동 노선의 배제를 의미한다.

따라서 각의 결정 '대강' 전문14)에 다음과 같이 제시된 병합의 시기
및 방법은 일진회와의 연계에 의해 추진된 것은 아니다.

한반도를 명실 공히 우리 통치 아래 두고, 아울러 한국과 제 외국의 조약 관계를
소멸시키기 위해 적당한 시기에 한국의 합병을 단행해야 하는 것은 전에 각의에
서 결정된 바이다. 그리하여 병합 단행의 시기에 따르면 제국 정부와 한국 정부 사
이에 하나의 조약을 체결하고, 한국의 뜻에 따르는 형식에 의해 병합을 실행하는
것이 가장 온당한 방법이라 하겠지만, 만일 이 방법에 의해 그것을 실행할 수 없을
경우에는 우리의 일방적인 행위에 의해 제국 정부에서 한국에 대해 병합을 선언

11) 黑龍倶樂部 編, 『國士內田良平傳』, 原書房, 1967, 463쪽.
12) 西尾陽太郎, 『李容九小傳 － 裏切られた日韓合邦運動』, 葦書房, 1977, 119~125쪽; 金東
    明, 「一進會と日本 － '政合邦'と併合」『朝鮮史研究會論文集』 31호, 108~110쪽.
13) 黑龍倶樂部 編, 앞의 책, 450쪽.
14) 『公爵桂太郎傳』 460쪽.

하도록 하고, 그 어떤 방법에 따르는 것을 불문하고 병합의 실행에 즈음해서는 조칙으로써 병합을 선포하게 하고, 제 외국에 대해서는 병합 후의 제국 정부의 방침의 대체를 선언하는 것이 필요하다고 생각한다.

병합의 방법은 조약 체결에 의한 임의적 병합의 형식을 취하는 것을 최선으로 하고, 그것이 불가능할 경우에는 일본의 일방적인 병합 선언으로 강행한다고 결정한 것이다. 그것은 한국 보호국화 계획을 결정한 1905년 10월 27일의 각의 결정과 같은 방식이다. 단 병합 실시 시기를 예정할 수는 없고, '적당한 시기'를 엿보는 것에 그치고, '시기'의 문제는 이듬해로 넘겨졌다. 1910년 2월 28일자 고무라 외무대신으로부터 재외 사신 앞 통보[15]에서도 "병합 단행의 시기에 이르러서는 오로지 내외형세에 비추어 결정해야 할 사항에 속하고, 지금으로서 그것을 예단할 수 없더라도, 이상은 한편으로 여러 나라와의 관계를 염두에 두고, 다른 한편으로는 병합 후의 한국 통치의 준비 여하를 고려해야 할 문제"라고 말하고 있다.

그러나 1910년 5월 30일 데라우치 육군대신의 통감 취임이 한국 병합 계획 추진의 신호가 된다. 4일 후인 6월 3일 각의는 다음에 제시한 13항목의 '병합 후의 한국에 대한 시정 방침'[16]을 결정하였다.

1. 조선에는 당분간 헌법을 시행하지 않고 대권에 의해 그것을 통치할 것.
2. 총독은 천황에 직예하고, 조선에서의 일체의 정무를 통할하는 권한을 가질 것.
3. 총독에게는 대권의 위임에 의해 법률 사항에 관한 명령을 발할 권한을 부여할 것. 단 본 명령은 따로 법령 또는 율령 등 적당한 명칭을 부칠 것.
4. 조선의 정치는 힘써 간편한 것을 주지로 할 것. 따라서 정치기관도 역시 이주지에 의해 개폐할 것.

15) 『日本外交文書』 43권 1책, 659~660쪽.
16) 위의 책, 660쪽.

5. 총독부의 회계는 특별 회계로 할 것.

6. 총독부의 정비(政費)는 조선의 세입으로서 그것을 충당함을 원칙으로 하더라도, 당분간 일정한 금액을 정해 본국 정부로부터 보충할 것.

7. 철도 및 통신에 관한 예산은 총독부의 소관에 편입할 것.

8. 관세는 당분간 현행대로 놔 둘 것.

9. 관세 수입은 총독부의 특별 회계에 속할 것.

10. 한국은행은 당분간 현행의 조직을 고치지 말 것.

11. 합병 실행을 위해 필요한 경비는 금액을 정해 예비금에서 그것을 지출할 것.

12. 통감부 및 한국 정부에 재직하는 제국 관리 중 쓸모없는 자는 귀환 또는 휴직을 명할 것.

13. 조선에서의 관리에게는 그 계급에 따라 가능한 한 다수의 조선인을 채용할 방침을 택할 것.

제1항의 헌법 문제는 일본의 타이완 영유 이후 이른바 63문제(1896년 법률 제63호 '타이완에 시행해야 할 법령에 관한 법률'을 둘러싼 헌법 시행 논쟁)로, 식민지에의 헌법 시행의 시비에 관해 제국의회 내외에서 의논이 끊이지 않았던 문제다.17) 타이완에 관한 일본 정부의 공식 견해는 식민지는 일본의 영토이기 때문에 헌법은 시행된다고 해왔지만, 6월 3일 각의는 지난해 고무라 의견서와 같이 이에 반대하여 '헌법을 시행하지 않는다'고 하였다. 식민지를 포함한 일본의 영토에 대한 천황의 통치권의 근거는 제국 헌법(1조・4조)에 의해 발생하는 것이 아니라, 초헌법적으로 건국 당초부터 있는 대권에 기초한다는 발상일 것이다. 따라서 천황의 통치권이 식민지에 미친다는 것과 헌법이 식민지에 시행된다는 것은 별개

---

17) 中村哲, 『植民地統治法の基本問題』, 日本評論社, 1943, 72쪽; 中村哲, 「植民地法」 『講座日本近代法發達史』 5, 勁草書房, 1958, 175~179쪽; 山崎丹照, 『外地統治機構の研究』, 高山書院, 1943, 4~5쪽; 江橋崇, 「植民地における憲法の適用 – 明治立憲體制の一側面」 法政大學, 『法學志林』 82권 3・4합본호.

의 문제이고, 헌법 외의 대권으로서의 식민지 통치권이라면 의회 · 국무대신이 관여하는 바는 아니라는 것이 된다.

각의 결정은 사전에 원로나 추밀원의 양해를 얻은 것이 아니었기 때문에 반대론이 부상하게 된 것이다. 1915년에 데라우치 총독 하에서 작성된 '총독부 시설 역사 조사 서류'의 '조선 시정 방침 및 시설 경영'에 따르면, '한국 병합 당시 그 통치 방법으로 가장 치밀한 연구를 요한 것은 제국 헌법이 조선에 시행되어야 할 것인가 아닌가를 결정하는 것'[18]이었기 때문에 6월 3일 각의 결정 이후 집중적인 의론이 행해진 것이라 추측되는데, 심의 과정을 볼 수 있는 기록은 현재 발견되고 있지 않다.[19] 그러나 결론적으로는 "제국 정부는 메이지 43년(1910) 7월 12일의 각의에서 한국 합병을 한 이상 제국 헌법은 당연히 이 신영토에도 시행되어지는 것이라 해석되지만, 사실상 신영토에 대해 헌법의 각 조장(條章)을 시행하지 않는 것이 적당하다고 인정하고, 헌법의 범위에서 제외 법규를 제정하는 것으로" 하여, 6월 3일 각의 결정 제1항을 무수정으로 재확인하고, 나아가 '헌법의 해석'을 첨부하여, "한국 병합을 한 이상 제국 헌법이 당연히 이 신영토에 시행되는 것이라 해석한다. 그렇지만 사실은 신영토에 대해 제국 헌법의 각 조장을 시행하지 않는 것이 적당하다고 인정함으로써 헌법의 범위에서 제외 법규를 제정해야 한다"고 하였다.[20] '해석'상은 조선에 헌법은 시행되지만 사실상은 시행하지 않는다고 하고, 조선 통치의 근

---

18) 山本四郎 編, 『寺內正毅關係文書』 首相 以前, 京都女子大學, 1984, 178~179쪽.

19) 小川原宏幸, 「植民地朝鮮における法體系形成の前提」, 1999년도 駿台史學大會報告.

20) 앞의 『寺內正毅關係文書』 首相 以前, 179쪽; 條約局 法規課 『日本統治時代の朝鮮』("外地法制誌" 제4부의 2, 1971) 12~13쪽. 단 앞의 책에서는 9항목인데, 뒤의 책에서는 6월 3일 각의 결정과 같이 13항목이다. '憲法ノ釋義'는 小松綠, 앞의 책, 106쪽에 '桂首相ヨリ寺內總督宛通牒'으로서 게재되어 있는데, 특히 데라우치에게만 보여 준 것은 아니다. 또한 같은 책 게재문은 "帝國憲法ハ當分……"이라 되어 있다. 當分과 當然 중 어느 쪽이 맞는지 분명하지 않다.

거는 헌법에 의해서가 아니라 천황 대권에 의한다는 것이다.

6월 3일 각의 결정 사항으로 돌아오는데, 제2항·제3항은 조선총독의 지위·권한에 관한 것이다. 특히, 제2항의 '총독은 천황에 직속하고……'는 타이완 총독에는 없는 강대한 권한을 조선총독에 부여한 것이다. 병합에 즈음한 조서[21]에서도 "짐은 특히 조선총독을 두고, 그로 하여 짐의 명령을 받아 육해군을 통솔하고 제반의 정무를 통할하도록 한다"고 하였고, 나아가 '조선총독부관제'[22](칙령 제354호, 1910년 9월 29일 공포, 10월 1일 시행) 제3조에서 "총독은 천황에 직속하고 위임의 범위 내에서 육해군을 통솔하고 또한 조선 방비의 일을 관장한다. 총독은 제반의 정무를 통할하고 내각총리대신을 거쳐 상주를 하고 재가를 얻는다"라는 명문화로 수상의 감독 및 특정 분야에 관해 담당 대신의 감독 하에 두어진 타이완 총독과 비교하여, 조선총독은 중앙 정부로부터 독립한 절대적인 지위·권한을 갖는 근거를 얻었다. 이것은 통감에게 부여된 지위·권한을 인계하였기 때문이라 생각되는데, 병합 실시 계획 책정 중인 1910년 6월 내각총리대신 하에 척식국이 두어지고, 타이완·사할린·한국(조선) 등의 식민지 행정을 일원적으로 '통리'하는 기관으로 하였다. 그러나 병합 후, 조선총독이 척식국을 통해 내각총리대신의 감독을 받았다고는 말할 수 없고,[23] 척식국도 1913년 6월 폐지된다.

또한 제3항은 병합 후의 조선에서는 일본 본국에서 제정된 법률은 시행되지 않기(법률의 자제) 때문에, 본국에서는 법률을 가지고 정해야할 사항을 총독의 명령(율령)으로 발포할 권한을 위임한다는 위임 입법의 부여이다. 이에 따라 조선총독은 행정권과 입법권을 병유하게 된다. 이

21) 『官報』 1910년 8월 29일 호외.
22) 『官報』 1910년 9월 30일 호외.
23) 山崎丹照, 앞의 책, 102쪽, 조약국법규과, 앞의 책, 27~28쪽.

리하여 조선총독의 특별한 지위는 병합 계획 책정 단계에서 명확해졌다.

한편 한국 병합의 구체적 준비를 행하기 위해, 6월, 병합준비위원회가 설치되었다.[24] 이것은 실무 관료를 주체로 한 위원회로, 외무성 정무국장 구라치 데쓰키치가 '외교 관계 사항'을, 통감부참사관·외무부장 고마쓰 미도리(小松綠)가 '한국 관계의 사항'을, 각각 담당하는 주임으로서 원안을 작성하고, 내각서기관장 시바타 가몬(柴田家門)을 의장으로 하고, 법제국장관 야스히로 미도리(安廣伴一郎), 척식국부총재(遞相·철도원총재 겸임) 고토 신페이(後藤新平), 대장차관 와카키 레지로(若槻禮次郎), 법제국서기관 나카니시 세이이치(中西淸一), 척식국서기관 에노키 다스쿠(江木翼)가 참가하고, 그밖에 통감부로부터 서기관·통감부관방 회계과장 고다마 히데오(兒玉秀雄), 서기관 나카야마 세이타로(中山成太郎)가 출석하였다. 심의 과정은 알려지지 않았지만, 고마쓰에 따르면,[25] 주요 검토 사항은 ① 나라의 호칭을 조선이라 할 것, ② 한국 황실의 존칭과 대우, ③ 황족의 대우, ④ 공신의 처우, ⑤ 조선인의 법적 지위, ⑥ 한국의 대외 조약과 외국인의 권리, ⑦ 병합 경비 등이었다고 한다. 그것들은 21항목으로 정리되었는데, 그중에는 병합 시에 발포되어야 할 칙령안도 포함된다. 병합준비위원회의 결론은 7월 7일에 결정되고, 다음날인 8일 각의에서 '병합 실행 방법 세목'[26]으로 승인되었다.

24) 小松綠, 『朝鮮倂合之裏面』 89~94쪽, 君島和彦, 앞의 논문 29쪽.

25) 小松綠, 『明治史實外交秘話』, 中外商業新報社, 1927, 432~433쪽.

26) 小松綠, 『朝鮮倂合之裏面』, 98~106쪽에 '明治四十三年 七月八日決定倂合實行方法細目'이 수록되어 있다. 그 항목을 들면 (제1) 국칭의 건, (제2) 조선인의 국법상의 지위, (제3) 병합시 외국 영사 재판에 계속 중인 사건의 처리 및 영사청에 구금중인 수도(囚徒)의 처분, (제4) 재판소에서 외국인에 적용되는 법률, (제5) 외국 거류지의 처분, (제6) 거류 민단법의 적용에 관한 건, (제7) 외국인 토지 소유권의 장래, (제8) 외국인이 소유하는 차지권의 처분, (제9) 조선 개항간 및 일본 개항과 조선 개항 사이에 있어서 외국 선박의 연안 무역, (제10) 일본 내지와 조선 사이에 이출하는 화물에 대한 과세, (제11) 외국과 조선 간에 수출입되는 화물에 대한 과세, (제12) 청인(淸人)의 거주에 대한 제한, (제13) 조선의 채권 채무, (제14)

남은 문제는 언제 어떠한 방법으로 병합 계획을 실행할까 하는 것이다. 앞서 말한 바와 같이 정부는 일방적인 병합 선언에 의한 형식은 피하고 싶다고 생각하고 있었다. 6월 하순 이후 7월 4일 이전 작성이라 추정되는 가쓰라의 메모 '한일 합병 처분안[27]'에는 "모든 준비를 하고, 그들로 하여금 병합의 필요성을 열망하도록 하는 방법을 취하는 것을 최상으로 한다"고 기록하고 있다. "청일전쟁 이래 우리 정부가 한국에 관해 했던 누차의 …… 한국의 독립부익(獨立扶翼), 독립 유지"의 '선언'에 모순되는 "우리 편에서 앞장서서 병합을 결정하는 것은 약간 재미없는 관계"[28]였기 때문이다.

한국 측에서 병합을 '지원'하게 하는 방식은 그때까지도 야마가타 · 가쓰라 · 데라우치 등에 의한 일진회[29]의 합방 운동에 대한 원격 조작에서도

한국 훈장에 관한 건, (제15) 관리의 임명에 관한 건, (제16) 한국의 황실 및 공신의 처분, (제17) 입법 사항에 관한 긴급 칙령안, (제18) 조선총독부 설치에 관한 칙령안, (제19) 구한국 군인에 관한 칙령안, (제20) 구한국 정부의 재정에 관한 긴급 칙령안, (제21) 조선에서의 법령의 효력에 관한 제령안의 21항목이다. 단 조선총독부 편, 『朝鮮ノ保護及倂合』, 1917, 325~330쪽에는 데라우치 통감이 각의에 제출한 '倂合處理ノ方案'으로 이상과 동일한 안문(案文)을 수록하고 있는데, '제22, 관세에 관한 제령안'을 더하여 전 22항목으로 되어 있다.
27)「桂太郎關係文書」112, 國立國會圖書館憲政資料室所藏, 앞의 책, 『公爵桂太郎傳』坤卷, 463~465쪽에 같은 글이 수록되어 있는데, 편자에 의한 수식이 되어 있다. 동문서 중에 "병합 실행의 시기는 …… 목하 러시아와 교섭 사건의 정리를 마친 최근의 때를 골라서 적당하게 한다"인데, 러일 '제2차 협약'의 조인은 7월 4일이므로, 문서 작성은 그 이전임을 알 수 있다.
28)『小村外交史』, 836쪽.
29)『日本外交文書』41권 1책, 850~858쪽 수록의 「地方政況報告書」(石塚英藏 보고, 1908년 7월 조사)에 따르면, 일진회 회원은 약 80만 명에 이른다. 그러나 '일반 인민과의 조격(阻隔, 간극이 커 서로 통하지 않음)'이 더욱 심함을 더해 일진회원에 대한 악감정은 중오의 뜻을 증진하고 그것을 배척하기 위해 기독교도가 되는 자가 있고, 혹은 대한협회에 가입하는 자도 적지 않다'고 한다. 대한협회는 1907년 설립한 준친일 단체로 구관인층으로 구성되고, 회원수는 약 2,000명이라 보고되어 있다. 단 일진회 회원수는 과장된 것처럼 보이는데, 1910년의 회원수는 14만 175명이라 보고서에 있다(韓相一,『日韓近代史の空間』, 李健 · 瀧澤誠 역, 日本經濟評論社, 1984, 201쪽). 또한 일진회의 동향에 관해서는 林雄介,「一進會の後半期に關する基礎的研究 – 1906年 8월~解散」,『東洋文化研究』1호. 277~284쪽.

보였는데, 이 단계에는 후퇴하고 있었다. 특히, 1909년 7월의 '대강' 결정 이후, 일본 정부의 합방 운동에 대한 대응은 이용에서 규제로 변환하였다. 그 배경에는 친일 어용 단체인 일진회에 대한 한국민 중의 격한 비난과 습격이 있었다.

1909년 9월, 일진회는 종래 대립 관계에 있었던 서북학회·대한협회와 반이완용 내각의 입장에서 일치하고 '3파 제휴'를 일시적으로 실현한다. 그 즈음부터 일진회가 제출한 합방 건의서가 한국 정부에 의해 수리되기까지(12월)의 일본 정부의 대응에 관하여, 사쿠라이 요시키(櫻井良樹)가 "일진회를 이용해서 병합을 실행한 것에 관해서는 일관하여 소극적이고, 합방 운동을 묵인하고 있었다고 하더라도, 그 허용 범위는 건의서를 받아들이는 데 그쳤다"[30]고 말한 바 그대로다.

이 사이 고쿠류카이(흑룡회)의 스기야마 시게마루(杉山茂丸)·우치다 료헤이(內田良平)가 야마가타·가쓰라·데라우치와 접촉한 것은 사실이지만, 가쓰라 등이 합방 운동을 승인하고 있었다고 한 것은 스기야마 등의 강한 믿음에 지나지 않는다. 고쿠류카이(흑룡회)의 합방 운동사인 『한일합방비사(韓日合邦秘史)』에 따르면 1909년 10월, 스기야마는 가쓰라와 만나 합방 청원서 제출의 내락을 얻고, 우치다와 도쿄에 있던 송병준이 작성한 한국 황제·통감·한국 수상에게 보내는 합방 건의서를 가쓰라에게 보여 주었는데,[31] 이토 사살 사건 후인 11월 우치다는 일진회명의 '합방 청원서'를 재작성하고, 스기야마가 야마가타·가쓰라·데라우치에게 제출하였다. 데라우치는 이에 대해 이완용 수상이 합방 청원을 받아들여, 황제에게 합방의 승인을 요구하고, 황제가 천황에게 합방을 제의한다

---

30) 櫻井良樹, 「日韓合邦建議と日本政治の對應」, 『麗澤大學紀要』 55권, 49쪽.
31) 葛生能久, 『日韓合邦秘史』 下, 黑龍會出版部, 1930, 154~156쪽.

는 수순을 '순리에 맞는가'라 하고, 그렇지 않을 경우는 통감이 대응을 '획책'한다고 한 선에서, "이 연극은 시종 나는 모르는 것으로 하여, 그들이 단독으로 처리해야 할 일"로서, 일본 정부는 청원서가 제출되기를 기다려 대처하며, 또 '쟁투'에 대해서는 탄압하는 경우도 있을 수 있다는 것 등을 제시한 각서를 스기야마에게 주었다.[32] 한편 12월 1일 우치다가 지참한 '합방 상주 및 청원서'를 받은 일진회 회장 이용구는 문언을 수정한 후, 4일에 '일진회 성명서'[33]를 「국민신문」 부록으로 발표함과 동시에, '합방 상주문', '총리 이완용께 올리는 합방 청원서', '통감께 올리는 합방 청원서'를 제출하였다[34]고 한다.

이에 대해, 일진회와 정적 관계에 있었던 이완용은 합방 문제를 둘러싸고 일진회와의 반정부 연합을 해소한 대한협회 등을 사주하여 대국민 연설회를 조직하고, 5일 서울 시내에서 연설회를 열어 "일진회가 제창한 합방 성명은 한국을 위태롭게 하는 것이라 크게 비난하며 공격하고" 이어서 통감과 한국 내각 앞으로 "비합방 상서를 제출"시켰다.[35] 그 한편으로, 일진회의 상주문과 이완용 수상 앞의 청원서를 각하(却下)했다. 이것은 7일의 대신 회의에서 소네 통감이 '일진회의 상서문은 내각[한국]이 희망하는 대로 각하하는 것이 옳다'고 인정한 바에 따른 것이지만, 소네는 "해당 건에 대해서는 세상의 소요를 불러일으킬지도 모르기 때문에, 이번의 연설 등에 대해서는 언어를 신중히 하도록 주의"하는 것으로 하고,[36] 9일

32) 위의 책, 202~205쪽.
33) 위의 책, 233~237쪽. 西尾陽太郎은 이 '일진회 성명서'는 이용구의 '政合邦聲明書'와 동일한 것인가 아닌가 의문시하고 있다(西尾陽太郎, 앞의 책, 149~150쪽). 정합방은 한일 양국 간의 정치적 측면의 합체를 말한다(金東明, 앞의 논문).
34) 葛生能久, 앞의 책, 221~233쪽.
35) 『朝鮮ノ保護及倂合』 317쪽.
36) 1909년 12월 7일 「大臣會議筆記」, 金正明 編, 『日韓外交資料集成』 6권 下, 巖南堂書店, 1965 수록, 137쪽.

경시청을 통해 일진회·대국민 연설회 쌍방에 대해 집회·연설 및 선언서 등의 반포 금지를 명하였다.[37]

　일본의 꼭두각시인 이완용이 병합에 반대하였던 것은 아니지만, 이용구의 합방 구상과는 대립하였다. 이용구는 "한국은 한국으로서 일본에 합병하고, 연방 조직으로 할 것을 희망한 것"[38]이라고도 알려지는데, 이 단계에서는 후퇴하여 일본 정부가 계획하는 '병합'도 어쩔 수 없다고 생각하는 중에,[39] 기껏해야 "한국의 황실을 존중하고 인민의 권리를 보유하는 조건을 달은"[40] 합방을 요구했다. 그렇기 때문에 "한국의 대세를 따라가는 것을 생각하지 않고 오로지 자기의 지위를 공고히 하려는 것에 연연해서, 몰래 한국 국토를 통째로 일본에게 맡기려"[41]는 이완용의 병합 방침과는 조금 차이가 있었다. 그러나 '합방'인가 '병합'인가를 둘러싼 대립 초점은 흐려지고, 정치 운동의 주도권 다툼에 빠져 있었다.[42]

　일진회의 합방 성명에 대한 일반의 "반대 소리가 아주 왕성하여 일진회는 거의 고립 상태"[43]에 빠졌다. 지방에서도 소요 발생에는 이르지 않았어도 냉혹한 평가와 반대 의견이 다수를 차지하였다.[44] 일진회 성명에 한하지 않고, 합방·병합 문제가 일반인에게 침투한 것에 대해서도, "이면에서는 배일사상의 만연은 피할 수 없는 사태로서, 남한 지방에서는 그 영향이 비교적 경미하지만, 서북한 지방에서는 반응이 매우 현저하다.

---

37) 『朝鮮ノ保護及併合』, 317쪽.
38) 釋尾東邦, 『朝鮮併合史』, 朝鮮及滿洲社, 1926, 525쪽.
39) 西尾陽太郎, 앞의 책, 175, 182쪽.
40) 葛生能久, 앞의 책, 521쪽.
41) 『朝鮮ノ保護及併合』 307쪽.
42) 韓相一, 앞의 책, 190~191쪽.
43) 『朝鮮ノ保護及併合』 318쪽.
44) 『朝鮮駐箚軍歷史』 314~325쪽의 「一進會政見聲明書發表ニ對スル各地官民ノ感想動靜一覽表」(국사편찬위원회, 『한국독립운동사』 1, 정음문화사, 1968, 486~493쪽).

그중에서도 평안북도가 최고"[45]라는 상태가 점차 형성되어가고 있었다.

이러한 합방 찬반론의 고양은 결국 병합 반대 운동으로 전화할 가능성이 있다고 보았던 소네는 "일진회의 상주는 국민 일부의 의견으로서 들어두겠지만, 나아가 국내의 치안을 방해하고, 한일의 관계에 저해를 가할 우려가 있다고 인정하면, 그 어떤 모임을 불문하고 단호한 처지를 가할 것임은 물론이고, 한국 내각에 대해 이러한 뜻으로써 각각 계칙(戒飭)을 가하고 있다"[46]고 신문에 발표하였다. 이미 병합 실시를 기정방침으로 한 일본 정부로서, 한국 내의 여론 조작의 필요는 없고, 병합 찬성이건 반대이건 의논이 비등한 것 자체가 병합의 장해가 된다고 본 것이다.

1910년 2월 2일 가쓰라는 스기야마를 불러 내훈을 내렸다.[47] 거기서는 일진회의 수년에 걸친 친일적 성의를 이해하고 일진회 청원서 수리를 인정한다고 했지만, 동시에 "합방에 귀 기울이는 것과 그렇지 않은 것은 일본 정부의 방침 활동의 여하에 관련되어 있는 일이기 때문에 추호도 한 국민이 끼어드는 것을 허락하지 않는다"고 부언하고, 합방 운동을 단호히 규제할 것을 분명히 하였다. 『한일 합방 비사』는 이상의 내훈을 가지고 "운동은 정말 성공하고 그 목적은 거의 관철하고", "마침내 승리의 개가를 올릴 수 있게 되었다"[48]고 했는데, 병합을 앞두고 일진회의 활동은 거의 볼 만한 것이 없었다.[49]

앞서 말한 가쓰라 메모가 '최상'으로 한, 한국 측으로부터 병합을 '지원'하게 하는 방식이란 일진회의 합방 운동에 기대한 것이 아니라, 이완

---

45) 『朝鮮ノ保護及倂合』, 319쪽.
46) 『小村外交史』 844쪽.
47) 葛生能久, 앞의 책, 501~503쪽.
48) 위의 책, 503쪽.
49) 西尾陽太郞, 앞의 책, 186~187쪽; 韓相一, 앞의 책 196~197쪽.

용 내각과 한국 황제에게 '지원'의 형식을 강제하는 것에 다름 아니다. 선언에 의한 병합을 강행한 경우 국제적 승인을 얻을 수 있다는 보증이 없었던 것이다. 한국 병합 조약 조인 직전인 8월 13일에 있어서조차, 주영 대사 가토 다카아키는 "합병 실행에 부쳐서는 혹은 다른 나라에서 여러 가지 비난이 있을지도 모른다. 특히, 임의 양여(讓與)의 형식을 채택하지 않고 어쩔 수 없이 단독 선언으로 그것을 단행할 경우에는 더욱 그러하다"고 예상하고, 이럴 경우에 대비해서 영국 정부의 일본에 대한 우호적 지지를 사전에 획득해 둘 필요성을 호소하고 있었다.[50]

2) 한국 병합의 대외 승인

일본이 근대 국가인 한국을 소멸시켜 식민지로 만드는 병합을 여러 나라가 승인할지 어떨지는 일본 정부가 가장 걱정했던 문제다. 특히 러시아 · 영국의 승인 없이 한국 병합을 단행할 수 없다는 것은 분명했다.

앞서 살펴 본대로, 1907년(메이지 40) 7월 30일 조인된 러일 '제1차 협약'에 따라 일본과 러시아는 만주를 남북으로 2분하고, 각자의 이익 범위를 획정하였는데, 1908년 7월 성립된 제2차 가쓰라 내각의 대러 기본 방침[51]도 "지난해 체결된 러일 협상의 정문(正文)과 정신을 지키고 더욱더 양국 간의 친교를 진척시킬 것을 노력하고, 특히 만주에 관해서는 양국 모두 공동 타협해서, 그 공통의 이익을 보호하고 유지할 책략을 강구함이 필요하다"고 했다.

일본은 러시아와 제국주의끼리의 융화에 의한 만주 권익의 확립을 도

---

50) 『日本外交文書』 43권 1책, 675~676쪽.
51) 『日本外交文書』 41권 1책, 75~79, 685~690쪽.

모하였는데, 태프트 대통령 하의 미국은 만주에 관해서도 문호 개방·기회 균등을 요구하고, 1909년까지 영국과 공동으로 청에 자금을 공여하고, 금애철도(錦愛鐵道, 錦川 – 愛琿 구간)를 부설하는 예비 협정을 성립시켰다.[52] 그리고 나아가 "만주에서 일체의 철도를 청의 소유로 되돌리고 …… 이에 필요한 자금은 적당한 방법으로써 상응하는 비율에 따라 가입을 희망하는 제국으로부터 조달하는 것이 가장 유효한 방법"[53]이라 제안했다. 이른바 만주철도 중립화 안으로서, 일본 외에 영국·프랑스·독일·러시아에도 제시되었다.

러시아 정부는 즉시 일본 정부와의 협의를 희망하고, 일본도 이에 응했다.[54] 미국의 만주철도 중립화 안은 청의 이권 회수 요구에도 부합하여, 기득 권익의 방기를 요구받은 러일 양국은 중립화 안을 거부하는 것으로 했다. 일본 정부는 1910년 1월 21일, 주일미국대사 토머스 오브라이언(Thomas J. O'Brien)에게 회답서를 보냈다.[55] 영국·프랑스도 중립화 안에 사실상 반대였다.[56]

미국의 압력과 청의 이권 회수 요구에 당면한 러일 양국은 공통의 이해관계에 섬으로써, 한층 더 만주 권익의 안정화를 위해 러일 '제2차 협약' 체결을 바라게 된다. 1910년 3월 19일 각의는 "차제 양국 사이에 협상을 마침으로써 양국이 종래 관계에서 한 걸음 더 전진하는 것이 필요하다"고 인식하고, 협약 요령 5항목, 비밀 조관 요령 6항목을 포함하는 교섭 방침을 결정하고, 귀국 중인 모토노 이치로 주러대사에게 훈령했다.[57] 일본

---

52) 北岡伸一, 『日本陸軍と大陸政策』, 東京大學出版會, 1978, 24~26쪽.
53) 『日本外交文書』 42권 1책, 722~723쪽.
54) 위의 책, 724~725쪽.
55) 『日本外交文書』 43권 1책, 418~419쪽.
56) 北岡伸一, 앞의 책, 27쪽.
57) 『日本外交文書』 43권 1책, 106~110쪽.

정부의 저의는 신 협약으로 "만주 문제에 관한 여러 나라의 연합을 불가능하게 만들고, 한편으로 여러 나라로 하여금 점차 우리(일본)의 특수한 지위를 승인시키도록 하는 목적을 달성하며, 청도 역시, 이 새로운 사실로 만주 사태가 자연적인 형세라는 자각에 이르도록 하고, 우리(일본)의 기정방침을 수행하는 위에서 매우 양호한 결과를 만들어야 한다고 생각" 하는 점에 있었다. 여기에서 '우리의 특수한 지위'라고 하는 것은 만주에서의 권익 확보만은 아니고, 한국 병합의 사전 승인을 포함하고 있었던 것은, 동시 병행적으로 진행시키고 있었던 한국 병합 계획 실시 시기의 결정이 러일 '제2차 협약' 교섭의 귀추와 밀접하게 관련되어 있었던 것으로부터 분명하다.

모토노 대사는 4월 5일 이후, 알렉산드르 이즈볼스키 외무대신, 블라디미르 코코후초프(Vladimir N. Kokovtsov) 장상, 피요트르 스톨리핀(Pyotr A. Stolypin) 수상과 회견하면서 신 협약 체결을 타진하였고 이에 적극적인 응답이 있었다. 다만 한국의 현상 변경, 이를테면 일본의 한국 병합에 대해서 이즈볼스키 외무대신은 "만일 한국의 사태를 변경시키는 것을 실행시키게 된다면, 러시아에서 일본국에 대해 매우 분개심이 일어날 것을 우려해마지 않는다", "이번에 행하는 협상의 미래에 관해서도 매우 걱정스러운 일임을 열심히 또한 강경하게 말"했다.[58](4월 5일)

이에 대해 모토노 대사는 한국 병합은 일본 정부의 부득이한 기정방침이고 신 협약의 장해가 되지 않는다는 것을 누차 말하고, 스톨리핀 수상으로부터 "일본국이 장래에 한국을 병합하려는 것은 물론 어쩔 수 없는 일이고, 러시아에서도 이에 대해 별로 이의를 주창하는 이유도 권리도 없다고 하더라도, 그 시기 여하에 대해서는 크게 일본국 정부의 고려를 번거

58) 위의 책 110~113쪽.

롭게 하는 것이 된다"는 양보를 이끌어 내는 데에 성공했다.[59](4월 10일) 고무라 외무대신은 거듭 "장래 적당한 시기에" 병합을 단행한다는 것을 "러시아 성부에게 지금부터 이것을 미리 염두에 두도록 말하라'고 모토노 대사에게 훈령을 내렸다.[60](4월 19일)

신 협약 초안은 모토노 대사와 협의했던 이즈볼스키 외무대신이 기초하고, 5월 18일에 모토노 대사에게 제시되었다.[61] 이후 이것을 토대로 문언 수정이 행해졌는데, 특히 청의 독립·영토 보전 및 각국의 기회 균등 등에 저촉할 우려가 있는 표현에 대해서는, 가토 다카아키 주영대사의 의견[62] 등을 받아 수정하였다. 그러나 이로 인해 러일 양국의 만주에서의 배타적 권익 독점이 훼손된 것은 아니다. 교섭 과정에서는 이즈볼스키 외무대신의 "만주가 장래 어떤 사람의 손아귀에 들어가지 않게 하려면, 러일 양국이 소유하지 않으면 안 되는 것은 말할 것도 없다"고 한 발언에 모토노 대사도 "본관도 완전히 같은 의견이다 …… 이와 같이 노골적으로 이것을 말로 표현하지 않아도, 같은 것을 의미하는 적당한 문구를 발견하는 것은 생각건대 어렵지 않을 것"이라 응답하고,[63] 만주 분할조차 예상한 의견 교환이 이루어졌다.

6월 18일의 일본 각의는 협약 최종안을 승인하고,[64] 러일 양국정부로부터 영국·프랑스 정부로 은밀히 보고한 뒤, 7월 4일, 러일 '제2차 협약'[65] (전문 3조)을 페테르부르크에서 조인하였다. 이 협약 제1조는 동청철도

---

59) 위와 같음.
60) 위의 책 116~118쪽.
61) 위의 책, 120~123쪽.
62) 위의 책, 126~135쪽.
63) 위의 책, 119~120쪽.
64) 위의 책, 137~140쪽.
65) 위의 책, 150~154쪽, 『官報』 1910년 7월 13일, 단 비밀협약은 공시되지 않았다.

(東淸鐵道)와 만철(滿鐵)과의 우호적 협력을 강조하고, 제2조에서 기존 체결 조약에도 붙여진 만주의 현상 유지를 명기한 후, 제3조에서 그 '현상을 침해하는 성질'의 사건 발생에 대해서, 양국은 형상을 유지해야 할 조치에 대해 상의한다는 것을 규정했다. 동시에 조인된 비밀 협약(전문 6조)에서는 러일 '제1차 협약' 비밀 협약에서 정한 '분계선'에 따른 양국의 특수 이익 범위를 재확인하고, 각자의 세력권 내에서 특수 이익 방위의 자유 및 이익 확대의 상호 존중 등을 정하고, 이의 특수 이익이 침해될 경우의 공동 행동·상호 원조를 정했다.

일본의 한국 병합에 대해서는 협약에는 기재되지 않았지만, 일본 정부는 러시아 수상·외무대신의 담화 및 모토노 대사를 통해 러시아 정부에 병합을 예고해 줌으로써, 러시아도 한국 병합을 묵인하였다고 판단했다.[66] 가쓰라 수상이 "병합 실행의 시기는 …… 목하, 러시아와 교섭 사건의 정리를 마친 최근의 시기를 선택하는 것이 적당한 때"[67]라고 했던 것도, 그와 같은 인식에 기초한다.

병합 실행의 또 하나의 외교 조건은, 관세 자유권 회복의 실현을 기하는 통상 조약 개정에 관한 것, 주로 영국과의 조정 교섭이다. 일본 정부는 1909년 8월 17일의 각의 결정[68]에 기초해서, 일본과 제 외국과의 현행 조약 종료 1년 전에 해당하는 1910년 7월 17일 영국·독일·이탈리아·벨기에·스페인·포르투갈·스위스·러시아·덴마크·스웨덴·노르웨이, 8월 4일 프랑스·오스트리아=헝가리에, 통상 항해 조약의 1년 후의 폐기를 통고했다.[69] 이보다 앞선 2월 23일 이후, 가토 주영대사는 에드워드

---

66) 위의 책, 693쪽; 森山茂德, 『近代日韓關係史硏究』, 東京大學出版會, 1987, 248쪽.
67) 「桂太郎關係文書」 112, 國立國會圖書館憲政資料室所藏, 주27과 같음.
68) 『日本外交文書』 42권 1책, 1~5쪽.
69) 『日本外交文書』 43권 1책, 2~6쪽.

그레이 경(Sir Edward Grey) 외무대신과 예비적 절충을 행했지만, 4월 21일에 일본은 신 협약안을 영국에게 제시하고, 7월 8일에는 영국이 대안을 제시하기로 되어 있었다.[70] 조약 개정 교섭은 개정 후에 영국 수출입 유세품(有稅品) 세율이 인상되는 것이기 때문에 난항하였지만[71] 이와 병행한 일본의 한국 병합 방침을 영국에게 전달하고, 병합 후의 조선과의 조약 취급이 협의되었다.

5월 19일, 주일 영국 대사 클로드 맥도널드 경(Sir Claude M. MacDonald)은 일본 정부의 훈령을 받은 고무라 외무대신과 회견하고, 일본정부의 한국 병합 방침에 대해 질문했다.[72] 그는 "영국 정부에 대해서도, 물론 병합에 대해 입장이 다를 리가 없다고 믿는다 하더라도, 돌연 병합을 실행시키는 것과 같은 일은 동맹의 관계상 유쾌하지 않다고 생각한다"고 말했지만, 영국은 "그 가장 큰 것은 한국 병합과 새로운 세율"[73]의 문제, 즉 "한국 병합 후, 한국은 일본국의 일부로 되거나, 한국과 다른 나라와의 조약은 병합과 함께 폐기되어 버리느냐"[74]가 최대의 관심사였다. 영국을 비롯한, 한국과의 통상 조약 체결국은 일본이 자국의 개정 신 조약을 병합 후의 조선에도 적용하고, 한국과의 구 조약을 파기한다면, 자국에 유리한 관세 조치나 법적인 외국인 특권을 잃어버리게 된다고 생각했기 때문이다. 7월 14일, 그레이 외무대신도 "일본국 정부에, 합병 후도 조선에 있어서 외국인의 권리에 대해서는 하등의 변동을 가하지 않을 것을 선언한다

---

70) 위의 책, 10~97쪽.「日英筒狀條約改正交涉記錄」.
71) 『條約改正關係日本外交文書』 별책(川島信太郎稿,「通商條約と通商政策の變遷」, 65~87쪽.
72) 『日本外交文書』 43권 1책, 659쪽.
73) 위의 책, 661쪽.
74) 위의 책, 662~663쪽(7월 6일,「在本邦英國大使ヨリ韓國併合後同地ノ條約及協定稅率ノ存否ニ付質疑ノ件」).

면 가장 좋다. 그렇지 않아도 합병 후, 또는 considerable period(상당한 기간)동안 하등 이에 소멸을 가하지 않는다는 뜻을 보장할 수 있다면, 곤란의 정도를 감소시킬 수 있다"고 말하고 '일본 정부의 고려를 촉구'했다.[75]

　이것을 받은 고무라 외무대신은 7월 17일, 가토 대사에게 훈령하고,[76] 가까운 시일 중에 한국을 병합할 것, 병합 후는 한국과 제 외국과의 체결 조약은 실효한다는 것을 전제로 하고, "경제 관계에 있어서는 할 수 있는 한 현상을 유지시킬 것을 바라며, 조약의 소멸에 구애받지 않고, 제국 정부 스스로 나아가 아래의 3항을 여러 나라에게 선언할 작정"임을 영국 정부에게 전할 것을 명했다. 3항은 다음과 같다. ① 조선과 외국 간의 수출입품 및 조선 각 항으로 입항하는 외국 선박에 부과하는 수출입세·톤세(噸稅)를 그대로 둔다. ② 조선 개항장은 마산을 제외하고 종래대로 하는 외에, 신의주를 개항한다. ③ 조선 개항장 간 및 조선 − 일본 간의 연안 무역에 당분간 외국 선박의 참가를 인정한다.

　이 일본 측 제안에 대해 8월 3일 그레이 외무대신은 한국 현행 관세율 그대로 둔다는 연한을 필리핀에 관한 미국 - 스페인조약(米西條約, 1898)을 모방해, 10년 간 그대로 둘 것을 제의하고(일본 측 받아들임), 기타의 일본안을 받아들인다고 전했다.[77]

　이렇게 해서 8월 초순까지에 영국은 일본의 한국 병합과 병합에 수반되는 관세 조치를 기본적으로 승인하는 의향을 표명하기에 이르고, 나머지는 재한 영국인(외국인)의 영사 재판권 철폐, 거류지 폐지 등의 문제만 남게 되었다. 영사 재판권 문제가 최종적으로 해결된 것은 1911년 1월 조선

75) 위의 책, 663~664쪽.
76) 위의 책, 664~665쪽.
77) 위의 책, 669~671쪽.

에 있어서 영사 재판권 규칙 폐지의 영국 추밀원령 공포에 의해서이고,[78) 외국인 거류지 폐지는 각 국과의 교섭을 거쳐 1914년 4월에 실현된다.[79)

2. 한국 병합 조약의 조인

1) 헌경(憲警) 통합과 군대 동원

병합 실행의 전제로서 빠뜨릴 수 없는 것이 치안 유지를 위한 억압 기구의 강화다. 특히, 경찰 조직을 인원수 면에서도 상회했던 것이 한국에 주차하는 헌병의 확충이다.

한국주차헌병대의 활동 영역이 헌병 본래 임무 범위인 군사 경찰을 넘어서 보통 경찰 영역에 개입하게 된 것은 통감부 설치 후다. 함경남북도 '점령지'에 대한 군정 시행[80)(1904년 10월 8일~1905년 10월 18일)이나 경성(서울) 및 그 부근의 '치안 유지'를 명목으로 한 '군사 경찰' 시행[81)(1905년 1월 3일), 전주부(全州府) 내외에 대한 '군사 경찰' 시행[82)(1905년 4월 2일)은 러일전쟁 중의 조치라고 해도, '평화 극복 후에도 계속하여 군정을 시행'했다. '우리(일본) 군정을 유지할 구실'은 반일 투쟁에 봉기했던 강원도·충청북도 의병에 대해, 한국 정부가 '토벌 책임'의 '실효를 거두지 못하기 때문'이라 한다.[83) 1905년(메이지 38) 10월 25일, 하기와

---

78) 『小村外交史』855쪽, 小川原廣幸「日本の韓國司法權侵奪過程 −「韓國の司法及監獄事務を日本政府に委託の件關する覺書」をめぐって」, 明治大學 『文學研究論集』11호, 103~106쪽.
79) 宮嶋博史 『朝鮮土地調査事業史の研究』(東京大學東洋文化研究所, 1991년) 499쪽.
80) 『韓國駐箚軍歷史』227~242쪽.
81) 위의 책, 215~219쪽. 여기에서 말하는 군사경찰이란 '치안경찰을 군대에서 시행한다는 것을 의미하는 것'(같은 책 211쪽)이다.
82) 같은 책, 219~221쪽.
83) 『日本外交文書』38권 1책, 947쪽.

라 슈이치 주한 임시대리공사는 하세가와 고노미치 주차군사령관의 '헌병을 파견해서 이를 진압하는 데 종사시킬 것을 결정했다'는 통지를 받고, 한국 정부에 대해 다음의 통고를 했다.[84]

…… 귀국 정부의 힘으로 이를 진압할 수 없는 것은 아닌데, 귀국 정부의 태만의 결과이므로, 이제 귀국 정부의 힘으로 이를 진압하기를 바랄 수 없다고 인정할 수밖에 없어, 우리 군 관헌은 단연코 헌병으로 하여금 이를 소탕하도록 결정, 즉시 이를 결행한다 ……

의병 진압을 일본군의 전쟁 행위로서가 아니라 한국 정부의 대리 집행 행위로서 행한다는 형식을 갖추었던 것이다. 또한 1905년 10월 하순의 한국주둔헌병대의 규모는 장교 21명, 하사졸 576명이었다.[85](표 4 참조)

또한 통감부 설치 후도 한국 "경무 기관이 아직도 충실하지 않기 때문에, 군사 경찰을 모두 철거하는 것은 정치 유지에 위험하다"는 이유로 1906년 8월 13일 군사 경찰을 고등 군사 경찰로 개칭하고, 그 시행 책임자를 헌병대장으로 하는 주차군사령관 명령을 발했다.[86]

이에 앞서 1906년 2월 9일 공포된 '한국에 주둔하는 헌병의 행정 경찰 및 사법 경찰에 관한 건'(칙령 제18호)[87]은 "한국에 주차하는 헌병은 군사 경찰 외에 행정 경찰 및 사법 경찰을 관장한다. 다만 행정 경찰 및 사법 경찰에 대해서는 통감의 지휘를 받는다"라고 해, 통감의 지휘 아래 헌병이 보통 경찰 행정에 개입할 길을 열었다. 다음으로 제3차 '한일 협약' 체

84) 위의 책, 947~950쪽.
85) 『明治三十七八年戰役統計』 陸軍省 編, 『日露戰爭統計集』 3, 東洋書林, 1994年 所收 1671쪽.
86) 『朝鮮駐箚軍歷史』, 223~224쪽.
87) 『官報』, 1906년 2월 9일.

결 후인 1907년 10월 8일 공포된 '한국에 주차하는 헌병에 관한 건'[88](칙령 제323호)는 "한국에 주차하는 헌병은 주로 치안 유지에 관한 경찰을 관장하고, 그 직무의 집행에 대해 통감에 예속하며, 또한 한국 주차군사령관의 지휘를 받고, 겸하여 군사 경찰을 관장한다"고 규정했다. 이에 따라 본래 협의의 군사 경찰을 전담하는 헌병이 행정 경찰·사법 경찰에 관여하는 제도적 근거를 얻게 되었는데, 특히 1907년 10월 개정은 정미의병 투쟁에 대처하기 위해 '통감에 예속'하는 한국주차헌병의 주 임무를 치안 유지 경찰로 규정했던 것이고, 해석에 따라서는 헌병과 경찰과의 통일을 지향시키는 계기가 되었다.

또한 1907년 10월의 규정 개정과 동시에 전년 10월, 한국주차헌병대에서 제14헌병대로 개편하고, 병원 규모를 일단 축소했던 헌병대를 다시 한국주차헌병대로 고치고, 종래 좌관급(佐官級)인 헌병대장을 소장으로 격상시켜, 아카시 모토지로(明石元一郞)를 그 자리에 임명했다.[89] 헌병대의 증원도 1907년 '10월 이래 속속 내지로부터 도래'[90]한 '1,100여 명의 증파 헌병'[91]에 더하여, 1908년 6월 11일의 한국 칙령 '헌병 보조원 모집에 관한 건'[92]에 따라 모집한 한국인 헌병 보조원을 주차 헌병대에 '의탁'하고, '폭도 진압'에 임하도록 했다. 그 인원수는 '헌병 1명에 대해 2명 내지 3명을 배속'하는 것으로, 당초의 정원은 약 4,000명이었다.[93]

또 반일 의병 투쟁이 치열한 간도 지방(현재의 중국 동북 지역 길림성 남부, 동쪽은 러시아 연해주, 남쪽은 두만강을 끼고 조선 함경북도에 접

88) 『官報』, 1907년 10월 8일.

89) 『朝鮮駐箚軍歷史』 51~52쪽.

90) 朝鮮總督府, 『朝鮮ノ保護及倂合』, 1917, 185쪽.

91) 위의 책, 194쪽.

92) 한국 『官報』, 1908년 6월 13일

93) 『朝鮮駐箚軍歷史』, 55쪽.

한다)으로의 헌병 증파도 그 존재 가치를 강하게 각인시키는 것이 되었다. 통감부는 1907년 8월 '한국인 보호'를 명목으로 용정촌(龍井村)에 임시 간도 파출소를 설치하고, 헌병 46명, 한국 순검(巡檢) 10명, 기타 8명으로 총 64명을 배치했다.[94] 1908년 봄에는 러시아령 오키에프스크(煙秋)에 근거를 둔 이범윤(李範允) 등의 의병 부대의 활동이 격화했기 때문에 헌병 30명을 파견하고,[95] 7월 1일에는 분견소 8개소, 장교 이하 82명의 규모로 했던 것에 이어서, 분견소를 12개소로 하고, 준사관(準士官) 이하 25명을 증파했다.[96] 그러나 그것으로도 수비력이 부족하다고 본 통감부는 한국 내의 일본군 수비대의 간도 파견을 요청했지만,[97] 도쿄에 있던 이토는 데라우치 마사타케 임시 겸임외무대신과 협의하고, 이를 인정하시 않았나. "지금 이 건에 관해 청 정부와 교섭하는 것은 그 시기가 아니다"라는 것이 그 이유였다.[98] 국경・영토 문제로 분쟁 중인 "청 정부가 승낙하지 않은 곳에 우리 군대를 들여보내는 것은 현상 유지를 깨뜨릴 우려가 있고,"[99] 국제 문제를 야기하는 일을 피한 것이다. 그렇다면 간도에서 일본의 무력은 본래 비전투원인 헌병에 의존하지 않을 수 없게 된다. 1909년 7월에는 지난 해 이래, 일본 헌병과 청 순검과의 항쟁이 빈발하던 간도에 6파견소를 증설[100]하는 것과 함께, 헌병 준사관 이하 67명을 부산으로부터 이주시켰다.[101] 증원으로 간도의 헌병은 200명에 달했던 것으

---

94) 李盛煥, 『近代東アジアの政治力學 – 間島をめぐる日中朝關係の史的展開』, 錦正社, 1991, 60쪽.

95) 「韓國二於テ弟二回平和會談へ密使派遣並に同國皇帝ノ讓位及日韓協約締結一件」 4권(『外務省記錄』 2.4.1.9), 『日本外務省特殊調査文書』 39권, 56~57쪽.

96) 『日本外務省特殊調査文書』 39권, 56~57쪽.

97) 위의 책, 121~122쪽.

98) 위의 책, 228~229쪽.

99) 위의 책, 120쪽.

100) 『朝鮮駐箚軍歷史』 53쪽.

101) 『日本外交文書』 42권 1책, 483, 493쪽.

로 보인다.102) 이 헌병 증원에 대해 연길변무독판(延吉辺務督辦) 오록정(吳祿貞)은 "불법이 극에 달하고, 이번 증원은 육군병을 헌병으로 가장한 것으로, 이와 같은 일은 현상 유지에 반하고, 지방의 치안을 침해하는 고로, 직책상 묵시할 수 없다"103)고 항의하고, 거듭 철병을 요구했다.

표 16은 1908년·1910년의 한국주차헌병대 조직인데, 헌병 보조원을 포함하면 6,000명을 웃돌고, 1907년 11월 1일 현재의 일본인 경찰관 1,861명, 한국인 경찰관 3,176명, 합계 5,037명104)의 경찰관 수를 웃돈다.

이와 같은 헌병대의 비대화는 앞의 표 15에서 제시했던 바, 정미의병 '토벌' 과정에서 헌병대의 역할과 조응하는데, 동시에 "주차 헌병대는 한국 정부의 조회에 기초해, 한국 정부의 경찰권 시행에 관해 이것이 원조해 주어야 한다는 것을 승인함으로써, 우리 헌병은 한국에서 한일 양국 경찰권에 간여할 권한을 갖고, 한국에서 치안 기관의 가장 중요한 부분을 점하기에 이르렀다"105)고 자부하는 강대한 권력 기구로 부상했다는 것을 의미했다.

1908년 11월 한국 주차군 참모장이 된(1909년 7월까지 주차헌병대장을 겸임) 아카시 모토지로(明石元二郞) 소장은 한국 정부의 경찰기관을 제도적으로 헌병의 지휘 아래 두는 것, 즉 한국 경찰권의 탈취를 주장하게 되었다. 그 이유의 하나는 "일본의 칙령에 따라 한국 정부의 경찰 기관이 헌병의 지휘 아래 들어가야 하는 것은 아니다"106)는 비판적인 경찰 관료의 법률론이 있었기 때문인 것 같다. 한국 정부로부터 정식으로 일본

---

102) 위의 책, 502쪽.
103) 위의 책, 495쪽.
104) 『外務省警察史』 3권, 不二出版, 1996, 178쪽.
105) 『朝鮮ノ保護及倂合』, 186쪽.
106) 『松井茂自傳』, 松正茂先生自傳刊行會, 1952, 243쪽, 松田利彦「韓國倂合前夜のエジプト警察制度調査－韓國內部警務局長松井茂の構想に關連して」, 『史林』 38권 1호, 참조.

표 16. 한국주차헌병대의 조직

	분대	관구	분견소	파견소	출장소	헌병 병원	헌병 보조원
						人	人
1908년	6	39	441	9		2,347	4,234
1910년(3월)	7	57	457	31	4	2,369	4,392

* 1908년에는 이외에 간도에 분대 1, 분견소 10이 있다.
前揭 『朝鮮駐箚軍歷史』 53~54쪽에 의해 작성.

정부로의 경찰권의 '위탁'이 없으면 헌경(憲警) 통일은 불가능하다. 1910년 1월 아카시는 데라우치 육군대신에게 서간[107]을 보내, "지금과 같이 헌병과 경찰이 양립하고, 헌병은 무관인 관계로, 자연 행정부와의 접촉에 그 편리함을 잃고, 통감부는 경시총감 혹은 경무국장과 오히려 서로 접근하는 것과 같은 것이라면 정말로 상황이 좋지 않기" 때문에 "헌병과 경찰관을 묶어 한 개의 단(団)으로 만들고, 군사령관이 이를 원활하게 하는 것이 가장 자연스러운 것이 아닌가'라는 의견을 구했다.

데라우치가 참모장 회의 출석을 위해 도쿄로 올라온 아카시와 만난 것은 『데라우치 마사다케 일기(寺內正毅日記)』에 따르면 같은 해 5월 5일이다.[108] "오전 10시부터 아카시 소장을 불러 한국 시찰의 일을 이야기하고, 다나카 대좌를 불러 함께 연구해야 할 것이라는 뜻을 말해 두다"라고 되어 있다. 여기서 다나카 대좌는 육군성 군사과장 다나카 기이치(田中義一)다. '함께 연구해야 할 것'이라는 과제에 헌병과 경찰의 통일 문제가 포함되어 있는 것으로 생각된다. 그 후의 계획 등의 책정 과정은 명확하지 않지만 6월 15일에 한국 주차군 헌병대 사령관에게 임명된 아카시의 한국 부임(6월 22일, 서울 도착)까지, 한국 경찰 행정 '위탁' 교섭을 지시하는 통감부총무장관 사무취급 이시즈카 히데쿠라(石塚英藏) 앞으로의

107) 小森德治, 『明石元二郎』 上, 原書房, 1968, 440~442쪽.
108) 山本四郎 編, 『寺內正毅日記』, 京都女子大學, 1980, 505~506쪽.

명령, 한국 수상 앞으로의 협의안건, 수상서리 박제순(이완용 수상은 부상 요양) 앞으로의 조회문이 작성되었다.[109]

아카시로부디 이것을 받아 든 이시즈카는 22일 박제순 수상 서리·조중응 농상공상에게 위의 조회문과 칙령안을 보여 주고 회답을 요구했다.[110] 이에 대해 두 사람은 다음 날 23일의 정례 각의에서 자문할 것이라했다. 민병석 궁상도 참가했던 그 각의에서는 고영희 탁지상·이용식 학무대신·민병석 궁상이 강하게 반대했다. 그들은 경찰 행정 '위탁'에 대해서도 반대했지만, 일본이 "교섭은 간편하게 하는 것을 주지로 하고 …… 앞에서 헌병 보조원, 군부 폐지의 예에 준해서 서로 조회문을 교환한다"는 교환 공문에 따라 결정하려는 것에 반발하고, "국무대신의 책임상, 그 정당함을 얻는 것이 아니다"라고 주장하고 "행동을 함께하여 사직하겠다는 의기"를 보이고 저항했다.

이 때문에 이시즈카는 각 대신을 관저에 불러 설득을 시도했지만, 그들은 형식에 고집하고, 앞의 '한국 사법 및 감옥 사무 위탁에 관한 각서'를 모방하여, 다음의 3개조의 각서안을 역으로 제안했다.

일본 정부 및 한국 정부는 한국 경찰 제도를 완전히 개선하고, 한국 재정의 기초를 공고하게 할 목적으로 아래의 조관을 약정한다.
제1조 한국의 경찰 제도가 완비되었다는 것이 인정될 때까지, 한국 정부는 경찰 행정을 일본 정부에게 위탁할 것.
제2조 한국 황궁 경찰 행정에 관해서는 필요에 따라 궁내부대신은 해당 주무관에 임시 협의하고 처리할 수 있게 할 것.
제3조 한국 정부 행정 사무에서 경찰 행정에 관계있는 사항은 종전과 같이 연락을 유지하고, 원만 민속하게 진행하도록 기할 것.

109) 小森德治, 앞의 책, 443~446쪽.
110) 이하 『朝鮮の保護及倂合』, 302~305쪽.

위 각각 본국 정부의 위임을 받아, 각서 한일 2통을 만들어 이를 교환하고, 후일의 증거로 하기 위해 기명 조인하는 것으로 한다.

사태의 지연을 두려워한 이시즈카는 위의 각서 안에서 제3조를 삭제한 것을 도쿄에 있던 데라우치 통감에게 보고하고, 그 승인을 얻어, 6월 24일 '한국 경찰 행정 위탁에 관한 각서'에 기명 조인했다. 일본 측 서명자는 '통감 자작 데라우치 마사타케'이지만, 이시즈카의 대필이다.

이것에 기초하여 6월 29일 '통감부 경찰서 관제' 및 관련 칙령이 공포되고[111] 7월 1일 시행되었다.

'관제'에 따르면 통감부에 신설된 경무총감부의 장인 경무총장은 한국주치헌병의 장인 육군장관(헌병 사령관)이 겸임하고(제3조·제6조), 각 도의 경찰 행정 및 경찰서의 감독을 관장하는 경무부장은 헌병좌관(憲兵佐官, 헌병대장)이 임무를 맡는 것으로(제4조·제8조) 했다. 이하 경시에 헌병위관(憲兵尉官), 경부에 헌병하사관, 순사에 헌병상등병이 임용된다는 구성이다. 아카시 사령관이 경무총장으로 통감부 행정에 직접 관련되는 것을 비롯해, 각 도에 배치되는 헌병 분대의 헌병이 군사 경찰뿐만 아니라 행정 경찰·사법 경찰을 겸하는 것이 된다. 표 17은 병합 후인 1910년 12월 말의 경찰관 및 경찰 직무를 행하는 헌병 수다. 경찰관 수는 조선인 순사보 3,131명을 포함해 5,881명이지만, 헌병 수는 조선인 보조원을 포함해 2,019명으로 되어있다.

이와 같은 헌병 경찰 제도에 대해, 경찰 관료나 법학자 사이에는 강한 불만과 비판이 있었다. 헌경 통일에서 사임한 마쓰이 시게루(松井茂, 1910년 11월 법학 박사)[112]는 경무국장 재임 중의 강연 '한국 경찰에 대해

111) 『官報』 1910년 6월 29일.

표 17. 합병 후의 경찰관과 경찰 헌병

	경 찰 관								
	경시		경부		순사		순사보	합 계	
	일본인	조선인	일본인	조선인	일본인	조선인	조선인	일본인	조선인
경무총감부	6	3	24	17	117	8	158	187	196
동직할경성각서	4	1	14	20	259	32	604	278	660
경기도	3		11	4	157	11	247	180	267
충청북도	1		8	4	92	8	120	107	135
충청남도	1		11	5	138	14	236	157	262
전라북도	2	1	9	4	124	11	183	140	203
전라남도	2	1	12	5	163	10	218	189	238
경상북도	1	1	13	6	163	17	257	186	286
경상남도	3	1	14	6	181	13	223	206	250
황해도		1	9	4	98	12	149	115	170
평안남도	2	1	9	5	120	9	150	137	168
평안북도	1	1	9	6	131	10	178	150	199
강원도		1	9	5	109	8	175	126	192
함경남도	2	1	8	5	102	12	118	118	137
함경북도	2	1	7	5	99	6	115	112	130
	30	14	167	101	2,053	181	3,131	2,388	3,494
	44		268		2,234		3,131	5,881	

1910년 「朝鮮總督府統計年譜」, 473~474쪽에 의해 작성.

서' 중에서, 제3차 '한일 협약' 후의 한국 "경찰은 완전히 군대 · 사법 등으로
부터 분화하고, 현시의 문명국에서와 같이, 내무 행정의 중요한 일부를
형성하기에 이르는 것입니다. 다만 다른 나라와 다른 점은, 경찰 제도가
헌병 제도와 다소 그 성질을 같이하고, 상호 병립하여 존재하는 점이 없다
고도 할 수 없습니다 …… 군대와 경찰은 그 사이에 스스로 구별이 있어서,
군대는 폭도에 대해서 무력으로써 이를 억압해야 하더라도, 경찰은 위해
를 미연에 방어하는 것이 본래의 직무"[113]라고 했다. 이것은 본래 관할 영

112) 『官報』 1910년 11월 28일.
113) 松井茂, 『自治と警察』, 警眠社, 1913, 797~799쪽.

	경찰서의 직무를 행하는 헌병						
	헌병	헌병장병					합계
	분대수	장교	특무조장	하사	상등병	보조원 (조선인)	
경기도	7	7	1	19	100	98	225
충청북도	4	4		8	34	46	92
충청남도	4	4		8	31	46	89
전라북도	4	4		8	40	56	108
전라남도	5	5		11	47	70	133
경상북도	6	6		17	55	84	162
경상남도	4	4		9	20	25	58
황해도	6	6		17	49	80	152
평안남도	5	5		10	50	70	135
평안북도	7	7		12	78	104	201
강원도	10	10		26	99	111	270
함경남도	8	8		21	64	67	160
함경북도	7	7		20	75	125	228
	77	77	1	186	742	1,012	2,019

역·임무가 다른 헌병과 경찰의 '성질'이 서로 비슷하다는 것에 '의심의 뜻'을 나타내고 있었지만, 헌경 통일 후인 1910년 11월 20일의 강연 '조선의 내무 행정, 특히 경찰 행정에 대해'에서는 "보통 행정 관청에서 완전히 독립"한 헌병 경찰의 "신 제도의 현행법은 과도 시대로서는, 어쩌면 그 타당성을 얻었다는 설을 펴는 자가 있다 하더라도, 능히 구체적으로 종종의 관계를 비교 연구한 후에 논평해야 할 것"[114]이라 말해, 간접적이지만 헌병 경찰 제도를 비판했다. 전후 간행된 자서전에서는 아카시의 헌경 통일 구상에 대해, 마쓰이는 당초부터 반대했다는 것을 분명하게 밝히고 있

114) 위의 책, 907쪽.

다.115)

또 육군성 참사관으로 데라우치의 지시에서 아카시 사령관·다나카 기이치(田中義一) 군사과장과 협의하고, 헌병 경찰 제도의 성문화를 담당한 법학자 아키야마 마사노스케(秋山雅之介)마저도 "나라의 변강(國疆)이든가 내지인이 거주하지 않는 적막한 지방이라든가, 그렇지 않으면 폭도가 출몰하는 위험한 지방 등에는 헌병을 배치하는 것은, 당시의 사정에 어쩔 수 없다고 해도, 이것은 황화(皇化)의 보급과 더불어 점차 그 수를 줄여야 할 것"이라고, '강경한 주장'을 했지만,116) '조선 주차 헌병 조례'117)(1910년 9월 10일 공포) 제정 과정에서는 다음의 의견을 제출하고 있다.118)

헌병으로 하여금 치안 유지에 관한 경찰 기관으로 한다는 것은, 보통 경찰 기관이 아직도 정돈되지 않기 때문에 임시 처치로 나온 것으로서, 장래에 영구히 계속될만한 제도가 아니다. 본래 헌병은 군사 경찰을 주로 하는 기관으로서, 조선에서 경찰 제도를 확립함에 있어서는 동지 주차헌병도, 가능한 한 본래의 계통으로 복귀시키는 것이 지당하다.

근대 법학적 견지에서 보면, 헌경 통일은 근대 국가의 법리에 반할 뿐만 아니라 제국 영역 내에 본국과 다른 헌병 제도를 만드는 것이 되는 것이다.

또는 한국 경찰권의 탈취라는 관점에서 보면, 예정되어 있는 한국 병합에 따라 부수적으로 달성되어야 할 것이었다. 그럼에도 불구하고 병합

---

115) 『松井茂自傳』, 243~244쪽.
116) 小森德治, 앞의 책, 461쪽.
117) 『官報』 1910년 1월 12일.
118) 押印에서 秋山 作成이라 추정되는 「朝鮮駐箚憲兵條例二對スル意見」(「密大日記」明治 43~1, 防衛廳防衛研究所圖書館 所藏).

2개월 전에 강행한 것은 병합 후의 평상시에서는 항상 계엄령이 시행되는 상황으로 받아들여지기 쉬운 헌경 통일을 일본 정부가 식민지 지배 기구의 일환으로 인정하지 않는 것은 아닐까 라는 두려움과 의심을 데라우치·아카시 등이 품고 있었기 때문은 아닐까? 그러므로 병합시에 상정되는 소란에 대한 치안 유지를 최대한으로 강조함으로써 반대론을 봉쇄하고, 병합 전에 서둘러 실시한 것은 아닐까?

이와 같은 헌병 경찰 제도의 발족과 병행해서 헌병의 증원이 꾀해졌다. 6월 1일, 데라우치 통감은 "지금 한국에서 경찰 기관의 배비(配備)는 매우 희박해서, 경찰관 5,200여 명, 헌병 2,300여 명, 헌병 보조원 4,500명으로 총 1만 2,000명인데 …… 평시에도 아직 한국의 치안을 유지하는 데 용이하지 않은 상황으로, 이번 기회에 …… 우선 헌병 장교 이하 1,000명을 증원하는 방안"을 요구했던 것에 대해서, 14일, 가쓰라 수상은 '청원한 대로' 증원을 승인했다.[119] 다음날 15일에는 한국 경찰권 탈취, 헌경 통일을 예상하고 제시되었던 헌병대 편성표에 따라 헌병 배치 계획이 세워졌다. "경찰관을 각 개항 시장 등의 시가지 및 철도선 부근, 기타 각 읍 등에 충용(充用)하는 데에 대해서, 헌병을 군사 경찰 또는 적도(賊徒) 진정(鎭定)에 중점을 두고, 각 지방에 배치할 것"[120]이라 하고, 종래의 한국주차 헌병대 본부를 사령부로 승격하고, 그 아래에 13헌병대(수원·청주·공주·전주·광주·진주·대구·춘천·함흥·경성·의주·평양·해주)를 신설했다.[121]

헌병 경찰 제도가 발족했던 7월 1일 현재 인원은 장관 1명, 좌관 14명, 위관 102명, 기타 병원 3,386명, 보조원 4,417명, 장교마 120필, 대마(隊

119) 위의 「密大日記」 43-1.
120) 「朝鮮憲兵隊歷史」 3-11(明治43년 1월~8월, 防衛廳防衛研究所圖書館 所藏).
121) 위와 같음.

馬) 646필로 총 인원 7,920명, 말 766필이다.[122] 병합 시에는 문관 경찰관 5,680명[123]을 웃돈 약 8,000명으로 불어난 헌병에 의한 경비 태세가 갖추어진 것이다. 또한 1910년의 조선주차헌병대 수(7,582명)는 일본 내지·타이완, 기타를 포함한 헌병 총인원 9,144명의 82.9%에 해당한다.[124]

병합 실행을 향한 또 한 가지 국가적 강력 장치의 증강은 한국 주차군의 경비 태세의 강화다. 1910년 당시의 한국 주차군의 기본 부대는 같은 해 2월에 교대 근무로 된 2사단과 전년 5월 한국 남부 지역으로의 배치를 위해 편성된, 사령부 및 보병 2연대로 구성된 임시 한국 파견대다.[125] 그 수비 담당 지역은 서울 교외인 용산에 사령부를 둔 제2사단이 충청북도 이북의 북부 수비 관구로 했던 것에 대해, 대전에 사령부를 둔 임시 한국 파견대는 충청남도 이남의 남부 수비 관할을 담당하고, 표 18과 같이 각지에 주둔해 있었다.

이들은 병합에 대비해 경비를 담당하고, 소란이 발생하면 탄압하는 임무를 지고 있지만, 가장 경계를 요한 지역의 하나는 북부 국경 지대였다. 러시아령 연해주·청령 간도 지방에서 아직 활발하게 활동 중인 의병이 "병합의 기회를 틈타, 러시아와 청 영토 안에 있는 한민(韓民)을 유혹하고, 한국 내지에 침입하려는 것을 막지 못하는"[126] 상황에 있다고 보았기 때문이다. 또 하나의 경계 지역은 서울이다. 데라우치 통감이 "정변에 처

122) 위의 所收「韓國駐箚憲兵隊人馬配置定員表」에 의한다.
123) 松田利彦, 『朝鮮植民地化の過程における警察機構(1904~1910年)』, 『朝鮮史研究會論文集』 31集 130쪽, 표 1에 의한다.
124) 松田利彦 編, 『朝鮮憲兵隊史』 1권, 不二出版, 2000, 해설 2쪽.
125) 『朝鮮駐箚軍歷史』, 44~47쪽.
126) 吉田源治郎, 『日韓併合始末』, 1911, 海野 編, 『韓國併合始末關係史料』, 不二出版, 1998 所收) 106쪽. 이하 인용은 海野 編, 같은 책의 쪽 수. 요시다 겐지로(吉田源治郎)는 제2사단 참모로서 사단 사령부에 근무하고 있었던 기병대위다. 병합 1주년인 1911년 8월, 그 자료를 정리했다.

표 18. 한국 주차군의 배치(1910년 5월 현재)

관구	부 대	주력 주둔지
북부 수비 관구	보병 제25여단 사령부, 보병 제4연대(제1대대 欠), 기병 제2연대(제1중대欠), 야포병 제2연대(제6중대欠)	나남
	보병 제4연대 제1대대, 공병 제2대대(제1중대欠)	회령
	보병 제32연대 본부 및 제2대대·제12중대	함흥
	보병 제32연대 제3대대(제12중대 欠)	북청
	보병 제32연대 제1대대	원산
	보병 제3여단 사령부, 보병 제29연대 본부 및 제2대대·제1중대	평양
	보병 제29연대 본부 제1대대(제1중대 欠)	안주
	보병 제29연대 본부 제3중대	개성
	제2사단 사령부, 보병 제65연대(제2대대 본부와 2중대 欠), 기병 제2연대 제1중대, 야포병 제2연대 제6중대, 공병 제2대대 제1중대	용산
	보병 제65연대 제2대대(제5·제7중대 흠)	충주
남부 수비 관구	임시 한국 파견 보병 제1연대 본부 및 제1대대	대전
	임시 한국 파견 보병 제1연대 제2대대	전주
	임시 한국 파견 보병 제1연대 제3대대	안동
	임시 한국 파견대 사령부, 임시 한국 파견 보병 제2연대 본부 및 제3연대	대구
	임시 한국 파견 보병 제2연대 제1대대	남원
	임시 한국 파견보병 제2연대 제2대대	광주

앞의 책, 『韓國駐箚軍歷史』, 121~123쪽, 125~127쪽에 의해 작성.

하여 한국 군대의 동요는 항상 소요를 발동시키는 것은 과거의 역사에 의해 분명하다. 그러므로 사전에 이에 대비할 필요가 있다"[127]고 말하는 것과 같이, 민중과 군대의 연계에 의한 한일 투쟁의 전개를 두려워하고 있었다. '과거의 역사'라고 하는 것은 가까이는 1907년 8월의 한국 군대 해산을 계기로 일어난 시위대·진위대 반란이 정미의병 투쟁의 방아쇠가 되었다는 것을 가리키고 있다. 1909년 8월 군부 폐지에 의해 설치된 친위부 아래에 존치되었던 근위 보병대·기병대의 병원은 수백명[128]이라 하더

127) 寺內正毅, 「韓國倂合と軍事上の關係」, 海野 編, 앞의 『韓國倂合始末關係史料』 74쪽.

라도, "종래의 실험에 따르면 군대에 대해서는 시민은 병영의 주위에 모여, 그 폭동을 선동한다는 것으로 그 예가 적지 않다"129)며 군대의 존재 그 자체가 소요의 노화선이 될 가능성이 고려되었다.

북부 국경 지역의 수비에 대해서는 "압록강 및 두만강 연안에 국경선 보호 초소를 중치"130)하고 헌병을 배치함과 더불어 간도 및 황해도·강원도 의병에 대해서는 "그 세력의 경중 및 그 위해의 정도에 대응해 지방 경비 병력 배치를 변경"131)하는 한편, 서울 지역으로의 부대 이동을 개시했다. 함경북도 나남(羅南) 주둔의 기병 제2연대에 이동 명령이 내린 것은 데라우치의 통감 취임보다 앞선 5월 24일이다. 동 연대 본부와 제 2중대의 후지나와 미쿠로(藤繩三九郎) 기병소좌 이하 97명, 말 107필은 6월 3일 출발, 7일 주차군 '영구 병영'이 있는 서울 남쪽 교외인 용산에 도착한다.132) 이것은 서울로의 부대 이동의 첫 사례다.133)

이어서 나남 주둔의 보병 제4연대 제2대대(2중대 빠짐)와 함경남도 함흥 주둔 보병 제32연대 제3대대(2중대 빠짐)에도 이동 명령이 내려졌다. 제4연대의 2중대(246명)는 6월 18일 함경북도 청진에서 항춘환(恒春丸)에 승선, 19일 원산 상륙을 한 후, 행군하여 용산으로 향했다. 제32연대 제3대대의 본부 및 제7중대·제12중대의 2중대(238명)도 6월 20일, 서호진(西湖津)에서 항춘환에 승선, 같은 날 원산에 상륙, 똑같이 행군으

---

128) 1907년 군대해산 후의 존치 兵員은 근위보병 대대의 644인을 중심으로 전부 837인이다(朝鮮駐箚軍司令部 編『朝鮮暴徒討伐誌』, 金正明 編,『朝鮮獨立運動』1, 原書房, 1967, 238쪽)

129) 吉田源治郎, 앞의『日韓倂合始末』196쪽.

130) 寺內正毅,「韓國倂合卜軍事上ノ關係」, 66쪽.

131) 위의 책, 69~70쪽, 吉田源治郎, 앞의 책,『日韓倂合始末』, 106~107쪽 참조.

132)「韓國駐箚軍」明治 42~45년(防衛廳防衛硏究所圖書館 所藏「千代田史料」) 중의「韓國駐箚師團中配置變更ノ件」, 吉田源治郎, 앞의 책,『日韓倂合始末』, 88~89쪽.

133)『韓國駐箚軍歷史』340쪽.

표 19. 용산에 집결한 경비 부대(1910년 7월 상순 현재)

부대		대장	장교	하사	병졸	계	馬
제2사단 사령부		중장 松永正敏	20	23	21	64	12
보병 제3여단 사령부		소장 中村無一	3	2	17	22	4
보병 제29연대 제3대대 (제9중대·제11중대 빠짐)		보병소좌 淺野丈夫	12	21	184	217	2
보병 제65연대 본부·제1대대 (제1중대·제4중대 빠짐)및 제7중대		보병소좌 松田直三郎	25	45	549	619	8
보병 제4연대 제2대대 (제6중대·제7중대 빠짐)		보병소좌 野元彦二	11	22	177	210	2
보병 제32연대 제3대대 본부 및 제7중대·제12중대		보병소좌 小木谷好之助	9	18	227	254	3
경성 임시 파견대	임시 한국 파견 보병 제2연대 본부의 1부와 제2대대 (제6중대 빠짐) 임시 한국 파견 보병 제1연대 제1대대 본부 및 제1중대·제2중대·제8중대	보병대좌 三輪光儀	44	58	747	849	8
기병 제2연대(제3중대 빠짐)		기병소좌 藤繩三九郎	14	13	163	190	205
야포병 제2연대 제6중대		포병대위 鈴木松之助	4	9	73	86	60
공병 제2대대 제1중대		공병대위 矢崎博之	6	6	103	115	5
합계			148	217	2,261	2,626	309

前揭『朝鮮駐箚軍歷史』, 344~345쪽, 吉田源治郎「日韓倂合始末」(海野 編『韓國 倂合始末關係資料者集』所收)의「警備部隊人馬一覽表」(단 明治 44년 7월 상순조로 있는 것은 43년의 誤植으로 보아 수정).

로 용산으로 향했다.[134] 그 외에 삭령·개성 주둔 보병 제29연대의 1대대 (3중대 빠짐)도 육로로 용산으로 이동했다.[135] 모두 '폭도 토벌'을 목적으로 행동 명령을 받았지만, "토벌에 관한 명령은 표면상 폭도 토벌을 위한 것 같지만, 사실은 병합 준비를 위해 군대를 용산에 집결하는 구실에 지나지"[136] 않았다.

134) 위의 책, 341쪽, 1910년 6월 14일부 육군운수본부장으로부터 육군차관 앞으로의「步兵四中隊ノ輸送ニ關スル件」(防衛廳防衛研究所圖書館 所藏「密大日記」明治 43~3).
135)『朝鮮駐箚軍歷史』341쪽.
136) 吉田源治郎, 앞의 책,『日韓倂合始末』100쪽.

이상이 제2사단에 속하는 보병 9중대의 용산 초치(招致)이지만 보병 6중대 규모의 경성 임시 파견대를 편성하게 된 임시 한국 파견대에서는 1대대(1중대 빠짐)를 대전에서 행군으로 용산으로 송출하고, 다른 1대대 (1중대 欠)를 대구에서 기차 수송으로 용산으로 이동시켰다.[137]

이렇게 해서 7월 9일까지 예정했던 모든 부대가 용산에 집결했다. 제 1진인 기병 제2연대가 용산에 도착한 6월 상순의 병력은 보병 5중대, 기병 2중대, 포·공병 각 1중대였지만, 집결이 완료된 7월 상순에는 표 19와 같이 총 병원 2,626명에 달해, "용산 보병 영내에는 보병 15개 중대, 공병 1중대로 연병장이 가득"[138]했다. 이 2,600여 명[139]의 병원과 시내에 배치된 191명의 헌병,[140] 1,082~1,107명의 한일 순사[141]에 의해 수도 지역의 치안 유지 태세가 짜인 것이다. 1910년 말 '경성부' 조선인 인구는 23만 8499명이다.[142] 여기에 대해 일본 군대·헌병·경찰을 합해서 4,000명에 가까운 병원·경찰관이 경비에 임했던 것이 된다.

6월 26일, 한국주차군참모장 사카키바라 쇼조(榊原昇造) 소장은 제2 사단장·헌병대사령관·군 각 부장에 통첩하고, 주차차사령관이 가까운 용산위수사령관의 직무를 집행할 것을 예고한 것과 함께, 서울 지구에서 계엄 태세를 펼치는 데 임해서 '용산 위수지 경비 규정' 및 '임시 용산 위수지 경비 규정'을 첨부하고, 그것에 기초한 실시 계획의 검토를 지시했다.[143] 전자는 왕성 바깥에서의 경비, 후자는 왕성을 포함한 비상사태의

---

137) 『朝鮮駐箚軍歷史』 314쪽.
138) 吉田源治郎, 앞의 책, 『日韓併合始末』, 109~110쪽.
139) 1910년 8월 18일 調 「警備部隊編成表」(吉田源治郎, 『日韓併合始末』 176쪽의 다음 ②) 에 의하면 '경성 파견 인원' 1,673명, '용산 잔류 인원' 973명으로 총 2,646명이다.
140) 「平時及臨時警備ノ爲ノ各分隊憲兵配置人員表」(같은 책 280쪽의 다음 ①)에 의한다. 『朝鮮憲兵隊歷史』 所收의 「京城附近特別配置表」에 따르면 115명의 배치.
141) 「平時及臨時警備ノ爲ノ各分隊憲兵配置人員表」(같은 책 280쪽의 다음 ②)에 의한다.
142) 1910년 『朝鮮總督府年報』, 120쪽.

발생을 상정한 '가장 엄한 경비법'으로, 각 부대의 임무 분담을 각기 규정했던 것이다. 이후 여기에 기초해 상세한 검토가 가해지고, 8월까지 병합 시의 각부대의 배치, 임무 분담 계획, 소란 발생시의 상세한 탄압 기준이 완성되었다.

이 사이 황해도·강원도의 '폭도 토벌'이 계획되었지만, 도중에서 중단되었다.[144] 그것은 8월 8일에 데라우치가 지시한 "배치 및 경계 방법을 적절히 또 지극히 정숙하게 실시하고, 소요를 예방함을 주로 하고, 이를 선동하여 불량한 결과를 일으키는 것과 같은 느낌을 일으키는 행동은 심히 경계할 필요가 있다"고 한 '내훈'[145]의 방침, 이를테면 '폭도'를 적극적으로 '토벌'하는 것은 아니고, "지방의 민심을 진압하고, 아울러 폭도로 하여금 순농(蠢動)의 여지가 없도록"[146] 봉쇄 작전을 선택한 때문이다.

병합시 한국은 대체로 '평온'하게 끝났다. 데라우치는 "단지 경성뿐만 아니라 지방에서도, 극히 평정해서 폭도가 동시에 발생하지 않은 것은 크게 경축할 일이다. 그러나 한 편으로는 군대·경찰의 위력과 부단한 경비는 간접적으로 막대한 효과를 보인 것은, 역시 논쟁할 필요도 없는 사실이다"[147]라고 말하고, 경비 작전의 성공을 과시하고 있다.

2) 조인 과정

데라우치 마사타케 육군대신이 "수상으로부터 한국 통감의 일에 대한 내

---

143) 吉田源治郎, 앞의 책, 『日韓併合始末』, 108쪽; 『朝鮮駐箚軍歷史』, 342쪽.
144) 吉田源治郎, 앞의 책, 『日韓併合始末』, 123~130쪽.
145) 『朝鮮駐箚軍歷史』, 346~347쪽.
146) 위의 책, 347쪽.
147) 寺內正毅, 앞의 책 『韓國併合ト軍事上ノ關係』, 78쪽.

의(內議)"[148]를 받은 것은 1910년(메이지 34) 4월 5일이다. 위암에 걸렸던 소네 아라스케 통감은 1월 3일에 사가귀국(賜暇歸國)하고, 가나가와현 가다세(神奈川縣 片瀨)에 틀어박혔기(9월 12일 죽음)때문에, 데라우치 취임까지의 통감은 사실상 부재였다. 병합을 꾀하던 중의 통감 경질은 중요한 인사 문제였고, 병합 추진파에 가담하고 있었던 데라우치 통감을 임명하라는 소리는 그때까지도 있었지만, 천황에의 내주(內奏)는 5월 12일이었다. 육군대신 겸임의 통감에 대하여 천황은 "어느날 일이 발생했을 때에, 통감이 도한하여 체류가 오래 걸리는 것 같은 일이 있으면, 육군의 사무가 지체하는 사태가 없을까"라고 우려했지만, 가쓰라 수상은 그러한 경우에는 "스스로 육군대신의 임무를 겸하고, 완급한 일에 임함으로써, 천황께 심려를 끼치는 일은 없을 것입니다"라고 대답하고, 후에 재가를 얻었다.[149] 가쓰라는 현직 통감(병합 후 총독)인 데라우치가 국무대신으로서 내각에 머무르는 것을 바랐던 것으로 생각된다. 고다마 겐타로(兒玉源太郎) 타이완 총독이 제4차 이토 내각·제1차 가쓰라 내각의 육군대신(1900년 12월~02년 3월)·내무상(03년 7월~동년 10월)·문부상(03년 7월~동년 9월)을 겸임했던 전례가 있다.

데라우치에 대한 통감 임명은 5월 30일이지만, 데라우치는 얼마 동안 도한하지 않고, 부통감에 임명된 야마가타 이사부로(山縣伊三郎)(야마가타 아리토모의 양자, 제1차 사이온지 내각의 체신상, 합병 후 조선총독부 정무총감)를 먼저 파견하고, 자신은 도쿄에 머무르고, 앞서 말한 병합 실행 계획을 마무리했다. 『데라우치 마사다케 일기』에 따르면, 그 사이 데라우치는 수상으로 있는 가쓰라와는 말할 것도 없고, 야마가타 아리토

---

148) 山本四郞 編 『寺內正毅日記』, 498쪽.
149) 宮內廳 編 『明治天皇紀』 제12집, 吉川弘文館, 1975, 413쪽.

모와 종종 회합하고, 의견을 교환하거나 지시를 받고 있었기 때문에, 병합 문제를 포함한 대한 기본 구상이 야마가타 – 가쓰라 – 데라우치의 라인을 축으로 진행된 것을 알 수 있다.

한국 황제 앞의 친서[150])를 휴대한 데라우치 통감이 신바시(新橋)를 출발했던 것은 7월 15일이다.[151]) 도한에 임해 "시모노세키(下關)로부터 특별히 군함을 타고 도항할 것을 명한"[152]) 것은 천황이었다. 데라우치를 태운 군함 야쿠모(八雲)는 7월 23일 아침, 인천에 입항하고, 그로부터 데라우치는 경인철도 특별차로 서울에 입경했다.[153])

데라우치는 25일에 황제와 전 황제(태황제)께 신임 인사, 8월 1일에 정례 각의에서 신임 인사를 한 외는 '쥐 죽은 듯이(不蜚不鳴)' 침묵을 지키고 있었지만,[154]) 8월 13일(토요일) 고무라 외부대신 앞으로 "그전부터 내명을 받고 있는 시국의 해결은 내주부터 착수할 것이다. 별도의 장애가 없이 진행할 경우에는, 그 주말에는 모두 완료될 것이라는 의견이다"[155]) 라고 타전하고, 1주일 이내에 조약 조인을 완료할 방침을 예고했다. 다음 날 14일 고무라는 조인으로부터 공포, 즉 발효까지 추밀원에의 자문, 제외국에의 통고와 선언의 송부를 위해 "약 1주일간을 요할 것으로 본다"라고 회답했다.[156]) 이것에 대해 데라우치는 "조인 후, 오랫동안 비밀을 유지하는 것은 특히 한국에 있어서 가장 곤란"하고, "미리 폐하의 재가를 받아놓아야 할" 조약이기 때문에, 조인으로부터 공포까지 기간을 "길더라

150) 위의 책, 437쪽.
151)『子爵齋藤實傳』2권, 齋藤子爵記念會, 1941, 122쪽.
152)『明治天皇紀』第12, 430쪽.
153)『元帥寺內伯爵傳』, 元帥寺內伯爵傳記編纂所, 1920, 579쪽.
154) 위의 책, 580쪽.
155)『日本外交文書』43권 1책, 675쪽.
156) 위의 책, 676쪽.

도 4~5일"로 단축해야 한다고 하여,157) 고무라의 양해를 얻었다. 158)

이와 같이 사전 협의의 후, 16일 데라우치는 이완용 수상을 관저로 불렀다. 일본은 야마가타 부통감이 동석했지만, 한국은 이완용 혼자였다. 통역은 고쿠부 조타로(國分象太郎) 통감비서관이 맡았다.

이하 '한국 병합 조약' 조인으로부터 2개월여 지난 11월 7일, 조선총독 데라우치 마사타케가 가쓰라 수상에게 제출한 '한국 병합의 전말' 보고서 '한국 병합 시말'159)에 따른 조약 조인 경과를 더듬어 보겠다.

병합의 승인을 이완용에게 요구한 데라우치는, 병합이 "위압으로써 이를 단행하고, 혹은 선언서를 공포해서 협약을 쓸모없게 만드는 것"은 "몹시 좋지 않고", "그 형식은 합의적 조약으로써 상호의 의사를 표시하는 것이 타당하다고 인정한다"라고 말한160) 후에, 미리 준비해두었던 각서161)를 수교했는데, 거기에서도 한국 황제가 "시운의 추세에 비추어보아, 스스로 나아가 그 통치권을 우리의 천황 폐하께 양여하"는 "조약을 체결할 것"을 요구했다.

각서는 합병 조약의 내용으로서, ① 황제·태황제·황태자의 존칭(태공전하·공전하)과 예우(일본 황족), ② 한국 황족의 처우(영작, 榮爵), ③ 공신의 처우(은상[恩賞]·영작) 등을 포함하는 것을 제시하고, 조약 체결 수속으로서 이완용 수상에게 각의의 정리 매듭과 이완용에의 전권위원 임명의 주청을 재촉하는 것이었다.

이완용은 병합이 어쩔 수 없음을 인정했지만, "국호는 여전히 한국의

---

157) 위의 책, 677쪽.
158) 위의 책, 677~678쪽.
159) 寺內正毅, 『韓國倂合始末』,(『明治43年公文雜纂卷 19』, 국립공문서관소장, 2A-13-1157수록; 海野 編, 『韓國倂合始末關係資料』, 不二出版, 1998 수록). 이하 인용 쪽수는 이 책에 의한다.
160) 寺內正毅, 『韓國倂合始末』, 12~13쪽.
161) 위의 책, 13~23쪽.

이름을 존속하고, 황제에는 왕의 존칭을 부여할 것"을 요구하고, "이 일은 주권 없는 국가 및 왕실로서는 단순하게 형식에 지나지 않더라도, 일반 인민의 감정에 영향을 주는 바가 적지 않은 것이다"라고 말하고,162) 또한 "국호 및 왕칭의 문제는, 자신으로서는 승낙하기 어려울 뿐만 아니라, 각 원(閣員) 일동도 역시, 같은 생각을 갖고 있는 것은 물론이다"163)라고 말하고, 이후의 교섭은 "자신을 돕는" 조중응(趙重応) 농상공상을 통해 행할 것을 통지하고, 데라우치는 "수상 및 각원의 입장이라면, 황제로부터 시국 해결에 필요한 칙명을 받아, 그 칙지에 기초해서 조약 체결의 임무에 당한다면, 이것은 정식 순서로서, 또 각 원의 고난을 경감하는 길이 될 것임을 주의"164)했다. 먼저 황제에게 병합에 찬성하는 칙명을 내게 하고, 병합의 책임을 황제에게 돌리고, 황제의 의사를 받들어 조약 체결의 임무를 맡으면 각원의 책임은 가벼워진다 라고 하는 데라우치의 간계다.

그날 밤, 조중응 농상공상이 데라우치를 방문하여, 국호의 존속과 왕칭의 보존에 관해서, "만약 이 두 가지 점에 관해서 쌍방의 의사가 일치하지 않는 것이 있어서는, 타협의 길이 없어 괴롭다"라고 호소했다.165) 데라우치는 국호에 대해 "제국 정부에서도 이를 조선이라 고칠 작정"166)임을 통지하고, 조중응의 동의를 얻었다. 왕칭에 대해서는 각의 결정의 변경으로 되기 때문에 "제국 정부에 품의할 필요가 있다"라고 말한 데에 그쳤지만, 이해를 표시했다.167)

다음 날 17일, 이완용으로부터 "국호(조선) 및 왕칭에 관한 자신의 주

---

162) 위의 책, 24~25쪽.
163) 위의 책, 28~29쪽.
164) 위의 책, 29~30쪽.
165) 위의 책, 31쪽.
166) 위의 책, 32쪽.
167) 위의 책, 33쪽.

장이 제국 정부가 받아들인다면 스스로 책임을 지고 각의를 통일할 것에 진력"168)하겠다는 통보를 받은 데라우치는 "국호 및 왕칭에 관한 건에 동의하면 조약 체결에 이를 것"이라 생각하고, 오후 8시, 고쿠부 비서관을 이완용 쪽으로 파견하고 "이 두건을 (데라우치가) 책임을 가지고 받아들일 것을 승낙하고, 그(이완용)의 결심을 재촉"한 뒤, 나아가 고쿠부로 하여금 조약안169)을 전한 바, 이완용은 "이에 동의하고, 내일 각의에서 이것을 결정할 것을 결심했다"는 보고를 받았다.170)

데라우치는 "현 황제 이하를 태공이라 칭하는 것은, 반드시 움직이기 어려운 확정된 의논이 아닌 것처럼 생각된다는 것에 대해, 다른 교섭 사항을 원만하게 진행시키고 가능한 한 온화하게 본건을 마무리 짓기 위해서는, 그의 주장을 받아들이는 것을 상책이라 믿고", "만일 이 두건에 관해 승낙을 내린다면 조약은 며칠 안가서 체결될 것이라 믿기 때문에, 본관은 책임을 지고 위의 두 건, 즉 현 황제를 창덕궁 이왕전하, 태황제를 덕수궁 태왕전하, 또 황태자는 왕세자 전하라고 하고, 한국 국호의 변경에 관해서는 한국의 국호는 이것을 고쳐서, 지금부터 조선이라 칭한다는 문장으로 고치는 것에 동의해야 할 것이라는 취지의 회답을 했다"라고 고무라에

---

168) 위의 책, 34쪽.

169) 小松綠, 『朝鮮倂合之裏面』, 中外新論社, 1920, 159~161쪽에 따르면, 각의 결정의 조약안에 데라우치가 수정을 행한 것을 제시했다고 한다. 특히 전문 첫 부분의 "일본국 황제 폐하 및 한국 황제 폐하는, 또 한국의 현 제도로써 공공의 안녕 질서를 유지하는 것이 충분하지 않다고 인정하고, 근본적으로 이것을 개선하는 것이 급선무임을 고려하여, 한국 인민으로 하여금 영구히 강녕을 누리게 하고, 선정의 덕택(德澤)을 누리고, 생명 재산의 완전한 보호를 얻도록 하는 것을 바란다"는 것은 "너무 노골"적이고 "너무 교언"에 지나기 때문에 이를 고쳐서, "일본국 황제 폐하 및 한국 황제 폐하는 양국 간에 특수하고도 친밀한 관계를 고려하여, 상호의 행복을 증진하고, 동양의 평화를 영구히 확보하는 것을 바란다"라고 수정했다. 8월 20일 데라우치는 수정했던 조약안을 고무라에게 보내고, 주청을 요구했다(『日本外交文書』 43권 1책, 679~680쪽).

170) 『寺內正毅日記』, 518쪽.

게 보고[171]하고, 가쓰라 수상의 승낙을 요구했다. 18일 데라우치는 가쓰라로부터 "국호 및 왕호의 건은 이의 없다는 뜻"의 답전을 받았다.[172]

가령 한국 병합 조약 체결에 임하여 교섭다운 것이 있었다고 하면, 황제 등의 존칭에 관한 이 한 가지 점뿐이고, 그 외는 일본 측의 각본 대로다. 이후, 데라우치는 조인에 이르기까지, "직접의 담판은 도리어 세인의 이목을 불러 일으킨다"[173]라고 하여 접촉을 피한 이완용과의 연락은 고쿠부 비서관을 사이에 두고 하고 있었지만, 18일에는 이완용에 대해 각의의 정리 매듭을 재촉하는 것과 함께, 황제가 이완용을 전권위원에 임명하는 '칙명'안을 제시하여 발포의 준비를 하도록 요구했다.[174]

그러나 18일 종일에 이른 각의는 결론에 이르지 못했다. 이완용 수상은 결석히고[175] 조중웅 농상공상에게 각료의 설득을 맡겼지만, 박제순 내상·고영희 탁지상은 조약안 수락도 어쩔 수 없다고 한 것에 대해, 유종(儒宗)인 이용식 학무대신이 '군욕신사(君辱臣死, 임금이 굴욕을 당하면 신하는 죽음을 택한다)'라고 강하게 반대했기 때문이다.[176] 궁중을 맡은 민병석 궁상과 윤덕영 시종원경의 태도도 황족·원로의 의향을 반영한 것일 테지만, '애매'하였다.[177]

궁상·시종원경이 반대라면, 온당한 절차에 따른 어전 회의 개최나 전권 위임장 발급이 불가능하다. 거기에서 데라우치는 21일 임시기밀비에서 20만엔 이내의 현금을 윤덕영의 '부채 정리'의 처분비로서 제공하는

---

171) 『日本外交文書』 43권 1책, 678~679쪽.

172) 寺內正毅, 『韓國倂合始末』, 35쪽, 앞의 책 『寺內正毅日記』, 518쪽.

173) 寺內正毅, 『韓國倂合始末』, 29쪽.

174) 위의 책, 35~37쪽.

175) 『寺內正毅日記』, 518쪽.

176) 寺內正毅, 『韓國倂合始末』, 38~39쪽.

177) 『寺內正毅日記』, 519쪽.

것과 함께, 고쿠부 비서관에게 그들을 농락하는 공작을 개시하도록 했다. "능히 사정에 정통해" 있던 고쿠부는 "스스로 나아가 그들을 설득"하고 "내체로 양해"를 얻었었지만,[178] 22일 오전에는 데라우치 자신이 민병석·윤덕영을 초대하고, "때에 이르러 지장 없도록 만전을 기해야 할 것이라는 뜻을 충고하고, 이미 내각 총리대신에게 보인 전권 위임에 관한 칙서안을 수교"[179]했다. 다음날 23일 데라우치가 가쓰라 수상에게 보낸 조약 체결 과정 보고[180]에 따르면, "어제 오전 10시, 민 궁상·윤 시종원경을 관저에 불러, 지금까지 정부와 교환한 의견의 대요를 설명하고, 또 이미 조약 체결의 때에 이르렀다는 취지를 보고했다. 그 순서로서 황제는 먼저 조칙을 각신에게 내리고, 전권 위임을 임명해야할 필요가 있다. 이것은 본 문제를 해결하는데 있어 극히 평순원만(平順圓滿)한 방법이라 충고하고, 이것을 집주(執奏)할 것을 요구하자, 양인이 승낙한 위에, 곧바로 궁궐에 들어가서 위의 뜻을 상주해야겠다는 뜻을 말하고 퇴출하였다"라 한다. 데라우치의 일기에는 "양인이 승낙하고 갔다"[181]라고 되어 있다.

오전 11시, 참내(參內)한 민병석 궁상·윤덕영 시종원경은 데라우치의 "충고의 요지를 엎드려 아뢴"[182] 바, 황제는 "대세가 이미 정해진 이상은, 속히 실행함만 같지 못하다"[183]하고, 그 날 오후 1시에 어전 회의를 개최하게 되었다. 출석했던 대신은 이완용 수상 이하 4명. 반대론의 이용

178) 『韓國倂合二關スル書類·着電』(국립공문서관소장 2A-34-3-1691) 8월 21일, 데라우치로부터 가쓰라 앞 47호, 『寺內正毅日記』, 518~519쪽).
179) 寺內正毅, 『韓國倂合始末』, 43~45쪽.
180) 『韓國倂合二關スル書類·着電』(국립공문서관소장 2A-34-3-1691) 8월 23일 오후 6시 17분발, 데라우치로부터 가쓰라 앞 62호.
181) 앞의 책, 『寺內正毅日記』, 519쪽.
182) 韓國倂合二關スル書類·着電』(국립공문서관소장 2A-34-3-1691) 8월 23일 오후 6시 17분발, 데라우치로부터 가쓰라 앞 62호.
183) 寺內正毅, 『韓國倂合始末』, 46쪽.

식 학무대신은 속임수에 걸려 출석의 기회를 놓쳤다.[184] 그 외 황족 대표로서 홍왕 이희, 원로 대표로서 중추원 의장 김윤식, 무인 대표로서 시종무관장 이병무가 초대되었고, 예정보다 1시간 늦은 2시에 황제는 민병석·윤덕영을 거느리고 나왔다.[185]

데라우치의 보고에 따르면 먼저 황제가 "통치권 양여의 요지를 펴보이고, 조약 체결의 전권 위임장에 스스로 이름을 쓰고, 국새를 날인하고, 이를 내각 총리대신에게 교부했다"[186]라 한다. 조칙 형식으로 하부된 전권 위임장[187]은 18일에 데라우치가 이완용에게 주었던 전권 위임의 '칙명'안과 대부분 같은 문구다. 조칙에의 황제인은 통례는 어새이지만, 이 경우는 '공문식'의 전권 위임장의 규정[188]에 따라 국새를 압인하고 있기 때문에, 조칙이라는 이름의 전권 위임장이라는 것이 된다.

이 위임장에는 황제가 "한국의 통치 모두를 짐이 가장 신뢰하는 대일본국 황제 폐하에게 양여하는 것으로 결정하였다"라고 쓰고, 조인 이전에 조약 체결권자인 황제가 일본에의 병합을 재가한 것을 쓰고 있다. 따라서 전권을 위임받은 이완용에게 주어진 임무는 병합을 전제로 한 "필

184) 이용식 학무대신이 "만일 공연히 이의를 주창하는 것과 같은 일이 있어서는, 외형상 원만하지 못함을 보여 주는 불만이 있으므로, 이완용은 그로 하여금 학사 시찰 등의 명의로 지방에 여행을 보내는 것만 같지 못하다는 의견을 품고, 그 결과 표면적으로는 수해 위무(慰撫)로서 본방(本邦)에 특파하는 것으로 결정했다"(앞의 책, 39쪽, 한국『官報』1910년 8월 23일). 데라우치는 8월 20일에도 가쓰라 수상 앞으로 "이 학무대신 도쿄 파견의 내용은 동인이 자못 완고한 인물로서, 시국 해결에 관해서 도저히 굽혀 절충할 수 없을 뿐만 아니라, 그 때문에 분규를 빚어낼 우려가 있으므로 이 총리를 비롯한 각원의 희망을 양해하고, 특사로서 파견하도록 하는 것으로 했다"라고 전하고 있다(앞의 책,『韓國倂合ニ關スル書類·着電』8월 20일, 39호). 그러나 이용식은 병환이라 칭하여 도일하지 않고, 자택에 안에 틀어박혀 있었기 때문에, 어전회의 개최를 알 수 없었다(小松綠, 앞의 책, 175~179쪽).

185) 寺內正毅,『韓國倂合始末』, 46~47쪽.

186) 위의 책, 47쪽.

187) 위의 책, 48~49쪽(일본어 번역문), 한국『官報』1910년 8월 29일 호외.

188) 1896년 5월 8일 공포된 개정 '公文式'(칙령 제86호) 제14조에 의해, 위임장은 "친서한 뒤, 국새를 찍는다"라고 되었다(한국『官報』1896년 5월 11일).

요한 조장(條章)"에 대해 "통감 데라우치 마사타케와 회동하고, 상의 협정"하는 것으로 되었다. 또한 전권 위임장이 조칙 형식을 취하고, 『관보』에 공시된 것도 이례직이다. 이것은 "조약의 체결에 필요한 전권 위임의 칙서를 내리지 않을지도 모르고, 이 경우에는 어쩔 수 없이 조약안을 황제의 열람에 바치고, 재가를 받아 조인을 마칠 수밖에 없다"고 생각하고 있던 이완용189)이 병합을 재가한 것을 명기하는 전권 위임장이 교부된 것을 내외에 증거로서 제시하기 위해, 조칙으로 공표할 것을 획책했던 것이라고 생각된다.

어쨌든 간에 전권 위임의 조칙 발포에 이어, "내각 총리대신은 그 휴대한 바의 조약안을 황제께서 보시도록 받치고, 각 조항을 설명하는 바가 있었다. 황제는 일일이 이것을 가납하고, 재가를 내렸다."190) 데라우치는 궁중에 있었던 고쿠부 비서관으로부터 그 경과보고의 전화를 받았다. 데라우치 · 이완용이 계획했던 대로 어전 회의는 진행되고, 종료되었던 것이다.

이어서 통감 관저에서, 이완용 수상 · 조중응 농상공상 – 데라우치 통감 · 야마가타 부통감에 의한 형식뿐인 조약 체결 '교섭'이 행해졌다. 먼저 이완용이 "오늘, 조명(詔命)에 의해 각 대신들과 함께 어전에서 모였는데, 폐하는 시국의 대세를 고려하여 일한 병합은 실로 어쩔 수 없는 것이라 인정하셨다. 그리고 "짐은 이에 통감의 충고를 양해하고, 합병 문제를 해

---

189) 이태진, 「공포 칙유가 날조된 '한일 병합 조약」, 이태진 편저, 『일본의 대한제국 강점』, 서울: 까치, 1995 수록, 196~197쪽은 이 문서를 인용하여, 이것을 궁내부 차관 고미야(小宮三保松)의 계략이라 하고 있지만, 사료의 오독이다. 이완용이 인용문과 같은 "사태를 피하고, 모두 원만하게 집행하고 싶었기 때문에, 통감이 위 양인(민병석 · 윤덕영)을 설득할 것을 희망"(『韓國倂合始末』, 43쪽)했다는 문장에 계속되기 때문에, 주어는 이완용이 되지 않으면 안된다.

190) 寺内正毅, 『韓國倂合始末』, 47~48쪽.

결하기로 결정했다"라고 선언하시고, 이 위임장을 하부하셨다(조칙을 내어 제시한다). 이것은 폐하 스스로 서명하고 또 국새를 찍으신 것이다라고 말했"[191]다. 데라우치는 "그것(전권 위임장)을 조사 검열(査閲)하고, 그것이 완전하여 타당하다는 것을 승인"[192]했다고 한다. 단 전권 위임장의 제시는 쌍방이 제시해서 서로 확인하는 것이 통례지만, 데라우치는 제시하지 않고, 한국의 일방적인 제시였다고 보인다.[193]

이완용은 전권 위임장을 제시한 후, "이 조약은 의의가 명백하기에, 우리 쪽에서는 아무것도 취사 첨삭해야 할 부분이 없다. 따라서 각 조에 대해서 이 이상 심의 토의를 할 필요가 없다. 남은 것은 오직 서명 조인뿐이다. 또 앞서서 제시하셨던 각서에 대해서도 별도 약속의 형식으로써 세목을 규정할 필요도 없는 것이라 생각된다. 제반의 실행에 관해서는 모두 일본 정부의 성의를 신뢰하는 것으로 하고, 조약 이외에 특수 약정을 맺을 의사는 갖고 있지 않다"[194]라고 했음을 배석한 통감부 외사부장 고마쓰 미도리(小松綠)는 훗날 쓰고 있다.

여기에서 말하는 '각서'라고 하는 것은 16일에 데라우치가 이완용에게 제시한 일본 정부 '각서'를 말하는데, 이완용은 국민수산(國民授産, 국민의 살길)의 방법, 왕실에 관한 대우, 국민 교육의 중시의 3개조에 관해서 의견을 말하고, 특히 "국호의 개칭 및 황실의 대우에 관한 구두 약속의

191) 『韓國倂合二關スル書類・着電』(국립공문서관소장 2A-34-3-1691) 8월 23일 오후 6시 17분발, 데라우치로부터 가쓰라 앞 62호.
192) 寺内正毅 『韓國倂合始末』, 49쪽.
193) 이태진은 "현재까지 데라우치 마사다케에게 위임장을 발급했다고 한 기록은 확인되지 않는다"(이태진, 「略式條約で國權を移讓できるのか − 海野教授の批判に答えて」下, 『世界』2000. 6, 276쪽)라고 말하는데, 고마쓰 미도리(小松綠)는 앞의 책 182쪽에서 "22일에, 특히 추밀원회의를 열고, 동원의 자문을 거친 위에 곧바로 재가를 하시고, 데라우치 통감에 대해 조약조인에 필요한 전권을 부여하셨다"라고 쓰고 있다.
194) 小松綠, 앞의 책, 183쪽.

개조를 서면으로 인정해두고 싶다는 뜻을 말"했다. 195) 거기에서 데라우치는 앞서 말한 황제 등의 존칭에 관해서 "공문으로써 인정하고, 이를 교부하고", 동시에 "소약 및 이에 관련한 조칙은, 양방이 동시에 공표해야 하기 때문에, 금후, 언제라도 공포할 수 있도록 곧바로 필요한 수속을 밟아 둘 것을 약정했"196)다. 그 '약정'이 뒤에서 설명할 서울대학교 규장각 소장의 '각서'다. 또 이미 정해진 한국 황실 행사의 사정에 따라, 조약 공포일을 29일로 하는(일본안은 26일) 것이 합의되었다. 197) 데라우치일기에 따르면 "오후 4시, 한국 합병의 조약을 통감관저에서 조인하여 마쳤다 …… 합병 문제는 이와 같이 용이하게 조인을 끝냈다. 하하하"198)라고 되어 있으므로, 짧은 시간 내에 조인이 행해진 것을 알 수 있다. 또한 오후 5시, 민병석·윤덕영이 통감 관저를 방문하고, 황제의 선지(宣旨)를 데라우치에게 전했다. 199) 데라우치는 오후 5시 40분 발의 전보200)에서 고무라에게 "지금, 정식으로 조인을 완료했다"라고 보고하고 있다.

한편 일본에는 같은 날 오전 10시 40분부터 천황 임석 아래 '한국 병합에 관한 조약'안 및 관련 칙령안의 자문을 받은 추밀원회의가 열리고, 조약과 12건의 칙령안을 심의 가결, 11시 45분에 폐회, 의장 야마가타 아리토모가 천황에게 이것을 상주하고, "천황이 곧바로 이것을 재가했다."201) 고

---

195) 『日本外交文書』 43권 1책, 685~686쪽.
196) 『日本外交文書』 43권 1책, 685~696쪽.
197) 위의 책, 686쪽.
198) 위의 책 『寺内正毅日記』 519쪽, 『韓國併合始末』 48쪽에 의하면, 이완용 등의 통감관저 내착이 4시이고, 小松綠, 앞의 책, 180, 182쪽에서는 어전회의 종료가 3시 30분, 이완용 등의 통감관저 도착이 4시이기 때문에 조약조인 '교섭' 개시가 4시경이고, 5시 전에 끝났다고 보는 것이 타당할 것이다.
199) 寺内正毅, 『韓國併合始末』, 53~55쪽.
200) 「외무성 마이크로 필름」The Archives in the japanese Ministry of Foreign Affairs, Tokyo, Japan, 1868~1945. microfilmed for the U.S. Library of Congress. Telegraph R.128, No 6396~6398. 『日本外交文書』 43권 1책, 685~686쪽.

무라가 데라우치에게 재가가 끝났다고 알린 것은 오전 11시 36분 외무성 발 전보를 통해서다.[202] 당시의 통신 사정에서 보면, 이 전보가 조인 시점에 도착하지 않았을 가능성을 완전히 부정할 수 없지만(서울 착전 시각은 불명), 만일 도착하지 않았다고 한다면, 데라우치는 전날 고무라 외무대신이 추밀원에 자문(諮詢), 재가 예정의 통보[203]를 받고 있었기 때문에, 그것에 따라 미리 기정사실로 하여 처리한 것으로 보인다.

8월 29일 한일 양국『관보』[204]에서 동시에 공포하고 즉일 발효한 '한국 병합에 관한 조약'[2]은 제1조 "한국 황제 폐하는 한국 전부에 관한 일체의 통치권을 완전하고 영구히 일본국 황제 폐하에게 양여한다"를 받아서, 제2조에서 "일본국 황제 폐하는 전 조에 게재한 양여를 수락하고, 완전히 한국을 일본 제국에 병합하는 것을 승낙한다"라고 했다. 한국으로부터의 병합 신청을 일본이 승낙한다라는 주객전도의 조약문 조립에 따라 "합의적 조약"(데라우치)을 가장한 것이다.

한국 병합 조약 공포와 동시에, 일본 정부는 제 외국 정부 앞으로 '한국

201) 宮内廳,『明治天皇紀』第12, 459쪽.
202)『日本外交文書』43권 1책, 685쪽.「외무성 마이크로 필름」Telegraph R.128, No. 6978~6979. 또 李鐘學『1910년 한국 강점자료집』(한국 수원시, 史芸研究所, 2000년) 간행사 6쪽에는, 22일의 추밀원 회의에서 의사가결을 알리는, 내각(발신자 이름의 기재 없음)으로부터 고다마 히데오(兒玉秀雄) 통감비서관 앞의 전보 'イ十七'호의 서울착전시각을 오후 6시30분으로 추정하고, 이것으로써 한국 병합 조약안의 천황재가가 끝났다는 통감에의 연락으로 보고, 조약조인시점에서는 미착이었다 라고 주장하고 있다. 그러나 다음의 두 가지 점에 관해서 의문이 있다. ① 'イ十七'호전의 主文은 "추밀원에 자문한 법령안은, 모두 내각제출안 대로 가결되고, 재가"했다. 이것은 병합관련칙령안 12건의 가결을 가리키고, 조약안의 가결·재가통지는 아니다. 정부로부터 통감에게 재가가 끝났다는 통지는 전술한 고무라 → 데라우치의 전보이다. ② 'イ十七'호의 서울착전을 이종학이 6시 30분이라 보는 근거는, 고다마(兒玉) 비서관이 시바다(柴田家門) 내각서기관장에게 보낸 'イ十七 수령'의 반전인 '五五'호 전보의 서울발전 시각 6시 30분을 그대로 'イ十七'호 전보의 서울착전시각이라 바꾸어 읽은 것에 지나지 않는다(이종학, 앞의 책, 198, 446쪽). 확인해야 할 것은, 22일 오전 11시 36분 외무성 발 전보의 서울착전 시각이 아니면 안 된다.
203)『日本外交文書』43권 1책, 680쪽.
204)『官報』1910년 8월 29일 호외, 한국『官報』1910년 8월 29일.

병합에 관한 선언'을 행했다. 또 아울러 "한국을 모두 일본제국에 병합하고, 이로써 시세의 요구에 응할 수밖에 없음을 생각하고, 이에 영구히 한국을 제국에 병합히는 것으로 했다"라고 말하는 조서, 한국 황제를 비롯해 왕가·황족에 대한 존칭과 예우에 관한 조서, 조선에 대사면 및 조세 감면을 행하는 조서가 발포되고, 왕가·황족의 처우에 관련해서 '황족령'에 제14~20호가 부가되고, '조선 귀족령' 등이 공포되었다. 또한 칙령 제318~339호, 신 제도에 의한 제령 제1~4호가 공포되었다. 칙령 중에는 긴급 칙령 제324호 "조선에서 시행해야 할 법령에 관한 건"이 포함된다. 그 것은 '내지'에서 제정된 법률은 원칙적으로 조선에서는 시행되지 않고, '내지'에서 법률로 정해야 할 사항의 제정이 조선총독의 권한으로 위임되고(제령 발포권), 조선에서 법률의 전부 또는 일부를 시행할 것을 필요로 하는 것은 칙령에서 정한다 라는 것이다. 이 칙령 제324호는 제27의회에서 승인되지 않고,[205] 1911년 3월 25일 칙령 제30호[206]에서 "장래를 고려하여 그 효력을 상실한다"라고 되고, 이것에 대신하여 법률 제30호[207]에서, 내용적으로는 거의 동일한 "조선에서 시행해야 할 법령에 관한 법률"이 공포 시행되었다. 또한 법률 제30호는, 조선 총독이 발표한 제령은 "내각 총리대신을 거친 칙재를 청해야 한다"(제2조)라고 했지만, 그것은 타이완 총독이 발하는 법령이 "주무대신을 거친 칙재를 청한다"("타이완에서 시행해야 할 법령에 관한 법률"[208] 제2조)와 비교하면, 더 강한 위임

---

205) 外務省 條約局 法規課 『日本統治時代の朝鮮』(「外地法制誌」제4부의 2, 1971) 54~58쪽, 山崎丹照 『外地統治機構の研究』(高山書院, 1943년) 307~308쪽, 新井勉 「朝鮮制令委任方式をめぐる帝國議會の奇態な情況について－第27會議における緊急勅令の法律への變更」, 日本大學法學部 法學研究所 『法學紀要』 36권.

206) 『官報』 1911년 3월 25일.

207) 『官報』 1911년 3월 25일.

208) 『官報』 1906년 4월 11일.

입법권이 조선 총독에게 부여되었던 것을 보여 준다.

어쨌든, 한국 병합은 일본의 모략과 간계로 꾸며진 계획에 따라 한국에 위압을 가해, 병합 조약을 강제 체결한 것은 분명하지만, 여러 나라는 이것을 승인했다. 일본 정부는 앞에서 본 것과 같이 이전부터 영국·러시아에 한국 병합을 예고하고 있었는데, 조인 전날에 해당되는 8월 21일, 주영·주러 대사에게 훈령을 발하여, 영국·러시아 정부에 대해 가까운 날 안에 병합 조약을 체결한다는 것을 은밀히 알리도록 지시[209]함과 더불어, 한국의 조약 체결국인 영국·프랑스·독일·오스트리아·이탈리아·러시아·미국·청·벨기에·네덜란드 주재의 대사·공사에게 조약문 및 선언서를 보내고, 조인이 끝나는 대로 각자가 맡고 있는 나라의 정부에 통지하도록 건보고 훈령했다.[210] 이어서 조인 다음날 23일, 각국 주재 대사·공사에게 조약 조인과 29일의 공포 예정을 통지하고, 맡고 있는 나라 정부에의 통고를 훈령했다.[211] 단 벨기에·덴마크와 청 정부 대표에의 통고는 공포 전날인 28일에 했다. 청에 관해서는 "비밀의 누설을 방지하기 위해"서다. 한국 주재의 각국 영사에의 통고도 28일이라 했지만,[212] 나중에 앞당겨지고, 벨기에·덴마크 정부 및 주한 각국 영사에의 통고는 25일자(실제는 26일 아침)로 되었다.[213]

제 외국에의 병합 조약 체결 통고에 대해, 러시아 황제 니콜라이 2세는 상주한 외무대신 대리에 대해, "조선 합병의 일은 원래부터 예기하고 있었던 바이다 하는 뜻"을 내리고,[214] 독일 외무대신 알프레드 키데른 바

---

209) 『日本外交文書』 43권 1책, 680쪽.
210) 위의 책, 680~685쪽. 또 네덜란드 주재 공사의 통고선은 덴마크다.
211) 위의 책, 687~690쪽.
212) 위의 책, 691~692쪽.
213) 위의 책, 696, 701쪽.
214) 위의 책, 695쪽.

우쳐(Alfred v. Kiderlen-Wächter)도 진다 스테미(珍田捨巳) 주독 대사에게 "이 일은 진작부터 예기하고 있었던 것으로, 별로 놀랄 바 없다"라고 말했다.[215] 24일 영국 외무대신 그레이 경은 병합 조약을 통고한 가토 대사와의 회견에서, "사실은 병합 실행이 이와 같이 신속하게 될 줄은 예기치 못했다"라고 하면서도, "영국 정부는 정사상의 이유에서는 한국 병합에 동의하지 않을 것이 없다. 경제상에 관해서는 필요에 따라 일본국 정부와 교섭할 것이라는 뜻의 회답을 할 것이다"라고 말했다.[216] 기타의 제국도, 한국에서의 자국의 기득권을 유지할 것을 요구했지만, 모두 일본에 의한 한국 합병의 승인을 전제로 한 보장 요청이었다.

한편 한국에서는 병합 조약 조인에서 공포까지의 사이에, 엄중한 보도 관제가 시행되어, 조인 후 신문 기자도 이를 아는 자가 한 사람도 없었다. 26일 야마가타 부총감의 기자 회견에서 처음 알려지고, 28일 오후, 조약문 그 밖의 제공을 받고, 29일의 신문에서 보도되었다.[217] 이것에 의해 병합을 안 사람들 사이에 눈에 띤 동요는 없었다. 제2사단 사령부의 요시다 겐지로(吉田源治郎) 참모는 "이날, 경성 및 용산에서는 한인은 게시판의 아래 군집해서 칙어와 기타를 열독하고, 삼삼오오 모여서 속삭이는 자가 있었지만, 대체로 평일과 다름 없었다", 그 후도 "여전히 평온해서 경비상 특별한 조치를 할 필요를 인정하지 못했다"[218]라고 기록했다. 그것은 시민이 병합을 냉정하게 받아들였기 때문이 아니라, 연설 · 집회 등을 엄금하고,[219] "헌병과 순사는 15간마다 배치되고, 두 사람이 서로 붙

---

215) 위의 책, 695~696쪽.
216) 위의 책, 697~698쪽.
217) 釋尾東邦, 『朝鮮併合史』, 朝鮮及滿洲史, 1926, 566, 570~573쪽.
218) 吉田源治郎, 「日韓併合始末」(앞의 책 『韓國併合始末關係資料』 수록) 168~169쪽.
219) 한국 『官報』 1910년 8월 25일. 「內閣告示」 및 「統監府警務總監部令」.

476 한국병합사연구

어서 이야기하고 있어도 경찰관의 심문을 받는"220) 경비·탄압 태세에 "조선인은 이 위세에 겁을 먹고, 숨을 죽이고 팔짱을 끼고 있을 수밖에 없었기"221) 때문이었다.

3. 한국 병합 조약 무효설에 대해서

1) 서명자의 조인 자격

이태진은 한국 병합 조약도 또 조약 체결의 절차·형식으로부터 볼 때, 불성립이었다라고 주장한다. 종래 병합 조약 무효설 또는 병합 불성립설은 당초부터 무효 = 불성립이었던 제2차 '한일 협약'을 전세로 하여 '성립'했던 한국 병합 조약도 무효라고 말하는 논리 전개로 주장되어 왔다. 1995년 10월 16일의 한국 국회 결의 '대한제국과 일본제국 간의 늑약에 대한 일본의 정확한 역사 인식을 촉구하는 결의문'222)이 "이른바 '정미7조약'(제3차 한일 협약)과 이른바 '한일 병합 조약'도 이른바 '을사5조약'(제2차 한일 협약)을 기초로 강제적 압력에 의해 작성된 것이기 때문에, 이것 역시 원천적으로 무효다"라는 것도 그 일례다.

　　이것에 대해 이태진은 한국 병합 조약 그 자체에도 '결정적 결함이 있다'라고 말한다. 일본이 "이 조약(한국 병합 조약)의 형식 요건을 제대로 갖추면, 이전의 협정들이 가졌던 결함들도 전부 해소될 수 있다고 본 것이다", "이 조약만은 완전한 형식을 갖출 수 있도록 처음부터 최대의 배려를 기했음"223)에도 불구하고, 그렇다는 것이다. 이태진의 지적은 예를 들어

---

220) 小森德治 『明石元二郎』 上, 原書房, 1968, 472쪽.
221) 釋尾東邦, 앞의 책, 612쪽.
222) 일본어는 『コリア·フォーカス』 3권 5호에 게재. 늑약은 강제적으로 체결된 조약의 의미.

제1~3차 '한일 협약'이 무효였다고 하더라도, 한국 병합 조약이 유효하다면 병합은 성립했다라는 의견이 제출되는 것을 견제하는 것처럼 보인다.

이태진이 말한 '결정적 결함'이란 ① 한국 병합 조약 서명자의 무자격, ② 황제 '칙유'의 훼조, 이 두 가지 점이다. 다음에서 이 점에 관하여 검토해보자.

한국 병합 조약의 서명자는 주지하는 바와 같이 '통감 자작 데라우치'와 '내각 총리대신 이완용'이다. 그러나 이 두 사람은 각자 자국을 대표해서 조약에 서명하는 입장은 아니었다. 즉, 이른바 무권(無權) 대리(代理)이고, 병합 조약 조인은 법적 효력을 갖지 않는다는 것이 이태진의 의견이다. 그 이유의 하나로 다음과 같이 말한다.224)

> 통감은 "을사조약"을 통해 "한국 황제 폐하의 궐하에서" "외교에 관한 사항을 관리하는" 직책으로서, 이에 의한다면 한국의 외교권 행사의 대표가 되어야 할 이 직책이 일본을 대표하여 조약에 기명 조인하는 것은 완전한 난센스라는 것이다. 이에 더해, 이 직임이 "정미조약"을 통해 한국의 내정에 대해서도 '섭정'의 역할까지 겸한 상태에서는 더욱 일본을 대표하는 존재가 될 수 없다. 1910년 현재로 통감부 통감은 한국의 외교와 내정을 모두 총괄하는 직임으로서, 한국 내각 총리대신과는 실질적으로 상하의 관계를 이루고 있었다. 그런 두 직임이 서로 다른 두 나라를 하나로 합치는 조약에 각기의 대표로 기명 조인하는 것은 완전한 난센스다.

위의 인용문의 전반 부분은 도쓰카 에쓰로(戸塚悦郎)의 지적이기도 하다.225)

---

223) 이태진 「일본의 대한제국 국권 침탈과 조약강제」(『한국사시민강좌』 19집, 일조각, 1996, 40쪽, 일본어는 「韓國倂は成立していない」下, 『世界』 1998, 8, 187쪽.
224) 이태진, 「공포 칙유가 날조된 '한일 합병조약'(公布勅諭が捏造された'日韓合倂條約')」(이태진 편저 『일본의 대한제국 강점』, 까치, 1995년 수록, 199~200쪽.

또 하나의 이유는 IFOR(國際友和會)가 1993년 12월에 국련인권위원회에 제출한 문서에서 말하는 다음의 내용이다.[226]

전 황제 고종은, 그 조약(제2차 한일 협약)을 승낙하지 않았지만, 그와 그 국가의 주권과 독립은 일본에 의해 불법으로 박탈되어 있었다. 1905년의 조약이 실질적으로 완전히 유효성이 없기 때문에, 국제법에서 보면 전 황제의 주권이 합법적으로 실존하고 있었던 셈이다. 따라서 이 통감이라 말하는 인물은 존재하지 않는 것이라 보지 않으면 안 된다.

첫 번째, "한국의 외교권 행사의 대표"인 통감이 "일본을 대표해서 조약에 기명 조인"한 난센스론부터 검토하자.

앞에서 설명했기 때문에 반복되지만 요약하면, 확실히 제2차 '한일 협약' 제3조에는 "일본국 정부는 그 대표자로 하여금 한국 황제 폐하의 궐하에 1명의 통감(레지던트 제네럴)을 둔다. 통감은 오로지 외교에 관한 사항을 관리하기 위하여 경성에 주재하고……"라고 되어 있고, 이토 자신도 "통감의 직무가 어떤 것이냐는 …… 한일 양국의 사이에서 양 주권자의 화협에 따라 성립한 조약에 의해서, 우리 대일본국을 대표해서 당국에 임하고, 그 당국의 직무로서 행해야 하는 일은, 한국의 내정을 자기의 책임으로서 부담하는 것에 있지 않고, 한국의 대외 관계, 즉 외교를 관장하는 것에 있다"[227]라고 말하고 있기 때문에, 이와 같은 오해가 생긴 것이라 생각된다.

225) 戸塚悦郎, 「乙巳保護條約の不法性と日本政府の責任」(1993년 7월 31일 「韓國併合」はいかにしてなされたか? 國際シンポジウム」 パンフレット 16~17쪽, 이태진 편저, 앞의 책에도 수록).
226) 일본어는 朝鮮人强制連行調查團 『國連決議と植民地支配, 强制連行』, 1995, 13쪽.
227) 1909년 1월 8일, 부산환영회에서의 이토의 연설. 春畝公追頌會, 『伊藤博文伝』 下, 同會, 1940, 806쪽.

그러나 제2차 '한일 협약' 제1조 및 제2조에 명기된 것처럼, 한국 외교권을 행사하는 것은 일본 정부이고 통감은 아니다. 위의 제3조의 규정은 1905년 11월 17일의 '교섭' 과정에서 이토가 삽입한 문구다. 그 때문에 제1조·제2조와 제3조와의 사이에 정합성을 결여하는 결과가 되었다. 이것이 "외국 정부의 오해"를 부를 것을 우려한 고무라 외무대신의 의견을 넣어, 12월 20일 공포한 "통감부 및 이사청 관제"에서 "통감은 한국에서 제국 정부를 대표"하는 것을 나타내고, 아울러 통감의 외교 사무를 지방적(한국 내)으로 한정한 것이다. 따라서 통감은 한국에서 일본 정부를 대표하는 외교관이지, 이태진·도쓰카 에쓰로(戶塚悅郎)가 말하는 것 같이 "한국의 외교권 행사의 대표"가 아닌 것은 분명하다.

또 이태진은 병합 조약의 시점에서 일체화해서 "상하 관계"에 있던 데라우치 통감과 괴뢰 정부 수상 이완용이, 각자의 나라를 대표하는 것은 난센스라고 말한다. 그러나 실태는 그렇다 하여도, 형식적으로는 양자는 일본과 한국을 각각 대표하는 입장에 있고, 조약 서명자로서 조인을 담당 역할을 했다라고 보지 않으면 안 된다. 난센스와 기명 조인권의 유무와는 다른 문제다.

제2의 IFOR 문서에 관해서는, 그 작성에도 관여했던 도쓰카 에쓰로가 별도로 좀 더 상세하게 다루었으므로[228] 좀 더 살펴보겠다.

'병합 조약' 체결에 임하여 서명한 일본 대표는 법적으로는 효력을 없는 '통감'이 맡았고, 한국 대표는, 통감의 지시로 행동하는 괴뢰 '대한제국 이(李) 내각 총리대신'이 맡았다. 전자는 효력을 발생하고 있지 않는 존재이기 때문에 법적 자격이 없는 것이 되리라.
…… 1905년의 주권상실이 효력을 발하고 있지 않다고 하면, 원래의 완전한 주권

228) 戶塚悅郎, 「1905年 '韓國保護條約'の無效と從軍慰安婦·强制連行問題のゆくえ」『法律セミナー』, 1993, 10.

은, 적어도 법적으로는 잔존하고 있었던 셈이다. 그 주권을 대표하는 국가의 의사는 '보호 조약' 체결시인 1905년 11월 17일 당시의 대한제국 황제(고종)와 그 내각(韓 참정대신이 주재)이 행사해야만 했던 것이다. 그런데, 1910년 '병합 조약'은 일본의 괴뢰 '대한제국' 정권 이완용 총리대신이 체결했다. 이 때 황제(고종)은 이미 강제로 퇴위 당하고, 1907년 이후는 신괴뢰 황제(순종)의 시대로 되어 있었다. 이 사람들은 모두 대한 제국을 정통으로 대표하는 권한이 없었다고 생각된다. ……그렇기 때문에, 한국의 정통 대표는 병합 조약에 구속되는 뜻의 '합의'를 하고 있지 않았던 것이 될 것이다.

제2차 '한일 협약' 무효설의 도쓰카(戶塚)가 "효력을 발생하고 있지 않는 존재"인 통감에게 일본의 대표권은 없다 라는 것은 논리적으로는 이해가 뇌시만, 분제는 한국 주권의 파악 방법이다.

'괴뢰 황제' 순종에게 조약 체결권이 없고, '괴뢰 수상' 이완용에게 조인 자격이 없다 라는 견해는 제1장에서 서술한 "임시 정부·한국 독립 승인 청원서"가 말하는 "조선 민족과 국가는 괴뢰인 조선 황제에게 병합 조약 체결의 권한이 있다고 인정할 수는 없다"의 전개라고 보인다. 즉, 순종 황제에게는 주권자로서의 정통성이 없다는 것이다. 그렇다고 하면, 한국 병합 조약의 효력을 묻기 이전에, 1907년 7월, 8월의 고종의 강제 양위·순종의 신제 즉위 후, 병합에 이르는 사이의 대한제국의 성격 규정이 엄밀하게 이루어지지 않으면 안 된다. 4장에서 말했던 것처럼, 황위 교대는 일본의 강제에 의하지만 형식적으로는 한국 국내 문제로서 이루어지고, 순종은 정통성을 갖는 황제로서 통치권을 계승했다. 또 한국은 외교권뿐만 아니라 많은 주권을 일본에게 분할 이양했지만, 병합까지는 여전히 주권 국가로서 존속하고,229) 제한된 주권에 관련된 행정상의 집행권을 황

---

229) 琴秉洞은 "주권국가의 국가통치의 3대 요소는 내정권, 외정권, 군정권으로, 이 3대 요소

제와 그 내각은 갖고 있었다고 보는 것이 타당할 것 같다. 도쓰카가 '괴뢰 황제'의 통치권을 부인하고, 한국의 '국권을 대표하는' 것은 "1905년 11월 17일 당시의 대한제국 황제(고종)와 그 내각(韓 참정대신이 주재)"이라 한 것은, 너무 관념적이어서 실제와는 유리된다.

이 점에서 이태진은 도쓰카와 다른 견해를 취하고 있는 것이라 생각된다. 순종 황제의 정통성을 인정하는 까닭에, 다음 항에 말한 조칙친서 문제를 들고 있기 때문이다.

또한 제2차 '한일 협약'에 의해, 한국 외교권의 행사는 일본 정부에 위임되었기 때문에, 한국 병합 조약 조인서에 기명 조인하는 한국 측 대표는 일본 정부(외무대신)이고, 일본 측 대표는 한국에서 일본 정부를 대표하는 통감이어야 하지 않을까라는 의문이 생길지도 모른다.[230) 기미지마 가즈히코(君島和彦)가 말하는 것처럼, "이미 한국의 외교권 행사는 일본 정부의 감리 지휘 아래에 있었기 때문에, 이 조약은 일본이 일본과 맺은 조약"[231]이므로, 한국 외교권을 대행하는 일본외무대신과 일본국 대표자인 통감이 서명자로 되는 것도 논리적으로는 있을 수 있을 것이다.

같은 일은 제2차 '한일 협약' 이후, 한일 간에 채결된 제 조약, 즉 제3차 '한일 협약'(1907년 7월 24일 조인), '경찰 행정 집행에 관한 취극서'(1907년 10월 29일 조인), '한국 사법 및 감옥 사무 위탁에 관한 각서'(1909년

가 모두 갖춰 있어야 완전한 주권국가이다"라고 하고, 그 "국가통치의 3대 요소는 모두 다 일본에 빼앗기고", "완전한 무주권국가가 된 비독립국가에게 조약을 체결할 법적 자격도 없으면, 법률행위능력도 없기" 때문에, 한국은 병합 조약을 체결할 자격이 없었다 라는 점에서, '한국 병합 조약'의 무효를 주장하고 있다(『資料·雜誌にみる近代日本の朝鮮認識－韓國併合期前後』4권, 綠蔭書房, 1999, 해설 19~21쪽). 琴秉洞이 말한 '무주권국가'란 개념도 불명확하지만, 통상의 이해에 따라 해석하면, 대한제국은 이미 소멸하고, 원래 국가인 대한제국에는 조약을 체결할 자격이 없다 라는 의미가 될 것이다.

230) 李升熙, 「書評·海野福壽 編 '韓國併合始末關係資料'」『駿台史學』108, 71쪽.

231) 君島和彦「植民地 '帝國'への道」, 淺田喬二 編, 『帝國日本とアジア』, 吉川弘文館, 1994, 75쪽.

7월 12일 조인), '한국 경찰 행정 위탁에 관한 각서'(1910년 6월 24일 조인) 등에 대해서도 말할 수 있는 것으로, 이들 서명자는 모두 통감과 한국 내 각 총리대신이다.

이러한 사실을 어떻게 해석해야 하는가? 여기에서 러일 강화 조약 교섭을 상기하고 싶다. 그 회의록에 "동국(한국)의 주권을 침해해야 하는 것은, 한국 정부와 합의한 위에, 그것을 집행할 것을 이에 성명한다"라고 기록된 것은 앞에서도 밝혔다. 그 때문에 한국의 주권 침해에 상당하는, 위와 같은 한국의 통치권·행정권에 관한 협정 체결에 임해서는 한국 정부의 '합의'를 명시할 필요가 있었던 것이고, 그 의미에서 한국 총리대신의 기명 조인을 요구했다고 볼 수 있을 것이다.

2) 황제 '칙유'의 훼조

이태진은 서울대학교 규장각 소장 문서에 의해, 한국 병합 조약 조인시에 데라우치 통감과 이완용 사이에서 교환한 '각서'로부터 병합 조약 공포에 즈음하여 천황·황제가 각각 '조칙'을 발포한다고 한 것을 밝혔다.[232] 이것에 기초하여 1910년 8월 29일에 천황 '조칙'[233] 및 황제 '칙유'[234]가 발포되었는데, 이태진은 한국 황제 '칙유'는 일본 측이 '날조'한 것이라 지적한다. 그 근거의 하나는 『일본 외교 문서』 43권 1책에 수록되어 있는 다음의 데라우치 통감으로부터 가쓰라 수상·고무라 외무대신 앞으로 보낸 8월 27일의 전보다.[235]

232) 이태진 「공포 칙유가 날조된 '한일 합병조약'」(이태진 편저, 앞의 책) 198~207쪽.
233) 『官報』 1910년 8월 29일 호외.
234) 한국 『官報』 1910년 8월 29일.
235) 『日本外交文書』 43권 1책, 701~702쪽.

제50호

가쓰라 수상·고무라 외무대신에게

일한 병합에 관한 한국 황제의 조칙문은 별지대로 결정하고 본일 재가를 거쳐 오는 29일 병합 조약과 함께 발표할 것임.

(별지) 칙유 [생략]

이 문서에는 편자에 의해 "조칙문의 수정은 8월 27일 데라우치 통감 발 전보 제51호에 의해 통보된 것이지만, 이곳에는 편의를 위해 수정을 가한 형태로서 채록했다"고 주석이 붙어 있다. 따라서 27일의 데라우치 발 전보에는 50호·51호의 2통이 있고 『일본외교문서』에 수록된 '칙유' 부분은 51호에 의해 통지된 수정 후의 것임을 알 수 있다. 이에 대해 이태진은 "통감이 보낸 문안을 받아 수상, 외무대신 측에서 다소 수정을 가해 회송하였다는 뜻"으로 해석하고 "한국 황제의 조칙문을 통감이 초하고 그것을 다시 총리대신, 외무대신 급의 일본 정부 책임자의 손을 거쳤다는 것은 조약이 처음부터 끝까지 일본정부의 의도에 따라 일방적으로 진행되었다는 명백한 증거가 된다"[236]고 결론짓는다. 황제의 '칙유'는 일본에서 모두 만든 허위의 '칙유'라는 것이다.

그러나 외무성 문서[237]에 따르면 전보 50호는 27일 오후 2시 30분 경성 발, 28일 오전 1시 35분 '본성(本省) 착', 51호는 27일 오후 6시 55분 경성 발, 동일 오후 11시 14분 '도쿄 착'으로, '전전(前電) 한황(韓皇) 조칙문, 좌와 같이 수정되었다'라 하여 수정 후의 칙유문을 부치고 있다. 수신의 '본성 착'과 '도쿄 착'의 의미의 차이는 불명확하지만, 같다고 가정한다면

---

236) 이태진 「공포 칙유가 날조된 '한일 합병조약'」, 이태진 편저, 앞의 책, 203쪽.

237) 「外務省マイクロフィルム」 The Archives in the Japanese Ministry of Foreign Affairs, Tokyo, Japan, 1868~1945. microfilmed for the U.S. Library of Congress. Telegraph, R. 128-No. 51호, 6599-6602 50호.

후에 발신한 51호의 쪽이 50호보다 먼저 도착한 것이 되기 때문에 51호가 일본 정부에 의한 수정문은 아니라는 것은 명백하다. 혹은 50호와 51호의 발신 시각차는 5시간여 밖에 안 되고, 그 사이에 외무성으로부터 데라우치 앞으로 반전이 없는 점으로도, 이태진이 추정한 것처럼 일본 정부에 의한 '칙유' 안문(案文)이 수정 '날조'되었다고는 생각하기 힘들다. 50호 전보의 '칙유' 안문에 대한 8개소의 문언 수정은 한국 궁내부와 통감부의 '쌍방 타협'에 의해 이루어지고, 통감부가 그때마다 외무성에 보고했다고 보아야 할 것이다.

이태진이 '조칙 날조' 혹은 황제의 '칙유' 서명 거부의 논거로 하는, 또 하나는 발포된 '칙유'에는 '칙명지보(勅命之寶)' 어새가 있을 뿐으로, 어명의 친서기 빠져 있다는 점이나. 나음과 같이 서술하고 있다.[238]

> 이것은 조약의 형식적 요건의 기본적인 결함이라고 하지 않을 수 없다. 비준서에 해당하는 조칙이 황제가 모른 상태에서 준비, 공포되었다면 비준서 날조행위로서 조약 강제의 명백한 증거가 되고, 황제에게 올려졌어도 황제가 서명을 거부한 결과라면 이것은 명백한 조약 승인의 거부 증거가 된다. 두 가지의 상황도 각각 모두 중대한 의미를 가지지만, 어느 쪽이든 조약이 성립하지 않았다는 결정적 근거가 된다.

이러한 지적에 대해 다음 두 가지 점에서 재검토해보자.

첫 번째, 이태진은 '조칙'과 '칙유'의 문서 형식을 동일시하고 있는데, 양자는 구별하지 않으면 안 된다는 것이다. 한국 병합 조약 공포에 즈음하여 발포된 것은 '칙유'이고 '조칙' 또는 '칙령'이 아니다.

이태진에 따르면 1907년 11월부터 한국의 '공문서 형식도 일본식으로

---

238) 이태진 「공포 칙유가 날조된 '한일 합병조약'」, 이태진 편저, 앞의 책, 209쪽.

통일[239]'되었다고 하여 많은 실례를 들어 입증하고 있다. 당시 일본의 공문서 형식은 1907년 1월 31일 공포의 '공식령'[240]에 의해 정해져 있었다. 이와 관련하여 '공식령'에 규정된 천황의 의사 표시 형식은 다음과 같다.

(1) 조서['황실의 대사를 선고(宣誥)하고 및 대권의 시행에 관한 칙지를 선고한다']
…… '친서한 후 어새를 찍는다(제1조)'
(2) 칙서('칙지로서 선고하지 않는 것') …… '친서한 후 어새를 찍는다(제2조)'

이상 두 가지가 협의의 조칙인데, 그 이전의 '공문식'[241](1886년 2월 24일 공포)에는 없었던 규정이다.

(3) 법률 …… '상유를 부쳐서' '친서한 후 어새를 찍는다(제6조)'
(4) 칙령 …… '상유를 부쳐서' '친서한 후 어새를 찍는다(제7조)'
(5) 국제 조약 …… '상유를 부쳐서' '친서한 후 어새를 찍는다(제8조)'
(6) 국서·친서·조약 비준서·전권 위임장·외국 파견 관리 위임장·명예 영사 위임장·외국 영사 인가장 …… '친서한 후 국새를 찍는다(제13조)'

단 칙어(황실·국가의 사무에 대해 구두로 발포된 것)와 칙유(칙어 중 유지를 포함하는 것)에 대해서는 문서에서 제시하는 경우에도 형식을 특히 규정하지 않았다.

한국에서는 1894년 11월 21일 공포된 '공문식'[242](1895년 5월 8일 개정)[243]에 의해 법률·칙령에 대해서는 '친서 후(親署後), 검어새(鈐御璽)'

239) 이태진, 「통감부의 대한제국 寶印 탈취와 순종황제 서명 위조」,이태진 편저, 앞의 책, 151쪽, 일본어는 김영희, 海野 編, 『日韓協約と韓國倂合』, 明石書店, 1995, 285쪽.
240) 『官報』1907년 2월 1일.
241) 『官報』1886년 2월 26일.
242) 조선 『官報』1894년 11월 22일.
243) 조선 『官報』1895년 5월 11일.

(제3조·제17조)로 하였는데, 조칙에 관해서는 특별한 규정을 두지 않고 관례에 따라 친서(御押, '등록된 수결 인장'으로부터 1907년 11월부터 육필의 어명이 된다)한 후 어새를 찍는 것이 이루어지고 있었던 것 같다.

한국 병합 조약 공포에 즈음한 천황 '조서'에 대해 한국 황제가 발포해야 할 그것도, 데라우치·이완용 '각서'에서는 '조칙'이라 되어 있었음에도 불구하고 발포시에 '칙유'가 된 것은 칙유 형식이 앞서 설명한 것처럼 특정되어 있지 않았기 때문에 '조칙'에 대신하여 '칙유'로 한 가능성도 있지만, 병합 조약 공포시 '칙유'에서 황제 어명의 결여를 문제로 삼는다면 어명 어새가 갖추어 있는 '1907년 11월 18일 이후 조칙 13건'[244]과 병합 '칙유'와의 대비가 아니라 같은 시기에 발포된 다른 '칙유' 형식과 대비하지 않으면 안 될 것이나.

두 번째, 병합 '칙유'가 조약 비준서에 상당한다고 보는 것에 대한 의문이다. 병합 조약 조인의 8월 22일에 데라우치·이완용 간에 교환된 '각서'(규장각 소장 No. 23159)는 다음의 문서다.

각서
1. 병합 조약 및 양국 황제 폐하의 조칙은 모두 쌍방 타협의 위에 동시에 공포할 것.
2. 右 조약 및 조칙은 어느 때에라도 공포할 수 있도록 곧 필요한 절차를 해둘 것.
　메이지 43년 8월 22일
　　　　　　　　　　　　　통감 자작 데라우치(印 없음)
　융희 4년 8월 22일
　　　　　　　　　　　　　내각 총리대신 이완용(印 없음)

이 '각서'는 통감부 용전(用箋)을 사용하고 일본이 미리 준비한 것으

244) 이태진, 「공포 칙유가 날조된 '한일 합병조약'」, 이태진 편저, 앞의 책, 205~206쪽.

로, '8월 22일'의 날짜와 데라우치·이완용의 서명이 당일 기입되었는데, 거기에는 비준서에 대신하여 조칙을 발포한다고는 쓰여 있지 않다. 그런데 이대진은 "이 각서로 '병합'을 알리는 양국 황제의 조칙은 비준서를 대신하는 효력을 가지게 되었다"[245]고 하고, 황제'칙유'에 어명 친서가 빠져 있는 이상 비준되지 않았기 때문에 병합 조약 그것도 불성립이라 주장한다. 어명 결여는 비준을 거부한 황제의 의사 표시라는 지적은 추측의 영역을 벗어나지 않는 것이기 때문에 여기서는 언급하지 않지만, '한국 병합 조약'은 조인 후의 비준 행위를 회피하고 싶어 하는, 일본 측이 주도한 계획 하에서 진행되었다는 것을 재확인하지 않으면 안 될 것이다.

8월 22일에 황제가 조칙 형식에서 이완용에게 하부한 전권 위임장[246]에는 황제가 "한국의 통치를 모두 짐이 가장 신뢰하는 대일본제국 황제 폐하에게 양여할 것을 결정하였다"고 기록되어 있었다. 이것은 18일에 데라우치가 이완용에 제출한, 전권 위임의 '칙명'안과 같은 글인데, 조약 체결 교섭 개시 이전에 국가 원수가 조약안의 수락, 즉 재가한 것을 기록한 전권 위임장을 발급하는 것은 이례다. 따라서 전권위원이 된 이완용의 역할은 병합을 전제한 '필요한 조장(條章)'에 대해 '상의 협정'하는 것뿐이었다.

전권 위임장을 이러한 것으로 한 것은 '조인 후에 형식적 비준을 주청하는 수속'을 생략하기 위해서[247] 였는데, 한 번 더 주의를 환기시켜서 '한국 병합에 관한 조약' 제8조에서 "본 조약은 일본국 황제폐하 및 한국 황제

---

245) 이태진, 「일본의 대한제국 국권 침탈과 조약 강제」, 『한국사시민강좌』 19, 42쪽, 同 「韓國併合は成立していない」下, 『世界』 1998. 8, 188쪽.
246) 한국 『官報』 1910년 8월 29일 호외. 일본어는 小松綠, 『朝鮮併合之裏面』, 中外新論社, 1920, 182쪽.
247) 小松綠, 앞의 책, 181쪽.

폐하의 재가를 거친 것으로서, 공포일로부터 그것을 시행한다"고 하여, 이미 천황·황제의 재가가 끝났다는 것을 명기하였다. 이 조문은 8월 17일에 데라우치가 고무라 앞으로 "본 조약은 일본국 황제 폐하 및 한국 황제 폐하의 재가를 거쳐 공포일로부터 시행하는 것으로 한다"고 보낸 원안[248]에 대하여, 고무라가 그대로는 "조약은 전권 위임을 가지지 않고 조인된 것 같은 형식으로 된다"라고 생각하고, 공포 전에 각국에 조인이 끝난 조약을 통지한 관계상, 한일 "양국 황제의 재가를 거친 것인지 아닌지, 조약면에서 명료하게 되어 있지 않으면 불편이 적지 않다"라는 배려에 기초하여, 조인 4일 전인 8월 18일 수정을 지시한 것이다.[249]

또한, 설령 순종 황제의 병합 '칙유'에 비준서의 의미를 갖도록 하는 것이려면, '공문식'의 규정에 기초하여 어새가 아니라 국새를 사용해야만 했다. '칙유'는 병합에 즈음하여 한국 국민에 대한 황제의 유지로서 연출된 이상의 의미는 아니라고 본다.

248) 「外務省マイクロフィルム」 The Archives in the Japanese Ministry of Foreign Affairs, Tokyo, Japan, 1868~1945, microfilmed for the U.S. Library of Congress. Telegraph, R. 128-No. 6284. 34호.
249) 앞의 문서, No. 6887-6888. 50호.

후기

나는 1995년에『韓國併合』(岩波新書; 연정은 옮김,『한국 병합』, 새
길, 1995)을 썼다. 그로부터 5년이 지났는데, 그 사이에 다음의 논문 및
소문(小文)을 발표하였다.

『日韓協約と韓國併合－朝鮮植民地支配の合法性を問う』, 편저, 明石書店, 1995.
「日韓交渉と朝鮮植民地支配の責任」歷史學硏究會編,『戰後50年をどう見るか』,
　　靑木書店, 1995 수록.
「隣國との歷史認識の共有とは」永原慶二・中村政則 편,『歷史家が語る戰後史と
　　私』, 吉川弘文館, 1996, 수록.
「'韓國併合條約'等 無效論をめぐって」『季刊 戰爭責任硏究』12호, 1996.
「日本の韓國'保護'から併合へ－1907－10年を中心に」『明治大學人文科學硏究所
　　紀要』45책, 1999.
「李敎授'韓國併合不成立論'を再檢討する 」『世界』1999년 10월호.」
「한국 병합의 역사 인식」『전통과 현대』1999년 가을호, 앞의 논문의 한국어 번역.
「明治期における條約の形式と締結手續き－'韓國併合條約'等 無效論に關聯して」
　　『駿台大學』108호, 1999.

이들을 기초로 한국 보호국화로부터 병합에 이르는 과정을 새롭게 쓴

것이 이 책이다.

졸저『한국 병합』은 일반서이기 때문에 개설적이고 설명이 불충분하거나 인용 사료의 전거도 생략한 부분이 많다. 그 때문에 독자에게 오해를 주는 점도 있다. 한국으로부터의 비판의 창끝은, 나의 주장인, 한일 간 구 조약 및 일본의 조선 식민지 지배는 부당하지만 형식적으로는 합법이고, 조약은 유효, 식민지 지배는 합법적 강제를 통해 이루어졌다고 한 점에 향해졌다. 구 조약 무효·식민지 지배 불법론의 입장으로부터의 비판이다. 역사학 분야에서 그 선두에 선 것이 서울대 이태진 교수였다. 이 책의 서술에 있어서도 이태진의 주장을 염두에 두었다.

이태진은 이 책 탈고 직전에도 「약식 조약으로 어떻게 국권을 이양하는가? ‒ 운노 우구슈 교수의 비판에 답한다」(『전통과 현대』 1999년 겨울호,『世界』 2000년 5·6월호에 일본어 번역)라는 나에 대한 비판 논문을 발표하였기 때문에, 우선 이 책에서는 보충 글 등으로 사견을 첨가하였는데, 본격적인 반론은 다른 기회로 넘기지 않을 수 없었다. 이태진의 이 논문은 『世界』가 1998년 7월호부터 수시로 게재하고 있는 '한일 대화'에 발표한 그의 세 번째의 논문이다. 이태진은 그의 논문들을 통해 한국 병합 조약 등 구 조약 무효설의 논거를 펼쳤다. 그 배경에는 이 책 1장에서 서술한 한국·조선민주주의인민공화국이 제기하는 '과거 청산' 문제가 있다. 그것은 일본의 조선 지배란 무엇이고, 일본은 그 책임을 어떻게 다하고, '과거 청산'을 행하는가라는, 식민지 피해자로부터의 일본인에 대한 물음이다. 그렇기 때문에 나는 조일 관계사를 전공하는 한 연구자의 응답 책임으로서 사실(史實)의 검증과 사건을 이태진 비판 논문으로 정리한 것이다.

'한일 대화'의 논쟁이 어떠한 성과를 낳았는가는 알 수 없지만, 이태진이 "큰 바람을 느낀다"고 서술한, 이 문제로의 관심의 고조는 한국의 한일 문화교류정책자문위원회 주최로 올해 11월 4일 서울에서 열린 공개 심포지엄 '과기 청산'과 21세기 한일 관계'('한일 병합 조약과 한일 협정에 관해서'도 주제의 하나)나 내년 봄 발족 예정인 하버드 대학을 중심으로 한미 북일의 공동 연구 '역사학·국제법학에서 본 일본의 한국 병합의 재검토'로 이어져 나갈 것이다. 이 책에서도 그 흐름에 따라 조금이라도 연구의 발전에 기여하는 것이 있다면 기대 이상의 즐거움이다.

이 책은 많은 사람들의 지원으로 완성되었다. 특히 송인호(고인)·김지영 두 분은 구 조약 무효·식민지 지배 불성립에 선 최대의 논적(論敵)임과 동시에 최대의 협력자로서 사료의 수집, 번역 등에 힘을 보태 주셨다. 또한 서울대학교 안병직 교수에게는 1986~1987년 서울대학교 경제연구소에의 '유학' 이래, 학문상의 시사를 받았을 뿐 아니라, 사사로운 일에 걸쳐서도 신세를 졌다. 그 외 한일의 동학 학형들, 메이지 대학의 동료 여러분 및 세미나에 참가한 제군들의 내 연구에 대한 응원도 감사하고 싶다.

이 책은 한국문화연구진흥재단으로부터 출판 조성금의 교부를 받았다. 또한 이와나미 출판사(岩波書店) 편집부의 시와카부 마사지(澤株正始) 씨·이리에 다카시(入江仰) 씨의 열성적인 편집 작업의 손을 거쳐 간행되게 되었다. 한국문화연구진흥재단과 편집자 두 분께도 깊은 감사 말씀을 전한다.

2000년 10월 29일

운노 후쿠쥬

일본제국의 '한국 강점'을 어떻게 볼 것인가?

정재정(서울시립대학교 국사학과 교수)

1. 논의의 범위와 한계

일본은 1910년 8월 22일 일본군의 계엄 아래 대한제국 정부와 '한국 병합 (韓國倂合)에 관한 조약'을 체결하고, 일주일 후인 29일 관련 칙령 등과 함께 이 조약을 공포하여 대한제국을 멸망시켰다. 일본은 이어서 같은 해 9월 30일 조선총독부관제를 공포하고, 10월 1일 육군대신 데라우치 마사타케를 조선총독에 임명함으로써 한국을 명실 공히 식민지로서 지배하기 시작했다. 그리하여 근대 국민 국가로 환골탈태하기 위해 몸부림쳤던 대한제국은 역사의 무대에서 사라지고, 한국 민족은 역사상 처음으로 다른 민족에게 직접 지배를 당하는 치욕을 맛보게 되었다.

일본의 한국 강점은 당시는 말할 것도 없고 해방 이후 오늘날까지도 한국 민족의 생활과 의식 등에 지대한 영향을 끼쳐왔다. 그리고 외교적으로는 한국과 일본의 상호 관계를 규정하는 기본 요인의 하나로서 작용해

왔다. 따라서 일본이 한국을 강점하는 과정과 그 이후의 역사를 사실에 입각하여 검토하는 것은 지난 100여 년 동안의 한국 민족사와 한일 관계사를 총체적으로 이해하는 데 필수적인 일이라 할 수 있다.

이 논문은 '한국사연구회'가 '일제의 한국 침략과 종교 – 한국 강점 전후를 중심으로'라는 주제 아래 추진한 공동 연구의 총설 내지 도론(導論)으로서 쓴 글이다. 따라서 이 글에서는 한국 강점과 관련된 개별적이고 구체적인 사실을 새로 밝혀내기보다는 이에 관한 최근의 연구 성과에서 중요하다고 판단되는 몇 가지 논점을 추출하여 제시함으로써 한국 강점의 역사적 성격을 파악하는 데 도움을 주고자 한다. 이 글에서 다루게 될 논점은 다음과 같다. ① 한국 강점을 지칭하는 용어의 타당성, ② 한국 강점에 대한 연구가 포괄하는 시간적 범위, ③ 한국 강점 과정의 단계별 특징, ④ 일본이 1910년의 시점에서 한국을 강점한 이유, ⑤ 한국 강점 과정에서 일본이 구사한 종교 정책과 종교계의 대응, ⑥ 한국 강점 과정에서 한일이 맺은 제 조약의 합법성과 정당성의 여부, ⑦ 한국 강점 이후 일본이 구사한 지배 정책과 한국 사회에서 일어난 변화의 성격 등.

한국과 일본의 역사학계에서는 지난 수십 년 동안 한국 강점을 주제로 한 연구 서적이 꾸준히 출간되어 이제 그 전모를 어느 정도 소상히 파악할 수 있게 되었다. 특히 최근에는 이태진과 운노 후쿠쥬(海野福壽) 등이 한국 강점 과정에서 한국과 일본이 체결한 주요 조약의 불법성과 합법성, 유효성과 무효성을 둘러싸고 치열한 논쟁을 벌여 관련 학계뿐만 아니라 일반인의 한국 강점에 대한 역사 인식을 심화시키는 데 큰 도움을 주었다. 이 글은 이러한 상황을 염두에 두면서, 한국 강점을 다룬 연구서들이 필자가 위에서 제시한 7개 논점에 대해 어떠한 견해를 피력하고 있는가를 비교 검토하는 데 주력하고자 한다.

이 글에서 주로 검토하게 될 한국 강점에 관한 연구서를 간단히 소개하면 다음과 같다. 한국에서 출판된 이태진 편저의 『일본의 대한제국 강점』(까치, 1995)과 『한국 병합, 성립하지 않았다』(태학사, 2001)는 러일 전쟁 이후 한국에 대한 일제의 침략과 지배가 불법적 조약에 기초한 군사 강점이었다는 것을 입증하고, 이에 대해 일본이 적절한 사죄와 배상을 해야 한다는 논리를 전개하고 있다. 또 한국 강점을 직접 다루고 있지는 않지만, 이태진의 『고종 시대의 재조명』(태학사, 2000)은 일제의 식민주의 사관에 의해 각인된 고종 황제의 암약설(暗弱說)을 비판하고 그의 근대화 정책을 높게 평가함으로써, 일본의 한국 강점이 근대적으로 변모하던 대한제국을 짓밟기 위해 단행되었다는 것을 부각시켰다.

일본에서 출판된 야마베 겐타로(山邊健太郞)의 『한일 병합 소사(日韓倂合小史)』(岩波書店, 1996)와 『일본의 한국 병합(日本の韓國倂合)』(太平出版社, 1996)은 관변 측 시각에서 벗어나 한국 강점을 실증적으로 탐구한 최초의 저술로서 유명하다. 이 책들은 새로운 사실을 많이 발굴하여 자료로 활용함으로써 그 후의 연구에 길잡이 역할을 하였다. 모리야마 시게노리(森山茂德)의 『근대 한일 관계사 연구(近代日韓關係史研究)』(東京大學出版會, 1987)와 『일한 병합(日韓倂合)』(吉川弘文館, 1992)은 식민지 지배의 책임 문제 등은 거론하지 않았지만, 국제 관계를 시야에 넣고 한국 강점의 과정을 실증적으로 구명했다. 특히, 통감부 시대의 '보호 정치'를 해명한 것은 장점이라 할 수 있다. 운노 후쿠쥬의 『한국 병합(韓國倂合)』(岩波新書, 1995)과 『한국 병합사 연구(韓國倂合史の硏究)』(岩波書店, 2000)는 일본의 한국 식민지화 과정을 정치(精緻)하게 구명하면서도, 특히 그 과정에서 맺어진 각 조약의 합법성 여부를 집요하게 탐구했다. 그는 이를 통해 각 조약이 도의적으로는 결함이 있었지만 형식적으로는 적법성을 띠고 있었다는 결론을 도출하였다.

한국 강점을 어떻게 파악할 것인가는 근대·현대의 한일 관계사는 물론이고 한국사와 일본사를 어떻게 이해할 것인가와 직결된 문제이기 때문에 앞으로도 두고두고 논란을 빚을 것이다. 지금 한국과 일본 사이에 현안으로 대두되어 있는 일본 역사 교과서의 왜곡 문제나 북한과 일본의 수교협상 문제로 한국 강점의 인식 방향과 직접 간접으로 결부되어 있다는 점을 상기하면, 이에 대한 논의가 더욱 다양하고 정치(精緻)하게 확산될 것을 바라마지 않는다. 이 글이 '일제의 한국 침략과 종교 – 한국 강점 전후를 중심으로'라는 주제의 공동 연구뿐만 아니라 한국 강점에 관한 넓고 깊은 연구를 촉진하는 데 조그만 디딤돌이 된다면 다행이라 생각한다.

2. '한국 강점'인가, '한국 병합'인가, 아니면 '한국 폐멸'인가?

한국 강점을 다루면서 제일 먼저 부딪치는 곤란함은 이 사태를 지칭하는 용어의 선택 문제다. 역사학계나 일반인이 이 사태를 지칭하는 용어는 '한일 합방' '한국 병합' '국권 피탈' '한국 강점' '식민지화' '대한제국의 폐멸(廢滅)' 등 실로 다양하다. 그런데 이들 각 용어에는 화자 나름의 의미와 시각이 뚜렷하게 반영되어 있기 때문에, 누구라도 어느 것 한 가지를 선택하라고 요구하기가 쉽지 않다. 그렇다면 한국 강점에 관한 연구서들이 어떠한 이유로 동일한 사건에 대해 각각 다른 용어를 사용하고 있는가?

이태진은 일본이 한국의 국권을 침탈하는 과정에서 맺은 각종 조약이 강압과 사기로 점철된 것은 물론이고 절차상·형식상 하자가 많아 원천적으로 무효이기 때문에 36년에 걸친 일본의 식민지 지배는 군사력에 의한 불법적 점령 즉 '강점'이라는 용어를 사용할 것을 제안하고 있다. 심지어는 '식민지,' 또는 '식민지 지배'라는 용어조차 일본인이 쓰던 것이기 때문에 한국인이 취할 바는 아니라고 주장한다. '군사 강점'이라는 인식은 이미 박은식(朴殷植)의 『한국통사(韓國痛史)』나 『한국 독립 운동의 혈사(韓國獨立運動之血史)』 등에서도 나타난다. 이태진은 이것을 계승하여 좀 더 정교하게 개념화한 것이라 볼 수 있다.[1]

반면에 운노는 '한국 병합'이라는 호칭을 제안하고 있다.[2] 그는 1910년의 이 사건을 '한국 병합'으로 부를 것인가, '한일 병합'으로 부를 것인가를 자문하면서, 조약의 정식 명칭이 '한국 병합에 관한 조약'이었다는 점, 당시의 신문도 '한국 병합'을 사용하고 있었다는 점, 전전(戰前)의 국정 교과서도 기본형은 '한국 병합'이었다는 점 등을 내세워 '한국 병합'이라는 용어를 선택하였다.

운노가 선택한 '한국 병합'이라는 용어는 야마베(山邊)나 모리야마(森山)가 사용하는 '한일 병합'보다는 객관적이고 중립적인 것처럼 보인다. '한일 병합'은 두 나라가 대등한 처지에서 합의에 따라 한 나라로 합쳤다는 인상을 주는 '한일 합방'과 거의 비슷한 뉘앙스를 풍기기 때문이다. 그렇지만 운노가 군이 '한국 병합'이라는 용어를 선택한 것에 대해서는 약간의 의문을 지울 수 없다. 그도 '병합'이라는 용어가 군사적 '강점'이라는 인상을 주지 않기 위해 '병합'을 추진한 당사자들이 심사숙고 끝에 만

---

1) 이태진, 『일본의 대한제국 강점』, 까치, 1995, 17쪽. '식민지'라는 용어를 쓰지 않으려고 배려한 것은 이태진과 정반대의 시각을 가지고 있었던 '병합'의 당사자들도 마찬가지였다. 그들은 일본의 조선 지배가 강권에 의한 이민족(異民族) 지배가 아니라 동문동족(同文同族)에 대한 '일시동인(一視同仁)'의 선정(善政)이라 강변하면서 조선 통치를 다른 제국주의 국가에 의한 식민지 지배와 구별하였다. 그들은 "일본과 조선과의 관계에서 식민지라는 말, 즉 압박 착취를 연상하고, 정복·피정복의 관념을 갖게 하고, 문명인이 야만인을 지배한다는 소리처럼 들리는 식민지라는 말을 극단적으로 싫어했다"(『日本人の海外活動に關する歷史的調查』通卷 第三冊 朝鮮篇 第二分冊 3~4). 그들은 일본과 조선을 '내지(內地)'와 '외지(外地)'로 구분했다.

2) 海野福壽, 『韓國倂合』, 東京: 岩波書店, 1995, 245~246쪽.

들어낸 정치적 용어라는 사실을 잘 알고 있기 때문이다.

야마베는 일찍이 '병합'이라는 용어에 숨어 있는 정치적 의미를 간파하고 이 용어가 생성되는 과정을 검토한 비 있다.[3] 실제로 '병합'이라는 용어는 당시 일본 외무성 정무국장 구라치 데쓰키치(倉知鐵吉)가 치밀한 계산 아래 만들어낸 신조어였다. 구라치가 보건대, 당시 한일 양국에는 한국 강점을 '한일 양국이 대등하게 합일'하는 것처럼 이해하여 '합방'이나 '합병' 등의 용어를 사용하는 자가 있었다. 이것은 일본으로서 받아들이기 어려운 일이었다. 한국인이 정말로 일본인과 동일한 대접을 해달라고 달려들면 곤란하기 때문이었다. 따라서 일본으로서는 '한국이 완전히 폐멸로 돌아가 제국 영토의 일부로 된다는 점을 분명하게' 해둘 필요가 있었다. 그렇다고 하여 '폐멸'이나 '식민지' 같은 노골적인 용어를 사용할 수도 없었다. 한국이 일본에 대해 겉 다르고 속 다르지 않느냐고 항의한다거나, 외국이 일본에 대해 침략성을 비판해도 곤란했기 때문이다. 그리하여 일본은 '폐멸'이라는 실질적 의미를 포함하면서도, '그 어조가 너무 과격하지 않는 문자'를 선택하여 '병합'이라는 용어를 만들어낸 것이다.

그렇지만 운노가 밝혀낸 사실에 따르면, '병합'이라는 용어는 이미 1905년경부터 일본 외교관 등이 가끔 사용하고 있었다. 따라서 '병합'이라는 용어에 가치를 두기 위해서는 누가 이 용어를 처음으로 만들었느냐를 따지기보다, 왜 일본 외교관이 이 용어를 사용하는 데 집착했느냐를 따지는 게 더 중요한 일이다. 그러므로 야마베의 문제제기는 타당하다고 볼 수 있다.

위와 같은 곡절을 거쳐 탄생한 '병합'이라는 용어는 그 후 일본이 사용하는 공문서의 정식 호칭이 되었다. 그리고 역사 서술은 물론이고 일반인

---

3) 山邊健太郎, 『日韓倂合小史』, 東京: 岩波書店, 1966, 220쪽.

들에게도 정착되어 갔다. 그렇지만 한국의 처지로서 '병합'이라는 용어가 일본이 한국을 '폐멸'시킨다는 원래의 뜻을 애매하게 하기 위해 고심 끝에 만들어낸 정치적 용어라는 사실을 잊어서는 안 될 것이다.

그렇다면 각 연구자는 '병합'을 어떤 뜻으로 이해했는가? 야마베는 한국이라는 이름이 지구로부터 지워져버린 것,[4] 즉 국가의 소멸로 파악했다. 모리야마는 일본이 한국의 '독립'이라는 명목을 방기(放棄)'한 것으로 보았다.[5] 운노는 일본이 보호국이라는 '명분을 버리는 병합'으로서 이해했다.[6] '방기'하는 것과 '버리는' 것의 주체는 일본의 정부나 정치 지도자였고 한국은 아니었다. 따라서 '병합'은 일본의 처지에서나 쓸 수 있는 용어라고 할 수 있다. 한국의 처지에서 볼 때는 대한제국이 일본에 의해 '폐멸' 당하거나 '식민지'화 된 것이었다. '병합'이라는 용어에는 이러한 사실을 은폐하려는 고도의 기만성이 숨어 있었다. 야마베를 제외한 두 사람이 한국 강점을 당시 일본의 정부나 정치 지도자가 표방하였던 '병합론'을 수긍하는 선상에서 이해하고 있는 것은 어쩌면 우연한 일이라는 할 수 없다.

아주 극소수이기는 하지만 일본인 연구자 중에는 '병합'이라는 용어 대신에 '폐멸'이라는 용어를 사용하는 경우도 있다. 기미즈마 가즈히코(君島和彦)는 '병합'이라는 용어에는 일본이 대한제국을 '폐멸'했다는 어감을 옅게 하고 마치 대등하게 '합방'한 것처럼 보이게 하려는 의도가 숨어 있기 때문에 적당하지 않다고 지적했다. 따라서 '한국 병합'은 '한국 폐멸'로 고쳐 쓰거나, '한국은 1910년에 일본에 의해 폐멸되었다'라고 풀어 쓸 것을 제안했다.[7]

---

4) 山邊健太郎, 위의 책, 1966, 238쪽.

5) 森山茂德, 『日韓併合』, 東京: 吉川弘文館, 1992, 209쪽.

6) 海野福壽, 앞의 책, 1995, 201쪽.

7) 君島和彦, 「韓國廢滅か韓國併合か」, 『日本近代史の虛像と實像2』, 東京: 大月書店, 1990.

현 단계의 연구 수준에서 볼 때 대한제국이 일본의 군사적 위압 아래 부당하게 멸망당하였다는 사실을 가장 그럴듯하게 표현하고 있는 용어는 '대한제국 강점' 또는 '대한제국 폐멸' 정도일 것이다. 다만 두 용어에 대해서도 일본이 주어가 되고 대한제국이 객체가 되는 불만이 없는 것이 아니기 때문에, 이에 대해서는 앞으로 더 논의하면서 적당한 용어를 개발해 가야 할 것이다. 한 가지 덧붙인다면, 현재 한국의 고등학교에서 사용하고 있는 국사 교과서에는 '국권의 피탈' 또는 '국권 강탈'이라 표기되어 있다.[8]

3. 한국 강점의 단계별 특성은?

한국 강점에 관한 연구서는 대개 19세기 중반의 한일 관계(메이지 유신 이후의 국교 교섭과 정한론 등)에서 1910년 '병합 조약' 체결까지의 역사 과정을 다루고 있다. 다만 이태진의 『일본의 대한제국 강점』과 운노 후쿠쥬의 『한국 병합사 연구』가 1904~1910년을 집중적으로 취급하고 있는 것이 특색이라면 특색이다. 전자에는 한일 국교 정상화(1965)에 이르는 회담 과정에서 한국 강점의 문제가 어떻게 다루어졌는가, 그리고 후자에는 '조약 무효론'이 지난 100여 년 사이에 어떻게 전개되어 왔는가에 대한 논고가 덤으로 한 편씩 실려 있다. 이렇게 볼 때 한국 강점을 주제로 삼고 있는 연구서들의 공통된 특징의 하나는 한국 강점 이후의 역사 과정, 즉 식민지 지배 정책의 전개나 그로 인해 형성된 한국 사회의 실상에 대해 전혀 언급하고 있지 않다는 점이다.

---

8) 국사편찬위원회·1종도서연구개발연구회, 『국사(하)』, 대한교과서주식회사, 2001, 132~133쪽.

각 연구서들이 취급 범위를 1910년 8월로 한정한 까닭은 무엇일까? 모리야마는 비교적 명확하게 한국 강점 연구의 시간적 범위를 명시하고 있다. 모리야마에 따르면, "한국 병합이란 일본이 조선을 식민지화 한 것"을 말한다. 즉, '일본이 긴 세월에 걸쳐 조선을 침략한 귀결에 다름 아니다' 그렇기 때문에 일본이 오랜 세월 동안 한국을 식민지화해 가는 과정, 즉 조일 수호 조규의 체결부터 '한국 병합 조약'의 체결까지의 35년이 그가 한국 강점에서 다루는 시기다.[9]

　　모리야마 이외의 연구자들은 한국 강점을 다루면서 왜 1910년까지만을 검토의 대상으로 삼고 있는지에 대해 분명한 뜻을 밝히고 있지 않다. 그들에게 한국 강점은 1910년의 '병합 조약'까지의 일이었을 뿐이고, 그 후의 식민지 지배는 전혀 검토할 여지가 없는 사안이란 말인가? 그렇지는 않을 것이다. 한국 강점의 과정도 중요하지만 한국 강점의 결과도 중요하다. 따라서 앞으로 한국 강점에 대한 연구는 한국 강점 과정에서 추진된 일본의 침략 정책이 한국 강점 이후 일본의 식민지 지배 정책에서 어떻게 계승되고 변형되었는가에 대해서도 충분히 주의를 기울여야 한다고 생각한다. 이것은 일본의 한국에 대한 침략과 지배가 단계별로 어떠한 공통점과 차이점을 가지고 추진되었는가를 밝힘으로써 한국 강점의 전체 성격을 확정하는 데 도움을 줄 것이기 때문이다.

　　모리야마에 따르면, 일본이 긴 세월에 걸쳐 조선을 침략하는 과정은 "일본의 정치 지도자들에게 반드시 자명하고 필연적인 결론이었던 것은 아니다. 병합에 이르는 일본의 조선 통치 확립 과정은 실로 다양한 조건에 의해 제약되고 복잡한 곡절을 거친 것이었다", 그렇기 때문에 '한국 병합' 연구는 그 과정에서 나타난 불간섭 정책, 보호 = 간섭 정책, 실질적 보

---

9) 森山茂德, 1992, 『앞의 책』 1~2쪽.

호국화 정책, 문화 정책, 자치 육성 정책, 통제 정책, 병합 정책을 구명하는 작업이라는 것이다.[10]

이태진은 모리야마의 이러한 주장에 대해 강한 반론을 제기했다. 이태진은 일본이 침략주의적 관점에서 한국 강점을 추진한 것은 1870년의 정한론 이래 일관된 정책이었다고 보았던 것이다.[11]

그런데 한국 강점을 다룬 연구서들을 검토하다 보면 저자들이 의외로 조선의 개항으로부터 청일전쟁까지의 시기를 중시하고 있다는 점을 발견할 수 있다. 여기에는 연구자 나름으로의 역사관이 반영되어 있는 것처럼 보이기도 한다. 야마베의 책은 일본의 조선 침략사를 폭로하는 데 주안점을 두고 있다. 모리야마는 청·일본·구미 열강이 조선 지배를 둘러싸고 각축을 벌이는 과정을 분석하고 있다. 그리고 운노의 『한국병합』은 조선의 청에 대한 종속 관계와 일본의 갈등을 중시하고 있다. 따라서 이들의 주요 관심사는 국제 관계를 포함하여 여러 가지 복잡한 정치 상황 속에서 일본의 정치 지도자가 어떻게 조선 침략을 추진해 갔는가를 묘사하는 데 있다고 볼 수 있다. 각 연구서가 조선의 독자성이 그 후에 비해 상대적으로 더 강했던 청일전쟁 이전의 서술에 더 무게를 두는 것은 국제 관계의 역동적 전개를 더 중시했기 때문인지도 모르겠다.

이태진은 일본인 연구자들과는 다른 각도에서 청일전쟁을 중시한다. 그는 '조일 수호 조규'(1876년 2월 27일)로부터 '한국 병합 조서 및 조약'(1910년 8월 22일)에 이르기까지 한국과 일본이 체결한 주요 조약의 절차상·형식상의 합법성 여부를 면밀하게 검토했다. 그 결과 일본이 1880년대까지의 조약 체결에서는 국제법상 또는 국제 관례상 합당한 조

---

10) 森山茂德, 앞의 책, 1992, 1~2쪽.
11) 이태진, 앞의 책, 1995, 179~182쪽.

치를 취했는데 반해, '대일본 대조선 맹약'(1894년 8월 27일)부터는 일본이 태도를 돌변하여 조약 체결에서 국제 관례를 어기게 되었다는 것이다. 이러한 일본의 태도는 러일전쟁기에 다시 나타났다. 그가 이렇게 보는 이유는 청일전쟁의 단계에 이르면 일본이 군사력 증강을 어느 정도 이룩하여 무력으로 한반도를 지배하려고 획책했기 때문이라는 것이다.[12]

러일전쟁은 일본이 무력을 바탕으로 한국의 주권을 짓밟는 결정적 계기가 되었다. 그렇지만 일본에서 나온 한국 강점의 연구서들은 러일전쟁 이후의 국권 침탈 과정을 간단히 취급하는 경향을 보여 준다. 러일전쟁 이후의 한일 관계에 대해, 야마베는 "조선의 병합은 기정의 사실이었다"[13]라고 서술했다. 모리야마도 "러일 양국 간에 기본적 합의가 성립하고", "조선의 병합은 시간의 문제였다"[14]라는 식으로 파악하였다.

과연 그러한가? 러일전쟁 이후에도 한국에서는 항일 의병 투쟁과 애국 계몽 운동이 치열하게 전개되고 있었지 않았는가? 일본은 이런 움직임을 군사력으로 압살함으로써 한국을 강점한 것이 아닌가? 따라서 일본의 한국 강점을 기정사실이나 시간문제로 보는 것은 통감부의 성격과 대한제국의 실체를 어떻게 파악하는가와 직결되는 중요한 사안이라 생각한다. 이 점에 대해서는 절을 달리하여 좀 더 자세하게 살펴보기로 하자.

4. '통감부 지배' 또는 '보호국' 시기를 어떻게 파악할 것인가

일본이 한국을 강점하는 과정에서 청일전쟁이 하나의 큰 고개였다면, 또

---

12) 이태진, 「韓國倂合' 관련 협정들의 不法性」『過去淸算'과 21世紀의 韓日關係』, 韓日文化交流政策諮問委員會, 서울, 2000. 11. 4, 15~16쪽.
13) 山邊健太郎, 앞의 책, 1966, 235쪽.
14) 森山茂德, 앞의 책, 1992, 205쪽.

하나의 큰 분수령은 러일전쟁과 그 직후의 통감부의 설치일 것이다. 그런데 통감부의 설치 즉 대한제국의 '보호국'화를 한국 강점 과정에서 어떻게 위치시킬 것인가에 대해서 각 연구서는 서로 다른 의견을 제시하고 있다.

일반적으로 보호국이란 19세기 후반 제국주의 열강이 식민지를 확대해 가는 과정에서 만들어낸 국제법적 용어로서, 열강이 군사력을 배경으로 타국의 외교권을 박탈하거나 내정권을 잠식하여 통치구조가 이중성을 띠고 있는 국가를 의미했다. 따라서 한 국가의 일원적 지배가 관철되고 있었던 식민지와는 차이가 있었다.[15]

역사적 사실로 볼 때 한국은 1905년 11월 17일의 '을사조약'(이 조약은 정식 명칭이 없기 때문에 '제2차 한일 협약' 등 여러 가지로 불린다)에 따라 1906년 2월 1일부터 일본의 보호국이 된다. 야마베는 한국의 보호국화는 1904년 2월 23일의 한일의정서에 의해 제1보를 내딛고, 1907년 7월 24일의 '정미조약'('한일 협약', '제3차 한일 협약'으로도 불린다)에서 일본이 한국의 내정권(內政權)을 장악함으로써 '완성'되었다고 보았다.[16] 그리고 제2보는 1904년 8월 22일의 '한일 협약'('제1차 한일 협약'으로도 불린다)으로서, 그 결과 부임해온 재정고문 메카타 다네타로는 이미 조선총독과 같은 존재였다고 한다. 따라서 조선은 메카타를 재정고문으로 맞아들이는 조약을 체결한 이때부터 이미 독립국의 지위를 상실한 것으로 보아도 좋다는 것이다.[17] 그러면서도 그는 '제2차 한일 협약'에 의해 조선은 '명실 공히' 일본의 보호국이 되었고, 통감의 권한은 나중의 총독과 거의 다름없을 정도로 강했다고 한다.[18] 그의 이러한 기술만으로는

---

15) 田中愼一, 「保護國의 歷史的 位置」 『東洋文化硏究所紀要』, 東京: 東京大學東洋文化硏究所, 1977, 71쪽.
16) 山邊健太郎, 앞의 책, 1966, 157~158쪽.
17) 山邊健太郎, 앞의 책, 1966, 165쪽.

보호국의 역사적 위치를 가늠하기 어렵다. '명실공히'와 '완성'의 차이는 무엇인가? 재정고문인 메카타와 통감은 모두 조선총독과 '같은 것'이거나 '거의 다름없는 것'이라면, 보호국과 식민지는 무엇이 어떻게 다른 것인가?

모리야마는 '제2차 한일 협약'에 따라 "일본은 조선의 외교권을 모두 박탈하고, 통감부를 조선에 둘 수 있게 되었다. 여기에서 일본은 조선을 명실공히 보호국으로 만들었다"[19]라고 쓰고 있다. 그에 따르면, 통감 이토는 '문화 정책'을 실시했지만, 조선인들의 반대에 직면하여 방침을 바꾸어 '병합의 실현을 목표로 한다'. 그 과정에서 맺어진 '제3차 한일 협약'은 '실질적 병합의 달성'으로서, '외국의 간섭·영향을 받지 않는 조선의 탄생'이었다. 그가 말하는 '보호국'·'보호 정책'은 '조선에서의 전권 장악'이었고, '실질적 병합의 달성'을 의미했다.[20] 그렇다면, 그도 역시 '보호국'과 '식민지 지배'의 차이를 인정하지 않는 것이 아닌가?

운노는, 통감은 "천황의 명대(名代)로서 한국에 군림"하고, 통감제는 "한국 내정 전반에 걸치는 감독과 지배를 위한 식민지 기구"라고 보았다.[21] 그에 따르면, '제3차 한일 협약'은 "대한제국의 이름을 남기면서, 일본이 한국 내정권을 전면적으로 장악하는 것을 목적"으로 한 것이었다.[22] 그는 통감 이토가 '괴뢰 정권을 지속'시켰다고 하여, 1907년 7월 24일 이후의 대한제국은 껍데기만 남은 가짜 국가라고 보았다.[23] 그렇다면 후반기의 대한제국은 일본의 실질적인 식민지란 말인가? 운노에서도 '괴

---

18) 山邊健太郎, 앞의 책, 1966, 182쪽.
19) 森山茂德, 앞의 책, 1992, 93쪽.
20) 森山茂德, 앞의 책, 1992, 138~140쪽.
21) 海野福壽, 앞의 책, 1995, 177~179쪽.
22) 海野福壽, 앞의 책, 1995, 183쪽.
23) 海野福壽, 앞의 책, 1995, 200쪽.

뢰 정권'이 존속하고 있었다는 점 이외에는 보호국과 식민지의 차이가 불명확하다.

그런데, 대한제국의 '괴뢰성'을 과도하게 부각하면 뜻하지 않은 난관에 부딪힌다. 일본이 왜 그렇게 집요하게 대한제국의 실권을 빼앗기 위해 각종 조약의 체결을 강요했는가를 정합적으로 설명할 수 없기 때문이다. 일본이 치밀하게 편법을 써가면서까지 외국의 눈치를 보면서까지 대한제국의 관료와 각종 조약을 체결하기 위해 안달한 것은 대한제국이 '괴뢰' 이상의 국가로서 엄연히 존재하고 있었다는 것을 거꾸로 증명하는 것이다. 운노도 '병합 조약'의 합법성을 강조하는 부분에서는 이점을 인정하고 있다.

일본인 연구자들이 보호국과 식민지 지배의 차별성에 별로 주목하지 않는 것은 일제의 대한제국 침탈이 그만큼 가혹했다는 것을 강조하는 것이라 받아들일 수도 있다. 그렇지만 그 대극에는 대한제국의 근대화 정책이나 고종 황제의 국권 회복을 위한 비밀 외교 활동을 그다지 높게 평가하지 않으려는 의도가 숨어 있는 것은 아닌지 모르겠다. 그렇다면 이태진이 대한제국의 근대화 정책을,[24] 그리고 김기석이 고종 황제의 국권 회복을 위한 비밀 외교 활동을[25] 부각시키기 위해 집필한 논고들은 일본인 연구자에게 새로운 자극을 주는 신선한 자극이 될 수 있을지도 모른다. 아니면 오히려 철저히 무시당할 수도 있다.

대한제국의 후반기에 해당하는 '보호국'기는 의병 전쟁과 자강계몽 운동이 가장 치열했던 시기였다. 일본에 의해 국권이 유린되는 정도와 비례해서 이를 회복(恢復)하기 위한 애국 투쟁도 강화되어 갔던 것이다. 이

---

24) 이태진, 앞의 책, 2000.
25) 김기석, 「光武帝의 주권 수호 외교, 1905~1907: 乙巳勒約 무효 선언을 중심으로」 『일본의 대한제국 강점』, 까치.

런 현상과 '실질적 병합', '괴뢰 정권' 등을 종합적으로 파악할 수 있는 개념은 무엇일까? 서영희는 이를 위해 일제의 한국 보호국화 과정과 통감부의 통치권 수립 과정을 단계적으로 살펴본 바 있다. 일본은 한국 측의 저항으로 보호권의 설정이 여의치 않자 우선 고문 통치로 한국 정부의 명맥을 장악한 후 이를 토대로 대외적 보호권을 확립하는 우회적인 방법을 구사했다. 이로써 일단 열강의 견제를 제거한 일본은 조심스럽게 한국의 내정을 잠식해 들어가고, 결국 광무년간 절대 권력을 지향했던 고종 주도의 황실 권력을 철저하게 해체해 버렸다. 그리하여 1907년의 '정미조약'을 계기로 대한제국의 황제권은 완전히 허설화되고 통감이 실질적인 통치권자가 되었다고 보았다. 그렇지만 당시에도 대한제국 정부와 통감부, 그리고 한국 법령과 일본 법령이 엄연히 병존하고 있었다. 이러한 이중 구조야말로 완전한 식민지와 구별되는 보호국으로서의 특성이라는 것이다.[26]

그렇다면 이 시기를 '통감부 시대' 또는 '보호국기' 등의 용어로써 지칭해도 좋을 것인가? 그렇지는 않을 것이다. 그것은 어디까지나 침략해 들어오는 일본의 개념 규정에 불과하다. 이 시기에도 아주 일그러진 것이기는 하지만 대한제국의 권위는 존재하고 있었고, 통감부의 통치권이 지방 구석구석까지 미치고 있었던 것도 아니었다. 그리고 한국인의 항일 투쟁도 요원의 불길처럼 번져가고 있었다. 그렇기 때문에 일본은 최후의 수단으로서 대한제국을 폐멸시키려고 획책한 것이 아닐까? 이 시기를 한국사의 관점에서 어떻게 호칭하는 것이 좋을까? 좀더 진지한 고민과 연구가 필요하다.

---

26) 서영희, 「日帝의 한국 保護國化와 統監府의 통치권 수립 과정」 『韓國文化』 18, 서울대학교 한국문화연구소, 1996, 340~341쪽.

5. 일본은 왜 1910년에 한국을 강점했는가?

러일전쟁 이후, 특히 통감부가 설치된 이후의 대한제국이 '식민지'와 별로 다를 바 없었다면, 일본은 왜 1910년 8월 22일, 대한제국에 '병합' 조약의 체결을 강요했는가? 바꾸어 말하면 '보호국'을 '강점'(식민지)하려는 정책 변경이 왜 일어났는가? 이에 대해서도 각 연구서들은 조금씩 다른 견해를 보여주고 있다.

야마베는 '일본이 언제나 걱정하고 있었던 것은 국제 관계'[27]였다고 함으로써, 대한제국과 만주를 둘러싼 열강의 세력 다툼이 일본으로 하여금 한국 강점을 단행하게 했다고 보았다. 그는 그밖에 더 구체적인 언급은 하지 않았다.

일본이 '한국 강점'으로 선회하게 된 배경을 좀더 분명하게 설명한 것은 모리야마이었다. 그는 두 가지 이유를 들었다. 첫째, 일본의 '보호 정치'가 목적을 달성하지 못했다. 일본은 '문화 정치'를 구사하여 조선인으로부터 마음에서 우러나는 복종을 얻으려고 기대했으나, 조선 국민은 거꾸로 여러 가지 저항 운동을 전개하였다. 일본은 이것을 억누르기 위해 군사력을 사용하여 '병합'을 단행할 수밖에 없었다. 둘째, '간도(間島) 문제'가 불거져서 조선 문제와 만주 문제가 서로 얽히게 되었다. 일본은 구미 열강이 여기에 간섭하려고 달려들 위험성이 있다고 보았다. 그렇기 때문에 조선을 보호국으로 놔두는 것만으로는 불안하다고 생각했다.[28]모리야마는 이 두 가지 중에서 전자보다는 후자가 '병합'의 시기를 정하게 한 결정적 계기가 되었다고 풀이했다.

운노는 이토가 병합론으로 '개종'한 것은 1908년 11월경이고, 그것을

---

27) 山邊健太郎, 앞의 책, 1966, 219쪽.
28) 森山茂德, 앞의 책, 1992, 208쪽.

표명한 것은 1909년 4월이었다고 보았다. 이토가 그렇게 마음을 바꾼 이유는 '의병 투쟁의 고양' 때문이었다. 그는 "통감의 권력도" "한국 민중의 '마음'을 빼앗을 수는 없었기"[29] 때문에, 보호 정치를 포기하고 대한제국의 폐멸 쪽으로 방향을 틀었다는 것이다.

그런데 이태진은 위와 같은 일본인 연구자들의 견해와 전혀 다른 시각에서 이 문제를 논하고 있다. 그는 일본이 러일전쟁을 배경으로 하여 1904년 2월부터 한국의 외교권과 내정권을 비정상적인 수단을 동원하여 차례로 탈취해 간 이유는 국제 정세의 불리함을 극적으로 해결하려는 의도도 있었지만, 대한제국의 개혁 정책이 점차 성과를 거두어 일본이 한반도를 장악하는 데 실기(失期)할 것을 우려하였기 때문이라는 것이다.[30]

이태진은 일본이 왜 1910년을 한국 강점의 시점으로 택했는가에 내해서는 구체적으로 언급하지 않았다. 다만 일본이 한국을 강점한 것은 대한제국의 근대적 개혁을 압살하기 위한 것이었다는 점을 분명히 내세웠다. 일본은 대한제국이 자강 독립하면 일본의 세력을 뻗칠 수 없기 때문에 범법 행위를 마다하면서까지 강점을 단행했다는 것이다. 그의 주장은 일본 연구자들의 견해와는 확연히 구별된다. 이태진의 주장이 풍부한 사실에 기초하여 더욱 정교하게 보강된다면 '한국 병합'을 합리화해 온 식민주의자들의 역사인식을 정면에서 반박할 수 있는 근거가 될 것이다.[31]

---

29) 海野福壽, 앞의 책, 1995, 206~207쪽.
30) 이태진, 앞의 책, 1995, 69~70쪽.
31) 일본의 정부와 정치 지도자들은 용어의 강약에 차이는 있을지언정 '한국 병합'의 유래를 다음과 같이 생각해왔다. "이 시대(통감부 시대 – 필자)에 내정 개혁 외교 쇄신의 형태는 대략 정비되었으나, 당시 한국의 사회상세는 특권 벌족으로는 양반 계급이 있었지만 선각자여야 할 그들은 정쟁에 몰두하여 민을 개명으로 이끌 줄을 모르고, 아래 피치자(被治者)로는 서민 계급 역시 피착취자로서 다년의 폭정주구(暴政誅求)에 지쳐 근면흥륭(勤勉興隆)의 기력이 없고, 전혀 세계의 문화로부터 낙오하고 게다가 폭도비적(暴徒匪賊) 등 횡행하여 이들이 민중을 괴롭혀 치안의 유지, 국력의 신장 발전 등 실로 용이하지 않다고 생각게 하고, 한국 민 중에는 일본의 성의를 요해(了解)하지 못하고, 일반적으로 배일의 기세를 벗어나지 못하

일본의 한국 강점을 일본이 노폐(老廢)한 왕조국가를 '병합'한 것이
아니라 근대국가로 갱생(更生)하려는 제국(帝國)을 '폐멸'시킨 것으로 자
리매기는 것은 한국 강점의 부당성과 죄악상을 부각시키는 가장 적극적
인 방법이라 할 수 있다. 그렇지만 근대적 개혁을 위한 대한제국의 고투
(苦鬪)가 명실공히 얼마만한 성과를 이루어가고 있었는가를 설득력 있게
증명해 내는 것은 쉬운 일이 아니다. 이태진은 일본의 침략주의는 국가
차원에서 이룩한 한국의 근대화 성과를 부정하는 데 역점을 두어왔다고
한다. 또 일본의 이러한 한국 근대사 왜곡은 부지불식간에 우리에게도 침
투되어 일본이 만들어 놓은 길을 따라 고종 시대에 대한 비난과 매도를
서슴지 않고 있다고 주장한다.[32] 그의 대담한 가설이 사실로서 증명된다
면 '한국 강점'에 대한 종래의 인식은 근본적으로 바뀌게 될 것이다.

6. 한국 강점과 종교의 관계는?

일본은 한국을 강점하는 데 종교의 위력을 최대한 활용했다. 종교는 인간
의 정신세계와 밀접히 관련되어 있기 때문에 침략과 지배에 대한 지지를
확보하기 하기 위해서는 종교를 우군으로 만들 필요가 있었다. 일본이 조
약을 가장하여 대한제국의 정치·군사·경제 기구를 차례차례 해체시켜
가는 한편에서 종교에 침략의 촉수를 뻗친 것은 바로 이 때문이었다. 김

고, 헤이그 사건, 이토 공(伊藤公) 및 스티븐스 암살 사건 등이 빈발하기에 이르고 종래와 같
이 복잡하고 간접적인 보호 정치를 가지고 과연 한국 황실의 안고(安固), 사회의 치안을 유
지하고 국민의 건실한 발달을 이룩하여 세계의 문화 국민의 대열에 서게 하고, 동양 평화의
화근을 삼제(芟除)할 수 있을까 무척 의심스럽게 되어 드디어 발본색원(拔本塞源)의 거(擧)
로서 한국 병합이 단행되기에 이른 것이다"(『日本人の海外活動に關する歷史的調查』通卷
第三冊 朝鮮篇 第二分冊, 2).

32) 이태진, 앞의 책, 2000, 6쪽.

익한[33])에 따르면, 한국에 대한 일본의 종교 정책은 1910년을 경계로 하여 이토 히로부미의 '문치적(文治的) 자치 육성 정책'에서 데라우치의 '무단적(武斷的) 통제 강화 정책'으로 전화되었다. 그리고 그 과정은 이토 히로부미 계통과 야마가타 아리토모 계열의 협조·길항의 정치 상황과 연계되어 있었다.

한국통감 이토 히로부미가 주도한 '문치적 자치 육성 정책'은 일본 종교계의 한국 진입을 통제하여 한국 침략의 '질'을 관리하면서, 외국인 선교사와의 타협, 불교·기독교·천도교에 대한 회유를 기본으로 하였다. 반면에 민족적 성격을 띠고 있는 '유사 종교'에 대해서는 주차군 헌병을 동원하여 단속하는 정책을 병행했다. 이로써 일본은 한국 종교계를 친일화 하는 교두보를 마련하였다.

1908년 야마가타 계열이 다시 정권을 장악하자 일본은 한국 강점을 추진하고 무단적 지배체제를 구축했다. 이에 따라 종교에 대해서도 강압적 통제 정책이 실시되었다. 조선총독부의 불교·기독교 등에 대한 관리, 외국인 선교사에 대한 압박, 종교와 교육 시설의 분리, 유사 종교와 유사 단체에 대한 단속 강화 등이 그것이었다. 한국 강점에 적극적으로 협조했던 일진회조차 해산해 버린 것은 단적인 예였다.

일본이 한국의 종교에 대해 구사한 정책은 회유와 탄압을 번갈아 사용하는 것이었다. 이 중에서 어느 쪽을 택할 것인가는 한국의 종교가 일본의 한국 침략에 협조적인가 비협조적인가, 이용할 가치가 있는가 없는가 라는 판단에 달려 있었다. 또 일본이 내세운 정교 분리라는 원칙도 이러한 판단에 따라 편의적으로 적용되었다.

---

33) 金翼漢, 「1910년 전후 山縣·伊藤系의 對韓政策 기조와 종교 정책」『韓國史研究』114, 2001.

서구에서의 정교 분리는 원래 국가가 종교에 관여하는 것을 막기 위해 마련된 원칙이었다. 그런데 일본은 한국에서 이것을 종교가 국가에 간섭해서는 안 된다는 원칙으로 바꿔버렸다. 한국의 각 종교는 역사적 연원과 현실적 처지가 서로 달랐다. 그렇기 때문에 일본이 각 종교에 대해 구사하는 정책과 각 종교가 일본의 정책에 대응하는 자세 역시 다를 수밖에 없었다.

한국에서의 불교는 고래로 호법·호국·방사를 표방하는 등 국가주의적 색채가 강했다. 다만 유교의 사회관·세계관을 표방했던 조선왕조는 불교를 억압하는 정책을 폈기 때문에 양자 사이에는 미묘한 갈등이 존재하고 있었다. 최병헌[34]은 일본이 한국 불교의 이러한 처지를 최대한 이용하여 불교를 일본식으로 개편해 나가는 과정을 구명했다. 즉, 니치렌종(日蓮宗)의 사노(佐野)는 1895년 일본의 후원을 받아 총리대신 김홍집 등을 움직여 승려의 도성 출입금지령을 해제케 함으로써 한국 승려들의 대대적인 환영을 받았다. 그리고 한국통감 이토 히로부미는 1906년 11월 '종교의 선포(宣布)에 관한 규칙'을 반포하여 일본인 포교자가 한국의 사찰을 관리할 수 있는 길을 열었다. 특히, 다케다 한시(武田範之)는 한국 불교 원종(圓宗)의 고문이 되어 이회광(李晦光)과 함께 한국 불교를 통째로 일본의 조동종(曹洞宗)에 편입시키는 공작을 했다. 그는 이용구·송병준과 결탁하여 '한일 합방 청원 운동'을 전개하기도 했다. 다케다에 따르면 종교·식민·황국은 삼위일체를 이루는 것이었다.

'한국 병합'을 달성하자 일본의 불교정책은 크게 변했다. 조선총독부는 일본인 승려를 내세우기보다는 한국인 승려를 이용하는 것이 식민지

---

34) 崔柄憲, 「일제의 침략과 불교 - 일본 曹洞宗의 武田範之와 圓宗」『韓國史硏究』114, 2001.

통치에 더 유리하다고 판단했다. 그리하여 원종과 임제종(臨濟宗)을 배제하고, 조선총독부가 30개 본산을 직접 관할하는 직할 체제를 구축했다. 1911년의 '사찰령'과 그 '시행 규칙'의 반포가 그것이었다. 이로써 한국 불교는 일본 불교의 특정 종파에 예속되는 것은 면했지만, 불교의 내용과 성격에는 일본의 신도적(神道的)·민속적 요소가 많이 침투하여 친일적·어용적이 될 수밖에 없었다. 한국의 승려들은 사찰령 반포와 본말사제(本末寺制) 시행을 불교 발전과 중흥의 계기로 인식하고 대단히 호의적으로 받아들였다. 한용운·권상로·이능화 같은 엘리트 승려들조차 일본의 불교 정책을 지지하고 찬양했던 것은 그 시대 한국 불교의 한계성을 보여 주는 증거였다.

한국의 천주교는 외국인 선교사가 파견되지 않은 가운데 한국인 스스로가 학습을 통해 자발적으로 수용함으로써 시작되었다는 특성을 가지고 있다. 그러나 교세가 확장됨에 따라 프랑스 등의 외국인 신부 등이 속속 입국하여 대한제국 시대의 천주교는 그들이 실권을 쥐고 있었다. 윤선자[35])에 따르면, 일본과 천주교의 관계는 1907년을 계기로 변화하는 모습을 보였다. 1907년은 일본이 프랑스와 협정을 맺어 우호 관계를 이룩하고, 한국에서 고종의 퇴위와 군대 해산 등을 단행하여 침략의 강도를 높여 가던 시점이었다. 그 전부터 일본은 한국 침략을 원활하게 추진하기 위해서는 서구 열강의 지지가 필요하다고 생각하여, 서구 열강과 연결된 외국인 신부들에 대해 회유와 탄압을 적절히 배합하는 정책을 폈다. 이에 대해 1907년 이전의 프랑스 신부들은 본국의 외교 방침에 따라 친러·배일적인 태도를 취하는 경우가 많았다. 그렇지만 1907년 이후 불일 협정이 맺어지고 일본의 한국 통치가 확고해지자 프랑스 신부들은 일본에 협조

---

35) 尹善子, 「일제의 한국 강점과 천주교회의 대응」 『韓國史硏究』 114, 2001.

적인 자세를 취했다. 특히, 천주교 신자였던 안중근 의사가 이토 히로부미를 사살하는 사건(1909)이 발생하자, 프랑스 신부들은 정교 분리를 내세워 신자들의 민족 운동 참여를 금지하였다. 천주교의 이런 방침은 일본의 한국 강점 이후에도 견지되었다. 외국인 신부들은 천주교의 존립을 위해서 일본과 마찰을 피하는 것이 상책이었고, 그를 위해서는 신자들을 성속이원론(聖俗二元論)의 신앙으로 이끌어 갈 필요가 있었다.

윤경로[36)는 대한제국 후기의 일본의 기독교 정책과 기독교계의 대응에 대해 검토했다. 일본의 기독교 정책은 한마디로 회유책을 내세운 친일화 유도책이었다. 이때 회유의 대상은 기독교계의 주력을 장악하고 있었던 외국인 선교사들이었다. 그렇지만 외국인 선교사들을 회유한다고 해서 반일적 성향이 강했던 한국인 기독교 세력까지 친일화시킬 수는 없었다. 일본이 1907년부터 와타세(渡瀨)를 내세워 일본 조합교회를 한국에 부식시키기 위해 노력한 것은 이런 난관을 타개하기 위한 고육지책(苦肉之策)이었다. 이 정책은 성과를 거둔 면도 있었지만, 오히려 한국인 기독교 신자에게 반일 의식을 고양시키는 결과를 가져왔다.

외국인 선교사들이 교권을 장악하고 있었던 기독교계는 정교 분리 원칙에 순응하여 신앙 운동에 전념하는 경향이 강했다. 반면에 민족의식이 강한 한국인 선교사가 교권을 장악하고 있었던 기독교계에서는 국채 보상 운동, 항세 운동, 경제적 자립 운동 등을 전개하여 민족의 실력양성에 진력했다. 한국인 기독교인 중에는 소수이기는 했지만, 무장 투쟁을 포함하여 적극적인 반일 운동을 전개한 경우도 있었다.

동학은 일본군의 탄압(1894~1895)으로 치명적 타격을 입었지만, 민중의 지지를 받아 1900년 이후 평안도·함경도 지역으로까지 교세를 확장

---

36) 尹慶老, 「일제의 초기 기독교 정책과 기독교계의 대응」 『韓國史研究』 114, 2001.

하는 등 저력을 보였다. 일본은 동학을 침략과 지배의 앞잡이로 이용하기 위해 집요하게 회유·매수공작을 벌였고, 동학 또한 일본의 정책에 반발·화응을 되풀이하며 분화되어 갔다. 일진회·천도교·시천교는 동학의 계통을 잇는 대표적 단체였다. 조규태[37]에 따르면, 일진회는 1904년 12월에 진보회를 흡수하여 개화 운동을 전개하는 한편, '을사보호 조약'을 청원하는 등 친일적 행각을 벌였다. 손병희는 이에 맞서 1905년 12월에 천도교를 창시하고 이용구 등 일진회 골수분자를 출교시켰다. 그러자 이용구와 송병준은 1907년 4월 시천교를 창립하고, 일진회를 통해 정치 활동을 벌여나갔다. 우치다 료헤이(內田良平)·다케다 한시(武田範之)와 같은 일본인들은 이들을 조종하여, 1909년부터 '한일합방'을 청원케 하는 등 친일 매국 행위를 부추겼다. 천도교는 대한협회를 지원하여 일진회를 공격하였다. 그리하여 천도교의 교세는 점차 신장되었다. 반면에 시천교는 약화되어 1925년에 교명마저 상제교(上帝敎)로 개칭되었다. 이용가치가 떨어진 일진회는 조선총독부의 명령으로 한국 강점 직후 해산되었다.

대한제국이 풍전의 등화처럼 위태로워지자 국권을 회복하고 민족정체성을 확립하고자 단군의 존재를 크게 부각시키는 운동이 일어났다. 이러한 운동은 단군을 신앙으로서 받드는 대종교로서 발전하였다. 서영대[38]에 따르면, 대종교는 새로 시작된 신흥 종교가 아니라, 일시 단절되었던 단군 신앙의 전통을 부흥시킨 것이었다. 1909년에 나철(羅喆)에 의해 중광(重光)된 대종교는 삼신일체(三神一體)의 사상을 가지고 있었다. 삼신인 桓因(造化主)·桓雄(敎化主)·檀君(治化主)은 독립된 3신이 아니라 하나의 신으로서, 작용 내지 기능하는 신을 가리키는 것이었다.

---

37) 曺圭泰, 「일제의 한국 강점과 東學系列의 變化」 『韓國史硏究』 114, 2001.
38) 徐永大, 「한말의 檀君認識과 大倧敎」 『韓國史硏究』 114, 2001.

대종교는 민족의 자부심과 정체성을 고취한 점에서는 상당히 기여했다고 할 수 있다. 그러나 대종교의 교리 속에서는 전통질서에 대한 비판이나 개혁의 의지는 거의 보이지 않는다. 또 설립 당시의 교명이 단군교였다가 1910년 7월 대종교로 개칭한 것은 일본의 탄압에 미리 대비하고 일제의 사주로 친일화되는 교도를 정리할 필요가 있었기 때문이다. 대종교 역시 살아남기 위해서는 일본이 제시한 정교 분리 원칙을 수용할 수밖에 없는 절박한 상황에 있었다. 일본은 1912년 8월 경찰범 처벌 규칙을 공포하여 유사 종교에 대한 단속을 강화했다.

일본이 한국을 침략하는 과정에서 추진한 민족정신의 파괴 공작 중에는 유교의 친일화 정책이 들어 있었다. 유준기[39]는 일본의 유림계 친일화 정책과 이에 대한 유림계의 대응을 검토했다. 한국 유림의 일부가 일진회·대동학회(大東學會)·국시유세단(國是遊說團) 등을 설립한 것은 일본의 사주가 큰 힘을 발휘했기 때문이었다. 박은식 등은 이에 대한 저항으로 대동교(大同敎)를 창시하여 민족의 '혼과 얼'을 지키려는 운동을 전개했다. 박은식은 그 연장선상에서 유교를 혁신하여 국민 종교로 만들어야 한다고 주장했다.

일본의 한국 강점은 무력만을 사용하여 일방적으로 단행된 것은 아니었다. 한국인에 대한 회유와 협박, 세뇌와 매수 등의 다양한 수법이 동원되었다. 이를 위해서 일본은 한국에서 일어나고 있었던 내재적 변화의 움직임을 자신의 침략 정책에 맞게 적절히 활용하였다. 그 과정에서 일부 한국인은 일본에 부화뇌동하거나 확신을 가지고 일본에 협력하는 경우도 적지 않았다. 종교계의 동향은 이러한 모습을 보여 주는 단적인 예라

---

39) 劉準基, 「1910년대 전후 일제의 유림 친일화 정책과 유림계의 대응」 『韓國史硏究』 114, 2001.

고 할 수 있다.

한국이 일본에게 강점당한 내부적 요인을 한국인 스스로가 파헤치는 것은 쓰라린 일이다. 그렇지만 한국의 근대사를 진정한 한국인의 역사로 자리 매기기 위해서는 한국 강점의 주체적 요인을 밝히는 것도 피할 수 없는 작업이다. 한국 강점과 종교계의 동향을 연계시켜 검토한 이번의 공동연구는 이 점에서도 시사해주는 바가 적지 않다고 할 수 있다.

7. 한국 강점 관련 제 조약은 합법인가 불법인가, 그리고 정당한가 부당한가?

일본이 한국 강점 과정에서 대한제국과 맺은 각종의 국권 침탈 조약이 무효라는 것은 당시 이래 많은 한국인들이 주장해 왔다. 고종 황제는 '을사조약'의 무효를 선언하기 위해 미국 등에 특사를 파견하였고, 순종 황제는 붕어 직전에 '병합 조약'을 파기해야 한다는 유조(遺詔)를 구술했다. 이러한 사정과 결합하여 '조약 무효론'은 한국인들에게 항일 민족 해방 투쟁을 뒷받침하는 사상적 기반이 되었다. 그 뿐만 아니라, 해방 이후 오늘날까지도 한국이 일본에 대해 사죄와 배상을 요구하는 이론적 배경이 되고 있다. 따라서 한국 강점과 관련된 조약의 합법성과 정당성을 원천적으로 부정하는 것은 한국인들의 체질화된 역사 인식이라 해도 과언이 아니다.

그렇지만 조약의 또 하나의 주체인 일본이 한국과 같은 견해를 가지고 있는 것은 결코 아니다. 일본 정부는 한국 강점에 이르는 과정에서도 각 조약의 합법성과 정당성을 확보하기 위해 갖은 계략을 다 동원했다.

그리고 한국 강점 이후 오늘에 이르기까지도 이와 같은 주장을 관철시키기 위해 진력해 왔다. 1965년에 맺은 '한일 기본 조약'과 그것의 해석에 관한 일본 정부의 일관된 견해는 좋은 본보기라고 할 수 있다.

그런데 위와 같은 양국의 역사 인식을 배경에 깔고 있으면서도 역사 연구의 차원에서 좀더 엄밀하게 각 조약의 불법성과 합법성을 주장하는 논쟁이 벌어지고 있어 주목을 끌고 있다. 이태진과 운노 후쿠쥬 등의 논전이 그것이다. 원래 '조약 무효론'과 이에 대한 반론은 한일 간의 현실문제 처리의 향방에도 큰 영향을 미칠 수 있는 지극히 시사적인 주제이기 때문에 역사학에서는 다루기가 껄끄러운 측면이 없지 않았다. 그렇지만 이들은 정서(情緒)의 표출을 가능한 한 억제하면서 각 조약이 과연 국제법과 국제 관례에 비추어 적절한 절차와 형식에 따라 체결되었는가를 사료 분석을 통해 따져보는 방식을 취함으로써 역사학 본연의 자세를 잃지 않고 있다.

이태진은 일련의 논문에서 '한일의정서'로부터 '한국 병합 조약'에 이르는 주요 조약 5개가 모두 강제·기만·범법으로 점철되어 있음을 밝혔다. 이를 바탕으로 그는 법적으로 하나도 온전한 것이 없는 제 조약의 마지막 종착점인 '한국 병합'은 당연히 성립한 것으로 볼 수 없다고 주장했다. '한일의정서'는 조인된 날짜가 1904년 2월 23일인데, 25일에 도쿄의 외무대신으로부터 완성된 협정문이 전문으로 하달되었기 때문에, 그 과정에서 음모·조작이 개입할 수 있는 여지가 있었다. '제1차 한일 협약(용빙 조약)'은 한국 정부의 완강한 저항에 부딪쳐 본래 '각서'의 형식으로 진행되었는데, 일본이 한국 대표의 서명을 받은 뒤 미국·영국 등 열강에 통보하는 과정에서 '협약'으로 둔갑시키는 기만을 부렸다. '을사조약'은 한국의 조약 대표를 강제한 것만으로도 일찍부터 무효라는 주장이 제기되어 왔다. 외교권 이양을 규정한 '을사조약'과 같은 주요 조약은 조약에 임하는 대표의 위임장, 조약문 작성과 각 대표의 서명 날인, 이에 대한 국가 원수의 비준 절차 등을 갖추어야 하는데, 대표 위임장과 비준서는 확인되지 않는다. 또 고종 황제도 이를 승인한 적이 없다. 그뿐만 아니라 이 조약은 명칭조차도 사후에 임의적으로 붙였다. 이태진은 이렇게 조약이 절차상 하자를 안고 있기 때문에 원천적 무효라고 주장하는 것이다.[40)]

또 이태진은 통감부가 순종 황제의 서명을 위조하는 파렴치한 범법 행위를 통해 '정미조약'을 체결했고, 한국 군대를 해산하는 조칙도 이토 히로부미가 불법적으로 작성했다는 사실을 밝혀냈다.[41)] 일본은 '병합 조약'만큼은 '화합적,' '합의적'인 것으로 만들려고 애썼지만, 결국 순종 황제가 이를 재가하는 조칙(칙유)에 이름자 서명을 빠트림으로써 비준을 날조했다. 이태진은 이렇게 '정미조약'과 '병합 조약'이 기만과 범법을 동원하여 '합법'을 가장했기 때문에 원천적 무효라고 주장한다.[42)]

이태진이 각 조약의 무효를 주장하는 이유는 일본이 조약의 체결과정에서 저지른 범법 행위에 따라 조금씩 뉘앙스를 달리하고 있다. 좀 거칠기는 하지만, 각 조약이 무효인 까닭을 종합하면 대체로 다음과 같을 것이다. 첫째, 강폭(强暴)과 협박을 통해 강제로 맺어졌다. 둘째 조약 정본에 황제의 서명 날인이 없고, 셋째 조약에 대한 비준서가 없다.[43)] 이렇게 볼

---

40) 이태진, 「조약의 명칭을 붙이지 못한 '을사보호조약'」 『일본의 대한제국 강점』, 까치, 1995.
41) 이태진, 「통감부의 대한제국 寶印 탈취와 순종황제 서명 위조」 『일본의 대한제국 강점』, 까치, 1995.
42) 이태진, 「공포 칙유가 날조된 '한일병합조약'」 『일본의 대한제국 강점』, 까치, 1995.
43) 이태진의 논문은 『일본의 대한제국 강점』에 모두 재수록되어 있다. 이 논문들의 골자가 일본에 소개되어 역사학자 1인, 국제법학자 2인이 참가하는 논쟁이 월간지 『世界』를 무대로 하여 전개되었다. 논쟁의 추이는 운노의 『한국 병합사 연구』에도 간결하게 정리되어 있다. 그리고 이태진이 『한국병합, 성립하지 않았다』에 그 전모를 온전하게 소개하고 있다.

때 일본의 식민지 지배는 합법적 근거도 없이 불법·부당한 강점(군사 점령)이었다는 것이 이태진의 결론이다. 이태진의 주장은 100여 년간 유지해 온 한국인의 '조약 무효론'을 근대 역사학의 힘을 빌어 보강한 것이라 평가할 수 있다.[44]

운노는 이에 대해 조목조목 반론을 제시했다. 첫째, 강폭과 협박을 이유로 든 것에 대해서는, 1905년 당시에도 조약 체결시에 강제 행위를 금지하는 것이 이미 국제법 상에 정착된 상식이었기 때문에 이태진의 주장을 받아들일 수도 있다. 다만 강제 행위가 국가 대표자에 대한 협박인지, 국가 자체에 대한 협박인지는 국제법상 판단 기준이 반드시 확실하지는 않다. 따라서 운노는 제 조약이 협박을 근거로 하여 유효인지 무효인지에 대해 명확한 판단을 유보하고 있다.[45] 둘째, 조약 정본에 황제의 서명 날인이 없다는 이유에 대해서는, 이태진이 조약 체결의 관례를 잘못 파악하고 있는 것이라 하여 받아들일 수 없다고 한다. 조약서 정본에 기명 조인하는 것은 특명전권대사·공사 또는 외무대신인 경우가 통례로서, 국가원수는 아니기 때문이다. 셋째, 조약에 대한 비준서가 없기 때문에 불법이라는 이유도 납득할 수 없다고 주장한다. 그 이유는 모든 국제 협정에 비준서가 있는 것은 아니기 때문에 무효론의 근거가 될 수 없다는 것이다. 결국 운노에 따르면, 일본의 한국 지배는 '형식적 적법성'을 가지고 있었고, '국제적으로 승인된' '합법적 식민지'라는 것이다.

---

44) 이태진의 일련의 연구는 북한에서 주장하는 '조약 무효론'을 보강하는 데에도 도움을 준 것으로 보인다. 북한은 종래 일본이 구 조선에 강요한 조약·협정이란 철두철미 일본의 무력 행사에 의해 강제적으로 만들어진 것이고, 총검의 위협 아래 맺어진 조약은 일본의 조선 점령을 외교적으로 합법화하기 위한 위장물에 지나지 않았다는 무력 강제 조약 무효론을 펴왔으나, 최근에는 '을사조약'을 조인하는 수속상의 결함과 형식상의 하자를 조약 무효의 원인으로서 강하게 제시하고 있다(海野福壽, 『韓國倂合史の硏究』, 東京: 岩波書店, 2000, 44쪽).
45) 海野福壽, 앞의 책, 1995, 162~165쪽.

그렇지만 운노는 "합법이란 일본의 한국 병합과 식민지지배가 정당하다는 것을 조금도 의미하지 않는다"고 부연했다. 바꾸어 말하면 당시 제국주의 여러 나라의 "합의의 표현인 국제법·국제 습관에 비추어 합법이라는 것에 지나지 않는다"는 것일 뿐이다. 따라서 "문제의 본질은 병합에 이르는 과정의 합법성 여하가 아니라, 인국(隣國)에 대한 일본과 일본인의 도의성" 여하라고 보았다.[46]

운노는 최근의 새 저서에서도 이와 같은 주장을 견지하고 있다. 즉, 그는 합법성과 정당성, 불법성과 부당성을 서로 다른 차원의 것으로 파악하고, 각 조약은 합법적으로 맺어지기는 했으나 그 내용은 부당한 것이었다고 보는 것이다. 그는 합법을 주장함으로써 부당함을 은폐해서도 안 되고, 정당함을 강조함으로써 합법적 실현을 관념적으로 부인해서도 안 된다고 강조한다. 결론적으로 말하여, 그는 각 조약이 합법적으로 맺어지기는 했으나 인국(隣國)을 침략하는 내용을 담고 있기 때문에 부당하다는 견해를 견지하고 있다고 볼 수 있다.[47]

운노가 말하는 형식적 적법성에 대해서는 그의 책을 통해서도 어느 정도 반론이 가능하다. 그에 따르면 '을사조약'(제2차 한일 협약) 이후 '국가 간의 외교 문제는 한국으로부터 외교권 행사를 이양받은 일본 정부 외무성과 일본에 주재하는 외국 대표와의 사이에 처리된다'[48] 라는 것이다. 그렇다면 외교권 행사를 이양하고 있었던 한국의 '괴뢰 정권'에 '병합 조약'을 맺을 권능이 있었다는 말인가? '병합 조약'은 결국 합법을 가장하기 위한 절차에 불과한 것 아닌가? 조약 체결 과정에서 자행된 사기적(詐欺的) 행위를 합법이라 인정하고, 이것을 도의성의 문제로 바꾸어 처리하

---

46) 海野福壽, 앞의 책, 1995, 244~245쪽.
47) 海野福壽, 앞의 책, 2000, 53쪽.
48) 海野福壽, 앞의 책, 1995, 178쪽

려 한다면, 1965년의 '한일 기본 조약'에서 불거진 것과 마찬가지로 한일 간의 역사인식의 차이는 결코 좁혀지지 않을 것이다.

이태진과 운노의 논생은 이제 한국과 일본을 뛰어넘어 국제적 학술회의로 확대되고 있다. 이태진은 논쟁의 과정에서 자신의 논지를 더욱 보강하여, 1904년 2월 러일전쟁 이후 일본이 한국에 강요한 협정들은 절차상·형식상 결격으로 점철되어 성립조차 되지 않았다고까지 주장한다. 이른바 불성립 = 부존재이기 때문에 원천적 무효라는 논리인 것이다. 운노는 철저한 사료 검증을 통해 조약의 절차와 형식은 국가 간의 합의에 따라 결정되는 것이지 정식화된 모델은 없음을 사례로서 제시하여, 이태진의 견해가 일방적이고 독단적이라는 주장을 굽히지 않고 있다. 이른바 합법적으로 맺어졌기 때문에 유효하지만 도의적으로는 부당하다는 논리인 것이다. 약간씩 뉘앙스가 다르기는 하지만, 논쟁이 진행되는 과정에서 이태진 쪽에는 아라이 신이치(荒井信一)·김봉진(金鳳珍)·사사가와 노리카쓰(笹川紀勝)가, 운노 쪽에는 사카모토 시케키(坂元茂樹)·하라라 다마키(原田環)가 새로 가담하였다. 그리고 논의의 장소도 미국의 하버드대학교 등으로 확산되었다. 한국 강점의 불성립론·무효론을 주장하는 진영과 유효론·부당론을 주장하는 국제회의가 열리게 된 것이다.[49]

한국 강점 과정에서 맺어진 각 조약의 합법·불법, 유효·무효, 정당·부당 논쟁은 남한·북한과 일본 사이의 현안과도 직결되어 있는 현실적 과제이기도 하다. 실천적 의미가 강한 만큼 역사학이 짊어져야 할 위험부담도 그만큼 크다고 할 수 있다. 따라서 한국 강점에 대한 연구는 상대방이 납득할 만한 사실을 발굴하고 논리를 가다듬는 데 더 많은 노력을 경주할 필요가 있다고 본다. 한국 강점을 둘러싼 국제법학·역사학의 국제 논

49) 국제 논쟁의 경과와 내용에 대해서는 『한국병합, 성립하지 않았다』에 잘 정리되어 있다.

쟁은 어느 쪽의 승패 여하를 떠나서도 한일 양국의 역사연구 교류사에서 새로운 지평을 연 획기적인 사건이라 할 수 있다.

8. 한국 강점의 성격을 어떻게 규정할 것인가?

일본은 강제·기만·범법을 동원하여 대한제국을 폐멸시켰다. 이것을 가능케 한 것은 물론 경찰과 군대의 위압이었다.[50] 그렇지만 대한제국의 황제와 국민들로부터 마음에서 우러나오는 복종을 얻지 못한 채 강력한 힘만으로 식민지지배의 외적 틀인 법률적 질서와 정치적 기구를 마련했다고 해서 그것의 정당성을 획득할 수는 없었다. 일본이 한국 강점에 이르는 과정에서 한국과 맺은 여러 가지 조약이나 협정이 합법적이었다는 것을 가장하기 위해 그토록 애쓴 것은 오히려 정당성의 결여라는 태생적 한계를 어떻게든지 극복해보려는 술책이었다고 볼 수 있다.

　일반적으로 국가는 폭력적 억압만으로는 피지배자·피통치자를 다스릴 수 없다. 피지배자·피통치자의 의식 속에 국가권력에 복종하는 것이 당연하다는 의사가 형성되어야만 지배의 정당성은 확보되는 것이다. 그렇기 때문에 국가는 자기의 지배를 유지하는 법제와 기구를 정비함과 아울러 피지배자·피통치자의 암묵적 혹은 적극적 합의, 즉 정당성을 확보하기 위해 노력한다. 보통의 국가에서는 합법성과 정당성이 통합된 상태로 존재하므로 국가의 지배적 의사가 원활하게 관철되고 사회적 질서는 안정된다. 그렇지만 피지배자·피통치자 측이 국가가 내거는 정당성의 논리에 대해 내면적 지지를 보내지 않을 때, 합법성과 정당성 사이에는 괴리가 발생하여 국가와 피지배자·피통치자의 대립은 심각하게 된다.

---

50) 海野福壽, 앞의 책, 2000, 368~380쪽.

식민지에서는 식민제국이 설령 지배의 합법성을 획득하고 있다 하더라도, 피지배 민족이 그 지배를 올바르다고 생각하지 않기 때문에 지배의 정당성을 확보할 수가 없다. 일본은 내한제국을 식민지로 만들고 지배하는 과정에서 군사력에 기초한 국가적 강권을 발동하고, 제국주의 열강의 승인을 얻음으로써 합법성을 보장하려고 노력했다. 그렇지만 한국민족은 당시부터 한국 강점의 합법성을 부인하고 내면적 복종을 거부하고 있었기 때문에 일본의 침략과 지배는 정당성을 가지고 있지 못했다. 이것을 숙지하고 있었던 일본 정부는 식민지화와 식민지 지배의 정당성을 획득하기 위해 구호로나마 문명화론에 기초한 식민지 개발·문화 정책을 추진하였다. 그리고 내선일체화·황국신민화 등의 동화정책을 통해 민족 간의 모순을 관념적으로 말살하고 한국 민족으로부터 지배·복종의 합의, 즉 정당성을 획득하기 위해 노력했다.[51]

일본이 한국을 강점한 후 내세운 "조선 통치의 근본 방침"이 "내선(內

---

51) 일본은 '한국 병합'과 동시에 '병합의 목적'을 밝히는 천황의 조칙을 발표했다. 거기에 나타난 '병합의 목적'은 대체로 다음과 같은 것이었다.
① 조선과 일본은 그 지리적 관계상 밀접불리(密接不離)의 사이에 있고 조선의 안녕 행복은 곧 일본의 안녕에 다름 아니다. 조선이 어떠한 상태에 있는가 하는 것은 일본으로서 그 존립상 방관시할 수 없는 입장에 있다는 것, ② 일본의 생존에 위협을 주지 않고 동양의 평화를 영원히 확보하는 것이 지상 명령이고, 그를 위해서는 먼저 반도 민심의 개명, 강내치안(疆內治安)의 유지가 불가결의 조건이라는 것, ③ 다년(多年) 곤비(困憊)의 궁경(窮境)에 빠진 반도 인민을 구치(救治)하여 정신적으로도 물질적으로도 문명국인으로서 줄서기에 부끄럽지 않은 교양 훈련을 쌓고 경제의 진보와 문화의 향상을 기하는 데 있다. ④ 이것을 뒤집어서 말하면, 병합은 조선을 당시의 선진국이 착착 실행해온 소위 식민지로 한다는 의향 아래 행해진 것은 아니다. 일본의 과잉 인구를 이 땅에 대량 이주시켜 일본의 인구 문제의 해결에 도움을 주고, 또는 방자(放資)에 의해 반도로부터 이익을 흡수하려는 의도로써 합병이 기획된 것은 아니다. ⑤ 합병이 소극적으로는 재래의 이른바 식민지시하는 의향 아래 행해진 것은 아닐 뿐만 아니라 적극적으로는 신구동포(新舊同胞)를 합쳐 혼연(渾然)한 일가(一家)를 형성하고 천황 폐하의 완무(緩撫) 아래 건전한 발달을 이룩하여 종국에는 신구 동포가 한 레벨로, 반도가 마치 구주(九州)와 같은 모습을 보여 주는 지경에 이르는 것을 구극(究極)의 목적으로 하였다(『日本人の海外活動に關する歷史的調査』通卷 第三冊 朝鮮篇 第二分冊, 2~3쪽).

鮮)의 일체화이고, 구극(究極)의 목표는 조선의 시코쿠 규슈(四國 九州化)"이고, 이를 달성하기까지의 "통치자의 마음가짐은 일시동인(一視同仁)이고 취해야 할 정책 — 반도중서(半島衆庶)에 베푸는 물심양면에 걸친 백반(百般)의 시책 —은 그들을 일본 본국의 일본 국민과 똑같게 하는 것, 즉 반도 민중의 일본 동화에 도움이 되는 것"[52]이라 선전한 것은 바로 한국 강점에서의 정당성 결여를 은폐하기 위한 민심조작 활동이었다. 이를 위해서 식민 통치자들은 스스로가 "한반도의 운명을 근대화의 방향으로 전타(轉舵)할 역할을 담당한" 책임자라는 식으로 자기 세뇌를 병행했다. 그리고 "정치적으로도, 경제적으로도 일본은 조선을 생명선"이라는 믿음을 굳건히 지켜나갔다"[53]

이처럼 일본의 한국 지배는 천황제 절대주의에 기초한 군국주의적 성격이 강하였다. 그 까닭은 일본의 한국 강점이 육군 군벌의 주도로 이루어져 그들의 독자적 지배영역인데다가, 지정학적으로 한국이 대륙침략의 교두보였기 때문이었다. 그리하여 일본의 한국 지배는 경제적 동인을 본질로 하면서도 군사적 성격을 강하게 띠게 되었던 것이다. 일본은 일시동인·내선일체 등을 내세워 한국인의 일본인화와 한국토의 황토화(皇土化)를 강력히 추진했다. 이것의 궁극적 목표는 한국 민족성의 영원한 말살이었다.[54]

일본의 한국 민족성 말살 정책은 민족 공동체로서의 한국을 파괴·해체하는 결과를 가져왔다. 그리하여 일본의 식민지 지배 구조가 심화되는 가운데 한국 민족과 한국 사회는 인간관계로부터 사회 구조에 이르기까

---

52) 『日本人の海外活動に關する歷史的調查』通卷 第三冊 朝鮮篇 第二分冊, 3쪽.
53) 『日本人の海外活動に關する歷史的調查』通卷 第二冊 朝鮮篇 第一分冊, 158쪽.
54) 강창일, 「일제의 조선 지배 정책 – 식민지 유산 문제와 관련하여」『역사와 현실』12, 1994.

지 통합성·정체성·정합성을 상실하여 파편화·파쇄화되어 갔다.[55]

　일본의 식민 통치를 받으면서 한국의 사회 경제는 커다란 변화를 겪게 되었다. 이런 변화는 식민지적 '근대화'와 동화라는 말로 압축될 수 있을 것이다. 이것은 물질의 해방이라는 점에서는 기여했을지 몰라도 인간의 해방이라는 점에서는 매우 취약한 것이었다. 또 식민지적 '근대화'와 동화는 일본 제국주의의 원활한 수탈을 가능케 하는 합리성을 가지고 있었을지 몰라도, 조선 후기 이래 밑으로부터 올라오고 있었던 개혁의 요구를 억누르고 봉건성을 온존시켰다는 점에서는 한국 사회의 진전을 방해하는 것이었다. 그렇지만 그것은 동시에 식민지하에서 한국 사회를 지배하는 질서였고, 한국인들이 살아가면서 내면화하며, 생존을 위해서는 모방하고 배울 수밖에 없는 것이기도 하였다. 그 결과 한국의 근대 문화는 일본의 그것과 상당히 닮은꼴이 되고 말았다.[56]

　총체적으로 보아 일본이 양두구육(羊頭狗肉)으로 내세운 '한국 병합의 목적'은 결국 실현될 수 없었다. 정당성이 결여된 식민 통치에 대다수의 한국 민족이 내면적으로 복종하거나 자발적으로 협조할 까닭이 없었기 때문이다. 거꾸로 정당성은 한국 민족에 있었고, 한국 민족은 스스로의 정당성에 확신을 가지고 민족 해방을 위한 항일 투쟁을 마지막 날까지 지속해나갈 수 있었다.[57]

　일본의 한국 강점과 식민지 지배는 해방 이후의 한국에도 심각한 영향을 미쳤다. 남북 분단이라는 민족사적 비극은 그만두더라도, 한국사회의 면모에는 긍정적이든 부정적이든 일본의 한국 강점과 식민지지배로부터

---

55) 森山茂德, 「日本の朝鮮統治政策(1910~1945)の政治史的研究」 『法政理論』 23-3·4, 東京, 1991.
56) 權泰檍, 「近代化·同化·植民地遺産」 『韓國史硏究』 2000. 108, 138~140쪽.
57) 海野福壽, 앞의 책, 2000, 52~53쪽.

연유하는 요소들이 많이 남아 있다. 그것은 일본의 강요에 의한 것도 있지만 한국인이 생존을 위해 의식적·무의식적으로 수용한 것도 있었다.

　이제 현대 한국이 해야 할 일은 일본의 한국 강점과 식민지 지배가 만들어 낸 봉건적인 것, 인간 해방을 억압하는 요소들을 제거하는 것이다. 설상가상으로 해방 이후 한국인 스스로가 그러한 부정적 요소들을 청산하기는커녕 오히려 온존시켜온 측면도 있었다. 이 점을 고려하면 식민지 경험을 극복하는 작업은 한국인과 한국 사회에 대한 개혁의 성격도 띠게될 것이다. 일본의 한국 강점이 남겨놓은 상처는 이렇게 크고 깊다. 따라서 한국인이 처리해야 할 과제와 치룰 대가도 그만큼 엄청나다. 이것이야말로 스스로의 힘으로 근대 국민국가를 이룩하지 못한 채 일본에게 강점당한 한국 근현대사의 업보(業報)라고 할 수 있다. 한국인이 이와 같은 업보에 대한 자각이 철저하면 철저할수록 한국인은 앞으로 한국사의 주체로서 다시 태어나게 될 것이다.58)

9. 한국 강점에 대한 인식의 심화를 위하여

1910년 8월에 이루어진 일본의 한국 강점은 한국과 일본의 근대사·현대사에 중요한 획을 그은 역사적 사건이었다. 그리하여 그 여진(餘塵)은 아직도 한국과 일본은 물론 북한을 흔들고 있다. 한국 강점이 이렇게 중요한 사건일진대 이것의 실태와 성격을 다각적으로 검토하여 그 실상을 구명(究明)하는 것은 대단히 바람직한 일이다. 그리고 그 과정에서 연구자의 학문적 소신에 따라 서로 다른 견해가 표출된다 해도 전혀 이상할 것이

---

58) 정재정, 「일제강점기의 공업 발흥과 현대 한국의 경제 발전-긍정과 부정의 논리」『韓國의 論理-轉換期의 歷史敎育과 日本認識』, 현음사, 1998.

없다.

그렇지만 한국 강점은 단순한 과거사가 아니다. 한국 강점은 일본·한국·북한이 이에 대한 사죄와 배상을 둘러싸고 아직도 실랑이를 벌이고 있는 현대사인 것이다. 따라서 웬만큼 주의를 기울이지 않으면 연구자의 국적이나 처지에 따라 한국 강점에 대한 논의는 정치색을 띠기 십상이다. 그뿐만 아니라 다른 사람들도 연구 성과 중에서 입맛에 맞는 논지만을 골라 특정 목적을 위해 얼마든지 악용할 가능성이 있다. 그 좋은 예가 한일 양국에서 갈등의 씨앗으로 불거진 '새 역사교과서를 만드는 모임'의 '역사 왜곡'일 것이다.

'새 역사교과서를 만드는 모임'이 '새 역사 교과서'의 저본으로서 출판하여 선풍적 인기를 끌었던『국민의 역사(國民の歷史)』는 한국 강점에 대해 이렇게 서술하고 있다.

1910년의 한일 병합은 여기까지 오면 당시로서는 오히려 그렇게 되지 않으면 이상하다 소리를 들을 것 같은, 세계로부터는 당연하게 보이는 조치였다고 조차 할 수 있다. 병합은 국제법상의 '강제'는 아니다. 타국으로부터 맹렬히 반대를 받은 히틀러의 체코 및 오스트리아 병합, 소련의 발트 3국 병합과는 성격을 달리했다. 세계는 그 당시 한일 병합을 아시아의 평화에 최상책으로서 지지했던 것이다.[59]

59) 西尾幹二,『國民の歷史』, 東京: 産經新聞ニュースサービス, 1999, 534쪽. 일본인들의 이러한 '한국 병합'관은 한반도를 "흉기"로 파악하고, 이를 제거하기 위해 한국을 "병합"하는 것은 당연한 일이라는 인식에서 출발한다. 이러한 인식은 메이지시대 이래 일본의 정치지도자들의 논리이자, 이들을 통해 세뇌 당했던 일반인들의 견해이기도 했다. 다음 글은 그러한 실태를 너무나 명백하게 말해 준다.
"한반도라는 것은 그 지형이 일본의 몸통에 들이대어진 단도와 같은 것이다. 따라서 그것은 아주 위험성을 띠고 있는 셈입니다. 그래서 당시로서도, 제국주의 국가의 세력이라는 것이 이것에 강하게 미쳐온다고 하면, 그것은 점점 첨예한 것으로 되어져, 일본의 몸통은 대단히 위험성을 띤다는 것은 개인이라 하더라도 상식으로도 생각되어지는 것입니다만, 현실로 일본의 정치 혹은 국제정치에 터치하고 있었던 이토 히로부미로서는, 그것을 누구보다도 강하게 의식하고 있었던 것에 틀림없다고 생각합니다. 그러므로 조선의 운명이 일본의 운명을 좌우하는 것처럼 의식하고, 일본의 자위를 위해서는 제외국의 세력이 조선에 강하게 미치는 것이처럼 이 책은 한국 강점을 완전히 합법적이고 당연한 조치라고 기술하고 있다. 그렇기 때문에 일본인은 한국 강점에 대해 나쁘다고 생각하거나 사죄할 필요도 없음을 이렇게 강변하고 있다.

나는 나쁜 일을 했다고 일본인이 먼저 생각해서는 안 되고, 조선인과 대화를 할 때에도 머리로부터 당시의 국제 정세를 이해할 것을 요구하고, 국제사회의 조리에 관련한 역사 이해에 도덕은 개입할 수 없음을 설득해야 할 것이다. 나쁜 일을 했다, 그러나 부분적으로 일본은 좋은 일도 했다 라는 것과 같은 고식적(姑息的)인 말투를 그만두자. 우리들은 아무것도 나쁜 일은 하지 않았다.[60]

우리들은 역사의 필연으로서 일어난 먼 과거의 일에 대해 죄의식을 가질 필요는 전혀 없다. 사죄할 필요도 없다. 잠자코 있어야 한다.[61]

『국민의 역사』의 한국 강점관은 이것이 '합법적으로 맺어졌기 때문에 유효하지만 도의적으로는 부당하다'는 논리와도 다른 또 하나의 유형이라 할 수 있다. 이른바 합법·유효·정당론이라나 할까. 그런데 여기에서 우리가 주목해야 할 것은 이들이 한국 강점의 정당성을 주장하는 논리로서 지금까지 살펴본 한국 강점의 합법·유효론을 적극적으로 활용하고 있다는 사실이다.

한국 강점에 대한 연구는 이제 새 단계를 맞고 있다. 정치·경제 일변도의 연구에서 탈피하여 종교·문화 등의 영역으로 대상이 확대되고 있

을 방지하지 않으면 안 된다. 거꾸로 일본의 세력을 한반도에 강하게 미치게 함으로써, 그 날카로운 검의 힘임을 약하게 하지 않으면 안 된다고 생각하고 있었던 것은 아닐까"(深谷博治, 「韓國統監時代の伊藤博文」『明治日本の對韓政策』, 東京: 財團法人 友邦協會, 1968, 7~8쪽).
60) 西尾幹二, 위의 책, 720쪽.
61) 西尾幹二, 위의 책, 722쪽.

다. 그리고 국적 간·학문 간 장벽을 넘어 국제 간·학제 간으로 논쟁이 확산되고 있다. 이것은 역사학의 발전과 역사인식의 심화를 위해 아주 바람직한 일이다. 앞으로 한국 강점에 대한 연구와 대화가 더욱 진전되어, 한국·북한과 일본 사이에 남아 있는 최후의 현안이 원만하게 해결되는 데도 도움이 될 것을 기대해마지 않는다.[62] 그렇게 되기 위해서는 연구자들이 한국 강점에 대한 또 하나의 논리인 이른바 합법·유효·정당론에 대해서도 충분히 주의를 기울여, 논쟁이 극단적 내셔널리즘을 고취하는 도구로서 악용되지 않도록 경계해야 할 것이다.

이 글은 「일제의 한국강점의 역사적 성격」, 『한국사연구』 제114호, (한국사연구회, 2001. 9)에 게재된 논문을 수정 보완한 것이다.

---

62) 북한과 일본은 최근까지 몇 차례의 수교 회담을 개최해 왔다. 그 과정에서 알려진 바에 따르면, 북한은 일본이 '과거'에 대한 사죄 문제를 바르게 해결함과 동시에 구 조선에 강요한 모든 조약과 협정이 불법이고 무효였다는 것을 선언하도록 요구한다. 그리고 배상 문제에 대해서는 교전국간의 배상 형태와 조선만의 재산 청구권 형태를 적용해야만 한다고 제의한다. 즉, 과거의 조·일 관계가 역사적으로 보아도 법률적으로 보아도 식민지와 종주국의 관계로만 규정할 수 없고, 침략한 일본과 침략에 대해 싸운 조선과의 교전 관계로 일관하고 있고, 특히 1930년대부터 김일성 장군의 지도 아래 조선인민혁명군은 항일 대전을 정식으로 선포하고 15년간 일본군과 싸워서 승리했으므로, 엄연한 교전 관계로 보아야 하며, 그에 따라 과거의 북일 관계는 전쟁 피해에 관한 보상 형식을 기본으로 하여 총괄되어져야 한다는 것이다(海野福壽, 2000, 앞의 책, 42).

한국 병합사 관계 연표(1897~1910)

1897년(明治 30 · 建陽 2=光武元), 丁酉

02. 20	아관파천(96년 2-11) 중인 고종 황제, 경운궁으로 환궁
02. 23	가토 마사오(加藤增雄)를 주한관리공사에 임명
08. 17	조선 연호를 광무라고 고치고 공포
10. 12	조선 국왕을 황제라고 개칭, 즉위식
10. 14	조선 국호를 대한제국이라 개칭 공포
11. 06	사이도쿠 지로(西德二郎)을 외무대신에 임명

1898년(明治 31 · 광무 2), 戊戌

01.12	제3차 이토 히로부미(伊藤博文) 내각 성립, 사이토구 지로 외무대신 유임
02.09	한국·독립협회 회원, 서울에서 만민공동회 개최, 이후 자주 국권 운동·참정 운동·국정 개혁 운동을 전개
02.25	러시아, 한국으로부터 부산 절영도를 조차
03.27	러시아, 청으로부터 뤼순·다롄을 조차
04.25	니시(西)·로젠 협정 조인
06.30	제1차 오쿠마 시게노부(大隈重信) 내각 성립(大隈 수상, 외무대신 겸임)
09.08	가토 관리공사, 한국 정부와 경부철도 부설권을 일본인에 부여하는 계약 조인
10.29	독립협회, 서울에서 관민 합작 만민공동회를 개최하고 건의 6조를 결의, 황제의 재가를 얻었지만 12월 해산 명령
11.08	제2차 야마가타 아리토모(山縣有朋) 내각 성립, 아오키 주조(青木周藏)를 외무대신에 임명

| 11.29 | 가토 마사오 주한관리공사, 특명전권공사로 승임 |

1899년(明治 32·광무 3), 己亥

03-	산동에서 의화단 봉기
05.18	제1차 만국평화회의 헤이그에서 시작. 7·29 국제 분쟁 평화적 처리 조약 등을 채택
06.01	하야시 곤스케(林權助)를 주한공사에 임명
07.17	영일 통상 항해 조약 등의 개정 조약 실시
08.22	대한제국국제(大韓帝國國制) 공포
09.06	미국 국무장관, 여러 나라에 청의 문호 개방·기회 균등 등을 제의(존 헤이 선언)
09.11	한청 수호 조약 조인

1900년(明治 33·광무 4), 庚子

03.30	러, 거제도 조약에 의해 한국으로부터 율구미(栗九味)를 조차
04.29	프랑스인 크레마지를 한국법부고문에 용빙
06.15	각의, 의화단 제압의 파병 결정
06.21	청정부, 의화단 지지, 대외 여러 나라에 선전(宣戰)(북청사변)
06-	의화단, 북경에 진입
07.08	경인철도 완전 개통, 11·12 개통식
07-	궁내부시종 현영운 방일, 외무성 통상국장 스기야마 후카시(杉村濬)에게 한국인 망명자 처분과 국방 동맹 체결을 제안
07-	관동주 총독 알렉세예프, 만주파견군사령관으로 임명되다
08.02	러시아군, 하얼빈을 점령
08.14	8개 국제연합군, 북경 입경, 8-15 북경 함락
09.17	한국 정부, 망명자 처분과 국방 동맹 체결 교섭을 주일공사 조병식에게 지시
10.16	영독 양자간 협약 체결
10.19	제4차 이토 히로부미 내각 성립, 가토 다카아키(加藤高明)를 외무대신에 임명
11.11	러시아, 청과 만주에 관해 협정 체결

1901년(明治 34·광무 5), 辛丑

| 01.07 | 주러일공사 이즈볼스키, 한국 중립화 협의를 제안. 1·17 가토 외무대신, 러시아 공사에게 러군의 만주 철퇴가 선결이라 회답 |
| 02.22 | 러시아, 청에 만주 문제에 관한 12개조의 요구를 제출.
3-10 영국, 러시아의 대청 요구에 항의, 10·5 만주 철퇴 조건에 관해 청과 교섭. |

04.19	북경 여러 나라 공사단, 청에 의화단(북청) 사건 배상금 4억 5000만 량(兩)을 요구. 9-7 의화단 사건 최종 의정서 조인.
06.02	제1차 가쓰라(桂) 내각 성립, 9·21 고무라 쥬타로(壽太郎)을 외무대신에 임명.
11.28	임시 각의, 영일협약 영 초안의 수정 대안 결정, 12·7 원로 비밀회의(가쓰라·고무라 참가, 葉山회의), 영일 동맹 수정안을 결정, 12·10 재가. 12·12 주영공사, 동 수정안을 영국 외무대신에 수교.
12.02	이토 히로부미, 러시아 외무대신과 러일 협정 체결에 관해 교섭(→ 12·4). 12·23 교섭의 일시 중단을 통지.

1902년(明治 35 · 광무 6), 壬寅

01.30	영일 제1차 동맹 협약 조인
04.08	러청, 만주 환부 협약(18개월 이내에 철병) 조인. 10·8 러, 제1기 철수 이행하지만 제2기 이후 이행하지 않음.
05.20	제일은행 부산지점, 은행권 발행, 그 후 인천·서울지점에서도.
10.02	각의, 청한 사업 경영비 479만엔 지출 결정.

1903년(明治 36 · 광무 7), 癸卯

04.20	일본, 청에 대해 러시아의 만주 철수 신조건을 거부할 것을 권고. 4·27 청, 러시아의 요구를 거절.
04.21	야마카타·이토·가쓰라·고무라 등 교토에서 대러책을 협의(無隣庵회의)
04.21	러, 용암포에 진출, 5월 포대(砲台) 건설 개시의 오보. 6-13 압록강 목재회사 (책임자 베조프라조프) 설립. 7·20 러, 한국과 용암포 토지 조차 계약 체결
06.23	어전회의, 만한 문제에 관한 러일 협상안 요령을 결정 8·12 주러 공사로부터 러시아 외무대신에게 협상안을 수교. 러일 협약 개시
08.12	러, 뤼순에 극동 총독부 설치, 관동군 사령관 알렉세예프를 총독에 임명
10.03	주일러공사 로젠, 고무라 외무대신에게 러시아의 협정 대안을 제시 10·30 고무라, 로젠에게 일본의 확정 수정안을 수교. 12·11 로젠, 일본 수정안에 대안을 제시. 12·21 고무라, 로젠에 러시아의 재고를 요청
12.01	임시 헌병대를 한국주차헌병대라고 개칭
12.29	주한공사 하야시 곤스케(林權助), 이지용 외무대신서리에게 의정서안을 제시하고 밀약 체결을 촉구하다
12.30	각의, 대러 개전시의 대청(중립)·대한(지배)책을 결정

1904년(明治 37 · 광무 8), 甲辰

01.12	어전회의, 대러 교섭 최종안을 결정

01.19	하야시 공사, 이지용 외무대신서리에게 의정서안을 제시. 1-20 한국, 의정서 수정안을 제시, 일본 정부, 의정서 수정안을 하야시에게 제시 1 · 24 고종, 이지용에게 의정서 조인 불승인의 의사를 표명
01.21	한국, 국외중립 성명 발표. 1 · 23 이지용, 하야시 공사에 중립 성명의 승인을 요구하다
02.04	어전회의, 대러 교섭 중단을 결정. 2 · 6 대러 국교 단절을 통고 2 · 10 러시아에 선전 포고(러일전쟁)
02.12	청, 중립 선언
02.13	하야시 공사, 이지용 외무대신서리에게 의정서 조인을 요구하다 2 · 23 한일의정서 조인
02.25	이용익 탁지상을 일본으로 연행
03.08	이토 히로부미를 특파대사로서 한국에 파견. 3 · 18 이토, 고종황제에 국서 봉정
03.10	한국주차대를 한국주차군으로 개편
03-	외무성에 임시취조위원회를 설치. 다치 사쿠타로(立作太郎) 등 위원으로 보호국 제도를 조사
04.22	보빙대사 이지용 일본 방문
05.18	한국, 한러 조약 및 러시아의 삼림 벌채권 특허 계약 등을 파기
05.31	각의, 제국의 대한 방침 · 대한 시설 강령을 결정
08.12	하야시 공사, 고종황제를 알현, 재무 · 외교 고문 용빙 각서안의 채납을 얻다 8 · 20 재무 · 외교 고문 용빙의 각서 조인(8 · 19 붙임)
08.22	하야시 공사, 고종황제에게 한국의 대외 조약 체결에 대해 일본과의 사전 협의를 주청. 8 · 23 제1차 한일 협약 조인(8 · 22 부임)
09.07	하세가와 요시미치(長谷川好道) 대장을 한국주차군사령관으로 임명. 10 · 13 부임
10.08	함경도 점령지에 군정 시행
10.15	메카타 다네타로(目賀田種太郎), 재정 고문 용빙 계약
11.10	경부철도 완공, 05년 5 · 25 준공식
12-27	미국인 스티븐스 외교 고문 용빙 계약

1905년(明治 38 · 광무 9), 乙巳

01.03	서울 시내에 군사 경찰 시행
01.04	주차군사령관, 군율 시행에 관한 훈령 공포

01.18	화폐 조례 실시를 공포, 일본 통화 유통 공인
01.25	주미공사 다카히라 고고로(高平小五郎), 미 대통령에게 강화 문제에 관한 일본 정부의 견해를 전달
01.31	제일은행, 한국 국고금 취급 및 화폐 정리 사무 취급에 관한 계약 체결
02.03	마루야마 시게토시(丸山重俊), 한국 경무 고문 용빙 계약
02.24	영 외무대신, 주영공사 하야시 다다스(林董)에게 영일 동맹 계속 교섭 개시를 제안
03.6,7	「황성신문」, 최익현의 상소문을 게재
03-	고종황제, 러시아 황제 앞으로 밀서를 보내 원조 요청
04.01	한국 통신 기관 위탁에 관한 한일 취극서 조인. 4·28 공시
04.02	전주부 내외에 군사 경찰 시행
04.08	가이, 한국 보호국화 방침을 결정. 4·10 재가
04.21	각의, 강화 조건으로 절대적 필요조건 등을 결정
04.28	경의선 연락 운전 개시, 06년 4·3 직통 운전 개시
05.24	각의, 영일 동맹의 확장 강화 방침을 결정. 6·10 영 외무대신, 하야시 공사에게 영일 동맹안을 제시, 6·21 일본 대안을 제출. 8·12 영일 제2차 동맹 협약 조인
06.09	미국 대통령, 러일에 강화 권고서를 보냄
06.30	각의, 강화 조건을 결정. 7·5 재가
07.03	강화전권위원으로 고무라 외무대신·다카히라 주미공사를 임명. 8·10 강화회의 시작하다
07.06	미 대통령, 고종황제의 밀사 이승만·윤병승과 회견, 청원서의 수취를 거부
07.29	가쓰라·태프트 각서 성립
08.13	한국 연해 및 내하(內河)의 항해에 관한 한일 협정서 조인
09.05	러일 강화 조약 조인
09.09	미 대통령, 일본의 한국 보호국화 방침 지지를 고무라 전권에게 표명
10.12	가쓰라·해리먼, 남만철도에 관한 미일 신디케이트에 관해 예비 협정 각서를 교환
10.23	동 각서의 중지를 전달. 06년 1·15 무효를 통고
10 중순	한국 외무대신, 주한 영공사에게 영일 동맹 체결에 대해 항의

10.17	하기와라 슈이치(萩原守一) 대리공사, 영공사와 한국의 항의에 대해 협의, 무시하는 것으로 결정
10.22	미인 헐버트, 고종황제의 미 대통령 앞 친서를 가지고 도미
10.27	각의, 한국 보호권 확립 시행에 관한 건, 만주에 관한 청과의 조약 체결 방침을 결정
11.02	이토 히로부미를 특파 대사로 한국에 파견, 11·9 서울 도착. 11·10 친서 봉정
11.15	이토, 고종황제를 내알현하고 보호 조약 체결을 요청
11.16	이토, 한국 대신들을 모아 보호 조약 체결을 요구. 하야시 공사, 박제순 외무대신과 조약안을 수교
11.17	하야시, 공사관에 한국 대신을 불러 협의한 후, 대신과 함께 참내. 한국어전회의, 결론에 이르지 못하고 이토·하세가와 군사령관을 수반하여 참내, 제 대신에게 조약안 수락의 찬부를 묻고 5대신의 찬성을 이끌어 제2차 한일 협약 조인
11.26	스티븐스, 이토에게 의견서 제출
11.28	박제순을 참정으로 임명
11.28	민영환, 상주, 11-29 항의의 자결, 12-19 국장
12.01	조병세, 항의의 자결, 12-8 葬儀
12.02	외교관·영사관 관제 개정 공포
12.11	고종황제가 파견한 민영찬 주불공사, 루트 미국 국무장관과 회견, 협력 요청을 거부당하다
12.21	통감부·이사청 관제 공포. 통감부 통신관서 관제 등 공포
12.21	이토 히로부미를 통감으로 임명
12.22	만주에 관한 청일 조약·부속 협정 조인

1906년(明治 39·광무 10), 丙午

01.07	제1차 사이온지 긴모치(西園寺公望) 내각 성립, 가토 다카아키를 외무대신으로 임명
01.29	고종황제, 보호 조약 무효를 호소하는 국서를 영국인 기자에게 맡겨 주청 영공사에게 전달
02.01	통감부 개청
02-	민종식, 반일 거병. 5·19 홍주성 점령, 5·31 일본군·경찰대의 공격으로 패퇴, 11·20 체포
02-	주한 러총영사 브랜슨의 위임장 수교자 결정 문제 일어남

03.02	이토 통감, 서울 부임
03-	주일 영미대사, 만주의 문호 개방·기회 균등의 실행에 대해 항의
04.03	경의 군용 철도 간지선(幹支線) 완공
04.11	사이온지 수상, 만주 개방을 주일 영국과 미국 대사에게 해명 4·14 만주 시찰에 출발
05.14	귀경
05.19	하야시 다다스를 외무대신으로 임명
05.22	이토 통감·원로·각료들 만주문제협의회에 출석
윤4월	최익현 '기신배의 16죄(棄信背義16罪)'를 일본 정부에 보내고 거병. 6월, 체포되어 쓰시마로 유배. 07년 1·1 사망
06.22	고종황제, 9개국 원수 앞으로 보호 조약 무효화에 협력을 요청하는 친서를 헐버트에게 맡기다
06.26	한국의 재판 사무에 관한 법률 공포
07.02	이토, 고종황제를 내알현, 제2차 한일 협약 재가의 확인을 요구하다.
08.01	한국주차군사령부 조례 제정
08.07	한국주차군 군율 제정
08.13	한국에서의 군사 경찰을 고등 군사 경찰로 개칭
08.22	다카하시 고레키요(高橋是淸)를 특파재무위원으로 영국에 파견, 9·6 출발
09.18	아리가 나가오(有賀長雄)『보호국론(保護國論)』간행, 다치 사쿠타로(立作太 郎)와 '보호국 논쟁' 일어남
10.19	삼림(森林) 경영에 관한 한일 협동 약관 조인
10.31	한국·토지 가옥 증명 규칙 공포.

1907년(明治 40·광무11=융희원), 丁未

02.04	러 외무대신, 주러 대사 모토노 이치로(本野一郞)에게 러일 협상 개시의 의향을 표명. 2·22 러 외무대신, 협약안을 제시. 3·3 원로회의, 러일 협상안을 결정 3·11 러에 통지. 7·30 러일 제1차 협약 조인
03.27	프 외무대신, 일불 협약안을 제시, 6·10 일불 협약·프랑스령 인도차이나에 관한 선언서 조인
04.19	원수부 회의, 제국 국방 방침 등을 승인
04.20	고종황제, 이상설·이준에게 전권 위임장을 교부하고 제2차 만국평화회의 참가

	를 명하다. 6·25 이상설 등은 헤이그에 도착, 회의에 출석을 요구하였으나 거부 당함 6·27 이상설 「공고서(控告詞)」를 발표
05.22	이토, 고종황제에게 헐버트에 밀명을 준 의심을 추궁
06.14	한국 의정부를 내각으로 개칭하는 조칙 발포, 이완용을 내각총리대신으로 임명
07.07	이토, 헤이그 '밀사' 사건의 처리에 대해 조정의 검토를 요청. 7-10 원로·대신회의, 대한 처리 방침을 협의, 한국 내정에 대한 전권 장악의 협약 체결을 이토에게 일임할 것을 결정, 재가
07.15	하야시 다다스 외무대신, 이토와 협의를 위해 도한
07.16	이완용 수상, 고종황제에게 양위를 주청. 그 후 대신들의 주청이 계속됨
07.19	고종황제 양위의 조칙 발포(18일자)
07.21	고종의 태황제 칭호의 조칙·인심진무(人心鎭撫)의 조칙 발포
07.22	박영효 궁상·이도재 시종원경들 음모 용의로 체포
07.23	이토, 이완용 수상·송병준 농공상상에 협약안을 내시 7·24 제 3차 한일 협약·협약 규정 실행에 관한 각서(공표되지 않음) 조인
07.24	보병 제12여단을 한국에 파견
07.27	러일 통상 항해 조약·어업 협약 조인
07.31	한국 군대 해산의 조칙 발포
08.01	해산 반대의 시위대·진위대 반란, 정미의병 일어남
08.02	한국 연호를 융희(隆熙)로 개원(改元)
08.09	한국 정부에 일본인 차관 임용 개시
08.20	간도 용정(龍井)에 통감부 파출소 설치. 8·24 청, 철거를 요구
08.27	순종황제, 즉위식을 거행
09.26	임시파견 기병대 4중대를 한국으로 증파
10.07	헌병 조례 개정. 제14헌병대를 한국주차헌병대라 개칭
10.29	경찰 사무 집행에 관한 한일 취극서 조인(경찰 합병)
11.06	이토, 하야시 외무대신에게 일본의 대외 방침에 대해 의견서를 보냄
12.06	한국 13도 창의군, 대장에 이인영, 군사장에 허위를 뽑음 후 각 국 영사관에 의병군을 교전 단체로서 승인을 요구하는 서장을 송부

12.26	한국 · 법전 조사국 관제 공포
12.27	한국 · 재판소 구성법 등 공포

1908년(明治 41 · 융희 2), 戊申

1 하순	허위 등 13도 창의군 300인, 서울 교외에 진격하지만 패퇴
02.18	이민에 관한 미일 신사 협정 조인
03.20	한국 시설 개선의 일시 대부금 1968만엔의 한일 차관 계약 조인
03.23	전명운 · 장인환, 샌프란시스코에서 스티븐스를 저격, 3 · 25 사망
04.09	통감부 임시 간도 파출소 관제 공포
05.09	의병 '토벌'을 위해 2연대 증파
05.19	한국에서 발명 · 의장 · 상표 및 저작권에 관한 미일 조약 조인
05-	허위, 통감부에 30항목을 요구. 6 · 11 체포되어 10 · 13 처형
06.12	이토, 의병 '토벌'에 자중을 요구하는 훈시를 내림
06.19	헌병보조원 채용에 관한 군부령 공시
07.14	제2차 가쓰라 내각 성립. 8 · 27 고무라 쥬타로를 외무대신에 임명
08.27	동양척식주식회사법 공포. 12 · 28 본사 설립
09.25	각의, 제국의 여러 나라에 대한 태도 · 만주에 관한 문제 해결 방침을 결정
10.31	어업에 관한 한일 협정 조인
11.30	태평양 방면에 관한 미일 교환 공문(다카히라 · 루트 협정)
12.21	오쿠보 하루노(大久保春野) 대장을 한국주차군사령관에 임명

1909년(明治 42 · 융희 3), 己酉

01.07	순종황제, 한국 남부 순행(→ 1 · 13), 1-27 서북부 순행(→ 2 · 3), 이토 배종
02.17	이토 귀국, 5월 하순 사표 제출
03.15	재한 외국민에 대한 경찰 행정에 관한 한일 협정 조인
03.30	구라치 데쓰키치(倉知鐵吉) 외무성 정무국장, 한국 병합의 방침서를 가쓰라 수상에게 제출
04.10	가쓰라 · 고무라, 이토를 방문하여 한국 병합에 대해 동의를 얻다

05.04	임시한국파견대 2연대 편성
06.14	이토 통감 사임, 추밀원의장으로 옮기고, 후임 통감에 부통감 소네 아라스케(曾彌荒助)임명
07.06	각의, 한국 병합에 관한 건·대한 시설 대강을 결정
07.12	사법 및 감옥 사무 위탁에 관한 한일 각서 조인
07.26	한국중앙은행에 관한 한일 각서 조인
09.01	임시한국파견대 '남한 대토벌 작전' 개시(→ 10월 하순)
09.04	간도에 관한 청일 협약·만주 5안건에 관한 협정 조인
10.18	통감부 사법청 관제·동 감옥관제 공포
10.26	안중근, 이토 히로부미 사살
10.31	한국법부 폐지
12.04	일진회 회장 이용구, 일진회 성명서를 발표, 황제에 상주문, 수상·통감에게 합방 청원서를 제출하였지만 각하
12.09	일진회·국민 대연설회에 대해 집회·연설 등의 금지를 명령
12.18	미, 청과 금애(錦愛)철도 부설 차관 예비 협정의 성립을 알리고 만주철도의 중립에 대해 일본 등에 제의, 10년 1·21 러일, 미 제의에 동의하지 않음을 회답
12.22	이완용 수상, 이재명에 습격당하여 중상

1910년(明治 43·융희 4), 庚戌

01.03	소네 통감, 휴가 귀국. 9·13 사망
02.02	가쓰라 수상, 일진회 고문 스기야마 시게마루에게 내훈
02.28	고무라 외무대신, 재외 사신에게 한국 병합 방침을 통지
03.15	한국·토지조사국 관제 공포
03.19	각의, 러일 협약 체결 방침을 결정
04.10	러 수상, 한국 병합 방침의 묵인을 주러 대사 모토노 이치로에게 표명
05.19	주일영대사, 고무라 외무대신에게 한국 병합 후의 대한 조약의 효력에 대해 확인
05.30	데라우치 마사다케를 통감으로 임명. 7·23 서울 착임. 육군대신 겸임
06.03	각의, 병합 후의 한국 시정 방침을 결정
06.15	아카시 모토지로(明石元二郎) 소장을 한국주차군 헌병대 사령관에 임명

06.22	이시즈카 에이조(石塚英藏) 통감부 총무장관 사무취급, 박제순 수상서리 등에 한국 경찰 행정의 일본으로의 위탁을 신청
06.24	한국 경찰 행정 위탁에 관한 각서 조인
06.22	척식국 관제 공포, 13년 6-13 폐지
06.30	통감부 경찰관서 관제, 관련 칙령 공포. 7·1 헌병경찰제도 발족
06-	병합준비위원회 설치, 병합 플랜 심의(→ 7·6)
07.04	러일 제2차 협약·비밀 협약 조인
07.08	각의, 병합 실행 방법 세목을 결정
07.17	일본과의 통상조약을 체결한 여러 나라에 현행조약의 1년 후의 실효를 통지 고무라 외무대신, 영국에 병합 후의 관세 조치·무역항 등에 대한 방침을 전달
08.16	데라우치 통감, 이완용 수상에게 병합에 관한 각서를 전달
08.18	데라우치, 이완용에 대한 전권 위임의 칙령안을 송부
08.18	한국 각의, 병합 조약안 수락의 결론에 이르지 않음
08.22	오전, 데라우치, 민병석 수상·윤덕영 시종원경을 불러 설득. 같은 날 오전, 추밀원회의에서 조약안·관련 칙령안을 자문, 가결, 재가. 8-22 오후 2시, 한국 어전회의 개최, 순종황제, 통치권 양여를 宣示, 이완용에게 전권 위임장 교부. 오후 4시, 한국 병합 조약 조인 종료.
08.23	한국 토지 조사법 공포
08.23	통감부 경무총감부령에 의해 정치적 집회·다수 집합의 금지를 명령
08.29	한국 병합 조약·동 관련 칙령·제령 공포, 천황 조서·한국 황제 칙론 발포 14개국에 선언 통지
09.12	조선주차헌병 조례 공포 일진회·대한협회 등의 정치 단체를 보안 규칙에 의해 해산 명령
09.30	조선총독부관제 공포
10.01	데라우치 마사다케를 조선총독으로 임명, 육군대신(11년 8-30까지) 겸임
10.04	한국 내각 해산식 거행

인명 찾아보기

● 국내